Reiner Keller · Michael Meuser (Hrsg.)

Körperwissen

Wissen, Kommunikation und Gesellschaft. Schriften zur Wissenssoziologie

Herausgegeben von

Hans-Georg Soeffner
Ronald Hitzler
Hubert Knoblauch
Jo Reichertz

Wissenssoziologinnen und Wissenssoziologen haben sich schon immer mit der Beziehung zwischen Gesellschaften, dem in diesen verwendeten Wissen, seiner Verteilung und der Kommunikation (über) dieses Wissen(s) befasst. Damit ist auch die kommunikative Konstruktion von wissenschaftlichem Wissen Gegenstand wissenssoziologischer Reflexion. Das Projekt der Wissenssoziologie besteht in der Abklärung des Wissens durch exemplarische Re- und Dekonstruktionen gesellschaftlicher Wirklichkeitskonstruktionen. Die daraus resultierende Programmatik fungiert als Rahmen-Idee der Reihe. In dieser sollen die verschiedenen Strömungen wissenssoziologischer Reflexion zu Wort kommen: Konzeptionelle Überlegungen stehen neben exemplarischen Fallstudien und historische Rekonstruktionen stehen neben zeitdiagnostischen Analysen.

Reiner Keller
Michael Meuser (Hrsg.)

Körperwissen

VS VERLAG

Bibliografische Information der Deutschen Nationalbibliothek
Die Deutsche Nationalbibliothek verzeichnet diese Publikation in der Deutschen Nationalbibliografie; detaillierte bibliografische Daten sind im Internet über http://dnb.d-nb.de abrufbar.

1. Auflage 2011

Lektorat: Frank Engelhardt / Cori Mackrodt

VS Verlag für Sozialwissenschaften ist eine Marke von Springer Fachmedien.
Springer Fachmedien ist Teil der Fachverlagsgruppe Springer Science+Business Media.
www.vs-verlag.de

Umschlaggestaltung: KünkelLopka Medienentwicklung, Heidelberg
Druck und buchbinderische Verarbeitung: Ten Brink, Meppel
Gedruckt auf säurefreiem und chlorfrei gebleichtem Papier
Printed in the Netherlands

ISBN 978-3-531-16664-3

Inhalt

Herstellung, Verbreitung, Aneignung von Körperwissen: Das Beispiel der Medizin

Vermittlung von Körperwissen und körperliche Vermittlung von Wissen: Lehr-/Lernsituationen

Sensorische „Kriegsführung“ – sensorische Versöhnung

Wissen des Körpers – Wissen vom Körper

Körper- und wissenssoziologische Erkundungen

Reiner Keller und Michael Meuser

1 Körperwissen: Wissen des Körpers – Wissen vom Körper

Die seit einigen Jahrzehnten beobachtbare Renaissance des Körperlichen in den Gegenwartsgesellschaften lässt sich in mehrfacher Hinsicht mit dem Begriff des *Körperwissens* fassen. Aus ihrer unmittelbaren biographischen Erfahrung des gelebten Lebens gewinnen Individuen ein privates und intimes Wissen über ihren eigenen Körper, seine inneren oder äußeren Zustände und Prozesse, Veränderungen im Lebenslauf, Leistungsfähigkeiten und -grenzen, seine Verletzungen und potenziellen Stigmata, seine Schmerz- und Lustempfindungen, ihren situierten und situativen Umgang mit Tabus und Anforderungen der menschlichen Körperlichkeit, den körperlichen ‚Neigungen zur Eigensinnigkeit' und den mehr oder weniger erfolgreichen Strategien zur Überlistung der eigenen Körperlichkeit. Dieses gelebt-erfahrene Körperwissen greift zurück auf bzw. ist eingebettet in das in Sozialisationsprozessen und in der Lebenswelt des Alltags tradierte Wissen über Körperlichkeit und ihre Performanz einschließlich der darin verwickelten normativen Folien und Normalisierungen (kulturelles Körperwissen z. B. über den Geschlechtskörper; Disziplinierungen des Körperlichen ‚in Gesellschaft' u. a. m.). Immer schon verfügen auch spezialisierte Personen und Institutionen über ein besonderes, verallgemeinertes, objektiviertes Körperwissen. Dies gilt für traditionale oder moderne Heilerinnen und Medizinmänner ebenso wie für diejenigen gesellschaftlichen Institutionen, die, wie etwa Militär, Schule und Ballett, in spezifischer Weise auf Körper zugreifen. In modernen Gesellschaften konstruieren die wissenschaftliche Medizin bzw. die verschiedenen Naturwissenschaften, aber auch unterschiedlich interessierte Organisationen, ein umfangreiches, permanent in Veränderung begriffenes Wissen über menschliche Körperlichkeit, zu unterschiedlichsten Zwecken: Erkenntnis, Fürsorge, Heilung, Therapie, Enhancement (weit über Sport-Doping hinaus) oder einfach nur: Gewinn. Im letzten Jahrzehnt ist vor allem das sich diskursiv und dispositiv entfaltende Wissen über ‚wünschbare' Körperzustände und methodische Körperführungen (allseitige Fitness, ‚gesunde' Lebensweise, lebenslange Körpersorge) einschließlich des naturwissenschaftlich-medizinischen Wissens über Körper und ihre technische Gestaltbarkeit in der Öffentlichkeit in Erscheinung getreten. Hier hat gerade in jüngerer Zeit eine kleine Revolution durch die ‚Selbstermächtigung' der Laien stattgefunden, die sich von den klassischen Expertenhierarchien abkoppeln und über das Web neue Erzeugungs- und Zirkulationsweisen von Körperwissen geschaffen haben. Eine vergleichsweise geringere Rolle spielt wohl das geistes-, kultur- und sozialwissenschaftliche Wissen über die sozialen Differenzierungen und Transformationen menschlicher Körperlichkeit (z. B. unterschiedliche Lebenserwartungen, sozialstrukturell verteilte Krankheitsmuster, alternde Gesellschaft).

Während die bislang erwähnten Prozesse zwar ein komplexes Gebilde von *Körperwissensverhältnissen* ansprechen, in denen es um explizites, d. h. kognitiv repräsentierbares bzw. in Aussagegestalt manifestiertes Wissen geht, lässt sich doch zugleich eine ganz andere Akzentuierung des Begriffes vornehmen. Körperwissen ist nämlich nicht nur *Wissen vom Körper*, sondern auch ein *Wissen des Körpers*. Körpertechniken, körperliche Routinen und Fertigkeiten des Handelns können unterhalb und oberhalb der Schwelle reflexiver Zuwendung liegen. Körperwissen ist deswegen gerade auch in dem Maße von Bedeutung, wie es sich einer solchen reflexiven Zuwendung entzieht bzw. als Routinisierung und Habitualisierung ihrer nicht bedarf. Ja mehr noch: In gewissem Sinne lässt sich davon sprechen, dass Körper als eigenständige Träger von Wissen fungieren, das nicht in kognitive Prozesse übersetzt ist, ja nicht übersetzt werden kann. Ein grundlegendes Beispiel dafür sind neben den körperlichen Basismechanismen des Gehens, Greifens, Fühlens usw. sicherlich reflexartige Körperreaktionen mit schützender Funktion: die Veränderung der Pupillen bei Helligkeit, das Abstützen durch die Hände beim Fallen, ‚Intuition' und ‚Gespür', das ‚richtige Händchen' und dergleichen mehr. Freilich führen auch Lern- und Sozialisationsprozesse in Trainings über die elementaren Körperfertigkeiten hinaus zu einem Körperwissen, das zwar durchaus als explizites Wissen objektiviert sein kann, seine Relevanz jedoch gerade in dem Maße entfaltet, wie es gleichsam in den Körpern und aus den Körpern heraus agiert. Aus den genannten (und sicherlich vielen weiteren) Elementen setzt sich das komplexe Gespinst gesellschaftlicher Körperwissensverhältnisse, darin statthabender Wissenspraktiken und Wissenspolitiken zusammen.

Der vorliegende Band geht auf eine Tagung zurück, die von den in der Deutschen Gesellschaft für Soziologie vertretenen Sektionen *Wissenssoziologie* und *Soziologie des Körpers und des Sports* gemeinsam organisiert wurde.[1] Ziel dieser Tagung war und Ziel dieses Bandes ist es, Konzepte der Wissenssoziologie, die über eine vergleichsweise lange Tradition verfügt, und die der Körpersoziologie, deren Fragestellungen in der Soziologie erst seit kurzem als soziologisch relevant erkannt werden, fruchtbar aufeinander zu beziehen. Daraus resultieren – so unsere Einschätzung – für beide Theorie- und Forschungsbereiche wichtige Anregungen

[1] Vgl. zur Tagung den Bericht von Keller/Meuser (2010); zum Begriff des Körperwissens auch Hirschauer (2008).

für neue Begriffsbildungen und Forschungsfragen. Zwar datieren die ersten Versuche, den Körper als ein soziologisch bedeutsames Thema zu bestimmen, genauso früh wie die Anfänge der Wissenssoziologie, doch sind die entsprechenden Arbeiten von Max Scheler, Emile Durkheim, Karl Mannheim und Alfred Schütz[2] Teil des soziologischen Theoriekanons geworden, wohingegen es des zum Ende des 20. Jahrhunderts einsetzenden „body turn" (Gugutzer 2006) bedurfte, um die *körpertheoretischen* Überlegungen von Marcel Mauss, George Herbert Mead oder auch Georg Simmel in ihrer soziologischen Relevanz (wieder) zu entdecken. Sicherlich finden sich bei einigen der soziologischen Klassiker sowohl wissenssoziologische wie auch körpersoziologische Überlegungen, doch die komplexen Beziehungen zwischen beiden sind ein Desiderat der soziologischen Debatte.

Unter den verschiedenen Möglichkeiten, wissens- und körpersoziologische Reflexionen aufeinander zu beziehen, möchten wir uns im Folgenden auf eine Frage konzentrieren, die in den einführenden Bemerkungen bereits implizit angeklungen ist: diejenige des Zusammenhangs von sozialkonstruktivistisch-wissenssoziologischer Handlungstheorie, Bourdieuscher Praxistheorie und menschlicher Körperlichkeit. Infolge des „Körperbooms", der die Sozial- und Kulturwissenschaften in den letzten ein bis zwei Jahrzehnten erfasst hat,[3] gilt es inzwischen fast als soziologischer Gemeinplatz, dass die sozialkonstruktivistische Handlungstheorie und Wissenssoziologie in ihrer traditionellen kognitivistischen Ausrichtung zu kurz greift und einer körpersoziologischen Fundierung bedarf. Zwar zeigt ein genauer Blick, dass der Zusammenhang von „Körper, Bewußtsein und Gesellschaft" (Knoblauch 2005b: 94) auch in wissenssoziologischen Traditionen in den Blick genommen und durchaus komplexer gedacht wurde, als es der Blick alleine auf die (Schützschen) Überlegungen zum „Sinnverstehen" nahelegen. Tatsächlich weist ja der Schütz/Luckmannsche Begriff der „Fertigkeiten" ebenso wie Berger und Luckmanns Rede von der „Habitualisierung" auf eine Verbindung von Bewusstsein und Körper hin, die man „als Inkorporation des Wissens bezeichnen könnte." (Knoblauch 2005b: 94) Fertigkeiten z. B. sind demnach „auf die Grundelemente des gewohnheitsmäßigen Funktionierens des Körpers aufgestufte gewohnheits-

---

[2] Vgl. umfangreicher zur Wissenssoziologie Knoblauch (2005a) und Keller (2005). Hinzuweisen ist unbedingt auf den Beitrag der *Philosophischen Anthropologie* (neben dem erwähnten Max Scheler vor allem Helmuth Plessner und Arnold Gehlen) zu den hier interessierenden Fragen.

[3] Exemplarisch sei auf die aktuellen Bände zur „Körperlichkeit des sozialen Handelns" (Böhle/Weihrich 2010), zu „Körperhandeln und Körpererleben" (Abraham/Müller 2010) oder zur „Körperlichen Erkenntnis" (Bockrath/Boschert/Franke 2008) hingewiesen; vgl. auch Schröer (2005) und Gugutzer (2006) sowie insbesondere die deutlich länger ‚vorlaufende' angelsächsische und französische Literatur (Scott/Morgan 1993, Shilling 1993, Turner 1996 sowie seit 1995: Body & Society; Le Breton 1985, 1990, 2003), die allesamt im deutschsprachigen Raum wenig bis gar nicht rezipiert werden. Vgl. für die philosophische Diskussion auch die Arbeiten von Judith Butler (z. B. Butler 2009). Vgl. allerdings sehr früh im deutschsprachigen Raum auch schon Kamper/Wulff (1982) und Kamper/Rittner (1976).

mäßige Funktionseinheiten der Körperbewegung." (Schütz/Luckmann 1979: 140) Doch bleiben solche Überlegungen ebenso wie gelegentliche Referenzen an die und Beschäftigungen mit der Leibphänomenologie – etwa sehr früh in Alfred Schütz „Theorie der Lebensformen" aus den 1920er Jahren (Schütz 1981), bezogen auf Körper in Interaktionen in „Gemeinsam musizieren" (Schütz 1972a)[4] – letztlich randständig und sie werden auch in anknüpfenden Studien des Sozialkonstruktivismus kaum aufgegriffen.

Wie verträgt sich also eine anstehende körpersoziologische Reformulierung oder Erweiterung der sozialkonstruktivistischen Handlungstheorie mit der für diese Handlungstheorie ebenfalls fundamentalen Kategorie des Wissens, die üblicherweise im Anschluss an Plessners anthropologische Unterscheidung zwischen „Leib sein" und „Körper haben" als Teil der „Exzentrischen Positionalität des Menschen", damit sicherlich ‚Körper-fern' verstanden wird und ja gerade *die* zentrale Kategorie des sozialen Handelns zu sein scheint? Dies auszuloten ist die mit dem Begriff „Körperwissen" verbundene Absicht. Dieser lässt sich, in einer ersten Lesart, so verstehen, dass in ihm zwei Modalitäten zusammengeführt sind, mit denen Handelnde auf ihre soziale und natürliche Umwelt bezogen sind: die leibliche und die kognitive. Durch die Zusammenführung in einem Begriff sind der leibliche und der kognitive Modus des Weltbezugs allerdings nicht mehr sauber voneinander unterschieden, wie dies in der cartesianischen, den Dualismus von Körper und Geist betonenden Tradition üblich (gewesen) ist. ‚Körperwissen' lässt sich eben lesen als *Wissen über den Körper* und als *Wissen des Körpers*. In dieser Lesart erfährt die gängige Vorstellung davon, was Wissen ist, eine das Kognitive transzendierende Erweiterung, und genau das macht sie für wissens- und körpersoziologische Fragestellungen interessant. Nicht nur verfügen wir über ein ausdifferenziertes, kognitiv verfügbares Wissen über Aufbau und Funktionsweisen des Körpers, über Körpernormen sowie entsprechende Gestaltungsmöglichkeiten und Inszenierungsformen des Körpers, nicht nur haben sich ganze biopolitische Expertenkulturen und -systeme herausgebildet, die den Körper vermessen, bewerten, manipulieren (in Sport, Medizin, Kosmetik, Diätetik usw.); der Körper selbst ist Träger eines (inkorporierten) präreflexiven Wissens, das sich, einen Begriff Merleau-Pontys (1966) aufnehmend, in Gestalt einer „leiblichen Intentionalität" geltend macht. In der Soziologie ist diese Perspektive am deutlichsten in dem

[4] Schütz analysiert dort das ‚Aufeinander eingestimmt sein' in „lebendiger Gegenwart": So setzt das „gemeinsame Musizieren" als „Ereignis in der äußeren Zeit" eine „Gesichtsfeldbeziehung" voraus. Das Durchleben der „gemeinsamen lebendigen Gegenwart" ist die Grundlage dafür, dass „Leib und Bewegungen des anderen" als „Ausdrucksfeld von Ereignissen" ausgelegt werden, unabhängig davon, ob sie von dem anderen so gemeint sind: „Beispiele für eine solche Situation sind Gesichtsausdrücke, Grinsen, bestimmte Körperhaltungen, die Art und Weise, wie man mit seinem Instrument umgeht (…)." (Schütz 1972a: 149 f.) Vgl. dazu auch die Diskussion bei Böhle/Weihrich (2010a) zur Rolle der Körperlichkeit bei der Herstellung sozialer Ordnung (die jedoch keinen Bezug auf Schütz nimmt).

Bourdieuschen Habituskonzept entfaltet. Der habituell geformte und gerichtete Körper weiß, wie er sich in bestimmten Situationen zu bewegen hat. Er verfügt über ein habitualisiertes, „empraktisches" Körperwissen (Caysa 2008).

Die in diesem Band versammelten Beiträge behandeln Aspekte des einen wie des anderen, des Wissens über den Körper und des Wissens des Körpers. Vielfach wird dabei deutlich, wie die beiden Formen des Körperwissens wechselseitig aufeinander bezogen sind. Das, was wir über unseren Körper wissen, geht ein in das Wissen *des* Körpers. Wenn die somatische Kultur einer Gesellschaft jungen Männern das ‚Wissen' vermittelt, dass der männliche Körper verletzungsmächtig und nicht verletzungsoffen ist, dann schreibt sich dieses Wissen in die Körperschemata der jungen Männer ein und stützt einen auf aktive Raumaneignung hin orientierten Habitus. Dies gilt natürlich auch für die Art und Weise, „wie ein Mädchen zu werfen", auf die Iris Marion Young schon vor längerer Zeit im Anschluss an phänomenologische Überlegungen aufmerksam gemacht hatte (Young 1990; vgl. auch Brumberg 1997).[5] Umgekehrt prägt das Wissen des Körpers das Wissen über den Körper. In einer Kultur, in der physische Stärke den männlichen Habitus ausmacht, lässt sich kaum ein Wissen über die Verletzbarkeit männlicher Körper akkumulieren (Meuser 2009). Luc Boltanski (1976: 154 f.) hat den Begriff der *somatischen Kultur* geprägt und meint damit „Kodes der guten Sitten für den Umgang mit dem Körper, der tief verinnerlicht und allen Mitgliedern einer bestimmten sozialen Gruppe gemeinsam ist." Diese Kodes gelten gleichermaßen für das Erleben des eigenen und die Wahrnehmung fremder Körper.

Eine bekannte Studie, welche die wechselseitige Verschränkung des Wissens über den Körper und des Wissens des Körpers sehr anschaulich nachvollziehbar macht, ist Loïc Wacquants (2003) Ethnographie des Boxens. Es gibt auf der einen Seite einen elaborierten, in Lehrbüchern festgehaltenen Wissensbestand über die Techniken des Boxens – die verschiedenen Schläge und die ihnen zugrunde liegenden Bewegungsformen, die Positionen zur Verteidigung gegen die Schläge des Gegners u. v. m. – und auf der anderen Seite eine Inkorporierung all dieses Wissens, die nur über eine mimetische Aneignung der Bewegungsabläufe im aktiven Boxen erreicht wird und die sowohl ein empraktisches Wissen über angemessene Körperbewegungen in bestimmten Konstellationen erzeugt als auch, auf dieser Basis, erst ein Verstehen (des praktischen Sinns) der Lehrbuchinhalte ermöglicht. Auf diese Weise wird das kollektive Wissen der Gemeinschaft der Boxer, das selbst nur zu einem Teil reflexiv verfügbar ist, „somatisiert" (Wacquant 2003: 103).

Der Begriff des Körperwissens in seiner doppelten Bedeutung, als Wissen über den Körper und als Wissen des Körpers, setzt voraus, die Körper als „reale Akteure" (Bourdieu 2001: 171) zu begreifen, als verstehende, lernende und agie-

[5] Oder für das „Pinkeln wie ein Mann" (De Lauretis 1999).

rende Körper. Der Körper hat sein eigenes Gedächtnis (Hahn 2010), das vielleicht vor allem ein *Bewegungsgedächtnis* (Klein 2004), zusätzlich aber, so möchten wir ergänzen, auch ein *Empfindungs*gedächtnis ist, welche beide über die (in Grenzfällen, etwa bei Gewalt/Vergewaltigung auch einmaligen) Erfahrungen des Körperlichen und über eine Habitualisierung von ‚Weisen des Spürens' und ‚Weisen des Tuns' (Praktiken) entstehen.[6] Die Hände der Sekretärin wissen, wie sie sich über die Tasten eines Laptops bewegen müssen, um eine bestimmte Buchstaben- und Wortfolge zu erzeugen, sie stocken, wenn sich die Taste ungewohnt anfühlt, noch bevor das ‚warum' dies reflexiv einzuholen vermag. Ist Körperwissen also ein Wissen, „das als Wissen nur im Machen existiert" (Caysa 2008: 73)? Sicherlich entsteht es und bleibt erhalten „durch unzählige Wiederholungen der Bewegungsabläufe" (ebd.: 73 f.). Dies ‚weiß' die Sekretärin, die Pianistin, die Fußballspielerin; ein derartiges Bewegungswissen ist allen Handelnden in je nach Handlungsrelevanzen unterschiedlicher Form zuhanden. Doch hat dies nicht einen allzu ‚aktivistischen Bias', und gehörte also zum Körperwissen nicht auch das Empfinden, also das, was die „Geschichte unter der Haut" (Duden 1987) ausmacht? Korrespondiert nicht dem nach außen orientierten Körperwissen des Tuns ein innengerichtetes Körperwissen des Empfindens, das etwa die zärtliche oder liebkosende Berührung von anderen Empfindungen (etwa sexueller Stimulierung) zu unterscheiden vermag?

In diese Richtung weisen neuere Entwicklungen der Leibphänomenologie im Anschluss an Hermann Schmitz (2007 [1990], 2008 [1989]; vgl. insbes. auch Jäger 2004). So diskutiert Ute Gahlings (2006) in ihrer umfangreichen „Phänomenologie der weiblichen Leiberfahrung" mit hoher Präzision die unterschiedlichen Erfahrungsweisen des Körperlichen bzw. der „Leibesinseln" von Frauen.[7] Solche Erfahrungen sind sicherlich – das hatte schon Barbara Duden deutlich gemacht – immer durch kulturelles (und also auch Experten-) Wissen vermittelt. Dennoch liegt ihnen eine Unmittelbarkeit des Spürens zugrunde, die nicht einfach im Rekurs auf kognitive Zugriffe aufgelöst werden kann. So schreibt Gahlings in Bezug auf die weiblichen Brustwarzen:

> „Die Berührung der Brustwarzen, sei es durch Kleidung oder andere Gegenstände, durch den eigenen Leib oder andere Menschen, kann eine Veränderung im Erleben auslösen und die Brustwarzen als eigenständige Leibesregion einer auffallend gespürten Abhebung zuführen. (…) Diese Empfindlichkeit der Brustwarzen ist jedoch keine statische, gleichbleibende Größe, sie ist (…) letztlich nicht im vollen Sinne

[6] Starke Gewalt- und Leidenserfahrungen hinterlassen sicher Spuren im Wissen des Körpers, auch wenn sie nicht wiederholt werden (dafür stehen exemplarisch Traumata); genereller basieren Empfindungen unserer Einschätzung nach jedoch ebenfalls vielfach auf Formen des Einübens.

[7] Vgl. auch die dort angegebene umfangreiche Literatur zum Körperempfinden und Körperwissen von Frauen.

> berechenbar, wenngleich ihre Reaktionen bei Kälte doch einem unmittelbaren Ursache-Wirkungs-Verhältnis entspringen. Aber wie die Brüste selbst etwa in den einzelnen Phasen des Menstruationszyklus unterschiedlich erlebt werden, so variiert auch die Sensibilität der Brustwarzen. (…) In der sexuellen Lust werden Brustwarzen als herausgehobene Leibesregionen an der Brust erlebt und zeigen eine Reihe von Reaktionen, die mit ihrem Hart-, Steif- und Festwerden bei Kälte eng verwandt sind. Die Brustwarzen als Erregungs- und jetzt auch Schwellkörper weisen jedoch erhebliche Veränderungen im Vergleich zu den ‚versunkenen', ‚weichen' oder durch Kälte aufgerichteten Brustwarzen auf." (Gahlings 2006: 161 f.)

Die von Gahlings hier verfolgte „genetische Phänomenologie" richtet sich gerade auf den Zusammenhang von „Prädiskursivem" mit „individuellen Situationen" und „kollektiven Kontexten", auf das Zusammenwirken von „Leib und Kultur", die Formen und Bedingungen der konkreten Leiberfahrungen in ihren sich verändernden soziohistorischen Kontexten. Gahlings weist im Anschluss an Gugutzer (2002) auf die große Nähe der neuen Leibphänomenologie von Schmitz zum Bourdieuschen Habitus- und Körperkonzept hin. Das Konzept des Körperwissens begreift, in seinem praxeologischem Verständnis, den „Körper als Agens der Herstellung von Wirklichkeit" (Klein 2004: 138). Es ist damit im Sinne der Bourdieuschen Theorie Teil eines praxeologischen Konstruktivismus (Meuser 2006), dessen Verhältnis zur konstruktivistischen Tradition in der Wissenssoziologie, wie weiter oben schon angedeutet, nach wie vor einer genaueren Klärung bedarf. Berger und Luckmann (1980: 193) weisen gegen Ende ihres Buches über „Die gesellschaftliche Konstruktion der Wirklichkeit" auf die „Möglichkeit einer Soziologie des Körpers" hin, die sie damit gegeben sehen, dass „die Art, wie der Organismus tätig ist – Expressivität, Gang, Gestik – (…) den Stempel der Gesellschaftsstruktur" trägt. Als soziologische ‚Kronzeugen' benennen sie u. a. Georg Simmel und Marcel Mauss. Sie belassen es allerdings bei dieser kurzen Bemerkung und führen nicht aus, wie sich eine derartige Körpersoziologie zu ihrer, in der Schützschen Tradition stehenden Wissenssoziologie verhält.

Steht ein Verständnis von Körperwissen, das die „Herstellung von sozialem Sinn in körperlichen Aktionen" (Klein 2004: 139) fokussiert, in deutlichem Gegensatz zum Schützschen Sinnbegriff? Diese Frage ist wohl sehr klar mit ‚ja' zu beantworten, wenn die schon erwähnte Schützsche Analyse des Sinnverstehens zu Grunde gelegt wird, welche die Transformation von unstrukturiertem Erleben in reflexiv, d. h. gedanklich verfügbare Erfahrung im Bewusstsein verankert und diesen Prozess auf gesellschaftliche konstituierte, individuell-kognitiv verfügbare Wissensschemata stützt. Das, was im konkreten Gedankenstrom als Erfahrung immer ex post, wenn auch in unmittelbarer Nähe auf das Erleben erfolgt, wird zur Grundlage der Pläne und Motivstrukturen, mit denen wir ‚zukünftiges Erleben' vorwegnehmend typisierend vorbereiten. Schütz (1981: 92) begreift hier den Körper wohl vor allem als „Werkzeug oder Träger des *handelnden* Ich“ und als „Mittler“ zwischen dem Ich und der Außenwelt. Der Handelnde bedient sich seines Körpers, um seine Handlungsintentionen zu verwirklichen; er kann über ihn „handelnd verfügen“ (ebd.: 146). Obwohl Schütz das „gewohnheitsmäßige Funktionieren des Körpers“ als „Basis der ersten ‚Selbstverständlichkeiten‘ des Wissensvorrats“ und als „Grundelement einer jeglichen Situation“ (Schütz/Luckmann 1979: 135, 136) bezeichnet, unterscheidet sich sein Sinnbegriff von demjenigen, der einem praxeologischen Verständnis von Körperwissen zugrunde liegt. Schütz bestimmt Sinn als eine post hoc reflexiv erbrachte Leistung, Sinn entsteht in der nachträglichen bewussten Hinwendung des Subjekts auf eine vollzogene Handlung, in der Zuweisung von Bedeutungen (Schütz 1974: 53 ff.). Sinn kann es demnach nur bezogen auf ein „wohlumgrenztes“, in einem „reflexiven Akt“ aus dem Fluss des Erlebens herausgehobenes Erlebnis geben. Das Handeln selbst ist in seinem Vollzug nicht sinnhaft. Denken, Erkennen und Handeln fallen auseinander. Einige wenige Hinweise auf eine ‚vorreflexive‘ Abstimmung körperlicher Handlungsvollzüge finden sich jedoch in seinem erwähnten Aufsatz über das gemeinsame „Musizieren“ (Schütz 1972a), wo Schütz die Beziehung einer wechselseitigen Aufeinandereingestimmtheit der Anwesenden analysiert, wie sie auch beim Ballspielen oder beim Sexualakt vorliegen.

Der in dem praxeologischen Begriff des Körperwissens angelegten Annahme einer *leiblichen Erkenntnis* zufolge vollziehen sich Erkennen und Handeln hingegen uno actu, in ein und derselben Bewegung. Die Vorstellung, dass der Handelnde über seinen Körper verfügt, ist durch die umgekehrte zu ergänzen: dass der Körper – im Sinne einer „leiblichen Intentionalität“ – auch über das Handeln verfügt. Folgt man dieser Einsicht, dann muss die Frage nach dem Sinn des Handelns in einer Weise gestellt werden, die über den bei Max Weber grundgelegten und von Schütz aufgenommenen Begriff des subjektiv gemeinten Sinns hinausgeht. Damit ist nicht bestritten, dass es reflexive Zuwendungen zur Körperlichkeit und in dieser Hinsicht all die eingangs erwähnten Erscheinungsweisen des Körperwissens als sozial und soziologisch bedeutsame Größen gibt. Doch liegt eine große Herausforderung der soziologischen Handlungstheorie nicht gerade in dem körperlichen Prozessieren, in dem gleichsam der Körper selbst den „Sinn“ dessen, was vor sich geht, erfasst und sich darauf einlässt, vorab oder jenseits der reflexiven Zuwendung? Dies ist z. B. in Bourdieus Verständnis des Habitus als „sens pratique“ gegeben (Bourdieu 1993). Die Verstehensleistungen des „sens pratique“ beruhen nicht auf einer analytischen Leistung, sie erzeugen ein „Wissen ‚ohne Bewußtsein‘“ (Bourdieu 2001: 104). Bourdieu begreift das praktische Verstehen als inkorporiert, und darin liegt die entscheidende Differenz gegenüber dem in der Weberschen Tradition stehenden Begriff des Verstehens im Sinne eines bewussten Entschlüsselns von Bedeutungen. Die Habitustheorie ist in diesem Verständnis eine – wenn auch ihrerseits nicht wirklich ausgearbeitete (Jäger 2004: 172 ff.) – Wissenssoziologie des Körpers. Im praktischen Verstehen entsteht „eine ein praktisches Erfassen der Welt sichernde *körperliche Erkenntnis* (...) – ein Erfassen, das von dem gewöhnlich mit der Vorstellung des Erfassens verbundenen absichtlichen, bewußten Entziffern völlig verschieden ist.“ (ebd.: 174)

Zu prüfen wäre hier freilich auch, ob und wo die inzwischen in Frankreich einer starken und weitreichenden Kritik unterzogene Habitustheorie, im Hinblick auf die Frage des Körperwissens, von einer Ablösung ihrer starren Anbindung an sozialstrukturelle Determinismen (Klassen-, Geschlechter-, Generationenlagen) profitieren könnte und inwieweit sie sich für andere Zugänge zur soziohistorischen Körperlichkeit zu öffnen vermag. Zu diskutieren wäre weiterhin, wo sie die entscheidenden Unterschiede zu dem setzt, was Sozialisationstheorien seit langem thematisieren: dass ‚gelungene‘ Sozialisation auch die Beherrschung von ‚Körpersprachen‘ und angemessenen körperlichen Ausdrucksweisen für soziale Situationen umfasst . Schließlich: Ließe sich der „praktische Sinn“ nicht als eine auf spezifische soziale Kontexte gerichtete „Fertigkeit“ (Schütz/Luckmann) begreifen, die auf körperlichen Grundkompetenzen aufruht, und ist die Ausbildung jenes Sinns nicht auf das verwiesen, was Schütz als Sedimentierung und Berger und Luckmann als Habitualisierung beschreiben? Sowohl die von Wacquant beobachteten Körpertechnologien des Boxens wie auch der ‚praktische Sinn‘, der sich in der richtigen Haltung, in der richtigen Körperbewegung, in der männlichen und weiblichen Körperlichkeit einstellt, sind Ergebnis eines sozialen Lern- und Vermittlungsprozesses, ganz so wie die körperlichen Routinen des Fahrrad- oder Autofahrens. Denn diese sind ja nur ganz zu Beginn, bei den Novizen jeglicher Art tatsächlich Gegenstand einer reflexiven Zuwendung, und sie verschwinden aus dem Aufmerksamkeitshorizont des Bewusstseins in dem Maße, wie sie inkorporiert, selbstverständlich werden.

Man kann an dieser Stelle auch daran erinnern, dass bereits George Herbert Mead am Beispiel des Boxens versucht hatte, den Unterschied zwischen menschlichen Interaktionen und tierischen Instinkten bzw. Reflexen deutlich zu machen. Für Mead war evident, dass Boxer die Gesten des Gegenübers interpretieren, und dass der Interpretationspraxis des Boxers also ein umfangreicher gesellschaftlicher Lernprozess zugrunde liegt, an dessen Ende jedoch ein Gespür und eine Reaktionsgeschwindigkeit beobachtbar sind, die als quasi-Reflex erscheinen. Doch wie genau sich der Symbolgebrauch hier als Instinktersatz eignet, und inwiefern er in die Körperlichkeit des Agierens hinein verlagert werden kann, diese Frage wäre an Mead neu zu stellen (vgl. die Mead-Diskussion bei Schütz 1972a).

Umgekehrt kann natürlich die praxeologische Theorie des „sens pratique“ nicht übersehen, dass Körperwissen vielfach entäußert, objektiviert, in tatsächliche zeichengebundene Wissenskonzepte übersetzt wird: in mündlichen Erklärungen und Hilfestellungen ebenso wie in weit ausholenden gesellschaftlichen Wissensproduktionen und Diskursen. Der Erwerb des körperlichen ‚Spiel-Sinnes‘

erfolgt sicherlich über Beobachten, Probieren, Mimesis, aber auch über Anleitungen, Erklärungen, Formen des Zeigens und Erläuterns. Statt den ‚sens pratique' also gegen die gesellschaftlichen „Motivvokabularien" (Charles W. Mills) und die Sinnzuschreibungen auszuspielen, liegt die vielleicht größere Herausforderung an die soziologische Handlungs- und Praxistheorie in der Frage, wie diese beiden Weisen der ‚Sinnherstellung' aufeinander bezogen sind. Wie immer man diese Frage beantworten mag: Eine Wissenssoziologie des Körpers ist vor die doppelte Aufgabe gestellt, sowohl das vorreflexive Körperwissen als auch das reflexiv verfügbare explizite Körperwissen der soziologischen Analyse zugänglich zu machen. Trotz der wachsenden Aufmerksamkeit, die dem Körper in der Soziologie im vergangenen Jahrzehnt zuteil geworden ist, steht eine theoretische Konzeptualisierung des Zusammenhangs sowohl der verschiedenen Dimensionen des Körperwissens (explizites und implizites, reflexives und inkorporiertes, Expert/innen- und Laienwissen über den Körper) als auch von Körperwissen und Körperpraxis weiterhin aus.[8] Wie die Beiträge dieses Bandes zeigen, gibt es allerdings einen wachsenden Fundus an Fallstudien, an die körpertheoretische Bemühungen im Sinne einer empirisch gesättigten Theoriebildung anknüpfen können. Wir möchten sie nachfolgend vorstellen und ihre von uns vorgenommene gliedernde Zuordnung kurz erläutern.

2 Die Beiträge

Der Band beginnt mit vier Beiträgen, die aus unterschiedlichen Perspektiven theoretische Grundlagen einer soziologischen Analyse von Körperwissen thematisieren.

Zunächst diskutiert Anke Abraham unter der Frage „Der Körper als heilsam begrenzender Ratgeber?" im Rückgriff auf anthropologische und leibphänomenologische Argumente, inwiefern der Leibkörper aufgrund und vermittels seiner „Eigendynamik" ein Wissen über Grenzen der technischen Körpermanipulation und -machbarkeit zu generieren vermag und dadurch als kritisch-heilsamer Ratgeber bezüglich der modernen entgrenzten Körperverhältnisse funktionieren kann. Gegen die Tendenzen zu einer technischen Optimierung des Körpers bzw. seiner biotechnologischen Aufrüstung, welche den Körper als Objekt konzipieren, setzt Abraham eine an organismische Grundbedingungen anknüpfende Perspektive, die die Eigenlogik des Körpers betont und Grenzen der Machbarkeit aufzeigt. Damit verknüpft sie die allgemeinere gesellschaftskritische Frage, inwiefern eine Respektierung der vom Körper gesetzten Grenzen bzw. „sich vom Körper etwas sagen lassen" als Korrektiv gegen gesellschaftliche Machbarkeitsfantasmen mobi-

[8] Obwohl dazu wichtige Vorarbeiten vorliegen, die weiter oben bereits erwähnt wurden (vgl. z. B. Jäger 2004).

lisiert werden kann. Die Chancen zu einer so verstandenen „Kultivierung" des Körpers seien allerdings „sozial höchst ungleich verteilt".

Fritz Böhle und Stefanie Porschen erläutern in „Körperwissen und leibliche Erkenntnis" ihr Konzept der leiblichen Erkenntnis als einer spezifischen Form von praktischem Erfahrungswissen anhand von Untersuchungen zur erfahrungsgeleiteten, leiblichen Kooperation und Kommunikation in Arbeitszusammenhängen. „Spürende Wahrnehmung" und „bildhaftes Denken" sind demnach für das Gelingen von Arbeitsvollzügen von Bedeutung. Im Zentrum ihres Beitrages steht jedoch die Frage, mit welchen theoretisch-begrifflichen Zugängen sich die Soziologie dieser Form eines leibgebundenen Wissens nähern könne: als „tacit knowing" (Polanyi), „leibliches Zur-Welt-Sein" im Anschluss an Merlau-Pontys Phänomenologie der Wahrnehmung oder „leibliche Kommunikation" im Sinne des leibphänomenologischen Ansatzes von Hermann Schmitz? Die Entwicklung einer Handlungstheorie, die diese Dimension der leiblichen Erfahrung und Erkenntnis, das „Wissen *durch* den Körper" einzubeziehen vermag, stellt – so die Autor/innen – eine zentrale Herausforderung sowohl an die Soziologie generell als auch an die arbeitssoziologische Forschung dar. Um dieser Herausforderung gerecht zu werden, führen sie das Konzept des „subjektivierenden Handelns" ein.

Sehr präzise und grundlegend spürt Ronald Hitzler in seinem Aufsatz „Ist da jemand?" anhand einer körperlich-psychischen Grenzsituation – dem Kontakt mit „Menschen im Zustand ‚Wachkoma'" – den Möglichkeiten und Versuchen nach, mit denen Handelnde in Interaktionsprozessen Zusammenhänge zwischen ‚Körperzeichen' und Bewusstseinszuständen herstellen bzw. herzustellen bemüht sind, wenn dafür kein etablierter kultureller Code zur Verfügung steht. Gegen verschiedene sozialtheoretische Annahmen, Menschen könnten „nicht nicht kommunizieren", zeigt die detaillierte Analyse des Wachkomas, dass ein „Nicht Kommunizieren können" sehr wohl alternierend mit Zuständen des „Kommunizieren könnens" vorzukommen scheint und vor dem Hintergrund signifikanter Korrelationen, in Relation zu Situationen des Kommunizieren-Könnens, beschreibar ist.

Rainer Schützeichel widmet sich in seinem Text zur „Soziologie der Stimme" einer Analyse der menschlichen Stimme als „leibliches Ausdrucksphänomen". Die besondere Funktion der Stimme in Kommunikationsprozessen wird im „Sich-Zeigen" des Sprechers, der Sprecherin deutlich. Als leibliches Ausdrucksphänomen kommt ihr ein Eigenleben zu; sie entzieht sich der völligen Kontrolle durch die/den Sprechende/n. Die Stimme wird als Indikator der Individuierung verstanden, der Auskunft über Sprechende gibt. Sie trägt wesentlich dazu bei, wie eine Kommunikation auch in ihren Inhalten aufgenommen wird. Da man sich dem Hören einer Stimme nicht entziehen kann, lässt sich das Hören einer Stimme als der „soziale, kommunikative Akt schlechthin" begreifen.

Sexuelles Körperwissen ist Gegenstand einer zweiten Gruppe von Beiträgen. Von besonderem sozialwissenschaftlichen Interesse ist hier die Frage nach dem

Zusammenhang zwischen gelebter, gespürter, erfahrener Sexualität einerseits, und dem diskursiv zirkulierenden Wissen über sexuelle Praxis und sexuelle Praktiken andererseits.

Die britischen Soziologinnen Stevi JACKSON und Sue SCOTT beschäftigen sich in ihrem Beitrag zu „Putting the Interaction back in to Sex" mit der soziologischen Forschung und Theoriebildung zur „gelebten Sexualität". Sie nehmen dazu ihren Ausgangspunkt in einer Kritik poststrukturalistisch-feministischer Beiträge, denen attestiert wird, nur sehr unzulänglich thematisieren zu können, wie wir in unserem Alltag in sexuellen Begegnungen dem jeweiligen Gegenüber unser Lustempfinden anzeigen und dessen/deren Lustempfinden erkennen. Denn hier handelt es sich, wie die Autorinnen darlegen, um Körperempfindungen, -erfahrungen und -ausdrucksweisen, für die in unseren Gesellschaften auf den ersten Blick jenseits der Pornographie kein öffentlicher Ort der Wissensvermittlung existiert und die doch durch und durch von sozialem Wissen respektive verfügbaren Interpretationsschemata und sexuellen Skripten durchzogen sind, anhand derer wir Definitionen sexueller Situationen (und deren reale Folgen) vornehmen, etwa die Unterscheidung von echtem und vorgetäuschtem weiblichen Orgasmus. Skripten verstehen sie nicht als „geschlossenen Text", sondern als offen für Interpretationen und nur dadurch im Handeln wirksam. Zur Untersuchung der gelebten Sexualität plädieren sie für einen entschiedenen Rekurs auf das interpretative Paradigma und den Symbolischen Interaktionismus.

Der Wiener Historiker Franz EDER erläutert in seinem Beitrag zur „Idealen Vergattung", wie unterschiedlich die Sexualwissenschaft im Verlaufe des 20. Jahrhunderts Wissen über gelebte Sexualität und „richtigen" oder „erfolgreichen" Geschlechtsverkehr erhoben, grafisch-statistisch aufbereitet und in Beratungswissen therapeutischer Einrichtungen übersetzt hat. EDER zeichnet nach, wie sich über die Jahrzehnte hinweg eine zunehmende Diversifizierung des behaupteten Normalitätskorridors sexueller Vollzüge beobachten lässt: Während sich das Expert/innen- und Beratungswissen Anfang des 20. Jahrhunderts auf der Grundlage eines Maschinenmodells des Körpers an Vorstellungen eines idealen heterosexuellen Koitusverlaufs orientierte, führten die späteren Surveys von Kinsey & Co zur Entdeckung einer großen Bandbreite gelebter Sexualitäten. EDER zeigt, welche „strategische Funktion" Diagramme, Kurven und sonstige Formen der Visualisierung als Medien des (popularisierten) Sexualitätsdiskurses bzw. als Bestandteile sich wandelnder sexueller Skripten haben.

Stefanie DUTTWEILER diskutiert in „Expertenwissen, Medien und der Sex" die Beratungsrubrik „Liebe Marta" aus einer Schweizer Boulevardzeitung. In dieser wichtigsten Schweizer Sexberatungs-Kolumne wird ein intensiver Kontakt zu Leserinnen und Lesern gepflegt und aus dem Zusammenspiel von Fragen und Beratung ein öffentliches und weithin anerkanntes, gleichwohl nicht durch einen wissenschaftlichen, sondern durch einen erfahrungs- und mitteilungsbasierten

Expertenstatus legitimiertes explizites Körperwissen über sexuelle Praktiken und Probleme sowie deren Lösungen generiert. Es ist gerade der nicht-professionelle Status der „Lieben Marta", der das vermittelte Körperwissen für die Rezipient/inn/en validiert. Das auf diese Weise konstituierte Körperwissen belässt den Rezipienten und Rezipientinnen die Freiheit, es als relevant für das eigene Leben zu bewerten. Genau darin sieht DUTTWEILER die Wirkmächtigkeit dieses Wissens begründet.

Insgesamt sechs Beiträge widmen sich dem gegenwärtig gesellschaftlich wohl virulentesten Aspekt des Körperwissens: den medizinischen Angeboten und Praxen der Erzeugung von Körperwissen sowie deren gesellschaftlichen Folgen.

Cornelius SCHUBERT stellt in „Medizinisches Körperwissen als zirkulierende Referenzen zwischen Körper und Technik" die Ergebnisse einer ethnographischen Studie vor, die sich dem Zusammenspiel von abstraktem, technisch vermitteltem Körperwissen von Chirurg/innen über den Patient/innenkörper mit dem inkorporierten Körperwissen und den Fertigkeiten der Chirurg/innen in ihrer Operationspraxis widmet. Er zeigt, dass auch in der technisierten Chirurgie in der operativen Praxis erworbene leibgebundene Fähigkeiten wie „Fingerspitzengefühl", Blick- und Hörgewohnheiten, Tastsensibilität etc. für ein erfolgreiches chirurgisches Handeln notwendig sind. Solche Fähigkeiten werden in komplexen Praxiszusammenhängen mit den technischen Apparaturen verbunden. Dadurch wird der Körper des Arztes selbst transformiert. Auch in der technisierten Medizin bleiben kontingente Körperpraxen bedeutsam und wirkten daran mit, ob und wie erfolgreich „Behandlungen" menschlicher Körper verlaufen.

Alexandra MANZEI zeigt in ihrem Beitrag „Zur gesellschaftlichen Konstruktion medizinischen Körperwissens" am Beispiel der „elektronischen Patientenakte", wie Digitalisierungen von Beobachtungen/Aufzeichnungen in der Intensivmedizin und die informationstechnologische Vernetzung von Diagnose am Krankenbett und betriebswirtschaftlichen Abrechnungsformen mit spezifischen normierenden Steuerungsmechanismen und Klassifizierungen einhergehen, mittels derer das medizinische Wissen über den Körper hochgradig standardisiert wird und sich so von der unmittelbaren sinnlichen Erfahrung ablöst. Damit wird die körperliche Selbsterfahrung der Patient/innen verändert. Gleichzeitig existieren nach MANZEI weiterhin körperliche Zeichen (z. B. Hitze, Rötung, Schwellung, Zittern, Schwitzen), die vom medizinischen Personal übersetzt werden müssen, weil sie nicht direkt in den informatisierten Daten abgebildet werden können. Das medizinische Personal steht deswegen vor der Anforderung, den Spagat zwischen einer Standardisierung des Wissens über den Patient/inn/enkörper und einem kontextsensiblen Verstehen körperlicher Zeichen zu leisten.

Marion OTT erläutert in ihrer Studie zum „(In)kompetenten Kinderkörper" anhand von kindermedizinischen, entwicklungsdiagnostischen Untersuchungen die Produktion und Diagnose motorischer Inkompetenz, die sich aus dem Zusammenspiel medizinischer Körpernormierungen, der ärztlichen Untersuchungspraxis und dem untersuchten Kinderkörper ergibt. In die diagnostische Praxis eingebundene Normen, die sich auf den sich entwickelnden Kinderkörper beziehen, erzeugen ein Wissen über den „richtigen“, altersangemessenen Körper, vor dessen Hintergrund diagnostizierte (In-) Kompetenzen als ein (Nicht-) Können des Kindes erscheinen. Doch ist der (in-) kompetente Körper auch eine Hervorbringung der medizinischen Untersuchung. Dies zeigt die detaillierte Beobachtung der Praxis kinderärztlicher Untersuchungen. Darin wird nicht nur das Kind ‚vermessen', zugleich sind die Ärztinnen und Ärzte bemüht, den Objektivierungscharakter dieser Messung durch distanzierende Kommentare zu lindern und auch den Eltern ‚Bewegungstipps' mit auf den Weg zu geben, während letztere in unterschiedlicher Weise bemüht sind, die erwartete ‚Leistung' ihrer Kinder sicherzustellen und sich zugleich der ‚Normalität' des Entwicklungsganges zu versichern.

Berit Bethke präsentiert in „Bodies on Display“ Ergebnisse einer Untersuchung von Ausstellungen des Deutschen Hygiene Museums Dresden in afrikanischen und asiatischen Städten aus den Jahren 1954–1989. Daran macht sie zwei Aspekte besonders deutlich, die sich als Verbindung von universellem Wissen mit der soziokulturellen Spezifik der Adressat/innen beschreiben lassen: zum einen die Visualisierungsstrategien, mittels derer das naturwissenschaftlich-abstrakte Körperwissen in den jeweiligen Kulturzusammenhängen populär gemacht werden sollte, zum zweiten die daran anschließenden Anleitungen zu gesundheitsbewusstem Verhalten in den jeweiligen Zielgesellschaften. So entstehen je unterschiedliche Amalgame zwischen dem präsentierten abstrakten medizinischen Expert/innenwissen und seinen jeweiligen kulturellen Anschlussformen bzw. Einbettungen.

Anschließend zeigt Fabian Karsch in seinem Beitrag zur „Prozessierung biomedizinischen Körperwissens am Beispiel der ADHS“ anhand einer Untersuchung der Ritalin-Nutzung, wie sich neue gesellschaftliche Nutzungsformen der Leistungssteigerung bzw. der Eigendiagnostik an das verfügbare medizinische Körperwissen anschließen. Zunehmend wird einerseits das Krankheitsbild auf Erwachsene übertragen. Insoweit ist die ADHS-Diagnostik Teil eines umfassenderen gesellschaftlichen Medikalisierungsprozesses, der medizinischen Wissensregimen eine neue Definitionsmacht verschafft. Andererseits bilden sich dadurch „Selbstmedikationen“ aus, in denen Laien zweckbezogen gezielt auf das Medikament zurückgreifen, um spezifische Belastungssituationen zu bewältigen. Dies widerspricht nun keineswegs der sozialwissenschaftlichen Diagnose der Medikalisierung, sondern stützt sie auch vonseiten ihrer lebensweltlichen Einbettung her. Für Karsch ergeben sich hier zugleich Hinweise auf eine Verschiebung von Macht/Wissen-Balancen zwischen Professionellen und Laien, wobei sich Letztere in bislang ungewohnter Weise von medizinischen Expert/innen „emanzipieren“.

Schließlich stellt Willy Viehöver in seinem Beitrag „*Häute* machen Leute, *Leute* machen Häute“ anhand einer Diskussion schönheitschirurgischer Eingriffe thesenhaft drei Entgrenzungsprozesse moderner Körperlichkeit vor: denjenigen von kurativer Therapie und Körperverbesserung, denjenigen der Vorstellung natürlicher Körperlichkeit und schließlich den Imperativ zur körperlichen Selbstgestaltung. Zusammengenommen bewirkten alle drei Prozesse, dass menschliche Körperlichkeit unverrückbar in einen Prozess individueller Entscheidungsabhängigkeit geraten ist. Dies wird zudem dadurch befördert, dass die Diskurse und das Körperwissen der ästhetisch-plastischen Chirurgie über deren Grenzen hinaus in den Alltag diffundieren. Gegen die verbreitete Klage über den „Körperkult" und „Schönheitswahn" plädiert er jedoch dafür, diese Formen der körperlichen Selbstgestaltung ‚werturteilsfrei' als neuen Modus der Selbstkonstituierung und Selbstthematisierung von Gesellschaft und ihrer Formen „gelingender Subjektivierung" zu analysieren.

Die Bedeutung von Körperwissen in Lehr-/Lernsituationen ist Gegenstand der folgenden Beiträge.

Zunächst erläutert Antje Langer in „Körperbewusste Schule?" Ergebnisse einer diskursanalytisch angelegten Studie der pädagogischen Literatur über Körperlichkeit im Schulunterricht. Die Institution Schule und der Schulunterricht erweisen sich hier als komplexer Thematisierungsraum der Generierung spezifischer Körperlichkeiten, zu denen insbesondere die wechselseitige Aufeinanderbezogenheit von „Lehrendenkörper" und „Schüler/innenkörper" gehören. Ausgehend von der Annahme, der Körper der/des Lehrenden sei ein Medium guter Unterrichtspraxis, werden diese zur permanenten Reflexion ihrer eigenen körperlichen Präsenz und Gestik im Unterricht angeleitet mit dem Ziel, die Lehr-Lernprozesse durch entsprechende Körpertechniken zu befördern (etwa durch das Signalisieren von Ruhe mittels eines Fingerzeigs). Entsprechende Körpereinsätze würden mittels einer „methodischen Körperführung" erzeugt. Direkte Berührungen von Schüler/innen durch das Lehrpersonal blieben trotz der Bedeutungsaufwertung des Körperlichen in den untersuchten pädagogischen Texten ausgeklammert.

Larissa Schindler zeigt in „Teaching by Doing" anhand der ethnographisch erforschten Lehr-/Lernsituation bei der Einübung der asiatischen Kampfkunst Ninjutsu und der „körperlichen Vermittlung von Wissen", wie eine ausgeführte Körperpraxis aufseiten der Schüler/innen, aber auch der Lehrer/innen bei den jeweiligen Gegenüber ein nicht verbalisiertes Wissen über den Stand der jeweiligen Kunstfertigkeit aktualisiert, die dann in „verbale Daten" übersetzt und zum Gegenstand weiterer Bearbeitung gemacht wird. Schindler verdeutlicht, wie Bewegungsordnungen in der lokalen Praxis der Vermittlung relativ problemlos beschrieben und vermittelt werden: über Zeigen, Zusehen und Nachmachen. Mündlich-textuelle Anleitungen funktionieren hier nur in Kombination mit der situativen Wahrnehmung der körperlichen Bewegungsabläufe von Trainer/innen und Schüler/innen. Dabei findet ein auf die körperlichen Bewegungsabläufe bezogenes Lernen auf beiden Seiten statt: Dem bekannten learning by doing entspricht ein bislang wenig thematisiertes teaching by doing, das seinerseits über das praktische Unterrichten (weiter) lernt.

Der Band endet mit einem Text, der sich in ungewöhnlicher Weise dem Thema des Körperwissens nähert. Er kann als Fabel über Körperwissen, über den ‚Kampf der Wesen und der Sinne' sowie über sensorische Kriegsführung respektive Versöhnung gelesen werden. Siegfried SAERBERG richtet darin seinen analytischen Blick auf „Die schwarzen Wühler". Anhand einer Erkundung der Maulwurfsfigur, als Metapher des Unsichtbaren, und der damit verbundenen positiven und negativen Konnotationen in Medien und Literatur einerseits, der Thematisierung des Störenfrieds in der Hobbygärtnerei andererseits, erhellt er das Zusammenspiel von Wissensbeständen über Körpersensorik und daran gekoppelten Verfolgungs- sowie Zerstörungstechniken. Angerissen wird damit das Programm einer leibphänomenologisch vermittelten Wissenssoziologie, welche die dem Handlungsentwurf im Schützschen Verständnis vorausgehenden auferlegten „sinnlichen Strukturen" in Gestalt eines „wahrnehmenden Handelns" in den Blick nimmt. Am Beispiel des Maulwurfes und der wahrgenommenen Störungen gärtnerischer Ordnung und Ästhetik wird deutlich, wie ein umfassendes Wissen über sinnliche Orientierung im Unterirdischen zum Ansatzpunkt einer waffentechnischen Mobilisierung wird, welche darauf zielt, die visuelle ästhetische Ordnung des Gartens gegenüber seinen unsichtbaren Störungen bzw. Störern zu behaupten bzw. – ‚koste es was es wolle' – wieder herzustellen.

3 Methodologischer Ausblick

Einige der mit den Erscheinungsformen und Wirksamkeiten von Körperwissen verbundenen theoretischen Herausforderungen und Fragen an die Soziologie haben wir im ersten Teil unserer Ausführungen vorgestellt. Abschließend möchten wir eine Frage kurz anreißen, die sich im Verlaufe der Tagung ‚Körperwissen' und in etlichen hier abgedruckten Beiträgen als virulent erwiesen hat: das Problem der Methodologie. Die mit dem Begriff des Körperwissens – verstanden in seiner doppelten Bedeutung als Wissen über den Körper und als Wissen des Körpers – verbundene Erweiterung des gängigen Verständnisses, was Wissen ist, ist mit nicht unerheblichen methodologischen Herausforderungen verknüpft. Das *Wissen über den Körper* lässt sich mit den etablierten, auf verbale Daten bezogenen Verfahren der Sozialforschung erfassen. Man kann die Leute fragen, was sie über ihren Körper wissen, auch wie sie ihn wahrnehmen. Und man kann die vielfältigen (medialen) Körperdiskurse analysieren. Das *Wissen des Körpers* ist hingegen nur unzulänglich auf Basis solcher Daten der empirischen Forschung zugänglich. Inwieweit videographische Erhebungsverfahren, indem sie aufeinander bezogene Bewegungsabläufe dokumentieren, einen Zugang zu dieser Dimension des Körperwissens eröffnen, ist nicht geklärt. Denn auch die Analyse von (audiovisuellen) Daten stützt sich auf reflexives Körperwissen, sie kann gar nicht anders: schon die bloße Beschreibung – „Er hebt den Arm“ – kann dieses Verhältnis nicht übergehen (vgl. dazu auch den Beitrag von Ronald Hitzler in diesem Band). Vielleicht bedarf es einer Form der ethnographischen Forschung, in welcher der eigene Körper als Untersuchungsinstrument eingesetzt wird, Untersuchungsgegenstand und Untersuchungsinstrument mithin eine Einheit bilden; dafür könnten die Analysen der neuerer Leibphänomenologie Anregungen geben. Wacquant (2003) hat am Beispiel des Boxens vorgeführt, wie auf diese Weise rekonstruiert werden kann, auf welche Weise die Strukturen eines sozialen Feldes – hier das des Boxstudios und des sozialen Milieus, in dem das Studio situiert ist – in die Bewegungen der Akteure inkorporiert werden. Freilich bleibt das Problem, wie bei einem solchen Forschungsdesign die Validität der Daten sichergestellt werden kann. Methodologische Fragen stellen zwar keinen expliziten Fokus der in diesem Band versammelten Beiträge dar, deren Bedeutung wird jedoch in einigen Beiträgen sichtbar. Die methodologischen Konsequenzen, die mit der Aufnahme des Körpers in den Katalog (wissens-)soziologischer Untersuchungsgegenstände verknüpft sind, bedürfen einer gründlichen empirisch basierten Reflexion. Das gegenwärtig starke Interesse an körpersoziologischen Fragen lässt hoffen, dass die notwendige empirische Basis bald verfügbar sein wird.

Literatur

Abraham, Anke/Müller, Beatrice (Hrsg.) (2010): Körperhandeln und Körpererleben. Multidisziplinäre Perspektiven auf ein brisantes Feld. Bielefeld: transcript

Berger, Peter L./Luckmann, Thomas (1969): Die gesellschaftliche Konstruktion der Wirklichkeit. Eine Theorie der Wissenssoziologie. Frankfurt a. M.: Fischer

Bockrath, Franz/Boschert, Bernhard/Franke, Elk (Hrsg.) (2008): Körperliche Erkenntnis. Formen reflexiver Erfahrung. Bielefeld: transcript

Böhle, Fritz/Weihrich, Margit (2010a): Zur Einführung. Die Körperlichkeit sozialen Handelns. Soziale Ordnung jenseits von Normen und Institutionen. In: diess. (2010): 1–30

Böhle, Fritz/Weihrich, Margit (Hrsg.) (2010): Die Körperlichkeit sozialen Handelns. Bielefeld: transcript

Boltanski, Luc (1976): Die soziale Verwendung des Körper. In: Kamper/Rittner (1976): 138–183

Bourdieu, Pierre (1993): Sozialer Sinn. Frankfurt a. M.: Suhrkamp

Bourdieu, Pierre (2001): Meditationen. Zur Kritik der scholastischen Vernunft. Frankfurt a. M.: Suhrkamp

Brumberg, Joan Jacobs (1997): The Body Project. An Intimate History of American Girls. New York: Random House

Butler, Judith (2009): Die Macht der Geschlechternormen. Frankfurt a. M.: Suhrkamp

Caysa, Volker (2008): Körperliche Erkenntnis als empraktische Körpererinnerung. In: Bockrath/Boschert/Franke (2008): 73–85
De Lauretis, Teresa (1999): Gender symptoms, or, peeing like a man. In: Social Semiotics 9 (2): 257–270
Duden, Barbara (1987): Geschichte unter der Haut. Ein Eisenacher Arzt und seine Patientinnen um 1730. Stuttgart: Klett-Cotta
Duden, Barbara (2002): Die Gene im Kopf – der Fötus im Bauch. Historisches zum Frauenkörper. Hannover: Offizin
Fischer, Joachim (2008): Philosophische Anthropologie. Eine Denkrichtung des 20. Jahrhunderts. München: Karl Alber
Gahlings, Ute (2006): Phänomenologie der weiblichen Leiberfahrungen. München: Karl Alber
Gugutzer, Robert (2002): Leib, Körper und Identität. Eine phänomenologisch-soziologische Untersuchung zur personalen Identität. Wiesbaden: Westdeutscher Verlag
Gugutzer, Robert (Hrsg.) (2006): body turn. Perspektiven der Soziologie des Körpers und des Sports. Bielefeld: transcript
Hahn, Alois (2010): Körper und Gedächtnis. Wiesbaden: VS-Verlag
Hirschauer, Stefan (2008): Körper macht Wissen – Für eine Somatisierung des Wissensbegriffs. In: Rehberg (2008): 974–984
Hitzler, Ronald/Honer, Anne (2005): Körperkontrolle. Formen des sozialen Umgangs mit physischen Befindlichkeiten. In: Schröer (2005): 356–370
Inhetveen, Katharina/Klute, Georg (Hrsg.) (2009): Begegnungen und Auseinandersetzungen. Festschrift für Trutz von Trotha. Köln: Rüdiger Köppe Verlag
Jäger, Ulle (2004): Der Körper, der Leib und die Soziologie. Entwurf einer Theorie der Inkorporierung. Königstein: Ulrike Helmer Verlag
Kamper, Dietmar/Rittner, Volker (Hrsg.) (1976): Zur Geschichte des Körpers. München: Hanser
Kamper, Dietmar/Wulff, Christoph (Hrsg.) (1982): Die Wiederkehr des Körpers. Frankfurt a. M.: Suhrkamp
Keller, Reiner (2005): Wissenssoziologische Diskursanalyse. Grundlegung eines Forschungsprogramms. Wiesbaden: VS-Verlag
Keller, Reiner/Meuser, Michael (2010): Tagungsbericht: Körperwissen. Eine internationale und interdisziplinäre Tagung. [10 Absätze]. Forum Qualitative Sozialforschung Jg. 11, Heft 2, Art. 27 [http://nbn-resolving.de/urn:nbn:de:0114-fqs100227]
Klein, Gabriele (2004): Bewegung denken. Ein soziologischer Entwurf. In: Dies. (2004a): 131–154
Klein, Gabriele (Hrsg.) (2004a): Bewegung. Sozial- und kulturwissenschaftliche Konzepte. Bielefeld: transcript
Knoblauch, Hubert (2005a): Wissenssoziologie. Konstanz: UVK
Knoblauch, Hubert (2005b): Kulturkörper. Die Bedeutung des Körpers in der sozialkonstruktivistischen Wissenssoziologie. In: Schröer (2005): 92–113
Le Breton, David (1985): Corps et société. Paris: Méridiens Klincksiek
Le Breton, David (1990): Anthropologie du corps et modernité. Paris: PUF
Le Breton, David (2003): Schmerz. Eine Kulturgeschichte. Zürich/Berlin: diaphanes [2000]

Merleau-Ponty, Maurice (1966): Phänomenologie der Wahrnehmung. Berlin: de Gruyter [1945]
Meuser, Michael (2006): Körper-Handeln. Überlegungen zu einer praxeologischen Soziologie des Körpers. In: Gugutzer (2006): 95–116
Meuser, Michael (2009): Geschlecht und Gewalt: Zur geschlechtlichen Konstruktion von Verletzungsmacht und Verletzungsoffenheit. In: Inhetveen/Klute (2009): 304–323
Rehberg, Karl-Siegbert (Hrsg.) (2008): Die Natur der Gesellschaft. Verhandlungen des 33. Kongresses der Deutschen Gesellschaft für Soziologie in Kassel 2006. Teilband 2. Frankfurt a. M.: Campus
Schmitz, Hermann (2007): Der unerschöpfliche Gegenstand. 3. Aufl. Bonn: Bouvier [1990]
Schmitz, Hermann (2008): Leib und Gefühl. 3. Aufl. Bielefeld: aisthesis [1989]
Schroer, Markus (Hrsg.) (2005): Soziologie des Körpers. Frankfurt a. M.: Suhrkamp
Schütz, Alfred (1972): Gesammelte Aufsätze Bd. 2: Studien zur soziologischen Theorie. Den Haag: Nijhoff
Schütz, Alfred (1972a): Gemeinsam Musizieren. Die Studie einer sozialen Beziehung. In: Schütz (1972): 129–150
Schütz, Alfred (1974): Der sinnhafte Aufbau der sozialen Welt. Frankfurt a. M.: Suhrkamp [1932]
Schütz, Alfred (1981): Theorie der Lebensformen. Frankfurt a. M: Suhrkamp [1924–1928]
Schütz, Alfred/Luckmann, Thomas (1979): Strukturen der Lebenswelt. Bd. 1. Frankfurt a. M.: Suhrkamp
Scott, Sue/Morgan, David (Hrsg.) (1993): Body Matters. Essays on the Sociology of the Body. London: Falmer Press
Shilling, Chris (1993): The Body and Social Theory, London: Sage
Turner, Bryan S. (1996): The Body and Society. 2. Aufl. London: Sage
Wacquant, Loïc (2003): Leben für den Ring. Boxen im amerikanischen Ghetto. Konstanz: UVK
Young, Iris Marion (1990): Throwing Like a Girl and Other Essays in Feminist Philosophy and Social Theory. Bloomington: Indiana University Press

Theoretische Grundlagen:
Wissen des Körpers – Wissen vom Körper

Der Körper als heilsam begrenzender Ratgeber?

Körperverhältnisse in Zeiten der Entgrenzung

Anke Abraham

1 Intrada: Der Körper als Objekt sozialer Verfügung

Den Körper als (ein) ‚Objekt' zu behandeln hat gesellschaftlich wie auch im Hinblick auf die anthropologische und soziologische Theoriebildung Tradition.[1] Hierin spiegelt sich ein ‚aufgeklärter' gesellschaftlicher und wissenschaftlicher Hang zur Objektbildung und Objektivierung (oder auch zu einer dichotomen Spaltung in Subjekt und Objekt), der untermauert wird in der (psycho-)analytischen Nachzeichnung von Objektbildungsprozessen in der Ontogenese, und der – wenn man so will – anthropologisch (und phylogenetisch) begründbar ist oder scheint.

Folgt man etwa der Philosophischen Anthropologie und hier Helmuth Plessner (1975 [zuerst 1925]), so ist der Mensch zwar zum einen als ein vitales Wesen in die Grundbedingungen organismisch gebundenen Lebens eingespannt und in ihnen verankert, er ist aber zum anderen auch qua seiner „exzentrischen Positionalität" „hinausgeschleudert" aus dem sicheren Band einer instinkthaften Bindung und Steuerung, und als bewusstseinsbegabtes Wesen zum Schaffen, Gestalten und Machen seiner Umwelt – mithin zu ‚Kultur' – ebenso genötigt wie befähigt: *Genötigt*, weil sein Überleben ohne die aktive Herstellung der kreatürlich notwendigen Lebensbedingungen wie Ernährung, Kleidung, Behausung, Schutz nicht gesichert wäre. *Befähigt*, weil der Mensch reflexiv begabt und somit zu Planung, Bewertung und Entscheidung in der Lage ist. Dies erlaubt ihm die Entwicklung und Realisierung von gedanklichen Entwürfen, den Aufbau und die Verwertung von Wissen und die planerisch-strategische Verfügung über ‚Objekte' – wobei ‚Objekt' als Sammelbegriff für all das stehen kann, was dem Menschen ‚entgegensteht': entweder, weil er es gedanklich aus sich herausstellen und als etwas ihm Gegenüberstehendes wahrnehmen kann, oder weil es sich ihm als etwas aufdrängt, das (in einem materialen oder mentalen Modus) in seinen Aufmerksamkeitshorizont fällt.

Auf der Grundlage dieser menschlichen Konstitutionsbedingungen war und ist der *Körper* des Menschen zum einen der materiale (organismische) *Ausgangsort*, zugleich aber auch *Objekt*, Gegenstand und Verfügungsmasse sozialen Handelns.

---

[1] Zur Dominanz der Behandlung des Körpers als Objekt in der soziologischen Theoriebildung vgl. etwa Meuser (2004), Schroer (2005), Abraham (2002).

So machen etwa auch Peter L. Berger und Thomas Luckmann in ihren Grundlegungen zu einer Theorie der Wissenssoziologie an prominenter Stelle auf die *doppelte* Bedeutung des Körpers aufmerksam: als *Organismus* ermöglicht und begrenzt der Körper soziales Handeln sowie Prozesse der Gesellschaftsbildung (Tradierung, Institutionalisierung, Sozialisierung etc.) – hier wird der Körper als Vermittler und Medium sozialen Handelns sowie als limitierender Faktor dieses Handelns angesprochen –, zugleich aber wird der Körper zum zentralen *Objekt* menschlichen Denkens und Handelns, indem die Gesellschaft dem Organismus bzw. dem Körper Grenzen setzt (vgl. Berger/Luckmann 1996 [zuerst 1966]: bes. 49–56, 191–195). Diese Hinweise können so verstanden werden, dass Prozesse der Konstituierung sozialer Wirklichkeiten immer auch über den Körper laufen und den Körper im Rahmen dieser Gestaltungsprozesse beeinflussen, verändern und modellieren, dass vor allem aber auch eine Notwendigkeit der Zuwendung zum Körper und somit die Aufforderung zum körperbezogenen Handeln und zur expliziten Einflussnahme *auf* den Körper besteht.

Ein Grundgestus dieser Einflussnahme auf den Körper liegt – mit erstaunlich großer historischer Kontinuität, wie die Studien von Hans Peter Duerr zeigen (vgl. etwa Duerr 1994) – in den vielfältigen Formen der sozialen *Kontrolle* des Körpers, die besonders dort intensiviert werden, wo Macht und Statusverluste der Herrschenden drohen (siehe dazu Hitzler/Honer 2005) und in der *Disziplinierung* des Körpers (vgl. hierzu die Arbeiten Foucaults; exemplarisch Foucault 1995 [zuerst 1975]). Diese kontrollierenden und disziplinierenden Aspekte werden in jüngerer und jüngster Zeit durch solche Bezugnahmen auf den Körper überlagert, die den Körper in ökonomischer und marktförmiger Manier zum prestigeträchtigen und wertschöpfenden ‚Kapital' machen, in das zu investieren ist, und die den Körper in ein umfassendes Programm der Selbstfürsorge und der Arbeit am Selbst einbeziehen.[2]

Mit Blick auf die Behandlung des Körpers als Thema der Soziologie konstatiert so auch Markus Schroer, dass sich die Soziologie bisher vornehmlich mit der Frage beschäftigt hat, dass und wie „die Gesellschaft dem Organismus Grenzen setzt": „Die Thematisierung des Körpers beginnt – und endet auch oft – mit der Analyse der Prägung des Körpers durch die Gesellschaft. Damit ist für viele auch heute noch der genuin soziologische Anteil an der Thematisierung des Körpers bezeichnet" (Schroer 2005a: 18). Der andere Aspekt, dass der Organismus der Gesellschaft Grenzen setzt, werde zwar „immer wieder aufs Neue angemahnt, oft aber dennoch nicht umgesetzt." (a. a. O.)

---

[2] Zur Skizzierung dieses marktförmigen ‚Körperkults' siehe etwa Alkemeyer (2007), Degele (2007), Villa (2007); zur Einspannung des Körpers in umfassende Projekte im Sinne der Selbsttechnologien und der körperbezogenen Gouvernementalität vgl. Lemke (2008), Maasen (2008), Villa (2008).

So durchzieht die Beschreibung des Körpers als *Objekt* gesellschaftlichen Handelns leitmotivisch auch sämtliche ‚Klassiker' einer Soziologie des Körpers – etwa wenn Marcel Mauss nach „Techniken des Körpers" fragt, Norbert Elias die Kontrolle von Affekten und des körperlichen Ausdrucks und Gebarens untersucht, Michel Foucault Mechanismen der Körperdisziplinierung aufdeckt, oder Pierre Bourdieu den Körper als einen Ort kultureller Einschreibungen thematisiert (vgl. im Überblick hierzu bes. Meuser 2002, 2004). Und sie durchzieht die aktuellen biotechnologischen Debatten und Bezugnahmen auf den Körper, in denen es um die Machbarkeit, Optimierung und Perfektionierung des Körpers als ‚Material' und ‚Ressource' geht, in denen der Körper bzw. Teile des Körpers (Organe, Gehirnareale, Embryonen, Stammzellen, Gene etc.) in objektivierender und zergliedernder Weise als „Biomasse" etikettiert werden und in denen über die Formen und Möglichkeiten der ‚Vernutzung' dieser (naturwissenschaftlich konstruierten) Teile diskutiert wird.[3]

Und auch in der Ausschreibung sowie in den präsentierten Beiträgen zur Tagung „Körperwissen", auf die der vorliegende Band zurückgeht, zeigt sich ein deutlicher Überhang in der Thematisierung des Körpers als Objekt und Gegenstand: Betont wird das Wissen über den Körper – nicht aber, so könnte eine Alternative lauten, das Wissen *des* Körpers (wenngleich auch dieser Aspekt sowohl von den Veranstaltern als auch in einzelnen Beiträgen angesprochen wurde). Ein ‚Wissen über' macht den Körper zum Objekt, vom Wissen *des* Körpers zu sprechen, würde ihn zu einer eigenständigen und ‚handelnden' oder auch „agierenden" Entität machen (zum Körper als „agens" vgl. Meuser 2004: bes. 209–211).

Nun könnte man einwenden: Auch Wissen über das Wissen *des* Körpers ist ein Wissen über den Körper, denn Körper sprechen bekanntlich nicht – zumindest nicht eine verbale, diskursive Sprache – und die Ausdruckszeichen, die Körper senden, müssen in Sprache übersetzt werden, um zu einer Mitteilung zu werden. Das deutende und verstehende Subjekt ist nicht der *Körper*, sondern ist immer der körperlich existierende *Mensch,* und nur er kann überhaupt ein Wissen erzeugen, vermitteln und verarbeiten. Mit anderen Worten: Sofern wir den Körper zum Gegenstand unseres Denkens und Sprechens machen – und nur dann kann er uns in einer wissenschaftlich gültigen und geteilten Weise ja überhaupt zugänglich und kommunizierbar werden – haben wir automatisch immer schon die Rede und das Wissen über den Körper eingesetzt. Aus wissenssoziologischer und bewusstseinslogischer Perspektive gibt es aus dieser Crux kein Entrinnen. Damit könnte man sich abfinden – und schweigen.

[3] Vgl. hierzu exemplarisch und kritisch etwa Ach/Pollmann (2006), Siep (2006), Lemke (2008: bes. 111–128).

2 Interludium: Das Anliegen des Beitrags

Sozusagen ,wider besseres Wissen' möchte ich hier dennoch den Versuch unternehmen, eine alternative Denkmöglichkeit zu eröffnen. Mein Frageinteresse ist: *Wie ist der Körper anders zu denken, denn als ein Objekt?* Und: *Was könnten wir gewinnen, wenn wir den Körper (auch) anders denken würden?* Angesprochen ist damit die Stärkung eines Diskurses, der in vielfältiger – praktischer, alltäglicher und wissenschaftlicher – Hinsicht marginalisiert ist, der aber – so meine (im Laufe dieses Beitrags zu begründende) Annahme – wertvolle und weitgehend ungenutzte emanzipatorische Potenziale enthält.

Um der Beantwortung oder zumindest der weitergehenden Aufschließung dieser Fragen ein wenig näher zu kommen, möchte ich wie folgt vorgehen: Zunächst ziehe ich ein kleines Sprachexperiment heran, das die Spur zu einer Deutungsalternative legen kann. Mit Rückgriff auf Alfred Schütz und sein Frühwerk „Theorie der Lebensformen" sowie in Anlehnung an Überlegungen von Gesa Lindemann, die das Körperlich-Organische als Leerstelle in der handlungsorientierten und auf Sinnverstehen ausgerichteten Soziologie markiert, versuche ich dann, die Eigenlogik des Körpers theoretisch einzufangen. Im Hauptteil des Beitrags möchte ich zeigen, 1. inwiefern der Körper als eine eigenständige und mit einer zu respektierenden Eigenwürde versehene Entität (und im Sinne eines Subjekts) gedacht werden kann, und 2. welche individuellen (emanzipatorischen) und welche gesellschaftlichen (inflationäre Leistungs-, Gewinn- und Machbarkeitsphantasien begrenzenden) Vorteile dieses Denken mit sich bringen könnte.

3 Der Körper als Subjekt – sechs Variationen über ein Thema

Variation I: „Den Körper schlafen" – von den Grenzen der Verdinglichung des Körpers

Wenn wir sagen: „Ich muss mich um meinen Körper kümmern", so dass er ausreichend genährt, gepflegt, gekleidet, bewegt, geschützt, beschlafen und geschlafen wird, so verweist das auf das eben angedeutete gesellschaftlich dominante Körperverhältnis: der Körper ist Objekt einer Fürsorge. Bei den Worten „der Körper wird ,beschlafen'" reagieren wir (eventuell) leicht irritiert, bei dem Ausdruck, der Körper wird „geschlafen" mit großem Befremden. Dies verweist auf wichtige Zusammenhänge in der Logik, mit der Körper sich verhalten: Denn hier hat offensichtlich – zumindest gemäß unserer Denk- und Erfahrungsgewohnheiten – die Rede vom Körper als Objekt und die Behandlung des Körpers als Objekt Grenzen.

Sehen wir uns die Konstruktionen ,mein Körper wird geschlafen' oder ,ich schlafe meinen Körper' einmal genauer an. Klar – das klingt absurd: Wir können einen Körper zwar schlagen, aber wir können ihn nicht schlafen. Dies verweist darauf, dass es körperliche Bewegungen und Regungen gibt, die uns *geschehen* und die letztlich *nicht* ‚machbar' sind. Wir können zwar allerhand Vorkehrungen treffen, dass der Schlaf kommen möge, dass er ausreichend lang und tief genug sei, aber wir können den Schlaf selbst nicht herstellen – er ‚kommt über uns' oder ‚wir fallen in ihn hinein'. Der Schlaf ist ein Geschehen, bei dem der Körper in seinen eigengesetzlichen Fähigkeiten zur Regeneration die Regie übernimmt.

Um dieses Geschehen in die Terminologie der handlungsorientierten Soziologie zu übersetzen, könnte man sagen: Im Schlaf verkehren sich die Verhältnisse – der Körper wird zum Agierenden, die Gesamterscheinung Mensch und das denkende Ich werden zum ausgelieferten Objekt. Nicht zuletzt deshalb – wegen dieser potentiell irritierenden und ängstigenden Ausgeliefertheit an den Körper – setzen der Schlaf oder auch der Sexualakt, sollen sie befriedigend gelingen, ein großes *Vertrauen* als Rahmenbedingung des Sich-überlassen-Könnens voraus.

Variation II: Die Fundierung von Sozialität im Leib – Erinnerung an den frühen Schütz

Alfred Schütz hat in seinem 1925 begonnenen (frühen) Manuskript „Theorie der Lebensformen" dem Körper bzw. dem Leib eine zentrale Stellung eingeräumt (vgl. Schütz 1981 [zuerst 1925]). In Anlehnung an wesentliche Eckpfeiler der Lebensphilosophie Henri Bergsons entwirft Schütz hier eine Stufung von Bewusstseinsschichten, die er „Lebensformen" nennt und in deren Verbindung das einheitliche Ich aufgehoben ist. Zentral ist, dass stets ein Durchstieg zwischen allen Stufen möglich ist, und so auch die unterste Stufe des Daseins, die „Lebensform der reinen Dauer des Ich" mit der höchsten Stufe, der „Lebensform des begrifflich denkenden Ich", verbunden ist. Der Körper bzw. der Leib wird der dritten Stufe, der „Lebensform des handelnden Ich" zugeordnet.

Die Einheit des Ichs wird nach Schütz zentral vom „somatischen Lebensgefühl" des handelnden Ichs bestimmt. Dies meint im Kern: Erleben, Handeln und Erkennen sind stets leiblich fundiert, weil es der Leib ist, der uns durch seine organische Konstitution allererst eine Existenz im Sinne einer ausgedehnten Dauer des Ichs ermöglicht, der uns mit seinen sinnlichen Vermögen an den Dingen der Welt teilhaben lässt, der uns aktiv in der Welt handeln lässt, und der uns so höhere Formen der Erkenntnis ermöglicht.

Für den vorliegenden Diskussionszusammenhang ist zentral, wie Schütz den Zutritt des Ichs zur Außenwelt markiert. Erst durch die *Bewegung* des handelnden Ichs und das Gewahren einer *Grenze* werden Räume, Zeiten und Dinge ihres amorphen Charakters, den sie auf der Stufe der reinen Dauer haben, entledigt und zu umrissenen Quantitäten. Der Körper hat also deshalb eine so privilegierte Stellung, weil er dem Menschen das Erkennen von Welt gestattet, indem der Mensch sich in seiner Leibgebundenheit in Bewegung setzt, handelt und *an Grenzen stößt.*

Das lebendige Dasein, das leibgebundene Sich-Bewegen und das Erleben sind für Schütz der fundierende Grund aller weiteren Lebensformen (wie denjenigen des „redenden Ich" und des „begrifflich denkenden Ich"). Leider hat Schütz diese zentrale und alle Erkenntnis konstituierende Rolle des Leibes nicht systematisch weiter verfolgt und – ähnlich wie Plessner – den Menschen vornehmlich als ein mit Bewusstsein begabtes und symbolisch-diskursiv operierendes Wesen, was der Mensch ja *auch* ist, konzeptualisiert (vgl. zu diesen Leerstellen ausführlich Abraham 2002: 47–105). Für eine Soziologie, die den fundierenden Grund von Erkenntnis, Sinnbildung und Wissen nicht aus dem Auge verlieren möchte und die nach einer fruchtbaren Erweiterung soziologischer Theoriebildung durch die Anknüpfung an leibphänomenologische Erkenntnisse sucht (vgl. dazu etwa auch Gugutzer 2002; Jäger 2004), kann ein Rekurs auf den frühen Schütz von Gewinn sein.

Variation III: Der Körper als Organismus

Vor dem Hintergrund der eben angedeuteten Traditionenbrüche und Auslassungen in der späteren Soziologie (nicht nur bei Alfred Schütz) sind die Überlegungen Gesa Lindemanns ausgesprochen anregend, die – in Anlehnung an Helmuth Plessner – den lebendigen Körper rehabilitieren und eine dringend zu füllende Leerstelle in der Soziologie allgemein und in der Diskussion zum Verhältnis von Technik und Gesellschaft im Besonderen markieren.

Ausgangspunkt von Lindemann ist die Feststellung, dass soziologische Ansätze, die das ‚Körperlich-Organismische' von sich verhaltenden, handelnden und Sinn erzeugenden Akteuren nicht systematisch in ihre Überlegungen einbeziehen, flach und erklärungsbedürftig bleiben – so etwa die Aktor-Netzwerk-Theorie Bruno Latours, bei der technische Erscheinungen, Menschen und soziales Handeln zu Elementen in einem Wirkungsgefüge vereinheitlicht werden und eine *Unterscheidung* zwischen mechanischer Wirksamkeit und sinnhaftem Handeln obsolet wird, oder so auch das Verständnis von Handeln und Kommunikation bei Niklas Luhmann, das nach Lindemann unzureichend bleibt, wenn bzw. weil kein materieller Träger oder kein materielles Substrat angenommen wird, das materielle Mitteilungen aufnimmt, selektiert und als etwas zu Verstehendes für andere aufbereitet und ausdrückt (vgl. dazu Lindemann 2005, 2008). Folgt man Lindemann, so leidet die soziologische Theoriebildung chronisch daran, ihre Gegenstände „immaterial" zu konzipieren, so dass der Eindruck entsteht, man habe es bei den Akteuren bzw. operierenden Einheiten sozialen Handelns nicht mit materialen Wesen aus Fleisch und Blut, sondern mit „Engeln" zu tun (vgl. Lindemann 2005: 114f.).

Mein Erkenntnisinteresse ist es, Wege zu suchen, wie der Körper bzw. das ‚Körperlich-Organismische' des Menschen als eine eigenlogisch operierende Einheit verstanden werden kann, und wie der Körper damit – gerade *durch* diese und *in* dieser Eigenlogik – als ein ‚Richtungsgeber' oder ‚Ratgeber' respektiert, anerkannt und dialogisch genutzt werden könnte. Dabei geht es nicht darum, dass der Körper (oder die Natur, wie es Hans-Dieter Mutschler analog formuliert; vgl. Mutschler 2002: bes. 11–17) zu einer moralischen oder normgebenden Instanz aufgewertet wird, oder dass man meint, Handlungsanweisungen direkt dem Körper (oder der Natur) entnehmen zu können – das kann man sicher nicht – , sondern es geht darum, den Körper (oder die sinnlich wahrnehmbare Natur) als ein Gegenüber anzusehen, das eine Eigenwürde besitzt (bzw. dem eine Eigenwürde zuzusprechen wäre), das natürlich gegebene Grenzen besitzt, das ‚Ansprüche' und ‚Bedürfnisse' hat und das über eine eigenständige Artikulationsfähigkeit verfügt. Lindemanns Ausführungen liefern zu einem so gearteten Denken wichtige Anknüpfungspunkte:

Lebendige Körper erscheinen – so Lindemann im Rekurs auf Plessner – stets in zweifacher Hinsicht: als „Gestalt" und als „Ding". Im Gestaltzusammenhang nehmen wir den Körper in der je situativ gegebenen und in einer bereits gewussten Weise wahr; in der Anschauung des Körpers als Ding ist der Körper jedoch nicht mit der aktuell feststellbaren Gestalt identisch, sondern *entzieht* sich einer definitiven Feststellung – man könnte auch sagen: in diesem Falle ist der Körper ein epistemisch offenes Gebilde, ein Rätsel, das (möglicherweise oder je nach Geschmack) der Entdeckung, Erkundung, Erforschung harrt.

Körper in ihrer Gestalt- und Dinghaftigkeit sind dann lebendig, wenn zu ihren material-physischen Eigenschaften eine weitere Eigenschaft hinzutritt – nämlich die Eigenschaft der Lebendigkeit, die sich darin zeigt, dass Körper in ihrer Erscheinung als Ding *expressiv* aus sich heraustreten und *auf etwas* verweisen können – ob, wo und wie diese Zeichen ankommen und welche Reaktionen sie auslösen, ist damit natürlich nicht gesagt. Aber: Hiermit eröffnet sich die entscheidende und weitreichende Möglichkeit, vom Körper als von einem *eigenständigen Gegenüber* sprechen zu können. Denn zentral ist, dass der Körper (als Ding) *selbstständig* und unabhängig vom Bewusstsein *agieren* und dass er sich *artikulieren* kann.

Lindemann betont ganz in diesem Sinne (und mit Plessner): „Insofern ein lebendiges Ding sich abgrenzt (etwa von der Umwelt oder einem Bewusstsein), wird es zu einem sich selbst regulierenden Eigenbereich." (Lindemann 2008: 697) Mit anderen Worten: Lebendige Phänomene bzw. Phänomene, die als lebendig gelten sollen, besitzen die Fähigkeit zu einer „selbstständigen Grenzrealisierung". Damit ist lebendigen Körpern eine Eigendynamik und Eigenlogik gegeben, die in der Auseinandersetzung mit ihnen in Rechnung zu stellen ist.

Lindemann führt ihre Überlegungen dann ganz im Plessner'schen Sinne weiter mit der Idee der Steigerung der Rückbezüglichkeit des Lebendigen auf sich selbst, die gipfelt in der Fähigkeit zur exzentrischen Positionalität des Menschen –

dieser allseits bekannten und eingangs bereits angedeuteten Spur will ich nicht folgen, denn es geht mir hier nicht primär um die Würdigung der Besonderheit des bewusstseinsbegabten Menschen, sondern um die Verteidigung der *Würde des Körpers*.

Deshalb möchte ich mit Lindemann auf einen zweiten zentralen Zusammenhang aufmerksam machen: Lindemann bemerkt, dass gestalthafte Zusammenhänge die Eigenart aufweisen, dass sie durch und durch kalkulierbar sind, das heißt: „sie können im Prinzip anhand einer Gebrauchsanweisung und im Extremfall anhand einer mathematischen Formel erzeugt werden." (Lindemann 2008: 693) Dies hat zur Konsequenz, dass dasjenige am Körper, das vollständig im Sinne einer gestalthaften Erscheinung *gedeutet* wird, in jeden nur denkbaren technischen Zusammenhang integriert und dort *wie* oder gar *als* ein streng kalkulierbares und steuerbares technisches Teil benutzt und verstanden werden kann.

Die Technologisierung von Körpern, ihre Vermessung, Verkabelung, Visualisierung (durch bildgebende Verfahren) und Optimierung, ihre Amalgamierung mit technischen Teilen und Computern sowie ihre Behandlung *als* ein mathematisch berechenbares und codierbares System wird mit diesem theoretischen Blickwinkel nicht nur nachvollziehbar, sondern, wie ich finde, auch kritisierbar. Denn, so hatten wir eben gesehen, der lebendige Körper wäre ja stets immer auch als rätselhaftes und unerkanntes ‚Ding' anzuerkennen, und als solches *entzieht* er sich technologischer Kontrolle und Festlegung, er treibt sein eigenes Spiel und er widersetzt sich in seiner epistemischen Offenheit einem Zugriff oder falschen bzw. einseitigen Auslegungen seiner Wirkungsweisen und Wirkungsmöglichkeiten.

Variation IV: Die Grenzen der Machbarkeit des Körpers

Dass der Körper nicht beliebig manipulierbar ist, und dass Optimierungsversuche immer wieder an den Eigengesetzlichkeiten des Körpers scheitern, lässt sich leicht belegen. Hier nur ein kleines Beispiel aus dem Bereich der Medizin und des Sports: Um sich gegenüber der Konkurrenz Vorteile zu verschaffen, lassen sich immer mehr Sportler, ohne dass eine medizinische Indikation oder Notwendigkeit besteht, die Augen lasern und können ihre Sehschärfe damit um bis zu 100 % und mehr verbessern (vgl. Winter 2008). Nebenwirkungen wie tränende und trockene Augen, Eintrübung und Verschwimmen des Blicks, Beeinträchtigung während der Dämmerung oder ständig wiederkehrende Nachoperationen treten gehäuft auf. Eine Garantie für Erfolg und Beschwerdefreiheit gibt es nicht – so Experten. Hier wird deutlich: Der Körper wehrt sich mit Gegenreaktionen gegen solche Übergriffe, die nicht hinreichend seine Gesetzmäßigkeiten und Grenzen respektieren.

Drastischere und ebenfalls hinreichend bekannte Beispiele für Gegenreaktionen des Körpers sind die Abstoßung von Gewebe bei Implantaten, das Reißen von Sehnen bei zu schnell auftrainierten Muskeln, der Kreislaufzusammenbruch bei überstimulierenden Eingriffen in den Stoffwechselhaushalt oder die Immunschwäche bei einem Dauerangriff auf die stillen Reserven des Körpers, wie sie im Hochleistungssport gang und gäbe sind.

Sportmediziner, Biochemiker, Biomechaniker und Trainingswissenschaftler betreiben hier nun jedoch ein paradoxes Spiel: Sie erkennen auf der einen Seite, dass es so etwas wie natürliche Grenzen der Belastbarkeit des Organismus gibt, dass jeder Organismus einem hochkomplexen und noch nicht annähernd durchschauten Wechselspiel von Kräften unterliegt, und dass jeder Organismus anders auf bestimmte Interventionen reagiert – zugleich aber gehen sie davon aus, dass die Möglichkeiten der Optimierung und Leistungssteigerung noch nicht annähernd ausgeschöpft sind, und dass es im molekularen, genetischen und mechanischen Bereich noch zahlreiche ‚unentdeckte Felder' der Leistungssteigerung gibt, wobei in der Tendenz die Leistungsverbesserungsmöglichkeiten gegen Null streben, der dafür betriebene Aufwand aber exponentiell in die Höhe getrieben werden muss (vgl. Bröker 2008).

Deutlich wird: Die existierenden natürlichen Grenzen des Körpers werden nicht etwa zum Anlass genommen, spezifischen Eingriffen Einhalt zu gebieten, sondern im Gegenteil als eine Herausforderung gesehen, diese Grenzen trotz des immensen Aufwands, der hohen Kosten und der völlig unkalkulierbaren und gefährlichen Nebenwirkungen zu überschreiten (wobei das Verhältnis zwischen Aufwand und Effekt immer ungünstiger wird). Die zur Zeit in der Sportmedizin angestrebte subtilere Erforschung der komplexen Verkettungen von Individuum – Organismus – Belastungsreiz dient dabei so auch nicht primär der Schonung des Körpers oder des Menschen, sondern nach wie vor primär der Suche nach Möglichkeiten der Leistungssteigerung.

Variation V: Der Körper als Objekt der Machbarkeit und Probleme der Begrenzung der Entgrenzung

Ein anderes Feld der deutlichen Eingriffe in den Körper, die darauf angelegt sind, den Körper zu optimieren, ist das Feld der Schönheitstechnologien (und hier insbesondere der Schönheitsoperationen), mit deren Hilfe der Körper gemäß spezifischer gesellschaftlicher Ideale durch mehr oder weniger invasive Eingriffe um- oder neugestaltet wird. Während es im (Hochleistungs-)sport um die Optimierung der motorischen Leistungsfähigkeit geht, steht im Rahmen von Schönheitstechnologien die Steigerung der Attraktivität im Vordergrund – wobei fraglich oder zumindest höchst strittig ist, was ‚schön' ist, und ob auch Schönheit (grenzenlos?) steigerbar ist.

In Diskussionen zu Schönheitstechnologien wird u. a. darauf hingewiesen, dass wir uns hier kulturell keinesfalls auf Neuland bewegen: Techniken der ästhetischen Körpergestaltung sind aus allen Kulturen bekannt, auch solche Techniken, die die Haut verletzen und von starken Schmerzen begleitet sind, und sie erfüllten und erfüllen zentrale, wenn auch deutlich gewandelte und verschobene, soziale und psychische Funktionen (vgl. dazu u. a. Rohr 2004, 2010); und es wird weiter darauf verwiesen, dass wir es hier mit einem Phänomen zu tun haben, das sich auf einem ‚Kontinuum' der Eingriffe bewegt – wobei das Eincremen und Haareschneiden als Beispiel für den einen Pol, die operative Brustvergrößerung für den anderen Pol stehen mag (vgl. Villa 2008: 252).

Hier wäre zu fragen: Wie wird dieses ‚Eingriffs-Kontinuum' gekennzeichnet? Was zeichnet den einen Eingriff gegenüber dem anderen Eingriff aus? Warum erscheint uns der eine Eingriff skandalöser oder kritikwürdiger als der andere? Und: Was wird zum Ausdruck gebracht, wenn hier von einem „Kontinuum" die Rede ist?

Wenn man sich auf einem Kontinuum bewegt, dann ist letztlich keine Stelle anzugeben, von der ab ein Zugriff auf oder Eingriff in den Körper als verwerflich anzusehen ist. Ganz in diesem Sinne weist Peter Wehling auf die „notorische Unschärfe" von Grenzziehungsbemühungen im Bereich der Medizin und der Bestimmung von „krank" und „gesund" und analog von „Therapie" und „Enhancement" hin (vgl. Wehling 2008: bes. 957 f.). Oder man gerät in einen Abgrenzungs- und Begründungsnotstand, wenn man medizinisch notwendige Maßnahmen zum Zwecke der Heilung solchen Maßnahmen gegenüberstellt, die Schönheit herstellen, um psychisches Leiden zu verringern und sich wohl(er)zufühlen. Denn ist nicht die Verringerung von Leiden gerade das Kerngeschäft der kurativen Medizin? Ist nicht das Ansinnen auf Wohlgefühl ein jedem Menschen zuzugestehendes Grundbedürfnis, und hat er nicht das Recht auf die Verwirklichung dieses Ansinnens? Ist mithin nicht jede Operation oder jeder manipulative Eingriff in den Körper zu billigen, der das subjektive Wohlgefühl steigert?

Alle Einflussnahmen auf den Körper sind letztlich Eingriffe in den Körper – angefangen von der Aufnahme oder Verweigerung bestimmter Nahrungsmittel bis hin zu trainingsinduzierten oder operativen Maßnahmen der Körpermodellierung. Nimmt man dann noch die These hinzu, dass die Verfügbarkeit des Körpers und das Verfügenmüssen über den Körper zu den Konstitutionsbedingungen des Menschseins gehört, so erhalten *alle* Einflussnahmen anthropologische Weihen. So kann nämlich argumentiert werden, es sei doch unsere Pflicht und Notwendigkeit, dass wir unseren Körperumgang gestalten, ja, dass wir anthropologisch gesehen gar nicht umhinkommen, das zu tun – was ja *auch* stimmt. Und es sei unsere ethische Pflicht und unser ziviles, demokratisches Recht, so kann weiter argumentiert werden, diese Gestaltung so zu betreiben, dass Leid minimiert und Wohlgefühl gesteigert wird.

Hier wird deutlich, wie wenig klar das eine (etwa ‚Heilung' oder ‚Ersatz von Verlorenem' oder ‚weniger invasive und verändernde Eingriffe') vom anderen (etwa ‚Enhancement' oder ‚Verbesserung und Optimierung des Vorhandenen' oder ‚stark verändernde Eingriffe') geschieden werden *kann* oder überhaupt geschieden werden *sollte*. Ein Grund für diese Schwierigkeit scheint mir darin zu liegen, dass ein argumentativer Rahmen fehlt oder dieser Rahmen unklar ist, mit dessen Hilfe Phänomene des Eingriffs in den Körper geordnet oder gewichtet werden könnten. Mögliche Ansatzpunkte für die Entwicklung eines solchen argumentativen Rahmens könnten in den folgenden soziologischen Arbeitsaufträgen liegen:

a) die sozialen Rahmenbedingungen, unter denen das jeweilige körperbezogene Handeln stattfindet, systematisch und kritisch mitzureflektieren, und
b) solche Deutungsmöglichkeiten des Körpers zu stärken und weiter zu entwickeln, die alternative Handlungsoptionen im Hinblick auf das Körpererleben und den Körperumgang eröffnen und gestatten würden.

Zu a): Eine zentrale Aufgabe der Soziologie wäre es in diesem Zusammenhang, empirisch und sehr genau zu untersuchen, wer mit welchen Intentionen und mit welchen Konsequenzen für die eigene Persönlichkeit, für die Gemeinschaft und für den Körper welche Formen von Körpermodifikationen betreibt. Ein besonderes Augenmerk wäre dabei auf die Frage zu richten, in welche sozialen, ökonomischen, wissenschaftlichen und politischen Dynamiken das Körperhandeln jeweils eingespannt ist, durch welche Dynamiken es in massive Entgrenzungen hineingezwungen wird, und wie die Diskurse beschaffen sind, die solche Formen des entgrenzenden und die Grenzen des Organismus (und der Psyche) missachtenden Körperhandelns stützen, forcieren oder legitimieren – Formen, die die natürlich gegebenen Grenzen des Aussehens, der Leistungsfähigkeit, der Verletzlichkeit und der Endlichkeit zu überschreiten wünschen. So könnte sich beispielsweise zeigen, ob und unter welchen Bedingungen (tatsächlich) Freiheit, Selbstbestimmung und Wohlgefühl die Effekte forcierter Körpermanipulationen sind, oder ob und unter welchen Bedingungen (nicht vielmehr) Selbstunterdrückung, eine nachhaltige Schädigung des Körpers und eine Verschärfung sozialer Disparitäten und sozialer Zwänge die Folge sind. Und es könnte bei einem genaueren Blick erhellt werden, wie das ‚Leiden' (oder auch ein ‚Wohlgefühl') und die Körpermodellierungszwänge (etwa unter den Bedingungen kapitalistisch und neoliberalistisch verfasster Gesellschaften) sozial erzeugt und geschürt werden, welche anderen oder eigentlichen Sehnsüchte, Bedürfnisse und Ängste die massiven Körpermanipulationen verdecken, und welche Alternativen des Handelns es geben könnte (vgl. hierzu ausführlicher Abraham 2010a, 2010b).

Zu b): Die explizite Einführung von Bewertungsmaßstäben, die einen Körperumgang als zu- oder abträglich für den Körper, für den Einzelnen und/oder gar für die gesellschaftliche Entwicklung insgesamt beurteilen (wollen), ist ein überaus heikles, wenn nicht sogar unmögliches Unterfangen, und kann schnell den Verdacht mangelnder Professionalität erzeugen. So zwingt sich beispielsweise Paula-Irene Villa (als Wissenschaftlerin und Soziologin) in auffälliger Betonung dazu, die operativen Eingriffe, die Frauen an ihrem Körper vornehmen, immer wieder „sachlich" und „nüchtern" (Villa 2008: 246, 254, 268) zu betrachten, ohne sie bewerten oder gar verurteilen zu wollen – *spürbar* wird jedoch, dass die Autorin diese Eingriffe mitunter (auch) für diskussions- und kritikwürdig hält, es (als Soziologin) aber vermeiden will, hier normativ oder moralisierend vorzugehen. So wird auch nicht der Versuch unternommen, einen möglichen Bewertungsmaßstab zu entwickeln oder systematisch Argumente zu entfalten, die das Unbehagen an den empirischen Befunden greifbarer machen würden.

In der Tat ist ein zentrales Ziel von Wissenschaft, und gerade auch einer handlungsorientierten und sinnverstehenden Soziologie – das ich teile und der ich mich verbunden fühle –, das Bemühen um *Verstehen* sozialen Handelns und nicht das Beurteilen oder gar Verurteilen von Handlungsweisen. Berechtigte Skrupel, solche Bewertungsmaßstäbe entwickeln zu wollen, können auch durch die Tatsache ausgelöst werden, dass es sich bei der Frage nach der Zu- und Abträglichkeit von Körpermanipulationen um ein hochkomplexes Problemfeld handelt, das nur dann angemessen bearbeitet werden kann, wenn die jeweiligen Konstellationen und die sich situationsbezogen möglicherweise ergebenden Risiken und Chancen sehr genau analysiert werden – wobei immer wieder neu auszuloten wäre, was unter welchen Bedingungen ein ‚Risiko' und was eine ‚Chance' ist.

Auf der anderen Seite operiert *jede* wissenschaftliche Analyse mit (zumeist implizit bleibenden) Kriterien, denn ohne solche Kriterien wäre Erkenntnis nicht möglich. Von daher kann in der Entwicklung und Offenlegung von erkenntnisleitenden Kriterien ein Gewinn liegen. In Anbetracht der eben angedeuteten Bedenken und Komplizierungen kann es sich dabei selbstverständlich nicht um einen Kriterien- oder Bewertungskatalog handeln, der definitorisch oder pauschal vorgeben würde, was zu- und was abträglich, was erlaubt und was nicht mehr erlaubt ist. Wesentlich sinnvoller scheint hier die Entfaltung eines *Gegenhorizonts*, der nachdenklich stimmen und alternative Deutungs- und Handlungsmöglichkeiten dem Körper gegenüber anbieten kann – neue (oder verschüttete) Optionen also, die bei der Entwicklung von Argumenten hilfreich sein könnten, mit denen der Leistungs-, Machbarkeits- und Optimierungswahn, dem der Körper und körperlich gebundene Lebensvollzüge in wachsendem Maße unterworfen werden, begrenzt werden könnte. Dazu möchte ich zunächst noch einmal Plessner bemühen.

Variation VI: Der Körper als Organismus, Subjekt und heilsamer Ratgeber – Plädoyer für andere Deutungsweisen des Körpers

Wenn man (mit Helmuth Plessner) einseitig das Verfügenkönnen und Verfügenmüssen über den Körper betont, dann entgeht einem – was ich für ein schwer wiegendes Versäumnis halte – die ‚andere' Hälfte der Argumentation Plessners: Folgt man Plessners Argumentation nämlich von ihren Wurzeln her, so geht der Mensch ja gerade *nicht* in der Fähigkeit seiner exzentrischen Positionalität oder der damit gegebenen Möglichkeit und Notwendigkeit des Verfügenkönnens und Verfügenmüssens über Objekte (und damit auch über seinen Körper) auf, sondern der Mensch *ist* zugleich immer auch dieser Organismus, über den er verfügen kann, muss und soll. Der Mensch ist in diesem Sinne Teil der Natur und in einem vitalen und leibhaftigen Sinne immer auch an diese Natur zurückgebunden – am intensivsten durch seine leibliche Konstitution. *Diese* Seite der Anthropologie wird jedoch systematisch übersehen – und zwar im Alltag ebenso wie in der Soziologie –, es sei denn, die Soziologie argumentiert leibphänomenologisch und macht ernst mit den organismischen Wurzeln des Menschseins und der Kultur.

Aus guten anthropologischen und leibphänomenologischen Gründen plädiere ich daher dafür, in die soziologische Analyse des Körperumgangs und in die Konstituierung des Wissens über den Körper weitaus stringenter als bisher die *organismischen* Grundbedingungen des Menschseins einzubeziehen und dabei nicht nur die klassische (den Körper ‚objektivierende') Frage zu verfolgen: *„Was machen wir kulturell und sozial mit unserem Körper?"*, sondern *auch* in einer den Körper *subjektivierenden* Weise zu fragen: *„Was macht der Körper mit uns oder mit mir?"*. Es käme also darauf an, den Körper auch in den Anteilen zu denken, zu gewahren und anzuerkennen, in denen er uns in seinem Eigensinn und seiner Eigendynamik *unverfügbar* ist (vgl. hierzu auch Pollmann 2006), in denen er sich unseren Erwartungen, Ansprüchen und Begehrlichkeiten widersetzt, und in denen er mit uns ‚macht' und nicht wir mit ihm. Damit müsste die Soziologie allerdings mit einer tradierten Sichtweise brechen: mit der Sichtweise, dass sich die Natur (bzw. der Körper als Natur) außerhalb der Gesellschaft befindet oder dass sie der Gesellschaft ‚gegenübersteht' und für uns nur von Belang wird, wenn oder indem wir auf sie ‚zugreifen' oder sie in unsere Sinnkonstitutionen aktiv hineinholen.

Das praktische Leben, das über den als Organismus gegebenen Körper (noch weitgehend) verletzlich, endlich, unberechenbar ist, drängt sich – ähnlich wie das Unbewusste – oft dann auf und mischt sich in die Gestaltung unserer Pläne ein, wenn wir am wenigsten damit rechnen oder es am wenigsten brauchen können. Insofern haben wir es beim Körper als Organismus *in dieser Hinsicht* nicht (lediglich) mit einem Konstrukt zu tun, sondern mit erlebbaren Evidenzen, die etwa in Form des Schmerzes, der plötzlichen oder schleichenden Immobilität, der lustvollen Erregung etc. strukturierend und modifizierend in unser Leben eingreifen. In diesem Sinne sind wir unentrinnbar immer schon in ,Natur' verstrickt – und es könnte sich als überlebensnotwendig erweisen, diese Verstrickung anzuerkennen, sie anzunehmen und in einen partnerschaftlichen Dialog mit dem Körper (als ,Natur') zu treten.

Ein kleines biographisches Beispiel kann vielleicht verdeutlichen, wie diese organismisch bedingten Evidenzen in das Leben eingreifen und welche produktiven Funktionen sie haben können. Eine junge Frau berichtet:[4]

> „Ich hab' erst in den letzten Jahren angefangen, ein intimeres Verhältnis zu meinem Körper zu haben, sonst war das immer so für mich, ich hab halt so 'n so 'n so 'n so 'n zusammengebautes Ding aus Fleisch und Knochen und so, aber ich hab' nicht gedacht, dass das Ich bin. Meine Identität war damit nie verbunden. (...) so ein Körper stört einen bei allem, man muss schlafen, man muss essen, man wird krank, ich hasse das – also war meine Einstellung <u>früher</u> dazu. Jetzt habe ich erst langsam in der Psychotherapieausbildung und so (...) in meinem Erwachsenenalter so, taste ich mich so an den Körper heran. (...) meine Eltern (...), das sind so ganz wissenschaftliche Leute, und und und belesene und gebildete Leute, für die zählt Denken, Diskutieren, Wissen, aber Körper - - naja, der is' halt der Trägerstoff, aber der muss halt einfach klappen."

Durch einen Unfall wird die Biographin, wie sie sagt „so auf 'ne ganz, ganz körperliche Ebene zurückgeworfen"; Kopfschmerzen werden zur „Hauptbeschäftigung am Tag", jeder Gang zur Toilette ist „ein weiter Weg", sie macht die Erfahrung, „also so überhaupt fast nur Körper sein [zu] können", und bemerkt:

> „Ich muss[te] die Kulturtechniken neu lernen und so – ja! – das war schon noch mal 'n Knick - - und da wusste ich also: 'n gesunder Körper, also gesund im Sinne von – dass ich keine Schmerzen habe und dass ich mit dem '<u>rumlaufen</u> kann, das ist so was von wichtig (...) wenn man meine Biographie betrachtet, war das ein Segen, es war zwar 'ne brutale Methode, aber ich bin dadurch quasi in meinen Körper reingeschüttelt worden, über den Schmerz und über dieses Ganze."

Die Ausführungen zeigen, dass durch die ungewohnten Reaktionen des Körpers nach dem Unfall der Biographin die Möglichkeit gegeben wird, den Körper zu entdecken, sich auf ihn einzulassen und ihn als Teil des eigenen Ichs anzunehmen. Der vormals abgespaltene Körper, der zu einem fremden, ja feindlichen Objekt gemacht wurde, der zu funktionieren hatte, der lästig war, der abwertend als amorphes Gebilde aus Fleisch und Knochen beschrieben wird, wird nun dicht an

---

[4] Die Zitate entstammen einem biographisch-narrativen Interview, das im Rahmen eines Lehr-Forschungs-Projekts zur Analyse des Zusammenhangs von Körpererleben, Gesundheit und Biographie geführt wurde.

die eigene Person herangeholt, in seinen Herausforderungen angenommen und respektiert. *Dadurch* können neue Lebens- und Daseinsmöglichkeiten generiert werden. In dem vorliegenden Fall wird es so möglich, den gesamten Daseinskomplex von Sexualität und Generativität, den die Biographin bis zu dem Unfall weit von sich geschoben hatte, nun an sich heranzulassen. Die Leistung der Biographin besteht darin, auf den Körper in einer neu entstandenen Sensibilität zu hören, ihn anzunehmen in seinen Bedürfnissen und Signalen und im Dialog mit ihm das Leben (neu) zu gestalten.

Das Hören auf den Körper und das Spüren des Körpers kommt jedoch nicht von allein. Es muss zugelassen und kultiviert werden.[5] Dass ‚wir' es sind, die die Zeichen und das Wissen des Körpers dann wiederum interpretieren müssen, steht außer Frage – diese Tatsache hebelt aber nicht das Argument aus, dass der Körper mehr ist oder sein könnte als ein ‚Objekt', und dass er auf seine ‚subjektive' Weise eben doch ‚spricht' und uns etwas zu sagen hat.

Um diesem Aspekt – dass der Körper uns etwas zu sagen hat – noch mehr Anschaulichkeit und damit auch Gewicht zu verleihen, möchte ich in einer letzten Schleife noch einmal etwas weiter ausholen:

4 Fermate: „In den Fängen der Angst"

> „Er merkte, wie es höher kam, wie der Rücken sich versteifte, wie es hinaufkroch und ihn am Nacken packte. Die Oberschenkel tremolierten. Die Muskeln schmerzten. Im Hals hämmerte der Puls. Der Mund war ausgetrocknet. Schlucken unmöglich. Die Arme zitterten heftig, die Hände gingen in Pfötchenstellung. Luft bekam er nicht. Dann waren die Beine taub. Er spürte seine Füße nicht mehr. Er hörte auf zu denken. Er horchte in sich hinein: Es ist wieder so weit!" (Schüle 2007: 17).

So beginnt Christian Schüle seinen Bericht über die ‚Angstkrankheit', die sich insbesondere in der Mittelschicht und in jungen Jahren fast epidemisch ausbreitet (Schätzungen zu Folge sind in Europa inzwischen 8 % der Bevölkerung betroffen). Beschrieben wird hier, wie ein Gefühl – irrational erscheinende, überfallartig auftretende Ängste und Panikattacken – körperlich vom Betroffenen Besitz ergreift, ihn lähmt und in todesnahe Zustände versetzt. Schüle beschreibt das Arbeitsumfeld des Protagonisten (Herr Groß, 35 Jahre alt) so:

> „Er ist Bereichsorganisationsleiter bei einem großen Versicherungsunternehmen, und es ist klar, was das bedeutet: Alle zwei Jahre kommen die Controller. Alle zwei Jahre

[5] Wie uns dieser spürende Zugang zum eigenen Körper kulturell erschwert oder mitunter sogar systematisch versperrt wird, habe ich an anderer Stelle ausführlicher gezeigt (vgl. Abraham 2010b).

heißt es: 30 Prozent Personalabbau, um Gewinne zu maximieren. Alle zwei Jahre heißt es auch: 20 Prozent mehr Leistung bei 30 Prozent weniger Personal. Also hat Groß Leute entlassen, Karrieren beendet, 14 Stunden am Tag gearbeitet. Ein Mann, für den nur Leistung zählte (...). Gefühle hat er nie zeigen können." (a. a. O.)

Die Andeutungen zeigen: Der Protagonist ist mit ausgesprochen inhumanen Bedingungen des Arbeitens konfrontiert: Er muss täglich hart und über die somatische und psychische Belastbarkeit hinaus arbeiten; er kann sich nie sicher sein, ob seine Leistung genügt, und muss sich daher immer besonders anstrengen; er kann sich aber auch nicht sicher sein, trotz guter Leistungen nicht eines Tages zu den Entlassenen zu gehören; er muss (durch Kündigungen) anderen Leid zufügen; er verliert dadurch andere Menschen und Kontakte; das Risiko, selbst zu den Entlassenen zu gehören, steigt mit jeder Kündigung; da der Protagonist allein lebt, ist er ganz auf die Arbeit fixiert und muss aus ihr alle elementaren Existenzbedürfnisse befriedigen: den Gewinn von Selbstwertgefühl, die Erfahrung von Selbstwirksamkeit und das Gefühl von Zugehörigkeit. So ist er stets bemüht, sein Bestes zu geben, hat auch Erfolg, bricht aber innerlich dabei zusammen: die Panikattacken, die ihn überfallen, sind Ausdruck einer übermächtigen Sorge, das alles nicht mehr zu schaffen, und einer riesigen emotionalen Leere, die nur noch den Tod sinnvoll erscheinen lässt.

Der Körper reagiert auf diese übermächtige Sorge absolut konsequent, nämlich so, wie er in Situationen höchster Not und Bedrohung reagieren muss: zunächst mit höchstem Alarmzustand (Schweißausbruch, Herzrasen, Pulsbeschleunigung über 200), dann mit Lähmung und einem Todstellreflex. Und er zeigt an, was der Protagonist verloren hat: den Boden unter den Füßen (Beine und Füße sind taub, sie spüren nichts mehr, der Kontakt zum tragenden Fundament ist verlorengegangen).

Der Körper kann aber auch, so beschreibt Schüle weiter, der Schlüssel zur Wiedergewinnung von Lebendigkeit sein und auf eine ausgesprochen heilsame Weise die sich im Kopf verselbstständigenden Gedankenzirkel – die Angst vor der Angst oder die Phantasien vom Versagen oder Sterben-Müssen – außer Kraft setzen. So kann bereits das tiefe und bewusste Ein- und Ausatmen die akute Hyperventilation wieder beruhigen. Das bewusste Aufsuchen und konkrete Durchspielen von Angst auslösenden Situationen kann ausgesprochen hilfreich sein, ebenso die Behandlung der Angst, als wäre sie ein Subjekt, mit dem man sprechen oder flüstern oder sogar tanzen kann – bis sie sich verflüchtigt.

Das *konkrete* Hineingehen in die Angst (das erfolgreich in verhaltenstherapeutischen Settings angewandt wird) geschieht immer mit der vollen Beteiligung des Körpers und es wird eine besondere Aufmerksamkeit auf den Körper gelenkt, der mit seinen Reaktionen anzeigt, wie es um die Angst bestellt ist und wie es sich körperlich anfühlt, wenn entlastende und angenehme Gefühle auftauchen.

Damit kann die Fähigkeit zur Selbstregulation von leiblich-affektiven Zuständen aufgebaut oder zurückgewonnen werden.

Das Beispiel zeigt *erstens*, wie intensiv gesellschaftliche Normative – hier die Verabsolutierung von Leistung und Gewinnmaximierung – negativ auf die Psyche des Einzelnen durchschlagen (wenn sie nicht durch andere Orientierungen und Gegenressourcen kompensiert werden können), und wie intensiv der Körper hiervon tangiert ist. Der Körper wirkt in diesem Fall wie ein Seismograph und zeigt an, dass Grenzen überschritten wurden und dass Zumutungen eingetreten sind, die das menschliche Fassungs- und Bewältigungsvermögen deutlich übersteigen. Die ‚Logik' und Konsequenz, mit der zentrale gesellschaftliche Systeme (wie Ökonomie und Arbeitsmarkt oder Wissenschaft, Technik und Medizin) auf diese ‚Anzeige' des Körpers reagieren, ist erschütternd: Der überlastete Mensch wird ausgesondert, es wird versucht, ihn (wieder) ‚fit' (also ‚passend') zu machen (z. B. medikamentös ‚besser einzustellen'), oder es wird nach (biotechnologischen, genetischen) Möglichkeiten gesucht, ‚belastbarere' Menschen zu erzeugen. Dass an den ökonomisch induzierten Belastungen und Zwängen etwas nicht stimmen könnte, wird nicht in Erwägung gezogen.

Das Beispiel zeigt *zweitens*, dass das Ansprechen der leiblichen Ebene für die Heilung von großem Wert ist. Dies deshalb, weil der Körper auf eine *besonders eindrückliche* Weise Erfahrungen wie etwa das Haltfinden, den gesicherten Stand zurück zu erobern, das Getragen-Werden, das Aufleben, das Sich-erfrischt-Fühlen deutlich machen kann – Erfahrungen, die kognitiv zwar vorstellbar sind, aber weitaus überzeugender sind und nachhaltiger wirken, wenn sie *konkret* leiblich-affektiv *gefühlt* werden können. Die *konstitutive* Bedeutung, die dem Körper bzw. dem Leib im Rahmen der Gewinnung und psychischen (also emotionalen und mentalen) Verankerung von Erfahrungen zukommt, dürfte inzwischen als unstrittig gelten, und wird nun auch durch neurobiologische Erkenntnisse zunehmend belegt.[6]

5 Coda: Sich vom Körper etwas sagen lassen …

Der Körper, so meine These, kann auf der Ebene individueller Entwicklung und auf der Ebene gesellschaftlicher Entwicklung ein heilsam begrenzender Ratgeber sein, weil er uns in seinen Eigengesetzlichkeiten Grenzen setzt und aufzeigt. Durch

---

[6] In (leib-)phänomenologischen Studien ist die Bedeutung des Körpers immer wieder eindrücklich beschrieben und betont worden – so etwa durch John Dewey, Maurice Merleau-Ponty, Hermann Schmitz (im Sinne eines Überblicks vgl. Waldenfels 2000), und sie wird zunehmend belegt durch die Erkenntnisse der Neurobiologie und der Gehirnforschung (vgl. exemplarisch dazu Damasio 1997; Bauer 2002; Hüther 2002; Fuchs 2008). Und auch die Soziologie schließt sich diesem Feld in jüngerer Zeit (wieder) deutlich stärker auf (vgl. dazu etwa Luckmann 2003; Junge/Srubar/Gerber 2008; Szakolczai 2008).

die Begegnung mit Grenzen und durch das Erfahren von Widerständen gewinnen wir zum einen Orientierung, und wir können zum anderen emotional und mental wachsen. In der tänzerischen Improvisation, um ein illustrierendes Beispiel zu nennen, wird immer wieder deutlich, dass Freiheit, Kreativität und Entfaltung dort am größten sind, wo die Grenzen besonders eng gezogen werden: Wenn die Bewegung mit nur einem Arm erlaubt ist, dann staunt man, was man mit diesem einen Arm alles machen kann – wie vielfältig er sich bewegen lässt, welche ganz unterschiedlichen Stellungen er erlaubt, und wo er einen überall hintreibt: räumlich, dynamisch und emotional, wenn es einem gelingt, sich ihm zu überlassen.

Wenn wir Grenzen und Widerstände jedoch übersehen und überhören und etwa durch professionalisiertes medizinisch-technologisches Handeln (im Sinne des Fitspritzens, der medikamentösen Dauereinstellung, des Neuro-Enhancement oder der lebensverlängernden Maßnahmen) ständig außer Kraft setzen (lassen), so vergeben wir nicht nur diese Wachstumschancen, sondern wir werden auch zunehmend abhängiger von Experten und fühllos den Signalen unseres Körpers gegenüber. Barbara Duden hat ganz in diesem Sinne mehrfach auf den chronisch geschürten Zweifel gegenüber den eigenen leiblichen Wahrnehmungen durch medizinisch-technologisches Experten- und Apparatewissen aufmerksam gemacht und auf das damit schwindende Vertrauen in das *eigene* leibliche Empfinden (vgl. etwa Duden 2004).

Bezogen auf die gesellschaftliche Entwicklung kann die Respektierung organismisch und natürlich gegebener Grenzen insofern heilsam, wenn nicht sogar überlebensnotwendig sein bzw. werden, als der permanente und einseitige Raubbau an den natürlichen Ressourcen der Umwelt und die ständige Überschreitung von Grenzen der Belastbarkeit des Körpers und der Psyche (siehe das Beispiel oben) unübersehbar in den Kollaps führen. Die irreversiblen Schäden und chronischen Schieflagen, die dieser Raubbau bereits in der Ökologie, in der Ökonomie, im sozialen Miteinander und im Hinblick auf Gesundheit, Arbeitsfähigkeit und Wohlbefinden angerichtet hat und weitergehend anrichtet, sprechen Bände. Den Körper nun noch weiter ausbeuten oder biotechnologisch optimieren zu wollen, *ohne* dabei zu reflektieren, welchen einseitigen und zerstörerischen Prinzipien dieser Herstellungs- und Machbarkeitswahn folgt und für welche einseitigen und zerstörerischen Ziele (Ausbeutung, Gewinnmaximierung, Akkumulation von Kapital und Macht) diese Optimierung in Angriff genommen wird, scheint mir – gelinde gesagt – mehr als frag- und diskussionswürdig.

Eine echte Emanzipation, also die Gewinnung von Freiheit, Selbstbewusstsein und Selbstvertrauen, kann uns nicht gelingen – so meine These –, wenn wir uns *vom* Körper emanzipieren, den Körper biotechnologisch aufrüsten und immer ‚besser' und immer ‚perfekter' machen wollen, sondern nur dann, wenn wir *in Verbindung* mit unserem Körper sind und uns in enger Tuchfühlung mit seiner Endlichkeit, Verletzlichkeit und Unvollkommenheit auf den Weg machen, an *Grenzen zu stoßen* und in diesen Begegnungen reifer und freier werden. Dieser Weg darf uns nicht technologisch oder medizinisch abgenommen, verstellt oder aufgezwungen werden, sondern wir müssen ihn aus eigenen Leibeskräften und mit einem feinen Gespür *selbst* und selbst *zu Ende* gehen dürfen.

Dieser alternative Denkhorizont ist – das sei zugestanden – hochgradig voraussetzungs- und anspruchsvoll. Zu bedenken und anzuerkennen wäre nämlich:

1. Der Körper besitzt (als Organismus) eine Eigenlogik, die nicht beliebig und grenzenlos manipulierbar ist.
2. Ein ‚Hören' auf den Körper, sensibel und durchlässig zu werden für seine Signale, Bedürfnisse und Rhythmen, ist eine zu erwerbende Qualität – sie ist nicht ‚per se' vorhanden und muss kultiviert werden.
3. Die Chancen zur *Kultivierung* und zum (das eigene Handeln leitenden) *Einsatz* dieser Fähigkeiten sind sozial höchst *ungleich* verteilt. Massive Zwänge im Arbeitsleben, ökonomisch bedingte geringe Spielräume in der Lebensgestaltung oder ein sozial erzeugter Druck des Mithalten-Müssens (dem nichts anderes entgegengesetzt werden kann) verhindern häufig eine körpergerechte(re) Lebensweise und Lebensgestaltung.
4. Es wäre anzuerkennen, dass nicht der Körper ‚imperfekt' ist, sondern dass in hochmodernen Gesellschaften die gesellschaftlichen Verhältnisse dermaßen von ökonomischen Interessen sowie von technologischen Möglichkeiten und Begehrlichkeiten bestimmt werden, dass sie den leiblich verfassten Menschen vor sich hertreiben und Bedingungen schaffen, unter denen (a) ein unzumutbarer und skandalöser Raubbau am Körper betrieben wird (siehe dazu die obigen Beispiele aus dem Sport und der Arbeitswelt), und unter denen uns (b) der Körper ständig als unzureichend und verbesserungswürdig suggeriert wird.

Eine wichtige Aufgabe der Soziologie läge unter diesen Denkvoraussetzungen darin, den Konnex von technologisch und ökonomisch induzierten Zwängen, von sozialen Lagen und Lebensbedingungen und von Resonanzen, die diese Zwänge und Soziallagen auf der körperlichen und auf der leiblich-affektiven Ebene auslösen, gezielt in den Blick zu nehmen. Eine kritische Richtschnur für diese Analysen kann dabei die Annahme sein, dass der Körper verletzbar und endlich ist – dies wäre bei der Gestaltung von Lebensbedingungen und im Hinblick auf eine Kritik an körperfeindlichen Lebensverhältnissen in vordringlicher Weise zu berücksichtigen.

Literatur

Abraham, Anke (2002): Der Körper im biographischen Kontext. Ein wissenssoziologischer Beitrag. Opladen: Westdeuscher Verlag

Abraham, Anke (2010a): Körpertechnologien, das Soziale und der Mensch. In: Abraham/ Müller (Hrsg.) (2010): 113–138

Abraham, Anke (2010b): Mut zur Intervention – zentrale Forschungsfragen und ein empirisches KörperTheorie-KörperPraxis-Projekt. In: Abraham/Müller (Hrsg.) (2010): 365–384

Abraham, Anke/Müller, Beatrice (Hrsg.) (2010): Körperhandeln, Körpererleben. Multidisziplinäre Perspektiven auf ein brisantes Feld. Bielefeld: Transcript

Ach, Johannes S./Pollmann, Arnd (Hrsg.) (2006): No body is perfect. Baumaßnahmen am menschlichen Körper – Bioethische und ästhetische Aufrisse. Bielefeld: Transcript

Alkemeyer, Thomas (2007): Aufrecht und biegsam. Eine Geschichte des Körperkults. In: APuZ 18: 6–18

Bauer, Jürgen (2002): Das Gedächtnis des Körpers. Wie Beziehungen und Lebensstile unsere Gene steuern. Frankfurt a. M.: Eichborn

Berger, Peter L./Luckmann, Thomas (1996): Die gesellschaftliche Konstruktion der Wirklichkeit. Eine Theorie der Wissenssoziologie. Frankfurt a. M.: Fischer [1966]

Bos, Marguérite/Vincenz, Bettina/Wirz, Tanja (Hrsg.) (2004): Erfahrung: Alles nur Diskurs? Zürich: Chronos

Bröker, Jürgen (2008): Bis hierher – und weiter! In: Die Zeit 32: 27–28

Damasio, Antonio R. (1997): Descartes' Irrtum. Fühlen, Denken und das menschliche Gehirn. München: Dt. Taschenbuch-Verlag

Degele, Nina (2007): Schönheit – Erfolg – Macht. In: APuZ 18: 26–32

Duden, Barbara (2004): Somatisches Wissen, Erfahrungswissen und „diskursive" Gewissheiten. Überlegungen zum Erfahrungsbegriff aus der Sicht der Körper-Historikerin. In: Bos/Vincenz/Wirz (Hrsg.) (2004): 25–36

Duerr, Hans Peter (1994): Nacktheit und Scham. Der Mythos vom Zivilisationsprozeß. Frankfurt a. M.: Suhrkamp

Foucault, Michel (1995): Überwachen und Strafen. Die Geburt des Gefängnisses. Frankfurt a. M.: Suhrkamp

Fuchs, Thomas (2008): Das Gehirn – ein Beziehungsorgan. Eine phänomenologisch-ökologische Konzeption. Stuttgart: Kohlhammer

Gugutzer, Robert (2002): Leib, Körper und Identität. Wiesbaden: Westdeutscher Verlag

Hahn, Kornelia/Meuser, Michael (Hrsg.) (2002): Körperrepräsentationen. Die Ordnung des Sozialen und der Körper. Konstanz: UVK

Hitzler, Ronald/Honer, Anne (2005): Körperkontrolle. Formen des sozialen Umgangs mit physischen Befindlichkeiten. In: Schroer (Hrsg.) (2005): 356–370

Hüther, Gerald (2002): Biologie der Angst. Wie aus Stress Gefühle werden. Göttingen: Vandenhoeck & Ruprecht

Jäger, Ulle (2004): Der Körper, der Leib und die Soziologie. Entwurf einer Theorie der Inkorporierung. Königstein/Taunus: Helmer

Junge, Kay/Srubar, Daniel/Gerber, Gerold (Hrsg.) (2008): Erleben, Erleiden, Erfahren. Die Konstitution sozialen Sinns jenseits instrumenteller Vernunft. Bielefeld: Transcript
Rehberg, Karl-Siegbert (Hrsg.) (2008): Die Natur der Gesellschaft, Teil 2. Frankfurt a. M./ New York: Campus
Lemke, Thomas (2008): Gouvernementalität und Biopolitik. Wiesbaden: VS
Lindemann, Gesa (2005): Die Verkörperung des Sozialen. Theoriekonstruktionen und empirische Forschungsperspektiven. In: Schroer, (Hrsg.) (2005): 114–138
Lindemann, Gesa (2008): Lebendiger Körper – Technik – Gesellschaft. In: Rehberg (Hrsg.) (2008): 689–704
Luckmann, Thomas (2003): Von der alltäglichen Erfahrung zum sozialwissenschaftlichen Datum. In: Srubar/Vaitkus (Hrsg.) (2003): 13–26
Maasen, Sabine (2008): Bio-ästhetische Gouvernementalität – Schönheitschirurgie als Biopolitik. In: Villa (Hrsg.) (2008): 99–118
Meuser, Michael (2002): Körper und Sozialität. Zur handlungstheoretischen Fundierung einer Soziologie des Körpers. In: Hahn/Meuser (Hrsg.) (2002): 19–44
Meuser, Michael (2004): Zwischen „Leibvergessenheit" und „Körperboom". Die Soziologie und der Körper. In: Sport und Gesellschaft 1 (3): 197–218
Mutschler, Hans-Dieter (2002): Naturphilosophie. Stuttgart: Kohlhammer
Plessner, Helmuth (1975): Die Stufen des Organischen und der Mensch. Berlin/New York: de Gruyter [1925]
Pollmann, Arnd (2006): Hart an der Grenze. Skizze einer Anamnese spätmodernen Körperkults. In: Ach/Pollmann (Hrsg.) (2006): 307–324
Rohr, Elisabeth (Hrsg.) (2004): Körper und Identität. Gesellschaft auf den Leib geschrieben. Königstein/Taunus: Helmer
Rohr, Elisabeth (2004): Schönheitsoperationen. Eine neue Form der Körpertherapie? In: Rohr (Hrsg.) (2004): 90–114
Rohr, Elisabeth (2010): Vom sakralen Ritual zum jugendkulturellen Design. Zur sozialen und psychischen Bedeutung von Piercings und Tattoos. In: Abraham/Müller (Hrsg.) (2010): 225–242
Schroer, Markus (Hrsg.) (2005): Soziologie des Körpers. Frankfurt a. M.: Suhrkamp
Schroer, Markus (2005a): Zur Soziologie des Körpers. In: Schroer (Hrsg.) (2005): 7–47
Schüle, Christian (2007): In den Fängen der Angst. In: Die Zeit 17: 17–20
Schütz, Alfred (1981): Theorie der Lebensformen. Frankfurt a. M.: Suhrkamp. [1925]
Siep, Ludwig (2006): Die biotechnische Neuerfindung des Menschen. In: Ach/Pollmann (Hrsg.) (2006): 21–42
Srubar, Ilja/Vaitkus, Steven (Hrsg.) (2003): Phänomenologie und soziale Wirklichkeit. Entwicklungen und Arbeitsweisen. Opladen: Leske + Budrich
Szakolczai, Arpad (2008): Sinn aus Erfahrung. In: Junge/Srubar/Gerber (Hrsg.) (2008): 63–100
Villa, Paula-Irene (2007): Der Körper als kulturelle Inszenierung und Statussymbol. In: APuZ 18: 18–26
Villa, Paula-Irene (Hrsg.) (2008): Schön normal. Manipulationen am Körper als Technologien des Selbst. Bielefeld: Transcript

Villa, Paula-Irene (2008a): Habe den Mut, Dich Deines Körpers zu bedienen! Thesen zur Körperarbeit in der Gegenwart zwischen Selbstermächtigung und Selbstunterwerfung. In: Villa (Hrsg.) (2008): 245–272

Waldenfels, Bernhard (2000): Das leibliche Selbst. Vorlesungen zur Phänomenologie des Leibes. Frankfurt a. M.: Suhrkamp

Winter, Sebastian (2008): Der gelaserte Athlet. In: Der Spiegel 52: 81

Wehling, Peter (2008): Biomedizinische Optimierung des Körpers – individuelle Chance oder suggestive soziale Norm? In: Rehberg (Hrsg.) (2008): 945–960

Körperwissen und leibliche Erkenntnis

Fritz Böhle und Stephanie Porschen

In diesem Beitrag wird das Konzept des subjektivierenden Handelns als ein analytischer Zugang zu Körperwissen vorgestellt. Damit verbindet sich ein Verständnis von Körperwissen als „Wissen durch den Körper". Im ersten Abschnitt wird dieses Verständnis von Körperwissen in seiner Abgrenzung zu anderen Konzepten näher erläutert. Im zweiten Abschnitt wird der Zugang zum „Wissen durch den Körper" durch die Konzepte der leiblichen Erkenntnis und des subjektivierenden Handelns entwickelt, wobei den hierzu vorliegenden empirischen Untersuchungen besonderes Gewicht eingeräumt wird. Der Beitrag schließt mit einem Ausblick auf die soziologische Relevanz dieses Blicks auf Körperwissen ab.

1 Wissen des Körpers und Wissen durch den Körper

Mit „Körperwissen" kann ein Wissen über den Körper gemeint sein, also Kenntnisse über die eigenen körperlichen Fähigkeiten und über den Umgang mit dem Körper. In diesem Beitrag geht es aber um etwas anderes, nämlich um ein Wissen *des* Körpers und *durch* den Körper.

Inkorporiertes Wissen

Eine naheliegende Leseart ist es, unter dem Wissen des Körpers ein Wissen zu verstehen, das „inkorporiert" ist. Wissen erscheint hier nicht als ein rein mentales Phänomen, es wird im Körper und durch den Körper bewahrt und aktualisiert. In der soziologischen Theorie gründet sich insbesondere Pierre Bourdieus Konzept des Habitus auf einen solchen Begriff von Körperwissen (vgl. Alkemeyer 2006). Damit unterscheidet es sich von einer primär bewusstseinsmäßig fundierten sozialen Konstruktion der Wirklichkeit (vgl. Schütz 1974; Berger/Luckmann 1980). Das Besondere des Habitus ist, dass gesellschaftlich vermittelte Deutungen von Wirklichkeit und Verhaltensweisen „einverleibt" werden. Demgemäß sind Mentales und Körperliches unmittelbar miteinander verbunden. Die Pointe eines solchen Verständnisses von Körperwissen liegt darin, dass das körperlich fundierte Handeln weder als bewusstseinsmäßig-mental regulierte Qualität noch als lediglich physiologische senso-motorische Fertigkeit begriffen wird – und damit auch nicht als Routinisierung ursprünglich bewusstseinsmäßiger Regulation. Anderenfalls würde inkorporiertes Wissen allzu leicht auf routinisierte „motor skills" reduziert und infolgedessen die Körper-Geist-Dualität zwar modifiziert, aber nicht in Frage gestellt.[1] Bourdieu liefert zahlreiche Be- und Umschreibungen von Körperwissen, entwickelt aber keine eigenständige theoretische Begründung.

Der Wissenschaftsphilosoph Michael Polanyi hat demgegenüber ein theoretisches Konzept vorgelegt, das Konzept des „tacit knowing" (Polanyi 1985), was im Deutschen häufig als „implizites Wissen" wiedergegeben wird. Ausgangspunkt dieses Konzepts ist die Feststellung, dass wir mehr wissen, als wir sagen können. Körperwissen ist in dieser Sicht ein besonderes Wissen. Es unterscheidet sich von denjenigen Formen des Wissens, die sich explizit darstellen und beschreiben lassen. In neuerer Zeit ist das Phänomen des impliziten Wissens häufig thematisiert worden, unter anderem im Rahmen des Wissensmanagements. Allerdings wird in dieser Rezeption implizites Wissen häufig gleichgesetzt mit einem überwiegend unbewusst in der Praxis erworbenen Wissen. Es wird als möglich und sinnvoll unterstellt, ein solches implizites Wissen in explizites Wissen zu transformieren (vgl. Nonaka/Takeuchi 1997). Dieses Verständnis blendet jedoch gerade die Körperlichkeit des impliziten Wissens aus, auf die Polanyi abzielt, und verortet es in der bekannten Dichotomie bewusst/unbewusst. Polanyi selbst setzt anders an. Um die Körperlichkeit des impliziten Wissens zu verdeutlichen, verwendet er das gerne zitierte Beispiel des Fahrradfahrens (vgl. Polanyi 1974: 22). Es bedarf höchst komplizierter Berechnungen, um den Vorgang des Fahrradfahrens wissenschaftlich zu durchdringen. Ein besonderes Problem stellen dabei Umgebungseinflüsse wie Straßenverhältnisse, Wind, Hindernisse usw. dar, die ein permanentes situatives Agieren und Reagieren erfordern. Trotz dieser enormen Komplexität des Prozesses sind Menschen mit vergleichsweise wenig intellektuellem Aufwand in der Lage, das Fahrradfahren zu erlernen und zu praktizieren. Eine Erklärung dieser Tatsache durch Habitualisierung und Routinisierung von Bewegungsabläufen ist aufgrund der situativen Variabilität komplexer Wirkungszusammenhänge unbefriedigend.[2]

In die gleiche Richtung wie Polanyi weist die von dem Philosophen Gilbert Ryle entwickelte Unterscheidung zwischen „knowing what" und „knowing how" (Ryle 1969). Ryle bezeichnet die im westlichen Denken vorherrschende Vorstellung von Intelligenz als „intellektualistische Legende", die die Intelligenz vom praktischen Handeln ablöse und sie als eine unabhängige Größe ausweise. Das praktische Handeln wird nach Ryle gerade nicht durch eine vorgängige intellektuelle Reflexion

[1] Exemplarisch dafür ist die Interpretation des Konzepts des „tacit knowledge" bei dem Wissenschaftssoziologen Harry Collins (Collins 2001).

[2] Siehe zum Problem der Erklärung solcher körperlicher Praktiken am Beispiel des Fußballs Alkemeyer (2009).

gesteuert, sondern menschliche Intelligenz ist vielmehr unmittelbar in praktisches Handeln eingebunden. Sie wird im praktischen Handeln und durch praktisches Handeln aktualisiert und entfaltet. Die Schwierigkeit, den Begriff Wissen auf die hier beschriebenen Phänomene zu verwenden, zeigt sich unter anderem in der deutschen Übersetzung von Ryles Unterscheidung: Das auf praktisches Handeln bezogene „knowing how" wird im Deutschen als „Können" wiedergegeben. Der Begriff Wissen bleibt damit für das explizierbare und objektivierbare „knowing what" reserviert. So wird einerseits die Aufmerksamkeit auf das praktische Tun gelenkt, andererseits verwischt damit aber allzu leicht die Differenz zwischen bloßer Routine und einem auf besonderem (Körper-)Wissen beruhenden intelligenten Handeln.

Die hier kursorisch referierten theoretischen Konzepte liefern Argumente dafür, den Begriff des Wissens wie auch der Intelligenz nicht nur auf mentale Bewusstseinsprozesse zu beziehen, sondern Körperwissen als eine besondere Form des Wissens zu begreifen.[3]

Doch so sehr die Konzepte Bourdieus, Polanyis und Ryles die Besonderheit inkorporierten Körperwissens betonen, sie weisen unseres Erachtens – zumindest in ihrer Rezeption und Diskussion – gleichwohl einen blinden Fleck auf: Die Erkenntnisleistung des Körpers.

Die Selbstreferenzialität des Körperwissens

Bislang richteten sich unsere Ausführungen in erster Linie auf Struktur und Morphologie des Körperwissens, weniger aber auf dessen Inhalt und worauf es sich bezieht. Richtet man die Aufmerksamkeit auf Letzteres, so lässt sich bei den referierten Konzepten trotz aller Differenzierungen eine gewisse Tendenz zur Selbstreferenzialität des Körperwissens feststellen. Körperwissen bezieht sich hier primär darauf, wie *körperliche* Bewegungen und Abläufe zuwege gebracht werden, oder, allgemeiner ausgedrückt: wie unter Einbeziehung des Körpers praktisch gehandelt wird. So werden bei Bourdieu mit dem Konzept des Habitus in erster Linie subjektive Handlungsdispositionen erfasst, im Konzept des impliziten Wissens von Polanyi werden – am Beispiel des Fahrradfahrens – komplexe körperliche Bewegungsabläufe zu erklären versucht, und mit dem Konzept des „knowing how" von Ryle wird die in praktisches Handeln eingebundene intelligente (Handlungs-)

[3] Ergänzt sei dies durch den Hinweis, dass Körperwissen im hier umrissenen Verständnis auch mehr und etwas anderes ist als lediglich eine körperliche Beeinflussung von Bewusstseinsvorgängen, wie sie beispielsweise im Rahmen der Hirnforschung oder der Medikalisierung geistiger Prozesse anvisiert und dann oft bereits als Überwindung des Geist-Körper-Dualismus gedeutet wird. Der Körper selbst erscheint hier nicht anders, als ihn das moderne Denken seit Descartes gesehen und behandelt hat: als die physiologische und organische Natur des Menschen, die mentale Prozesse beeinflusst und ggf. auch hervorbringen kann, selbst aber weitgehend ‚geistlos' ist.

Regulierung im Sinne eines besonderen „praktischen Könnens" aufgedeckt. Dies ließe sich noch um das Konzept des kreativen Handelns von Hans Joas ergänzen. Joas betont die Eigenständigkeit des Körpers im praktischen Handeln, doch diese beschränkt sich bei ihm primär auf prä-reflexive Bestrebungen und Gerichtetheiten des Körpers, die sich der verstandesmäßigen Kontrolle entziehen (vgl. Joas 1992). Somit wird in den referierten Konzepten Handeln zwar grundsätzlich als Auseinandersetzung mit materiellen und sozial-kulturellen Gegebenheiten konzipiert. Körperwissen bezeichnet in ihrem Kontext aber nicht eine (körperlich fundierte) besondere Weise, Eigenschaften und Wirkungsweisen des materiell und sozial Gegebenen zu erkennen, und es wird auch nicht als Resultat einer derartigen besonderen Erkenntnisform vorgestellt. Dennoch gibt es in den referierten Konzepten durchaus bemerkenswerte Hinweise hierauf.

Leibliche Erkenntnis

So verweist Bourdieu auf den „praktischen Sinn, der sich weder mit Regeln noch mit Grundsätzen belastet … und noch weniger mit Berechnungen und Schlussfolgerungen" und der „mit einem Blick und in der Hitze des Gefechts" in der Lage ist, Situationen einzuschätzen und die „passende Antwort" zu finden (Bourdieu 1987: 190). Es wird jedoch bei Bourdieu nicht ganz klar, worauf dieser praktische Sinn beruht: auf erworbenen Verhaltensdispositionen, die in kritischen Situationen aktualisiert werden, oder auf einer besonderen Sensibilität und Wahrnehmungsfähigkeit, die ein Erkennen und Begreifen der Welt jenseits rationaler Reflexion ermöglicht. Es scheint, dass Bourdieu sich eher auf Ersteres bezieht, denn er beschreibt den praktischen Sinn als eine Art „erworbener Meisterschaft, die mit der automatischen Sicherheit eines Instinkts funktioniert." (ebd.: 91) An anderer Stelle wiederum erläutert Bourdieu den praktischen Sinn im Zusammenhang des traditionellen Gabentauschs und betont die zentrale Bedeutung „der Wahl des rechten Augenblicks" in dem komplizierten sozialen Abgleich von Gabe und Gegengabe (vgl. ebd.: 192 f.). Ob die dazu notwendige Erkenntnis(-Fähigkeit) mit dem Verweis auf die „automatische Sicherheit eines Instinkts" angemessen erfasst ist, erscheint uns sehr fraglich.

Polanyi verweist demgegenüber auch explizit auf ein besonderes, dem Körperwissen vorausgehendes körperlich-leibliches Begreifen der Welt. Am Beispiel von Blinden, die mittels ihres Stockes die Umwelt wahrnehmen, erläutert er, dass äußere Gegebenheiten „einverleibt" und der Körper so weit ausgedehnt wird, „bis er sie einschließt und sie uns innewohnen" (Polanyi 1985: 24). Maurice Merleau-Ponty, auf den sich sowohl Bourdieu als auch Joas beziehen, spricht hier von einem „leiblichen Zur-Welt-Sein": Die menschliche Wahrnehmung beschränkt sich nicht auf bloß passives Aufnehmen von Sinneseindrücken und deren verstandesmäßige Ordnung und Deutung, vielmehr heißt Wahrnehmen auch Teilhaben an und Erspüren von Wirklichkeit, im Sinne einer *partizipierenden* Wahrnehmung, einer „Koexistenz“ und „Kommunion“ von empfindendem Subjekt und empfundenem Objekt (Merleau-Ponty 1966: 251). Eine theoretische Fundierung einer solchen leiblich-spürenden Wahrnehmung hat der Philosoph Hermann Schmitz mit dem Konzept der „Einleibung“ und der „leiblichen Kommunikation“ vorgelegt (Schmitz 1994a: 120 ff.). Wahrnehmen ist nach Schmitz nicht ein Registrieren von Sinnesdaten, es muss als „intuitiv-spürendes“ Erfassen von impliziten Bedeutungszusammenhängen verstanden werden. Am eigenen Leib wird etwas gespürt, indem man sich beispielsweise „eigentümlich berührt“ fühlt. Nicht Sinnesorgane und Gehirnfunktionen, sondern „leibliche Resonanz“ ist demnach „das eigentliche, phänomenologisch fassbare Medium und Vehikel der Wahrnehmung“. Ein wesentliches Element der spürenden Wahrnehmung sind nach Schmitz synästhetische Qualitäten und Bewegungssuggestionen, durch die sinnliche Wahrnehmungen (Sehen, Hören, Tasten usw.) mit leibbezogenen Qualitäten (warm, geschwungen usw.) verbunden werden (Schmitz 1994b).

Der Blick verschiebt sich damit vom Wissen *des* Körpers zum Wissen *durch den* Körper. Die sinnliche Wahrnehmung und Erfahrung der Welt erscheint in dieser Perspektive nicht mehr nur als ‚Rohstoff‘, der erst noch einer verstandesmäßiger Ordnung und Bearbeitung bedarf, sondern als Grundlage eines *eigenständigen* Erkennens und Begreifens von Wirklichkeit. In diesem Sinn spricht, jenseits einer sensualistischen und kognitivistischen Wahrnehmungspsychologie, etwa Richard Sennett in seiner Abhandlung über das Handwerk von „intelligenten Händen“ (Sennett 2008), Rudolf Arnheim in seiner Theorie visueller Wahrnehmung vom „erkennenden“ oder „schauenden“ Auge (im griechischen „theorein“, vgl. Arnheim 1996), Michael Gershon vom „entscheidenden“ bzw. „klugen“ Bauch (Gershon 2001). Ähnliches ist mit der Differenzierung zwischen Hören und (Hinein-)Horchen in Bezug auf den akustischen Sinn angesprochen (vgl. Berendt 1985; Lachmund 1997). In kulturgeschichtlichen Untersuchungen finden sich weitere Hinweise auf – im neuzeitlichen Denken kaum mehr vorstellbare – Orientierungs- und Erkenntnisleistungen einzelner Sinne, etwa des Riechens (vgl. Corbin 1984).

2 Leibliche Erkenntnis und subjektivierendes Handeln

In der arbeitssoziologischen Forschung der 1980er Jahre wurde, in Anknüpfung an derartige Ansätze, eine empfindende und spürende Wahrnehmung zu beschreiben und theoretisch zu fassen, das Konzept des subjektivierenden Handelns entwickelt.[4]

[4] Anstöße hierfür ergaben sich aus der in der Wissenschaft und insbesondere in öffentlichen Medien thematisierten fortschreitenden Entsinnlichung und Entkörperlichung von Arbeit infolge des Einsatzes

Hierdurch ergab sich ein neuer Blick auf Arbeit, der eine bis dahin wenig beachtete (wenn nicht diskriminierte) ‚Arbeitswelt' aufdeckte. Mit dem Konzept des *subjektivierenden Handelns* wird die sinnlich empfindende und spürende Wahrnehmung in einen handlungstheoretischen Kontext eingebettet. Das vorherrschende Verständnis eines explizierbaren und objektivierbaren Wissens korrespondiert demnach mit einem objektivierenden Handeln, das auf einem objektivierenden Verhältnis zur Welt und einer Trennung zwischen rationaler Analyse, Erkenntnis und Entscheidung einerseits, praktischem Handeln andererseits beruht. Letzteres erscheint als Anwendung, bestenfalls als Überprüfung von Wissen, kaum aber als Generierung von (neuem) Wissen. Die Erkenntnisleistung der körperlich-sinnlichen Wahrnehmung ist in diesem Verständnis auf das – gegenüber allen subjektiven Empfindungen abgeschottete – möglichst exakte und eindeutige Registrieren von Informationen beschränkt; alles andere zählt zur Sinnlichkeit, durch die zwar subjektives Erleben hervorgerufen, aber die Welt, ‚so wie sie ist' bzw. der menschlichen Erkenntnis (überhaupt) zugänglich ist, eher ver- als erkannt wird.[5] Das Konzept des subjektivierenden Handelns betont demgegenüber gerade die *Erkenntnisleistung* subjektiv-empfindender und spürender Wahrnehmung und zeigt, dass diese mit spezifischen mentalen Prozessen, mit besonderen Vorgehensweisen und einer speziellen Beziehung zur Umwelt verbunden ist. Im Folgenden sei dies an Hand empirischer Forschungsergebnisse aus unterschiedlichen Arbeitsbereichen näher erläutert, die Körperwissen im Sinne eines ‚Wissens durch den Körper' fassen.

Spürende Wahrnehmung

Empirische Untersuchungen in unterschiedlichen Bereichen der Arbeitswelt zeigen, dass gerade jene Personen, die auf ihrem Gebiet als besonders versiert und als Experten gelten, sich nicht nur an exakt definierten und eindeutig erfassbaren Informationen, sondern auch an eher diffusen und nicht präzise definierbaren Eigenschaften und Ausdrucksformen konkreter Gegebenheiten orientieren. Ex-

---

rechnergestützter Informations-, Kommunikations- und Steuerungstechnologien. Es stellte sich die Frage, ob damit Arbeit – wie lange erhofft – „nur" von körperlicher Mühsal und Belastung befreit wird oder ob damit möglicherweise auch ein Verlust von basalen Wahrnehmungs- und Erfahrungsmöglichkeiten verbunden ist. Eine solche Frage, und erst recht ihre Beantwortung, erschien jedoch im Bezugsrahmen eines Verständnisses von Arbeit als planmäßig-rationalem Handeln und der damit einhergehenden Hierarchie zwischen geistig-dispositiver und körperlich-ausführender Arbeit wenig plausibel. Siehe zu den konzeptuellen Grundlagen und zur Verortung in der wissenschaftlichen Diskussion Böhle/Milkau (1988), Böhle/Schulze (1997) und Böhle (2009).

[5] Siehe zum Verhältnis von explizitem Wissen, objektivierendem Handeln und planmäßig-rationalem Handeln ausführlicher auch Böhle (2003).

emplarisch hierfür sind Geräusche und Vibrationen bei technischen Anlagen, die Haltung und der Gesichtsausdruck von Personen, die ‚Atmosphäre' eines Raums oder sozialer Situationen, die ‚Stimmigkeit' einer Bewegung oder eines Verlaufs. Diese Art der sinnlichen Wahrnehmung ist verbunden mit einem subjektiven Empfinden, das sich in einem leiblichen Spüren äußert. Häufig wird dieses Empfinden in synästhetischen oder metaphorischen Qualitäten beschrieben; beispielsweise wird ein Geräusch als warm, rund oder schräg, eine Atmosphäre als wohltuend oder erdrückend empfunden. Solche Phänomene beruhen nicht, wie oft unterstellt, auf einem rein inneren Vorgang; wesentlich ist für sie vielmehr eine subtile, empfindende und spürende Wahrnehmung äußerer Gegebenheiten. Das Empfinden und Spüren bezieht sich also nicht nur auf ein ‚inneres Erleben', sondern *informiert* die Akteure über Qualitäten der Außenwelt. Anhand des „schrägen Tons" eines Geräuschs wird erkannt, dass Verarbeitungsfehler auftreten oder sich ankündigen, eine „gespannte Atmosphäre" kann auf Konflikte aufmerksam machen, ein „mulmiges Gefühl" kann die Sensibilität für eine sich anbahnende Störung wecken. Solche Wahrnehmungen sind als besondere professionelle Kompetenz zu bewerten, die zumeist erst über eine längere berufliche Praxis erworben wird. Seine auf spürender Wahrnehmung beruhende Geräuschexpertise schildert beispielsweise ein Werkzeugmacher folgendermaßen:

> „Das Geräusch eines Schruppfräsers, der sich mit der richtigen Drehzahl in das Werkstück reinfräst, ist ein angenehmes Geräusch. Ein tiefer, runder, schmatzender Grundton. Demgegenüber produziert ein Schlichtfräser einen ganz schrillen Vibrationston, wenn er nicht die richtige Geschwindigkeit hat. Der ist äußerst unangenehm, der bedeutet, dass das Werkstück infolge der Vibration hinterher Riefen hat, das hört sich richtig ungesund an und erreicht schon auch meine persönliche Schmerzgrenze. Es ist fast so, als ob ich selber den Schmerz fühle, wenn über ein schönes Stück Metall der Fräser so brutal ‚rüberquietscht'."(zitiert nach Carus/Schulze 1995: 68)

Solche Beispiele machen darauf aufmerksam, dass Menschen Informationen nutzen und Informationsquellen erschließen können, die nicht präzise definierbar und beschreibbar sind, gleichwohl aber Auskunft über Eigenschaften und Wirkungsweisen konkreter Gegebenheiten geben. Das gilt auch für hoch technisierte Tätigkeiten: Ein Pilot etwa schildert, wie er mit zunehmender Flugerfahrung „ein Bauchgefühl für die richtige Geräuschkulisse" entwickelt und dies – zumeist unbewusst – zur Interpretation der Flugprozesskontrolle heranzieht (Cvetnic 2008: 83).

Dieser körperlich-leiblichen Dimension menschlichen Handelns wird man mit der Bezeichnung prä-reflexiv kaum gerecht. Sie unterliegt zwar nicht verstandesmäßig-reflexiven Prozessen, kommt aber gerade dann ins Spiel, wenn es darum geht, ‚kritische Situationen' zu bewältigen, in denen sowohl eingespielte Handlungsroutinen als auch die rational-reflexive Analyse und Entscheidung versagen. Anstatt zur Charakterisierung des Körperwissens auf das Prä-Reflexive zu rekurrieren, käme es somit eher darauf an, den Blick auf eine ‚andere' Reflexivität dieses Wissens zu richten. Eine empfindend-spürende Wahrnehmung ist keineswegs gleichbedeutend mit einer Ausschaltung des Bewusstseins und mentaler Prozesse – das Denken wird nicht dem Spüren geopfert, aber es wird ‚anders' gedacht.

Assoziatives und bildhaftes Denken

Die empfindend-spürende Wahrnehmung ist nicht nur mit Empfinden und Gefühl, sondern auch mit mentalen Prozessen verbunden. Denken erfolgt hier aber nicht in einem dem praktischen Handeln vorgeschalteten Prozess (Analyse, Reflexion), der auf Distanz zur Praxis bleibt, sondern ist unmittelbar ins praktische Handeln eingebunden. Ein solches Denken lässt sich nach Donald A. Schön als „Reflection in Action" im Unterschied zu „Reflection on Action" (Schön 2002 [1983]) oder nach Volpert (2003) als „mitlaufendes Denken" und „waches Bei-der-Sache-Sein" bezeichnen. Handeln erfolgt hier somit durchaus bewusst, aber diese Bewusstheit liegt ‚zwischen' einem Bewusstsein im Sinne verstandesmäßiger Reflexion und einer Nicht-Bewusstheit im Sinne habituellen oder reflexhaften Verhaltens. Denken geschieht dabei weniger in Begriffen, sondern vielmehr in Bildern. Komplexe Situationen und Abläufe werden ‚wie in einem Film' imaginativ visualisiert, unmittelbar sinnlich Wahrnehmbares wird mit sinnlichen Vorstellungen von Gegebenheiten verbunden, die selbst nicht unmittelbar wahrnehmbar sind. Man sieht mehr, als man sieht. Auf diese Weise wird es möglich, sich anhand spärlicher und disparater Informationen ein komplexes Bild von konkreten Gegebenheiten zu machen. Ein charakteristisches Medium dieser Erkenntnisform ist auch die Erinnerung an ähnliche Ereignisse, die man bereits erlebt hat. Dabei werden jedoch keineswegs vergangene Situationen stereotyp auf neue übertragen – wie es oft dem Denken in Analogien unterstellt wird. Vielmehr werden unterschiedliche erlebte Situationen vergegenwärtigt, übereinandergelegt, verglichen und verdichtet, um eine neue, bisher noch nicht erfahrene Situation zu interpretieren. Und schließlich ist ein solches Denken nicht logisch-schlussfolgernd, sondern überwiegend assoziativ. Die Assoziationen, die durch ein bestimmtes Ereignis – und durch das eigene Tun – ausgelöst werden, sind keineswegs beliebig, sondern ergeben sich aus den subjektiven Erfahrungen in den jeweiligen konkreten Gegebenheiten.

So sieht beispielsweise ein Werkzeugmacher an der verkapselten CNC-Maschine den Fräser vor sich, obwohl dieser ‚objektiv' nicht zu sehen ist:

> „Wenn ein Geräusch auftritt, von dem ich weiß, dass es anzeigt, dass der Fräser jetzt mit meinem Material Aluminium verschmilzt, weil er zu stumpf und zu heiß

> geworden ist. Ich sehe dann diesen verschmolzenen Fräser vor mir – ich kann mir sogar die Farbe vorstellen." (zitiert nach Carus/Schulze 1995: 71)

Ein Anlagenfahrer in der chemischen Industrie beschreibt seine Denkmuster bei der Arbeit am Monitor in der Leitwarte so:

> „Ich weiß, was abläuft, wenn ich auf den Bildschirm sehe, ich habe eine Vorstellung über den Ablauf. Beim Betrachten des Bildschirms sieht man, was an der Anlage abläuft." (zitiert nach Böhle 1994: 196)

Dazu ist anzumerken: Der Bildschirm zeigt abstrakte Symbole, nicht etwa konkrete Bilder. Das Vorstellungsvermögen des Anlagenfahrers vermag jedoch offensichtlich daraus ein konkretes Bild der Qualität des realen Prozessablaufs in der Anlage zu entwerfen. Dieser Prozess wird ‚miterlebt', und er *weiß* dann, was passiert.

Ein Informationbroker schildert sein ‚Gefühlsdenken' folgendermaßen:

> „Ich zieh mir beispielsweise mal 20 Datensätze raus und schau die Dinger mal an. Und das ist dann schon eher ein ‚Gefühlseindruck'. Wenn ich mich dann für eine Datenbank entscheide, dann weiß ich schon, mit was für Vorbehalten ich da rangehe, das ist dann schon in meinem Kopf drin." (zitiert nach Pfeiffer 1999: 101)

Umgang mit der Umwelt – explorativ-entdeckend und dialogisch-interaktiv

Dem praktischen Vollzug des Handelns geht in den geschilderten Fällen keine Entscheidung über die Wahl der Mittel, keine Definition der Ziele usw. voraus. Von außen entsteht hier leicht der Eindruck eines ‚Sich-treiben-Lassens' oder eines ‚unüberlegten Aktivismus'. Eine genauere Betrachtung lässt demgegenüber jedoch ein herantastendes, explorativ-entdeckendes und dialogisch-interaktives Vorgehen erkennen. Praktisches Handeln dient in den beschriebenen Beispielen nicht nur dazu, bereits Bekanntes nachzuvollziehen oder zu überprüfen, sondern es richtet sich darauf, Handlungsanforderungen und -möglichkeiten auf dem Wege praktischer Erfahrung zu eruieren. Ein solches (Arbeits-)Handeln ist – auch im Umgang mit Gegenständen – durch ein gemeinsames Tun gekennzeichnet, wie es beim Tanz oder auch beim Ring- oder Boxkampf der Fall ist. Hier findet eine beständige, aufeinander bezogene und fließende Abstimmung der Aktion und Reaktion statt.

So sprechen beispielsweise technische Fachkräfte davon, dass sie bei Unwägbarkeiten mit einer technischen Anlage „kämpfen" oder mit ihr „zusammenarbeiten", um Störfälle zu vermeiden und einen reibungslosen Ablauf zu gewährleisten. Dieses dialogisch-interaktive Vorgehen spielt nicht nur in Stör- und Ausnahmefällen, sondern auch im ganz normalen Tagesgeschäft eine Rolle, wie ein an CNC-gesteuerten Werkzeugmaschinen arbeitender Werkzeugmacher erzählt:

> „Bei schwierigen Teilen, die ich noch nicht so genau kenne, muss ich erst sehen, wie sich das Material verhält und welche Schnittwerte richtig sind. Dann gebe ich niedrigere Schnittwerte ein und taste mich langsam höher." (zitiert nach Carus/Schulze 1995: 64)

Der Werker passt seine nächsten Schritte also jeweils den Umständen und Gegebenheiten der Maschine an. Dazu ein weiteres Zitat:

> „Das kann man mitkriegen, wenn das Werkzeug stumpf wird und brechen kann. Wenn ich etwas merke, entscheide ich, ob und wann ich das Werkzeug wechsle, ob ich eine Bearbeitung vielleicht mit verringerten Schnittwerten noch zu Ende fahren kann oder ob ich besser sofort auswechsle. ... Eventuell plane ich auch an bestimmten Stellen Pausen ein, in denen ich das Material entspannen lasse oder ich nehme es an bestimmten Stellen einfach raus und lasse es aus drei, vier Zentimetern Höhe kurz mal runterfallen. Also solche Sachen. Das kriegst du aber nur raus, wenn du es ausprobierst." (zitiert nach Carus/Schulze 1995: 80)

Das dialogisch-interaktive Vorgehen ist keineswegs nur bei vorherrschend manuellen Tätigkeiten wesentlich. Vielmehr findet es sich auch in hoch technisierten Berufen, beispielsweise in der IT-Industrie. Ein Informationsbroker geht bei komplexen Recherchen die Suche von mehreren Seiten her an:

> „Dann schalte ich wieder ab, dann guck ich mir das an, dann verfeinere ich noch mal meine Suchstrategie, dann gehe ich wieder rein, dann recherchiere ich weiter, dann guck ich noch mal nach und schalte noch mal ab – das ist immer so ein Hin und Her." (zitiert nach Pfeiffer 1999: 103)

Die empirischen arbeitssoziologischen Untersuchungen zeigen, dass eine spürende Wahrnehmung mit dieser praktischen Auseinandersetzung mit der Umwelt verbunden ist und von ihr abhängt. Das explorativ-entdeckende und dialogisch-interaktive Vorgehen ist also einerseits eine Voraussetzung dafür, dass äußere Gegebenheiten empfindend und spürend wahrgenommen werden; andererseits wird das explorativ-entdeckende und dialogisch-interaktive Vorgehen nur dann zu einer besonderen Quelle von Erfahrung, wenn es mit einer spürenden Wahrnehmung verbunden ist.

In der Handlungstheorie hat vor allem Joas (1992) in Anknüpfung an John Dewey (1995 [1925]) darauf aufmerksam gemacht, dass auch bei intentionalem Handeln Handlungsziele nicht immer vorweg definiert, sondern (erst) im praktischen Handeln und durch praktisches Handeln entwickelt werden. Jedoch werden bei Dewey und Joas weder die sinnlich-körperliche Wahrnehmung noch die mit ihr verbundenen mentalen Prozesse näher beleuchtet und gegenüber den vorherrschenden Modellen zielorientierten Handelns differenziert und modifiziert. Gleiches gilt auch für die Theorie situativen Handelns, wie sie Lucy A. Suchman vorlegt (Suchman 2007 [1987]). Im Konzept des *subjektivierenden Handelns* ist es jedoch gerade die Verbindung von explorativ-entdeckendem Vorgehen und empfindend-spürender Wahrnehmung, die zu einer besonderen kognitiven und praktischen Auseinandersetzung mit der Umwelt führt. Damit verbindet sich zugleich eine besondere Beziehung zur Umwelt.

Beziehung zur Umwelt – Nähe und Einheit

Zu Arbeitsgegenständen und -mitteln wird beim subjektivierenden Arbeitshandeln keine distanzierte Haltung im Sinne der Subjekt-Objekt-Trennung eingenommen. Es besteht vielmehr eine Beziehung, die auf Nähe und Einheit, Gemeinsamkeit und Ähnlichkeit beruht. Dementsprechend werden auch Gegenstände ‚als' beziehungsweise ‚wie' Subjekte wahrgenommen und behandelt. Dies beinhaltet zweierlei: Zum einen wird das Verhalten der Gegenstände als nicht vollständig berechenbar und determiniert wahrgenommen, vielmehr wird ihnen ein ‚Eigenleben' attestiert, auf das man sich einstellen muss. Die ‚Vermenschlichung' sachlicher Objekte und ihre Wahrnehmung als etwas ‚Lebendiges' ist dabei keine bloße subjektive Projektion. Vielmehr werden damit Eigenschaften von konkreten Gegebenheiten beschrieben, die zu nicht vorhersehbaren und nicht von vornherein beherrschbaren Unwägbarkeiten führen. Zum anderen ist diese Wahrnehmung die Grundlage, auf die sich Gemeinsamkeiten und Ähnlichkeiten beziehen. An die Stelle eines einseitigen aktiven Einwirkens oder passiven Erleidens tritt das ‚gemeinsame Tun' gerade auch im Umgang mit Gegenständen. Hierauf beruht zudem die Möglichkeit zum subjektiven, gefühlsmäßigen und körperlichen Nachvollzug äußerer Gegebenheiten sowie zur Synchronisation des eigenen Handelns mit der Umwelt (Menschen wie Objekten). Dies beschreibt ein Pilot ganz schlicht mit den Worten, es sei „wichtig, dass man den Flieger, den man gerade fliegt, auch mag und eine Beziehung aufbaut." (Cvetnic 2008: 88) Dem Flugzeug werden sogar menschliche Eigenschaften zugesprochen: „Ich stelle mir vor, dass, wenn mal was schief geht oder was ausfällt, es dem Flieger sogar irgendwie peinlich ist." (ebd.)

3 Ausblick

Wesentlich ist, dass sich der Ansatz subjektivierenden Handelns nicht nur auf die Erklärung alltäglicher praktischer Routinen bezieht. Im Gegenteil: Er bezieht sich auf ein Handeln, das gerade dort einsetzt und gefordert wird, wo das verstandesmäßig-reflexive Handeln auf Grenzen stößt. Der Ansatz des subjektivierenden Handelns lenkt die Aufmerksamkeit auf den praktischen Vollzug des Handelns und begreift diesen weder als bloße Ausführung von vorangegangenen Entscheidungen noch als lediglich habitualisierte und routinierte Praktik unter weitgehend bekannten und stabilen Handlungsbedingungen. Gerade wo die Aufgabe in der Bewältigung von kritischen Situationen besteht, also von Situationen, die sich durch unvollständige Information, Zeitdruck und komplexe Wirkungszusammenhänge auszeichnen – und diese Situationen treten im heutigen Arbeitsleben zunehmend häufiger auf –, wird subjektivierendes Handeln zur wesentlichen Grundlage des Handelns überhaupt (vgl. Böhle et al. 2004; Böhle/Porschen 2011). Es umschreibt zugleich ein auf leiblicher Erkenntnis beruhendes praktisches Wissen. Auch wenn dieses sich nicht im herkömmlichen Sinn explizieren (verbalisieren) lässt, ist es im Rahmen gemeinsamer Erfahrungs- und Erlebnisräume durchaus austauschbar (vgl. Porschen 2008). Allerdings scheinen jedoch die Möglichkeiten, ein solches Wissen zu entwickeln und den Körper in dieser Weise zu ‚gebrauchen', im Zuge der Entsinnlichung und Entkörperlichung von Arbeits- und Lebensverhältnissen eher ab- als zuzunehmen (vgl. Böhle 1989, 2001).

Während Bourdieu den Akzent auf die gesellschaftliche Formung des Subjekts durch inkorporiertes Wissen legt, richtet sich das Konzept des subjektivierenden Handelns darauf, wie sich Menschen mit der Welt auseinandersetzen und in welcher Weise sie Wissen über die Welt erlangen können. Das Erkennen und Begreifen durch spürende Wahrnehmung und subjektivierendes Handeln sind in modernen Gesellschaften besonders in den Systemen zweckrationalen Handelns, und hier speziell im Arbeitsbereich, weitgehend verdrängt und diskriminiert worden. Ihre Thematisierung stellt nicht nur die viel zitierte Körper-Geist-Dualität in Frage – dies hat in den letzten Jahren sogar eine gewisse Konjunktur. Sie tangiert darüber hinaus eine im neuzeitlichen Denken ebenfalls tief verankerte Dualität: die – bei aller neuen Thematisierung von Gefühl und Emotion – tief verankerte Unterscheidung zwischen der auf die ‚äußere' Welt ausgerichteten, verstandesmäßig geleiteten Erkenntnis und der hiermit verbundenen objektiven Wahrnehmung von Informationen einerseits, sowie dem auf die ‚innere' Welt bezogenen empfindenden und gefühlsgeleiteten Erleben und der hiermit verbundenen Sinnlichkeit andererseits. Folgt man dieser Dichotomie, so zählt die empfindend-spürende Wahrnehmung entweder – als kultiviertes, sinnliches Erleben – zum Künstlerisch-Ästhetischen oder – als unzivilisierte Sinnlichkeit – zur naturhaften Seite menschlichen Daseins. Als Medium der Erkenntnis scheidet sie in beiden Fällen aus, vielmehr gilt sie als Ursache subjektiver Verzerrungen und Trugbilder. Doch trotz aller kulturellen und materiellen Verdrängung und Diskriminierung haben sich im ‚Untergeschoss' der gesellschaftlichen Entwicklung die spürende Wahrnehmung und das subjektivierende Handeln als unverzichtbares menschliches Vermögen der Daseinsbewältigung behauptet. Und nicht nur dies. Wenn zunehmend mehr Handlungsoptionen und neue Ungewissheiten entstehen, wenn Grenzen der Planung und der Herstellung von Planbarkeit erkennbar werden – so wie dies etwa in der Theorie reflexiver Modernisierung diagnostiziert wird (Beck/ Bonß 2001; Böhle/Weihrich 2009) –, dann sind gerade diese menschlichen Fähigkeiten zur situativen Handlungsorientierung gefragt. Es lohnt sich also durchaus für die Soziologie, sowohl aktuell als auch künftig dem Körper als Medium der Erkenntnis und Grundlage der Genese von Wissen Aufmerksamkeit zu schenken.

Literatur

Alkemeyer, Thomas (2006): Lernen und seine Körper. Habitusformungen und -umformungen in Bildungspraktiken. In: Friebertshäuser et al. (2006): 119–142

Alkemeyer, Thomas (2009): Handeln unter Unsicherheit – vom Sport aus beobachtet. In: Böhle/Weihrich (2009): 183–202

Arnheim, Rudolf (1996): Anschauliches Denken. Zur Einheit von Bild und Begriff. Köln: DuMont

Beck, Ulrich/Bonß, Wolfgang (Hrsg.) (2001): Die Modernisierung der Moderne. Frankfurt a. M.: Suhrkamp

Beckenbach, Nils/van Treeck, Wolfgang (Hrsg.) (1994): Umbrüche gesellschaftlicher Arbeit. Soziale Welt, Sonderband 9. Göttingen: Schwartz

Berendt, Joachim-Ernst (1985): Das dritte Ohr. Vom Hören der Welt. Reinbek bei Hamburg: Rowohlt

Berger, Peter L./Luckmann, Thomas (1980): Die gesellschaftliche Konstruktion der Wirklichkeit. Eine Theorie der Wissenssoziologie. Frankfurt: Fischer [1966]

Böhle, Fritz (1989): Körper und Wissen – Veränderungen in der sozio-kulturellen Bedeutung körperlicher Arbeit. In: Soziale Welt 40 (4): 497–512

Böhle, Fritz (1994): Negation und Nutzung subjektivierenden Arbeitshandelns bei neuen Formen qualifizierter Produktionsarbeit. In: Beckenbach/van Treeck (1994): 183–206

Böhle, Fritz (2001): Sinnliche Erfahrung und wissenschaftlich-technische Rationalität – ein neues Konfliktfeld industrieller Arbeit. In: Lutz (2001): 113–131

Böhle, Fritz (2003): Wissenschaft und Erfahrungswissen. Erscheinungsformen, Voraussetzungen und Folgen einer Pluralisierung des Wissens. In: Böschen/Schulz-Schaeffer (2003): 143–177

Böhle, Fritz (2009): Weder rationale Reflexion noch prä-reflexive Praktik – Erfahrungsgeleitet-subjektivierendes Handeln. In: Böhle/Weihrich (2009): 203–230

Böhle, Fritz/Milkau, Brigitte (1988): Vom Handrad zum Bildschirm. Eine Untersuchung zur sinnlichen Erfahrung im Arbeitsprozess. Frankfurt/New York: Campus

Böhle, Fritz/Pfeiffer, Sabine/Sevsay-Tegethoff, Nese (2004): Die Bewältigung des Unplanbaren. Wiesbaden: VS

Böhle, Fritz/Porschen, Stephanie (2011): Verwissenschaftlichung und Erfahrungswissen. Zur Entgrenzung, neuen Grenzziehungen und Grenzüberschreitungen gesellschaftlich anerkannten Wissens. In: Wengenroth (2011)
Böhle, Fritz/Schulze, Hartmut (1997): Subjektivierendes Arbeitshandeln. Zur Überwindung einer gespaltenen Subjektivität. In: Schachtner (1997): 24–46
Böhle, Fritz; Weihrich, Margit (2009) (Hrsg.): Handeln unter Unsicherheit. Wiesbaden: VS
Böschen, Stefan/Schulz-Schaeffer, Ingo (Hrsg.) (2003): Wissenschaft in der Wissensgesellschaft. Wiesbaden: Westdeutscher Verlag
Bourdieu, Pierre (1987): Sozialer Sinn. Kritik der theoretischen Vernunft. Frankfurt a. M.: Suhrkamp
Carus, Ursula/Schulze, Hartmut (1995): Leistungen und konstitutive Komponenten erfahrungsgeleiteter Arbeit. In: Martin (1995): 48–82
Collins, Harry (2001): What is tacit knowledge? In: Schatzki et al. (2001): 107–119
Corbin, Alain (1984): Pesthauch und Blütenduft. Eine Geschichte des Geruchs. Berlin: Wagenbach
Cvetnic, Tanja (2008): Cockpitautomatisierung und das erfahrungsgeleitet-subjektivierende Arbeitshandeln von Piloten. In: Matuschek (2008): 73–91
Dewey, John (1995): Erfahrung und Natur. Frankfurt a. M.: Suhrkamp [1925]
Friebertshäuser, Barbara/Rieger-Ladich, Markus/Wigger, Lothar (Hrsg.) (2006): Reflexive Erziehungswissenschaft. Forschungsperspektiven im Anschluss an Pierre Bourdieu. Wiesbaden: VS Verlag für Sozialwissenschaften
Gershon, Michael (2001): Der kluge Bauch. München: Goldmann
Joas, Hans (1992): Die Kreativität des Handelns. Frankfurt a. M.: Suhrkamp
Klappacher, Christine (2006): Implizites Wissen und Intuition. Warum wir mehr wissen als wir zu sagen wissen: Die Rolle des impliziten Wissens im Erkenntnisprozess. Saarbrücken: VDM-Verlag Dr. Müller
Lachmund, Jens (1997): Der abgehorchte Körper. Zur historischen Soziologie der medizinischen Untersuchung. Opladen: Westdeutscher Verlag
Lutz, Burkart (Hrsg.): Entwicklungsperspektiven von Arbeit. Berlin: Akademie-Verlag
Martin, Hans (Hrsg.) (1995): CeA – Computergestützte erfahrungsgeleitete Arbeit. Berlin/Heidelberg/New York: Springer
Matuschek, Ingo (Hrsg.) (2008): Luft-Schichten. Arbeit, Organisation und Technik im Luftverkehr. Berlin: Edition Sigma
Merleau-Ponty, Maurice (1966): Phänomenologie der Wahrnehmung. Berlin: de Gruyter [1945]
Nonaka, Ikurjio/Takeuchi, Hirotaka (1997): Die Organisation des Wissens. Wie japanische Unternehmen eine brachliegende Ressource nutzbar machen. Frankfurt/New York: Campus
Pfeiffer, Sabine (1999): Dem Spürsinn auf der Spur. Subjektivierendes Arbeitshandeln an Internet-Arbeitsplätzen am Beispiel Information-Broking. München/Mering: Hampp
Polanyi, Michael (1974): Personal Knowledge. Towards a Post-critical Philosophy. Chicago: University of Chicago Press
Polanyi, Michael (1985): Implizites Wissen. Frankfurt a. M.: Suhrkamp

Porschen, Stephanie (2008): Austausch impliziten Erfahrungswissens. Neue Perspektiven für das Wissensmanagement. Wiesbaden: VS

Ryle, Gilbert (1969): Der Begriff des Geistes. Ditzingen: Reclam

Schachtner, Christina (Hrsg.) (1997): Technik und Subjektivität. Frankfurt a. M.: Suhrkamp

Schatzki, Theodore R./Knorr-Cetina, Karin/Savigny, Eike von (Hrsg.) (2001): The Practice Turn in Contemporary Theory. London: Routledge

Schmitz, Hermann (1994a): Neue Grundlagen der Erkenntnistheorie. Bonn: Bouvier

Schmitz, Hermann (1994b): Situationen oder Sinnesdaten – was wird wahrgenommen? In: Allgemeine Zeitschrift für Philosophie 19 (2): 1–21

Schön, Donald A. (2002): The Reflective Practitioner. How professionals think in action. Aldershot: Ashgate [1983]

Schütz, Alfred (1974): Der sinnhafte Aufbau der sozialen Welt. Eine Einleitung in die verstehende Soziologie. Frankfurt a. M.: Suhrkamp

Sennett, Richard (2008): Handwerk. Berlin: Berlin Verlag

Suchman, Lucy A. (2007): Plans and Situated Actions. The Problem of Human-machine Communication. Cambridge: Cambridge University Press [1987]

Volpert, Walter (2003): Wie wir handeln – was wir können. Ein Disput als Einführung in die Handlungspsychologie. Sottrum: Artefact

Wengenroth, Ulrich (Hrsg.) (2011): Grenzen des Wissens – Wissen um Grenzen. Velbrück Wissenschaft: Weilerswist: Velbrück

Ist da jemand?

Über Appräsentationen bei Menschen im Zustand „Wachkoma“

Ronald Hitzler

„Leblos scheint sie,
die dennoch lebt:
der Traurigen kost
ein lächelnder Traum.“

Richard Wagner: Die Walküre (2. Aufzug, 5. Szene: Siegmund, über Sieglinde geneigt, dem Atem lauschend)

Es klopft. B betritt das Zimmer. A liegt im Bett, atmet sehr schwer, keucht und würgt immer wieder. B hat den Eindruck, dass es A nicht gut geht, denn A schwitzt auch stark am Kopf (die Haare sind nass, Stirn und Nase sind schweißüberströmt). B trocknet A das Gesicht ab und redet A in ‚beruhigender Absicht‘ zu. Dann hält B die rechte Hand von A. A reagiert darauf nicht (jedenfalls nicht für B erkennbar), sondern verzieht in kurzen Abständen immer wieder das Gesicht wie im Schmerz, im Zorn oder in übergroßer Anstrengung. A atmet schnell und überaus hektisch. Dazwischen hustet und würgt A und knirscht oft mit den Zähnen. B empfindet die Korrelation zwischen dem, was A tut bzw. was um A *herum* überhaupt vorgeht, und dem, was *bei* A bzw. *‚in‘* A vorzugehen scheint, als allenfalls ausgesprochen schwach bzw. als nicht erkennbar.

1 Die Erkenntnisrelevanz kleiner Wahrnehmungen

Subjektiv ‚sicher‘ weiß B, dass das, was hier als „A“ bezeichnet wird, ein Körper ist – augenscheinlich ein typisch menschlicher Körper und überdies ein *belebter* typisch menschlicher Körper – ein Leib also: Da ist leibhaftig Etwas, etwas phänotypisch Menschliches. Was aber impliziert diese Evidenz? Impliziert sie, dass dieses phänotypisch menschliche Etwas auch (ein) Jemand ist? Eben dies ist die Frage, die sich B stellt, seit ein für B existenziell bedeutsamer Mitmensch herausgeschleudert worden ist aus der banalen Welt unseres alltäglichen, geschwätzigen Miteinanders. Und dies ist auch die Frage, der ich in und mit diesem Beitrag nachgehen werde: Verkörpert A sich in diesem phänotypisch menschlichen Leib? Also: *Ist* A nicht nur ein Leib, sondern *hat* A auch einen Körper (vgl. Plessner 1983;

vgl. dazu auch Waldenfels 2000)? Ist A jemand bzw. ein Jemand – im Sinne nicht nur eines Individuums, einer von anderem und anderen unterscheidbaren Einheit, sondern im Sinne eines Subjekts, eines Akteurs, einer Person?

Diese Frage führt hinein in eine Welt, die, hat man sie erst einmal betreten und seine Vorannahmen am ‚Eingang' zurückgelassen, neben unleugbaren Schrecknissen auch eine Vielzahl aufschlussreicher Erfahrungen ermöglicht (u. a. auch solche, die eine Revision mancher ‚liebgewordener' phänomenologischer Prämissen nahelegen). Diese Erfahrungen nicht nur zufällig ‚einmal' machen zu können, erfordert allerdings nicht nur sehr viel Zeit. Diese Erfahrungen zu machen, erfordert *in* dieser vielen Zeit zudem ein hohes Maß an (auch körperlicher) Zuwendung zur physischen Präsenz eines Menschen, dessen Subjekthaftigkeit alles andere als gesichert oder gar evident ist. Und diese Erfahrungen zu machen, erfordert eine dauerhafte Konzentration auf Ereignisse, die in unserem normalen, schwatzhaften Miteinander in aller Regel keine andere Bedeutung für uns haben als die von Beiläufigkeiten und Kleinigkeiten. Eben diese Kleinigkeiten gilt es erst einmal wahrzunehmen – und im Weiteren dann als Wahrnehmungen zu bedenken.

Diese ‚kleinen' Wahrnehmungen mache ich zunächst einmal dadurch, dass ich die ‚großen' Wahrnehmungen aus- (oder auch ein-)klammere, die wir üblicherweise von einem menschlichen Individuum haben, das Eigenschaften, Merkmale, Verhaltensweisen aufweist, welche ‚anzeigen', dass es im „Wachkoma" ist. Menschen in diesem Zustand werden in der Schul- bzw. Biomedizin zumeist als „apallisch" (vgl. Kretschmer 1940; Preger 2003) bzw. als in einem „persistent" bzw. in einem „permanent vegetative state (PVS)" (vgl. Jennett/Plum 1972; Nacimiento 2005) oder allenfalls in einem „minimally conscious state (MCS)" (vgl. Giacino et al. 2002) befindlich diagnostiziert.[1] Vor diesem Hintergrund beansprucht meine hier vorgeschlagene Rede vom Menschen im Zustand „Wachkoma" nicht mehr, als die neutralste Formulierung zu sein, die mir bislang eingefallen ist (vgl. dazu auch Bienstein 2005; Geremek 2009; Tolle 2005).

Wie dergestalt etikettierte bzw. qualifizierte Menschen grosso modo wahrgenommen werden, lässt sich problemlos nicht nur in medizinischen und pflegewissenschaftlichen Fachzeitschriften und Praxisbüchern nachlesen, sondern ebenso auch im Internet. Die meisten von uns empfinden, wenn sie zum ersten Mal einem Menschen im Zustand „Wachkoma" begegnen, diesen als (relativ) ‚leblos', weil sie durch sein ungewohntes und mithin befremdliches Gesamtbild – geschlossene oder ‚blicklose' Augen, starre Körperhaltung, spastische Verkrümmungen der Extremitä-

[1] Da allein schon die *Diagnose* dieses Zustandes ausgesprochen schwierig (vgl. Klein 2000; Owen et al. 2006) und die *Prognose* von dessen Verläufen mehr als zweifelhaft ist (vgl. Laureys et al. 2004), ist im internationalen medizinischen Diskurs in jüngerer Zeit immer mehr von „Vegetative State (VS)" *ohne* weitere Qualifizierung die Rede. Vgl. dazu Jennett (2002).

ten, Automatismen in der Gesichtsmuskulatur, kombiniert mit diversen Prothesen[2] – vom Rollstuhl über Arm- und Beinschienen, Fixierungen bei sitzender Position, bis hin zur Trachealkanüle, zu automatischer Nahrungs- und Flüssigkeitszufuhr mittels Magensonde, Blasenkatheter usw. – zumindest *zunächst einmal* so affiziert werden, dass auf ‚Kleinigkeiten' zu achten sie kaum in der Lage sind. Manche von uns, die sich *vor* ihrer ersten Begegnung mit einem Menschen im Zustand „Wachkoma" von diesem ein solches ‚lebloses' Bild bereits gemacht haben, erschrecken aber auch, wenn sie dann tatsächlich eben *nicht* auf einen Menschen im Koma (also im bewusstlosen *Schlaf*) treffen, sondern auf ein sich bewegendes, zuckendes, grimassierendes, röchelndes, hustendes und vor allem auf ein oft ‚irgendwie' (wenn auch nicht selten völlig starr) *schauendes* Gegenüber.

Diesen sozusagen ‚ersten' Eindruck durchzustehen und hinter sich zu lassen, ist aber unabdingbar dafür, im Umgang mit Menschen im Zustand „Wachkoma" jene *kleinen* Wahrnehmungen zu machen, die die Chance eröffnen, *evidente* Antworten zu finden auf die Frage *„Ist da jemand?"* – Antworten also jenseits medizinischer Theorien und Gegentheorien, jenseits von Statistiken, von Tests, von Messtechniken und bildgebenden Verfahren, jenseits von „Evidence Based Medicine"-Konzepten, jenseits aber auch von alternativheilkundlichen Mystifizierungen, von gutmenschlichen Glaube-Liebe-Hoffnung-Prinzipien und von etwelcher Betroffenheitslyrik; evidente Antworten vielmehr zum einen im Abgleich mit mikro- und nanosoziologischen Ansätzen zur Analyse von Körper-Appräsentationen (vgl. dazu exemplarisch Kendon 2004; Heath/Luff/Hindmarsh 2009) und zum anderen im empirischen Rekurs auf explorative Methoden, wie wir sie in der von Anne Honer initiierten „lebensweltanalytischen Ethnographie" (vgl. Honer 1989 und 2004; vgl. dazu auch Hitzler/Eberle 2004) auf mannigfaltigen Themengebieten selber erprobt haben und erproben. Gemeint sind damit vor allem Methoden wie Beobachtende Teilnahme (also Mit-Tun), Teilnehmende Beobachtung (over the shoulder), By the way-Gespräche, (Experten-)Interviews und Videoaufzeichnungen – einschließlich jeweils der entsprechenden Analyse- und Interpretationsverfahren.[3]

---

[2] Zur essentiellen Differenz von Prothese und Werkzeug und zur Relevanz der Prothetik für die Neu-Justierung dessen, was uns (noch) als „menschlich" gilt, vgl. Schneider (2005); vgl. zum letzteren auch Lindemann (2005).

[3] Derzeit erkunden wir in diesem Sinne lebensweltanalytischer Ethnographie die „Lebensbegleitung im Haus Königsborn", einer Modelleinrichtung des Landes NRW für sogenannte ‚Phase F'-Patienten; d. h. für Menschen im Zustand „Wachkoma" mit verschiedenen Schweregraden und in verschiedenen Rehabilitationsstufen (vgl. dazu auch Pertzborn/Busian/Herkenrath 2000). Frank Mücher forscht in der – allen beteiligten Personen bekannten – Rolle eines ‚Anlernlings' praktisch teilnehmend am Therapie- und Pflegealltag. Ich konzentriere mich auf die – videogestützte (vgl. Knoblauch 2004; Raab 2008) – Registrierung und Interpretation ‚kleiner Wahrnehmungen' wie denen, die ich hier zur Diskussion stelle. Von dieser ethnographischen Fallstudie, die in expliziter Kooperation mit

2 Auf der Suche nach dem Code

In der sogenannten Beziehungsmedizin, die wesentliche Deutungsmuster und Legitimationsrhetoriken (auch) für explizit somatisch-sensorische und emotions- bzw. sentimentfokussierte Therapie- und Pflegekonzepte bereitstellt, wird vor allem Anderen Wert darauf gelegt, dass „Wachkoma" *keine* (kurativ zu behandelnde) Krankheit sei, sondern eben ein (palliativ zu begleitender) „Zustand" bzw. eine „andere Form" menschlichen Lebens, eine eigen-sinnliche und eigen-sinnige Lebenswelt. Radikalere Positionen in diesem ‚alternativen' Deutungskosmion behaupten eine Strukturhomologie zwischen (Wach-)Koma und anderen *Bewusstsein*zuständen, wie sie insbesondere durch Drogengebrauch evoziert werden können.

Im Rekurs auf meine eigenen Erfahrungen unter dem Einfluss verschiedener Arten von Drogen stimme ich zwar dem Befund zu, dass Drogen Veränderungen von Bewusstseinszuständen (bzw. bergsonianisch gesprochen: von Bewusstseinsspannungen) evozieren. Aber zum einen bewirkt situativ sehr intensiver Gebrauch von Drogen schlicht den *Verlust* von Bewusstsein, also einen koma-ähnlichen Zustand (den wir alltagssprachlich etwa als „Filmriss" oder als „black out" kennen). Und mit Blick auf den Zustand von Bewusst*losigkeit* wird m. E. die Rede von einem „anderen *Bewusstsein*zustand" nachgerade widersinnig. Zum anderen fehlen für die behauptete – angeblich *phänomenologisch* rekonstruierte – Analogie zwischen Bewusstseinszuständen unter Drogeneinfluss und dem Erleben im (Wach-)Koma anhaltend valide Nachweise oder auch nur solide Argumente. Die Behauptung, den Zustand eines Menschen im (Wach-)Koma „aus *dessen* innerem Bewusstsein heraus" betrachten zu können (vgl. Mindell 2000: 51 und 34), zeugt jedenfalls keineswegs von phänomenologischer Beschreibungskompetenz, sondern von der esoterischen Hybris eines sich als „Schamane" gerierenden Psychologen, denn was dieser vorlegt, das sind allenfalls mystifizierende An-Deutungen von als Appräsentationen des Gegenübers postulierten eigenen Wahrnehmungsinhalten.

Aber auch das erscheint mir bislang als nicht wesentlich ‚evidenter', was einer Meldung zufolge, die Anfang Februar 2010 durch die Medien geisterte, just mittels einer „funktionellen Magnet-Resonanz- bzw. Kernspin-Tomographie (fMRT)" gelungen sein soll: mit bislang als nicht mitteilungsfähig geltenden Menschen im Zustand „Wachkoma" zu kommunizieren. Die Experimentatoren (Monti et al. 2010) kolportieren, dass es ihnen (vereinzelt) gelungen sei, bei komatösen Patienten in Abhängigkeit davon, ob sie sie aufforderten, an motorische Aktivitäten (Tennis spielen) oder an Räumlichkeiten (eigene Wohnung) zu denken, nicht nur – reproduzierbar – unterschiedliche Hirnareale zu aktivieren, sondern diese unterschied-

den Mitarbeiterinnen und Mitarbeitern der Einrichtung durchgeführt wird, erwarten sowohl diese als auch wir valide Erkenntnisse über Wirkungen von Formen des Umgangs mit Menschen im Zustand „Wachkoma".

lichen Gedanken-Bilder auch noch als „Ja"- oder „Nein"-Antworten auf Fragen herzustellen und dergestalt via fMRT mit dem Ärzteteam zu kommunizieren.[4]

Auf der Basis der *mir* bislang verfügbaren Daten und deren Auslegung – sowie angesichts des anhaltenden Streits der Experten über eine plausible Definition des Phänomens – kann ich „Bewusstsein", „Körperbewusstsein" oder gar (körper-)bewusstes Kommunizieren und Interagieren bei Menschen im Zustand „Wachkoma" *weder* definitiv bestätigen, *noch* definitiv ausschließen.[5] Deshalb vermeide ich pathologische, Menschen auf im Organismus nachweisbare bio-chemische Abläufe reduzierende Begriffe der Schulmedizin so gut wie möglich. Aber ich vermeide so gut wie möglich auch Begriffe, die per se schon „Bewusstsein" implizieren oder gar metaphorisch explizieren.[6]

Vor diesem Hintergrund stellt sich nun anhaltend die Frage, ob wir es bei diesem direkten Umgang mit Menschen im Zustand „Wachkoma" mit einer *sozialen* Situation zu tun haben. In Frage steht das deshalb, weil die soziale Situation im mit Erving Goffman (1982) verstandenen Sinne mit „Wechselseitigkeit" einhergeht. Und in Frage steht: Ob bzw. wie *Gewissheit* einer Wechselseitigkeit zu finden ist in einer Situation, in der eben wenigstens zwei menschliche Individuen körperlich anwesend sind, von denen sich zumindest eines in unmittelbarer Reichweite des anderen befindet.[7] Ob diese beiden auf irgendeine Art interagieren bzw. kommu-

[4] Die andere angebliche Entdeckung eines Falles von Kommunikationsfähigkeit bei einem seit über zwanzig Jahren im Zustand „Wachkoma" lebenden Mann hat Steven Laureys, der belgische Mediziner, der die entsprechende Information weltweit verbreitet hat bzw. hat verbreiten lassen, kure Zeit später selber revidiert. Anders als die ursprüngliche, wenige Wochen zuvor schlagzeilenträchtige Sensationsmeldung tauchte der ‚Widerruf' allerdings lediglich als kleiner Hinweis in den Medien auf.

[5] „Ganz und gar auf den *Körper* zurückgeworfen" zu sein, wie Markus Schroer (2005a: 21, FN 24) das im Verweis auf Philipp Sarasin vermerkt, betrachte ich demnach nicht als extremste Form von Exklusion. Die extremste Form der Exklusion des Einzelnen scheint mir vielmehr der Verlust des Körperbewusstseins zu sein. Denn um etwas über meinen eigenen Körper (in der Welt) zu erfahren, muss ich mich mir selbst ‚von außen' nähern (können). D. h., dass ich um den Leib, um meinen Leib als einem Körper, durch Rückschlüsse der Beobachtung von anderen Körpern auf bzw. durch Mitteilungen anderer über meinen eigenen Körper weiß. Meinen Leib *habe* ich als Körper von einem Standpunkt *außerhalb* dieses Körpers (vgl. Hitzler/Honer 2005: 357; vgl. auch Hitzler 2002).

[6] Damit votiere ich nachdrücklich dafür, als mit dieser Thematik befasster Sozialwissenschaftler stets darauf zu achten, sich nicht – statt in etwelche im Lichte konstruktivistischer Kritik (vgl. z. B. Lindemann 2003) als zumindest allzu daten*selektiv* erweisende Deutungsmuster der Schulmedizin – nun in diverse daten*resistente* Deutungsmuster der – philosophisch, ideologisch und moralisch sehr breit aufgestellten – ‚Gegenseite' verstricken zu lassen. Die Gefahr einschlägiger (Über-)Identifikation ist nämlich gerade dann nicht von der Hand zu weisen, wenn man, wie wir lebensweltanalytischen Ethnographen das tun, sich hochgradig involviert in das jeweilige Forschungsfeld, denn ‚alternative' Deutungsmuster, die mit irgendwelchen Bewusstseinsmetaphern hantieren, bergen unzweifelhaft viel, allzu viel Tröstliches für den, der mit leidet mit dem „Betroffenen".

[7] Möglicherweise hilft eine Situationsdefinition im Sinne von *Sartre* (1991) hier weiter als die Goffmansche (vgl. dazu auch Hitzler 1999).

nizieren, das zu klären steht im Zentrum aller registrierenden und rekonstruierenden Bemühungen. Selbstverständlich hingegen kann zumindest eines der beiden Individuen das andere *deuten*.

Und eben dies tun offenbar auch die therapeutischen Experten der unterschiedlichen Fachrichtungen, wenn und weil sie nach einem *„Code"* suchen zur Verständigung mit dem von mir „A" genannten Menschen, der damit als *Person* A in Erscheinung tritt:

Der *Ergotherapeutin* zufolge kann Person A den Kopf selbständig bewegen, zeigt aber die Tendenz, ihn nach links zu drehen. Person A nehme spontan Blickkontakt auf, richte sich zur akustisch-visuellen Reizquelle hin aus, habe aber auch Dystonien (Bewegungsstörungen), die sie „sozusagen überwältigen". Die Ergotherapeutin verweist auf ein (situativ nicht zuhandenes) Video, auf dem während eines Besuchs bei der Kosmetikerin festgehalten sei, dass Person A den Eindruck mache, sie sehe sich selber interessiert in einem Spiegel an. Die Ergotherapeutin berichtet auch, dass sie mit A an einem Gesprächskreis in einer Kirche teilgenommen und dabei den Eindruck gehabt habe, A habe interessiert zugehört (thematisch sei es in dem Gesprächskreis u. a. um das Leben mit Blindheit gegangen), und dass sie beim Singen von Kirchenliedern geweint habe (jedenfalls hätten ihr die Augen getränt). Insgesamt konstatiert die Ergotherapeutin ein starkes Bemühen bei Person A, „aktiv" zu werden bzw. zu sein, konstatiert aber auch, A sei sehr instabil – sowohl mit Blick auf ihre „Vigilanz" (situative Wachheit) als auch auf ihr Gesamtbefinden. Dieses korreliere vermutlich (auch) damit, ob A sich in einer Situation „wohl" fühle.

Der *Musiktherapeut* bezeichnet Person A als „für mich ein sehr spannender, interessanter Mensch". Er hat augenscheinlich das Eine und Andere von Person A gelesen und sich, wie er sagt, „ein ‚lebendiges' Bild von ihr gemacht". Er sei erstaunt gewesen, wie wenig Person A sich im Zustand „Wachkoma" physisch verändert habe. Er versuche, zu ergründen, wie sie gewesen sei – auch angesichts von Fotos, die von ihr in ihrem Zimmer hängen. Er bekundet, „eine große Nähe" zu Person A zu verspüren. Augenscheinlich reflektiert er sehr stark die Frage *„wechselseitigen* Erlebens" zwischen sich und A. Methodische Vorbehalte der Person B gegen zu schnelle und Über-Interpretationen teilt der Musiktherapeut explizit.

Die *Physiotherapeutin* und der *Physiotherapeut* konstatieren vor allem, bei Person A seien Versteifungen und Verspannungen in den Armen relativ ausgeprägt. Um schmerzhaften Krämpfen entgegenzuwirken, müssten die Muskeln, Sehnen und Gelenke möglichst oft gelockert werden. Außerdem solle in Absprache mit einem Neurologen von diesem eine Botox-Behandlung durchgeführt werden.[8]

---

[8] Inzwischen sind A die Botulinumtoxin-Spritzen ‚gesetzt' worden und zeitigen die intendierten „positiven Effekte": As Arm-, Hand- und Fingermuskulatur ist deutlich weniger verkrampft als zuvor.

Noch sei ungeklärt, so die *Sprachtherapeutin* – die bemüht ist, die Schluckreflexe von Person A so weit zu reanimieren, dass diese ohne Trachealkanüle leben und wieder über Mund und Nase atmen und damit auch ihre Stimmbänder wieder gebrauchen können soll –, ob A prinzipiell stimmlich Laute produzieren könne bzw. ob die Mundmotorik (d. h. die Koordination von Zungen- und Mundbewegungen, die Koordination des Atmens usw.) überhaupt und wenn, dann hinlänglich verlässlich funktioniere. Bislang richteten sich die therapeutischen Maßnahmen auf sehr basale Stimulationen (v. a. zur Verlangsamung und Kräftigung der Atmung). Als nächstes stehe bei Person A eine klinische Überprüfung der Husten- und Schluckreflexe an, v. a. zur Klärung der Frage, ob A eine sogenannte Sprechkanüle (d. h. eine Kanüle mit einem Ventilsystem, das beim Ausatmen die Luft über die Stimmbänder ablässt) eingesetzt und während der Sprachtherapiesitzungen erprobt werden kann.[9]

Fazit der Gespräche mit den Therapeutinnen und Therapeuten: Noch ist *kein* „Code" gefunden worden, der eine basale Kommunikation mit Person A ‚transsituativ' und intersubjektiv ermöglicht,[10] und der damit dazu beitragen könnte, zu entschlüsseln, was da in und mit A vor sich geht.

---

[9] Diese inzwischen durchgeführten Tests und Versuche haben ergeben, dass Person A offenbar (noch) nicht genügend hohen Druck auf der Lunge hat, um über die Löcher der Kanüle und des Inlets auszuatmen. Die Therapeutin versucht immer wieder, den Ballon-Reif, der die Kanüle ‚blockt' (so dass keine Flüssigkeiten in die Luftröhre laufen können), in der Sitzung zu entblocken (d. h. die Luft herauszulassen), um so einen Seiten-Weg zum Ausatmen zu schaffen. Bislang *ein*-mal sei es A gelungen, auf diesem Wege auszuatmen. Dieses eine Mal sieht die Therapeutin allerdings als „Beleg" dafür an, dass A das „im Prinzip" kann, und dass es deshalb darum gehe, diese grundsätzliche „Kompetenz" zu verstetigen. Der Zeithorizont für dieses ‚erste' Therapieziel sind allerdings nicht Wochen, sondern Monate oder Jahre.

[10] Vgl. dazu Neumann (2003). Die auf neurowissenschaftlichen Grundlagen (vgl. Pickenhain 1998) basierende Konzeption integriert das Affolter Konzept (vgl. Affolter 2001), die Sensorische Integration (vgl. Ayres 1984) sowie die Kinästhetik (vgl. Hatch/Maietta/Schmidt 1996) und anderes mehr. Die in deren pflegerische ‚Versorgung' eingebettete therapeutische „Ansprache" von bzw. „Begegnung" mit Menschen im Zustand „Wachkoma" findet oft *nur*, stets aber zumindest *auch* mittels taktiler Reize (Berühren, Streicheln, Halten, Führen usw.) statt. Insgesamt spielt in der Pflege und in Physio-, Ergo- und Sprachtherapien, aber durchaus auch in der Musiktherapie, die taktile Beruhigung und Stimulation eine wesentliche Rolle: Die Nutzung mehr oder weniger der ganzen Palette aktivierender Therapie- und Pflegekonzepte (vgl. z. B. Gustorff/Hannich 2000; Gritt/Großmann 2005; Herkenrath 2004; Nusser-Müller-Busch 2005; Pickenbrock 2005), die allesamt ansetzen beim Leib-Sein der Menschen im Zustand „Wachkoma", soll diesen dabei helfen, ihrer Körper wieder habhaft zu werden (vgl. zum Menschen als Körper-Wesen generell Plessner 1983; Gugutzer 2002; die Beiträge in Hahn/Meuser 2002) und wie auch immer geartete Kommunikationsfähigkeiten (wieder) zu erlangen (vgl. speziell Hannich 1993, generell Argyle 1979). Ein Rehabilitationskonzept für Menschen im Zustand „Wachkoma" auf der Basis explizierter Wahrnehmungen von Therapeuten, Pflegekräften und Angehörigen entwickelt – im expliziten Anschluss an Wolfgang Jantzen – Tolle (2005).

3 Zur Konfusion von Kommunikation und Interpretation bzw. Appräsentation

Die Antwort auf die Frage „Was geht hier eigentlich vor?" ergibt sich Erving Goffman (1977) zufolge, „daraus, wie Menschen weiter in der Sache vorgehen." Hier geht zumindest Person B aufgrund einer Situationsdefinition vor, der zufolge Person A (vermutlich) nicht kommunizieren *kann*. Diese Beobachtung generiert m. E. Daten, die alle Lesarten des kultur- und sozialwissenschaftlichen Trivial-Mythos, ein Mensch könne *nicht* nicht kommunizieren (vgl. z. B. Watzlawick/ Beavin/Jackson 1969), empirisch in Frage stellen – bis hin zu Jo Reichertz' differenzierten aktuellen Einlassungen dazu (vgl. Reichertz 2009).

In Frage steht dabei aber immer noch, ob wir es beim Umgang mit Menschen im Zustand „Wachkoma" mit *sozialen* Situationen im Sinne von Goffman (1982) zu tun haben: Augenscheinlich sind mindestens zwei Personen körperlich anwesend und befinden sich – jedenfalls unter Normalitätsgesichtspunkten – auch in unmittelbarer Reichweite zueinander. Und trotzdem kann mindestens eine der beiden Personen dezidiert nicht – genauer: jedenfalls nicht ständig – kommunizieren. Gleichwohl kann die andere Person die eine selbstverständlich ständig bzw. jederzeit zum Gegenstand von Deutungen machen. Aber die permanente Option eines Subjekts, Wahrgenommenes zu deuten (z. B. etwas anderes als anderes Subjekt – mit allen daran sich anschließenden epistemologischen Konsequenzen), sowie die notorisch nicht auszuschließende Möglichkeit, als Wahrgenommenes von einem anderen Subjekt (als anderes Subjekt oder eben auch als Nicht-Subjekt) gedeutet zu werden, als per se „kommunikativ" zu etikettieren, unterschlägt die erkenntnistheoretisch fundamentale Differenz von „Kommunikation" und „Interpretation" und vermischt die beiden Begriffe: Selbstverständlich kann man, wie Jo Reichertz (2009: 124 ff.) notiert, jedes menschliche Verhalten „als kommunikativ relevant" *interpretieren*. Aber das gilt, wie Thomas Luckmann (1980) gezeigt hat, (sogar alltagspragmatisch) auch für jedes *nicht*-menschliche Verhalten. Nützlich, weil zur semantischen Ordnung beitragend, erscheint mir hier die von Michael Tomasello (2009: 24 ff.) vorgeschlagene Unterscheidung von „Kommunikationsdisplays" und „Kommunikationssignalen". Oder anders ausgedrückt: Ein Mensch, der mit einem Baum befreundet ist, mag tatsächlich *mit* diesem kommunizieren. Diese für diesen Menschen subjektiv vielleicht völlig zufriedenstellende Kommunikation *intersubjektiv* zu plausibilisieren, dürfte – jedenfalls in Gesellschaften wie der unseren – hingegen auch *diesen* Menschen vor gewisse Kommunikationsprobleme stellen.

Am – extremen – Beispiel von Menschen im Zustand „Wachkoma" lässt sich m. E. also zeigen, dass man sehr wohl nicht kommunizieren kann. Zeigen lässt sich daran, dass sowohl Goffman (1994), der meint, ein Mensch müsse nicht nur seinen Körper stets dabei haben, sondern könne auch „nicht aufhören, mit seinem Körper zu kommunizieren“, als auch Luckmann, der behauptet, dass ein Körper „darüber, was man getan, gefühlt oder gedacht hat, darüber, was man gerade tut, fühlt oder denkt, oder darüber, was man tun wird [*spricht*]“, – wie so viele andere – Kommunikation mit Appräsentation konfundieren. Der Körper kommuniziert nicht. Vielmehr setzen wir unseren Körper dann kommunikativ ein, wenn wir etwas (mit ihm) tun, was wir unterlassen würden, wenn wir alleine wären (vgl. Hitzler 1998 und 2002). Ansonsten ist unser Körper (lediglich) ein – im sogenannten Normalfall vom Subjekt allerdings nur beschränkt kontrollierbares – *Anzeichenfeld*, auf das der bzw. auf das jeder Deutende in der face-to-face-Situation nachgerade beliebig zugreifen (und das selbstverständlich auch kommunikativ *genutzt* werden) kann (vgl. dazu nochmals Tomasello 2009).

4 Praktiken in der Therapie, Pflege und Betreuung von Menschen im Zustand „Wachkoma“

In unserer derzeit laufenden ethnographischen Studie (vgl. Fußnote 2), aus der ich hier meine ‚ersten Eindrücke‘ referiere, stellt die anfangs skizzierte Situation nun die einfachste Variante des zentralen Erkenntnisinteresses dar: die Situation, in der Person B mit Blick auf Person A sozusagen *prototypisch* vor einem Problem des Deutens dessen steht, was ‚man‘ im Umgang mit Menschen im Zustand „Wachkoma“ qua Mit-Sein beobachten, ergründen, erahnen zu können meint bzw. hofft. Die Erfassung von Stimmungen, Strebungen und Wünschen von Menschen im Zustand „Wachkoma“ stellt mit ihnen befasste Personen nämlich *typischerweise* vor erhebliche, mitunter kaum bzw. nicht lösbare Deutungsprobleme, denn, so Ott-Schindele (2002: 235), oftmals liegen diese Patienten „mit offenen Augen, schier regungslos in [ihrem] Bett. Das Herz schlägt, die Haut ist warm und die Atmung funktioniert. Der Blick wirkt leer und durchdringend. Er ist nicht gerichtet und kann auch nicht fixieren. Jede Form der Ansprache bleibt ohne jegliche sinnvolle Reaktion.“ Und Meinolfus Strätling et al. (2005: 28) schreiben, „dass beispielsweise auch das scheinbare ‚Lächeln‘ auf dem Gesicht (…) eines chronisch ‚apallischen‘ Patienten keineswegs einen auch nur ansatzweise hinreichend sicheren Rückschluss auf dessen tatsächliches Wohlbefinden, auf seinen objektiven Leidensdruck, auf etwaige Bewusstseins- oder Willensinhalte, auf Selbstwahrnehmung oder Interaktion (…) zulässt.“ Infolgedessen werden Menschen im Zustand „Wachkoma“ – variierend mit dem ihnen (im Wesentlichen aufgrund ihres konstatierten bzw. ihres ihnen attestierten Interaktions- und Kommunikationsverhaltens) jeweils zugeschriebenen Ausmaß an „Restbewusstsein“ – quer durch die für sie zuständigen Instanzen (des Rechts-, des Fürsorge-, des Versicherungswesens usw.) und auch durch die mit ihnen interaktiv befassten Personengruppen (Mediziner, Therapeuten, Pflegekräfte, Betreuer, Angehörige) stark verminderte bis fehlende (kognitive) Fähigkeiten der Selbstbestimmung und Selbststeuerung attestiert, denn die alltägliche Gewissheit der „Reziprozität der Perspektiven" (vgl. Schütz, z. B. 1971a und 2003; Schütz/Luckmann 2003) wird beim Umgang mit ihnen eben zumindest erheblich irritiert bzw. zumeist unterminiert.

Entgegen typischerweise in der ‚Logik' der Schul- bzw. Biomedizin üblichen Diagnosen (und daraus nicht selten resultierenden „infausten" Prognosen; vgl. zur Kritik daran Lindemann 2002; vgl. generell auch Atkinson 1995) attestieren Personen, die mehr als nur punktuell mit Menschen im Zustand „Wachkoma" zu tun haben, diesen in aller Regel allerdings nicht lediglich stereotype Appräsentationsautomatismen, sondern auch zumindest *situationsbezogene* individuelle Ausdrucksformen, über deren Unwillkürlichkeit oder Willkürlichkeit allerdings zu großen Teilen schwer zu entscheiden ist (vgl. dazu z. B. Whyte/DiPasquale/Vaccaro 1999), denn sehr oft beschränken diese Ausdrucksformen sich auf Variationen der Atmung, der Augenbewegungen, der Mimik, der Produktion von Lauten und der Körperhaltung, appräsentieren nicht- oder allenfalls quasi-bewusste akute Befindlichkeiten und sind vor allem in den meisten Fällen nicht mit intersubjektiv ‚zufriedenstellender' Verlässlichkeit evozier- bzw. abrufbar.[11] Dementsprechend lässt sich die sinnverstehende Deutung und Interpretation von Äußerungen eines Menschen im Zustand „Wachkoma" typischerweise eben *nicht* interaktionsbegleitend „kommunikativ validieren" (wie wir das im normalen, schwatzhaften Miteinander gewohnt sind – vgl. Knoblauch 1995). Diese sinnverstehende Deutung ist vielmehr unabdingbar dem nicht-komatösen Beobachter bzw. (Quasi-) Interaktanten auferlegt, der das, was er zu erkennen vermeint, lediglich anhaltend beobachten und reflektieren – und immer wieder mit den Erkenntnissen (bzw. Vermutungen) anderer Beobachter bzw. (Quasi-)Interaktanten von Menschen im Zustand „Wachkoma" abgleichen – kann (vgl. dazu die Studie von Tolle 2005). Denn kaum scheint man einer signifikanten Korrelation auf der Spur zu sein, schon erweist sie sich als nicht oder zumindest nicht auch nur einigermaßen *verlässlich* reproduzierbar. Kaum deutet man Wahrgenommenes als unwillkürliche Appräsentation unwillkürlicher ‚innerer' Vorgänge, schon konstituiert sich Evidenz für willkürliche Re-Aktivität – und das heißt: für basale Interaktions- und Kommunikationsfähigkeit – des bzw. mancher Menschen im Zustand „Wachkoma". Und so weiter.[12]

Diesen Befund will ich an zwei ‚kleinen' Episoden aus unserer laufenden lebensweltanalytischen Studie exemplarisch verdeutlichen:

---

[11] Zu diesen Ausdrucksformen liegen bislang noch wenig wissenschaftliche Untersuchungen vor. Ausnahmen sind z. B. die Dissertation von Herkenrath (2004) und v. a. zahlreiche Schriften von Andreas Zieger (z. B. 1998, 2005 und 2007).

[12] Vgl. auch Kraeftner/Kroell (2009) zur Problematisierung subsumptionslogischer Instrumente der Erfassung von Befindlichkeiten bei Menschen im Zustand „Wachkoma" durch Pflegekräfte.

Episode 1:
Person B versucht, sich auf den Atemrhythmus von Person A, die im Rollstuhl sitzt, einzustellen (d. h. ganz nahe an ihrem Ohr mit ihr *mit* zu atmen), und spricht dann im Atemrhythmus (d. h. in einer Art leisem Singsang) zu ihr. B gewinnt den Eindruck, dass Person A ihren Kopf zu B hin wendet. Um zu überprüfen, ob es sich bei der Drehung eher um eine unwillkürliche Kopfbewegung oder um eine willkürliche Zuwendung gehandelt hat, geht B auf die andere Seite von A und beginnt das Mit-Atmen und den begleitenden Singsang von vorne. Person A wendet nun ihren Kopf jedoch *nicht* zu Person B hin.

Sozusagen experimentell gescheitert beginnt B darüber nachzudenken, ob A bei dem Seitenwechsel einfach nicht mitspielen will. Dann denkt Person B über dieses Nachdenken nach und mahnt sich selber zu mehr ‚Realismus', denn sie argwöhnt, sie übernehme mehr und mehr irgendwelche mystisch-esoterischen Deutungsmuster, die auf wenig mehr als dem schlichten *Glauben* basieren, bei Menschen, die in einem Zustand wie A sind, sei so etwas wie ein Eigensinn, ein Eigenwille und ein (Selbst-?)Bewusstsein zu finden, auch wenn es – jedenfalls für B – keine Evidenz dafür gibt. Person B konstatiert für sich, dass ihr eigenes Empfinden für A *nicht* damit zusammenhängt, ob A noch Eigensinn, Eigenwillen, (Selbst-)Bewusstsein hat. Aber Person B konstatiert für sich auch, dass sie *Evidenz* braucht, um ein *aktuelles* alter ego zu konstituieren.

Während B bei ihr sitzt, öffnet Person A ein paar mal das rechte Auge, schaut Bs Deutung zufolge aber eher ziellos umher. Im Weiteren schließt und öffnet sich das Auge von Person A in unregelmäßigen Intervallen. Person B erkennt aber keinerlei Korrelation zwischen dem, was sie bei Person A beobachtet, und irgendetwas, was *um diese herum* vorgeht. Nach ein paar Minuten fängt Person A an, heftiger zu atmen und zu grimassieren. Um sie zu beruhigen, setzt sich B in ihr Gesichtsfeld. Das scheint A aber eher noch mehr zu beunruhigen. Erst als Person B ihren Kopf an den von Person A legt, wird diese etwas ruhiger. Person B erzählt leise von Menschen, die A kennt. A wirkt auf B im Verlauf dieser Aktivität immer entspannter und scheint nach relativ kurzer Zeit einzuschlafen.

Episode 2:
Person B setzt sich so, dass sie sich im Gesichtsfeld von Person A befindet und diese sie ggf. problemlos beobachten kann. Dann beginnt B damit, A einen kleinen Text über A vorzulesen. Anfangs scheint A sich bei Bs Vorlesen erkennbar aufzuregen: A öffnet ein Auge ganz, das andere ein wenig, bewegt heftig den Mund und zuckt bzw. rüttelt mehrmals mit dem rechten Arm. Nach einer gewissen Zeit aber schließt A die Augen, bewegt den Arm nicht mehr, grimassiert nicht mehr und atmet ruhig und regelmäßig. B bemerkt auch sonst keine Aufmerksamkeitszuwendung von A mehr. B stellt das Vorlesen ein und liest stumm Zeitung. Nach kurzer Zeit öffnet A die Augen wieder und macht Mundbewegungen. B liest

daraufhin weiter aus dem Text über A vor. Wieder bemerkt B nach in paar Minuten keine Aufmerksamkeitszuwendung von A mehr. Wieder hört B auf, vorzulesen und liest stattdessen stumm in der Zeitung weiter. Wieder dauert es nicht lange, bis A die Augen wieder öffnet, grimassiert und den Arm bewegt. Wieder liest B weiter aus dem Text über A vor. Wieder verschwindet alsbald jede für B erkennbare Aufmerksamkeitszuwendung. Nun holt B den Laptop und fängt an, Notizen zu diesem aktuellen Geschehen zu machen. Nach einer gewissen Zeit öffnet A wieder die Augen und wird mimisch und motorisch unruhiger. B stellt nun den Laptop direkt in As Gesichtsfeld und lässt eine Powerpoint-Präsentation laufen, die A entwickelt hat. Bs Wahrnehmung zufolge scheint A die Präsentation einige Minuten lang anzuschauen. Dann ‚driftet' A weg. B schaltet die Präsentation aus und macht wieder Notizen. Nach relativ kurzer Zeit öffnet A wieder die Augen. Wieder stellt B den Laptop in As Gesichtsfeld und lässt die Präsentation dort weiter laufen, wo B sie zuvor unterbrochen hatte. Nach knapp drei Minuten ‚driftet' A wieder weg. Während B wieder Notizen macht, kommt eine Pflegekraft, um A umzulagern. B wartet vor der Tür.

5 Das Kriterium der signifikanten Korrelation

Diese beiden Episoden sollten vor allem illustrieren, wie schwierig es ist, zu klären, welchen epistemologischen Status Wahrnehmungen tatsächlich haben, die man im Umgang mit Menschen im Zustand „Wachkoma" zu machen bzw. zu haben glaubt. Deshalb schränke ich, im Rekurs auf meinen bis dato zusammengetragenen und erst an-gedeuteten einschlägigen Datenfundus, nun meine Behauptung ein, dass (manche) Menschen im Zustand „Wachkoma" generell für jenes ‚man' stünden, das – entgegen dem gängigen Trivialmythos – eben nicht kommunizieren *könne*. Ich konstatiere vielmehr: *Manchmal* scheinen Menschen im Zustand „Wachkoma" *nicht* (mit uns) kommunizieren zu können.[13] Manchmal scheinen sie es aber *doch* zu vermögen. Wenn es aber manchmal so und manchmal anders ist, dann kommunizieren sie meines Erachtens in *den* Situationen zwar immer noch nicht, in denen sie eben *nicht* kommunizieren, aber dann ist die Feststellung, *dass* sie nicht kommunizieren, wenn sie in einer Situation nicht kommunizieren, *interpretierbar* in Relation zu den Situationen, in denen sie sehr wohl kommunizieren: Wenn Menschen im Zustand „Wachkoma" überhaupt je *intersubjektiv erkennbar* kommunizieren – auch wenn es nur gelegentlich (und zumeist auch dann nur mit einer unzweifelhaft notwendigen hohen Deutungssensibilität erkennbar) geschieht –, dann *transzendieren* sie damit unzweifelhaft *grundsätzlich* das Leib-Sein des

[13] *Keinen* plausiblen Grund sehe ich bislang dafür anzunehmen, dass Menschen im Zustand „Wachkoma" manchmal nicht (mit uns) kommunizieren *wollen*.

Vegetativen, denn dann appräsentieren sie – mittels ihrer Körper – *Erfahrungen* (seien es nun Wahrnehmungen oder Vorstellungen), und dann erfahren (auch) *wir* sie im *Mit*-Sein als *Da*-Sein.

Literatur

Affolter, Felicié (2001): Wahrnehmung, Wirklichkeit und Sprache. Villingen-Schwenningen: Neckar

Argyle, Michael (1979): Körpersprache und Kommunikation. Paderborn: Junfermann

Atkinson, Paul (1995): Medical Talk and Medical Work. London/Thousand Oaks/New Delhi: Sage

Ayres, Jean (1984): Bausteine der kindlichen Entwicklung. Berlin/Heidelberg: Springer

Bienstein, Christel (2005): Menschen im Wachkoma. In: Nydahl, Peter (2005): 8–16

Flick, Uwe/Kardorff, Ernst von/Steinke, Ines (Hrsg.): A Companion to Qualitative Research. London et al.: Sage

Geremek, Adam (2009): Wachkoma. Köln: Dt. Ärzte-Verlag

Giacino, Joseph T. et al. (2002): The minimally conscious state. In: Neurology 58: 349–353

Goffman, Erving (1977): Rahmen-Analyse. Frankfurt a. M.: Suhrkamp

Goffman, Erving (1982): Die vernachlässigte Situation. In: Sprenger, Horst (1982): 199–205

Goffman, Erving (1994): Interaktion und Geschlecht. Frankfurt a. M./New York: Campus

Gritt, Gregor/Großmann, Antje (2005): Ergotherapie. In: Nydahl, Peter (2005): 43–62

Grüber, Katrin/Graumann, Sigrid (2007) (Hrsg.): Herausforderungen. Frankfurt a. M.: Mabuse

Gugutzer, Robert (2002): Leib, Körper und Identität. Wiesbaden: Westdeutscher Verlag

Gustorff, Dagmar/Hannich, Hans-Joachim (2000): Jenseits des Wortes. Bern: Huber

Habermann, Carola/Kolster, Friederike (2002) (Hrsg.): Ergotherapie im Arbeitsfeld Neurologie. Stuttgart: Thieme

Hahn, Kornelia/Meuser, Michael (2002) (Hrsg.): Körperrepräsentationen. Konstanz: UVK

Hannich, Hans-Joachim (1993): Bewusstlosigkeit und Körpersprache. In: Praxis der Psychologie und Psychosomatik 38 (4): 219–226

Hatch, Frank/Maietta, Lenny/Schmidt, Suzanne (1996): Kinästhetik: Interaktion durch Berührung und Bewegung in der Pflege. Eschborn: DBfK

Heath, Christian/Luff, Paul/Hindmarsh, Jon (2009): Audiovisual methods in social research. London: Sage

Heese, Carl/Preger, Rudolf/Schmidt, Hans-Ludwig (2003) (Hrsg.): Das Wachkoma. Berichte vom 8. Symposium der Neurochirurgischen und Neurologischen Fachklinik Kipfenberg. Eichstätt: Diritto

Herkenrath, Ansgar (2004): Begegnung mit dem Bewusst-Sein von Menschen im Wachkoma. Witten/Herdecke: unveröff. Dissertation

Hitzler, Ronald (1998): Das Problem, sich verständlich zu machen. In: Willems, Herbert/Jurga, Martin (1998): 93–105

Hitzler, Ronald (1999): Konsequenzen der Situationsdefinition. In: Hitzler, Ronald/Reichertz, Jo/Schröer, Norbert (1999): 289–308

Hitzler, Ronald (2002): Der Körper als Gegenstand der Gestaltung. In: Hahn, Kornelia/ Meuser, Michael (2002): 71–85

Hitzler, Ronald/Eberle, Thomas S. (2004): Phenomenological Life-world Analysis. In: Flick, Uwe/Kardorff, Ernst von/Steinke, Ines (2004): 67–71

Hitzler, Ronald/Honer, Anne (2005): Körperkontrolle. In: Schroer, Markus (2005): 356–370

Hitzler, Ronald/Reichertz, Jo/Schröer, Norbert (1999) (Hrsg.): Hermeneutische Wissenssoziologie. Konstanz

Höfling, Wolfram (2005) (Hrsg.): Das sog. Wachkoma. Münster: LIT

Honer, Anne (1989): Einige Probleme lebensweltlicher Ethnographie. In: Zeitschrift für Soziologie (ZfS) 18 (4): 297–312

Honer, Anne (2004): Life-world Analysis in Ethnography. In: Flick, Uwe/Kardoff, Ernst von/Steinke, Ines (2004): 113–117

Jennett, Bryan (2002): The Vegetative State. Cambridge: University Press

Jennett, Bryan/Plum, Fred (1972): Persistent vegetative state after brain damage. A syndrome in search of a name. in: The Lancet 299 (7753): 734–737

Kendon, Adam (2004): Gesture. Cambridge: University Press

Klein, M. (2000): Schmerzempfinden und erhaltenes Bewusstsein im apallischen Syndrom? In: Intensiv 8. 2. 63–68

Knoblauch, Hubert (1995): Kommunikationskultur. Berlin/New York: de Gruyter

Knoblauch, Hubert (2004): Die Video-Interaktionsanalyse. In: Sozialer Sinn 1 (1): 123–139

Kraeftner, Bernd/Kroell, Judith (2009): Washing and assessing. In: Latimer, Joanna/ Schillmeier, Michael (2009): 159–180

Kretschmer, Ernst: (1940): Das apallische Syndrom. in: Zeitschrift für die gesamte Neurologie und Psychiatrie 169 (1): 576–579

Latimer, Joanna/Schillmeier, Michael (2009) (Hrsg.): Un/knowing Bodies. Malden, Oxford, Carlton: Blackwell

Laureys, Stanley et al. (2004): Brain Function in the Vegetative State. In: Advances in Experimental Medicine and Biology 550: 229–238

Lindemann, Gesa (2002): Die Grenzen des Sozialen. München: Fink

Lindemann, Gesa (2003): Beunruhigende Sicherheiten. Konstanz: UVK

Lindemann, Gesa (2005): Die Verkörperung des Sozialen. In: Schroer, Markus (2005): 114–138

Luckmann, Thomas (1980): Über die Grenzen der Sozialwelt. In ders. (1980): 56–92

Luckmann, Thomas (1980a): Lebenswelt und Gesellschaft. Paderborn: Schöningh

Mindell, Amy (2000): Koma – Ein Weg der Liebe. Petersberg: Via Nova

Monti, Martin M. et al. (2010): Willful Modulation of Brain Activity in Disorders of Consciousness. In: The New England Journal of Medicine. 362 (7): 579–589 (abgerufen am 4. Februar 2010 unter www.nejm.org)

Nacimiento, Wilhelm (2005): Apallisches Syndrom, Wachkoma, persistent vegetative state. In: Höfling, Wolfram (2005): 29–48

Neumann, Joachim (2003): Wachkoma und Basale Stimulation. In: Heese, Carl/Preger, Rudolf/Schmidt, Hans-Ludwig (2003): 53–63

Nusser-Müller-Busch, Ricki (2005): Logopädie: Atmung und Schlucken sichern und Koordinieren. In: Nydahl, Peter (2005): 82–97

Nydahl, Peter (2005) (Hrsg.): Wachkoma. München: Urban & Fischer
Ott-Schindele, Reinhard (2002): Schwere erworbene Hirnschädigung. In: Habermann, Carola/Kolster, Friederike (2002): 263–286
Owen, Adrian M. et al. (2006): Detecting Awareness in the Vegetative State. In: Science 313 (8): 1402
Pertzborn, Marianne/Bursian, Roland/Herkenrath, Ansgar (2000): Haus Königsborn. Ein besonderer Lebensort für eine besondere Lebensart. In: Herbert Rische/Wolfgang Blumenthal (2002): 379–381
Pickenbrock, Heidrun (2005): Physiotherapie bei Patienten im Wachkoma. in: Nydahl, Peter (2005): 129–144
Pickenhain Lothar (1998). Basale Stimulation – Neurowissenschaftliche Grundlagen. Düsseldorf: Verlag Selbstbestimmtes Leben
Plessner, Helmuth (1983): Die Frage nach der Conditio Humana. In: Ders. (1983): 136–217
Plessner, Helmuth (1983a): Gesammelte Schriften VIII. Frankfurt a. M.: Suhrkamp
Preger, Rudolf (2003): Das apallische Syndrom (Das Wachkoma). In: Heese, Carl/Preger, Rudolf/Schmidt, Hans-Ludwig (2003): 11–25
Raab, Jürgen (2008): Visuelle Wissenssoziologie. Konstanz: UVK
Reichertz, Jo (2009): Kommunikationsmacht. Wiesbaden: VS
Rische, Herbert/Blumenthal, Wolfgang (Hrsg.) (2002): Selbstbestimmung in der Rehabilitation. Chancen und Grenzen. 33. Kongress der Deutsche Vereinigung für die Rehabilitation Behinderter e. V., 13.–15.10.1999 in Berlin. Ulm: Universitätsverlag Ulm
Sartre, Jean-Paul (1991): Das Sein und das Nichts. Reinbek b. Hamburg: Rowohlt
Schneider, Werner (2005): Der Prothesen-Körper als gesellschaftliches Grenzproblem. In: Schroer, Markus (2005): 371–397
Schroer, Markus (2005) (Hrsg.): Soziologie des Körpers. Frankfurt a. M.: Suhrkamp
Schroer, Markus (2005a): Einleitung. In: Schroer, Markus (2005): 7–47
Schütz, Alfred (1971): Gesammelte Aufsätze. Band 1. Den Haag : Nijhoff
Schütz, Alfred (1971a): Wissenschaftliche Interpretation und Alltagsverständnis menschlichen Handelns. In: Ders. (1971): 3–54
Schütz, Alfred (2003): Symbol, Wirklichkeit und Gesellschaft. In: Ders. (2003a): 117–220
Schütz, Alfred (2003a): Theorie der Lebenswelt. 2. Werkausgabe Bd. V.2. Konstanz: UVK
Schütz, Alfred/Luckmann, Thomas (2003): Strukturen der Lebenswelt. Konstanz: UVK
Sprenger, Horst (1982) (Hrsg.): Anwendungsbereiche der Soziolinguistik. Darmstadt: Wissenschaftliche Buchgesellschaft
Strätling, Meinolfus/Bartmann, Franz Josef/Fieber, Ulrich/Sedemund-Adib, Beate/Scharf, Edwin/Schmucker, Peter (2005): Die gesetzliche Regelung der Patientenverfügung in Deutschland. Medizinethische Materialien, Bd. 162. Bochum: Zentrum für Medizinische Ethik
Tolle, Patrizia (2005): Erwachsene im Wachkoma. Frankfurt a. M.: Peter Lang
Tomasello, Michael (2009): Die Ursprünge der menschlichen Kommunikation. Frankfurt a. M.: Suhrkamp
Waldenfels, Bernhard (2000): Das leibliche Selbst. Frankfurt a. M.: Suhrkamp
Watzlawick, Paul/Beavin, Janet H./Jackson, Don D. (1969): Menschliche Kommunikation. Bern/Stuttgart: Huber

Whyte, John/DiPasquale, Madeline C./Vaccaro, M. (1999): Assessment of command-following in minimally conscious brain injured patients. In: Archives of Physical Medicine and Rehabilitation 80 (6): 653–660

Willems, Herbert/Jurga, Martin (1998) (Hrsg.): Inszenierungsgesellschaft. Opladen: Westdeutscher Verlag

Zieger, Andreas (1998): Neue Forschungsergebnisse und Überlegungen im Umgang mit Wachkomapatienten. In: Rehabilitation 37 (4): 167–176

Zieger, Andreas (2005): Verweildauer und Remission bei Komapatienten. Outcome-Analyse über 7 Jahre Frührehabilitation. In: Reha aktuell 2 (4): 9–12

Zieger, Andreas (2007): Erfahrungen mit der Rehabilitation von Menschen im Wachkoma unter den Bedingungen von Zeitknappheit und Kostendruck im neoliberalen Gesundheitswesen. In: Grüber, Katrin/Graumann, Sigrid (2007): 111–119

Soziologie der Stimme

Über den Körper in der Kommunikation

Rainer Schützeichel

Es gibt keine Soziologie der Stimme. Dies ist ein in mehrfacher Hinsicht überraschender Befund. Gerade angesichts des Umstandes, dass in der Soziologie in den letzten Jahren von nicht wenigen Ansätzen „Kommunikation" zum Grundbegriff erhoben wurde, ist es erstaunlich, dass das vornehmliche Organ der Kommunikation selbst, die Stimme, von der soziologischen Analyse ausgeschlossen bleibt. Aber die Soziologie mag sich trösten, auch in den benachbarten Disziplinen wie der Philosophie, der Linguistik, den Kommunikations- und den Kulturwissenschaften fand die Stimme erst vor kurzem Gehör. Welche Gründe aber kann man für diesen Befund anführen? In theoriegeschichtlicher Hinsicht stellt die Stimme ein Zwischenphänomen dar – sie wird entweder als ein körperliches, ‚materiales' Phänomen oder als die Manifestation des sprechendes Intellekts aufgefasst, welche zu der Bedeutung des Gesagten oder dem Sinn einer kommunikativen Handlung nichts beiträgt. Entweder Körper oder Geist – dies ist die Opposition, in welcher die Stimme steht und in welcher sie sich auflöst. Wir werden in diesem Beitrag versuchen, eine dritte Position auszuarbeiten und die Stimme als ein leibliches Ausdrucksphänomen bestimmen.

Aber das Desiderat einer Soziologie der Stimme ist noch in anderer Hinsicht erstaunlich. Unsere soziale Welt ist voll von Stimmen. Ob Radio oder Handy, ob artifizielle, reproduzierte oder Stimmen in öffentlichen oder privaten Räumen – es gibt nur wenige Situationen, in welcher wir nicht von Stimmen umgeben sind. Wenn man überhaupt von einer Medienrevolution sprechen will, so ist es weniger eine ikonische, sondern eine solche, die durch die technische Speicherung und Verarbeitung von Stimmen ausgelöst wird. Bilder konnte man in einer gewissen Weise immer schon reproduzieren, Stimmen aber erst seit Mitte des 19. Jahrhunderts (vgl. Peters 2004). Wir leben ebenso sehr in einer Edison-Welt[1] wie auf einer Gutenberg-Galaxis. Die ‚artifiziellen' Stimmen haben also erheblich an Bedeutung gewonnen. Welche Auswirkungen hat das auf die Bedeutung der natürlichen Stimmen? In Thomas Manns „Zauberberg" werden alle Figuren in einer sehr detaillierten Weise anhand ihrer Stimmen vorgestellt. Die Stimmen identifizieren die Personen. In der

---

[1] Thomas Alva Edison war einer der Erfinder des „Phonographen" als der ersten „Sprechmaschine" (1877).

jüngeren Literatur spielen Stimmen kaum eine Rolle mehr, äußere Merkmale haben die leiblichen Eigenschaften abgelöst. Dass bei Thomas Mann die Stimmen diese erhebliche Rolle spielen, kann man vielleicht dem ganzen diskursiven Kontext der ersten Dekaden des vorigen Jahrhunderts zurechnen, in denen „Stimmen" in Kunst und Wissenschaft ein faszinierendes Objekt darstellten (vgl. insbesondere Göttert 1998; Meyer-Kalkus 2001). Aber daraus andererseits zu folgern, dass die Stimme seitdem insgesamt an Bedeutung verloren habe, wäre vorschnell. Schon Karl Bühler (1933: 50) fragte, ob die Stimme im Verlaufe des Zivilisationsprozesses sich verfeinere, subtiler und unpathetischer werde. Erste Untersuchungsergebnisse im Rahmen eines Projekts zur Soziologie der Stimme[2] lassen die Vermutung aufkommen, dass die Stimme mittlerweile auch im Alltagsleben mehr und mehr an inszenatorischer Relevanz gewinnt. Sprech- und Stimmerziehung wie „voice coaching" gehören mehr und mehr zum guten Ton. Man versucht, seine Stimme zu erziehen und nuancenreicher, ‚authentischer', ‚tiefer', ‚sonorer', ‚souveräner' erklingen zu lassen. Wird die Stimme also (wieder?) zu einem vorrangigen Werkzeug sozialer Distinktion? Oder wie verändern sich die Stimmen im „Zivilisationsprozess"?[3] Diese und andere Fragen können derzeit noch nicht beantwortet werden, nicht zuletzt deshalb, weil es an einer substantiellen Soziologie der Stimme fehlt.

Die folgenden grundlagenorientierten Überlegungen versuchen, den Standort der Stimme in der Kommunikation zu bestimmen. Dabei gehen wir von folgender These aus: Die Stimme ist ein leibliches Ausdrucksphänomen, welches in der Kommunikation eine besondere Funktion hat. Diese Funktion ist diejenige des (Sich-)Zeigens. Die Stimme individuiert einen Sprecher in mannigfaltiger Weise, als Individuum, in seiner Haltung zu einer Situation, in seiner Haltung zum Hörer, als Mitglied von Gruppen und damit in seiner sozialen Position. In der Stimme zeigt sich, wie ein Sprecher leiblich von den Ordnungen, in denen er steht, affiziert wird. Von daher trägt die Stimme auch in einer erheblichen Weise zu der Bedeutung von kommunikativen Akten bei, denn wir spiegeln das Gesagte und das Gemeinte im Lichte dessen, mit welcher Stimme etwas gesagt oder gemeint wird. Die These, dass die Stimme konstitutiv für kommunikativen Sinn ist, stützt sich also auf eine Theorie über den menschlichen Leib als einem leiblich-intentionalen Ausdrucksorgan. Oder anders formuliert: Der Umstand, dass die Stimme bisher in der Soziologie keine ‚Stimme' hatte, ist, so könnte man vermuten, darauf zurückzuführen, dass die Soziologie keine Theorie über eine leibliche Intentionalität

---

[2] Ich danke insbesondere Susanne Ruppel (Bochum) für eine Fülle von wichtigen Anregungen und Einsichten.

[3] Erste Anregungen für eine kommunikations- und mediengeschichtliche Rekonstruktion kann man den Arbeiten von Kuzmics (1986), Zumthor (1994, 1998), Felderer (2004), Kittler et. al. (2008), Waldersee (2008), Wiethölter et al. (2008) wie auch den materialreichen Studien zur Entwicklung der Stimmkunst (z.B. Fischer 1998) entnehmen.

hat, eine Intentionalität, in welcher sich ein Leib[4] selbst spürt, wahrnimmt, sich affiziert und affiziert wird, sich also in den ihm eigenen Formen von leiblicher Intentionalität ‚weiß' und von Anderen als Ausdruck erlebt wird.[5] Um diese These zu begründen, werden wir uns in einem ersten Schritt mit wirkungsmächtigen theoriegeschichtlichen Positionen auseinandersetzen (Kap. 1). In einem zweiten Schritt werden wir Funktionen der Stimme im Kontext der sprachlichen Kommunikation darstellen (Kap. 2). Daraus wird in einem dritten Schritt die Folgerung gezogen: Die Stimme steht für das ‚Zeigen' und damit neben dem Sagen und dem Meinen für eine dritte Dimension der Kommunikation (Kap. 3).

1 Der ‚Sinn' der Stimme

„Rauschen" oder „Offenbarung" (Kittler et. al. 2008), Medium des Körpers oder Medium des Geistes – das sind die beiden Pole, auf die die Stimme in der westlichen Denktradition reduziert wird. Entweder wird die Stimme auf ihre Körperlichkeit reduziert, die nichts zum kommunikativen Sinngeschehen beiträgt, oder sie wird als ein neutrales Medium aufgefasst, welches der unverfälschten Äußerung von Gedanken und Überzeugungen dient. In der westlichen Tradition herrschte bis hin zur Durchsetzung des Buchdrucks die von Aristoteles entwickelte Mimesistheorie der Stimme vor. Die Stimme steht den Gedanken am nächsten, sie hat die Funktion, die Gedanken zu formulieren, und sie formuliert diese Gedanken stimmlich so, wie die Gedanken ablaufen. Die Stimme ist also ein mimetisches Zeichen für die Gedanken eines Menschen. Es gibt eine Kontinuität des Sinns von den Gedanken hin zu der Stimme. Damit verbunden ist die Auffassung, dass der Sprecher seiner Stimme bewusst ist, dass seine Stimme ihm präsent ist. Gegen dieses Gedankenmodell intervenierte Derrida mit seinem Vorwurf des Phono-Logozentrismus der abendländischen Denktraditionen (Derrida 1979). Derrida stellte mit seinem Einwand der „différance" sowohl die These der Sinn-Präsenz wie die These der Sinn-Kontinuität in Frage. Dies führte in den letzten Dekaden dazu, dass die Stimme ihr scheinbares Privileg einbüßte und die Schrift und mit ihr die Grammatologie in den Vordergrund traten. Aber auch Derrida steht noch

[4] Die Unterscheidung zwischen Körper und Leib führe ich unter Berufung auf die philosophische Anthropologie von Plessner auf die exzentrische Positionalität zurück, in welcher ein Leib als eine umfassende Einheit von Seele und Körper differenzierend erfährt, dass er eine Seele und einen Körper hat. Die dem Leib eigene Intentionalität ist die des Spürens und Fühlens von etwas, insbesondere des Sich-Spürens und Sich-Fühlens.

[5] Auch die in der Soziologie dominierende ‚Körpertheorie', die Habitustheorie von Bourdieu (insbesondere Bourdieu 2001), ist nicht so entwickelt, dass sie – trotz Bezugnahmen auf die „leibliche Intentionalität" im Sinne von Merleau-Ponty (vgl. insbesondere Bongaerts 2003) – in der Lage wäre, eine Theorie leiblichen Ausdrucks und leiblicher Kommunikation zu tragen.

in der von ihm kritisierten abendländischen Tradition (vgl. Mersch 2000; Lange 2004; Klein 2009), denn auch er bleibt der Dichotomie von Literalität und Oralität verhaftet und stellt diese nicht in Frage.

Das Gegenmodell zur Mimesistheorie findet sich symptomatisch in der strukturalen Sprachtheorie von Saussure. Diese geht davon aus, dass Sinn und Bedeutung durch differentielle Oppositionen von Zeichen konstituiert werden. Die primäre Bedeutungsebene ist diejenige der Phoneme. Phoneme werden rein relational betrachtet, in ihrer Funktion als bedeutungstragende Zeichen im Gefüge einer Matrix differenzieller Zeichen. Sie sind reine Form, haben keine Substanz. Entsprechend wird negiert, dass die Stimme selbst irgendetwas zu dem rein durch differentielle Relationen konstituierten Wert eines Phonems beitragen kann. Es genügt, dass eine Stimme solche Laute zu produzieren vermag, die der Matrix genügen. Die Stimme ist also eine physische, materielle Grundlage für die Konstitution von Sinn, aber sie selbst trägt zu dieser Sinnkonstitution nichts bei (vgl. Dolar 2007). Im Gegenteil, die Stummheit der Stimme, ihre Angepasstheit an die differentielle Matrix der Phoneme, ist Voraussetzung für die Produktion von Sinn.

Diese Auffassung der ‚sinnlosen Materialität' der Stimme wirkt noch in den gegenwärtigen konversationsanalytischen und kommunikationssoziologischen Forschungen nach. Hier wird die Stimme in den Kontext von prosodischen Eigenschaften der gesprochenen Sprache eingerückt. Prosodische Phänomene sind solche Phänomene wie Intonation, Akzent, Pausen, Lautstärke, Rhythmus oder Dehnung (vgl. Selting 1995). Prosodische Prinzipien haben einen erheblichen Anteil an der Bedeutung des Gesagten oder Gemeinten, denn sie stellen Kontextualisierungshinweise dar, mit denen Interaktionspartner sich wechselseitig sprachliche Aktivitäten signalisieren, Turn-Takings arrangieren, thematische Relevanzen markieren oder Satzmodi differenzieren. Die Prosodie ist den semantischen und syntaktischen Ebenen gegenüber autonom, weil die Wahl der Tonhöhe, der Tonhöhenbewegung oder der Akzenttypen nicht alleine durch Bezug auf grammatikalische Prinzipien erklärt werden kann, sondern auf Prinzipien der Konversation und Konvention beruhen. Prosodische Konversationsmerkmale werden durch stimmliche Qualitäten in Kraft gesetzt. Die Stimme wird als paralinguistische oder extralinguistische (König/Brandt 2009) Entität betrachtet, die außerhalb der sprachlichen Sinnproduktion liegt. Aber es bleibt offen, welche Funktionen die Stimme hat. Genügt es, sie nur in Bezug auf die Herstellung linguistischer Phänomene zu betrachten? Hat die Stimme nur die Funktion, semantische oder syntaktische Sinneinheiten zu segmentieren, oder ist es nicht so, dass die Atemführung der Stimme selbst solche Sinneinheiten produziert (vgl. Helfrich 1985; Meyer-Kalkus 2009)? Hängt die kommunikative Bedeutung des Gesagten nicht davon ab, mit welcher Stimme etwas gesagt wird? Man könnte eine Gegenthese formulieren: Ob man eine Aussage wie „Schön, dich zu sehen!" mit einem freundlichen oder einem ärgerlichen Timbre in der Stimme formuliert, ist für die kommunikative Bedeutung und für die soziale Beziehung konstitutiv, nicht die Aussage selbst – der Ton macht die Musik. Das Problem dieses Ansatzes scheint weniger in der Differenzierung zwischen linguistischen und paralinguistischen Phänomenen zu liegen, sondern darin, dass er geneigt ist, die kommunikative Bedeutung auf die sprachliche zu reduzieren bzw. nicht sorgsam zwischen den verschiedenen Bedeutungsebenen, die gemeinsam für die Produktion kommunikativen Sinns verantwortlich sind, zu differenzieren. Aus diesem Grunde scheint es sinnvoll, so unsere These, zwischen der Bedeutung von Aussagen, der Bedeutung von Äußerungen und der Bedeutung von leiblichen Ausdrucksphänomenen wie der Stimme analytisch zu differenzieren. Diese drei Ebenen markieren die verschiedenen Dimensionen von Kommunikation, dem Sagen, dem Meinen und dem Zeigen.

Neben der Frage, ob die Stimme ein körperliches oder ein geistiges Medium ist, gibt es noch eine zweite Achse, in welcher die Stimme diskutiert wird. Auch diese ist für die soziologische Diskussion von erheblicher Relevanz. Wer spricht in seiner Stimme? Sind Stimmen authentisch? Spätestens seit Herder wird die Stimme als ein Indikator für Authentizität begriffen. Herder betrachtet die Stimme nicht mehr, wie noch in der aristotelischen Tradition, als Medium der Gedanken, sondern als ein Ausdrucksorgan sui generis – es gibt nicht einen abstrakten Gedanken, der stimmlich kundgetan werden muss, sondern die Stimme ist authentischer Ausdruck der Person, die spricht. Aber sprechen wie immer nur mit ‚einer' Stimme, und ist diese Stimme die authentische? Können Stimmen lügen (Gehring 2009)? Oder ist uns unsere Stimme ein wichtiges Instrument für unser Eindrucksmanagement? Diesbezüglich muss man an die entsprechenden Untersuchungen von Goffman (1991, 2005) erinnern. Aber auch Bakhtin (1981) wies schon darauf hin, dass man verschiedene Stimmen benutzen kann, um sich jeweils unterschiedlich zu inszenieren. Individuen sind gleichsam plurivokal. Sie versuchen, ihre Stimmen situationsangemessen einzusetzen. Canetti (Canetti/Durzak 1983) prägte hierfür den Ausdruck der akustischen Maske – mittels unserer Stimme bilden wir akustische Masken aus, um ein bestimmtes Selbst zu demonstrieren oder zu verbergen. Man wird sicherlich beiden Positionen etwas abgewinnen können. In der Kommunikation gilt uns häufig die Stimme des Anderen als Ausweis für seine Authentizität, und wenn wir eine kommunikative Situation kontrollieren wollen, so denken wir an erster Stelle an unsere Stimme. Aber man wird wohl beiden Positionen auch nicht gänzlich zustimmen können. Denn beide unterstellen, dass wir Herr über unsere Stimmen sind. Sie übersehen, dass uns unsere Stimme manchmal fremd ist. Sie überrascht uns. Und unsere Versuche, sie zu kontrollieren, scheitern. Unsere Stimme hat ein Eigenleben, sie ist uns oft eine Quelle der Befremdung. Wird sie nicht mitunter brüchig und zitternd dann, wenn wir mit ihr kräftig imponieren wollen? Dieses Eigenleben lässt sich darauf zurückführen, dass sie eben ein leibliches Ausdrucksphänomen ist, welches sich wie viele andere leibliche Phänomene unserer Kontrolle entzieht und die eigenen, leiblichen Erfahrungen und ein leibliches Gedächtnis zum Ausdruck bringt.

Wir haben bisher jedoch eine weitere theoretische Tradition unterschlagen. Mit ihrer Hilfe lässt sich in Ansätzen ein analytischer Bezugsrahmen für die Untersuchung stimmlicher Phänomene konstruieren. Es handelt sich um die „Ausdruckstheorie". „Ausdruck" – dies ist ein Begriff, der vor einhundert Jahren in vielen wissenschaftlichen Feldern[6] von Bedeutung war (vgl. Meyer-Kalkus 2001, Schloßberger 2008). Heute ist dieses Konzept uns fremd geworden und muss erst mühsam wieder rekonstruiert werden. Für eine analytische Betrachtung der Stimme hat dieses Konzept enorme Vorteile, denn es eröffnet einen dritten Weg zwischen körperlichen und geistigen Reduktionen. Die Stimme kann als ein leiblich-intentionales Ausdrucksphänomen bestimmt werden. Das Konzept des Ausdrucks wird in dieser Tradition zudem eng auf zwei andere Phänomene bezogen, auf das Konzept des Zeigens einerseits, auf die Affektivität des Leibes andererseits. In dieser terminologischen Konstellation taucht es bei Cassirer, Bühler und Plessner auf. Und schließlich eröffnet die Ausdruckstheorie noch eine weitere theoretische Option: Sie stellt alle Ausdrucksphänomene und somit auch die Stimme von vornherein in einen kommunikativen Kontext, den Kreislauf von Ausdruck und Eindruck, von Sprechen und Hören.

Wenn es sich so verhielte, wie es in der ‚Körpertheorie' bzw. in der ‚Mimesistheorie' dargestellt wird, dann könnte man im Grunde genommen nicht erklären, wie wir Stimmen von normalen Geräuschen unterscheiden. Stimmen ragen aus dem uns umgebenden Meer von Geräuschen oder sonstiger akustischer Phänomene heraus. Sie haben für uns eine eigentümliche Salienz. Wie ist das möglich? Man könnte doch meinen, Stimmen seien körperlich erzeugte, aber eben natürliche Phänomene, welche wir nachträglich personifizieren und ‚beleben'. Aber so ist es nicht. Stimmen haben für uns von vornherein einen bestimmten Ausdruck. Wir nehmen sie unmittelbar und nicht als Folge einer sekundären Denkleistung als einen Ausdruck von etwas wahr. Sie stellen Ausdrucksgestalten und von daher symbolische Phänomene dar. Diese Formulierung verweist auf Ernst Cassirer. Cassirer hat solche Ausdrucksphänomene im dritten Teil seiner „Philosophie der symbolischen Formen" eingehend untersucht. Inspiriert wurde er dabei von den Diskussionen mit Aby Warburg und dessen kunstwissenschaftlichen Forschun-

[6] Ich nenne neben den hier präsentierten Positionen nur solche wegweisenden Werke wie die „Prolegomena zu einer Psychologie der Architektur" (1886) von Heinrich Wölfflin (1999), „Abstraktion und Einfühlung" (1907) von Wilhelm Worringer, die Hermeneutik Diltheys („Das Erlebnis und die Dichtung", 1906) oder die Arbeiten von Aby Warburg. Eine umfassende Theorie- und Wissenschaftsgeschichte dieses Konzepts, die auch die Frage beantworten könnte, weshalb der ‚Ausdruck' in der engeren Soziologie so wenig ‚Eindruck' hinterlassen hat, liegt m. W. noch nicht vor – vgl. jedoch die wichtige philosophiegeschichtliche Arbeit von Jung (2009) und die soziologiegeschichtliche Arbeit von Arnold (2005).

gen zum leiblichen Ausdruck (vgl. Fliedl/Geissmar 1992). Wieso und wie sind wir in der Lage, überhaupt etwas als ein menschliches Gesicht oder Antlitz, als eine menschliche Gebärde oder eine Stimme zu erkennen? Wie kann es sein, dass ein solches ‚lebloses Ding' wie das Porträt der Mona Lisa uns anlächeln kann? Welche Funktionen haben Ausdrucksphänomene für die Möglichkeiten sozialer Koordination? Nach Cassirer stellen Ausdrucksphänomene eine basale symbolische Form dar. Symbolische Formen sind solche Formen, in denen konkrete, sinnlich wahrnehmbare Dinge mit einem geistigen Bedeutungsgehalt verknüpft werden. Der menschliche Geist ist in seinen verschiedenen Objektivationsmöglichkeiten (als Sprache, Mythos, Kunst, Technik, Religion etc.) immer an der sinnhaften, symbolischen Konstitution von Wahrnehmungsdingen beteiligt. Dass die wahrgenommenen, belebten und unbelebten Gegenstände in der Welt für uns einen – meist affektiv getönten – Ausdruck haben, resultiert aus einer basalen, primordialen symbolischen Form. Ausdrucksphänomene stellen Cassirer zufolge einen zentralen Aspekt des mythischen Denkens dar (vgl. Cassirer 2002). Der Mythos ist wie jede andere symbolische Form durch eine je eigene Kombination der geistigen Funktionen des Ausdrucks, der Darstellung und der Bedeutung gekennzeichnet. Er stellt eine fundierende symbolische Form dar, die zwar teilweise durch andere symbolische Formen wie Sprache, Kunst, Religion oder Technik ergänzt oder ersetzt wird, aber niemals ganz neutralisiert werden kann, weil sie ein ursprüngliches Fundament für alle anderen Formen darstellt. Im Mythos sind Ausdruckswahrnehmungen Dingwahrnehmungen vorgeordnet. Die Welt ist uns zunächst eine vertraute oder fremde, auf jeden Fall eine affektive reiche Welt von Ausdrucksqualitäten, von denen wir erst sekundär abstrahieren. Diese Theorie einer ursprünglichen Ausdruckswahrnehmung überträgt Cassirer auf die Kommunikation. Dementsprechend ist das Sagen eingebettet in ein unmittelbares Zeigen und unmittelbares Erleben von stimmlichen und anderem leiblichen Ausdruck. Das, was der Andere sagt, verstehen wir im Rahmen einer lebendigen Ausdruckskommunikation. Wenn wir über dieses sinnfundierende Phänomen der Ausdruckskommunikation nicht verfügen, so Cassirer (2004), dann bleiben nur Wortfragmente übrig, die wir nicht deuten und interpretieren können. Die wesentlich durch die Stimme konstituierte Ausdrucksdimension einer jeden sprachlichen Kommunikation ist also zentral dafür, dass das Gesagte etwas bedeuten kann.

Bühler (1933) stellt in seiner „Ausdruckstheorie", die auf einer reichhaltigen empirischen Forschungspraxis über stimmliche Qualitäten beruht (vgl. insbesondere Meyer-Kalkus 2001), einen anderen Zusammenhang als Cassirer her. Während es Cassirer um die symbolischen Eigenschaften der stimmlichen Ausdrucksphänomene geht, zeigt Bühler auf handlungspragmatische Zusammenhänge. Er verweist auf die dispositions-, handlungs- und aktivitätsanzeigenden Potentiale des stimmlichen Ausdrucks und bestimmt deren Aufgabe in pragmatischen Handlungskontexten. Ausdrucksphänomene sind auf Handlungen bezogen. Stimmliche

Ausdrucksphänomene sind Bühler zufolge „Handlungsinitien“ (Bühler 1933: 196; vgl. hierzu auch Loenhoff 2005), die einem Hörer die Möglichkeit geben, aus einem Verhaltensfluss Handlungen als bestimmte „Ganzheiten“ zu individuieren und somit ein wechselseitiges Handeln erst zu ermöglichen. Stimmlicher Ausdruck und stimmlicher Eindruck sind pragmatisch eng aufeinander bezogen, ja, man könnte von einem wechselseitigen Bedingungsverhältnis ausgehen. Neben dieser kommunikativen und kooperativen Dimension hebt Bühler noch eine weitere Funktion heraus. Er spricht von „personalen Diakrisen“ – Stimmen verhelfen uns, die Person, mit der wir kommunizieren, in ihrer Individualität und ihren sozialen Zugehörigkeiten zu bestimmen.

Auf einen weiteren wichtigen Punkt macht schließlich Plessner in seinen Überlegungen zu Ausdrucksphänomenen aufmerksam. In der heutigen Diskussion kommt der Terminus des „Ausdrucks“ leicht in Verdacht, auf eine innerliche Subjektivität zu verweisen, die sich ausdrückt. Wir wären dann schnell verleitet, das Äußere des Ausdrucks auf das Innere der subjektiven Unendlichkeit zu beziehen und würden dann die Differenz von „Innen“ und „Außen“ zur zentralen Achse unserer kommunikationstheoretischen Überlegungen machen (vgl. hierzu auch Loenhoff 2000, 2008). Plessner macht deutlich, dass wir Ausdrucksphänomene auf die Relation von Ausdruck und Situation beziehen. Ausdrucksphänomene sind intentionale Phänomene. Wenn man diesen Zusammenhang einer leiblich fundieren Umwelt- und Situationsbezogenheit in den Vordergrund rückt, dann lässt sich die Unterscheidung eines Innen und eines Außen als eine nachträgliche Differenz verstehen, die man in der Kommunikation einsetzt, um bestimmte kommunikative Verantwortlichkeiten zuzurechnen.

2 Die Stimme in der Kommunikation

Die Stimme ist kein akustisches, sondern ein leibliches Phänomen (vgl. Gehring 2006). Die Stimme und ihre Eigenschaften verdanken sich einer Vielzahl von körperlichen Bewegungen und leiblichen Empfindungen, an ihnen sind eine Fülle von Organen beteiligt, Lippe, Zunge, Kiefer, Kehlkopf, Stimmritze und Stimmbänder, Brust, Zwerchfell und Lunge, und diese jeweils in einer ‚e-motionalen‘ Gestimmtheit. Die Stimme verweist auf die Gestimmtheit des Körpers und die Stimmung im sozialen Verkehr – und vice versa. In der Stimme zeigt sich, wie welcher Leib etwas empfindet. Und diese Formulierung ist wiederum nur eine Abbreviatur für eine Vielzahl von möglichen Eindrücken, die wir der Stimme entnehmen können: Soziale Position, Geschlecht, Alter, Individualität und Verfasstheit der affektiven Intentionalität. All diese Aspekte zeigen sich in der Stimme. Dies berechtigt dazu, der Stimme (stellvertretend für das übrige körperlich-leibliche Ausdrucksverhalten) eine genuine kommunikative Dimension zuzusprechen. Sie identifizieren wir aufgrund ihres intrinsischen Bezugs zur Welt der Bedeutung und ihres affektiv-intentionalen Ausdrucks. Nach Aristoteles zeigt sich in der Stimme, ob etwas lebt oder tot ist. Nur Lebendiges hat eine Stimme. Alles andere macht nur Geräusche. Stimmen identifizieren wir dadurch, dass sie ein Ausdruck von Lebendigem sind, und diese Ausdrucksqualität von Stimmen ergibt sich daraus, dass Stimmen uns in erster Linie emotional affizieren, nicht kognitiv. So hat man beispielsweise durch gehirnphysiologische Untersuchungen (vgl. Krämer 2006) festgestellt, dass Gruppen von autistischen Menschen auf die menschliche Stimme nicht reagieren und sie auch nicht von sonstigen Umweltgeräuschen unterscheiden können, weil die Regionen, in denen gewisse Basisemotionen evoziert werden, nicht aktiviert werden. Sie reagieren genauso gut wie Nicht-Autisten auf Geräusche wie Hupsignale, Glockenschläge etc., aber sie können den emotionalen Mehrwert der menschlichen Stimme nicht identifizieren. Wenn man sich zudem vor Augen führt, dass Babys Stimmen auch schon dann identifizieren können, wenn sie das Gesagte oder Gemeinte noch nicht verstehen, so könnte man vermuten, dass der Ausdruckscharakter von Stimmen ein primärer Mechanismus der Identifizierung von Stimmen ist, auf den ein sekundärer Mechanismus durch Bezugnahme auf das Gesagte aufbauen kann. Es lässt sich auch formulieren: Das, was sich in einer Stimme zeigt, geht dem, was mit einer Stimme gesagt wird, voraus.

Als leiblicher Ausdruck erfüllt die Stimme in der Kommunikation verschiedene Funktionen. Zu den Wichtigen gehören die Folgenden:

Die Individuierung des Sprechers: In der Stimme zeigen sich die Individualität der Person wie ihre geschlechtliche, generationale und kulturelle Zugehörigkeit. Stimmen haben eine hohe identifizierende, individualisierende und individuierende Funktion. So wie Fingerabdrücke, so können auch Stimmen kaum verwechselt werden und dienen zur eindeutigen Bestimmung ihrer Trägers. In der Stimme zeigt sich aber nicht nur die Individualität des sprechenden Individuums, sondern auch seine soziale Positionierung. Stimmen sind geschlechtlich konnotiert und sie haben eine bestimmte soziokulturelle Färbung. In der Stimme zeigt sich also zugleich mit der Individualität des Sprechers oder der Sprecherin auch ihre geschlechtliche und soziokulturelle Positionierung. Woraus resultiert diese hohe Individuierungskraft der Stimme? An ihrer Hervorbringung sind viele Organe des menschlichen Leibes beteiligt. Stimmen präsentieren und repräsentieren von daher die Individualität eines Leibes. Wenn jemand seine Stimme erhebt, dann spricht sein Leib. Die Stimme ist also die Spur des Leibes in der Kommunikation. Oder um dies mit Roland Barthes (1990) zu formulieren: Je rauer oder körniger die Stimme, je existentialer ihre leibliche Färbung, um so intensiver die personale Verankerung der Kommunikation. Die Personalität des sprechenden Individuums in der Kommunikation steht in einem intrinsischen Zusammenhang mit der Individualität ihrer Stimme.

Die Anerkennung der Stimme: Man kann auf vielfache Weise in kommunikativen Situationen der Stimme ihre Anerkennung entziehen. Man kann das in Frage stellen, verwerfen oder negieren, was mit einer Stimme gesagt wird oder was durch eine Stimme gemeint wird. Dann bewegt man sich im Raum des Gesagten oder Gemeinten. Man kann aber auch viel unmittelbarer, auf einer primordialen Ebene, einer Stimme sein Gehör versagen. Man nimmt die Stimme nicht zur Kenntnis, sie wird nicht gehört. Der Stimme wird der korrespondierende Akt des Hörens versagt. Dann bewegt man sich im Raum der Anerkennung. Die Anerkennung der Stimme eines Anderen ist die Voraussetzung dafür, dass man sich mit dem, was er sagt oder meint, überhaupt auseinandersetzt (vgl. Schreiber 2004). Kommunikative Beziehungen beruhen auf dieser Anerkennungsbeziehung. Das Versagen dieser Anerkennungsbeziehung hat zur Folge, dass die Stimme nicht mehr als ein Medium von Ausdrucksbedeutungen aufgefasst, sondern auf den Status einer Dingwahrnehmung degradiert wird. Dass eine Stimme ihre Ausdrucksqualitäten erheben kann, hat zur Voraussetzung, dass die Stimme gehört wird, dass es die Wahrnehmung eines Du gibt, welches sich in seiner Stimme manifestiert.

Der Raum der Kommunikation: Stimmen hören wir nur im Raum. Durch Stimmen legen wir den Raum unserer Kommunikation fest. Wir können dadurch, dass jemand seine Stimme erhebt, unsere Kommunikation verorten. Der Raum wird zu einem Kommunikationsraum, der von Stimmen bewohnt ist. Dadurch nimmt der Raum gleichsam atmosphärische und sensitive Qualitäten an – wir fühlen uns von Stimmen befreit oder beengt. Zugleich wird der Raum durch unsere Stimmen strukturiert (vgl. Waldenfels 2006). Wir grenzen ihn ein aufgrund der Reichweite unserer Stimmen, und wenn wir nicht über den Raum frei verfügen können, so modifizieren wir unsere Stimmen, wir flüstern, um die Hörbarkeit zu verändern. Stimmen konstituieren und strukturieren also den kommunikativen Raum. Um diesen kommunikativen Raum allerdings bewohnen zu können, müssen wir noch eine weitere Leistung vollbringen – wir müssen den Stimmen Personen zuordnen können. Es gibt kaum etwas, was uns so sehr irritiert wie die Unmöglichkeit, Stimmen Sprechern zuzuordnen, wie dies bei akusmatischen Stimmen der Fall ist – der gesamte Raum wird von Stimmen durchdrungen, ohne dass wir diese Stimmen ihrerseits verorten und zurechnen können. Der Raum der Kommunikation leitet sich also aus der performativen Kraft der Stimme ab.

Die affektive Intentionalität der Stimme: In der Stimme zeigt sich die affektive Intentionalität und die affektive Atmosphäre von Interaktionen. Mit affektiver Intentionalität sind die sich leiblich manifestierenden Affekte, Emotionen und Gefühle gemeint, die in Bezug auf die Realisierung oder Nichtrealisierung von Bedürfnissen und Wünschen, Präferenzen und Zielvorstellungen in bestimmten Situationen auftreten. Stimmen verändern sich, wenn Wünsche verwehrt werden oder ihnen eine Anerkennung versagt bleibt. Nicht nur Worte, sondern auch Stimmen verletzen. Oder wiederum mit Roland Barthes (1990) formuliert: Es gibt keine Stimmen, die nicht ein Objekt des Begehrens oder des Abscheus sind. Stimmen sind nie affektiv neutral. Und Barthes fügt hinzu, dass wir uns vor solchen, sollte es sie denn geben, fürchten würden, denn sie würde auf eine erstarrte, eben leblose Welt zeigen. Stimmen lassen uns nicht kalt. Diese sich in unseren Stimmen zeigende affektive Intentionalität manifestiert sich insbesondere in Bezug auf solche Intentionen, die sich auf andere Kommunikationspartner beziehen. Orientieren sich Stimmen auf andere Stimmen in einer Situation, so realisiert sich in ihnen die affektive Atmosphäre einer Kommunikation. Stimmen sorgen für kommunikative Atmosphären – und in den Stimmen zeigt sich die emotionale Atmosphäre einer Interaktion. Nothdurft (2009) spricht von einem atmosphärisch aufgeladenen Gesprächsraum, in dem sich entsprechende Interaktionen erst herstellen. Auch Böhme (2009) betrachtet die Stimme als diejenige Instanz, die für die atmosphärische Präsenz von jemandem in kommunikativen Konstellationen zuständig ist, eine atmosphärische Präsenz, die ihrerseits eine kommunikative Atmosphäre herstellt. In Interaktionen lassen sich Stimmen nur in Bezug aufeinander bestimmen. Die Stimmen reagieren aufeinander, sie werden aufbrausend, wo auch andere aufbrausen, oder sie werden schamhaft, verlegen und unsicher, wo sie auf empörende Stimmen treffen. Es gibt also in Entsprechung zum hermeneutischen Zirkel, der sich auf das Gesagte konzentriert, auch einen stimmlichen Zirkel, der sich im Hinblick auf die Interferenzen im Gezeigten bildet. Stimmen lassen sich bestimmen dann, wenn man weiß, welche Stellung sie im Konzert anderer Stimmen einnehmen. Dieses kann man als das Phänomen einer Intervokalität kommunikativer Prozesse verstehen.[7] Stimmen bedingen sich wechselseitig. In dieser Intervokalität zeigt sich also nicht nur die affektive Intentionalität einzelner Stimmen, sondern auch die affektive Atmosphäre, die zwischen den Kommunizierenden herrscht – ob sich jemand in Bezug auf den oder die Anderen mächtig oder ohnmächtig fühlt, unsicher oder wütend, ob sich jemand schämt oder sich empört, all das drückt sich in dieser Intervokalität der Stimmen aus. Gefühlsatmosphären sind maßgeblich dafür verantwortlich, welche Mitteilungen gemacht werden, was thematisiert und wie etwas verstanden wird.

Die soziale Selektivität der Stimme: Stimmen selektieren Kommunikationsbereitschaften. Der „erste Eindruck“ (Utz 2006), den wir uns von anderen Menschen machen, konzentriert sich wesentlich auf die Stimme. Ob die Stimme des Anderen

[7] Das Phänomen der Intervokalität wurde m. W. bisher nur im Hinblick auf Theateraufführungen untersucht (vgl. Finter 2002).

gefällt und trägt, ist ein wesentliches Kriterium dafür, ob man kommunikative Beziehungen aufnimmt oder fortsetzt.[8]

Das Handeln der Stimme: Wie expressive und affektive Gebärden und Gesten überhaupt, so ist auch die Stimme in pragmatische Kontexte und Handlungsvollzüge eingebettet. Karl Bühler (1933, 1982) weist, wie schon dargestellt, darauf hin, dass solche Ausdrucksphänomene den Charakter von „Handlungsinitien" haben – sie weisen die Ko-Akteure auf Handlungsbereitschaften hin, lassen Rückschlüsse auf Handlungs- und Aktivitätspotentiale zu und strukturieren den Fluss des Verhaltens, indem sie diesen sequentiell ordnen.

3 Sagen, Meinen und Zeigen

Anna geht mit ihrem Vater einkaufen. Sie gehen im Supermarkt an einer großen Werbetafel vorbei, auf der geschrieben steht: „Der Preis der Schokolade ist um 50 % reduziert". Anna sagt zu ihrem Vater: „Der Preis der Schokolade ist hier aber stark reduziert." Dieses ist eines der viel diskutierten Beispiele, mit denen der von Paul Grice beschriebene Unterschied zwischen dem Sagen und dem Meinen thematisiert wird. Anna sagt etwas, aber sie meint natürlich etwas anderes. Was aber meint Anna? Und woher kann der Vater wissen, was Anna meint?

Der intentionalistischen Sprach- und Kommunikationstheorie von Grice (1991) zufolge kann man solche Äußerungen wie diejenige von Anna in verschiedenen Dimensionen analysieren – die kontextunspezifische Dimension der propositionalen Satzbedeutung („In dem Supermarkt gibt es preiswerte Schokolade."), die kontextspezifische Dimension des semantischen Gehalts bzw. des wörtlich Gesagten („Hier ist der Preis für die Schokolade aber sehr reduziert.") und die Dimension der Äußerungsbedeutung bzw. die Dimension des Gemeinten („Ich hätte gerne Schokolade."). Wichtig ist für unseren Zusammenhang die Differenz zwischen dem wörtlich Gesagten und dem Gemeinten. Diese Differenz ist konstitutiv für jedwede Kommunikation (vgl. hierzu auch Heuft 2004). Wie aber kann es zu einer solchen Differenz kommen? Nach Grice ist das „Meinen" mit der Absicht eines Sprechers verbunden, über die bloße konventionale Bedeutung des Gesagten hinaus einem Hörer etwas mitzuteilen. Der Hörer muss erkennen, dass ein Sprecher ihm etwas intentional, also absichtlich zu verstehen geben will. Im Unterschied zu einer konventionalen Implikatur, auf der die allein auf das Sprachwissen zurückführbare Dimension des Sagens beruht, muss der Hörer

[8] So ist – wie sich in einem laufenden Forschungsprojekt über „Psychotherapie als Profession" herausstellte – die stimmliche Qualität der Therapeutin oder des Therapeuten das wesentliche Kriterium dafür, ob ein Klient eine Therapie aufnimmt oder nicht.

konversationale oder andere nicht-konventionale Implikaturen vollziehen. Konversationale Implikaturen sind Schlüsse, die dadurch veranlasst werden, dass ein Sprecher bestimmte Kooperationsprinzipien und Konversationsmaximen verletzt. Die These von Grice ist, dass sich Sprecher und Hörer an Prinzipien und Maximen rationaler Verständigung orientieren und ein Hörer vor dem Hintergrund der Erfüllung oder Verletzung dieser Prinzipien und Maximen durch einen Sprecher zu bestimmten inferentiellen Prozessen (Implikaturen) über die Absichten des Sprechers veranlasst wird. Das oberste Prinzip ist das Kooperationsprinzip, welches von den Kommunikationsteilnehmern verlangt, so zu kommunizieren, wie es dem Gesprächsverlauf und dem Gesprächsziel angemessen ist. Dieses Kooperationsprinzip wird durch Konversationsmaximen präzisiert. Zu diesen gehören die Konversationsmaximen der Quantität („Versuche, deinen Beitrag informativ adäquat zu machen!“), der Qualität („Versuche, deinen Beitrag wahr zu machen!“), der Relation („Sei relevant!“) und der Modalität („Sei klar und eindeutig!“). Diese Konversationsmaximen bilden nach Grice die Regeln rationaler Verständigung. Kommen wir auf das Beispiel zurück: Mit ihrer Äußerung wiederholt Anna etwas, was ihrem Vater aufgrund der Werbetafel bekannt sein muss. Sie verletzt also die Maxime der Relation. Ihr Vater kann also folgern, dass sie mit ihrer Äußerung nicht den Sachverhalt kundtun will, dass es preiswerte Schokolade gebe. Sie meint etwas, was über das Gesagte hinausgeht. Das wörtlich Gesagte ist also nicht die Bedeutung der Äußerung. Der Vater kann im Sinne einer konversationalen Implikatur folgern, dass seine Tochter mit ihrer Äußerung meint und intendiert, er möge ihr doch bitte eine Tafel Schokolade kaufen.

Durch die Bezugnahme auf Konversationsmaximen kommt es also zu den wichtigen Differenzen zwischen dem, was ein Sprecher sagt, und dem, was ein Sprecher meint. Auffallend ist aber, dass die Art und Weise, wie ein Sprecher etwas sagt, gar keine Rolle zu spielen scheint. Auch in dieser Sprach- und Kommunikationstheorie ist die Stimme ein paralinguistisches, wenn nicht sogar ein parakommunikatives Phänomen. Aber: Spielt es für die Erfassung dessen, was Anna meinen könnte, keinen Rolle, welchen Ausdruck ihre Stimme hat, ob sie ärgerlich, wütend oder flehentlich gesprochen hat? Kann man allein aufgrund des Umstandes, dass Konversationsmaximen verletzt wurden, schon erkennen, mit welcher Intention Anna diese Äußerung getan hat? Sicherlich, es reicht vielleicht Weltwissen aus – Kinder mögen eben Schokolade. Aber Annas Vater geht nicht aufgrund eines allgemeinen Weltwissens über Kinder vor, sondern er wird sein spezifisches Personenwissen über seine Tochter benutzen, um ihre Äußerung zu interpretieren. Aber auch das reicht nicht. Wenn Annas Stimme schon eine gewisse Körnung und Färbung hat, über einen gewissen Ausdruck verfügt – weshalb sollte das nicht konstitutiv sein für die Bestimmung der Bedeutung ihrer Äußerung? Und entscheidet nicht der Klang der Stimme darüber, in welcher Weise Annas

Vater konversational implikiert? Ist ein stimmlicher Ausdruck nicht konstitutive Bedingung dafür, dass überhaupt etwas gesagt und gemeint werden kann?

Dies führt zu der Frage, ob es nicht neben den Dimensionen des Sagens und des Meinens eine weitere gibt, die Dimension des Zeigens. Im Sagen repräsentiert sich die Aussagebedeutung, im Meinen die Äußerungsbedeutung. Aber was zeigt sich im „Zeigen"? Das Zeigen kann als semiotisches Urphänomen betrachtet werden (vgl. Krämer 2003a, 2003b). Es ist die Dimension, in der sich allererst etwas in einer Kommunikation zeigt, in welcher sich für die Kommunikationspartner wahrnehmbar ein gemeinsames Zeigfeld eröffnet. Wir greifen also auf die ältere Unterscheidung eines Zeigfeldes und eines Symbolfeldes der Sprache von Bühler (1982 [1934]) zurück. Das Zeigfeld kann als der situationale Kontext, das Symbolfeld als der sprachliche Kontext eines semiotischen oder kommunikativen Aktes begriffen werden. Durch das Zeigfeld wird der gemeinsame situative Kontext einer Kommunikation erzeugt. Bühler unterscheidet drei Modi des Zeigens, die „demonstratio ad oculos", die „Deixis am Phantasma" sowie die Anaphora. Fundierend ist die „demonstratio ad oculos", in welcher durch indexikalische Ausdrücke wie Demonstrativa oder Personalia, insbesondere aber durch direkte hinweisende Gesten von einem Sprecher für einen Hörer auf etwas verwiesen wird und somit sowohl ein gemeinsamer situativer Wahrnehmungskontext wie auch ein „gemeinsames" Objekt in diesem Kontext erzeugt wird. Jedes Zeigen bedarf zudem eines Fixpunktes, einer „origo" als dem Ort und der Zeit des Zeigens und dem Ursprung des Zeigfeldes. Grundlegend ist die „hier-jetzt-ich-origo", welche den Ursprung des Zeigens oder Sprechens markiert und in einer Kommunikation mit jedem neuen kommunikativen Akt mitgeführt wird. Grundlegend und unverzichtbar für das Zeigfeld sind die leiblichen Gesten und Gebärden, mit denen wir symbolisch auf etwas verweisen. Symbolisch sind diese Gesten und Gebärden, weil sie durch eine Inhibierung von natürlichen Handlungen zustande kommen. Zeigehandlungen sind nicht mit den Dingen selbst befasst, sondern sie verweisen auf diese Dinge im Kontext eines gemeinsamen Wahrnehmungsfeldes. Dieses Zeigfeld bildet eine elementare kommunikative Dimension, auf welcher alle anderen symbolischen Dimensionen aufruhen. Sie wird auch nicht durch ‚höhere' symbolische Ordnungen ersetzt, sondern sie bleibt in aller sprachlichen Kommunikation vorausgesetzt. Wenn alle symbolischen Ordnungsleistungen versagen und wenn auf dieser Ebene keine Verständigungsleistungen möglich sind, dann steht immer noch das Zeigfeld zu Verfügung. Man kann das Zeigfeld also als fundierende Ordnung der sprachlichen Kommunikation begreifen (vgl. auch Krämer 2003a).

Wie aber schon der Ausdruck der „demonstratio ad oculos" aufzeigt, ist die deiktische Theorie Bühlers doch recht ikonisch konzipiert – der Blick auf die auf etwas hinweisende Geste steht im Vordergrund. Bühler übersah in diesem Zusammenhang die Stimme und damit das Wechselspiel von Sprechen und Hören als der elementaren Relation, in welcher sich ein gemeinsames Wahrnehmungsfeld, ein gemeinsamer situativer Kontext aufbaut. Unter den Gesten bzw. unter all den leiblichen Ausdrucksphänomenen (vgl. Meyer-Kalkus 2002) sticht die Stimme hervor, denn es ist die Stimme, die in allererster Linie eine Kopplung von Wahrnehmungen und Aufmerksamkeiten bewirkt. Stimmen sind in besonderer Weise salient. Man kann die Gesten einer Hand ‚übersehen', aber ein Ohr kann sich dem Hören einer Stimme kaum entziehen. Die herausgehobene Stellung der Stimme beruht auf der Anthropologie unserer Sinne. Das Auge ist ein Distanzorgan. Um etwas zu sehen, benötig man Distanz zu diesem Objekt. Die Stimme hingegen umgibt eine Hörer (vgl. Kolesch 2009). Das Hören einer Stimme ist der soziale, kommunikative Akt schlechthin.

Bühlers deiktische Theorie muss aber noch in einem zweiten Punkt ergänzt werden. Das Zeigen hat einen selbstreferentiell-fremdreferentiellen Doppelcharakter. Man kann auf das Gezeigte wie auf die Geste des Zeigens schauen, man kann auf die Stimme oder auf das, was die Stimme kundtut, hören. Es gibt also bei allem Zeigen-auf auch immer ein Sich-Zeigen – und es gibt kein Zeigen-auf ohne ein Sich-Zeigen. Alles, was zeigt, zeigt sich, weil alles, was zeigt, wahrgenommen werden muss. Deiktische Gesten vereinen in sich also fremd- und selbstbezügliche Sinnbezüge und sie können weder auf den einen noch auf den anderen Sinnbezug verzichten, ohne ihre Fähigkeit der Deixis zu verlieren. Die konstitutive Einheit von selbst- und fremdbezüglicher Bezugnahme ist das, was eine Zeigegeste verstehbar, ja, mehr noch, für andere individuierbar macht. Man nimmt und interpretiert Gesten und Mimiken nicht dadurch, dass man auf etwas Innerliches schließt, welches sich in seinen Gesten ausdrückt, denn das Innerliche, das Psychische selbst, bleibt dem Beobachter grundsätzlich verborgen. Dass es sich um eine Ausdrucksgeste handelt, erschließt sich einem Beobachter allein dadurch, dass sich ein Organismus oder eine Person in Bezug auf etwas verhält. Er muss nicht auf ein ‚Inneres', etwas ‚Psychisches' rekurrieren. Die Unterstellung einer Umweltbezogenheit, einer Umweltintentionalität ist es, die eine Geste aus dem Kreis der natürlichen Phänomene heraustreten lässt und als „Ausdruck" wahrnehmbar macht (vgl. hierzu insbesondere Plessner/Buytendijk 2003 [1925]), und die Geste wird zu einer kommunikativen Geste, wenn ihr eine soziale, kommunikative Intentionalität unterstellt wird. Und auch diesbezüglich genießt die Stimme unter allen Ausdrucksphänomenen eine Sonderstellung. Sie verfügt über eine reichhaltige Phalanx von Ausdrucksnuancen und expressiven Möglichkeiten.

Halten wir also fest: Die Stimme ist das markanteste Phänomen im Zeigfeld der Sprache.[9] Ihre Funktion liegt darin, dass sie der Kommunikation eine situative Bedeutung und eine situative Verankerung erschließt. Sie verankert die Kommunikation in einem Hier, einem Jetzt und sie verweist in ihrem Ausdruck darauf, wie

[9] Vgl. stellvertretend für die soziale Arena des Theaters, in welcher das Zeigen der Stimme eine herausgehobene Bedeutung hat, Pinto (2008).

eine Situation für den Sprechenden ist. Im Meinen drückt sich die Sprecher-Bedeutung und die Sprecher-Intention aus, im Sagen die Wort- und Satz-Bedeutung, im Zeigen der Stimme die leiblich fundierte Intentionalität und Haltung eines Sprechers zu seiner kommunikativen Situation oder dem, was gesagt und gemeint wird.[10] Der Ausdruck der Stimme, welcher in kommunikativen Zusammenhängen die Funktion des (Sich-)Zeigens übernimmt, bietet eine Interpretationsfolie im Hinblick darauf, wie für einen Sprecher etwas ist. Von daher können wir folgende Zuordnungen vornehmen:

- Sagen: Aussage-Bedeutung;
- Meinen: Äußerungsbedeutung;
- Zeigen: Situative Bedeutung.

Es sei nur kurz angedeutet[11], dass diese drei Komponenten sich auf die drei grundlegenden Formen von Intentionalität beziehen:

1. das Sagen auf die Klasse der konstativen Intentionen wie Überzeugungen, Meinungen oder Wahrnehmungen, mit denen wir uns auf etwas in der Welt beziehen, das der Fall ist,
2. das Meinen auf die konativen Intentionen wie Wünsche oder Absichten, mit denen wir uns auf etwas zu Realisierendes in der Welt beziehen, und
3. schließlich die evaluativen Intentionen wie der affektive Ausdruck, die Emotionen und Gefühle, die uns anzeigen, wie etwas in der Welt für uns als Leib, als Person oder als Mitglied sozialer Gruppen ist.

Abschließend sei nochmals ein prinzipielles Problem behandelt: Dass wir seit einigen Jahrzehnten über einen allgemeinen Begriff der „Kommunikation" verfügen und von daher geneigt sind, eine allgemeine, allumfassende Kommunikationstheorie zu entwickeln, darf nicht darüber hinweg täuschen, dass es erhebliche Unterschiede zwischen verschiedenen Kommunikationsformen gibt, zwischen – um nur diese Formen zu nennen – sprachlicher, schriftlicher und ‚digitaler' Kommunikation, diskursiver oder ikonischer Kommunikation, leiblicher und nicht-leiblicher Kommunikation. Entsprechend unterschiedlich ist auch die Funktion des ‚Körpers' in der Kommunikation. Und damit hat auch ‚die' Stimme möglicherweise ganz unterschiedliche Relevanzen zu erfüllen. Aber es lässt sich vielleicht in ontogenetischer Hinsicht die These wagen, dass im Sinne einer Konstitutionstheorie

---

[10] Auch Emotionen oder Gefühle sind nicht als ‚innerliche' Phänomene zu verstehen, sondern es handelt sich um intentionale Phänomene, die angeben, wie etwas für eine Person ist (vgl. hierzu Schützeichel 2010b).

[11] Ausführlichere Darstellungen finden sich in Schützeichel (2010a) und (2010b).

die leibliche Kommunikation unter der Bedingung wechselseitiger, sinnlicher Wahrnehmbarkeit und körperlich-leiblicher Kopräsenz eine gewisse fundierende Form darstellt, die zwar von anderen Formen ergänzt und modifiziert, aber nicht substituiert werden kann. Von daher wäre also zu unterscheiden zwischen einer mimetischen Kommunikation einerseits, die auf der Präsenz leiblichen Ausdrucksverhaltens und der sinnlichen Erfahrbarkeit und Wahrnehmbarkeit dieses Verhaltens aufbaut, von daher auf analogen, expressiven, ikonischen oder akustischen Medien aufruht, und einer diese modifizierenden repräsentierenden, semiotischen oder diskursiven Kommunikationsform, die durch propositionale Bezugnahmen strukturiert wird und sich in arbiträren Symbolsystemen realisiert.[12] Von daher könnte man auch von einer Familienähnlichkeit von stimmlicher, ikonischer und ‚musikalischer' Kommunikation ausgehen, denn alle diesen beruhen primär auf Prozessen der Ausdruckswahrnehmung. Entsprechend hat der Leib auch unterschiedliche Funktionen, eine primäre und eine sekundäre. In der mimetischen Kommunikation ist das Zeigfeld dominant, von daher ist die leibliche Ausdruckskommunikation das Medium schlechthin, in der diskursiven Kommunikation tritt dem Zeigfeld das sprachlich-propositonal verfasste Symbolfeld zur Seite und der leibliche Ausdruck wird damit zu einer der Komponenten, die in Kommunikationen zusammen mit arbiträren symbolischen Ordnungen die Synthesis der Kommunikation herstellen.

Literatur

Accarino, Bruno/Schloßberger, Matthias (Hrsg.) (2008): Expressivität und Stil. Helmuth Plessners Sinnes- und Ausdrucksphilosophie. Berlin: Akademie

Albert, Gert/Greshoff, Rainer/Schützeichel, Rainer (Hrsg.) (2010): Dimensionen des Sozialen. Wiesbaden: VS Verlag für Sozialwissenschaften

Arnold, Katrin (2005): Ausdruck und Artikulation. Ein Grenzgang zwischen Philosophischer Anthropologie und Symbolischem Interaktionismus. In: Schlette/Jung (Hrsg.) (2005): 85–102

Bakhtin, Michail M. (1981): The dialogical imagination. Austin: Universiy of Texas Press

Barthes, Roland (1990): Der entgegenkommende und der stumpfe Sinn. Kritische Essays III. Frankfurt a. M..: Suhrkamp

Bayerdörfer, Hans-Peter (Hrsg.) (2002): Stimmen, Klänge, Töne. Synergien im szenischen Spiel. Tübingen: Narr

[12] Gleichartige Differenzierungen liegen bei Susanne Langer (präsentativer versus diskursiver Symbolismus; vgl. Langer 1984), Nelson Goodman (syntaktisch dichte versus syntaktisch disjunkte Symbolformen; vgl. Goodman 1998) oder auch bei Michael Tomasello (gestische versus intentionale Kommunikation; vgl. Tomasello 2008) vor.

Böhme, Gernot (2009): Die Stimme im leiblichen Raum. In: Kolesch/Pinto/Schrödl (Hrsg.) (2009): 23–32

Bongaerts, Gregor (2003): Eingefleischte Sozialität. Zur Phänomenologie sozialer Praxis. In: Sociologia Internationalis 41 (1): 26–53

Bourdieu, Pierre (2001): Meditationen. Zur Kritik der scholastischen Vernunft. Frankfurt a. M.: Suhrkamp

Brüstle, Christa/Riethmüller, Albrecht (Hrsg.) (2004): Klang und Bewegung. Aachen: Shaker

Bühler, Karl (1933): Ausdruckstheorie. Das System an der Geschichte aufgezeigt. Jena: Gustav Fischer

Bühler, Karl (1982): Sprachtheorie. Stuttgart: Gustav Fischer [1934]

Canetti, Elias/Durzak, Manfred (1983): Akustische Maske und Maskensprung. In: Durzak (Hrsg.) (1983): 17–30

Cassirer, Ernst (2002): Zur Philosophie der symbolischen Formen. 2. Teil: Das mythische Denken. (Gesammelte Werke, Band 12). Hamburg: Meiner

Cassirer, Ernst (2004): Zur Objektivität der Ausdrucksfunktion. In: Ders. (2004a): 105–200

Cassirer, Ernst (2004a): Kulturphilosophie. Vorlesungen und Vorträge 1929–1941 (Gesammelte Werke, Nachgelassene Manuskripte und Texte, Band 5). Hamburg: Meiner

Derrida, Jacques (1979): Die Stimme und das Phänomen. Frankfurt a. M.: Suhrkamp

Dilthey, Wilhelm (2005): Das Erlebnis und die Dichtung. Gesammelte Schriften, Bd. 26. Göttingen: Vandenhoeck & Ruprecht [1906]

Dolar, Mladen (2007): His Master's Voice. Eine Theorie der Stimme. Frankfurt a. M.: Suhrkamp

Durzak, Manfred (Hrsg.) (1983): Zu Elias Canetti. Stuttgart: Klett

Epping-Jäger, Cornelia/Linz, Erika (Hrsg.) (2003): Medien/Stimmen. Köln: Dumont

Felderer, Brigitte (Hrsg.) (2004): Phonorama. Eine Kulturgeschichte der Stimme als Medium. Berlin: Matthes & Seitz

Finter, Helga (2002): Intervokalität auf der Bühne. In: Bayerdörfer (Hrsg.) (2002): 39–49

Fischer, Peter-Michael (1998): Die Stimme des Sängers. 2. Aufl. Stuttgart/Weimar: Metzler

Fischer, Rudi/Schmidt, Siegfried J. (Hrsg.) (2000): Wirklichkeit und Welterzeugung. Heidelberg: Carl Auer.

Fliedl, Ilsebill Barta/Geissmar, Christoph (1992): Die Beredsamkeit des Leibes. Zur Körpersprache der Kunst. Salzburg/Wien: Residenz

Gehring, Petra (2006): Die Wiederholungs-Stimme. Über die Strafe der Echo. In: Kolesch/Krämer (Hrsg.) (2006): 85–110

Gehring, Petra (2009): Ob die Stimme lügt. In: Musik & Ästhetik 13 (51): 141–153

Goffman, Erving (1991): Geschlecht und Werbung. Frankfurt a. M.: Suhrkamp

Goffman, Erving (2005): Rede-Weisen. Konstanz: UVK

Goodman, Nelson (1998): Sprachen der Kunst. Frankfurt a. M.: Suhrkamp

Grice, Paul (1991): Studies in the Way of Words. Cambridge: Harvard University Press

Gumbrecht, Hans Ulrich/Pfeiffer, K. Ludwig (Hrsg.) (1988): Materialität der Kommunikation. Frankfurt a. M.: Suhrkamp

Helfrich, Hede (1985): Satzmelodie und Sprachwahrnehmung. Berlin: De Gruyter

Heuft, Markus (2004): Sagen und Meinen. München: Fink

Jung, Matthias (2009): Der bewusste Ausdruck: Anthropologie der Artikulation. Berlin: De Gruyter
Kittler, Friedrich/Macho, Thomas/Weigel, Sigrid (Hrsg.) (2008): Zwischen Rauschen und Offenbarung. Zur Kultur- und Mediengeschichte der Stimme. 2. Aufl. Berlin: Akademie
Klein, Richard (2009): Stimme verstehen mit und gegen Roland Barthes. In: Musik & Ästhetik 13 (51): 5–16
König, Ekkehard/Brandt, Johannes G. (2006): Die Stimme – Charakterisierung aus linguistischer Perspektive. In: Kolesch/Krämer (Hrsg.) (2006): 111–129
Kolesch, Doris (2009): Zwischenzonen. In: Kolesch/Pinto/Schrödl (Hrsg.) (2009): 13–22
Kolesch, Doris/Krämer, Sibylle (Hrsg.) (2006): Stimme. Frankfurt a. M.: Suhrkamp
Kolesch, Doris/Pinto,Vito/Schrödl, Jenny (Hrsg.) (2009): Stimm-Welten. Bielefeld: Transcript
Kolesch, Doris/Schrödl, Jenny (Hrsg.) (2004): Kunststimmen. Bonn: VG Bild – Kunst
Krämer, Sybille (2003a): Sagen und Zeigen. Sechs Perspektiven, in denen das Diskursive und das Ikonische in der Sprache konvergieren. In: Zeitschrift für Germanistik N. F. 13 (3): 509–519
Krämer, Sybille (2003b): Negative Semiologie der Stimme. In: Epping-Jäger/Linz (Hrsg.) (2003): 65–84
Krämer, Sybille (2006): Die ›Rehabilitierung der Stimme‹. Über die Oralität hinaus. In: Kolesch/Krämer (Hrsg.) (2006): 269–295
Kuzmics, Helmut (1986): Verlegenheit und Zivilisation. In: Soziale Welt 37 (4): 465–486
Lange, Anette (2004): Eine Mikrotheorie der Stimme. München: Fink
Langer, Susanne (1984): Philosophie auf neuem Wege. Frankfurt a. M.: Fischer
Loenhoff, Jens (2000): „Innen“ und „Außen“ – eine problematische Leitdifferenz in Kommunikationstheorien 1. und 2. Grades. In: Fischer/Schmidt (Hrsg.) (2000): 278–298
Loenhoff, Jens (2005): Karl Bühlers Ausdruckstheorie: Zu einer Sematologie des Nichtsprachlichen. In: Kodikas/Code 28 (1/2): 109–119
Loenhoff, Jens (2008): Ausdruck und Darstellung. Eine kommunikationstheoretische Lektüre Plessners ausdruckstheoretischer Schriften. In: Accarino/Schloßberger (Hrsg.) (2008): 167–186
Mersch, Dieter (2000): Jenseits der Schrift. Die Performativität der Stimme. In: Dialektik. Zeitschrift für Kulturphilosophie 1 (2): 79–92
Meyer-Kalkus, Reinhart (2001): Stimme und Sprechkünste im 20. Jahrhundert. Berlin: Akademie
Meyer-Kalkus, Reinhart (2002): Koexpressivität von Stimme und Blick. In: Bayerdörfer (Hrsg.) (2002): 52–68
Meyer-Kalkus, Reinhart (2009): Stimme und Atemsyntax in Vortragskunst, Prosa und Musik. In: Musik & Ästhetik 13 (51): 79–106
Nothdurft, Werner (2009): Der Gesprächsraum. In: Kolesch/Pinto/Schrödl (Hrsg.) (2009): 33–43
Peters, John Durham (2004): The Voice and Modern Media. In: Kolesch/Schrödl (Hrsg.) (2004): 85–101
Pinto, Vito (2008): (Zeige-)Spuren der Stimme. Zur technischen Realisierung von Stimmen im zeitgenössischen Theater. In: Wenzel/Jäger (Hrsg.) (2008): 169–195

Plessner, Helmuth (2003): Ausdruck und menschliche Natur. Gesammelte Schriften, Bd. VII. Frankfurt a. M.: Suhrkamp
Plessner, Helmuth/Buytendijk, Frederik J. J. (2003): Die Deutung des mimischen Ausdrucks. In: Plessner (2003): 67–129 [1925]
Schlette, Magnus/Jung, Matthias (Hrsg.) (2005): Anthropologie der Artikulation. Würzburg: Königshausen & Neumann
Schloßberger, Matthias (2008): Von der grundlegenden Bedeutung der Kategorie des Ausdrucks für die Philosophische Anthropologie. In: Accarino/Schloßberger (Hrsg.) (2008): 209–218
Schreiber, Daniel (2004): Zeuge sein. Von den ethischen Echos der Stimme. In: Brüstle/Riethmüller (Hrsg.) (2004): 144–150
Schützeichel, Rainer (2010a): Die Regeln des Sozialen. Grundlagen einer intentional-relationalen Sozialtheorie. In: Albert/Greshoff/Schützeichel (2010): 339–376
Schützeichel, Rainer (2010b): Das Zwischenreich der Emotionen. Bochum [unv. Manuskript]
Selting, Margret (1995): Prosodie im Gespräch. Tübingen: Niemeyer
Tomasello, Michael (2008): Origins of Human Communication. New York: MIT Press
Utz, Richard (2006): Der erste Eindruck. In: Sozialer Sinn 7 (1): 131–145
Waldenfels, Bernhard (2006): Das Lautwerden der Stimme. In: Kolesch/Krämer (Hrsg.) (2006): 191–210
Waldersee, Niels Graf von (2008): „Ach, ich fühl's“. Gewalt und hohe Stimme. Berlin: Kadmos
Wenzel, Horst/Jäger, Ludwig (Hrsg.) (2008): Deixis und Evidenz. Freiburg Br.: Rombach
Wiethölter, Waltraud/Pott, Hans-Georg/Messerli, Alfred (Hrsg.) (2008): Stimme und Schrift: Zur Geschichte und Systematik sekundärer Oralität. München: Fink
Wölfflin, Heinrich (1999): Prolegomena zu einer Psychologie der Architektur. Berlin: Mann [1886]
Worringer, Wilhelm (2007) Abstraktion und Einfühlung. München: Fink [1907]
Zumthor, Paul (1994): Die Stimme und die Poesie in der mittelalterlichen Gesellschaft. München: Fink
Zumthor, Paul (1988): Körper und Performanz. In: Gumbrecht/Pfeiffer (Hrsg.) (1988): 703–713

Gelebte Praxis, Skripten und Expertendiskurse: Sexuelles Körperwissen

Putting the Interaction back in to Sex

Für eine interpretative Soziologie der verkörperten Lust[1]

Stevi Jackson und Sue Scott

Mit diesem Beitrag möchten wir die grundlegenden Erkenntnisse der pragmatischen bzw. interaktionistischen Tradition zu neuem Leben erwecken und in den akademischen Diskurs zurückführen. In unseren Augen besitzt diese Denkrichtung für die spezifisch soziologische und feministische Sexualitätsanalyse weiterhin eine erhebliche Relevanz. Bei der Herausbildung der ersten umfassenden soziologischen Sexualitätstheorie, wie sie in den späten 1960er und 1970er Jahren von John Gagnon und William Simon entwickelt wurde, spielte sie eine zentrale Rolle. Die Herangehensweise dieser beiden Autoren lässt sich ohne weiteres als radikal bezeichnen: Sie fechten nicht nur den biologischen Determinismus an, sondern auch das Konzept der Repression. Ihre Schriften sind eine Vorwegnahme von Foucaults Kritik der Repressionshypothese, gerieten jedoch mit dem Aufkommen von Poststrukturalismus und Queer Theory zunehmend aus dem Blickfeld. Wir möchten die Hypothese aufstellen, dass der Symbolische Interaktionismus es ermöglicht, jenen Aspekt der Sexualität zu theoretisieren, der von der Queer Theory weitgehend ausgeblendet wird: das alltägliche vergeschlechtlichte und verkörperte *doing sexuality* in der Interaktion. In dieser Perspektive lässt Sexualität sich in allgemeineren Strukturen der Sozialität verorten.

1 Die Herausbildung des Sozialkonstruktivismus

Die sozialwissenschaftlichen Perspektiven, die später unter dem Label ‚Sozialkonstruktivismus' zusammengefasst wurden, gründen in zwei unterschiedlichen Theorietraditionen: erstens in der pragmatischen Philosophie Nordamerikas und in deren soziologischer Ausarbeitung als Symbolischer Interaktionismus (Mead 1968; Blumer 1969), zweitens in der europäischen Tradition der phänomenologischen Soziologie, wie sie insbesondere aus Alfred Schütz' Schriften bekannt ist (z. B. Schütz 1972). Peter Berger und Thomas Luckmann führten diese beiden Denkrichtungen dann in ihrem Buch *Die gesellschaftliche Konstruktion der Wirklichkeit* (1966)

---

[1] Übersetzung aus dem Englischen: Katharina Voss. Vgl. zur weiteren Ausarbeitung der Theoriegrundlagen des Beitrages Jackson/Scott (2010).

zusammen; dies war eine der Schriften, in denen der Begriff der „gesellschaftlichen Konstruktion" erstmalig explizit Verwendung fand. Berger und Luckmann arbeiten am Gegenstand der Sexualität die Plastizität des menschlichen Verhaltens und der menschlichen Kultur heraus und legen damit nahe, dass „der Mensch [der Mann, sic!][2] seine eigene Natur [macht]" (2003: 52 [1980]). Im Rückgriff auf anthropologische Erkenntnisse über divergierende Formen von Sexualverhalten in unterschiedlichen Kulturen schreiben sie: „Die Relativität dieser Auffassungen, ihre große Vielfalt und ihr Reichtum an Erfindungen verweisen darauf, dass sie eher Produkte sozio-kultureller Schöpfungen als einer biologisch fixierten Natur des Menschen [‚man', sic!] sind." (Ebd.) Symbolischer Interaktionismus und Phänomenologie bildeten die theoretische Grundlage für die neuen Devianztheorien der 1960er Jahre, in denen Devianz als Frage der gesellschaftlichen Definition statt als Eigenschaft einer Handlung oder einer/s sozialen Akteur/in betrachtet wird. Deviant zu sein oder zu werden gilt hier als interaktionaler Prozess, als Ergebnis einer Etikettierung (Becker 1973; Matza 1969). Eine beispielhafte Arbeit zu Sexualität, in der diese Perspektive zum Tragen kommt, ist Mary McIntoshs Analyse der „homosexuellen Rolle" (1968). Mit Hilfe der Etikettierungstheorie stellt McIntosh die „Konzeption der Homosexualität als Anlage" (1968: 183) in Frage und legt dar, dass homosexuelles Verhalten zwar in zahlreichen unterschiedlichen historischen und kulturellen Kontexten vorkommt, dass die moderne westliche Figur der/des „Homosexuellen" als Rolle, die eingenommen werden kann, jedoch historisch und kulturell spezifisch ist. Auch andere Autor/innen, die bei der Entwicklung einer Soziologie der Sexualität eine zentrale Rolle spielten, waren von dieser Sichtweise geprägt, so beispielsweise Ken Plummer (1975; 2003) und vor allem John Gagnon und William Simon.

In den 1960er Jahren veröffentlichten John Gagnon und William Simon mehrere Artikel, die sie in der bahnbrechenden Publikation „Sexual Conduct" resümierten, die zunächst 1973 in den USA und ein Jahr später in Großbritannien erschien (1974 [1973]). Sie waren „faktisch die ersten Soziologen, die den Biologismus, den Naturalismus und den Essentialismus, die den Großteil der Forschung und Lehre prägten, in Frage stellten." (Plummer 2001: 131) Sie postulierten nicht nur die Vorrangstellung des Sozialen über das Biologische, sondern hinterfragten das Konzept der Repression als solches – lange vor Foucaults Kritik der Repressionshypothese. Damit legten sie den Grundstein für eine positive Konzeptualisierung des Sozialen: Statt Sexualität negativ zu formen oder angeborene Triebe zu modifizieren, *produziert* das Soziale die Sexualität erst. Aus unserer feministischen Perspektive besitzt diese Sichtweise entscheidende Vorteile: Weibliche Sexualität kann nicht als unterdrückte Version der männlichen Sexualität betrachtet werden

[2] Anm. d. Übers.: Hier und im Weiteren wiederholt Anspielung auf ‚man' = Mann/Mensch. Im englischen Original: „that ‚man (sic) constructs his own nature'." [‚sic' von Jackson/Scott eingefügt].

und weder männliche Sexualität noch Heterosexualität können als die Norm gelten, an der Menschen als sexuelle Wesen gemessen werden.

Mit ihrer Analyse zielten Gagnon und Simon explizit auf den Freudianismus ab, der die Sexualwissenschaft der 1960er Jahre sehr stark bestimmte. William Simon näherte sich der Psychoanalyse später zwar wieder etwas an, blieb jedoch nach wie vor bei den zentralen Elementen seiner ursprünglichen Kritik (vgl. Simon 1996). Gagnon und Simon kritisierten die Psychoanalyse in vier wesentlichen Punkten: Erstens hinterfragten sie die Vorstellung eines angeborenen Sexualtriebs; zweitens und daran anschließend fochten sie das Konzept von Sexualität als einer überwältigenden Macht an und machten sich dafür stark, sie stattdessen in der banalen Wirklichkeit des alltäglichen Lebens zu verorten; drittens kritisierten sie die psychoanalytische Fokussierung auf die Entwicklung der Sexualität im Säuglingsalter und während der Kindheit; viertens schließlich trafen sie eine analytische Unterscheidung zwischen Gender und Sexualität, die in der psychoanalytischen Theorie in eins gesetzt werden.

Gagnon und Simon stellen explizit alle Formen des biologischen Determinismus in Frage. Sie führen an, dass Sexualverhalten ein soziales Produkt ist, nicht das Ergebnis der Unterdrückung der Primärtriebe durch die Kultur. Im Widerspruch zu der weit verbreiteten Annahme, Sexualität sei die natürlichste Tätigkeit der Menschen, betrachten sie Sexualität als *die* „Ausdrucksform menschlicher Sozialität“ (Simon 1996: 154). „Der Bereich der Sexualität ist vielleicht genau jenes Feld, in dem das Soziokulturelle am umfassendsten über das Biologische herrscht.“ (Gagnon/Simon 1974: 15) Die „unbewiesene Annahme“ eines starken, angeborenen Sexualtriebs, die in der Psychoanalyse eine so zentrale Rolle spielt, gilt ihnen als das Haupthindernis, das dem Verständnis der menschlichen Sexualität im Weg steht (1974: 15). Es gebe kaum Beweise, so die Autoren, dass ein solcher Trieb überhaupt existiert oder sich in spezifischen sexuellen Handlungen äußert. Die empirisch belegte Vielfalt der menschlichen Sexualität kann in ihren Augen nicht mit der Repression oder Modifizierung eines angeborenen natürlichen Drangs erklärt werden, sondern sei als bedeutungsvolles Verhalten zu betrachten. Für Gagnon und Simon sind Handlungen, Gefühle und Körperteile nicht von sich aus sexuell; sie werden es erst durch die Anwendung soziokultureller Skripte, die ihnen eine sexuelle Bedeutung verleihen.

Sexuelles Handeln und sexuelle Identitäten sind gänzlich sozial bestimmt und eingebettet in allgemeine Strukturen der Sozialität. Eine der bedeutendsten Leistungen von Gagnon und Williams besteht nach wie vor darin, dass sie die Alltäglichkeit von Sexualität herausarbeiten. Das nehmen wir zum Anlass, darüber nachzudenken, wie viel Bedeutung der Sexualität in spätkapitalistischen Gesellschaften zugesprochen wird, das Konzept des Sexuellen als übermächtiger Trieb zu hinterfragen und nicht aus dem Blick zu verlieren, dass sexuelles Handeln auch durch nicht-sexuelle Motive bestimmt sein kann, dass es ein Bestandteil des alltäglichen Lebens ist und dass es von den großen sozialen Institutionen geformt ist. Diese Perspektive auf Sex ist insofern radikal, als dass sie den meisten weit verbreiteten Ansichten über Sexualität zuwiderläuft. Sex gilt in der Regel als etwas Besonderes, als außerhalb und jenseits des sozialen Alltags stehend, als singulär erregende und transformierende Kraft, die uns der Banalität der Alltags entreißt – oder als gefährliche Macht, die die ‚Kultur' unterhöhlen und uns in die Barbarei zurückwerfen kann. Wir teilen Gagnons und Simons Kritik an „Traditionen, die in dem Wunsch nach gesellschaftlicher Veränderung die Macht des Sexuellen betonen oder sich auf die Sexualität als Quelle politischer und persönlicher Befreiung berufen." (Gagnon 2004: 280) Wir waren immer misstrauisch gegenüber überzogenen Annahmen über Sexualität, und wir werden auch weiterhin die Frage stellen, was denn eigentlich so besonders am Sex *ist* (vgl. Jackson/Scott 2004).

Symbolischer Interaktionismus zeichnet sich also gegenüber der Psychoanalyse dadurch aus, dass er Sexualität in ihren Verschränkungen mit dem alltäglichen sozialen Gefüge unseres bisherigen und gegenwärtigen Lebens konzeptualisiert. Die Psychoanalyse mit ihrer Fokussierung auf das sich jeglicher Erkenntnis verschließende Unbewusste verrät uns wenig über alltägliche Sexualität und unterstellt, dass die Traumata der Kindheit unsere sexuelle Subjektivität auf einen irreversiblen Kurs lenken, so dass das sexuelle Begehren von Erwachsenen unbewusst von einer Vergangenheit bestimmt wird, die dem Bewusstsein nicht zugänglich ist. Gagnon und Simon formulieren eine explizite Kritik an dieser Überbetonung der frühen Lebensjahre und des Unbewussten und bringen demgegenüber zur Geltung, dass Sexualität sich im Verlauf eines Lebens konstant und reflexiv ändert. Die psychoanalytische Theorie stützt sich auf die Interpretation von Kindheitserfahrungen durch den Filter der Sexualitätsvorstellungen von Erwachsenen. Da nichts von sich aus sexuell ist, fängt ein Kind erst dann an, eine Vorstellung von sich selbst als sexuelles Wesen zu entwickeln, wenn es Zugang zu sexuellen Skripten hat. In Übereinstimmung mit G. H. Meads *Philosophy of the Present* (1932) äußern Gagnon und Simon die Vermutung, dass nicht so sehr die Vergangenheit die Gegenwart determiniert, sondern vielmehr

> „die Vergangenheit erheblich von der Gegenwart [geprägt ist]; wir rekonstruieren unsere Biographien so, dass wir sie mit unseren gegenwärtigen Identitäten, Rollen und Situationen und mit den uns zur Verfügung stehenden Vokabularien besser in Einklang bringen können." (Gagnon/Simon 1974: 13)

Gagnons und Simons Ansatz eröffnet die Möglichkeit, auch Handlungsfähigkeit und Veränderungen in der Konstituierung des sexuellen Selbst zu denken. Dessen Wandelbarkeit ist nicht etwa eine Folge unberechenbarer Ausbrüche des Unbewussten, sondern wird als anhaltender reflexiver Prozess begriffen. Sexuelles Verhalten impliziert ein aktives *doing sex*, und zwar nicht nur in Form sexuellen Handlungen, sondern auch in Gestalt der Produktion und Transformation sexueller Bedeutung.

Wie Gagnon und Simon die Konstruktion des sexuellen Selbst theoretisieren, besitzt für uns als Feministinnen eine ganz spezifische Relevanz. Statt Sexualität und Gender als voneinander ununterscheidbar und untrennbar zu betrachten und in Übereinstimmung mit der psychoanalytischen Theorie anzunehmen, dass sexuelle bzw. affektive Begehrens- und Identifikationsstrukturen Gender determinieren, machen sie geltend, dass das sexuelle Selbst sich auf der Grundlage der vorangehenden Konstruktion eines vergeschlechtlichten Selbst entwickelt. Sie weigern sich, das Sexuelle von seinem allgemeinen gesellschaftlichen Kontext zu abstrahieren und vermeiden die Ineinssetzung von Gender und Sexualität; so haben sie ein Mittel zur Hand, mit dem sie diese Kategorien analytisch voneinander unterscheiden und trotzdem in ihrer Verschränktheit untersuchen können. Das Verhältnis zwischen Gender und Sexualität wird damit zu einem Untersuchungsgegenstand, statt von Vornherein definiert zu sein.

Das für Gagnons und Simons Arbeiten so zentrale Konzept der „sexuellen Skripte" kann leider vereinfachend dahingehend interpretiert werden, es unterstelle festgeschriebene, gesellschaftlich determinierte Verhaltensweisen. Dieses potenziellen Problems sind sich auch Gagnon und Simon bewusst. Während die Analogie zur Dramaturgie sich dazu eignet, menschliche Sexualität zu verstehen – wir ‚handeln' sexuell und folgen ähnlich wie Schauspieler einer szenischen Dramaturgie –,[3] ist „die konventionelle dramatische Form meistens unzutreffend." (Gagnon/Simon 1974: 23) Wie die Autoren darlegen, ist auch die konventionellste sexuelle Szenenfolge „von einem komplizierten Set sich überlagernder symbolischer Bedeutungen" abgeleitet, die sogar von den Personen, die in ein- und demselben sexuellen „Drama" mitspielen, unter Umständen nicht übereinstimmend interpretiert werden (ebd.). Skripte sind daher fließende Improvisationen, die laufende Interpretations- und Aushandlungsprozesse beinhalten.

In „Sexual Conduct" konzentrierten Gagnon und Simon sich auf das interagierende Individuum und entsprechend auf nur zwei Ebenen des Skriptens, nämlich auf die interpersonelle und die intrapsychische Ebene. Dabei verallgemeinerten sie ihre Annahmen darüber, wie das „Sexuell-Werden" und das „Sexuell-Sein" abläuft, und vernachlässigten die größeren kulturellen Kontexte, in denen sexuelle Skripte verortet sind. Entsprechend wurden sie dafür kritisiert, nicht zu thematisieren, wo Skripte ‚herkommen' (vgl. z. B. Walby 1990). Zudem waren ihre frühen Texte stark von der Sprache des Sozialisationsparadigmas geprägt und konnten daher vor allem in Hinblick auf Gender leicht als deterministisch missverstanden werden. Diese Probleme räumten die Autoren in ihren späteren Texten aus, indem

[3] Anm. d. Übers.: Im Original „to act" in Verbindung mit „script" und „Dramaturgie" zieht eine Parallele zum Theaterschauspiel.

sie unabhängig voneinander, aber auch in ihren gemeinsamen Beiträgen die dritte Ebene des Scripting einführten, nämlich die kulturellen Szenarien. Damit sind drei analytisch voneinander unterschiedene, aber miteinander zusammenhängende Dimensionen des Scriptings zu verzeichnen: die intrapsychische, die interpersonelle und die kulturelle Dimension.[4] So lassen sich „das handelnde Individuum, die interaktionale Situation und die zugrundeliegende soziokulturelle Ordnung" (Gagnon 2004: 276) voneinander unterscheiden und man kann eine stärker nuancierte Analyse der Frage leisten, wie sexuelle Skripte entstehen, sich entwickeln und sich verändern und kulturell, interpersonell und subjektiv aufrechterhalten werden; entsprechend lassen sich auch jenseits von Voluntarismus individuelle Handlungsfähigkeit und Vielfalt denken.

Kulturelle Szenarien sind jene „kulturellen Narrative", die im Zusammenhang mit Sexualität bzw. mit dem konstruiert werden, „was die intersubjektive Kultur unter Sexualität versteht" (Laumann et al. 1994: 6), und die zudem „Handlungsanweisungen" für sexuelles Handeln anbieten (Simon 1996: 40). Kulturelle Szenarien – all das, was wir aus medialen Darstellungen, öffentlichen Debatten und Allgemeinwissen kennen – stellen uns einen gemeinsamen oder zumindest allgemein zugänglichen Vorrat an kulturellem Wissen über Sexualität zur Verfügung. Kulturelle Szenarien bzw. Skripte *determinieren* unser sexuelles Handeln nicht; vielmehr sind sie kulturelle Ressourcen, auf die wir zurückgreifen können, wenn wir dem Sexuellen eine Bedeutung verleihen müssen und wollen. In spätmodernen Gesellschaften sind außerdem konkurrierende sexuelle Szenarien im Angebot; auf dementsprechend vielfältige Skripte können soziale Akteur/innen zurückgreifen.

Interpersonelles Scripting entsteht in der alltäglichen Interaktion; hier ist sein Schauplatz. Das gilt nicht nur für die Aushandlung sexueller Aktivitäten, sondern auch für das Sprechen über Sex mit Dritten. Bei der Aushandlung sexueller Beziehungen und Aktivitäten werden allgemeinere kulturelle Szenarien interaktional „zu Skripten für das Verhalten in spezifischen Kontexten [umgeformt]" (Simon 1996: 41). Diese Prozesse laufen bei Weitem nicht automatisch ab; Sexualpartner/innen können unterschiedliche Varianten oder Formen kultureller Szenarien mobilisieren bzw. auf sie zurückgreifen. Insofern impliziert die gemeinsame Konstruktion von Skripten innerhalb einer Beziehung die aktive Interpretation und Aushandlung und auch potenzielle Konflikte. In heterosexuellen Beziehungen entsteht so die Möglichkeit, dass die Partizipation an einem gemeinsam vereinbarten Skript ungleich ausfällt: Seine Definition der sexuellen Realität kann über ihre Definition Vorrang erhalten. In der Praxis mögen viele Momente des alltäglichen interaktionalen Scriptings auf mehr oder weniger absehbare Variationen weit ver-

[4] Vgl. Simon/Gagnon (1986); Lauman/Gagnon (1995); Lauman et al. (1994); Simon (1996).

breiteter kultureller Themen begrenzt sein (vgl. Simon 1996); trotzdem werden sie an einem spezifischen Ort interaktiv von den beteiligten Akteur/innen produziert.

Intrapsychisches Scripting spielt sich auf der Ebene unserer individuellen Begehrensformen und Vorstellungen ab, also im Rahmen der internen reflexiven Prozesse unseres Selbst. Anders als die Seele in der Psychoanalyse, wo das Begehren weitgehend im Unbewussten entsteht, ist das Intrapsychische „eine gesellschaftlich bestimmte Form des mentalen Lebens“ (Gagnon 2004: 276), in der wir Material aus kulturellen Szenarien und aus interpersonellen Erfahrungen reflexiv verarbeiten. So konstruieren wir ein persönliches Set sexueller Skripte, die sowohl unserem von unserer Erfahrung geprägten Verständnis von Begehren und Lust Gestalt geben als auch unser weiteres Verhältnis zu interpersonellem und kulturellem Scripting bestimmen.

2 Die Foucaultsche Neuorientierung des Sozialkonstruktivismus

In Gagnons und Simons Augen ist das Sexuelle eine Frage der sozialen Definition. Sie untersuchen allerdings nicht, wie das Konzept der Sexualität als solches entstand. Dies war der entscheidende Beitrag, den Michel Foucault zu der Neuorientierung des Sozialkonstruktivismus leistete. Wie Gagnon und Simon hinterfragte er die Vorstellung, Sexualität sei ein gegebenes Objekt, nahm dabei aber eine andere Perspektive ein. Uns ist an dieser Stelle eher an der Betonung solcher Differenzen gelegen denn an einer tiefgehenden Analyse von Foucaults Arbeiten.

Statt wie Gagnon und Simon deutlich zwischen Sexualität und Gender zu unterscheiden, postuliert Foucault ein Verhältnis zwischen Sex und Sexualität, in dem das Sexualitätsdispositiv Sex produziert:

> „Aber ich sagte mir: Sollte im Grunde das Geschlecht, das eine Instanz zu sein scheint, die ihre Gesetze und Zwänge hat, von wo aus sich ebenso das männliche Geschlecht wie das weibliche Geschlecht definieren lassen, nicht im Gegenteil etwas sein, das durch das Sexualitätsdispositiv produziert worden wäre? *Das, worauf der Sexualitätsdiskurs als Erstes angewandt würde*, wäre nicht das Geschlecht, sondern das *wäre der Körper, die Sexualorgane, die Lüste*, die ehelichen Beziehungen, die Verhältnisse zwischen den Individuen (…).“ (Foucault 2003a: 409 f. [1977]; Hervorh. d. Autorinnen)

Dieses „heterogene Ensemble“, so Foucault, wurde schließlich „vollständig von dem Sexualitätsdispositiv überlagert“, das „als den Dreh- und Angelpunkt seines Diskurses und vielleicht seines Funktionierens die Vorstellung von Sex produzierte“ (ebd.). Foucaults Terminologie erlaubt also keine Unterscheidung zwischen Sex als erotischer Handlung oder Gefühl und Sex als Geschlechterdifferenz – also dem, was wir als Gender bezeichnen. Beide werden unter dem Begriff ‚Sex' subsumiert, beide sind Produkte des Sexualitätsdispositivs. Die Ineinssetzung von Gender und Sexualität, die Gagnon und Simon kritisieren, tritt bei Foucault wieder auf den Plan, allerdings als Diskurs- und Machteffekt und nicht, wie in der Psychoanalyse, als ontologische Tatsache, die untrennbar mit der menschlichen Psyche verwoben ist. Wir schließen uns Gagnons und Simons Unterscheidung zwischen Gender und Sexualität an und möchten gleichzeitig in Übereinstimmung mit Foucault die Tatsache anerkennen, dass diese Kategorien in der Regel diskursiv in eins gesetzt werden.

Foucault wird üblicherweise als Sozialkonstruktivist gelesen. In der Tat beschreibt er spezifische sexuelle Subjektivitäten als diskursive Konstruktionen, ging aber nie der Frage nach, woher sexuelles Begehren kommt, und kritisierte auch nie biologische Annahmen über den Ursprung individueller Sexualitäten. Als er während eines Interviews gefragt wurde, ob Homosexualität seiner Ansicht nach angeboren oder sozial bedingt sei, antwortete er: „Zu dieser Frage habe ich absolut nichts zu sagen. No comment." (Zit. in Halperin 1995: 4) Gagnon und Simon hingegen greifen den biologischen Determinismus unmittelbar an und stellen die soziale Bedingtheit unserer Begehrensweisen und Praxen heraus. Für Foucault sind „Körper und Lüste" durch das diskursive Sexualitätsdispositiv bestimmt und werden somit effektiv *außerhalb* des Diskurses verortet, so unsere Lesart des oben angegebenen Zitates: „Das, worauf der Sexualitätsdiskurs als Erstes angewandt würde, (…) das wäre der Körper, (…), die Lüste (…)." (Foucault 2003a: 409 f. [1977]) Für Gagnon und Simon hingegen stehen Körper und Lüste notwendigerweise nie außerhalb des Sozialen.

Foucaults Einfluss auf Sexualitätstheorien kam wohl am stärksten in der Herausbildung der Queer Theory zum Tragen, die die theoretische Agenda auf diesem Gebiet seit den 1990er Jahren maßgeblich mitbestimmt (vgl. z. B. Gamson/Moon 2004). Theresa de Lauretis, die als eine der zentralen Figuren in der Entstehungsgeschichte der Queer Theory gilt, vertrat schon früh die Ansicht, Queer Theory sei „zu einem konzeptuell inhaltslosen Gespenst der Verlagsindustrie" mutiert (de Lauretis 1994: 297). Solche Grabreden waren der Lebendigkeit der Queer Theory nicht abträglich; in einigen Umfeldern ist sie zur alleinigen Stellvertreterin sämtlicher kritischer Sexualitätstheorien geworden und hat ihr Einflussgebiet auch auf Diskussionen über die gesamte Sphäre intimer Beziehungen ausgedehnt (Stacey 1996; 2004; Roseneil/Budgeon 2004).

Foucaults Schriften sind also einer der zentralen theoretischen Einflüsse; Queer Theory greift aber auch auf die Derridasche Dekonstruktion und auf die Lacansche Psychoanalyse zurück. Angesichts von Foucaults Kritik an dem regulierenden Regime der Psychoanalyse (Foucault 1989 [1976]) mag diese Aneignung besonders unpassend erscheinen. Viele Sexualitätstheoretiker/innen beziehen sich sowohl auf Freud als auch auf Foucault und scheinen dabei zu übersehen, in welche

Widersprüche sie sich damit begeben. Einige von ihnen begründen diese Entscheidung jedoch auch; das gilt vor allem für Judith Butler. Butler formulierte in ihren früheren Texten zwar Kritik daran, wie die Psychoanalyse Heterosexualität normalisiert (vgl. Butler 1990: 332), plädierte später allerdings für eine „Foucault folgende, erneuernde Beschreibung“ der Psychoanalyse. Ihrer Ansicht nach ist es möglich, die „strukturelle Stase der heterosexualisierenden Norm im psychoanalytischen Erklärungsansatz anzugreifen, ohne auf das eindeutig Wertvolle in psychoanalytischen Perspektiven zu verzichten.“ (Butler 1997: 48 f.) Als „wertvoll“ betrachtet sie die Psychoanalyse aus dem Grund, dass sie begreifbar macht, wie „bestimmte regulierende Normen ein ‚sexuiertes‘ Subjekt in Bestimmungen bilden, die die Ununterscheidbarkeit psychischer und körperlicher Formierung begründen.“ (ebd.) So macht Butler geltend, dass die Psychoanalyse unverzichtbar ist, um erklären zu können, wie Subjektivität ohne sexuierte Subjektivität undenkbar wird, und um die „Identifizierungsprozesse“ darstellen zu können, „die für die Formierung sexuierter Materialität entscheidend sind.“ (Butler 1997: 42)

Trotz ihrer augenscheinlichen Inkompatibilität mit Foucaults Konzepten wird die Psychoanalyse hier so thematisiert, als sei sie der einzige Weg, auf dem Subjektivität theoretisiert werden kann. Einer der seltsamen Effekte dieser queeren Verklammerung von Psychoanalyse und Foucaultscher Theorie liegt darin, dass sie den latenten Funktionalismus verschärft, der in Foucaults Texten und vor allem in seiner Wiedereinführung des Konzepts des Normativen durchscheint (Poulantzas 1978; Weeks 1981). Im Zusammenspiel mit dem Lacanschen Konzept eines symbolischen Gesetzes, dem wir selbst dann, wenn es nicht universell ist, trotzdem alle unterworfen sind, fällt das Resultat ähnlich aus wie in der alten funktionalistischen Soziologie sozialer Systeme, der zufolge Normen dem Individuum äußerlich sind und es einschränken, dann aber internalisiert werden, so dass sie als „konstitutiv für das Selbst *und nicht nur als regulativ*“ angesehen werden (Dawe 1970: 210, kursiv im Org.). Das wird vor allem in Butlers Erörterung der Performativität deutlich, die über die bloße „performance“ hinausgeht; erstere besteht „in einer ständigen Wiederholung von Normen (...), welche dem Ausführenden vorhergehen, ihn einschränken und über ihn hinausgehen.“ (Butler 1997: 321)

Diese Beschäftigung mit dem Normativen zieht sich durch Butlers gesamtes Schreiben; darin spiegeln sich ältere, konservative Stränge der Soziologie. „Die Norm [scheint] einen Status und einen Effekt zu haben (...), der unabhängig von den Handlungen ist, die sie regiert.“ (Butler 2009: 73) Allgemeiner gesprochen ist der Begriff der „Heteronormativität“ unter dem Einfluss der Queer Theory zur gängigen Währung geworden (vgl. Gamson/Moon 2004) und wird unscharf und beiläufig verwendet, ohne dass seine Grenzen zur Kenntnis genommen werden (Jackson 2006). Innerhalb der Queer Theory fehlt es unseres Erachtens nach an kritischem Bewusstsein für die wechselhafte Geschichte der Norm in der Gesellschaftstheorie und für die Kritik, die über einen langen Zeitraum an dem „normativen Paradigma" geübt wurde (Wilson 1971; Dawe 1970). Wie auch in seiner soziologischen Ausformung erschwert die queertheoretische Bezugnahme auf die Norm eine Theoretisierung von Handlungsfähigkeit; wie so oft in poststrukturalistischer Theorie wird Handlungsfähigkeit entweder an die unvorhersehbaren Ausbrüche des Unbewussten oder an den Rückgriff auf einen nicht erläuterten Voluntarismus gekoppelt (vgl. McNay 2000).

In der Queer Theory werden aber auch nützlichere soziologische Konzepte recycelt; viele davon haben ihren Ursprung in interpretativen Traditionen. Zu den nicht benannten Vorläufern von Butlers Performance- und Performativitätskonzepten gehören Goffman (2004 [1983]), Garfinkel (1967) und ethnomethodologische Arbeiten über Gender als praktische Vollzugs-Leistung (Kessler/McKenna 1978; West/Zimmerman 1987). In dem queeren Interesse an der Fluidität, Kontingenz und Vielschichtigkeit von Subjektivitäten und Identitäten spiegeln sich frühe interaktionistische Konzepte des stets prozessualen Selbst. Auch Spuren interaktionistischer Devianztheorien finden sich in der Queer Theory. Eine der Grundüberzeugungen der Queer Theory ist, dass Heterosexualität und Homosexualität notwendigerweise gemeinsam konstruiert werden. Diana Fuss schreibt zu diesem Punkt:

> „(...) Heterosexualität versichert sich ihrer Selbstidentität und errichtet ihre ontologischen Grenzen, indem sie sich dagegen schützt, was sie als die permanenten aggressiven Übergriffigkeiten ihres kontaminierten Anderen betrachtet: der Homosexualität." (Fuss 1991a: 2)

Hier klingt eine frühere Phase der Sozialwissenschaften an, in der die Aufrechterhaltung der Grenzen des Normalen als eine der Funktionen der Devianz gedeutet wurde. Fuss' Gebrauch der Innen/Außen-Metapher, mit der sie Heterosexualität als durch ihr verworfenes Außen definiert beschreibt, ruft uns Beckers *Außenseiter* in Erinnerung, wo Devianz als soziales Konstrukt gedacht wird, das nur vor dem Hintergrund einer ebenfalls konstruierten Normalität Sinn macht.

Uns geht es hier nicht einfach darum, einen Mangel an Bewusstsein über die sozialwissenschaftlichen Vorläufer gegenwärtiger Theoretisierungen von Sexualität zu konstatieren. Vielmehr möchten wir die Probleme illustrieren, die aus diesem ‚Vergessen' resultieren: Es macht es unmöglich zu bestimmen, was an Queer Theory und anderen vermeintlich neuen Konzepten innovativ und nützlich ist (vgl. Brickell 2006), und schwächt unsere kritischen Kompetenzen in der Bewertung gegenwärtiger Theorien. Abstrakten Theoretisierungen, in denen das alltägliche Leben aus dem Blick gerät, begegnen wir mit Skepsis; unser Interesse liegt bei der Alltäglichkeit von Sexualität. Wir sehen zwar einige Affinitäten zwischen queeren und interaktionistischen Perspektiven, bevorzugen aber Letztere; im Gegensatz zur Queer Theory ist dem Symbolischen Interaktionismus daran gelegen, „seine Verankerung in der ‚harten empirischen Welt' nicht zu verlieren" (Plummer 2003: 520). Wir plädieren nicht für die völlige Ablehnung poststrukturalistischer oder queerer Theorien, sondern vielmehr für eine Anerkennung der entscheidenden Erkenntnisse, die der Symbolische Interaktionismus zutage fördern kann.

3 Verkörperte Lüste

Man könnte unterstellen, dass der Symbolische Interaktionismus sich aufgrund seiner Fokussierung auf reflexive Interpretationsprozesse zu stark auf das Kognitive konzentriert und die chaotischen, verkörperten, erfahrungsgeprägten Aspekte des sexuellen Begehrens und der Lust nicht zur Kenntnis nimmt. Wir möchten dem entgegenhalten, dass der Symbolische Interaktionismus eben diese Aspekte des Sexuellen beleuchtet und damit ein Korrektiv zu den eher abstrakten und gesellschaftsblinden Theoretisierungen des Körpers bereit hält, die aus denjenigen feministischen Theorieströmungen entstanden, die sich auf die tatsächliche Materialität des Körpers beziehen (vgl. auch Witz 2000; Jackson/Scott 2007); zugleich kann er als Alternative zur psychoanalytischen Theorie fungieren. Aus einer interaktionistischen Perspektive lässt sich sexuelle Lust leichter als gesellschaftlich vermittelt konzeptualisieren, und auch das verkörperte sexuelle Selbst kann besser als reflexiv (re-)konstruiert gedacht werden. Damit möchten wir nicht unterstellen, dass der Symbolische Interaktionismus eine vollständige Soziologie des (sexuellen) Körpers beinhaltet. Aber eine interaktionistische Perspektive kann uns auf jene Aspekte der Verkörperung aufmerksam machen, die in anderen Theorierichtungen vernachlässigt werden. Am Beispiel der verkörperten Lust möchten wir untersuchen, welchen Beitrag eine breit gefasste interaktionistische Analyse zu einem umfassenden soziologischen Verständnis der Verkörperung leisten kann.

Sexuelle Begegnungen dürften eine stärkere Wahrnehmung verkörperter Selbstheit produzieren als viele andere Formen der sozialen Interaktion; trotzdem darf man nicht vergessen, dass sie sozial *sind.* Denn an eben dieser Stelle, bei der Theoretisierung von Lust und Begehren, greifen viele Autor/innen auf Konzeptualisierungen des Libidinösen als Eigenschaft der Psyche zurück und entheben die Sexualität so ihrem gesellschaftlichen Kontext. Im Gegensatz dazu streben wir eine Analyse verkörperter Selbste in einer gesellschaftlich verorteten Interaktion an. Im Vordergrund steht die sexuelle Lust; dabei möchten wir fragen, wie Begehren und Lust im Rahmen alltäglicher/allnächtlicher[5] sexueller Praxen reflexiv verstanden werden können. Vor dem Hintergrund des paradigmatischen Falls des Orgasmus zeigen wir, dass selbst dieses so individuelle, ‚private', ‚körperlich-

[5] Diese Formulierung stammt von Dorothy Smith (1988).

physische' Erleben immer auch gesellschaftlich konstituiert ist. Da es uns hier um die geschlechtsspezifische Codierung der Orgasmuserfahrung geht und diese Codierung in heterosexuellen Praxen besonders augenscheinlich ist, sind heterosexuelle Praxen unser thematischer Fluchtpunkt. In heterosexuellen Beziehungen gilt der weibliche Orgasmus üblicherweise als problematischer, weniger greifbar und geheimnisvoller als der männliche Orgasmus. Wir möchten das Verhältnis zwischen solchen Vorstellungen und der gelebten Orgasmuserfahrung untersuchen und fragen, wie ‚vorgetäuschte' und ‚echte' Orgasmen innerhalb interaktionaler Settings sozial konstruiert werden.

4 Doing Orgasm

Die gesellschaftlichen Definitionen des männlichen und weiblichen Orgasmus haben ganz reale Konsequenzen für alltägliche heterosexuelle Praxen. Da weibliche Orgasmen als nicht ‚offensichtlich' gelten, sind Frauen zur spektakulären, geräuschvollen Zurschaustellung ihrer Orgasmen aufgefordert (Potts 2000; Roberts et al. 1995). Da der Orgasmus zudem als ‚Höhepunkt' des sexuellen Erlebens verstanden wird, ist seine Abwesenheit gleichbedeutend mit einem gescheiterten oder unvollständigen sexuellen Erlebnis, das sein eigentliches Ziel verfehlt hat. Der Orgasmus des Mannes gilt beim heterosexuellen Geschlechtsverkehr als quasi unvermeidbar, während der Orgasmus der Frau dem Mann Arbeit und Kompetenz abverlangt; entsprechend bestätigt eine spektakuläre Orgasmusdarstellung der Frau das sexuelle Können ihres Partners. „Dass Lautstärke unabdingbar ist (...), weist darauf hin, dass Heterosexualität hier zu einer Ökonomie wird, in der der Orgasmus der Frau gegen die Arbeit des Mannes getauscht wird." (Roberts et al. 1995; vgl. auch Jackson/Scott 2007) Der fehlende Orgasmus der Frau kann ein Zeichen ihres eigenen sexuellen Versagens, aber auch ein Hinweis auf die mangelhafte Technik ihres Partners sein. Daraus erklärt sich der Druck auf die Frau, den Mann zu bestätigen, Beweise für ihren Orgasmus vorzubringen oder ihn, falls notwendig, vorzutäuschen. Auch hier wird ersichtlich, wie sexuelle Aktivitäten in die alltägliche Sozialität eingebettet sind: Die Bestätigung, die Frauen ihren Partnern zukommen lassen, ist Teil der „Gefühlsarbeit", mit der heterosexuelle Beziehungen aufrechterhalten werden (vgl. Duncombe/Mardsen 1993; 1996), und fügt sich in die allgemeine Erwartung an Frauen, „Egos zu streicheln und Wunden zu pflegen" (Bartky 1990).

Hier lassen sich mehrere Paradoxa diagnostizieren. Der männliche Leistungsethos verlangt danach, dass Frauen ihre Orgasmen überzeugend darstellen; die Vorstellung von Frauen als passive Empfängerinnen männlichen Könnens fordert Frauen ab, „ihr Hirn aktiv zu gebrauchen, um den Körper (das Körper-Sein) performen zu können" (Roberts et al. 1995: 530); die ‚Wertschätzung', die eine Frau der sexuellen Arbeit des Mannes zukommen lässt, bedarf einer erheblichen Menge emotionaler Arbeit, damit eine authentisch erscheinende Performance hingelegt werden kann, die das Können des Partners angemessen bestätigt. Im Umgang mit diesen Paradoxa muss ein ebenfalls erhebliches Maß an Interpretationsarbeit geleistet werden: Frauen müssen die Reaktionen ihrer männlichen Partner verstehen und eine ausgefeilte Orgasmusdarstellung hinlegen. Wie Robert et al. zeigen, wird eine zu theatralische und extravagante Zurschaustellung nämlich leicht als Simulation enttarnt; subtilere Performances sind überzeugender. Roberts et al. äußern auch die Vermutung, dass Frauen Expertinnen auf dem Feld der Täuschung sind: Die meisten Frauen in ihrem Sample gaben zu, dass sie gelegentlich Orgasmen vorgetäuscht hatten, aber nur wenige der befragten Männer glaubten, bereits Sex mit einer Partnerin gehabt zu haben, die ihnen einen Orgasmus vorspielte.

Wenn eine Frau denkt, sie müsse ihrem männlichen Partner bestätigen, dass er gut im Bett ist, dann tut sie das unabhängig davon, ob sie ‚wirklich' einen Orgasmus hat oder nicht. ‚Vorgetäuschte' und ‚echte' Orgasmen sind daher unter Umständen von sehr ähnlichen Darstellungen begleitet. Die kulturelle Verfügbarkeit dieser „kanonischen Orgasmusinsignien" (DeNora 1997: 44) sorgt dafür, dass solche Performances möglich sind und als ‚echte' Orgasmen gelesen werden können. So wie auch wir geht Tia DeNora der Frage nach, wie kulturelle Ressourcen und Repräsentationsformen „eigentlich in die echten Grundzüge erotischen Verhaltens ‚hineinkommen' und sie prägen." (ebd.) So stellt sich dann die Frage, wie Orgasmen in der Praxis geleistet und verkörpert werden, wie sie sichtbar werden und durch die soziale Praxis hindurch umgeformt werden. Hier schließt sich ein reflexiver Prozess an, durch den unsere verkörperten Selbste kontinuierlich konstruiert und rekonstruiert werden, indem sie die uns verfügbare soziale und kulturelle Welt in der Interaktion mit anderen interpretieren.

Wenn Orgasmen in diesem Sinn praktische Vollzugs-Leistungen [„practical accomplishment"] sind, dann heißt das, dass wir irgendwann die kulturellen Kompetenzen erwerben müssen, dank derer wir ‚wissen', was ein Orgasmus ist und wie wir ihn bei uns selbst und bei anderen ‚erkennen'. ‚Fühlen' erfordert eine reflexive Decodierung unserer eigenen sinnlich wahrgenommenen Verkörperung. Wir müssen lernen, woran wir einen Orgasmus erkennen, und wir müssen seine kulturellen Definitionen erlernen. Diese Hypothese schließt an einen Klassiker des Symbolischen Interaktionismus an. In seiner Studie über Marihuanakonsument/innen (1973) legt Howard Becker dar, dass der ‚richtige' Konsum von Hasch die Voraussetzung für einen Rausch ist; darüber hinaus müssen Konsument/innen aber auch lernen, ihre ‚Symptome' an die Substanz zu koppeln und sie mit dem ‚Symptomen' anderer Konsument/innen zu vergleichen und so als richtig zu erkennen. Eine der von Becker interviewten Personen fasst diesen Prozess treffend zusammen: „Ich hörte einige Bemerkungen von anderen Leuten. Jemand sagte: ‚Meine Beine sind gummiweich.' […] [I]ch hörte sehr aufmerksam auf all diese

Tips, wie ich mich ihrer Meinung nach fühlen sollte." (Becker 1973: 44) Becker legt hier nahe, dass Konsument/innen lernen müssen, die Wirkung der Substanz als angenehm zu definieren und zu erleben. Hierbei läuft ein dreischrittiger Prozess ab: Der Konsum der Droge muss gelernt werden, die Konsument/innen müssen lernen, ihre Wirkung wahrzunehmen, und sie müssen lernen, diese als angenehm zu definieren. Wir möchten hier die Vermutung äußern, dass beim Erlernen des ‚doing orgasm' ein ähnlicher Prozess abläuft.

Im Kontrast zum Rausch ist der Orgasmus in der Regel kein kollektives Erleben; zudem werden im Alltag nur wenige Diskussionen über das ‚doing' von Sex und vor allem über sexuelle Lust und Befriedigung geführt. Die offensichtlichste Quelle im Lernprozess über die Effekte des Orgasmus und ihre Definition als ‚angenehm' sind die Medien. Susan Bordo schreibt dazu: „Wie sexuelle Erregung aussieht und sich anhört, lernen wir im Kino, und wie bei jeder Sprache eignen wir uns dabei die Grammatik und Syntax an, ohne uns darüber bewusst zu sein." (Bordo 1999: 65) Diese Codes sind stark von sozialen Konventionen geprägt und die Schauspieler/innen lernen sie von anderen Schauspieler/innen (Lewis 1997: 241). Solche Repräsentationen werden uns von unserer Kultur zur Verfügung gestellt und helfen uns dabei, unseren eigenen verkörperten Empfindungen ‚Bedeutung zu verleihen' und in intimen Interaktionen Begehren und Befriedigung zu kommunizieren. Es deutet einiges darauf hin, dass vor allem junge Menschen seit langem auf diese Bilder zurückgreifen, um ‚doing sex' zu lernen.[6] Mediale Repräsentationen von Sex wirken also nicht direkt auf den gelebten Körper selbst ein; ihre Effekte vermitteln sich durch die interaktionalen Kontexte, in denen wir Sex ‚tun', sowie durch die reflexiven Prozesse, mit denen wir unsere eigenen körperlichen Reaktionen interpretieren und die Reaktionen einer/s Liebhaber/s/in ‚lesen'. Erst dann gehen die kulturellen Bedeutungen von Sex in unsere gelebte Verkörperung ein.

Damit ein Orgasmus zu einer ‚echten' Erfahrung werden kann, damit ein einfacher Reflex als ein erotisch bedeutungsvolles Ereignis verstanden werden kann, braucht es weit mehr als das technische Know-How, mit dem die richtige physiologische Reaktion ausgelöst werden kann. Die Daten aus Annie Potts Studie (2000) lassen vermuten, dass die Bedeutungen des Orgasmus für Männer und Frauen gleichermaßen äußerst komplex sind und auf spezifischen Interpretationen des Orgasmus als *das* ultimative und intensivste sexuelle Erleben beruhen. Aus diesem Grund ist der Orgasmus mit allen möglichen geheimnisvollen und emotionalen Bedeutungen überladen. So entsteht ein Raum für die Konstruktion spezifisch vergeschlechtlichter Vorstellungen darüber, wie sich dieses Erleben *anfühlt*.

[6] Vgl. Blumer (1943); Christian-Smith (1991); Thomson/Scott (1991); Illouz (2003).

Das wirft die Frage auf, inwiefern der Orgasmus außerhalb seiner Bedeutungen existieren kann. Hier kann man beispielsweise an das Kind denken, das bis zum ‚Orgasmus' masturbiert, aber auf die Bedeutungen, die Erwachsene ihm zuschreiben, keinen Zugriff hat. Das körperliche Erleben mag das gleiche sein, aber es hat nicht die gleiche Bedeutung, und das liegt eben daran, dass Kindern der uneingeschränkte Zugang zu den Mitteln verwehrt wird, mit dem Erwachsene diesem Erleben *als* Orgasmus Bedeutung verleihen. Kinder sind nicht per se asexuell, sondern infolge der gesellschaftlichen Organisation von Kindheit und Sexualität innerhalb der zeitgenössischen Kultur (Jackson 1982; Jackson/Scott 1997; 1999; 2004). Körperliche Zusammenhänge zwischen den Erfahrungen von Kindern und Erwachsenen gibt es nur, weil sie im Rückblick als ‚die gleichen' reinterpretiert werden:

> „Wir mögen uns an sexuelle Gefühle und Wahrnehmungen erinnern, die wir damit verknüpfen, was wir als Kinder getan haben. Aber das bedeutet nicht, dass wir ihnen damals die gleiche Bedeutung zugeschrieben haben: Sobald wir uns unsere Erfahrungen ins Gedächtnis rufen, interpretieren wir sie rückblickend vor dem Hintergrund des Wissens, über das wir als Erwachsene verfügen." (Jackson 1982: 70)

(Sexuelles) Wissen über sich selbst kann, wie Mead schreibt, nur aus der Perspektive der Gegenwart erworben werden. Wir können uns nicht in das Kind zurückversetzen, das wir einmal waren, ohne auch die erwachsene Person in die Vergangenheit mitzunehmen, die wir jetzt sind (Mead 1929; 1932):

> „Erinnert man sich an seine Jungenzeit (sic!), so kann man sich nicht ohne Beziehung zu dem, was man geworden ist, in sie zurückversetzen, wie sie war. Könnte man das tun, könnte man also die Erfahrung so reproduzieren, wie sie damals war, so könnte man sie nicht gebrauchen; denn das würde bedeuten, nicht in jener Gegenwart zu sein, in der dieser Gebrauch stattfinden muss." (Mead 2002: 58 [1932])

5 Den sexuellen Körper skripten, den sexuellen Körper komponieren

Im Anschluss an Gagnons und Simons Konzeptualisierung vertreten wir also die Auffassung, dass der Orgasmus in vielerlei Hinsicht ‚geskriptet' ist. Wie wir dargelegt haben, sollte man Skripte nicht als geschlossene Texte verstehen, die uns auf vorhersehbare Plots und Rollen festlegen. Vielmehr sind sie fließend und offen und bieten Gelegenheit zur Improvisation. Mit Skripten spielt man, man spielt sie nicht einfach aus oder nach; im Verlauf des Prozesses, in dem wir die Zeichen unserer Partner/innen interpretieren und ihrem und unserem (gemeinsamen) Erleben Sinn verleihen, sind Skripte immer Gegenstand von Aushandlungen. Wir bewegen uns zwischen den drei von Gagnon und Simon identifizierten Skriptebenen (kulturell, interpersonell und intrapsychisch) hin und her; dabei besteht immer die Möglichkeit der Interpretation und Veränderung.

In sexuellen Interaktionen verarbeiten wir reflexiv Material aus kulturellen Szenarien und interpersonellen Erfahrungen und konstruieren so ein persönliches Set sexueller Skripte, mit deren Hilfe wir Begehrensformen und Praxen Sinn verleihen. Diese Begehrensformen und Praxen wiederum prägen unsere individuellen Phantasien und unsere sexuellen Kontakte mit anderen. Durch intrapsychisches ‚Scripting' „wird dem Inneren des Körpers Bedeutung verliehen" (Gagnon/Simon 1974: 21), so dass wir körperliche Zustände als sexuell bedeutungsvoll verstehen können. Sexuelles Erleben kommt nicht unmittelbar aus dem Körper, sondern muss aktiv interpretiert werden, bevor es als das, wie sich Erregung oder ein Orgasmus ‚anfühlt', in unsere sinnlich wahrgenommene Verkörperung eingeht.[7] Der Orgasmus ist dann eine kulturelle, interpersonelle und intrapsychische Konstruktion und nicht die ultimative Wahrheit des Sex.

Der Vorteil dieser Perspektive liegt darin, dass sie insofern nicht deterministisch ist, als dass sie Fluidität und Handlungsfähigkeit zulässt, ohne dass man behaupten muss, wir besäßen die Freiheit, alles zu tun, was wir möchten, oder wir könnten erotischen Kontakten eine unbegrenzte Menge aller nur denkbaren Bedeutungen verleihen. Im Gegenteil: Unsere Praxen und die Bedeutungen, die diese Praxen prägen und die umgekehrt auch von ihnen hervorgebracht werden, gründen in den kulturellen Ressourcen, die uns zur Verfügung stehen, in gesellschaftlichen und kulturellen Repertoires, in den Vokabularien und den früheren biographischen Erfahrungen, zu denen wir rückblickend aus der Gegenwart Zugang besitzen (Mead 1932). Eine interaktionistische Perspektive geht von gesellschaftlich verorteten Körpern in Interaktion aus. Selbst wenn wir allein sind, sind wir immer noch soziale Wesen (Mead 1968); entsprechend impliziert Sex mit sich selbst ebenso wie Sex mit einer anderen Person einen reflexiven Prozess, in dem jene kulturelle Bedeutungen und jenes Wissen über die Gesellschaft, die im Verlauf unseres gesamten Lebens geformt und immer wieder umgeformt werden, unser Denken, unsere Fantasien und unsere Hände lenken.

Sexuelle Skripte sind also immer gesellschaftlich verortet, doch zugleich handelt es sich dabei um aktive ‚Kompositionen' [*compositions*] und nicht um fest definierte Handlungsanweisungen. Im Anschluss an DeNoras Arbeiten über Musik und erotische Handlungsfähigkeit haben wir an anderer Stelle eine alternative Metapher vorgeschlagen: das Bild der ‚Komposition' des sexuellen Selbst und der sexuellen Verkörperung (DeNora 1987; Jackson/Scott 2007). Die Doppel-

[7] Das diskutieren Gagnon und Simon im Zusammenhang damit, wie die Gefühle junger Adoleszenter, die als „Beklemmung, Übelkeit, Angst" beschrieben werden, später als sexuelle Erregung wiedererkannt werden (1974: 23).

bedeutung des Verbs ‚komponieren'[8] und der dazugehörigen Substantive lässt die aktive Komposition von Narrativen der verkörperten Selbstheit und die im konkreten Tun vollzogene Umsetzung [enactment] von Formen der körperlichen ‚Zusammensetzung', ‚Bereitschaft' bzw. ‚Stimmung' [*composure*] anklingen, die für sexuelle Interaktionen notwendig sind. Bei dem ‚Scripting' oder der ‚Komposition' sexueller Begegnungen geht es nicht nur um Handlungen, sondern auch darum, wie wir dem, was wir empfinden, Sinn verleihen, und dementsprechend auch darum, welche Gefühle (Emotionen und Sinneswahrnehmungen) wir uns selbst begreifbar machen und auch anderen vermitteln können. Wenn wir an sexuellen Interaktionen partizipieren, lesen wir durch unsere sinnliche Verkörperung hindurch die verkörperte sexuelle Bereitschaft bzw. Stimmung [*composure*] einer/s oder mehrerer Partner/innen und suchen in ihr nach vermeintlichen Zeichen ihrer sinnlich wahrgenommenen Verkörperung. Gleichzeitig sind wir Objekte in einem ähnlichen Prozess, in dem unsere Partner/innen uns lesen. In dieser Interaktion können alle Teilnehmenden die Hinweise wahrnehmen, aus denen sich die weitere Improvisation speist. Ohne diesen interaktionalen Prozess und die damit einhergehende Reflexivität können wir Sex nicht kompetent ‚tun'. Sexuelle Verkörperung verlangt danach, dass wir uns ‚körperlich sammeln' [*compose*] und innerhalb des intersubjektiven sozialen Raums der sexuellen Begegnung einen dauerhaften Sinn für das verkörperte Selbst konstruieren.

6 Zusammenfassung

Eine Rückkehr zum Symbolischen Interaktionismus ermöglicht uns, den Blick wieder auf die alltägliche Sozialität zu richten, in der körperliche Begegnungen stattfinden und verkörperte Erfahrungen ausgehandelt werden. Mit der Schwerpunktsetzung auf ganz normale, alltägliche Erfahrungen und Praxen unterscheidet sich der Symbolische Interaktionismus radikal von Denktraditionen, in denen die subversive Kraft des Begehrens und das destabilisierende Potenzial sexueller Transgressionen im Vordergrund stehen (vgl. Gagnon 2004: 280). Ken Plummer schreibt zutreffend:

> „Mit Ausnahme einiger radikaler Akteur/innen der sexuellen Transgression treten Veränderungen nicht so einfach bzw. schnell ein. Und die instabile, identitätslose, völlig gebrochene sexuelle und geschlechtliche Identität scheint weitgehend ein Mythos zu sein, den die Sozialwissenschaften geschaffen haben!" (Plummer 2003: 525)

[8] A. d. Ü.: „To compose" heißt einerseits „komponieren/künstlerisch schöpfen", andererseits als „to compose oneself" „körperlich gefasst/gesammelt sein" und „körperliche Bereitschaft" verkörpern bzw. signalisieren.

Wir streben mit unseren vorgestellten Überlegungen keine vollständige Theoretisierung des Körpers oder der Sexualität an. Vielmehr möchten wir nahelegen, dass dieser Ansatz für ein Verständnis jener Aspekte der sexuellen Verkörperung hilfreich sein kann, die sich sozusagen auf halber Linie zwischen eher abstrakten Theoretisierungen des Körperlichen und empirischen Untersuchungen über sexuelles Handeln befinden.[9] Rückt man Interaktionen in das Zentrum des Interesses, so lassen sich die Zusammenhänge zwischen den kulturellen, interpersonellen und subjektiven Aspekten der sexuellen Verkörperung untersuchen, ohne dass deterministische Kausalbeziehungen behauptet werden müssten. Gleichzeitig lässt sich Sexualität fest im Sozialen verorten. Eben weil sie verkörpert werden, finden Sinneserfahrungen und sinnliche Wahrnehmung im Sozialen statt, sie sind gleichzeitig körperlich *und* bedeutungsvoll, physisch *und* symbolisch. Mit unserer Analyse des Orgasmusbeispiels wollten wir zeigen, dass sexuelles Begehren und Lust zwar immer verkörpert sind, aber stets auch interpretative interaktionale Prozesse implizieren. Die Verkörperung menschlicher Sexualität ist weder eine abstrakte Potenzialität außerhalb der sozialen Räume, in denen sie gelebt wird, noch ein bloßes Zusammentreffen von Organen, Körperöffnungen und Orgasmen.

Literatur

Bartky, Sandra (1990): Femininity and Domination. London: Routledge

Becker, Howard (1973): Aussenseiter. Zur Soziologie abweichenden Verhaltens. Frankfurt a. M.: Fischer

Berger, Peter L./Luckmann, Thomas. (2003): Die gesellschaftliche Konstruktion der Wirklichkeit. Frankfurt a. M.: Suhrkamp [1966]

Blumer, Herbert (1943): Movies and Conduct. New York: Arno Press

Blumer, Herbert (1969): Symbolic Interactionism: Perspective and Methods. Englewood Cliffs: Prentice Hall

Bordo, Susan (1999): The Male Body. New York: Farrar, Straus and Giroux

Brickell, Chris (2006): The Sociological Construction of Gender and Sexuality. In: Sociological Review 54 (1): 87–113

Butler, Judith (1990): Gender Trouble, Feminist Theory and Psychoanalytic Discourse: In: Nicholson (Hrsg.) (1990): 324–340

Butler, Judith (1997): Körper von Gewicht. Frankfurt a. M.: Suhrkamp [1993]

Butler, Judith (2009): Die Macht der Geschlechternormen. Frankfurt a. M.: Suhrkamp [2004]

Christian-Smith, Linda (1991): Becoming a Woman through Romance. Brighton: Falmer

Dawe, Alan (1970): The Two Sociologies. In: British Journal of Sociology 21 (2): 207–18

[9] Plummer (2003) merkt allerdings an, dass die Vertreter/innen des Symbolischen Interaktionismus den verkörperten Aspekt der (sexuellen) Interaktion in jüngerer Zeit vernachlässigt haben. G. H. Mead selbst widmete Menschen als verkörperten Organismen ein erhebliches Maß an Aufmerksamkeit.

DeNora, Tia (1997): Music and erotic agency – sonic resources and socio-sexual action. In: Body and Society 3 (2): 43–65
Douglas, Jack D. (Hrsg.) (1971): Understanding Everyday Life: Towards the Reconstruction of Sociological Knowledge. London: Routledge & Kegan Paul
Duncombe, Jean/Marsden, Dennis (1993): Love and intimacy: the gender division of emotion and emotion work. In: Sociology 27 (2): 221–241
Duncombe, Jean/Marsden, Dennis (1996): „Whose Orgasm is this Anyway? ‚Sex Work' in long term relationships". In: Weeks/Holland (Hrsg.) (1996): 220–238
Foucault, Michel (1989): Sexualität und Wahrheit 1: Der Wille zum Wissen. Frankfurt a. M.: Suhrkamp [1976]
Foucault, Michel (2003a): Das Spiel des Michel Foucault. In: Foucault (2003b): 391–428 [1977]
Foucault, Michel (2003b): Schriften in vier Bänden. Dits et Écrits Band III 1976–1979. Frankfurt a. M.: Suhrkamp [1994]
Fuss, Diana (1991b): Inside/Out: Lesbian Theories, Gay Theories. New York: Routledge
Fuss, Diana. (1991a): Introduction. In Fuss (Hrsg.) (1991b): 1–12
Gagnon, John (2004): An Interpretation of Desire. Chicago: University of Chicago Press
Gagnon, John/Simon, William (1974): Sexual Conduct. London: Hutchinson
Gagnon, John/Simon, William (2004): Sexual Conduct. 2. Aufl. New Brunswick: Aldine-Transaction [1974]
Gamson, Joshua/Moon, Dawne (2004): The Sociology of Sexualities: Queer and Beyond. In: Annual Review of Sociology 30: 47–64
Garfinkel, Harold (1967): Studies in Ethnomethodology. Englewood Cliffs: Prentice Hall
Goffman, Erving (2004): Wir alle spielen Theater. Die Selbstdarstellung im Alltag. München: Piper [1959]
Halperin, David M. (1995): Saint Foucault: Towards a Gay Hagiography. Oxford: Oxford University Press
Illouz, Eva (2003): Der Konsum der Romantik. Liebe und die kulturellen Widersprüche des Kapitalismus. Frankfurt a. M./New York: Campus [1997]
Jackson, Stevi (1982): Childhood and Sexuality. Oxford: Blackwell
Jackson, Stevi (2006): Gender, Sexuality and Heterosexuality: The Complexity (and Limits) of Heteronormativity. In: Feminist Theory 7 (1): 105–121
Jackson, Stevi/Scott, Sue (1997): Gut Reactions to Matters of the Heart: Reflections on Rationality, Irrationality and Sexuality. In: Sociological Review 45 (4): 551–575
Jackson, Stevi/Scott, Sue (1999): Risk Anxiety and the Social Construction of Childhood. In: Lupton (Hrsg.) (1999): 86–107
Jackson, Stevi/Scott, Sue (2004): Sexual Antinomies in Late Modernity. In: Sexualities 7 (2): 241–256
Jackson, Stevi/Scott, Sue (2007): Faking Like a Woman? Towards an Interpretive Theorization of Sexual Pleasure. In: Body & Society 13 (2): 95–116
Jackson, Stevi/Scott, Sue (2010): Theorizing Sexuality. Maidenhead: Open University Press
Kessler, Suzanne J./McKenna, Wendy (1978): Gender: An Ethnomethodological Approach. New York: Wiley
Laumann, Edward et al. (1994): The Social Organization of Sexuality. Sexual Practices in the United States. Chicago: University of Chicago Press

Laumann, Edward/Gagnon, John (1995): A Sociological Perspective on Sexual Action. In: Parker/Gagnon (Hrsg.) (1995): 183–213

Lauretis, Teresa de (1994): Habit Changes. In: Differences 6 (2-3): 296–313

Lewis, Jane (1997): „How did your condom use go last night, Daddy?" Sex talk and daily life. In: Segal (Hrsg.) (1997): 238–252

Lupton, Deborah (Hrsg.) (1999): Risk and Sociocultural Theory: New Directions and Perspectives. Cambridge: Cambridge University Press

Matza, David (1969): Becoming Deviant. Englewood Cliffs: Prentice Hall

McIntosh, Mary (1968): The homosexual role. In: Social Problems 16 (2): 182–92

McNay, Lois (2000): Gender and Agency. Cambridge: Polity

Mead, G. H. (1968): Geist, Identität und Gesellschaft aus der Sicht des Sozialbehaviorismus. Frankfurt a. M.: Suhrkamp

Mead, G. H. (2002) The Philosophy of the Present. New York: Prometheus Books [1932] [Dt. Ausg.: Mead George H. (1969): Philosophie der Sozialität. Aufsätze zur Erkenntnisanthropologie. Frankfurt a. M.: Suhrkamp]

Mead, George H. (1929): The Nature of the Past, in J. Cross (Hrsg.) Essays in Honour of John Dewey. New York: Henry Holt & Co. Reprinted in A. J. Reck (ed.) Mead: Selected Writings. Indianapolis/New York: Bobbs-Merrill [1964] [Dt. Ausg. in: Mead, George H. (1969): Sozialpsychologie, herausgegeben von Anselm Strauss. (1969) [1956] Neuwied: Luchterhand-Verlag: 218–225; 235–306]

Nicholson, Linda (Hrsg.) (1990): Feminism/Postmodernism. New York: Routledge

Parker, Richard G./Gagnon, John (Hrsg.) (1995): Conceiving Sexuality: Approaches to Sex Research in a Postmodern World. New York: Routledge

Plummer, Kenneth (1975): Sexual Stigma. London: Routledge & Kegan Paul

Plummer, Kenneth (2001): In Memoriam: William Simon (1930–2000). In: Sexualities 4 (2): 131–134

Plummer, Kenneth (2003): Queers, Bodies And Postmodern Sexualities: A Note on Revisiting The „Sexual" In Symbolic Interactionism. In: Qualitative Sociology 26 (4): 515–530

Potts, Annie (2000): Coming, coming, gone: A feminist deconstruction of heterosexual orgasm. In: Sexualities 3 (1): 55–76

Poulantzas, Nicos (1978): State, Power and Socialism. London: New Left Books

Richardson, Diane (Hrsg.) (1996): Theorizing Heterosexuality. Buckingham: Open University Press

Roberts, Celia et al. (1995): Faking it: The story of „Ohh!". In: Women's Studies International Forum 18 (5-6): 523–532

Roseneil, Sasha/Budgeon, Shelley (2004): Cultures of Intimacy and Care Beyond ‚The Family': Personal Life and Social Change in the Early 21st Century. In: Current Sociology 52 (2): 135–159

Schütz, Alfred (1972): The Phenomenology of the Social World. London: Heinemann

Segal, Lynne (Hrsg.) (1997): New Sexual Agendas. Basingstoke: Macmillan

Simon, William (1996): Postmodern Sexualities. New York: Routledge

Simon, William/Gagnon, John (1986): Sexual Scripts: Permanence and Change. In: Archives of Sexual Behavior 15 (2): 97–120

Smith, Dorothy E. (1988): The Everyday World as Problematic. Milton Keynes: Open University Press
Stacey, Judith (1996): In the Name of the Family: Rethinking Family Values in the Postmodern Age. Boston, MA: Beacon
Stacey, Judith (2004): Cruising to Familyland: Gay Hypergamy and Rainbow Kinship. In: Current Sociology 52 (2): 181–197
Thomson, Rachel/Scott, Sue (1991): Learning about Sex. London: Tufnell Press
Van Every, Jo (1996): Heterosexuality and domestic life. In: Richardson (Hrsg.) (1996): 39–54
Walby, Sylvia (1990): Theorizing Patriarchy. Oxford: Blackwell
Weeks, Jeffrey (1981): Sex, Politics and Society: The Regulation of Sexuality since 1800. London: Longman
Weeks, Jeffrey/Holland, Janet (Hrsg.) (1996): Sexual Cultures: Communities, Values and Intimacy. London: Macmillan
West, Candace/Zimmerman, Don H. (1987): Doing gender. In: Gender and Society 1 (2): 125–51
Wilson, Thomas P. (1971): Normative and Interpretive Paradigms in Sociology. In: Douglas (Hrsg.) (1971): 57–79
Witz, Anne (2000): Whose Body Matters? Feminist Sociology and the Corporeal Turn in Sociology and Feminism. In: Body and Society 6 (2): 1–24

Ideale Vergattung – Populärwissenschaftlicher Sexualdiskurs und Bildtechniken der Selbstführung (1910er bis 1960er Jahre)

Franz X. Eder

„Ideale Vergattung“ nannte der holländische Gynäkologe Theodor van de Velde 1926 eine der Grafiken in seinem Werk „Die vollkommene Ehe“. Van de Velde brachte diese Form der Visualisierung sexueller Reaktionen zwar nicht zur Welt, verteilte sie aber mit seinem in viele Sprachen übersetzten Best- und Longseller europa- und weltweit und machte sie zum fixen Bestandteil des kollektiven Bildgedächtnisses und diagrammatischen Repertoires.

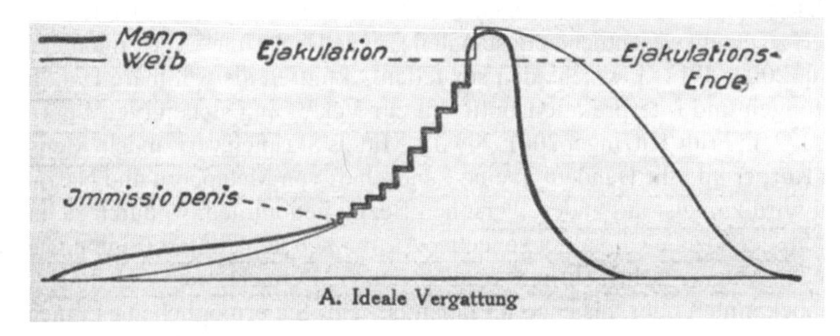

van de Velde (1932: 169)

Ausgehend von diesem Diagramm werde ich der Frage nachgehen, welche Funktion bildliche und textliche Strategien bei der Diskursivierung des Geschlechtsverkehrs zwischen den 1910er und 1960er Jahren hatten. Welche Synergien erbrachte insbesondere der gemeinsame Bild-Text-Einsatz und wie konnte damit wissenschaftliches Wissen distribuiert und popularisiert werden? Ich bewege mich dabei an der Schnittstelle von disziplinären Spezialdiskursen insbesondere der Sexualwissenschaft und Gynäkologie und deren Popularisierung durch die Ratgeber- und Sexualaufklärungsliteratur. Van de Velde setzte mit dieser Kurve ein Wissensobjekt in Umlauf, das sich in der Sexualforschung und ihrer Diffundierung für mehrere Jahrzehnte als visuelle Repräsentation eines kaum zu fassenden „epistemischen Dings“ (Rheinberger 2006: 20 ff.) etablieren konnte – der sexuellen Erregung. Als grafische Aufbereitung sexueller Erregungszustände von Mann und

Frau während des Geschlechtsverkehrs materialisierte die Kurve Konzepte, Aussagen und Begriffe in einem Wissensfeld, das noch kaum durch wissenschaftliche Empirie abgesichert war. Solcherart nahmen diese Kurven eine essentielle Stellung in der zeitgenössischen Ordnung des über den Sex Sag- und Zeigbaren ein.

1 Performative Kurven

Wissens- und wissenschaftshistorische Studien über visuelle Repräsentationen haben in den letzten Jahrzehnten deutlich an Dynamik gewonnen.[1] Gleiches gilt für Arbeiten zur Bedeutung von Text-Bild-Interaktionen in Diskursen.[2] Diskurs- und bildgeschichtlich kaum untersucht wurden bislang noch Visualisierungsstrategien in Sexualdiskursen.[3] Grafische Repräsentationen wie die Erregungskurve fanden sich hier nicht nur in den facheinschlägigen Werken der Sexualwissenschaftler, sondern auch und sogar vermehrt in popularisierenden Schriften, welche den wissenschaftlichen State of the art für das breite Publikum aufbereiteten.

Diagramme zu sexuellen Abläufen und Funktionen wurden im frühen 20. Jahrhundert zu einem wesentlichen Bestandteil „sexueller Skripte" (vgl. Simon/Gagnon 1973 u. 2003: 491 ff.), welche den sexuellen Akteuren als wählbare Handlungsanleitungen und Interpretationsoptionen zur Verfügung stehen (vgl. Lautmann 2002: 179 ff.; Frith/Kitzinger 2001: 209 ff.). Mittels Skripten verwandeln Menschen ihren Körper und ihr Handeln in eine Landschaft von Metaphern und Narrativen. Dabei wird zumeist auf andere Personen Bezug genommen, wodurch sich unter anderem der soziale Charakter sexueller Aktivitäten konstituiert (Simon/Gagnon 2000: 72). Akteure ziehen Skripte vor allem dann in Betracht, wenn sich ihr Handeln auf unbekannten oder unsicheren Pfaden bewegt. Sie ermöglichen es ihnen, bei minimalem Risiko eine Situation relativ angstfrei einzuschätzen bzw. zu bewältigen und gleichzeitig die Chance auf sexuelles Vergnügen zu wahren. Dass für Männer und Frauen meist recht divergierende ‚Schablonen' bereitstehen, braucht dabei nicht betont zu werden (als Beispiel Markle 2008: 47). Um das sexuelle Erleben ‚besser' und ‚befriedigender' gestalten zu können, entwickelten sich im 20. Jahrhundert auch Skripte zur Bewältigung sexueller Probleme und Leiden – hier setzt der schier endlose Beratungsdiskurs an sowie die Medikalisierung und Therapeutisierung des Sexuellen (Maasen 1998). Der Großteil sexueller Skripte erzählte allerdings von Lust und Erfüllung und erweist sich dabei als idealer Mediator für normalisieren-

[1] Vgl. Heintz/Huber (2001); Gugerli/Orlando (2002); Heßler (2006); Hinterwaldner/Buschhaus (2006).
[2] Vgl. Fix/Wellmann (2000); Stöckl (2004); Maasen/Mayerhauser (2006); Strätling (2006).
[3] Wegbereitend war Jürgen Link mit einer Analyse der Kinsey-Kurven; vgl. Link (1997: 94 ff.).

de und regulierende Strategien.[4] Als Mikro-Techniken der Macht tragen sexuelle Plots und Narrative deshalb zur Subjektivierung jenseits von Zwang und Strafe bei.

Wie medialisierte Skripte kulturelle Narrative und Bilder einschreiben, inkorporieren und habitualisieren bzw. dafür auf- und vorbereitet sind, kann hier nur skizziert werden. Die Konzeption dieser Schnittstellen ist jedoch elementar, entscheidet sich an ihr doch auch der kulturhistorische Fokus auf den Untersuchungsgegenstand und dessen Bedeutungsmöglichkeiten. Berücksichtigt man die Medialisierung und Performativität in und von (Sexualitäts-)Diskursen ist unübersehbar, dass diese uns ‚näher' kommen als bloß durch ihre offensichtlichen Inhalte.[5] Texte und Bilder vom Sexuellen lassen sich deshalb nicht auf semantische und semiotische Aussagedimensionen reduzieren, ihre Bedeutungs- und Wahrnehmungsgehalte ergeben sich auch durch die jeweilige (mediale) ‚Aufführung' und durch die Rahmenbedingungen ihrer ‚Aneignung'.

Diskursive Performativität kann einmal als unmittelbarer Anlass für die Inkorporierung von Handlungsmustern gesehen werden. Dann stehen Kategorien wie mimetisches Nachahmen, Mitagieren und Mitfühlen, das Erleben und Beobachten von Handlungen anderer, aber auch Empathie und intuitive Kommunikation im Vordergrund. All dies Modi, wie körperliche Hexis (Krais/Gebauer 2008) erlernt, erfahren und automatisiert wird und dabei eine fundamentale Verankerung des sozialen Sinns im Körper erfolgt. Wobei dieses ‚direkte' Mimesis-Konzept durchaus Spielraum für Abweichungen und Veränderungen und folglich auch für Innovation (durch Anknüpfung und Brüche mit sozial nicht mehr ‚griffigen' früheren ‚Aufführungen') vorsieht und sich damit als anschlussfähig für gouvernementale Selbststrategien erweist. Auch wenn Sprech- oder Bildakte aufgrund der ständigen Wiederholung ihre Geschichtlichkeit verschleiern, kommt es durch Verschiebungen in der diskursiven Wiederholung (im ‚Zitat') von sozial autorisierten Subjektfiguren und Körperimages zu neuen Bedeutungen (Butler 1995).

Das ‚indirekte' Konzept der Interaktion mit medialen ‚Aufführungen' des Sexuellen geht davon aus, dass performative Setzungen nie neutral erfolgen und beobachtetes wie vorgestelltes Handeln nicht ‚einfach' per Mimesis inkorporiert wird. Die mit dem Handeln und Fühlen untrennbar verbundenen Bilder, Plots und Erzählungen werden demnach nur zu einem Teil bewusst angenommen und adaptiert, der andere, womöglich nachhaltigere Teil der Einschreibung geschieht innerhalb einer komplexen symbolischen Psychostruktur. Handlungsanleitungen, beobachtetes und vorgestelltes Handeln, aber auch Wissen und Bilder über das Sexuelle wären demnach dem Entscheiden und Nachmachen nur bedingt zugängig.

---

[4] Vgl. Foucault (2004a,b); dazu etwa Burchell/Gordon/Miller (1991); Link (1997); Link/Loer/Neuendorff (2003); Gugerli/Orlando (2002); Winkler (2004: 183 ff.).

[5] Vgl. Krämer (2004); Musner/Uhl (2006); für die Geschichtswissenschaften vgl. Martschukat/Patzold (2003).

Die Bilder und Narrative etwa vom ‚richtigen' Sex und begehrenswerten Körper mutierten zu Symbolisierungen vom Ich und dem Anderen und zum Einsatz in einem tiefenpsychologischen Prozess, der – in Freudscher Terminologie – zwischen Es, Ich und Überich verhakt oder – nach Lacan – in der narzistischen gleichwie symbolischen Beziehung des Ich zum anderen Ich verspiegelt ist. So gesehen, würden sexuelle Texte und Bilder nie ohne phantasmagorische, überkodierte und bedrohliche Aspekte etwa der Verschmelzung und ozeanischen Auflösung gleichwie der scheiternden Kontrolle über die Natur bzw. den traumatischen Abgrund und Exzess auskommen (vgl. Zizek 1997: 163 ff.).

Für die Analyse von medialisierten Sexualskripten sollte der Werkzeugkasten also mehrdimensional bestückt sein. Einmal für Verfahren, die Diskurse als Aussagepraktiken und -ordnungen verstehen, welche die Möglichkeitsbedingungen des (etwa von einer sozialen Gruppe) in einem Zeitraum Denk- und Sagbaren bestimmen, ohne dabei den Blick auf performative Aspekte zu verlieren.[6] Eine solche Form der Diskursanalyse sollte es ermöglichen, textuelle, visuelle, diskursive und soziale Praktiken gleichermaßen zu fokussieren und sie systematisch aufeinander zu beziehen.[7] Die eingesetzten bild- und filmanalytischen Techniken wiederum sollten sich für die Durchleuchtung und Interpretation von herstellenden Aspekten von Visualisierungen eignen, etwa für die Analyse von Normlandschaften, Visiotypen und anderen Formen von Normalisierungs-, Selbstführungs- und Therapeutisierungsstrategien. In den Fokus treten dann vor allem jene Text- und Bildstrategien, welche auf die Aneignung von sexuellen Narrativen, Normalisierungen und Subjektivierungen abzielen. Etwa indem sie wissenschaftliche Evidenz und individuelle Nachvollziehbarkeit verbinden; als narrative Vorlage für die subjektive Orientierung dienen und gleichzeitig das Normale von Anormalen scheiden; Identifikationsangebote zur Verfügung stellen und solcherart die Subjektivierung antreiben; Präsuppositionen aus anderen Wissensgebieten und Wissenschaften aufrufen und an deren epistemischer Kraft parasitieren; oder auch zur visuellen und statistischen Verortung des eigenen Verhaltens und Fühlens im Verteilungsspektrum animieren.

2 Ideale Vergattung

Welcher Interpretationsrahmen wurde durch die grafische Repräsentation der „Idealen Vergattung" bei van de Velde eröffnet? Hier bewegten sich offensichtlich zwei

[6] Einen Überblick geben Keller/Hirseland/Schneider (2001); Keller (2004); Landwehr (2008); Eder (2006a).

[7] Vgl. Gerhard/Link/Schulte-Holtey (2001); Fix/Wellmann (2000); Stöckl (2004); Krämer (2005); Maasen/Mayerhauser/Renggli (2006).

Linien entlang der Zeitachse im Gleichklang und teils in Stufenform nach oben und fielen nach einem gemeinsamen Zenit unterschiedlich rasch wieder ab. Der umgebende Text erklärte die rätselhafte Bewegung der beiden Wellen:

> „Bei einem normalen ‚gesunden' Coitus soll der beiderseitige Orgasmus unbedingt annähernd gleichzeitig eintreten, d. h. normalerweise fängt die Ejakulation beim Manne an, und die Lustlösung setzt beim Weibe sofort darauf ein, – genauer gesagt, nach so viel Zeit, als nötig ist, um den durch die Ejakulation erweckten Gefühlseindruck dem Zentralnervensystem zuzuleiten und ihn dort in die Entladung umzusetzen, das ist also (bei der ungeheuren Schnelligkeit der Nervenleitung) in weniger als einer Sekunde." (van de Velde 1932: 169)

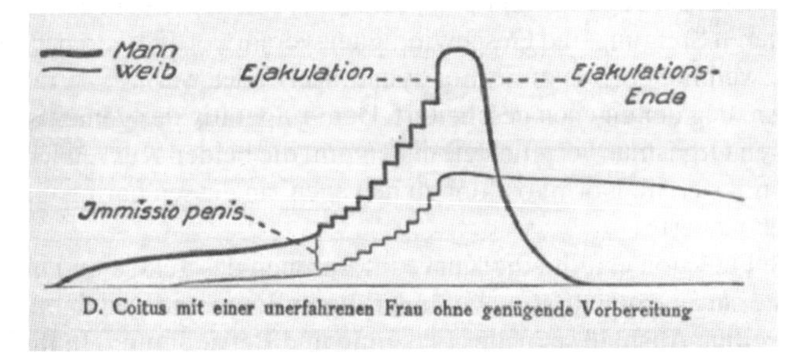

van de Velde (1932: 175)

Wenn von „idealer Vergattung" die Rede war, konnte noch dazu bei einem Mediziner und Ratgeberautor[8] die anormale, ungesunde oder pathologische Variante nicht weit sein. In obiger Darstellung ist der „Coitus mit einer unerfahrenen Frau ohne genügende Vorbereitung" zu sehen. Hier schaffte es die weibliche Linie offensichtlich nicht bis zu den männlichen Höhen, blieb aber dafür nach der Rückkehr der letzteren zur Null- oder Grundlinie auf einem relativ beständigen mittleren Niveau – wie es scheint auch über den angezeigten Zeitraum hinaus. Der Kontext erklärte das Auseinanderdriften der beiden Linien:

> „Ungefähr derartig wie hier gestaltet sich der Verlauf für die ungenügend erregbare Frau, wenn der Mann eine gewisse Art von Übererregbarkeit zeigt, die sich durch ein schnelles Eintreten des Ejakulationsreflexes (Ejaculatio praecox) kundgibt, wie das bei ‚Neurasthenikern' (die Fachärzte mögen es mit verzeihen, daß ich noch den alten Begriff und den alten Namen hier beibehalte) nicht selten ist." Und weiter: „Der im

[8] Zu van de Velde vgl. Brecher (1971: 99 ff.); Bullough (1994: 140 ff.).

> Vergleich zum Ruhestrich erhöhte Stand der weiblichen Linie in der rechten Hälfte dieser Kurve muß mit anderen Augen betrachtet werden als in der linken Hälfte der Kurven (…). Denn die letztgenannten bezeichnen in ihrem ansteigenden Teil eine erwartungsvolle Steigerung und in ihrer niedergehenden Hälfte eine befriedigendes Abklingen, – in beiden Teilen also Lustgefühle – während in jener die ebenfalls erwartungsvolle Steigerung in einen Zustand der unbefriedigten, ungelösten, also Unlust bedeutenden Spannung übergehen muß." (van de Velde 1932: 175 f.)

Text und interpretative Marker der Linienzüge vermittelten eine aktiv-männliche Sicht – kenntlich unter anderem an ‚Wegmarken' wie der Immissio penis, der Ejakulation und dem Ejakulationsende. Dem Mann sollte es obliegen, die Frau bzw. die weibliche Erregungskurve zu „führen", ja sie regelrecht zu „behandeln", er war für deren Steigung und Geschwindigkeit verantwortlich. Im negativen Fall hatte er die weibliche Linie zu wenig dynamisiert oder war am zu raschen bzw. zu steilen Anstieg der eigenen gescheitert. Dem Imperativ des gemeinsamen bzw. gleichzeitigen Orgasmus verpflichtet, ließen ihm die beiden Kurven jedoch kaum Spielraum, um sich im Normkorridor zu bewegen, an dessen harten Grenzen das Pathologische lauerte.

Welche Funktion erfüllte die Kurve im Rahmen des Textes und umgekehrt? Einmal sollte sie eine quantitative Veränderung in Raum und Zeit darstellen, nämlich das jeweilige Ausmaß sexueller Erregung und Befriedigung. In ihr kam aber auch ein Appell, ein Trend, eine Richtung zum Ausdruck, welche auf unterschiedlichen Textebenen als direkter Aktionsprozess vorbereitet waren: Etwa indem der Mann textlich als Agent aktiv ein Ziel anstrebte, imperativen Modalverben folgte, die Frau hingegen nominalisiert wurde (die Natur, der Körper), passiv und intransitiv empfing. Die Kurven zeigten solche Zuschreibungen komprimiert und auf einen Blick. Beide Liniendiagramme hatten damit „protonormalistische" Potentiale (Link 1997, 75 ff.): Die Normalitätszone präsentierte sich stark komprimiert, Auffälligkeiten ließen sich grafisch sogleich als Minusvarianten erkennen – etwa als Abstand zwischen den Linien, unterschiedliche Achsenlage und abweichender Steigungsgrad.

Eine vergleichende Analyse der beiden obigen Grafiken ergibt auch, dass gerade die für heutige Betrachter und Betrachterinnen ungewöhnliche Engführung der Erregungskurven von Mann und Frau die Homöostase des Systems gewährleistete. Erst durch diesen Gleichklang konnte die dünnere Kurve zum Zenith und anschließend retour zur X-Achse gelangen, nur so war das normale körperlich-seelische Wellengebilde der Frau herzustellen. Zur Gewährung der Homöostase empfahl van de Velde, ganz auf dem sexualreformerischen Stand seiner Zeit:

> „Der ‚naturgewollte' Coitus setzt die Frau der kombinierten clitoridalen und vaginalen Reizung aus, die wohl die stärkste ist und am raschesten zum Orgasmus führt. (…)

> Seine Technik ist, wie wir sahen, oft nicht leicht. Wenn die Lage der Clitoris weniger geeignet ist, muss eine passende Lagerung oder Haltung der Frau (verstärkte Beckenneigung) oder des Paares nachhelfen." Wo die „phallische" Reizung nicht ausreichte, sollte die „digitale Reizung der Clitoris (Reizspiel) ohne weiteres" eingesetzt werden (van de Velde 1932: 168).

Die Kurven machten auf optischem Wege klar, wo das Normale endete und das Andere, hier das Pathologische, begann. Sichtbar wurde dies am Verlauf der unteren weiblichen Kurve, die am Ende keinen Achsenkontakt mehr fand und die Homöostase längerfristig gestört blieb. Der Autor war sich der Brisanz seiner Darstellung durchaus bewusst: „Ich habe versucht, in der Kurve den Verlauf der Erregung beim Weibe in den Fällen, wo sie nur eine gewisse Höhe erreicht und die Lustlösung ausbleibt, so genau und deutlich wie möglich darzustellen." (van de Velde 1932: 175) In einem Merksatz für die männliche Leserschaft machte er auf den bedrohlichen Hintergrund seiner grafischen Sensibilität aufmerksam:

> „Jede beträchtliche geschlechtliche Reizung der Frau, die nicht mit Lustlösung abschließt, stellt eine Schädigung dar, und deren Häufung führt zu dauernden oder auf jeden Fall schwer zu behebenden Nachteilen für Körper und Psyche." (van de Velde 1932: 177)[9]

Durch diese Bild-Text-Synthese landete der holländische Arzt einen interdiskursiven Coup, der jahrzehnte-, ja jahrhundertealte Diskurse über die weibliche Sonder-Anthropologie und den Genital-Spinal-Reflexbogen der Frau einband (Shorter 1992; Putz 2009: 144 ff.). Auch wenn Freud hier nicht besonders erwähnt wurde, lauerte an der Linienführung dessen psychosexuelles Entwicklungskonzept, bei dem die Verlagerung der phallischen Klitorisfixierung auf die empfangende orgasmusfähige Vagina die zentrale Hürde auf dem Weg zur nicht-neurotischen erwachsenen Frau darstellte. Insgesamt schien van de Velde aber Freud zu misstrauen, war dessen dynamische Tiefenpsychologie doch ein wichtiger Schritt zur Durchlöcherung des abgeschlossenen sexuellen Normalitätskorridors (Eder 2006b).

Schon im 18. und 19. Jahrhundert war man sich in der medizinischen Literatur und in den Eheratgebern einig, dass der Geschlechtsverkehr nicht nur aus Pflicht und zwecks Fortpflanzung praktiziert werden sollte, sondern ihn die Eheleute auch aus Lust wünschen, mit gegenseitiger Befriedigung erleben und zur Pflege und Aufrechterhaltung der ehelichen Gemeinschaft einsetzen sollten (Eder 2002: 129 ff.). In der zweiten Hälfte des 19. Jahrhunderts wurden dann immer mehr Schäden aufgelistet, die ein nicht-befriedigendes Geschlechtsleben ver-

---

[9] Vgl. Bührmann (1998: 221 f.); Grossmann (1985: 45 ff.).

ursachen sollte, nämlich bei Frauen und bei Männern. Wobei die Konjunktur von Nervensystem, Reflexbogentheorie und dynamischer Psychologie die seelischen gegenüber den körperlichen Symptomen und Krankheiten immer mehr in den Vordergrund rückte. Angesichts des wachsenden Zoos sexueller Pathologien stellten sich Mediziner und erste Sexualwissenschaftler Ende des 19. Jahrhundert immer häufiger die Frage nach dem gelingenden Normalkoitus, nach seinem physischen und psychischen Ablauf, an dem sich Abweichungen und Störungen justieren ließen (Putz 2009: 114 ff.). Verstärkt wurde dieser Trend durch den zunehmenden Popularisierungsdruck auf das Sexualwissen (Sigusch 2008: 197 ff.). Die breite Öffentlichkeit interessierte sich nun nicht mehr nur für die „Psychopathia sexualis" à la Richard von Krafft-Ebing (Krafft-Ebing 1886), sondern auch für die Frage, wie der moderne Mensch angesichts des angeblich wachsenden sexuellen Bedrohungsszenarios der Industrie- und Massengesellschaft ein körperlich und seelisch zufrieden stellendes Geschlechtsleben führen konnte.

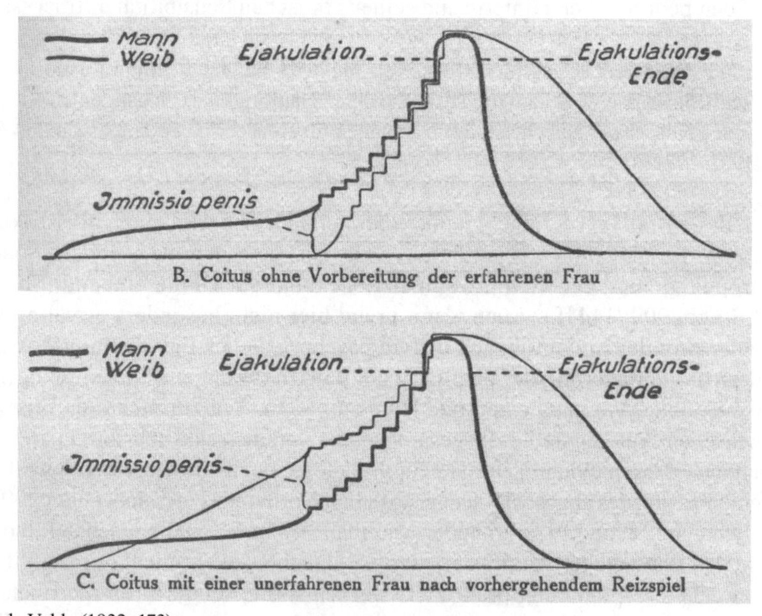

van de Velde (1932: 173)

Auch wenn van de Velde ein enges Normalitätsspektrum im Auge hatte, musste er etwas Flexibilität ermöglichen – zu sehen an zwei Sonder-Erregungskurven, welche ebenfalls zur Typologie seiner Vergattungsgrafiken gehörten. Die Kurvenführung beim „Coitus ohne Vorbereitung der erfahrenen Frau" und dem „Coitus einer unerfahrenen Frau nach vorhergehendem Reizspiel" demonstrierten, dass sich männliche und weibliche Linien vor dem Orgasmus nicht ganz aneinander schmiegen mussten und doch zu einem gemeinsamen Höhepunkt kommen konnten (van de Velde 1932: 173).

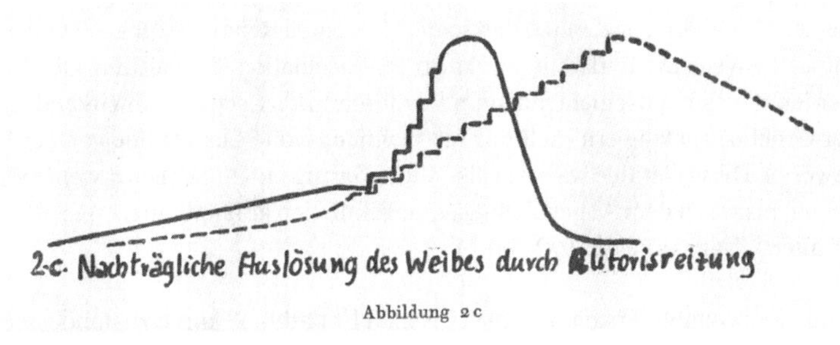

Hodann (1929: 23)

Max Hodann, der sich ebenfalls als Sexualaufklärer und Popularisierer am Berliner Institut für Sexualwissenschaft betätige, brachte in seinem 1927 erschienenen Werk „Geschlecht und Liebe" (Hodann 1929; Wolff 1993) einen anderen Grafen unter die Leute: Die Kurve „Nachträgliche Auslösung des Weibes durch Klitorisreizung" zeigte, dass offensichtlich auch jenseits des gemeinsamen Orgasmus eine Reiz- und Spannungslösung möglich war. Laut Hodann seien allerdings in der westlichen Kultur durch christliche Einflüsse die dafür notwendigen Praktiken verloren gegangen. Nachdem sich viele Frauen der Bedeutung onanistischer Handlungen nicht mehr bewusst wären, legte er den männlichen Akteuren die Wiederanwendung des verschütteten Wissens an Herz: „Die Geschlechtspersönlichkeit einer Frau erwacht stets erst unter den Händen des Mannes." (Hodann 1929: 34)

3 Sexualreflex und -apparat

Wohl auch schon zeitgenössische Betrachter/innen rätselten bei diesen Diagrammen, was die unterschiedliche Linienführung am auf- und absteigenden Kurvenast zu bedeuten hatte. Warum nahm der linke Wellenteil Stufen- oder Treppenform an? Wurden damit vielleicht Quantensprünge der sexuellen Erregung symbolisiert oder dachten die Autoren womöglich an die körperlichen Bewegungen während des Koitus? Wie war der stetige Abfall nach dem Orgasmus zu erklären? Van de Velde gab sich allerdings bei den intertextuellen und -diskursiven Referenzen für seine Grafen nicht besonders gesprächig:

> „Die Summation der Reize, die der männliche, sowohl wie der weibliche Organismus braucht, um zum Höhepunkt des Aktes, zum Gipfel der Lustgefühle, zu gelangen, wird erzielt durch eine Reihe reibender Bewegungen. Indem der Phallos sich an der, besonders an ihrer vorderen Wand infolge der beschriebenen Leisten und Falten mehr oder weniger rauhen Vagina scheuert, werden seine Nervenendigungen, namentlich die der Glans, derartig gereizt, daß schließlich durch Reflexwirkung auf sympathico-spinalem Wege die Entladung, in Form der Ejaculation, eintritt. Zur gleichen Zeit werden die sich aufschichtenden und dadurch immer stärker einwirkenden Reize der Großhirnrinde übermittelt und als spannungsvolle Lustgefühle von der Psyche gewertet. Diese Gefühle wachsen also stufenförmig mit immer höher werdenden Stufen an, bis sie an dem Augenblick, da die Ejakulation anfängt, ihre letzte Steigerung erhalten." (van de Velde 1932: 161 f.)

Der stetige Kurvenabfall nach der „psychischen Entladung" käme zustande, weil hier die Gefühle gleichmäßig, nämlich zuerst rasch, dann langsam abklingen würden.

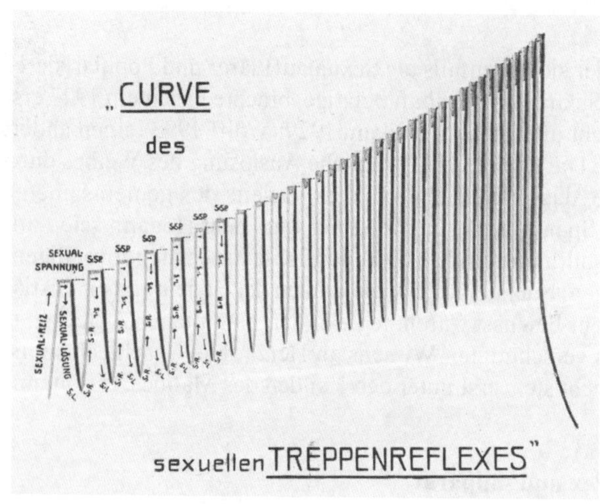

Hirschfeld (1912, Tafel 1)

Vorbild für diese Art von grafischer Repräsentation waren sexuelle Reflexmodelle, die seit der Jahrhundertwende in Umlauf kamen. Der Sexualforscher Magnus Hirschfeld verwendete 1912 obige „Curve des sexuellen Treppenreflexes" zur Veranschaulichung des Ablaufs des Trieb-Lust-Reflexes. Nach ihm würden bei Vorspiel und Koitus Sexualreize (etwa der Anblick nackter Haut) – in der Grafik als helle/gelbe Linien dargestellt – das Zentralnervensystem erreichen und dort auf (aufgestaute) sexuelle Lust treffen, wodurch Sexualspannung erzeugt und in der Folge ein Stück Sexuallösung von statten gehe (etwa indem man die Haut des Partner/der Partnerin berührt) – die dunklere/blaue Linie. Damit dieser Vorgang nicht abreißt, müsste der Reflex neuerlich und zwar durch einen Reiz auf höherem Niveau (etwa einem Kuss) fortgesetzt werden, usw. Der Reflex würde sich solange aufschaukeln, bis es zu einer ultimativen Sexuallösung käme (Hirschfeld 1912: 189 ff.). Das Bild, das man sich vom sexuellen Erregungsaufbau machte, war damit meist treppenförmig.

Als Schaltzentrale für das Reflexgeschehen postulierte Hirschfeld ein „Sexualzentrum", das von Geburt an über die sexuelle Orientierung des Menschen genauso befinden würde wie über den sexuellen Erregungsablauf. Seine Funktion wurde durch nachfolgende Abbildung verdeutlicht: Im Sexualzentrum („S. Z.") würden neben den sexuellen „Ladungsbahnen" vor allem „Vorstellungs"- und „Wahrnehmungsbahnen" eingehen und über ausgehende „Trieb"- und „Handlungsbahnen" die sexuelle Aktivität des Menschen steuern. Anzunehmen sei nach Hirschfeld, dass

> „wenn das Sexualzentrum von den adäquaten Sexualreizen getroffen wird, durch die nervöse (der elektrischen vergleichbare) Reizung eine Umsetzung der chemischen Sättigungssubstanz stattfindet, anfangs eine geringe, bei stärkerer Erregung eine stärkere, bei heftiger Irritation eine sehr heftige. Wir kommen auf diesem Wege dazu, uns ein Bild nicht nur von der Entstehung des lustbetonten Affekts, sondern von dem zu machen, was die geschlechtliche Lust überhaupt ist: Lust ist Rausch." (Hirschfeld 1912: 196 f.)

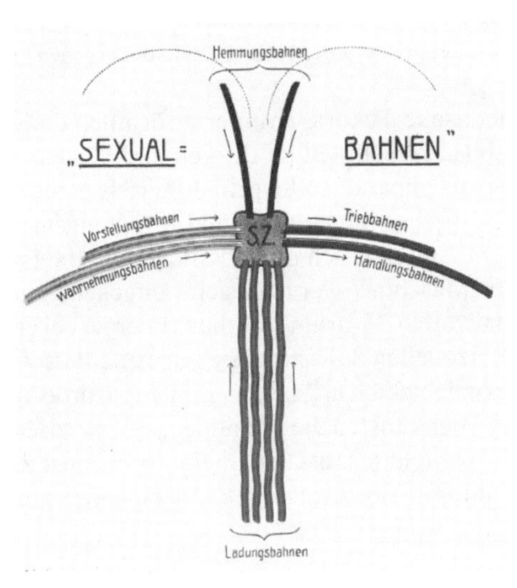

Hirschfeld (1912, Tafel 2)

Über „Hemmungsbahnen“ würde das Individuum psychisch Einfluss auf diesen Vorgang nehmen, auf diesem Weg kämen auch kulturelle Faktoren wie Moral und Scham ins Spiel. Neben Hirschfeld nahm auch Iwan Bloch in „Das Sexualleben unserer Zeit in seinen Beziehungen zur modernen Kultur“ (1907) an, dass „Sexualstoffe“ beim Aufbau der Sexualspannung eine ganz zentrale Rolle spielten – die ablaufenden chemischen Vorgänge lagen nach Meinung beider aber noch völlig im Dunklen. Sexuelle Spannung würde entstehen, weil im Körper bei der Reizung der erogenen Zonen ein unbekannter Stoff zu einer Art Vergiftung führte, welche wiederum in Rückenmark und Gehirn einen toxischen Zustand auslöste (Bloch 1907: 51). Sexuelle Erregung war demnach nicht bloß ein Rausch-, sondern auch ein Vergiftungszustand. Sigmund Freud vertrat in den „Drei Abhandlungen zur Sexualtheorie“ (1905) ebenfalls eine „chemische Theorie“,[10] welche die Basis für dieses Steuerungs- und Reflexdenken und seine visuelle Repräsentation bildete. Nach Freud würde durch die Reizung erogener Zonen

> „ein im Organismus allgemein verbreiteter Stoff zersetzt, dessen Zersetzungsprodukte einen spezifischen Reiz für die Reproduktionsorgane oder das mit ihnen verknüpfte spinale Zentrum abgeben, wie wir ja solche Umsetzung eines toxischen Reizes in einen besonderen Organsreiz von anderen dem Körper als fremd eingeführten Giftstoffen kennen“. Er sah seine Annahme „durch eine wenig beachtete, aber höchst beachtenswerte Einsicht unterstützt. Die Neurosen, welche sich nur auf Störungen des Sexuallebens zurückführen lassen, zeigen die größte klinische Ähnlichkeit mit den Phänomenen der Intoxikation und Abstinenz, welche sich durch die habituelle Einführung Lust erzeugender Giftstoffe (Alkaloide) ergeben.“ (Freud 1982: 120)

Die energetisch-chemische Theorie animierte förmlich dazu, den sexuellen Erregungsauf- und -abbau maschinell zu denken und dementsprechend zu veranschaulichen. Der ‚Sexualapparat‘ sollte primär mittels biochemischer und (meist nicht bewusster) psychischer Steuerungs- und Kopplungsmechanismen funktionieren. Eher geringen Anteil hätten dabei willentliche Interventionen. Über die Energiequelle dieser ‚Maschine‘ war man sich weitgehend einig und sah diese in so genannten „Sexualstoffen“. Warum sich diese Energie bei einzelnen Individuen unterschiedlichen Reizquellen zuwandte (sich manche Personen etwa von gleichgeschlechtlichen Sexualobjekten angezogen fühlten), wurde bei der Modellierung nicht berücksichtigt. Hier klafften die Meinungen etwa zwischen Freud (infantile Objektwahl) und Hirschfeld (erotischer Chemotropismus) zu weit auseinander (Herrn 2007: 83). Funktionsstörungen des Sexualapparats konnten an den visuel-

[10] Wobei Freud „keinen Wert auf diese besondere Annahme“ legte und sich bereit erklärte „sie zu Gunsten einer anderen aufzugeben, insofern nur ihr Grundcharakter, die Betonung des sexuellen Chemismus, erhalten bleibt“. Vgl. Freud (1982: 120).

len Repräsentationen ebenfalls abgelesen werden – etwa in nachfolgender „technisch-schematischer Darstellung“ der wichtigsten Formen der Impotenz in Fritz Kahns „Unser Geschlechtsleben“[11] (Kahn 1937: Tafel 20). Hier bestimmten Energiequellen, Leitungsbahnen, Regelkreise und Hemmeinrichtungen das sexuelle Geschehen. Im Normalfall würde das Erektionssystem wie „ein elektromechanisches System nach Art unserer Hausklingel“ funktionieren (mit den Geschlechtsdrüsen als Batterie, dem Sexualreiz als Klingelknopf im Sexualzentrum des Gehirns usw.; vgl. Kahn 1937: 33 ff.). Im Fall der Impotenz fielen die Hemmungen – in der Abbildung etwa in Fall 2 als „Reizschwäche-Impotenz“ durch eine hässliche Frau – so massiv aus, dass die „Kugel der Geschlechtserregung“ es nicht schaffte, in das Rückenmark hinab zu „rollen“ und eine Erektion auszulösen (Kahn 1937: 214).

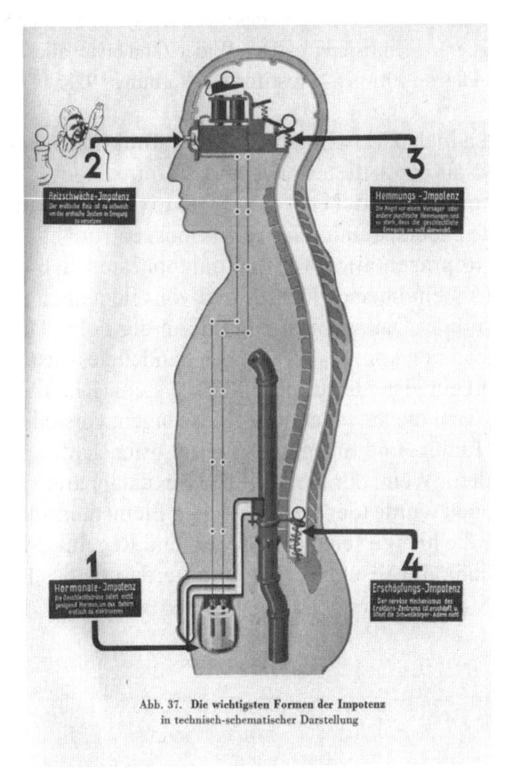

Abb. 37. Die wichtigsten Formen der Impotenz in technisch-schematischer Darstellung

Kahn (1937: Tafel 20)

[11] Das Buch wurde ebenfalls zu einem Longseller und bis in die 1970er Jahre publiziert. Zu Kahns geschlechtertypischen Visualisierungen vgl. Borck (2007: 14 ff.).

Damit die Funktionsabläufe im Sexualapparat visuell noch deutlicher hervortaten, wurden Maschinenzeichnungen und -schemata konzipiert, die nur mehr wenig mit Körperkonturen und Organbildern zu tun hatten. Die nachfolgende Tafel aus einer Werbung für das Hormonpräparat Testifortan (1928) veranschaulichte das „Potenzsystem in Ruhe" und bestand aus einem technischen Mechanismus mit galvanischen Elementen, Batterien, Magneten, elektrischen Leitungen, Klappen und Federn. Die sexuelle Erregungspotenz wurde durch Ladungen und Widerstände hergestellt:

> „Die Ladung besteht darin, dass die Keimdrüsenhormone die Sexualzentren im Gehirn und Rückenmark und die autonome Peripherie (Sexualganglien, Erektions- und Ejakulationsmuskulatur, Sekretdrüsen des Genitales usw.) in einen Spannungszustand versetzen, ‚tonisieren', ‚erotisieren'. – Den Widerstand bildet alles das, was den Ablauf der Sexualvorgänge erschwert." (Testifortan-Werbung 1928: 17)

Mögliche Störungen in den Maschinenteilen und -funktionen konnten leicht abgelesen werden – etwa als durch die „Sinnespforte" eintretende zu schwache optische Reize, als ein zu großer psychischer Widerstand im „Sexualzentrum" des Gehirns oder als mangelnde Federspannung im „Erektionszentrum".

Die visuelle Repräsentation von Sexualapparaten ließ die menschlichen Sexualfunktionen als ein überschaubares und vor allem auch messbares System erscheinen, an dem man Daten abnehmen und in der Folge Diagramme wie die Erregungskurve zeichnen konnte. So gesehen handelte es sich bei diesen Sexualmaschinen auch um ein visuelles Experimentalsystem (Rheinberger 2006: 23 ff.), das unter anderem dazu diente, potentielle ‚Messungen' vorstellbar zu machen und solcherart die den Reflex- und Erregungskurven ‚offensichtlich' zugrunde liegenden Daten zu erhalten. Wenn der menschliche Sexualapparat von biochemischen Ladungen angetrieben wurde (den „galvanischen Elementen" der „sekretorischen Drüsen") und über die hier zu sehenden Steuer- und Regelmechanismen verfügte, wie anders sollte dann die Visualisierung und Verdatung des Erregungsablaufes aussehen?

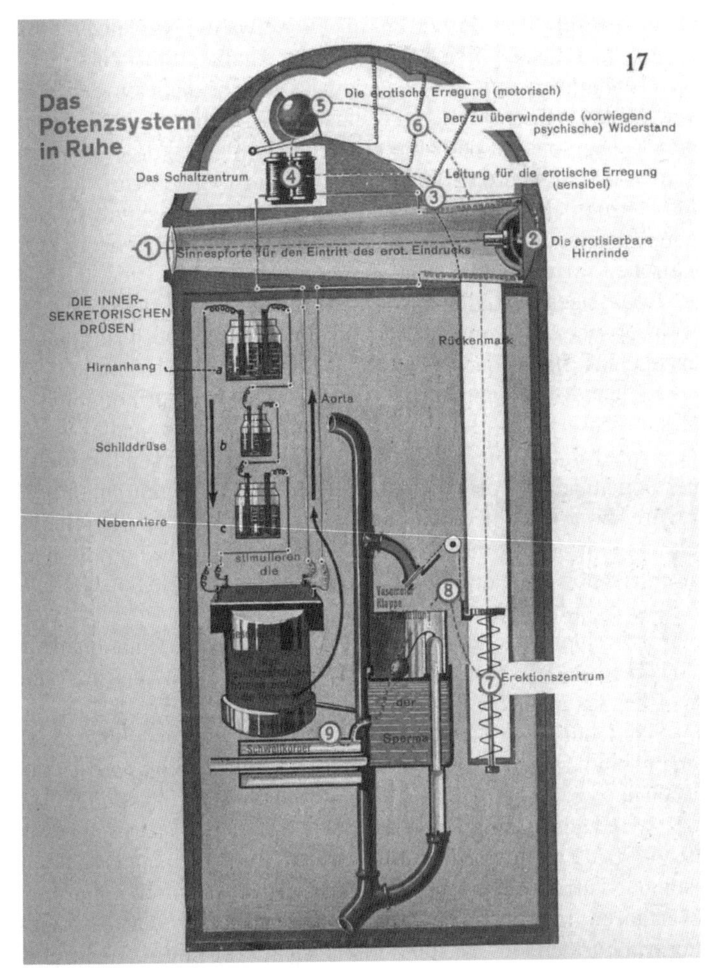

Bildtafel aus einer Testifortan-Werbung 1928.[12]

In den 1910er Jahren, vor allem nach den Laborstudien und (Hoden)Operationen Eugen Steinachs (Oudshoorn 1993: 152 ff.; Sengoopta 2006: 33 ff.), wurde heftig über den Einfluss von „Sexualstoffen" auf die Geschlechtsausformung und die sexuelle Erregung diskutiert. Hormonelle Anomalien galten nun als Ursache für

[12] Rechteinhaber und Eigentümer der Vorlage: Magnus-Hirschfeld-Gesellschaft. Ich danke Rainer Herrn für die Zurverfügungstellung. Vgl. Herrn (2007: 86).

unterschiedlichste Zivilisationserkrankungen – etwa die Nervenzerrüttung, den Energieverlust oder die „Inversion“ bzw. Homosexualität (Stoff 2003: 235 ff.). Bei Homosexuellen nahmen einige Forscher an, dass ihre sexuelle Orientierung durch eine abweichende Hormonentwicklung entstanden sei und womöglich durch eine ausgleichende Therapie mit den zum eigenen Geschlechtskörper gehörenden Sexualstoffen korrigiert werden könnte.[13] Die Engführung von Geschlechtsklassifikation und Hormonlehre war mit ein Grund, warum sich Sexualwissenschaftler und mit ihnen die Popularisierer dieses Wissensfeldes immer mehr für hormonelle und somatische Konzepte interessierten und die psychologischen und psychoanalytischen Aspekte des Sexuallebens in den Hintergrund gerieten.[14] Der gängige sexualtherapeutische Medikamentenschrank umfasste bald auch Hormonpräparate, etwa Auszüge aus Stierhoden und Kuhovarien. Um 1930 konnte man auf dem deutschsprachigen Markt (angeblich) zwischen über 100 hormonhaltigen Mittel wählen, die vornehmlich der Behandlung von Impotenz und sexueller Neurasthenie dienten (Herrn 2007: 86). Die rasante Entwicklung der Sexualendokrinologie führte zu einer Somatisierung des Koituskonzepts. Nach Meinung mancher Wissenschaftler würde beim Geschlechtsverkehr ab einem gewissen Zeitpunkt überhaupt ein Regelkreis bzw. Reflex das Steuer übernehmen. Wie dies physiologisch und biochemisch vor sich ging, darüber wollten bzw. konnten die Forscher allerdings nichts Genaueres mitteilen.

Die Aufschreibung und Publikation der visuellen Repräsentationen bewirkten dennoch oder gerade deswegen eine kaum weiter reflektierte Einschreibung dieses Visiotyps in den Sexualdiskurs. Grafen wie die Erregungskurve wirkten gleichsam als Veranschaulichung von Messergebnissen an einem komplizierten, aber in seinen Teilen und Funktionen verstehbaren menschlichen Sexualapparat – und sahen deshalb auch aus wie aus einem Handbuch für technische Physik. Die „grafische Methode“ (vgl. Chadarevian 1993: 33 ff.), eine zentrale epistemische Praktik des späten 19. und frühen 20. Jahrhunderts, machte es möglich, auch nicht existente Datenbestände visuell zu repräsentieren. Als wissenschaftlich konnotiertes Aufschreibeverfahren ließ es Fragen zur Evidenz, Verdatung und Aussagekraft in den Hintergrund treten (Brock 2005: 97) – schon sein Einsatz materialisierte ja die wissenschaftliche Form der Wissenserzeugung, die Bilder übernahmen die epistemische Funktion „einer Beglaubigung durch Sichtbarmachung“ (Mersch 2006: 416). Gerade in popularisierenden Publikationen stellten die Kurven und Funktionsmodelle der sexuellen Erregung eine „unproblematische Sichtbarkeit“ (Rieger 2006: 120) her und ermöglichten aufgrund ihres polysemischen Potentials auch für den Laien eine ‚einfache‘, nachvollziehbare und adaptierbare Wahr-

[13] Chemisch isoliert wurden die weiblichen Sexualhormone erst 1929, die männlichen 1931 (Oudshoorn 1994: 29).

[14] Zur Popularisierung der Sexualhormone und ihrer Wirkungen vgl. Stoff (2008).

heitsstiftung. Bei aller Maschinen- und Apparatemetaphorik betonten die Autoren allerdings auch, dass die menschliche Sexualität weiterhin als ein organisches Ganzes gesehen werden sollte, als ein belebter Prozess, bei dem man viel über den Charakter eines Menschen, seine Psyche etc. erfahren konnte und der dem Willen zumindest teilweise zugänglich blieb.[15]

4 Maß nehmen

Der Berliner „Sexualarzt" Otto Adler hatte schon 1904 die kreative Kraft von diagrammatischen Repräsentationen der sexuellen Erregung erkannt. Ihm ging es unter anderem um die Frage, „ob der Mann oder das Weib einen höheren Liebesgenuß empfinde[t]" (Adler 1904: 43). Angesichts der Komplexität der physischen und psychischen Vorgänge schien es ihm notwendig, dem Empfindungsablauf eine „bestimmte Form und Gestalt" (Adler 1904: 47) in der Zeit zu geben, indem er die Dauer und etwaige Erregungsphasen (vgl. Putz 2009: 130 ff.) der Geschlechter grafisch differenzierte:

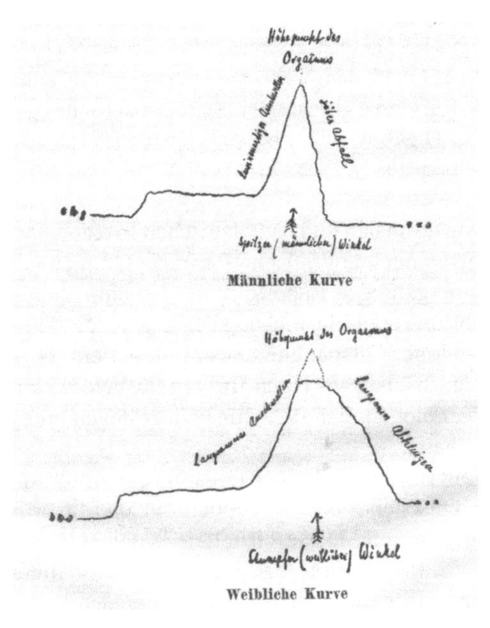

Adler (1904: 56)

[15] Zur Darstellung des Körpers als normalisierte Maschine und organische Entität vgl. Hau/Ash (2000: 12 ff.).

Wie seine handgezeichneten Kurven zu verstehen waren, konnten die LeserInnen im umgebenden Text erfahren: Die männliche Empfindung hielt sich demnach durch einen gleichmäßigen „Wollust-Kitzel“ und „gleichmäßig fortgesetzte rhythmische Bewegungen“ in einer Spannung, welche im Orgasmus „urplötzlich in lawinenartige[r] Anschwellung“ übergeht und danach ohne „auch nur eine Spur von Wollust-Kitzel zurückzulassen“ wieder verschwindet. Zur ‚Lawinengestalt‘ der Kurve hatte sich Adler offenbar durch eine Metapher Krafft-Ebings animieren lassen – bei diesem war schon 1890 der männliche Höhepunkt „lawinenartig“ angeschwollen (Krafft-Ebing 1890/91: 103). In Adlers Text trug die Diagrammatik sogleich rekursiv Früchte:

> „Das Charakteristische an der männlichen Kurve ist der zuerst verhältnismäßig geradlinige Verlauf, dann die plötzliche Erhebung und der plötzliche Abfall. Dadurch entsteht – der Höhepunkt der Empfindung als mathematischer Scheitelpunkt gedacht – ein spitzer Winkel.“ Im Grafenvergleich bekam die sexuelle Erregung der Frau ebenfalls neue Eigenschaften zugesprochen: „Dagegen hat die weibliche Geschlechtskurve einen stumpfen Winkel.“ Dieser bildete sich „durch das etwas langsamere Ansteigen, vor allem aber durch das höchst charakteristische, ganz allmähliche und langsame Abklingen“. Untereinander gesetzt, erschien Adler „der weibliche Winkel dieser Kurve am Höhepunkt des Empfindens weit geöffnet, stumpf. Außerdem, in der Voraussetzung, daß beide Kurven zu gleicher Zeit beginnen und einen gleichen Zeitabschnitt darstellen, ist der Orgasmus selbst bei der graphischen Darstellung des weiblichen Empfindens etwas später.“ (Adler 1904: 47–57.)

Mustervergleiche von normalen und pathologischen Erregungsverläufen von Mann und Frau sowie entsprechende grafische Repräsentationen gehörten also schon vor van de Velde zum gängigen Repertoire der Sexualpathologie. Auch Magnus Hirschfeld setzte sie zur Veranschaulichung der „ausbleibende[n] Befriedigung des Weibes infolge vorzeitiger Entspannung des Mannes“ ein (Hirschfeld 1920: 175). Die unmittelbaren grafischen Vorlagen für van de Veldes stammten von Erwin Kehrer, einem Gynäkologen, der 1922 für Fachkollegen eine wahre Erregungstopographie kreiert hatte.

Bei Kehrer sollten die „Kohabitationskurven“ unter anderem zur Veranschaulichung von typischen Sexualstörungen dienen, die er in Diagrammform für Frauenärzte aufbereitete. Diese visuellen Typen sollten sich sogar für die Sprechstunde eignen. Im Anamnesegespräch mit den Patienten und Patientinnen wäre es mit ihrer Hilfe möglich, die entsprechenden Verhaltensweisen beim Normalkoitus sowie individuelle Abweichungen zu thematisieren. Hier kam eine weitere Funktion der Text-Bild-Integrationen zum Vorschein: Wo die Sprache ins Stocken geriet – sich etwa ein Gynäkologe der Gefahr der Erotisierung aussetzte –,

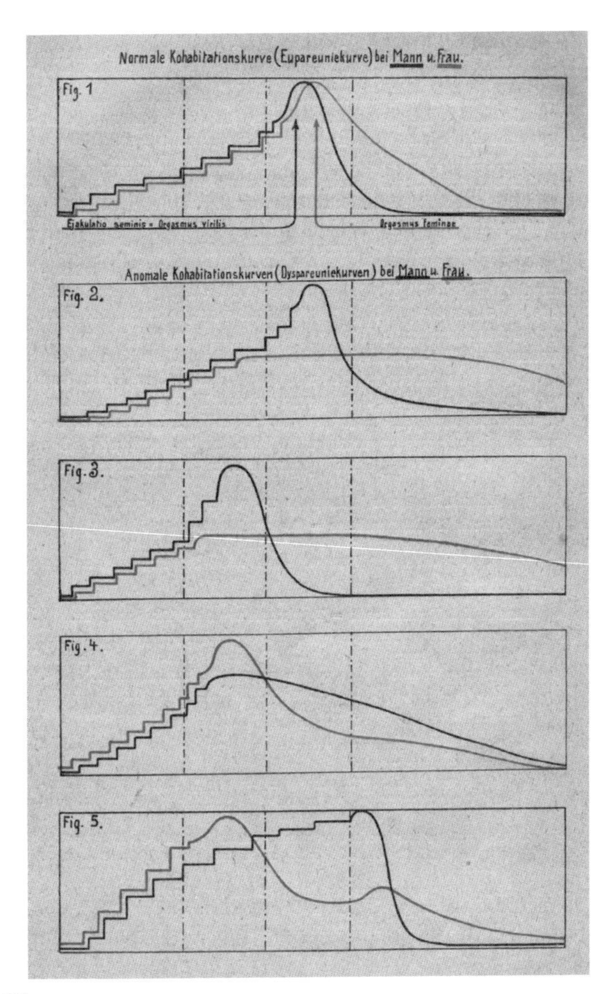

Kehrer (1922: 30)

war mit technisch konnotierten Bildern eine Lösung zur Hand. Kehrer machte auf die Vorteile eines solchen Bildeinsatzes aufmerksam:

> „Kann genügendes Verständnis für die grafische Registrierung angenommen werden, so mag beiden Eheleuten an einer normalen und anormalen, dem geschlechtlichen Verhalten des Einzelfalles angepassten Kohabitationskurve (…) der Sexualakt wie er sein soll, aber im Einzelfall nicht ist, erläutert werden.“

Auch die Strategie (und Pikanterie) seiner diagrammatischen Vorgangsweise war ihm bewusst:

> „Ich betrachte es nicht als meine Aufgabe, ein so heikles Gebiet mit der an sich vielleicht wünschenswerten Offenheit und Ausführlichkeit zu erörtern. Einzelheiten mag man zwischen den Zeilen lesen und dürfen auch der Phantasie des Arztes überlassen bleiben. Nur in großen Linienzügen mag bemerkt werden, worauf der Gynäkologe, welcher der sexual-wissenschaftlichen Klärung eines Sterilitätsfalles Bedeutung beimisst, Gewicht zu legen hat." (Kehrer 1922: 82 f.)

Kehrers Kurvenlandschaften sollten zum Sprechen über das Unaussprechliche animieren und die Selbstthematisierung und -einordnung im Zeichen wissenschaftlicher Kategorien und Schemata antreiben.

Wilhelm Reich ging den umgekehrten Weg und ließ eine Patientin während der Analysesitzung ihre eigene Erregungskurve zeichnen. Diese sah dann so aus:

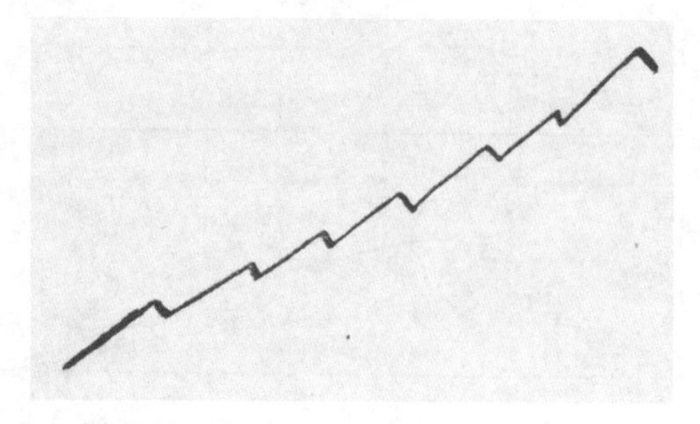

Reich (1927: 54)

Reich, der sich auch politisch für die Ehe- und Sexualberatung engagierte (Fallend 1988: 81 ff.), erläuterte das Zustandekommen dieses Grafen in seinem Buch „Die Funktion des Orgasmus" (1927):

> „Es stellte sich nämlich bei genauer Befragung über den Ablauf der Erregung heraus, dass die Patientin auch bei der Onanie (mit dem Messer) nie zur Befriedigung gekommen war (…). Auf mein Ersuchen zeichnete sie den Ablauf der Erregung wie nebenstehend und fügte hinzu: ‚Je stärker ich aufgeregt werde, desto mehr fürchte ich zu zerspringen; ich bekomme schreckliche Angst, werde ganz müde und zerschlagen.'" (Reich 1927: 22)

Nach Reich lag hier ein Fall von Nymphomanie in Folge „orgastischer Impotenz“[16] vor, die Patientin hatte zwar von Orgasmen berichtet, die Linienführung klärte den Psychoanalytiker jedoch darüber auf, dass die Spannungslösung (in Form einer vollständigen Welle) ausgeblieben war. Die Patientin konnte ihre Linie nicht zu Ende zeichnen, weil ihre sexuelle Erregung „erlahmte“. Trotz exzessiver Masturbation kam sie zu keiner „Befriedung“, ihre „körperliche und psychische Erregung blieb weiter bestehen.“ (Reich 1927: 55)

Um Erregungsphasen bestimmen zu können, benutzte Reich „zur leichteren Übersicht“ (Reich 1927: 18) ebenfalls ein Diagramm, nämlich die nachfolgende Kurve des sexuellen Erregungsablaufes orgastisch potenter Männer und Frauen. Ohne den linken Wellenteil treppenförmig zu gestalten, kreierte Reich mehrere Abschnitte: Die Erregungslinie begann durch „V“ („Vorspiel“) und „I“ („Immissio“) langsam zu steigen und gelangte nach Phase 1 (der „willkürlichen Beherrschung der Reizsteuerung“) und II (der „unwillkürlichen Muskelkontraktionen und der automatischen Reizsteigerung“) zu Phase III („plötzlicher und steiler Anstieg zur Akme (A)“) und zu IV, dem „Orgasmus“. Phase V brachte ein „steiles Sinken der Erregung“ mit anschließender „E“ („Ermattung“), wonach die Linie zu „a“, dem Ausgangszustand, zurückkehrte. Aus dem Text wurde deutlich, dass es im Kurvenverlauf ab einer bestimmten Erregungshöhe – nämlich zwischen Phase 1 und 2 – im Normalfall, das hieß bei orgastisch Potenten, kein Zurück mehr gab: Der energetische Apparat lief dann von selbst zum Höhepunkt weiter und stellte anschließend den Ausgangszustand für einen neuerlichen Libidoaufbau wieder her.

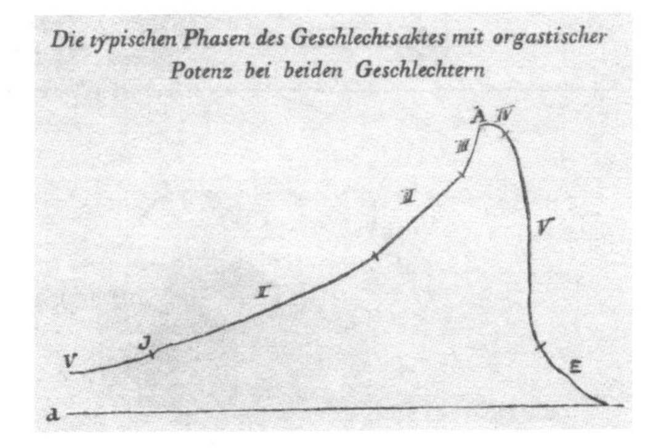

Reich (1927: 22)

[16] Im Gegensatz zu orgastisch Potenten, besaß diese Frau laut Reich nicht die Fähigkeit, zu einer ihrer Libidostauung adäquaten Befriedigung zu gelangen (Reich 1927: 18).

Reich benutzte diese Normkurve auch als Referenz für individuelle Entwicklungskurven und bebilderte damit den Erfolg seiner psychotherapeutischen Interventionen (Reich 1927: 20 ff.). Durch die fortschreitende Annährung von Individualgrafen an die Normgestalt konnte man sehen, in welchen Phasen die Psychotherapie erfolgreich verlief und wo sie weiter ansetzen musste, etwa weil ein Kurvenschenkel zu kurz oder zu flach ausgefallen war.

5 Aus der Kurve geflogen

In den späten 1940er und den 1950er Jahren hatten starre Erregungskurven wie die hier diskutierten mehr oder weniger ausgedient und mussten dynamisiert und flexibilisiert werden.[17] Zu den bildlichen Nachfolgern gehörten beispielsweise diese beiden Exemplare aus der Ehe- und Sexualratgeberliteratur:

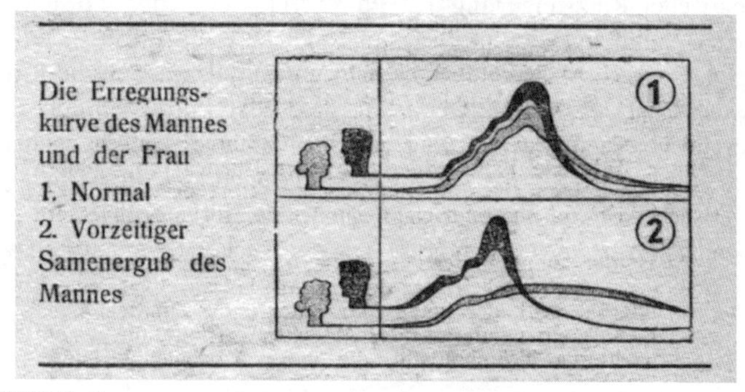

Mephisto (1950. 3: 6)

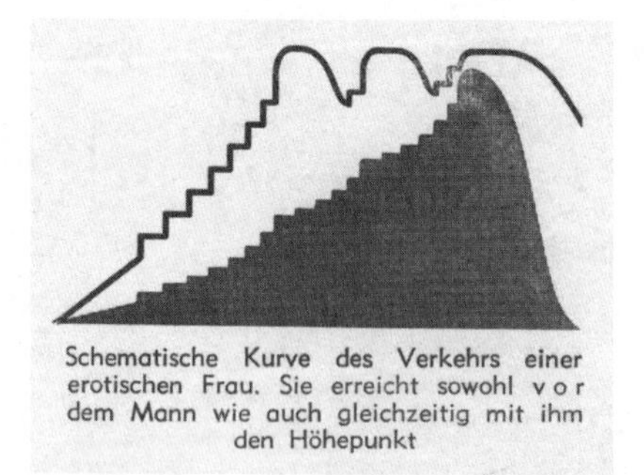

Neiger (1956a: 275)

---

[17] Vgl. zum sozial- und kulturgeschichtlichen Kontext Eder (2007).

Die obere Gefühlskurve aus dem Magazin „Probleme der Erotik des Liebes- und Sexuallebens“ von 1950 wies mit variablen Linienstärken auf Streuungsmöglichkeiten für den individuellen Gefühls- und Erregungsverlauf hin. Anstatt der Treppen übernahmen jetzt Schlangenlinien die Dynamisierung. Auch diese Grafen sollten noch eine Normalgeschichte erzählen, ihr Pfad war allerdings flexibler angelegt und ließ Spielraum für die individuelle Ausgestaltung bzw. den Einsatz beider Sexualpartner:

> „Im harmonischen Geschlechtsleben soll keine Verteilung der aktiven und passiven Rollen geben, wenn auch der Mann von Natur aus immer der aktivere Teil bleiben wird. Aber dennoch ist es zur Erreichung des höchsten Liebesgenusses notwendig, daß sich die Partner voll und ganz aufeinander einstellen und vor allem die wechselnd wirkende Liebeskunst zu beherrschen lernen, deren Variationen durchaus mit den sittlichen und ethischen Vorstellungen vereinbar sind.“ (Mephisto 1950: 6)

Nach dem zweiten Diagramm aus einem Lebensratgeber von 1956 war es möglich, die weibliche Kurve auch mit zeitlichem Abstand und mehrmals zum Höhepunkt zu bringen – zuletzt gemeinsam mit dem Mann. Hier war zwar noch immer ein männlicher Akteur gefragt, aber auch die Frau hatte einiges zu tun, um ihre Erlebnisfähigkeit zu steigern. Der Mann

> „muss alle seine Bemühungen im Vorspiel und Leistungen beim Verkehr verstärken und versuchen, den Geschlechtsakt solange als möglich auszudehnen und zu intensivieren. Damit soll die Frau in ein Erregungsstadium gebracht werden, das sie vorher noch gar nicht gekannt hat. Diese Erregungsstürme sollen so oft und so lange wiederholt werden, bis es schließlich doch einmal gelingt, in der Frau das große Gefühl eines Orgasmus auszulösen. Aber nicht nur die Bemühungen des Mannes sind für das Zustandekommen eines Orgasmus notwendig; mindestens ebenso wichtig ist die Erlebnisbereitschaft der Frau. Dazu müssen alle Hemmungen fallen, die den komplizierten Gefühlsablauf des Orgasmus beeinträchtigen.“ (Neiger 1956: 275)

Veranlasst wurde die neue Erregungsvielfalt durch zwei für die weitere Genese und Distribution des Sexualwissens prägende Techniken, welche Ende der 1940er Jahre die Bühne betraten – die (Massen)Umfrage und die Statistik. Mit ihnen mussten die hier untersuchten Referenzen zwischen Text und grafischen Repräsentationen neu justiert werden. Als Bezugspunkt für den internationalen sexualwissenschaftlichen Diskurs und die rasche Transformation in die Ratgeberliteratur fungierten die Aufsehen erregenden Kinsey-Reports (Kinsey 1948 u. 1953). Kinsey schuf ein sozialwissenschaftlich-empirisches Experimentalsystem, das in einem kontrollier- und wiederholbaren Umfragesetting die epistemischen Dinge der Sexualität in vielen Varianten und Perspektiven erzeugen konnte. Nun war auf einer erstmals breiten Datenbasis zu erfahren, was man bisher nur als Mutmaßung hören konnte: Viele Amerikaner und Amerikanerinnen masturbierten und hatten vorehelichen Sex, rund ein Drittel pflegte auch neben der Ehe sexuelle Kontakte und eine nicht geringe Zahl von Männern und Frauen machte im Laufe ihres Lebens homosexuelle Erfahrungen. Mit einem Schlage war klar, dass die meisten der postulierten Naturgegebenheiten, aber vor allem die gängigen moralischen und juristischen Normen sehr weit von der sexuellen Praxis entfernt waren.

Seit Kinsey spielten statistische Häufigkeiten und Verteilungen in der medialen Repräsentation des Sexuellen eine ganz herausragende Rolle. Aber was sollten nun Wissbegierige mit Diagrammen wie diesen anfangen?

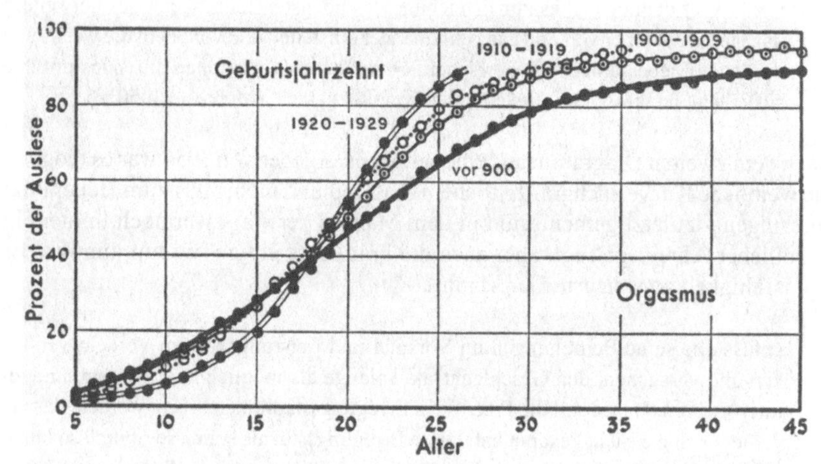

Abb. 73. Kumulatives Vorkommen: Orgasmus aus jeglicher Quelle in Beziehung zum Jahrzehnt der Geburt

Kinsey et al. (1954: 400)

Im Vergleich unterschiedlicher Geburtsjahrgänge konnte man hier sehen, in welchem Alter amerikanische Frauen in einer Partnerbeziehung zum Orgasmus kamen.[18] Ähnliche Gegenüberstellungen fanden sich zwischen sozialen Gruppen, Konfessionen, Bildungsgraden, Stadt und Land etc. Auch die Popularisierer schafften es nun nicht mehr, die Vielfalt der Kinsey-Ergebnisse auf einen wie immer gearteten engen Normalbereich herunterzubrechen. Die Umsetzung in einem Balkendiagrammen

[18] Bei der Übersetzung des Diagramms schlich sich ein ‚hübscher' Tippfehler ein, der durchaus für die Wertung dieser S-Kurven kennzeichnend ist: Die wenigsten Orgasmen gab es demnach bei „vor 900" geborenen Frauen (was natürlich „vor 1900" heißen sollte).

in Allan Frommes Ratgeberbuch „Der Sexual-Report“ (1967) repräsentierte die weiblichen Sexualerfahrungen nach Geburtsjahrgängen, Altersgruppen, Onanie, Petting, vorehelichem und außerehelichem Geschlechtsverkehr und versuchte die Vielfalt überschaubar zu machen. Die Bildunterschrift bekannte gleichzeitig das Scheitern dieses Versuches ein: „Die Veränderungen während der vier Jahrzehnte machen deutlich, daß es Variationen in der Verbreitung sexueller Verhaltensformen gibt, ein Umstand, der nur bei Betrachtung historischer, soziologischer und psychologischer Faktoren erklärbar ist.“ (Fromme 1967: 69)

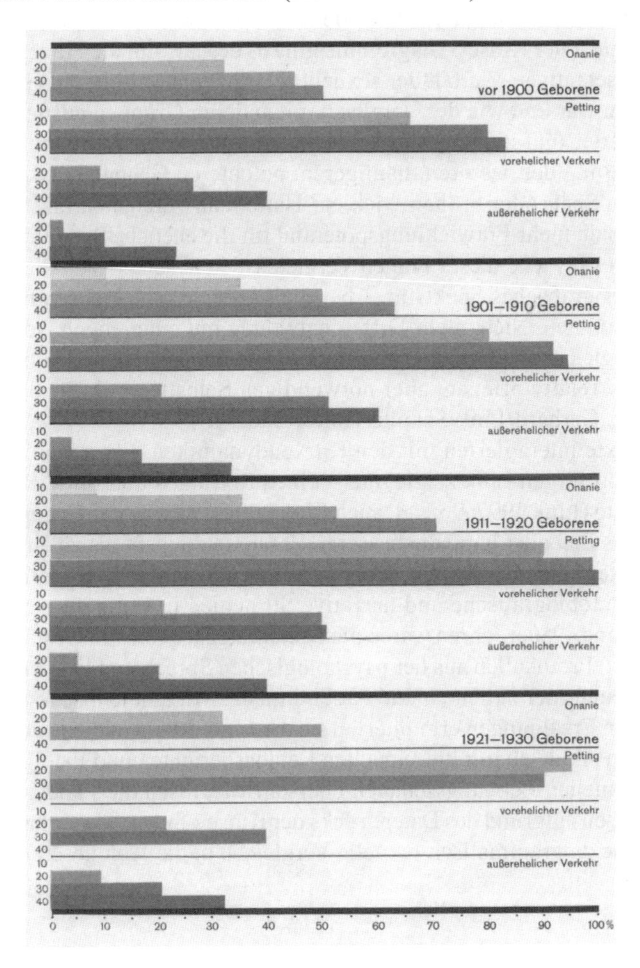

Fromme (1967: 68)

Die Chancen eine ‚harte' Kurve à la van de Velde zu konstruieren und so einen schmalen Normalkorridor für die „Ideale Vergattung" zu markieren, waren für Spezialisten und Popularisierer vorbei. Was allerdings nicht hieß, dass die Imagos vom Idealkoitus völlig verschwanden, die Datenbasis war ihnen jedoch spätestens nach den biologisch-physiologischen Studien von Masters-Johnson zum „Human Sexual Response" (1966) entzogen. Wenn dort in aufwendigen experimentellen Settings verdatete Erregungskurven vorkamen, hatten sie nur mehr exemplarischen Charakter: Sie standen „stellvertretend für die unendliche Variabilität" (Masters/ Johnson 1967: 17) der sexuellen Reaktionen.

Im Kontext der Kinsey-Diagramme ging es deshalb um die Frage, wo jemand in der repräsentativen Vielfalt der sexuellen Verhaltensweisen und Gefühlslagen zu platzieren war und wie der Vergleich mit anderen Gruppen ausfiel. Die Texte kommunizierten und stimulierten geradezu einen grafischen Wettlauf: Konnte man sich in Richtung der besseren, häufigeren, potenteren Gruppe entwickeln? War man nun ein Spät- oder Frühentwickler? Hatte man vorehelich masturbiert und brachte deshalb mehr Entwicklungspotential für die eheliche Sexualität mit? Seit Kinsey gab es für jede dieser Fragen Vergleichsdaten, sodass sich die Individuen in ein breites grafisches Spektrum – beispielsweise in eine mehrgipflige Kurve – einordnen konnten. Nicht mehr Differenzbildung mit einer engen Norm/alkurve, sondern vergleichende Orientierung in der Datenlandschaft wurde nun zu einer interpretativ relativ offenen, aber notwendigen Selbsttechnik für das moderne Subjekt (vgl. Gerhard/Link/Schulte-Holtey 2001: 15).

Die Texte interagierten mit den Kurvendynamiken: Etwa bei der S-Kurve, die wie schon Jürgen Link zeigte, meist einen Reifungs- und Entwicklungstrend repräsentierte (Link 1997: 96; vgl. auch Link 2004). Welche der Gruppen schaffte es früher ans Ziel oder hatte die besseren Voraussetzungen, bis zu einem entsprechenden Alter einen der Reifegrade zu erreichen? Wobei die Dynamik vielfach erst durch autobiografische und narrative Strategien in Gang gesetzt wurde. In den 1940er und 1950er Jahren waren die Sexualratgeber voll von Geständnistexten, (angeblichen) Protokollen aus der psychologischen Sprechstunde oder brieflichen Anfragen seitens der Patienten und Patientinnen.[19] Mit ‚authentischen' und identifikatorischen Erzählungen ermunterten sie die Einordnung in die jeweilige Datenlage und den Abgleich mit individuellen Leidensberichten und Erfolgsstories.

Die sexuellen Leistungsschauen überschritten rasch die Ländergrenzen. In Europa wurden aufgrund des Datendrucks der Kinsey-Surveys innerhalb kürzester Zeit ähnliche diagrammatisch-texuelle Vergleiche in die Welt gesetzt.

[19] Solche Strategien fanden sich aber auch schon im Onaniediskurs des späten 18. Jahrhunderts. Vgl. Eder (2005: 428 ff.).

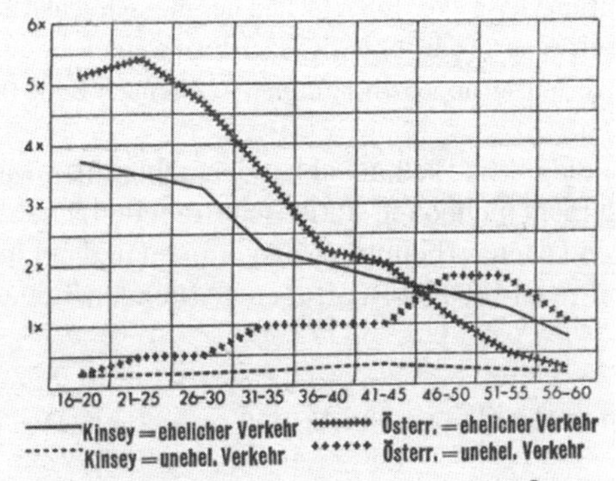

Die Häufigkeit des ehelichen und außerehelichen Geschlechtsverkehrs. Die waagrechten Linien zeigen die Häufigkeit pro Woche an, die senkrechten Linien die verschiedenen Altersstufen. Die Kurven, aus denen die Häufigkeit ersichtlich ist, wurden auf Grund nachstehender Erhebungen eingezeichnet: Kinsey-Bericht (USA): ehelicher Verkehr (glatte Linie), außerehelicher Verkehr (punktierte Linie); Beobachtungen des Verfassers in Österreich: ehelicher Verkehr (gekreuzte Linie), außerehelicher Verkehr (dickpunktierte Linie)

Neiger (1956b: 280)

Hier stellte der österreichische Mediziner Stefan Neiger in einem Lebensratgeber von 1956 die Kinsey-Daten zur Koitushäufigkeit den hiesigen Frequenzen gegenüber. Wobei die Daten für Österreich noch auf den „Beobachtungen des Verfassers" (Neiger 1956b: 280) beruhten und deshalb die hicsige, rascher talwärts führende Linie auf etwas wackeligen Beinen stand. Dies hinderte den Ratgeberautor nicht, aus seiner Linienführungen trotzdem weit reichende Schlüsse zu ziehen: „Nach Kinsey sind aber die vorehelichen Orgasmuserfahrungen der Frau für die Orgasmushäufigkeit auch in der Ehe sehr wichtig! Das heißt, daß die österreichische junge Frau mit besseren Vorbedingungen in die Ehe kommt, aber dann vernachlässigt wird." (Neiger 1956a: 275)

Kinsey dehnte das sexuelle Normalband in bislang dem Pathologischen vorbehaltene Sphären:

> „Im besten Fall können mit ‚abnorm' gewisse Individuen bezeichnet werden, deren Aktivitätsraten weniger hoch sind. In diesem Falle wäre aber vorzuziehen, solche Personen als ‚seltene' zu bezeichnen, anstatt als abnorme. Außerdem erweist sich bei

statistischer Prüfung, dass viele Einzelheiten des menschlichen Sexualverhaltens, die in Lehrbüchern als abnorm oder pervers bezeichnet werden, bei 30, 60 oder 75 Prozent gewisser Bevölkerungsgruppen vorkommen." (Zit. nach Link 1997: 98)

Nachdem die fixe biologische Eichung abhanden gekommen war, konnten Kinsey und Nachfolger erst recht nicht ohne statistische Tabellen, Diagramme und andere Formen der visuellen Datenaufbereitung auskommen und nutzten diese als stabile Bezugspunkte für ihre aus den Normalfugen geratenden Texte.

6 Ein Graf sagt mehr als tausend Worte

Welche allgemeinen Strategien waren also mit den hier fokussierten grafischen Repräsentationen und Bild-Text-Synthesen verbunden? Bis zur Mitte des 20. Jahrhunderts signalisierten die Diagramme wissenschaftliche, besser noch naturwissenschaftliche Evidenz für einen sexuellen Ablauf, welchem der Mensch im gesunden bzw. natürlichen Zustand folgte, und der wegen der hormonellen bzw. reflexiven Steuerung nur relativ wenige Abweichungen zuließ. Der visuelle Mehrwert, den die Kurven erzeugten, war dabei essentiell, konnten die Autoren für ihre textlichen Aussagen aufgrund der mangelnden Datenlage kaum experimentelle oder empirische Absicherungen liefern. Erst mit Kinsey (Ende der 1940er Jahre) sowie Masters und Johnson (Mitte der 1960er Jahre) standen dann Umfrageergebnisse und Laborstudien in ausreichendem Maße zur Verfügung, um einer datenbasierten natur- bzw. sozialwissenschaftlichen Epistemologie entsprechen zu können. So gesehen kaschierte die Synthese von Diagrammen und Texten gerade in den popularisierenden Werken auch den prekären Stand des damaligen Sexualwissens – neben der geringen Datenbasis und dem kaum abgegrenzten Gegenstand, fehlte es der noch weichen Sexualwissenschaft zudem an einem gesicherten Methodenkanon und einer nachhaltigen Institutionalisierung.

Eine weitere wichtige strategische Funktion resultierte aus dem Gattungsanspruch der Ratgeberliteratur: Die Diagramme sollten in vereinfachender Form symbolisieren, wozu Mediziner, Sexualwissenschaftler und Gynäkologen sonst viele Buchseiten mit komplizierten Begriffen und Konzepten benötigten – und deshalb hin und wieder auch einen klassischen Dichter zu Wort kommen ließen. Durchschaubare Kurven waren zweifelsohne ein Angebot an jene Leser und Leserinnen, die wegen eines empfundenen Defizits oder persönlichen Leidensdrucks zu dieser Gattung griffen und dort klare und verständliche Vorgaben, ja Gesetzmäßigkeiten erwarteten und diese in Form naturwissenschaftlich-technischer Schau-Bilder geliefert bekamen. Kurvenlandschaften funktionierten dabei als Vorlage für die subjektive Orientierung, quasi als innere Navigationsvorlage für ein auf und ab, mehr oder weniger, gesund und krank, normal-grenzwertig-anormal.

Solcherart entlasteten diese Diagramme und Grafiken die Texte und vermittelten zwischen (angeblichen) Daten und subjektivierender Symbolik (vgl. Gerhard/Link/Schulte 2001: 19). Diese Eigenschaften machten sie zu einem wirkungsvollen Medium für die Selbstführung und Selbstbespiegelung und womöglich auch zum Ausgangspunkt für die Therapeutisierung. Als visuelle Plots, die im Kontext exemplifiziert und mit Fallgeschichten sowie biografischen Erzählungen durchsetzt wurden, luden sie ein zu Identifikation und Nachahmung, aber auch zur Abgleichung und Differenzbildung mit dem eigenen Verhalten und Fühlen. Wenn man später etwas aus diesen Büchern vor Augen haben sollte, dann diese visuell komprimierten Narrative.

Mit visuellen Mitteln wurden auch Festschreibungen getroffen, die in den umgebenden Texten zwar als Präsuppositionen und Nominalismen vorkamen, aber dort kaum begründet und ausgeführt wurden. So steckten in der sexuellen Erregungskurve der Imperativ des gleichzeitigen Orgasmus, die angeblich unterschiedliche Sensibilität und Erregungsgeschwindigkeit von Mann und Frau sowie der energetische Antrieb des Sexuellen durch Hormone. Ohne viele Worte – wenn auch durch normative und normalisierende Aussagen kontextualisiert – entstanden so basale sexuelle Kategorien und Wissensobjekte, die in Scripts und Narrative ein- und umgeschrieben werden konnten.

Abschließend sei auf eine weitere Funktion hingewiesen, die hier zu kurz kommen musste: Diese Wahrheits- und Vermittlungstechniken dienten zweifelsohne auch dazu, die Autoren und ihr Popularisierungsgeschäft zu etablieren bzw. zu professionalisieren. Einfach zu durchschauende Visualisierungen benötigten die Popularisierer auch, um sich von ihren für die Fachklientel schreibenden Kollegen abzuheben. So gesehen zielten diese visuellen Aussagepraktiken auch auf eine Normalisierung allgemeiner diskursiver Praktiken (vgl. dazu Fairclough 1992) – schufen also Ordnungen der Produktion, Distribution und Konsumption von populärwissenschaftlichen Texten und Bildern. Textuell-visuelle Strategien wie die hier angesprochenen stellten also eine ideale Form der Ver-Gattung für die Popularisierung des Sexualwissens bis in die 1960er Jahre dar und ermöglichten es so, den schmalen Grad zwischen medizinischer Fachdisziplin und Erotik bzw. Pornographie zu beschreiten.

Seit den 1950er Jahren avancierte die Einordnung in flexible Normalverteilungen rasch zu einer neuen Form der sexuellen Selbstbespiegelung und -führung. Das Ziel bild-textlicher Strategien im Sexualdiskurs war es nun, das individuelle Verhalten und Empfinden im statistischen Raum zu verorten. Die Grenzen des Normalkorridors dehnten sich dabei immer weiter aus, die Umfragen, Reports und ‚Enthüllungen' eröffneten multiple Wege zum Glück. Bald wurden sexuelle Normüberschreitung und „Befreiung" sogar gefordert, der Normkoitus mutierte zu einer Randerscheinung. Im Zeichen der „Sexuellen Revolution" sollte man eine bessere, höhere, befriedigendere sexuelle Klasse erreichen – das war die Message, welche Diagramme, Grafiken und immer häufiger fotografische Inszenierungen seit den 1960er Jahren vermittelten. Das sexuelle Subjekt der zweiten Hälfte des 20. Jahrhunderts sollte ein Leben im Zeichen flexibler Normalverteilungen führen, bestimmt von Wahrscheinlichkeiten und prognostizierbaren Risiken, orientiert an positiven Vorbildern, statistischen Verteilungen und beispielgebenden Narrativen.

Literatur

Adler, Otto (1904): Die mangelhafte Geschlechtsempfindung des Weibes. Anaesthesia sexualis feminarum. Dyspareunia. Anaphrodisia. Berlin: Fishers medizinische Buchhandlung H. Kornfeld

Angerer, Marie-Luise/König, Christiane (Hrsg.) (2008): Gender goes Life. Die Lebenswissenschaften als Herausforderung für die Gender Studies. Bielefeld: Transcript

Bischof, Günter/Pelinka, Anton/Herzog, Dagmar (Hrsg.) (2007): Sexuality in Austria (=Contemporary Austrian Studies 15. 2007). New Brunswick/London: Transaction Publication

Bloch, Iwan (1907): Das Sexualleben unserer Zeit in seinen Beziehungen zur modernen Kultur. Berlin: Marcus Verlagsbuchhandlung

Borck, Cornelius (Hrsg.) (2005): Psychographien. Zürich: Diaphanes Verlag

Borck, Cornelius (2005): Schreibende Gehirne. In: Brock (Hrsg.) (2005): 89–110

Borck, Cornelius (2007): Der industrialisierte Mensch. Fritz Kahns Visualisierungen des Körpers als Interferenzzone von Medizin, Technik und Kultur. In: Brink/Sauerteig (Hrsg.) (2007): 7–23

Brecher, Edward M. (1971): Vom Tabu zum Sex-Labor. Die erste Geschichte der Sexualforschung. Reinbek bei Hamburg: Rowohlt

Brink, Cornelia/Sauerteig, Lutz (Hrsg.) (2007): Bilder vom Körper. Schwerpunktheft der Werkstatt Geschichte 47

Bröckling, Ulrich et al. (Hrsg.) (2004): Disziplinen des Lebens. Zwischen Anthropologie, Literatur und Politik. Tübingen: Gunther Narr

Bührmann, Andrea Dorothea (1998): Die gesellschaftlichen Konsequenzen der Wissensproduktion. Zum Verhältnis von (Sexual-)Wissenschaften und gesellschaftlichen Normalisierungsmechanismen. In: Ferdinand/Pretzel/Seeck (Hrsg.) (1998): 213–228

Bullough, Vern L. (1994): Science in the Bedroom. A History of Sex Research. New York: Basic Books

Burchell, Graham/Gordon, Colin/Miller, Peter (Hrsg.) (1991): The Foucault Effect. Studies in Governmentality. London: University of Chicago Press

Butler, Judith (1995): Körper von Gewicht. Die diskursiven Grenzen des Geschlechts. Berlin: Suhrkamp

Chadarevian, Soraya de (1993): Die ‚Methode der Kurven‘ in der Physiologie zwischen 1850 und 1900. In: Rheinberger (Hrsg.) (1993): 28–49

Eder, Franz X. (2002): Kultur der Begierde. Eine Geschichte der Sexualität. München: C.H. Beck

Eder, Franz X. (2005): Discourse and Sexual Desire. German-Language Discourse on Masturbation in the Late Eighteenth Century. In: Journal of the History of Sexuality 13 (4): 428–445

Eder, Franz X. (2006a): Historische Diskurse und ihre Analyse – eine Einleitung. In: ders. (Hrsg.) (2006): 9–26

Eder, Franz X. (2006b): Sigmund Freud, Psychoanalyse und die Kultur des Fin de Siècle. In: Faulstich (Hrsg.) (2006): 219–230

Eder, Franz X. (2007): The Nationalists' ‚Healthy Sexuality' was followed by America's Influence. Sexuality and Media from National Socialism to the Sexual Revolution. In: Bischof/Pelinka/Herzog (Hrsg.) (2007): 102–130

Eder, Franz X. (Hrsg.) (2006): Historische Diskursanalysen. Genealogie, Theorie, Anwendungen, Wiesbaden: VS

Erwin Kehrer (1922): Ursache und Behandlung der Unfruchtbarkeit nach modernen Gesichtspunkten. Dresden: Th. Steinkopff

Fairclough, Norman (1992): Discourse and Social Change. Cambridge: Polity Press

Fairclough, Norman (2003): Analysing Discourse. A Social and Critical Approach. London: Routledge

Fallend, Karl (1988): Wilhelm Reich in Wien. Psychoanalyse und Politik. Wien/Salzburg: Geyer Edition

Faulstich, Werner (Hrsg.) (2006): Das Erste Jahrzehnt. München: Fink

Ferdinand, Ursula/Pretzel, Andreas/Seeck, Andreas (Hrsg.) (1998): Verqueere Wissenschaft? Zum Verhältnis von Sexualwissenschaft und Sexualreformbewegung in Geschichte und Gegenwart Münster: LIT

Fischhof, Georg/Oerley, W. A. (Hrsg.) (1956): 1x1 des glücklichen Lebens. Frankfurt a. M./ Wien: Forum Verlag

Fix, Ulla/Wellmann, Hans (Hrsg.) (2000): Bild im Text – Text und Bild. Heidelberg: Winter

Foucault, Michel (2004a): Geschichte der Gouvernementalität I: Sicherheit, Territorium, Bevölkerung. Vorlesung am Collège de France 1977–1978. Frankfurt a. M.: Suhrkamp

Foucault, Michel (2004b): Geschichte der Gouvernementalität II: Die Geburt der Biopolitik. Vorlesung am Collège de France 1978–1979. Frankfurt a. M.: Suhrkam

Freud, Sigmund (1982): Drei Abhandlungen zur Sexualtheorie (1905). In: ders. (1982a): 37–145

Freud, Sigmund (1982a): Studienausgabe. Frankfurt a. M.: Fischer

Frith, Hannah/Kitzinger, Celia (2001): Reformulating Sexual Script Theory. Developing a Discursive Psychology of Sexual Negotiation. In: Theory & Psychology 11 (2): 209–232

Fromme, Allan (1967): Der Sexual-Report. Stuttgart/Hamburg: Deutscher Bücherbund

Gerhard, Ute/Link, Jürgen/Schulte-Holtey, Ernst (Hrsg.) (2001): Infografiken, Medien, Normalisierung. Zur Kartografie politisch-sozialer Landschaften. Heidelberg: Synchron

Grossmann, Atina (1985): Die „Neue Frau" und die Rationalisierung der Sexualität in der Weimarer Republik. In: Snitow (Hrsg.) (1985): 38–62

Grube, Gernot/Knogge, Werner/Krämer, Sybille (Hrsg.) (2005): Schrift. Kulturtechnik zwischen Auge, Hand und Maschine. München: Fink

Gugerli, David/Orlando, Barbara (Hrsg.) (2002): Ganz normale Bilder. Zur visuellen Herstellung von Selbstverständlichkeiten im historischen Kontext. Zürich: Chronos

Hau, Michael/Ash, Mitchell G. (2000): Der normale Körper, seelisch erblickt. In: Schmölders/Gilman (Hrsg.) (2000): 12–31
Heintz, Bettina/Huber, Jörg (Hrsg.) (2001): Mit dem Auge denken. Strategien der Sichtbarmachung in wissenschaftlichen und virtuellen Welten. Zürich/Wien/New York: Edition Voldemeer/Springer
Herrn, Rainer (2007): Sex als Hormonreflex. Neuorientierung in Sexualtheorie und -therapie um 1910. In: Mitteilungen der Magnus-Hirschfeld-Gesellschaft 37/38: 79–88
Heßler, Martina (Hrsg.) (2006): Konstruierte Sichtbarkeiten. Wissenschafts- und Technikbilder seit der Frühen Neuzeit. München: Fink
Hinterwaldner, Inge/Buschhaus, Markus (Hrsg.) (2006): The Picture's Image. Wissenschaftliche Visualisierungen als Komposit. München: Fink
Hirschfeld, Magnus (1912): Naturgesetze der Liebe. Eine gemeinverständliche Untersuchung über den Liebes-Eindruck, Liebes-Drang und Liebes-Ausdruck, Berlin: Alfred Pulvermacher
Hirschfeld, Magnus (1920): Störungen im Sexualstoffwechsel mit besonderer Berücksichtigung der Impotenz (=Sexualpathologie. Ein Lehrbuch für Ärzte und Studierende Vol. 3). Bonn: A. Marcus & E. Webers Verlag
Hodann, Max (1929): Geschlecht und Liebe. In biologischer und gesellschaftlicher Beziehung. Rudolstadt: 4. Aufl. Greifenverlag [1927]
Keller, Reiner (2004): Diskursforschung. Eine Einführung für SozialwissenschaftlerInnen. Opladen: Leske und Budrich
Keller, Reiner/Hirseland, Andreas/Schneider, Werner/Viehöver, Willy (Hrsg.) (2001): Handbuch Sozialwissenschaftliche Diskursanalyse. Bd. 1: Theorien und Methoden. Opladen: Leske und Budrich
Kinsey, Alfred C. et al. (1948): Sexual Behavior in the Human Male, Philadelphia: Saunders
Kinsey, Alfred C. et al. (1953): Sexual Behavior in the Human Female, Philadelphia: Saunders
Kinsey, Alfred C. et al. (1954): Das sexuelle Verhalten der Frau. Frankfurt a. M.: G. B. Fischer
Krafft-Ebing, Richard von (1886): Psychopathia sexualis. Eine klinisch-forensische Studie. Stuttgart: Enke
Krafft-Ebing, Richard von (1890/91): Über das Zustandekommen der Wollustempfindung und deren Mangel (Anaphrodisie) beim sexuellen Akt. In: Internationales Centralblatt für die Physiologie und Pathologie der Harn- und Sexualorgane 2: 94–106
Krais, Beate/Gebauer, Gunter (2008): Habitus. Bielefeld: Transcript
Krämer, Sybille (2005): Operationsraum Schrift. Über einen Perspektivenwechsel in der Betrachtung der Schrift. In: Grube/Knogge/Krämer (Hrsg.) (2005): 27–57
Krämer, Sybille (Hrsg.) (2004): Performativität und Medialität. München: Fink
Landwehr, Achim (2008): Historische Diskursanalyse. Frankfurt a. M.: Campus
Lautmann, Rüdiger (2002): Soziologie der Sexualität. Erotischer Körper, intimes Handeln und Sexualkultur. Weinheim/München: Campus
Link, Jürgen (1997): Versuch über den Normalismus. Wie Normalität produziert wird. Opladen: Westdeutscher Verlag
Link, Jürgen (2004): Die Entdeckung des „normal sex" durch Raymond Pearl im Jahre 1925. Zu einem Kapitel der Inkubationszeit des flexiblen Normalismus in den USA. In: Bröckling et al. (Hrsg.) (2004): 223–234

Link, Jürgen/Loer, Thomas/Neuendorff, Hartmut (Hrsg.) (2003): Normalität im Diskursnetz soziologischer Begriffe. Heidelberg: Synchron

Maasen, Sabine (1998): Genealogie der Unmoral. Zur Therapeutisierung sexueller Selbste. Frankfurt a. M.: Suhrkamp

Maasen, Sabine/Mayerhauser, Torsten/Renggli, Cornelia (Hrsg.) (2006): Bilder als Diskurse. Bilddiskurse. Weilerswist: Velbrück

Markle, Gail (2008): Can Women Have Sex Like a Man? Sexual Scripts in „Sex and the City". In: Sexuality & Culture 12 (1): 45–57

Martschukat, Jürgen/Patzold, Steffen (Hrsg.) (2003): Geschichtswissenschaft und „performative turn". Ritual, Inszenierung und Performanz vom Mittelalter bis zur Neuzeit. Köln: Böhlau

Mephisto (1950): Illustriertes Magazin für Probleme der Erotik des Liebes- und Sexuallebens Heft 3

Mersch, Dieter (2006): Naturwissenschaftliches Wissen und bildliche Logik. In: Heßler (Hrsg.) (2006): 406–420

Musner, Lutz/Uhl, Heidemarie (Hrsg.) (2006): Wie wir uns aufführen. Performanz als Thema der Kulturwissenschaften. Wien: Löcker

Neiger, Stefan (1956a): Wie erkennt man den Höhepunkt der Frau? In: Fischhof/Oerley (Hrsg.) (1956): 274–275

Neiger, Stefan (1956b): Wie oft kann man verkehren, ohne Gesundheitsschädigungen befürchten zu müssen? In: Fischhof/Oerley (Hrsg.) (1956): 279–280

Oudshoorn, Nelly (1993): Labortests und die gemeinsame Klassifikation von Sexualität und Geschlecht. In: Rheinberger (Hrsg.) (1993): 150–161

Oudshoorn, Nelly (1994): Beyond the Natural Body. An Archeology of Sex Hormones. London/New York: Routledge

Putz, Christa (2009): Von der ehelichen Pflicht zur erotischen Befriedigung. Heterosexualität und ihre Störungen in der deutschsprachigen Medizin und Psychoanalyse (1880–1930). Florence: European University Institute [unv. Dissertation]

Reich, Wilhelm (1927): Die Funktion des Orgasmus. Zur Psychopathologie und zur Soziologie des Geschlechtslebens. Leipzig/Wien/Zürich: Internationaler Psychoanalytischer Verlag

Rheinberger, Hans-Jörg (2006): Experimentalsysteme und epistemische Dinge. Eine Geschichte der Proteinsynthese im Reagenzglas. Frankfurt a. M.: Suhrkamp

Rheinberger, Hans-Jörg (2008): Sexualität und Experiment. Biologische Forschungslandschaften um 1900. In: Angerer/König (Hrsg.) (2008): 163–177

Rheinberger, Hans-Jörg (Hrsg.) (1993): Die Experimentalisierung des Lebens. Experimentalsysteme in den biologischen Wissenschaften 1850/1950. Berlin: Akademie-Verlag

Rieger, Stefan (2006): Die Gestalt der Kurve. Sichtbarkeiten in Blech und Draht. In: Strätling (Hrsg.) (2006): 119–138

Schmerl, Christiane et al. (Hrsg.) (2000): Sexuelle Szenen. Inszenierungen von Geschlecht und Sexualität in modernen Gesellschaften. Opladen: Leske und Budrich

Schmölders, Claudia/Gilman, Sander L. (Hrsg.) (2000): Gesichter der Weimarer Republik. Eine physiologische Kulturgeschichte. Kön: DuMont

Sengoopta, Chandak (1989): Glandular Politics. Experimental Biology, Clinical Medicine, and Homosexual Emancipation in Fin-de-Siècle Europe. In: Isis 89 (3): 445–473

Sengoopta, Chandak (2006): The Most Secret Quintessence of Life. Sex, Glands, and Hormones, 1850–1950, Chicago/London: University of Chicago Press

Shorter, Edward (1992): From Paralysis to Fatigue. The History of Psychosomatic Illness in the Modern Era. New York: Free Press

Sigusch, Volkmar (2008): Geschichte der Sexualwissenschaft. Frankfurt a. M./New York: Campus

Simon, William/Gagnon, John H. (1973): Sexual Conduct. The Social Sources of Human Sexuality. Chicago: Aldine

Simon, William/Gagnon, John H. (2000): Wie funktionieren sexuelle Skripte? In: Schmerl et al. (Hrsg.) (2000): 70–95

Simon, William/Gagnon, John H. (2003): Sexual Scripts. Origins, Influences and Changes. In: Qualitative Sociology 26 (4): 491–497

Snitow, Ann (Hrsg.) (1985): Die Politik des Begehrens. Sexualität, Pornographie und neuer Puritanismus in den USA. Berlin: Rotbuch

Stöckl, Hartmut (2004): Die Sprache im Bild. Das Bild in der Sprache. Zur Verknüpfung von Sprache und Bild im massenmedialen Text. Konzepte, Theorien, Analysemethoden. Berlin/New York: de Gruyter

Stoff, Heiko (2003): Degenerierte Nervenkörper und regenerierte Hormonkörper. Eine kurze Geschichte der Verbesserung des Menschen zu Beginn des 20. Jahrhunderts. In: Historische Anthropologie 11 (2): 224–239

Stoff, Heiko (2008): Hormongeschichten. Wie sie in den Jahren 1928 bis 1954 von den Wissenschaftsjournalisten Walter Finkler und Gerhard Venzmer erzählt wurden. In: Zeitenblicke 7 (3) [URL: http://www.zeitenblicke.de/2008/3/stoff/index_html]

Strätling, Susanne (Hrsg.) (2006): Die Sichtbarkeit der Schrift. München: Fink

Testifortan-Werbung (1928): Magnus-Hirschfeld-Gesellschaft [Archiv]

van de Velde, Theodor H. (1932): Die vollkommene Ehe. Eine Studie über ihre Physiologie und Technik. Leipzig/Stuttgart: 44. Aufl.: Konegen

Winkler, Hartmut (2004): Diskursökonomie. Versuch über die innere Ökonomie der Medien. Frankfurt a. M.: Suhrkamp

Wodak, Ruth/Meyer, Michael (Hrsg.) (2001): Methods of Critical Discourse Analysis. London et al.: Sage

Wolff, Wilfried (1993): Max Hodann, 1894–1946. Sozialist und Sexualreformer. Hamburg: von Bockel

Zizek, Slavoj (1997): Vom Erhabenen zum Lächerlichen. Der Sexualakt im Kino. In: ders. (Hrsg.) (1997): 157–190

Zizek, Slavoj (Hrsg.) (1997): Die Pest der Phantasmen. Die Effizienz des Phantasmatischen in den neuen Medien. Wien: Passagen

Expertenwissen, Medien und der Sex

Zum Prozess der Einverleibung sexuellen Körperwissens

Stefanie Duttweiler

Betrachtet man Körperwissen mit Stefan Hirschauer als etwas, „das man über den Körper ‚haben' kann, etwas, das im Körper ‚sitzt', oder als etwas, das über Körper zirkuliert" (Hirschauer 2008: 974), zeigen sich die vielfältigen Verknüpfungen von Körper und Wissen. Körperwissen wird somit nicht nur als Wissen *über* den Körper verstanden, vielmehr als „Wissen vom Körper, im Körper und am Körper" (ebd.). Anders formuliert: In der Rede vom Körperwissen taucht der Körper in zwei Dimensionen auf: Zum einen als *Objekt des Wissens*, hier fungiert der Körper als Gegenstand von Diskursen und Praktiken, Wissen über den Körper zu generieren – über seine Funktions- und Reaktionsweisen, seine Normalitäten und Abnormalitäten, seine Oberflächen und Tiefen, seine Einwirkungsmöglichkeiten und seine Steigerungsfähigkeiten, seine Widerständigkeiten und seine Verführungsmöglichkeiten. Zum anderen kann man den Körper auch als ein *Subjekt des Wissens* betrachten. Der Körper wird als „Organ der Wahrheit" (Hahn 1988: 673) verstanden, dem zugeschrieben wird, Wissen über seine Person zu produzieren. Alois Hahn hat jedoch darauf hingewiesen, dass der Körper niemals einfach ‚spricht'. „Vielmehr wählt das soziale System aus der virtuell unendlichen Menge körperlicher Veränderungen bestimmte aus und behandelt sie als bedeutungsträchtig" (vgl. ebd.: 670). Hubert Knoblauch hat dies als „kommunikativen Aspekt des Körpers" beschrieben und mit der Unterscheidung von Handeln und Verhalten in Beziehung gebracht. Verhalten wäre damit etwas, „das mit der vom Bewusstsein bestenfalls gezügelten Körperlichkeit zu tun hat" (Knoblauch 2005: 107). Doch systemtheoretisch gesprochen liegt auch das Verhalten „nicht außerhalb des sozialen Interaktionssystems – es wird in diesem System selbst be-handelt. Die Beteiligten definieren sozusagen selbst, was sie als Kommunikation auffassen und was nicht." (ebd.: 108) Damit zeigt sich zugleich: Auch Körperwissen, das der Körper als Subjekt des Wissens hervorgebracht hat, ist nicht unabhängig von sozial verbindlichen Deutungen.

Ob der Körper als Objekt oder als Subjekt des Wissens erscheint, steht in engem Zusammenhang zur Unterscheidung zwischen Körper und Leib, die sich in der sozialwissenschaftlichen Körperthematisierung durchgesetzt hat. Diese begriffliche Differenzierung bezieht sich auf je spezifische Bezugsweisen: Der Mensch hat einen Körper und er ist sein Leib. Körperhaben meint dabei „die

Fähigkeit, sich selbst zum Gegenstand zu werden, sich zu verobjektivieren, zu reflektieren und so das physisch bedingte Gebundensein an das Hier-Jetzt hinter sich zu lassen." (Gugutzer 2006: 30) Durch den Leib ist man dagegen raumzeitlich an die Gegenwart gebunden, da er die organische Ausstattung impliziert und sich im Spüren von sich selbst und anderen zeigt. Besonders deutlich wird dies in den leiblichen Phänomen, wie

> „Krankheiten und Schmerzen, aber auch unkontrollierbare[n] physische[n] Regungen von damit verglichen geringerer vitaler oder existentieller Dramatik wie Hunger und Durst, Sexualität, Verdauungsvorgänge, Schweißausbrüche, Lachen und Weinen" (Hahn/Jacob 1994: 156).

Dabei ist es konstitutiv für die Definition des Leibes, dass er

> „uns stets nur in Grenzen dienstbar [ist], in gewisser Hinsicht sogar auf unaufhellbare Weise unverfügbar, wenn auch in historisch und individuell verschiedenem Ausmaß, insofern der Leib durch individuelle und kollektive Prozeduren zähmbar, überformbar, kontrollierbar, steuerbar und deutbar wird." (ebd.: 155)

Doch auch wenn Körper und Leib als Zweiheit gedacht werden, werden sie nicht als Gegensätze gefasst, vielmehr können sie nur in ihrer wechselseitigen Verwiesenheit verstanden werden: „Der wahrnehmend-wahrnehmbare, spürend-spürbare Leib und der Körper als form- und manipulierbarer Gegenstand bilden eine untrennbare, sich wechselseitig prägende Einheit." (Gugutzer 2006: 30) Interessant ist mithin vor allem die Verschränkung von Körper und Leib – auch und gerade im Hinblick auf Körperwissen. Denn der „körperliche Leib" (Lindemann), ist bestimmt durch seine „Wissensabhängigkeit" (Hirschauer 2008: 975), er kann „nie den historischen und kulturellen Index loswerden, den ihm die Diskurses einer Zeit aufprägen." (ebd) Dieses sozial vorgegebene Wissen über Körper durchzieht nicht zuletzt auch das Fühlen und Spüren des Leibes: „Insofern nun jedes Wissen ein Kulturprodukt ist, und dieses kulturell normierte Körperwissen die Art und Weise der Leiberfahrung beeinflusst, ist auch das leibliche Spüren ein kulturelles Produkt." (Gugutzer 2006: 16) Das Körperwissen wirkt so zugleich normierend, es wirkt als kulturell vorgegebenes und legitimiertes „Gefühls- und Verhaltensprogramm, das sich unter Umständen auch gegen das, was jemand bewusst will, durchsetzt." (Lindemann 1993: 59) Das impliziert auch, dass das leibliche Spüren als Moment sozialer Kontrolle fungiert, die auch dann wirkt, „wenn niemand da ist, der die einzelnen kontrolliert, bzw. wenn soziale Kontrollen effektiv außer Kraft gesetzt sind." (Lindemann 1993: 63) Denn in „der Verschränkung von Leib und Körper werden die Ebenen des Kognitiven und des Symbolischen mit der zuständlichen Gegebenheit des Leibes zusammengeschlossen." (ebd.)

Diese nicht lösbare Verschränkung von Körper und Leib veranlasst mich im Folgenden, von ‚Körper' zu sprechen. Damit treten die zwei Dimensionen des Körperwissens – der Körper als Objekt des Wissens und als Subjekt des Wissens – deutlicher als zwei Seiten der gleichen Medaille hervor. Als Objekt des Wissens ist er Gegenstand des Wissens, als Subjekt des Wissens produziert der Körper Wissen über die Person – nicht zuletzt auch ein Wissen über die soziale Erwünschtheit der Handlungen einer Person und mithin ihrer Position im Normalitätsgefüge der Gesellschaft. Der Körper ist somit sowohl als Subjekt als auch als Objekt des Wissens ein Effekt der Einverleibung kulturell normierten Körperwissens.

Der folgende Beitrag zielt auf den Prozess dieser Einverleibung und bearbeitet die Frage, auf welche Weise und aufgrund welcher Bedingungen kulturell normiertes Körperwissen für die Einzelnen plausibel und akzeptabel wird, so dass sie es als relevantes Wissen über sich selbst anerkennen. Dabei wird auf einen bestimmten Aspekt des Körperwissens fokussiert: das sexuelle Körperwissen. Denn im Bereich des Sexuellen, so die Annahme, geht das diskursiv produzierte Wissen in besonderem Maße ‚unter die Haut'; die intensiven leiblich-affektiven Reaktionen wie Ekel, Unlust, Begehren, sexuelle Erregung oder Körperscham etablieren unhintergehbare Realitätseffekte – sie plausibilisieren und bestätigen mithin das sexuelle Körperwissen der Diskurse um den sexuellen Körper und seine Praktiken. Dabei entfaltet sich, folgt man den Ausführungen Foucaults, der Diskurs des Sexuellen auf besondere Weise innerhalb eines Macht-Wissenskomplexes, in dem der Sex

> „seit mehreren Jahrhunderten im Zentrum einer ungeheuren Nachfrage nach Wissen [steht]. Einer doppelten Nachfrage, weil wir wissen sollen, was mit ihm los ist, während er verdächtigt wird zu wissen, was mit uns los ist" (Foucault 1989: 98 [1976]).

Seine Sexualität zu befragen ist somit mehr als das Bewusstmachen impliziten Körperwissens; das Wissen um die eigene Sexualität zielt ins ‚Eigentliche' der Persönlichkeit.[1] Es ist daher anzunehmen, dass gerade das sexuelle Körperwissen zu einem Wissen wird, das für die Einzelnen als subjektiv relevant erachtet wird.

Ein wesentlicher Baustein zur Beantwortung der Frage ist es, sich den materialen Bedingungen des Diskurses zuzuwenden. Der Diskurs des Sexuellen hat unzählige Angebote ausgearbeitet, der „Nachfrage nach Wissen" gerecht zu werden und die eigene Sexualität zu problematisieren – sie zu befragen, zu hinterfragen, zu stimulieren oder zu optimieren. Angebote, die eine Vielzahl dieser Funktionen gleichzeitig erfüllen, bedienen sich meist der kommunikativen Form der Beratung (Fuchs/Mahler 2000). Unabhängig davon, in welchem Format und Medium sie

---

[1] Neben Sexualität thematisieren heute beispielsweise auch die Diskurse von Gesundheit, Fitness oder Anti-Aging den Körper als etwas, auf dem und in dem sich die ‚Wahrheit des Subjektes' zeigt.

auftauchen – ob in einer Beratungsstelle, am Telefon, in den Printmedien, in Radio, Fernsehen oder Internet – eröffnen sie einen diskursiven Raum, sich selbst und die eigene Sexualität expertengestützt zu thematisieren. Damit leisten sie einen spezifischen Beitrag für den Prozess der Einverleibung von sexuellem Körperwissen, denn sie generieren spezifische Ermöglichungs- und Akzeptabilitätsbedingungen, sich ganz individuell mit dem Diskurs des Sexuellen auseinander zu setzen und ihn für die eigene Lebensführung produktiv werden zu lassen.[2] Jenseits des Diskurses des Sexuellen operieren die Beratungsangebote allerdings gerade nicht – auch wenn und weil sie sich an die Einzelnen und deren Probleme wenden, schreiben sie sich ein in das große

> „Oberflächennetz, auf dem sich die Stimulierung der Körper, die Intensivierung der Lüste, die Anreizung zum Diskurs, die Formierung der Erkenntnisse, die Verstärkung der Kontrollen und der Widerstände in einigen großen Macht- und Wissensstrategien miteinander verketten." (Foucault 1989: 127 f. [1976])

Als aussagekräftiges Beispiel einer Sexualberatung widmet sich der folgende Beitrag der Sexualratgeberkolumne „Liebe Marta" in der schweizerischen Boulevardzeitung Blick. In einer täglich erscheinenden Kolumne und/oder in einem persönlichen Brief an die Ratsuchenden beantwortete die Journalistin Marta Emmenegger zwischen 1980 bis 1995 Fragen rund um das Liebes- und Sexualleben. So fungiert die Kolumne als ein paradigmatisches Beispiel des „expliziten Körperdiskurses", der „das Selbstverhältnis, die Thematisierung des Körpers und die institutionalisierte Behandlung des menschlichen Körpers" (Knoblauch 2005: 99) umfasst. Ich verstehe sie als exemplarischen Fall, die „Begegnungsstätten, Proliferationswege und Machtbeziehungen" (Hirschauer 2008: 974) des Diskurses des Sexuellen zu untersuchen. Der medientheoretischen Einsicht folgend, „Medien stellen das Wissen, das sie speichern, verarbeiten und vermitteln, jeweils unter die Bedingungen, die sie selbst schaffen" (Pias 2003: 286), werden dementsprechend die spezifischen medialen und kommunikativen Bedingungen untersucht, in deren Rahmen sich der Diskurs des Sexuellen entfaltet.

In der Ratgeberkolumne entfaltet sich der Diskurs des Sexuellen ausschließlich im Medium der Sprache. Das vorgestellte Wissen vom sexuellen Körper und seinen Praktiken ist damit immer explizites Körperwissen. Es vermittelt sich also weder durch körperliche Kommunikation oder durch Einüben in Routinen noch durch unbewusste Imitation, vielmehr durch die mehr oder weniger bewusste Auseinandersetzung mit einem Text. Damit unterscheidet sich die Ratgeberkolumne jedoch nicht grundlegend von den vielen anderen Angeboten sexueller Wissens-

---

[2] Zur medialisierten Sexualberatung vgl. Duttweiler (2008a,b, 2010).

vermittlung. Spezifisch ist dagegen ihre Textsorte. Dieses mediale Format kann als besonders Angebot gesehen werden, abstraktes Körperwissen als Wissen über den eigenen Körper anzuerkennen. Denn hier, so die These, wird Körperwissen nicht nur explizit gemacht, sondern es wird als Handlungs- und Orientierungswissen für die konkrete Lebensführung ausgewiesen. Es verspricht damit lebenspraktische und sinnstiftende Relevanz für jeden Einzelnen.[3]

Dabei ist das hier verhandelte Beispiel der Sexualratgeberkolumne keines, in dem der Körper ausschließlich als Gegenstand des Wissens oder als Objekt der Einverleibung in Erscheinung tritt. In den persönlichen Beratungsanfragen der Leserinnen und Leser taucht der Körper auch als einer auf, der Wissen verkörpert, d. h. auf dem Wissen sichtbar wird, sowie als einer, der selbst Wissen produziert – Wissen über die Beziehung, Wissen über die Person oder Wissen über (den Grad der) Normalität und über soziale Erwünschtheit von Handlungen. Der Körper fungiert gewissermaßen als Zeichenträger eines Wissens. Nicht immer können jedoch seine Zeichen problemlos gelesen werden. Erscheint diese Art des Körperwissens in der Kolumne, wird das Wissen einer autorisierten Expertin erfragt, um die Zeichen des Körpers deuten zu können. Auch diese Interpretation der Körperzeichen verstehe ich als wesentliches Moment im Prozess der Einverleibung von Körperwissen. Um ihn zu verstehen, muss man also auch den Status des Körpers als Subjekt und Objekt des Wissens in den Blick nehmen.

Im Folgenden steht dementsprechend zunächst diese Frage im Zentrum des Interesses, aufgrund welcher Akzeptabilitäts- und Ermöglichungsbedingungen das sexuelle Körperwissen, das im Diskurs des Sexuellen zirkuliert und von einer ratgebenden Expertin explizit gemacht wird, von den Leserinnen und Lesern der Kolumne als Wissen über *ihren* Körper anerkannt wird. Dabei verfolge ich die These, dass die hier verhandelte mediale Form der Ratgeberkolumne in besonderem Maße dazu in der Lage ist, abstraktes Körperwissen zu einem Wissen über den eigenen Körper und sich selbst zu machen – die Ratgeberkolumne kann als eine wirkmächtige Kontaktstelle des sexuellen Körperwissens verstanden werden. In einem zweiten Schritt wird vorgestellt, wie der Körper in der Ratgeberkolumne als Objekt und Subjekt des Wissens fungiert, um in einem Schluss darzulegen, inwieweit beide Dimensionen entscheidend für den Prozess der Einverleibung von Körperwissen sind.

[3] Den Aspekt der Sinnstiftung dieser medialen Beratungsangebote habe ich in Duttweiler (2010b) näher beleuchtet.

1 Akzeptabilitätsbedingungen des Wissens

Die Ratgeberkolumne „Liebe Marta“[4] ist Teil einer populären Boulevardzeitung und damit eingebettet in die Produktionslogik der Massenmedien. Deren Diktum *sex sells* gilt auch hier, die Kolumne wurde strategisch zur Leserbindung und Auflagensteigerung lanciert und erweist sich so als „eindrückliche Schnittstelle von medienökonomischem Kalkül und der Diskursivierung des Sexes“ (Wellmann 2010: 159). Die Sexualratgeberkolumne hat somit eine doppelte Funktion und eine doppelte Adresse: Sie richtet sich an Einzelne ebenso wie an ein großes Publikum und tut dies zugleich als Beratung und Unterhaltung. Um diesen doppelten Anforderungen gerecht zu werden,[5] ist neben der bloßen Beantwortung von eingegangenen Fragen rund um das Thema Körper, Sexualität und Liebe die boulevardtaugliche Darstellung des Angebots entscheidend:

> „Die Texte müssen unkompliziert und alltagsnah sein und zu müheloser Lektüre einladen. Durch Akzentuierung von Erlebnissen und Gefühlen sollen sie der Leserschaft Identifikationsmöglichkeiten bieten. Zugleich müssen sie Beispiele mit einem gewissen Grad an Normabweichung darstellen und den boulevardmedialen Wunsch nach Melodramatisierung erfüllen. Dabei dürfen sich die Inhalte der Beiträge nicht wiederholen und müssen dennoch stets vertraut wirken.“ (ebd.: 165)

Das Konzept der Herausgeber,[6] Sexualität auf lockere, allgemein verständliche Weise zu thematisieren, ohne den Lesenden eine „Moralpauke“ zu halten (ebd.: 164), ging auf. Zahlreiche Leserzuschriften belegen, wie informativ diese Kolumne für die Lesenden ist und wie sehr sie sich mit den geschilderten Fällen identifizierten und sich somit selbst gut beraten fühlen. Mit andern Worten: Die Leserinnen und Leser des Blick bedienten sich der Kolumne als ein Angebot, das ihnen Wissen über den sexuellen Körper, über sexuelle Praktiken und über das Führen von Bezie-

[4] Die Originalbriefe der Anfragen, die persönlichen Antworten der Ratgeberin „Liebe Marta“ sowie die täglich erscheinenden Kolumnen wurden der Forschungsstelle für Sozial- und Wirtschaftsgeschichte der Universität Zürich zur Verfügung gestellt und in einem mehrjährigen Forschungsprojekt interdisziplinär ausgewertet (vgl. Bänziger et al. 2010).

[5] Die Ratgeberin „Liebe Marta“ bedient diese besondere Rolle und betont, sie bemühe sich, die Fälle so auszuwählen, dass sie für alle interessant sein können. Explizit schreibt sie einer Leserin: „Ich muss immer darauf achten, Themen zu wählen, welche eine große Leserschaft ansprechen – und ihr Brief drückt das aus, was viele andere Leserinnen ähnlich schildern.“ (LM 427; die Briefe des Korpus „Liebe Marta“ sind durchnummeriert: LM 427 bedeutet: Brief Nr. 427.)

[6] Der ehemalige Chefredakteur, beschrieb die Anforderungen an die „Liebe Marta“ im Spannungsfeld von journalistischem Können und priesterlicher Haltung: „Sie muss gut schreiben können und das Zeug haben, das Thema ernsthaft und offen zu behandeln. Sexy braucht sie nicht sein, aber voller Charme und alles verzeihender Toleranz: eine Beichtmutter für den Unterleib.“ (Uebersax 1995: 133–134)

hungen im Allgemeinen und über ihren Körper, ihre Praktiken, ihre Beziehungen im Besonderen vermittelte.

Diese boulevardeske Präsentation von Körperwissen ermöglicht somit Anschlüsse, sich individuell beraten zu fühlen, Information über den sexuellen Körper und seine Praktiken einzuholen oder sich einfach – jenseits aller bewussten Aneignung von Wissen – gut und abwechslungsreich zu unterhalten. Ausschließen müssen sich diese verschiedenen Umgangsweisen gerade nicht, Unterhaltung kann durchaus mit Informationsvermittlung oder Identifikation mit den vorgestellten Fällen verknüpft sein. Und auch dann, so die Annahme, wird das Wissen wirksam, denn Relevanz und Vergnügen an medialen Unterhaltungsangeboten stehen in Zusammenhang mit „den Möglichkeiten, an biographisch bedeutsame Themen und lebensgeschichtliche Erfahrungen anknüpfen [zu] können." (Thomas 2008: 232) Dass der Umgang mit dem Wissensangebot hier fakultativ und selbstbestimmt möglich ist, dürfte eine der wesentlichen Bedingungen sein, sich mit dem vorgestellten Körperwissen zu beschäftigen und es als individuell relevant anzuerkennen.

Angelegt ist dieser selbstbestimmte Umgang schon in der kommunikativen Form der Beratung. Im Unterschied zu Behandlung, Befehl oder Vorschrift setzt die Form der Beratung auf Freiwilligkeit und überlässt die Annahme von Situationsbeschreibungen, Diagnosen und Ratschlägen ebenso den Ratsuchenden wie die Ausführung und Ausgestaltung des Rates (Duttweiler 2007a,b). Das ändert jedoch nichts daran, dass der „Lieben Marta" Autorität im Bereich des sexuellen Körperwissens zugeschrieben wird.[7] Sie besitzt die Fähigkeit,

> „sich mit größter Gelassenheit ein Urteil zu bilden. Auch dies ist ein wesentliches Element der Autorität: dass jemand über eine bestimmte Stärke verfügt und sie einsetzt, um andere anzuleiten, indem er ihr Handeln im Hinblick auf einen höheren Maßstab verändert." (Sennett 2008: 22)

Als Beraterin in Sachen Sexualität und Körper ist der ‚höhere Maßstab' der „Lieben Marta" die Wahrheit über den Sex. Sie spricht in dessen Namen und besetzt so den

> „Ort des legitimierten Sprechens, [den] Ort einer zumindest gewissen Institutionalisierung und damit [den] Ort der Macht. Dies ist auch der Platz, den ein Subjekt einnehmen muss, wenn es im Rahmen eines Diskurses etwas sagen will, das als wahr gilt." (Sarasin 2003: 34)

[7] Zu den verschiedenen Strategien, durch den sich Sexualratgeberinnen als Expertinnen inszenieren, vgl. Duttweiler (2008a).

Diesen Platz kann die Beraterin Marta Emmenegger überzeugend ausfüllen.[8] Das erstaunt, war sie doch weder Medizinerin noch Psychologin – und somit gerade keine Angehörige einer Profession, die Körper- oder Beziehungswissen institutionalisiert verwaltet. Stattdessen betont sie selbst ihren nicht-professionellen Status und erklärt in einem Interview mit der Fernsehserie „Gourmet-Treff" am 26.11.1993: „Das ist kein Beruf, den man lernen kann. Ich bin es durch Zufall geworden."[9] Als Hausfrau und autodidaktische Journalistin, die sich permanent in Sachen Sexualberatung weiterbildete, begründeten Biographie und ihre Bildung ihre Fähigkeit zum Ratgeben (Maasen/Wellmann 2008). So kann die Ratgeberin „Liebe Marta" als ein paradigmatisches Beispiel derjenigen Experten gelten, auf die Hubert Knoblauch im Zusammenhang mit Körperwissen aufmerksam gemacht hat: „Man [solle] nicht übersehen, dass auch eine Reihe schwach legitimierter Experten des Körperwissens (mit unterschiedlichen ganzheitlichen Lehren) Einfluss auf das alltägliche Körperwissen ausübt." (Knoblauch 2005: 99) Knoblauch lässt allerdings offen, warum im Hinblick auf das alltägliche Körperwissen auch schwach legitimierte Experten reüssieren können. Im Fall der „Lieben Marta" ist zu vermuten, dass es gerade der nicht-professionelle Status ihres Wissen ist, der ihr Körperwissen legitimiert. Es ist der Verweis auf ihr eigenes Erfahrungswissen und somit als Wissen, das sich schon bewährt hat, der das Körperwissen der „Lieben Marta" möglicherweise in höherem Maße plausibilisiert, als es wissenschaftliches Wissen in diesem Feld könnte. Deutlich wird das in den vielen Reaktionen der Leserschaft, die die Verständlichkeit und Treffsicherheit der Ratschläge loben: „Den Blick kaufe ich nur wegen Ihnen. Bei Ihnen lernt man mehr als bei einem Arzt der immer so geschwollen und verschlüsselt daherredet." (LM 1903)

Die meisten Leserinnen und Leser fühlten sich von dieser Mischung aus Erfahrungswissen, sexualwissenschaftlicher Expertise und gesundem Menschenverstand gut beraten und schenkten der „Lieben Marta" ihr Vertrauen: „Liebe Marta, ich habe Dir schon ein paar Mal geschrieben, denn Du bist die einzige der ich voll und ganz alles sage!" (LM 9518, 29.12.1986) So fungierte die „Liebe Marta" als eine, der man das Herz ausschütten konnte: „Eigentlich habe ich keine Frage an Sie, denn ich fühlte, das man sich bei Ihnen aussprechen kann." (LM 12709, 01.03.1990) Diese Zitate zeigen weitere Momente der Akzeptabilität dieses Körperwissens:

[8] Die „Liebe Marta" war in den 1998er Jahren eine wichtige Figur in der Schweizer Medienlandschaft. Sie trat neben der Ratgeberkolumne auch in Radio und Fernsehen sowie in Lesungen und anderen Live-Auftritten auf. Dabei wurde sie nicht zuletzt selbst als ein Medienereignis stilisiert. So hieß es in einer Ankündigung zu einem Dokumentarfilm über sie auf 3Sat: „Als Sexberaterin im Boulevardblatt „Blick" hat sie offen, direkt und mit einem Schuss Humor die Nation aufgeklärt. Sie nannte die Dinge beim Namen und befreite die Sexualität von einem moralischen Überbau. Die „Liebe Marta" wurde zu einer nationalen Institution." (zitiert nach http://www.3sat.de/3sat.php?http://www.3sat.de/sfdrs/schweizweit/80224/index.html, 22.2.2009). Vgl. auch Leisinger/Honegger (2001).

[9] Zitiert nach http://www.sf.tv/archiv/schonvergessen.php?month=10, 22.2.2009.

Das Vertrauen in die Person der Ratgeberin und ihre Ratschläge tragen wesentlich dazu bei, auch ihrem Körperwissen Vertrauen entgegen zu bringen – und es als relevant für die eigene Lebensführung zu erkennen.

Die meisten Schreibenden belassen es allerdings nicht dabei, ihre Geschichte der „Lieben Marta“ anzuvertrauen, viele haben eine mehr oder weniger konkrete Frage oder ein mehr oder weniger drängendes Problem. Beantwortet werden sie von der „Lieben Marta“ neben dem Rückgriff auf Erfahrungswissen auch mit dem Verweis auf sexualwissenschaftliches und psychologisches Wissen. Dargelegt wird es mit den Mitteln der Popularisierung. So entfällt in der Regel das Aufzeigen des theoretischen Hintergrundes oder möglicher wissenschaftlich-theoretischer Aufschlüsse bzw. es wird lediglich floskelhaft anzitiert, stattdessen wird das Wissen durch die Narration einer Fallgeschichte emotionalisiert und personalisiert. Damit besetzt die „Liebe Marta“ den „Ort der Differenz zwischen sich institutionalisierender, in Disziplinen verfestigender Wissenschaft einerseits und der Sprache der so genannten Laien andererseits“ (Sarasin 2003: 242) und es gelingt ihr, „alltagstaugliche Sprache mit einem autoritativen Wahrheitsanspruch“ (ebd.: 137) zu verbinden. Doch die Kolumne ist gerade nicht lediglich als Popularisierung wissenschaftlichen Wissens zu sehen, ihre Überzeugungskraft gewinnt sie durch die Lebenshilfe, die sie bietet. Denn die vorgestellten Fallgeschichte können als Beispiel eines Problems gelesen werden, mit dem sich auch andere Leserinnen und Leser identifizieren können. So sehen viele Leserinnen und Leser im vorgestellten Fall genau ihr eigenes Problem: „Nun bin ich am Mittwoch den 31 beim Lesen der Zeilen [sic] auf mein Problem gestoßen. Wie es bei mir ist.“ (LM 12718, 2.2.1990) Die Antwort, die die „Liebe Marta“ in der Kolumne gibt, wird somit zugleich als Antwort auf das eigene Problem gelesen.

Alle Ratsuchenden, die an die „Liebe Marta“ mit einem Problem herantreten, betonen, wie sehr sie dieser Hilfe bedürfen. Einige erfragen zwar lediglich Informationen über den Körper und wollen Auskunft darüber, wie Sex konkret funktioniert. So beispielsweise der jugendliche Ratsuchende, der die „Liebe Marta“ bittet:

> „Liebe Martha, bitte, kannst Du mir ganz genau erklären, wie man einen Zungenkuss macht? Ich weiß einfach nicht so recht, was ich machen muß mit meiner Zunge. Bitte antworte mir ganz schnell an folgende Adresse. … Aber bitte in einem ganz neutralen Couvert; niemand soll wissen, dass ich Dir geschrieben habe! Danke vielmals!“ (LM 8039, 07.01.1988)

Andere wollen einen Buchtipp, eine Adresse oder das Trainingsprogramm gegen Ejakulationsstörungen. Die meisten Leserinnen und Leser brauchen jedoch Wissen, wie sie mit ihrer problematischen Situation adäquat umgehen können: „Nie hätte ich gedacht, nochmals fremde Hilfe für eine ganz persönliche Entscheidung zu brauchen. Ich dachte, mit Intelligenz und Aussprachen könnte ich mein Problem lösen. Liebe Frau Emmenegger, dem ist nicht so." (LM 13062, 09.01.1991) Und für viele fungiert die „Liebe Marta" als Instanz, die über den Grad ihrer Normalität entscheiden soll. So fragt beispielsweise ein verheirateter Mann bezüglich seines Pornokonsums: „Das alles ist doch nicht normal oder? Bin ich pervers? Was kann ich dagegen tun?" (LM 13272)

Auf all diesen Anfragen antwortet die „Liebe Marta" ganz individuell – unabhängig davon, wie typisch die Problemlage ist. Sie leistet somit keine Sexualaufklärung im herkömmlichen Sinn, sondern Hilfe im Einzelfall. Wenn dabei andere aufgeklärt werden, ist das lediglich ein (erwünschter) Nebeneffekt. Für die Frage nach der Einverleibung von Körperwissen liegt in der Möglichkeit, durch das Lesen anderer Fälle auch im Hinblick auf das eigene Problem beraten zu werden, *die* entscheidende Akzeptabilitätsbedingungen dieses Wissensangebotes: In der massenmedialen Beratung werden sozial legitimierte Wissensbestände und Deutungsmuster vermittelt, indem sie für den Einzelfall interpretiert und modifiziert und somit brauchbar gemacht werden. Das Wissen erscheint so nicht als abstrakte, lebensferne Information, sondern als konkrete Hilfe für ein drängendes Handlungs- bzw. Orientierungsproblem. Als relevantes Handlungs- und Orientierungswissen für ihre individuelle Lebensführung kann es von den Einzelnen nur schwerlich *nicht* akzeptiert werden.

Die bisherigen Ausführungen haben eine Vielzahl von Möglichkeits- und Akzeptabilitätsbedingungen ausgemacht, das Körperwissen, das im Diskurs des Sexuellen zirkuliert, als ein Wissen über den eigenen Körper und über sich selbst anzuerkennen. Die Verortung der Kolumne in einem schriftlichen, boulevardesken *Massenmedium* mit seiner spezifischen Produktionslogik präsentiert das Wissen als eines, das verschiedene Anschlüsse ermöglicht und dabei weder dezidiert belehrend noch bewusst aufklärerisch ist. Die *Form der Beratung* verspricht als konkrete Einzelfallhilfe Handlungs- und Orientierungswissen und erlaubt dennoch den selbstbestimmten Umgang mit diesem Wissen. So wird jegliche explizite Appellfunktion des Textes negiert und verringert damit die Wahrscheinlichkeit, dass Widerstände gegen diese kulturell normierten Wissensangebote aufkommen. Das Lesen und damit die Rezeption des vorgestellten Körperwissens fallen ausgesprochen leicht, mehr noch: Es wird zu einem täglichen Lesevergnügen. Doch zugleich entwickelt das Körperwissen, das die Ratgeberkolumne vorstellt, eine relativ zwingende Kraft durch die *Autorität* der „Lieben Marta". Indem sie sich als sexualwissenschaftliche Expertin, als lebens- und beziehungserfahrene Frau und als fürsorgende Hausfrau und Mutter inszeniert, schafft sie Vertrauen und beglaubigt ihr Wissen auf vielfältige Weise. Dieses bewährte und glaubwürdige Wissen abzuweisen, wäre ausgesprochen unvernünftig. Dass durch die narrative und emotionale Darstellung von Einzelfällen den Leserinnen und Lesern nicht nur Wissen vermittelt, vielmehr *Identifikationsangebote* gemacht werden, ist sicherlich eine weitere, nicht zu unterschätzende Akzeptabilitätsbedingung. Das vorgestellte

Körperwissen, das nur für einen spezifischen Fall Geltung beansprucht, wird damit zu relevantem Handlungs- und Orientierungswissen für viele.

Dabei ist es letztlich unerheblich, inwieweit man sich mit dem vorgestellten Fall identifiziert und dessen Problemlösung anerkennt, denn durch den „Akt des Lesens" (Iser 1990) wird man unweigerlich hineingezogen in den Text. Denn Lesen bedeutet, einen eigenen Text zu erschaffen, ist doch der vorliegende Text immer nur das Rohmaterial, der im Lesen erst je neu und anders entsteht. Das führt zwangsläufig zu einer ‚Verstrickung' mit dem Text: „Wir reagieren im Lesen darauf, was wir selbst hervorgebracht haben, und dieser Reaktionsmodus erst macht es plausibel, weshalb wir den Text wie ein reales Geschehen zu erfahren vermögen." (Iser 1990: 210) Lesen, so Isers These, vermittelt somit eine besondere Art der Erfahrung, es ist ein „Umstrukturieren dessen, worüber wir verfügen." (ebd.: 215) Auch wenn die einzelnen Kolumnen sehr kurz sind und sich die Umstrukturierungseffekte jenseits bewusster Wahrnehmung abspielen, so muss man doch den *Prozess des Lesens* selbst als eines der wesentlichen Momente im Prozess der Einverleibung von Körperwissen verstehen.

2 Der sexuelle Körper als Objekt und Subjekt von Körperwissen

Der Körper erscheint, das ist den Vorgaben des Mediums geschuldet, in der Kolumne der „Lieben Marta" immer als sexueller Körper, genauer: als Körper, der sexualisiert worden ist, werden kann oder werden soll. Denn der potentiellen Sexualisierung des Körpers ist nicht auszuweichen, ist doch jeder Körper, indem er im binären System der Zweigeschlechtlichkeit positioniert ist, zugleich im System von Gleich- und Verschiedengeschlechtlichkeit, das sich über die leibliche Begehrensrelation realisiert, verortet (vgl. Lindemann 1993: 62). Vergeschlechtlichung, die jedem Leib widerfährt, ist dementsprechend nicht zu trennen von der Sexualisierung des Körpers. Gesa Lindemann hat nachdrücklich auf diesen Zusammenhang hingewiesen und dabei die Doppelstruktur des Geschlechtes betont: „Jemand ist ein Geschlecht, indem er/sie eins für andere ist, und jemand ist ein Geschlecht, indem andere ein Geschlecht für sie bzw. ihn sind." (Lindemann 1993: 61) Das impliziert, dass sich der körperliche Leib durch seine Sexualisierung geschlechtlich auf andere bezieht und von diesen als geschlechtlicher Körper wahrgenommen und adressiert wird. Betroffen ist dabei sowohl die Dimension des Leibseins als auch die des Körperhabens. Zum einen spürt man die eigene Reaktion auf die anderen leiblich-affektiv – als Begehren, als Scham oder als Angst. Zum anderen ‚hat man sich selbst' – der Körper wird zu etwas, auf das man sich als Objekt der Wahrnehmung und Einwirkung beziehen kann und muss. Der Körper, der auch von anderen wahrnehmbar ist, fungiert als Geschlechtszeichen sowie als Zeichen (sexueller) Attraktivität. Ob und wie man den Körper bearbeiten kann, so dass er sozial vorgegebenen Körperbildern oder den eigenen Wünschen hinsichtlich sexueller Attraktivität und sexuellem Vergnügen entspricht, ist daher eine häufige Frage der Ratsuchenden.

Als Objekt des Körperwissens erscheint der sexuelle Körper in der „Lieben Marta“ vor allem in jenen Anfragen, in denen der Körper zum Gegenstand wird, über den man Wissen erwerben kann. So möchten viele Ratsuchenden durch eine Anfrage an die „Liebe Marta“ ihr Wissen über den sexuellen Körper erweitern: „Wie ist das eigentlich, der Höhepunkt bei einer Frau? Was verspürt sie da?“ (LM 10095, 17.11.1989) Wisse man mehr über den Körper, so vermuten viele Leserinnen, ließe sich die sexuelle Attraktivität, Lust und Befriedigung steigern. „In die Hoden kneifen – erregend oder schädlich?“ (LM 13569, 16.06.1988) Häufig stehen dabei die sexuellen Praktiken des Körpers im Mittelpunkt des Interesses:

> „Wir haben eine Frage, in der Ausgabe des Blick vom 10.1.1987 erwähnen Sie den Begriff ‚Nonne-Mönch‘-Stellung. Leider sind wir anscheinend zu wenig aufgeklärt, um diese Stellung zu kennen. Auch Umfragen in unserem Bekanntenkreis blieben erfolglos. Wir bitten Sie, uns diese Bildungslücke auszufüllen! Mit freundlichen Grüßen [5 Unterzeichnende].“ (10.1.1987)[10]

Das Ansinnen, die Grenzen der Lust zu erweitern, wird für einige buchstäblich zu einer Arbeit an den eigenen Körpergrenzen. Doch auch dazu bedarf es des Körperwissens: „Liebe Marta, mit meinem Freund möchte ich gerne einmal den Analverkehr versuchen. Leider bin ich dafür viel zu eng. Es tut mir zu sehr weh. Was kann ich tun, damit es besser geht, oder der Eingang grösser wird?“ (6.1.1987)

So geht es für viele vor allem darum, Wissen über den Körper zu erlangen, um ihn besser kontrollieren zu können: „Da ich meine Freundin über alles liebe und sie wegen diesem Problem [vorzeitige Ejakulation] nicht verlieren möchte (im Moment tröstet sie mich noch und hat Verständnis für mein Problem), frage ich mich, wie ich mich selber unter Kontrolle bringen kann.“ (LM 13156, 06.04.1992) Für solche Fälle hat die „Liebe Marta“ ein standardisiertes Programm gegen Vorzeitigkeit ausgearbeitet, das sie auf Wunsch den Ratsuchenden zuschickte.[11]

---

[10] Mit erstaunlich gleichem Wortlaut fragt vier Tage später auch ein älterer Ehemann nach dieser Stellung, ergänzt durch die Bitte, „uns diese Stellung ganz einfach mittels einer kleinen Skizze, mit Strichmännchen und -weibchen zu erklären. – Wir sind sehr gespannt darauf!“ (14.1.1987). Damit die Information über diese Stellung zu Körperwissen werden kann, bedarf es für ihn offenbar einer visuellen Vermittlungsstrategie.

[11] Dieses Programm wurde von ausgesprochen vielen Ratsuchenden angefragt. Wie bei folgendem Brief entfielen weitere Nachfragen in der Regel, das Wissen dieses Programms scheint den Ratsuchenden zunächst ausreichend, ihr Problem zu lösen. „Sehr geehrte Frau Emmenegger! Wir treten mit dem gleichen Problem an Sie, wie das Paar im Blick von heute mit dem Übertitel ‚Ich kann tun was ich will – bei mir ist im Bett nach 2 Minuten Schluss.‘ Sie haben in Ihrer Antwort erwähnt, dass es Abhilfe

In all diesen Anfragen wird der Körper zum Objekt des Wissens, d.h. über ihn kann Wissen erlangt werden und zugleich wird der Körper durch dieses Wissen zum Objekt – er wird handhabbar. Das Körperwissen der Kolumne dient somit nicht zuletzt der Herstellung eines zuverlässigen und lustvollen Körpers. Was Dagmar Hofmann im Hinblick auf die aktuelle Generation der Jugendlichen sagt, scheint auch schon für viele Schreibende an die „Liebe Marta" zu gelten. „Jugendlichen geht es heute weniger um moralisch-ethische Aspekte ihrer Sexualität und Partnerschaft, sondern es dominiert der Wunsch nach der perfekten Körperlichkeit und dem vollkommenen Sexualakt." (Hoffmann 2008: 1759)

Dass Wissen über körperliche Vorgänge tatsächlich zu einer entscheidenden Verbesserung des Sexuallebens führen kann, zeigt der Brief eines alten Ehepaars:

> „Vor einigen Jahren waren fortlaufend Artikel im BLICK von amerikanischen Ärzten über sexuelle Fragen, darunter einen, den wir mit besonders großem Interesse lasen und dort sahen wir, warum unsere Ehe nicht besonders glücklich war. Durch einen einzigen Satz kamen wir darauf, dass es auch im Alter noch möglich ist, zur Entspannung zu kommen." (LM 1695, 16.08.1993)

Eine andere Leserin hat sich dagegen nicht getraut, das Gelesene umzusetzen:

> „Liebe Frau Emmenegger, (...) Ich möchte Ihnen einmal sagen wie großartig Sie sind. Jedesmal wenn ich den ‚Blick' aufschlage, suche ich sogleich Ihre Rubrik ‚Liebe Marta'. Sie geben bei den unmöglichsten Fragen so ausgezeichnete, überzeugende, wahre Antworten, dass sie eine echte Lebenshilfe darstellen. Wie schade, dass es Sie noch nicht als ‚Liebe Marta' gab, als ich 20 war! Erst heute, nach vielen Jahrzehnten, weiß ich, was ich falsch machte, dank Ihrer Kolumne! Jetzt ist der Zug längst abgefahren, wie es so ‚nett' heißt. (...) In Verehrung Ihre (...)." (LM 10288, 30.12.1988)

Auch als Subjekt des Wissens tritt der Körper im Korpus der „Lieben Marta" auf, und zwar dann, wenn er nicht (mehr) fraglos ‚funktioniert' oder ein diffuses Unbehagen bereitet. So berichten die Ratsuchenden von problematischen Gefühlen und Leibempfindungen, die für sie zu Vermittlern von Wissen über sich selbst werden. Schreiben die Ratsuchenden an die „Liebe Marta", haben sie seine Reaktionen als Kommunikationsofferte behandelt: Wenn die leiblich-affektiven Regungen ein Eigengewicht bekommen und der Körper als widerständig erlebt wird, drängt es sich auf, in diesen Körperzeichen eine Mitteilung des Körpers zu vermuten – die Information und Mitteilung ihres Körpers werden mithin als Kommunikation ver-

---

durch ein ‚Programm' geben könnte. Da wir nicht zu einem Sexualberater möchten, bitten wir Sie uns eine Kopie davon zu senden. Zu diesem Zweck legen wir Ihnen ein frankiertes Rückantwortcouvert bei. Wir danken Ihnen für Ihre Bemühungen und grüßen Sie freundlich." (LM 5502, 18.06.1987) standen. Wie Kranke „tendieren sie dazu, das Leiden als geheimnisvolle Auskunft über ihre Existenz und deren Wahrheit zu interpretieren, die bislang Verborgenes oder Verheimlichtes erschließt." (Hahn 1988: 673) Um allerdings den Inhalt der Information zu entschlüsseln, müssen viele Ratsuchende auf das Körperwissens der Expertin zurückgreifen. So beispielsweise der junge Mann, der aus seiner schwierigen Jugend und seiner derzeitigen platonischen Beziehung zu einem Mädchen erzählt. Richtig verliebt sei er aber in einen Jungen: „das tönt alles so nach Roman, aber ich glaube echt, das ich spinne. Ich kann nichts dagegen tun, gegen meine Gefühle." (LM 10009, 10.03.1989) In den starken Gefühlen des Begehrens *weiß* sein Leib, was er als Person nicht wahrhaben will. Nun soll die „Liebe Marta" ihm erklären, was mit ihm los ist. Indem die „Liebe Marta" dies tut und mehr noch, indem sie ihm nahelegt, dieses Wissen als unhintergehbares Wissen über sich selbst zu akzeptieren, zeigt sie zugleich den Leserinnen und Lesern der Kolumne, dass dem Körper als Subjekt des Wissens eine nicht zu hintergehbare Autorität zukommt.

Tritt die leiblich-affektive Dimension in Gestalt der Scham auf, erscheint der Leib seltener in der Kolumne. Ein Ausnahme stellt der Mann dar, der über seine Masturbationspraktiken berichtet: „Nach Handbetrieb strample ich ungute Gefühle mit dem Velo ab." (LM 13476, 01.04.1987) Die „Liebe Marta" konfrontiert seine leiblich-affektiven Reaktion mit wissenschaftlichem Körperwissen: Selbstbefriedigung ist nicht nur erlaubt, sondern ein lustvolles Element der menschlichen Sexualität.[12] Auch dem jungen Mann, der immer errötet, wenn er einem Mädchen gegenübertritt, antwortet sie, indem sie seine leibliche Reaktionen in den Raum des Wissens überführt:

> „Ab und zu bekennen wir alle Farbe – werden gelb vor Neid, grün vor Ärger oder bleich vor Schreck. Der goldbronzene Banknachbar in der Tram verrät, daß er sich Winterferien leisten kann. Ich dagegen zeichne mich augenblicklich durch noble Schreibtischblässe aus. Das Gesicht ist ein Kontaktorgan und das Erröten deshalb einprogrammiert. Was uns bewegt und was wir empfinden, steht uns im Gesicht geschrieben." (Emmegger 1983: 290)

Die leiblich-affektive Dimension fungiert insbesondere im Hinblick auf (sexuelle) Beziehungen als eine wichtige Quelle des Wissens. So für Silvia, die schildert: „Wenn ich unbefriedigt bleibe, könnte ich platzen vor Wut!" (LM 11793, 05.02.2003) Diese leiblich gespürte Wut zeigt ihr, dass sie etwas in ihrem Sexualleben ändern muss. Das gilt auch für die Ratsuchende, die berichtet: „Wenn mein Mann mich anfasst, verkrampft sich alles in mir!" (LM 13646, 13.02.1990) Sie

---

[12] Zur Behandlung der Masturbation in der „Liebe Marta" vgl. Bänziger (2008).

ahnt, dass der leiblich gespürte Krampf Ausdruck einer Beziehungsstörung ist, die der Beratung und Veränderung bedarf. In einem ähnlichen Fall deutet die „Liebe Marta" diese leibliche Reaktion: „Zweifellos ist vieles seelisch bedingt. Du wärest nicht die erste Frau, die aus unbewußter Rache ihre weiblichen Organe unter Verschluß hält." (Emmenegger 1983: 272) Auch wenn ihr Leib etwas weiß, verständlich wird es der Ratsuchenden erst, wenn es durch eine Expertin in Rekurs auf wissenschaftliches Wissen interpretiert wird. Unzweifelhaft zu deuten sind diese leiblichen Empfindungen und Verhaltensweisen allerdings gerade nicht, die Zeichen des Leibes können verschiedenes bedeuten: „Vielleicht erwarten Sie wirklich zu viel von sich und können sich deshalb beim Liebesspiel zu wenig fallenlassen, um auch den Höhepunkt zu erleben. Möglicherweise haben Sie aber auch ein bisschen Angst, sich einem Mann ganz hinzugeben." (LM 10202, 08.08.1988)

Das Körperwissen, das die „Liebe Marta" vermittelt, ist vor allem von der Überzeugung geprägt, dass sich in den leiblich-affektiven Reaktionen Beziehungskrisen zeigen:[13] „Nicht der unbefriedigende Sex hat Eure Beziehung zerstört. Umgekehrt: Ihr habt einen Kampf ins Bett verlagert, der längst mit anderen Mitteln hätte ausgetragen werden müssen." (LM 8510, 24.03.1988) Auch wenn die Ratsuchenden nicht über Beziehungen sprechen, stellt die „Liebe Marta" diese Verbindung her. So beispielsweise im Fall einer 22-jährigen Frau, die der „Lieben Marta" schreibt, sie habe mit einer kleinen Spraydose masturbiert und daraufhin etwas geblutet. Sie möchte nun wissen: „Könnte ich mich wohl ‚selbst entjungfert haben'?" (LM 9751, 20.10.1988) Daraufhin antwortet die „Liebe Marta", dies sei möglich, das Thema habe jedoch durch die Abwertung der Jungfräulichkeit seine Bedeutung eingebüßt. Gleichwohl warnt sie die junge Frau:

> „Es wäre psychisch ungesund, Dich weiterhin mausallein, aber intensiv Deinen sexuellen Pröbelein hinzugeben – wenn Du damit Kontaktschwierigkeiten umgehst und Dich abkapselst. Das eine tun, und das andere nicht lassen – geh' auch unter die Leute! Marta." (LM 9752)

Dass sich die Qualität der Beziehung leiblich ausdrückt und sich dementsprechend in der leiblich-affektiven Reaktion ‚ablesen' lässt, ist jedoch kein Sonderwissen, es scheint zum Allgemeinwissen zu gehören. Mehr noch: Die Norm, dass eine befriedigende Sexualität zu einer Liebesbeziehung unabdingbar dazu gehört, wird von Ratgeberin und Ratsuchenden gemeinsam geteilt. So schreibt ein Paar an die „Liebe Marta":

[13] Zur Beziehungsnorm der „Liebe Marta" vgl. Wellmann (2010).

„Wir sind der festen Meinung, dass dies [Sex] ein wichtiger Punkt sei, um seinem Partner die empfundene Liebe auch eindringlich und spürbar zu übermitteln, auf eine Art, die kaum eine Alternative hat, denn nur Händchen halten finden wir gar nicht so schön und gut." (LM 10036, 17.11.1989).

Wie zwingend dieser Zusammenhang ist, scheint allerdings unklar. So muss eine Leserin bei der „Lieben Marta" nachfragen: „Wenn man jemanden leidenschaftlich und von ganzem Herzen liebt, funktioniert dann nicht auch die körperliche Liebe von selbst?" (LM 13228, 17.02.1992)

Doch der körperliche Leib fungiert nicht nur aufgrund seiner leiblich-affektiven Regungen als Subjekt des Wissens. Auch an seiner Oberfläche produziert er ein Wissen über die Person, an ihr können sich beunruhigende Symptome zeigen: „Meine Frau (49) leidet an einer Erscheinung, die mich (62) nicht so schlimm dünkt, sie aber mehr und mehr in Panik versetzt: Sie verliert ihre Schamhaare." Doch die „Liebe Marta" weiß, dass dieses leibliche Phänomen nicht auf eine Krankheit hinweist: „Die Schambehaarung gehört zu den sekundären Geschlechtsmerkmalen, die sich im Klimakterium gewöhnlich etwas verändern, so wird auch das ‚Wäldchen' lichter. Ganz verschwinden wird es nie, da kannst du dich beruhigen." (Emmenegger 1983: 281) Auch bei anderen Ratsuchenden sind die sichtbaren primären und sekundären Geschlechtsmerkmale Objekte der Sorge, denn an ihnen könnte sich ein unangenehmes Wissen über die Person offenbaren. In vielen Briefen zeigt sich, dass insbesondere Größe und Gestalt des Penis Jungen und Männer Sorgen bereiten. Eine Reihe von Kolumnen widmet sich diesem Thema: „Bei mir wächst alles – nur das Wichtigste leider nicht" (16.2.1988), „Hilfe, mein bestes Stück ist krumm!" (20.06.1987), „Mein bestes Stück erschlafft viel zu früh!" (06.04.1990), „Ist mein bestes Stück für andere Varianten zu klein?" (20.2.1990) Stimmt etwas mit dem ‚besten Stück' des Mannes nicht, so steht in Frage, ob mit dem Mann selbst alles in Ordnung ist und ob er seine sexuelle Funktion richtig erfüllen kann: „Wird mein Penis (15 cm) passen?" (11.12 1993)

Männlichkeit, die für viele ihren Ausdruck in einer gelungenen genitalen Sexualität findet, macht sich nicht für alle Schreiber zwingend an der Gestalt, eher an der gekonnten Handhabung des Körpers fest. Doch was ist, wenn sich konträre Geschlechtszeichen auf ihm zeigen? Welches Wissen drückt der Körper des 14-jährigen Jungen aus, dessen Mutter schreibt: „Er neigt leider etwas zu Korpulenz, aber das Schlimmste für ihn ist, dass er kleine Brüste bekommen hat, fast wie bei einem Mädchen. Er geniert sich deswegen und verkriecht sich richtig: Er will nicht einmal mehr Fußball spielen." (Emmenegger 1983: 285) Die „Liebe Marta" kann auch diese Mutter durch wissenschaftliches Körperwissen beruhigen: „Die kleinen Bubenbrüste kommen in der Pubertät häufig vor. Verantwortlich dafür sind die weiblichen Hormone." (ebd.) Weniger schnell kann der jungen Frau geholfen werden, die vermutet, ihre Brüste könnten enthüllen, sie sei nicht liebenswert:

> „Ich bin 18 und sehe sonst nicht schlecht aus. Aber meine schlaffen Brüste machen mich seelisch kaputt! Seit sieben Wochen habe ich einen Freund, aber es ist für mich ein Horror, mich vor ihm auszuziehen; ich empfinde es wie eine Strafe." (Emmenegger 1983: 283)

Dieses und zahlreiche andere Beispiele zeigen, dass der Körper im Diskurs des Sexuellen auch als Subjekt des Wissens über die Person fungiert. Dass dieses Wissen dabei unlösbar mit dem sozial vorgegebenen Körperwissen und gesellschaftlichen Normen verknüpft ist, zeigt sich sowohl in den Fragen bezüglich der Gestalt des Körpers und seiner Teile als auch in den leiblich-affektiven Reaktionen. Besonderes deutlich tritt dies in Situationen auf, in denen sich der körperliche Leib an den sozialen Vorgaben ‚reibt', wie es im (abgewehrten) Begehren, der Wut gegenüber dem Partner oder dem Schmerzen beim Orgasmus spürbar wird. Der junge Schwule, der gegen seine Gefühle für einen Jungen ankämpft, und der Mann, der seine Masturbationspraktiken durch Fahrradfahren sühnt, erleben durch ihre leiblich-affektive Reaktion ganz unmittelbar die Diskrepanz zu den (vermeintlichen) gesellschaftlichen Normen. Und auch der junge Mann, der fragt: „Warum bin ich im Bett immer eine totale Null?" (LM 11194, 14.12.1983), spürt, dass er der Beziehungsnorm der wechselseitigen Befriedigung nicht entspricht. Nicht ganz so sicher in der Selbstbewertung ist der Ratsuchende, der von der „Lieben Marta" eine Einschätzung der Situation erbittet: „Bin ich ein Versager, weil ich zu früh komme?" (LM14532, 15.07.1989) In diesen Scham- und Versagensgefühlen artikuliert sich am körperlichen Leib, dass das Handeln der Person in der jeweiligen Situation nicht mit den gesellschaftlichen Körper- und Beziehungsnormen übereinstimmt. Das ermöglicht den Einzelnen eine handlungsleitende Orientierung – und festigt zugleich diese Normen.

Auch wenn der Körper in der Kolumne der „Lieben Marta" als Subjekt des Wissens auftaucht, ist er doch unlösbar mit dem sozial vorgegebenen Körperwissen verknüpft, das durch das Expertenwissen der Ratgeberin vermittelt wird. So kann das Wissen, das der eigene Körper ‚produziert', für die Einzelnen erst dann subjektiv bedeutsam werden, wenn es unter Zuhilfenahme des objektiven Wissens der Expertin gedeutet wird. Indem die „Liebe Marta" die leiblichen Erfahrungen in den Raum des Wissens überführt und vor dem Hintergrund wissenschaftlichen Wissens und gesellschaftlicher Normvorstellungen interpretiert, dadurch dieses Wissen für die Lebensführung der Einzelnen brauchbar macht, fungieren ihre Ratschläge als wirkmächtige Kontaktstelle zwischen dem abstrakten Körperwissen und dem Körperwissen der Einzelnen.

3 Zur Einverleibung von sexuellem Körperwissen

Dieser Beitrag hatte sich die Frage nach der Einverleibung von Körperwissen anhand des Beispiels der populären Ratgeberkolumne „Liebe Marta“ gestellt und diesen Prozess im Spannungsfeld von Expertenwissen, Medien und den Weisen der Problematisierung des Körperwissens verortet. Im Wechselspiel von Nachfrage nach Körperwissen und den unterhaltsam-beratenden Wissensangeboten der „Lieben Marta“ werden Weisen der Problematisierung wahrscheinlich gemacht, die nicht nur das Verhältnis zur eigenen Sexualität transformieren, sondern im umfassenden Sinne auch das Verhältnis zu sich selbst, zum eigenen Körper und zu den eigenen Intimverhältnissen.

Interessant ist das Beispiel insofern, als man zeigen kann, dass die Einverleibung des Körperwissens auf dem Doppelaspekt (Plessner) des Körpers aufruht: In der Dimension des Körperhabens tritt der Körper als Objekt des Wissens auf, in der des Leibseins als Subjekt des Körperwissens. Doch in *beiden* Dimensionen wird der Körper mit Expertenwissen und somit mit sozial vorgegebenem, normativem Körperwissen verwoben: Die „Liebe Marta“ vermittelt wissenschaftliches Wissen über den Körper und seine sexuellen Funktionen und sie interpretiert das Wissen, das die Körper der Ratsuchenden von sich selbst produzieren. Darüber hinaus lehrt sie, die Zeichen des Körpers als Mitteilung von Information zu behandeln und somit als Kommunikationsofferte des Körpers zu verstehen. Ohne die „Liebe Marta“ bliebe für viele Ratsuchende nicht nur unklar, was der Körper ihnen, sondern auch dass er ihnen etwas mitteilen will. In diesen Fällen figuriert erst das Körperwissen der „Lieben Marta“ den Körper als einen, der Wissen über sich selbst produziert. Mit Alois Hahn könnte man daher sagen: „Der Körper, von dem die Soziologen sprechen, ist stets gewissermaßen die Verkörperung sozialer Kräfte, die in ihm Gestalt angenommen haben als Gewohnheiten, Bewegungskompetenzen, Selbstdeutungen, Empfindungsweisen und Wahrnehmungsstile.“ (Hahn 1988: 666)

Die Inhalte des sexuellen Körperwissens, die in der Ratgeberkolumne „Liebe Marta“ vorgesellt werden, sind dabei vor allem an der Beziehungsnorm orientiert. Das Ideal ist ein orgasmusfähiger Körper, der unbefangen Lust empfinden und bereiten kann. Dass dabei weder die Penisgröße oder die Form der Brüste noch das Haarkleid von Belang sind, gehört zur Kernbotschaft der Kolumne. Nicht seine Äußerlichkeiten, vielmehr sein Vermögen zu spüren – und damit zu wissen –, was in der aktuellen Situation für sich und andere angemessen ist, sind entscheidend, Sexualität gemäß der Beziehungsnorm zu gestalten.

Subjektiv wirksam wird dieses Wissen, wenn es für die Einzelnen plausibel wird, d. h. wenn die Leserinnen und Leser das vorgestellte Körperwissen als ein Wissen über sich selbst ansehen. Im massenmedialen Beratungsangebot der „Lieben Marta“ spricht einiges dafür, dass dies geschieht: Das Wissen vom Körper, das die „Liebe Marta" vorstellt, wird auf konkret nachgefragte Problemlagen bezogen und so als alltagsrelevant dargestellt. Darüber hinaus wird es durch wissenschaftliches und Erfahrungswissen mit sachlicher und vor allem sozialer Plausibilität versehen und durch das Einpassen in das gesellschaftliche Normgefüge als sozial anerkanntes Wissen vorgestellt. Dass man trotz aller aufgebotenen Plausibilität und Legitimität dieses Wissen diskutieren, kritisieren und auch verwerfen oder einfach nur als Unterhaltung konsumieren kann, trägt entscheidend dazu bei, es anzuerkennen: Es erhöht die Beschäftigung damit und lässt die Annahme des Wissens als Ergebnis eines selbstbestimmten Prozesses erscheinen. Dieser subjektive Prozess der Auseinandersetzung mit dem vorgestellten Körperwissen ist es, der das explizite Körperwissen zu einem Wissen über den eigenen Körper werden lässt. Anders ausgedrückt: Der „Prozess der permanenten Selbstbeobachtung, Selbstpräsentation und Selbstbefragung trägt dazu bei, ‚den Körper zu bewohnen' (Fend 2001)." (Hoffmann 2008: 1754)

Literatur

Bänziger, Peter-Paul (2008): Trauriger Sex. Körper, Beziehungen und Beratung im späten zwanzigsten Jahrhundert. Eine Archivanalyse. Dissertation: Zürich

Bänziger, Peter-Paul et al. (Hrsg.) (2010): Fragen Sie Dr. Sex. Ratgeberkommunikation und die mediale Konstruktion des Sexuellen. Berlin: Suhrkamp

Bettiner, Frank/Stehr, Johannes (Hrsg.) (2007): Foucaults Machtanalytik und Soziale Arbeit. Eine kritische Einführung und Bestandsaufnahme. Wiesbaden: VS-Verlag

Duttweiler, Stefanie (2007a): Sein Glück machen. Arbeit an sich als neoliberale Regierungstechnologie. Konstanz: UVK

Duttweiler, Stefanie (2007b): Beratung als Ort neoliberaler Subjektivierung. In: Bettinger/Stehr (2007): 261–276

Duttweiler, Stefanie (2008a): „Frequently asked questions. Problematisierung des Sexuellen in der Sexualberatung im Internet" In: zeitenblicke" 7 (3) [www.zeitenblicke.de/2008/3/duttweiler]

Duttweiler, Stefanie (2008b): Subjektivierung im Modus medialisierte Sexualberatung. In: Schweizerisches Archiv für Volkskunde 104 (1): 45–66

Duttweiler, Stefanie (2010a): „Liebe Marta" und „Frag Beatrice". Vom Leserbrief zum virtuellen Rat. In: Bänziger et al. (2010): 283–316

Duttweiler, Stefanie (2010b): Fragen Sie die „liebe Marta" – Sexualberaterinnen als Sinnstifterinnen. In: Ebertz/Schützeichel (2010): 199–218

Ebertz, Michael N./Schützeichel, Rainer (Hrsg.) (2010): Sinnstiftung als Beruf. Wiesbaden: VS-Verlag

Emmenegger, Marta (1983): 333 Briefe zu Liebe und Sexualität. Zofingen: Ringier Verlag

Foucault, Michel (1989): Sexualität und Wahrheit Bd. 1: Der Wille zum Wissen. Frankfurt a. M.: Suhrkamp

Fuchs, Peter/Mahler, Enrico (2000): Form und Funktion von Beratung. In: Soziale Systeme 6 (2): 349–368
Fuchs, Peter/Göbel, Andreas (Hrsg.) (1994): Der Mensch – das Medium der Gesellschaft? Frankfurt a. M: Suhrkamp
Gugutzer, Robert (2006): Der Body Turn in der Soziologie. In: Gugutzer (2006a): 9–53
Gugutzer, Robert (Hrsg.) (2006a): *body turn*. Perspektiven der Soziologie des Körpers und des Sports. Bielefeld: transcript Verlag
Gumbrecht, Hans Ulrich/Pfeiffer, Karl Ludwig (Hrsg.) (1988): Materialität der Kommunikation. Frankfurt a. M.: Suhrkamp [1988]
Hahn, Alois/Jacob, Rüdiger (1994): Der Körper als soziales Bedeutungssystem. In: Fuchs/ Göbel (1994): 146–188
Hahn, Alois: (1988): Kann der Körper ehrlich sein? In: Gumbrecht/Pfeiffer (1988): 666–679
Hirschauer, Stefan (2008): Körper macht Wissen – Für eine Somatisierung des Wissensbegriffs. In: Rehberg (2008): 974–984
Hoffmann, Dagmar (2008): Zur alltäglichen Wahrnehmung von Körpern in den Medien und den Konsequenzen für die Selbstakzeptanz von Körper und Sexualität im Jugendalter. In: Rehberg (2008): 1754–1764
Iser, Wolfgang (1990): Der Akt des Lesens. Theorie ästhetischer Wirkung. München: Wilhelm Fink Verlag
Knoblauch, Hubert (2005): Kulturkörper. Die Bedeutung des Körpers in der sozialkonstruktivistischen Wissenssoziologie. In: Schroer (2005): 92–113
Leisinger, Elsbeth/Honegger, Stefan (2001): Marta Emmenegger gestorben. Filmbeitrag auf Schweiz aktuell vom 11.12.2001 [http://videoportal.sf.tv/video?id=cec54e2f-eaf9-4858-a69b-bd10cd43eff4]
Maasen, Sabine/Wellmann, Annika (2008): Wissenschaft im Boulevard: Zur Norm(alis)ierung intimer Selbstführungskompetenz. In: zeitenblicke 7 (3) [http://www.zeitenblicke.de/2008/3/maasen_wellmann/index_html]
Pias, Claus (2003): Postrukturalistische Medientheorien. In: Weber (2003): 277–293
Rehberg, Karl-Siegbert (2008): Die Natur der Gesellschaft. Verhandlungen des 33. Kongresses für Soziologie in Kassel. Frankfurt a. M: Campus
Sarasin, Philipp (2003): Reizbare Maschinen: Eine Geschichte des Körpers 1765–1914. Frankfurt a. M.: Suhrkamp
Schroer, Markus (Hrsg.) (2005): Soziologie des Körpers. Frankfurt a. M: Suhrkamp
Sennett, Richard (2008): Autorität. Berlin: Berliner Taschenbuch Verlag
Thomas, Tanja (2008): Leben nach Wahl? Zur medialen Inszenierung von Lebensführung und Anerkennung. In: Thomas/Wischermann (2008): 225–244
Thomas, Tanja/Wischermann, Ulla (Hrsg.) (2008): Medien – Diversität – soziale Ungleichheit. Zur medialen Konstruktion sozialer Differenz. Wiesbaden: VS-Verlag
Uebersax, Peter (1995): Blick zurück. Erinnerungen eines Chefredakteurs. Zürich/New York: Scalo
Weber, Samuel (Hrsg.) (2003): Theorien der Medien. Von der Kulturkritik bis zum Konstruktivismus. Konstanz: UVK

Wellmann, Annika (2010): Die Produktion des Beziehungssex. Strategien einer boulevardmedialen Ratgeberrubrik der achtziger und neunziger Jahre. In: Bänziger et al. (2010): 159–185

Zusätzliche Internetquellen:

http://www.3sat.de/sfdrs/schweizweit/80224/index.html
http://www.sf.tv/archiv/schonvergessen.php?month=10

Herstellung, Verbreitung, Aneignung von Körperwissen: Das Beispiel der Medizin

Medizinisches Körperwissen als zirkulierende Referenzen zwischen Körper und Technik

Cornelius Schubert

1 Einleitung

Medizinisches Wissen ist Körperwissen. In diesem Beitrag folge ich den unterschiedlichen Instanzen und Relationen des Körperwissens in der medizinischen Praxis. Im Zentrum stehen die Passungsverhältnisse zwischen objektivierten und subjektiven medizinischen Wissensbestandteilen. Dazu gehören die in den Fachbüchern enthaltenen biologischen Wirkbeziehungen, aber auch die sinnlich vermittelten Behandlungspraktiken und die technischen Instrumente. Ich gehe von der These aus, dass der biomedizinische Zugriff auf den Körper immer als ein technisch vermittelter Zugriff verstanden werden muss. Das Verhältnis von Technik, Körper und Wissen allein als ein unaufhaltsames Vordringen von Zweckrationalität und Objektivierung zu verstehen, greift jedoch zu kurz. Interessanter scheint die Frage, in welcher Weise Technik zwischen den Körpern von Arzt und Patient vermittelt und welche Auswirkung dies auf objektive und subjektive Wissensbestandteile in der Medizin hat.

Ausgehend von den vielfältigen Verschränkungen von Körpern, Technik und Wissen in der Medizin werden unterschiedliche Instanzen des Körperwissens in ihrer Bedeutung für die Behandlungspraxis untersucht. Es finden sich körpergebundene Wissensbestände, man denke etwa an das nötige Fingerspitzengefühl und die ruhige Hand eines guten Chirurgen beim Führen von Skalpell und Nadel. Auch das Abhören und Abtasten des Patientenkörpers gehört zum verkörperten Körperwissen. Hinzu kommt das erlernte Fachwissen. Medizinisches Körperwissen ist nicht nur in Ärzten inkorporiert, es ist auch in technischen Artefakten inskribiert. In Technik eingeschriebenes Wissen findet sich etwa in medizinischen Überwachungsgeräten oder therapeutischen Artefakten wie programmierbaren Insulinpumpen oder Herzschrittmachern. Darüber hinaus ist medizinisches Körperwissen auch in den Fachbüchern, Behandlungsleitfäden und der Patientenakte enthalten. Als Speicher wissenschaftlichen und administrativen Körperwissens haben auch diese Artefakte an der Durchführung der Behandlung teil. Nicht zuletzt findet sich auch im Patienten Körperwissen, darauf werde ich im Folgenden aber nur am Rande eingehen. Jede dieser Instanzen bildet in der Praxis spezifische Relationen zu anderen Instanzen aus, über die sich das medizinische Körperwissen konstituiert. Die Behandlung entfaltet sich demnach nicht direkt zwischen Arzt und Patient, sondern in einem vielschichtigen sozio-technischen Ensemble aus Körpern, Technik und Wissen.

Wenn Technik zwischen Körper und Wissen vermittelt, so tut sie dies in Form unterschiedlicher Artefakte. Als diagnostisches Artefakt reduziert sie Unsicherheit in der ärztlichen Diagnose, indem sie einen direkten Zugang zur Physiologie des Patientenkörpers ermöglicht. Als therapeutisches Artefakt soll sie – ebenso physiologisch – auf den Körper des Patienten einwirken und die Heilung herbeiführen. Als administratives Artefakt ermöglicht sie schließlich die Behandlung im Kontext eines arbeitsteilig organisierten Gesundheitssystems. Die Wirkung dieser unterschiedlichen Instanzen des Körperwissens entfaltet sich in komplexen Wechselbeziehungen. Insbesondere die Beziehung von körperlichen Zuständen und technischen Repräsentationen und Manipulationen sind in der Praxis teilweise undurchsichtig und verschlungen. Um diese Verflechtungen zu untersuchen, werde ich die diagnostischen und therapeutischen und letztlich auch die administrativen Praktiken als aufeinander bezogene Ketten von Repräsentation und Realität rekonstruieren, wie sie in der Wissenschaftsforschung als zirkulierende Referenzen beschrieben wurden.

Zuerst skizziere ich soziologische Konzepte medizinischer Wissensbestände im Rahmen praxis- und wissenschaftstheoretischer Überlegungen und diskutiere das Konzept der zirkulierenden Referenzen in seiner Anwendung auf die praktizierte Medizin. Anschließend zeichne ich die Grundkonstellation von Körper, Technik und Wissen bei der Einführung diagnostischer Technik, genauer gesagt des Stethoskops, historisch nach. Auf Basis ethnografischer Beobachtungen skizziere ich in einem dritten Schritt gegenwärtige Verhältnisse von Körper, Technik und Wissen und untersuche, wie sich die zirkulierenden Referenzen im sozio-technischen Ensemble auf zunehmend mehr Instanzen des Körperwissens verteilen.

2 Körperwissen als zirkulierende Referenzen in der praktizierten Medizin

Lange Zeit galt das medizinische Wissen über den menschlichen Körper als fachwissenschaftlicher Sonderbestand und erschien für soziologische Forschung bis auf einige Ausnahmen (etwa Fleck 1980 [1935]) nicht weiter interessant. In der Medizinsoziologie markiert die erfolgreich eingeführte Unterscheidung zwischen *disease* und *illness/sickness* die Trennung zwischen naturwissenschaftlichen und sozialen Wissensbeständen über Erkrankungen und steckt gleichzeitig die disziplinären Deutungshoheiten ab (Atkinson 1995: 22–25). Mit dem Ausdruck disease benennt diese Unterscheidung die biologischen Pathologien und definiert sie als primären Gegenstand der Medizin. Der Begriff illness bezieht sich hingegen auf die individuelle Krankheitserfahrung, während unter sickness die gesellschaftlichen Auswirkungen und die soziale Wahrnehmung von Krankheit verstanden und somit den Sozialwissenschaften zugeordnet werden.

Soziologische Betrachtungen des medizinischen Fachwissen wurden entlang der Trennung von disease und illness in der Regel im Rahmen professionellen Herrschaftswissens thematisiert (vgl. Freidson 1970), ohne einen Blick auf das Innenleben medizinischer Wissensbestände zu werfen. Seit einigen Jahren überschreiten sozialwissenschaftliche Studien der medizinischen Praxis die Grenze zwischen disease und illness und rekonstruieren nunmehr auch fachwissenschaftliche Wissensbestände und ärztliche Praktiken als soziale Praxis. Die Impulse für diese Studien kamen aus verschiedenen Feldern, unter anderem aus der Ethnomethodologie und der Wissenschaftsforschung. Sie eint die detaillierte Analyse der medizinischen Praxis, die als Set von lokal situierten, materiell vermittelten und interaktiven Praktiken verstanden wird. Derartige Rekonstruktionen der Medizin als sozialer Praxis versuchen, die biologischen, technischen und die sozialen Bedingungen der Behandlung gleichzeitig in den Blick zu nehmen und so die Genese moderner Behandlungsarrangements aus den Beziehungen der verschiedenen Instanzen untereinander abzuleiten.

Mit Blick auf das Verhältnis von Körper, Technik und Wissen lassen sich drei, sich teilweise überlappende Forschungsfelder identifizieren, die für ein Verständnis des medizinischen Körperwissens als zirkulierende Referenzen bedeutsam sind:

- Studien medizinischer Kommunikation: Hier rückt die sprachliche Vermittlung klinischer Arbeit zwischen Ärzten ins Zentrum der Analyse medizinischen Wissens (Montgomery Hunter 1991; Atkinson 1995). Weiterhin geben konversationsanalytische Untersuchungen von Arzt-Patient-Gesprächen Einblicke in die Mikrostrukturen klinischer Interaktionen (Maynard 2003; Heritage/Maynard 2006).
- Studien materialer Praktiken: Die Körperlichkeit ärztlicher Praktiken wurde insbesondere bei chirurgischen Operationen (Hirschauer 1991; Pinch/Collins/Carbone 1997) untersucht. Ebenso werden die materiellen Bedingungen der alltäglichen medizinischen Entscheidungsfindung (Cicourel 1990; Berg 1992) analysiert und die Verteilung des medizinischen Wissens auf verschiedene Instanzen aufgezeigt.
- Studien diagnostischer Instrumente: Gerade die Einführung neuer Diagnosetechniken, speziell bildgebender Verfahren, wurde in ihrer Bedeutung für das medizinische Wissen sowohl historisch (Yoxen 1987; Lachmund 1992) als auch ethnografisch (Barley 1986; Burri 2008) untersucht. Technische Repräsentationen werden demnach aktiv und teils konfliktbeladen in die bestehenden Arrangements eingepasst.

Die Studien stimmen in einer Kritik des medizinischen Wissens als rein abstrakt objektiviertem Universalwissen überein und betonen die vielfache Gebundenheit medizinischer Wissensbestände. Medizinisches Körperwissen kann folglich nur bedingt aus Fachbüchern abgeleitet werden, es muss vielmehr in der situationalen Konfiguration verschiedener Instanzen des Körperwissens erhoben werden. Der Rekonstruktion des medizinischen Körperwissens und der ärztlichen Praktiken in der Anästhesie in diesem Beitrag seien zwei kurze Anmerkungen zum konzeptionellen Zugriff und zur Besonderheit des Gegenstands vorangestellt.

Will man das Körperwissen in der praktizierten Medizin untersuchen, muss man ein Verständnis entwickeln, das die biologischen, technischen und sozialen Aspekte als konstitutiv für Diagnose und Therapie versteht. Hierfür erscheinen mir einige Annahmen fruchtbar, die im Rahmen soziologischer Praxistheorien formuliert wurden. Erstens ist der systematische Einbezug der Materialität für die Analyse medizinischer Praxis unverzichtbar (vgl. Reckwitz 2003: 289 ff.), da Körper und Technik elementare Bausteine sozialer Praktiken darstellen. Zumal der Umstand, dass im Zentrum der modernen Medizin die gezielte Beeinflussung der Materialität des Körpers durch die Materialität der Dinge steht (vgl. Lindemann 2009: 178 f.), einer solchen Perspektive Nachdruck verleiht. Die praktizierte Medizin muss demnach über die Instanzen des Körpers und der Technik rekonstruiert werden. Zweitens gehen praxistheoretische Überlegungen von einer impliziten Logik der Praxis aus (vgl. Reckwitz 2003: 291 f.), die insbesondere für wissensbasierte Praktiken die wechselseitige Durchdringung von Technik, Körper und Wissen postuliert. Fasst man medizinische Arbeit ähnlich wie technisierte Industriearbeit als körperlich-sinnliche Aktivität auf (vgl. Böhle 2002), so findet sich die implizite Logik der Praxis in den subjektiven, körper- und situationsgebundenen Wissensbeständen.

Aus dieser Perspektive werden die geläufigen Dichotomien zwischen Technik und Sozialem brüchig. Bekannte Kritiken, dass die „technische Logik“ im Krankenhaus über die „subjektive Wahrnehmung“ dominiere (vgl. etwa von Grote-Janz/Weingarten 1983) und letztendlich die klinische Arbeit der Beschäftigten entwerte und den Patienten entmenschliche, tragen nur bedingt. Gerade im Bereich der hochtechnisierten Medizin kann das Gegenteil der Fall sein. Nur durch die technische Vermittlung der Apparate können bewusstlose Patienten den Status eines sozialen Akteurs erhalten (vgl. Lindemann 2002). Begreift man Körper und Technik als konstitutive Elemente der praktizierten Medizin, so bleibt die Betrachtung schließlich auch nicht beim Körper des Patienten stehen, sondern es ist zu schauen, wie der Körper des Arztes selbst transformiert wird. Diesen Punkt werde ich ins Zentrum der Betrachtung rücken.

Als Besonderheit der medizinischen Praxis, gerade auch in Bezug auf medizinisches Wissen, bleibt trotz des wissenschaftlich-technischen Fortschritts und gestiegener ärztlicher Möglichkeiten immer ein Rest an Unsicherheit (Parsons

1951: 449 ff.). Moderne Diagnosetechnik etwa verschiebt das Verhältnis von Bekanntem und Unbekanntem, indem sie am epistemischen Grundproblem der Medizin ansetzt: von Symptomen auf Krankheiten zu schließen, d. h. mittels technischer Repräsentationen eindeutige Zeichen für einen bestimmten körperlichen Zustand zu finden. Mit Hilfe technischer Instrumente verlagert sich der „ärztliche Blick“ (Foucault 1988: 121 ff. [1963]) als Wissensordnung nicht nur auf abstrakte Symptomkonstellationen, gleichzeitig dringt er in die Körper der Patienten ein. Aber auch moderne Diagnostik kann nicht alle Ungewissheiten auflösen. Neben den kaum bestreitbaren Erfolgen der Biomedizin lassen sich zahllose Beispiele finden, in denen die scheinbar festen Kopplungen zwischen Körper, Technik und medizinischem Fachwissen auf der Ebene der biologischen, chemischen und mechanischen Wirksamkeiten brüchig werden (vgl. Collins/Pinch 2005): Entweder, da die Komplexität der Krankheitsbilder kaum überschaubar ist, oder weil die Heterogenität der Patienten eine Behandlung nach Schema F wenig erfolgversprechend erscheinen lässt, oder auch, weil zwischen den Körpern von Ärzten und Patienten, den technischen Artefakten und den unterschiedlichen Wissensbeständen unvorhergesehene oder unvorhersehbare Wechselwirkungen entstehen.

Ausgehend vom eben genannten epistemischen Grundproblem der Medizin zielt mein Gebrauch des Begriffs der zirkulierenden Referenzen auf die Vermittlungen zwischen Repräsentation und Realität (vgl. Latour 2000: 36 ff.): Durch zirkulierende Referenzen werden Worte und Welt schrittweise in einen wechselseitigen Verweisungszusammenhang gebracht, der zunehmend dauerhaft und eindeutig wird. In der Latour'schen Argumentation stehen die zirkulierenden Referenzen einfachen Korrespondenzvorstellung von Welt und Worten entgegen. Am Beispiel von pedologischer Feldforschung im Amazonas beobachtet Latour, wie Wissenschaftler Bodenstichproben nehmen und die Ergebnisse in Form von Abbildungen, Tabellen und Texten festhalten. Die nötigen Transformationen, um die Welt in Worte zu fassen, versteht Latour als Kette von wechselseitigen Bezügen zwischen Zeichen und Dingen, kurz als zirkulierende Referenzen. In dieser Kette befindet sich an einem Ende die ‚unberührte‘ Natur und am anderen Ende der wissenschaftliche Artikel, dazwischen liegen eine Vielzahl von technischen Artefakten und wissenschaftlichen Methoden, mit denen die Welt und die Worte aufeinander bezogen werden. Die Aussagekraft der Worte über die Welt steigt in dem Maß, in dem alle Referenzen in der Kette eindeutig aufeinander verweisen, die Transformationen von der Welt in Worte also stabil und wiederholbar werden. In diesem Sinne wird das medizinische Körperwissen durch die Relationen der Instanzen konstituiert. Es lässt sich nicht mehr in isolierte Wissensbestände aufteilen, sondern existiert allein als vielschichtige Verweisungsstruktur. Die epistemischen Gemeinsamkeiten zwischen naturwissenschaftlicher Forschung und der praktizierten Medizin erlauben meiner Ansicht nach die Rekonstruktion der medizinischen Praxis mit Begriffen der Wissenschaftsforschung, zumal die Referenzen in beiden

Fällen durch eine Vielzahl von epistemischen Artefakten fließen, die als Medium der Erkenntnis das Wissen über die Welt mitprägen.

Versteht man auch den Bezug von Erkrankung, Symptom, Diagnose und Therapie als zirkulierende Referenz, so lassen sich einige Grundannahmen für die Analyse der medizinischen Praxis festhalten. Erstens sollte untersucht werden, auf welche Art und Weise die Referenzen durch die verschiedenen Glieder der Kette zirkulieren und welche Auswirkung dies auf die Verknüpfung von Welt (Erkrankung) und Worten (Diagnose) hat. Zweitens schärft sich der Blick für die Zusammensetzung der Kette, d. h. welche Instanzen (Ärzte, Patienten, Medikamente, Akten und Apparate) am Behandlungsprozess beteiligt sind. Drittens bleibt zwischen allen zirkulierenden Referenzen ein Spielraum der Interpretation und der Ungewissheit. Je mehr Referenzen zirkulieren, desto größer werden die Spielräume, und umso mehr müssen die Glieder der Kette aufeinander eingestellt werden, um einen erwartbaren Behandlungsverlauf zu gewährleisten.

Was Latour für die wissenschaftliche Untersuchung von Bodenstichproben im Amazonas beschrieben hat, muss jedoch auch in zwei Punkten für die praktizierte Medizin angepasst werden:

- Einerseits sind die Glieder in der Kette im Fall der Pedologie unidirektional aufeinander ausgerichtet, denn sie verweisen vom Ursprung her auf die Materie des Urwalds und zielen auf die Form des wissenschaftlichen Textes (vgl. Latour 2000: 70). Mag dies für die Diagnose noch zutreffen, so wechseln die Bezüge der Referenzen in der Therapie die Richtung. Durch die medizinische Intervention werden aus Zeichen wiederum Dinge gemacht, wodurch der wechselseitige Verweisungszusammenhang zu einem wechselseitigen Herstellungszusammenhang wird. Dann zirkulieren die Referenzen nicht mehr linear zwischen Welt und Worten, sondern vielmehr in sich überlagernden Schleifen, in denen aus Dingen Zeichen und aus Zeichen Dinge gemacht werden. An diesem Punkt setzt die empirische Untersuchung der medizinischen Praxis an, um die wechselseitigen Transformationen von Realität und Repräsentation zu erfassen.
- Andererseits verschränken sich in der praktizierten Medizin die von Latour getrennt angeführten Wissenschaftsbereiche der Experimental- und der Feldforschung (vgl. ebd.: 43). In der Feldforschung, so Latour, verbindet die Kette der zirkulierenden Referenzen die Welt der Dinge schrittweise mit der Welt der Zeichen und verwandelt eins ums andere die konkrete Materie in abstrakte Formen. In der experimentellen Forschung sei dies kaum möglich, da in wissenschaftlichen Laboren keine unberührte Natur vorzufinden sei, sondern eine durch Experimentalapparaturen präformierte, dem wissenschaftlichen Zugriff angepasste Welt. Somit würden Zeichen (die Experimentaldaten) hauptsächlich auf andere Zeichen (die in den Apparaturen eingeschriebenen

Theorien) verweisen. Was Latour für die Laborforschung beschreibt, gilt ebenso für die praktizierte Medizin: Durch die Verknüpfung von Repräsentation und Intervention wird die Medizin selbstreferenziell (vgl. für die Naturwissenschaften: Hacking 1983, 1992).[1] Ein Patient, bzw. die Erkrankung des Patienten, hat fast immer schon eine medizinische Vorgeschichte, insbesondere wenn es sich um eine Behandlung innerhalb eines organisierten Behandlungsverlaufs, einer „illness trajectory" (vgl. Strauss et al. 1997: 8 ff. [1985]), handelt.

Ich folge den Vermittlungsketten in den ärztlichen Praktiken, durch die Gewissheit über den körperlichen Zustand des Patienten erlangt werden soll. Schritt für Schritt wird empirisch nachvollzogen, welche Wechselbeziehungen zwischen Körper, Technik und Wissen in der medizinischen Praxis bestehen und wie sich die Instanzen des medizinischen Körperwissens verändern. Dazu werde ich in den nächsten Abschnitten verschiedene Konstellationen von Patienten, Ärzten und Technik und die in ihnen zirkulierenden Referenzen skizzieren. Zuerst wird die Veränderung der Arzt-Patient-Dyade durch die Einführung diagnostischer Instrumente, speziell des Stethoskops, historisch rekonstruiert. Danach werde ich anhand eigener ethnografischer Studien die länger werdenden Ketten der zirkulierenden Referenzen in der Intensivmedizin, speziell am Beispiel der Narkose, diskutieren, und schließlich die Zirkulation der Referenzen über Zeit und Raum mittels administrativer Techniken betrachten.

3 Enge Körper-Technik-Kopplungen der stethoskopischen Untersuchung

Versteht man unter Technik nicht nur Instrumente, Maschinen oder synthetisch hergestellte Medikamente, sondern vielmehr eine Art zu handeln, dann fallen auch Gebetstechniken, Denktechniken oder erotische Techniken (vgl. Weber 1972: 32 f. [1922]) als mehr oder weniger rationale Mittel zum Zweck unter einen weiten Technikbegriff (Rammert 1993: 11). Man muss sich ärztliches Handeln daher grundsätzlich als technisch vermitteltes Handeln vorstellen. Im Folgenden werde ich jedoch die Vermittlung durch technische Artefakte, d. h. die Vielzahl medizinischer Gerätschaften, in den Vordergrund stellen.

[1] Wobei die Stabilität der Selbstreferenzialität nach Hacking größtenteils aus dem technischen Zugriff auf die Welt anhand der von Laborapparaten und -instrumenten erzeugten Phänomene entsteht. Der Erfolg der Biomedizin ist demnach aus der wechselseitigen Anpassung von Körper, Technik und Wissen zu erklären, die eine dauerhafte gegenseitige Reproduktion der Realität und der Repräsentationen beinhaltet.

Die Einführung des Stethoskops gilt gemeinhin als historischer Wendepunkt hin zur modernen Biomedizin (Reiser 1978: 23 ff.; Lachmund 1997). Auch lassen sich an diesem Beispiel eindrücklich die Veränderungen im Behandlungsarrangement zeigen. Vor der Einführung des Stethoskops war das sogenannte Krankenexamen die etablierte Diagnosepraxis. Im Verlauf eines längeren Gesprächs am Krankenbett im Hause des in der Regel wohlhabenden Patienten stellte der meist ambulant tätige Privatarzt die Diagnose. Über das Gespräch hinaus konnte der Arzt die körperliche Erscheinung des Patienten beurteilen. Üblich waren auch Auskultation und Perkussion, d. h. das Abhorchen und Abklopfen des Körpers. In diesem Ensemble zirkuliert das Körperwissen mehr oder weniger unmittelbar zwischen Arzt und Patient. Zwischen der Erzählung des Patienten und dem äußerlichen Betrachten, Abhören und Abklopfen des Körpers wurde der Schilderung des Patienten gegenüber den oft unspezifischen körperlichen Zeichen von den Ärzten Vorrang eingeräumt (vgl. Lachmund 1992). Die Kette der Referenzen ist in diesem Fall nicht sonderlich lang, und das für die Behandlung relevante Körperwissen entstammt größtenteils subjektiven Schilderungen, die vom Arzt interpretiert werden. Als vermittelnde Instanz tritt der Patient selbst hervor, der verbal über sein körperliches Befinden Auskunft gibt. Auf diese Weise geschieht die Transformation der Erkrankung in Symptomschilderungen und deren Interpretation ohne weitere technisch-materielle Instanzen.

Das ändert sich, nachdem der Pariser Arzt René Laennec im Jahr 1816 erstmals ein Hörrohr zur Auskultation nutzte. In der Medizingeschichte ist die Geburtsstunde des Stethoskops als Verlegenheitshandlung bekannt, bei der der junge Arzt eine zusammengerollte Zeitung nutze, um sein Ohr nicht direkt auf die Brust einer jungen Patientin legen zu müssen. Mittels der Zeitung konnte er die unschickliche Berührung zweier nicht verheirateter Körper des jeweils anderen Geschlechts umgehen und stellte dabei fest, dass er die Töne aus dem Brustraum sogar besser hörte. An dieser Begebenheit zeigt sich, dass in der „medialen Auskultation" (Laennec 1819) das Stethoskop nicht allein technisches Medium der Schallverstärkung war, sondern auch die soziale Beziehung der Körper von Arzt und Patient neu vermittelte. Für die epistemische Praxis der Mediziner bedeutete die Einführung des neuen Instruments, eine neue Instanz in die zirkulierenden Referenzen der Diagnose aufzunehmen.

Um die veränderten zirkulierenden Referenzen zwischen Technik und Körper in den Blick zu bekommen, muss das Stethoskop als Instrument in seiner doppelten Orientierung auf Subjekt und Objekt gesehen werden. Dewey (1958: 122 f. [1925]) hat auf die zweiseitige Ausrichtung von Werkzeugen hingewiesen. Der Speer beispielsweise sage gleichzeitig etwas über den Jäger wie auch seine Beute und die Art zu jagen aus, ebenso wie man anhand des Pfluges etwas über die Beschaffenheiten des Bodens, des Bauers und der Landwirtschaft lernen könne. Mit der Etablierung und Verbreitung des Stethoskops veränderten sich die Beziehungen von Körpern, Technik und Wissen grundsätzlich. Zuerst einmal mussten die Ärzte lernen, die akustisch verstärkten Töne aus dem Körperinneren richtig zu deuten, etwa ein trockenes von einem feuchten Rasseln zu unterscheiden.[2] Dabei mussten auch Widerstände innerhalb der Ärzteschaft überwunden werden, die die neuen Untersuchungsmethoden als unzuverlässig und ungenau empfanden und das empfindliche Arzt-Patient-Verhältnis gestört sahen (Lachmund 1992). Aus der Sicht der Praxis des Krankenexamens bringt das Stethoskop viel eher Ungewissheit in die Diagnose hinein, als dass es der Entscheidungsfindung dient (für eine Diskussion anderer Beispiele vgl. Stern 1927). Nur vor dem Hintergrund eines biomedizinischen Krankheitsverständnisses erscheint die mediale Auskultation sinnvoll. An diesem Punkt zeigen sich die wechselseitige Transformation von Realität und Repräsentation in den zirkulierenden Referenzen und die praktischen Umgestaltungen, die damit einher gehen. Die stethoskopische Untersuchung macht den Körper des Patienten und die Erkrankung für den Arzt in einer spezifischen Weise verfügbar und verändert das Wissen über die Krankheit. In der Konstellation von Patient, Stethoskop und Arzt entsteht die von Foucault (1988: 121 ff. [1963]) beschriebene Wissensordnung des ärztlichen Blicks, die sich im Fall des Stethoskops auch auf das Gehör ausweitet.

Setzt man direkt an den Körpern und Instrumenten an, so erschließt das Stethoskop neue diagnostische Möglichkeiten, die auf der Seite der Ärzte eine gestiegene Hörkompetenz voraussetzen. Es entsteht eine spezifische Körper-Technik-Körper-Kopplung, in der der Körper des Arztes, genauer sein Hörvermögen, durch das akustische Instrument an den Körper des Patienten anschließbar wird und andersherum. Das Gehör wiederum muss in der praktischen Anwendung und durch wiederholte Untersuchungen geschult werden, damit der Arzt das nötige Wissen zur Interpretation der Töne erlernt. Insofern verbindet das Stethoskop die Körper von Ärzten und Patienten auf direkte (physikalische) Weise. Das neu erlernte Hörvermögen erweitert das im Arzt verkörperte Körperwissen. Genauer betrachtet befindet sich das Stethoskop als vermittelnde Instanz nicht zwischen Arzt und Patienten, vielmehr gehen Arzt und Stethoskop in der medialen Auskultation eine quasi-symbiotische Beziehung ein, in der das Stethoskop auf Seiten der Medizin ein Teil der ärztlichen Wahrnehmungspraktiken wird (vgl. Ihde 1990: 72 ff.). Auf der anderen Seite gerät der Patient in eine passivere Rolle, in der er „den Oberkörper freimacht“, um dem Arzt und seinem Stethoskop ungehinderten Zugang zum

[2] Wiederum kann dieser Prozess nicht isoliert betrachtet werden. Der Erfolg der medialen Auskultation ist eng verknüpft mit den gesellschaftlichen Umwälzungen, in denen das moderne Gesundheitssystem selbst entsteht (vgl. Schubert/Vogd 2009). Technik ist somit Medium sozialer Prozesse (Rammert 2007) und wirkt weit über einzelne Situationen hinaus (wie es etwa Marx 1968: 391 ff. [1867] für die Maschinerie und große Industrie beschreibt). Ich will aber an dieser Stelle den Mikrobeziehungen zwischen den Körpern, Technik und Wissen in der konkreten Behandlungssituation nachgehen.

eigenen Körper zu gewähren, dann auf Kommando zu atmen und sich während der restlichen Prozedur ruhig zu verhalten (vgl. Burri 2006).

Zirkulieren die Referenzen durch das Stethoskop, so verschieben sich die Verhältnisse von Körper, Technik und Wissen. Das medizinische Wissen wird zunehmend objektiviert, auch wenn das subjektiv verkörperte Körperwissen der Ärzte an Bedeutung gewinnt. Die Ungewissheit weicht in dem Maße, in dem Arzt und Patient in die neue Wissensordnung eingepasst werden, das Gehör der Ärzte geschult ist und die Patienten folgsam bleiben, sich also eine beiderseitige Disziplin ausformt. Das Stethoskop ist einerseits das Medium des Schalls, andererseits auch das Medium des medizinischen Zugriffs auf den Körper. In der Körper-Technik-Welt-Konfiguration der stethoskopischen Untersuchung keimt schließlich die epistemische Grundform moderner Repräsentationspraktiken, von den Erzählungen des Patienten unabhängige Repräsentationsebenen zu erschaffen.[3] Wie sich diese Repräsentationsebenen zu den körperlichen Zuständen unter der Bedingung zunehmender Technisierung verhalten, ist Thema des nächsten Abschnitts.

4 Lange Ketten zirkulierender Referenzen zwischen Körper und Technik

Biomedizinische Verfahren sind per se auf eine enge Kopplung von Körper und Technik angelegt.[4] Heutzutage verfügen Ärzte durch die apparative Diagnostik über eine Vielzahl objektivierter Repräsentationen, ohne dass sich die Ungewissheit aus dem ärztlichen Handeln ganz verflüchtigt hätte. Der Grund hierfür liegt in den länger werdenden und dabei nicht immer stabil bleibenden Ketten zirkulierender Referenzen. Die Ketten werden länger, weil mehr und mehr diagnostische Apparaturen erfunden und eingesetzt werden, aber auch, weil sich die Behandlung auf verschiedene Bereiche (ambulant und stationär bzw. Allgemein- und Fachärzte) verteilt. Die Ketten werden weniger stabil, weil einerseits die komplexen Wechselwirkungen in der biomedizinischen Behandlung kaum zu durchschauen sind, und weil andererseits die arbeitsteilige Form der Leistungserbringung zu einer Desintegration der Behandlungsabläufe geführt hat (vgl. Badura/Feuerstein 1994: 211 ff.). Der Körper des Patienten ist heute kein natürlicher Ort pathologischer Veränderung, er verweist oftmals auf vorherige medizinische Eingriffe. Am Ende

[3] Ob dieser Keim aufgeht, liegt dabei nicht an der Technik selbst, sondern am gesellschaftlichen Arrangement, in das sie eingebettet ist.

[4] Die enge Technik-Körper-Kopplung kann paradigmatisch am Königsweg der medizinischen Forschung, der randomisiert kontrollierten Studie, nachvollzogen werden. Alle nichtphysiologischen Wirkungen sollen durch dieses Design ausgeschlossen werden, um eindeutige Kausalaussagen zur Wirksamkeit einer Substanz auf den Körper zu ermöglichen.

einer Behandlungskette mag es dem behandelnden Arzt in der Tat schwerfallen, im Körper des Patienten zwischen den natürlichen Pathologien und den Eingriffen seiner Kollegen zu unterscheiden.[5] Vielfältig zirkulierende Referenzen erschweren im Verlauf einer längerfristigen Behandlung eine klare Zurechnung der Zeichen. Auch für komplexe Therapiepläne besteht dieses Problem, wenn beispielsweise Medikamente zur Behandlung der unerwünschten Wirkungen anderer Medikamente eingesetzt werden, diese aber wiederum selbst unerwünschte Wirkungen haben. In der Intensivmedizin findet sich notwendigerweise eine Vielzahl technischer Artefakte, und ich werde nun am Beispiel eigener ethnografischer Studien (Schubert 2006) die Problematik der zirkulierenden Referenzen in der Anästhesie aufzeigen.

Beginnen wir mit der Kopplung von Körper und Technik durch intensivmedizinische Medikamente und Überwachungsgeräte. In der Intensivmedizin werden hochwirksame Medikamente eingesetzt, deren Verabreichung eine sofortige körperliche Reaktion folgt. Während einer Operation werden beispielsweise Katecholamine (z. B. Adrenalin) verabreicht, um das Herz-Kreislaufsystems zu unterstützen. Wegen ihrer potenten Wirkung auf den Körper werden Katecholamine und andere intensivmedizinische Medikamente gewöhnlich durch technische Apparaturen, sogenannten Spritzenpumpen appliziert. Diese elektronisch gesteuerten Pumpen ermöglichen eine kontinuierliche und fein dosierte Medikamentengabe. Es kann bei älteren Pumpen jedoch vorkommen, dass der mechanische Antrieb des Geräts ungleichmäßig arbeitet und das Medikament dadurch schwallartig in den Körper gelangt. Dann kommt es zu Schwankungen im Blutdruck des Patienten, die wiederum durch die sensiblen Überwachungsgeräte aufgezeichnet werden. In der langen Kette der zirkulierenden Referenzen verweist die schwankende Kurve auf dem Monitor dann nicht auf einen pathologischen Zustand des Patienten, sondern auf eine materielle Ermüdung in der Mechanik der Pumpe.

Je länger die Kette der wechselseitigen Verweisungen wird und je enger Technik und Körper miteinander gekoppelt werden, desto größer wird auch die Gefahr versteckter Interferenzen, wenn sich technische Eingriffe und körperliche Symptome vermischen. Kenntnisse der Pharmakokinetik sind dann nur ein Bestandteil des medizinischen Körperwissens, ebenso wichtig ist es, die Wirkung von Medikamenten in der Konstellation von Patient und apparativer Ausstattung einschätzen zu können. Auf die nichtintendierten Wechselwirkungen von Körper und Technik angesprochen, erwiderte ein erfahrener Anästhesist im Interview:

> „Man sollte sich auch der Technik bedienen, das ist wichtig; und wenn aber die Technik ausfällt, dann sollte man eben auch den Handbetrieb können. (...) Und wenn

[5] Solch „reflexive Unsicherheiten“ hat Wagner am Beispiel der Intensivmedizin aufgezeigt (Wagner 1995).

> dort [in der Technik, CS] ein Fehler ist, dass ich nicht blind den Monitor behandle, sondern den Patienten.“

Erfahrene Ärzte pflegen einen reflektierten Umgang mit technisch vermittelten Repräsentationen, die sie durch verschiedene Triangulationspraktiken kontinuierlich mit sinnlich wahrnehmbaren Zeichen abgleichen. So kann neben den technischen Monitoringsystemen über die Lippenfarbe auf die Sauerstoffsättigung des Blutes geschlossen werden, kleine Pupillen sind ein Anzeichen für genügend Narkosemedikamente und eine trockene Stirn für Schmerzfreiheit. Ein anderer erfahrener Anästhesist beschreibt seine Arbeitspraxis wie folgt:

> „Du musst ja ganz viel gleichzeitig machen, letztendlich. Und du musst so'n bisschen ein Screening entwickeln dafür, stimmt hier alles oder ist was nicht im Lot? (…) Nämlich bestimmte Sachen immer zu kontrollieren, immer wieder Rundgänge um den Tisch zu machen, um zu sehen, blutet es wirklich nicht?“

Aus den Interviewausschnitten wird deutlich, dass sich sinnliche Erfahrung und technische Repräsentation nicht wechselseitig ausschließen, sondern einander in den epistemischen Praktiken ergänzen und gegeneinander abgewogen werden. Medizinisches Handeln, besonders im Krankenhaus, geschieht in sozio-technischen Ensembles (vgl. Schubert 2006: 113 ff.), in denen die apparative Ausstattung, die Erfahrung der Ärzte und auch die Zusammensetzung des Teams die Infrastruktur der zirkulierenden Referenzen bilden.

Für die Intensivmedizin lässt sich das Verhältnis von Körper, Technik und Wissen in drei Punkten zusammenfassen:

- Der Körper des Patienten wird mit Schläuchen und Sensoren an die Medizintechnik anschlussfähig gemacht. Die technisch vermittelten Parameter repräsentieren die Vitalwerte des Patienten, gleichzeitig können die Ärzte mit Medikamenten in körperliche Funktionen eingreifen. Die Referenzen zirkulieren zwischen Körper und Technik, was im Falle avancierter Technik bis zur Automation von Eingriffen reichen kann. Ein implantierter Defibrillator beispielsweise überwacht die Herzfunktion und kann Herzrhythmusstörungen durch gezielte Stromstöße automatisch beenden. Die wechselseitige Übersetzung von Dingen und Zeichen geschieht in der programmierten Abfolge von elektrischer Sensorik, festgelegten Grenzwerten und gezielter Intervention.
- Zwischen dem Körper des Arztes und dem des Patienten vermittelt eine Vielzahl epistemischer und therapeutischer Artefakte. Die subjektive Erfahrung des Arztes wird durch die numerische Objektivierung von Vitalparametern allerdings nicht ersetzt, sondern ergänzt und verlagert. So gibt das anästhesistische Monitoring die Messwerte von Puls und Blutdruck auch als akustische

Signale (als Variationen in Frequenz und Höhe von Pieptönen) aus. Ähnlich wie bei der stethoskopischen Untersuchung entwickeln Ärzte ein feines Gehör, um die Töne zu deuten. Im sozio-technischen Ensemble einer chirurgischen Operation wird der Zustand des Patienten subjektiv und objektiv erfahrbar, das Körperwissen verteilt sich auf das verkörperte Körperwissen der Ärzte, die in technische Artefakte eingeschriebenen Wissensbestände und nicht zuletzt auch auf die zwischen Ärzten zirkulierenden „war stories" (Orr 1996: 125 ff.), mit denen praxisbezogene Wissensbestände anekdotisch weitergegeben werden.

- Die zirkulierenden Referenzen sind Teil der medizinischen Praxis. Aus Sicht sozialer Praktiken verknüpfen sie routinierte Handlungen mit situativen Anpassungen und bilden eine Kette von Verweisen, die sich durch die Materialität von Körper und Technik ziehen. Je mehr Instanzen in der Kette zwischen Realität und Repräsentation vermitteln, umso mehr Glieder der Kette müssen aufeinander ausgerichtet werden, um erwartbare Transformationen zu gewährleisten. Ungewissheit entsteht innerhalb der zirkulierenden Referenzen in dem Maße, in dem in den einzelnen Transformationsschritten Mehrdeutigkeiten oder undurchsichtige Verweisungsrelationen entstehen. Ärzte wissen um die prinzipielle Uneindeutigkeit von Repräsentationen und wägen sie zwischen technischer Vermittlung und dem direkten körperlichen Kontakt ab, um dadurch höhere Gewissheit über den Zustand des Patienten zu erlangen.

Listen wir an dieser Stelle noch einmal die verschiedenen Instanzen des Körperwissens im sozio-technischen Ensemble der Anästhesie auf. Da Patienten in der Intensivmedizin oft bewusstlos sind, können sie selbst kaum Auskunft über ihren Zustand geben. Daher werden am Körper des Patienten sowohl direkt sichtbare und fühlbare als auch technisch vermittelte Zeichen abgelesen. Im Arzt findet sich verkörpertes Körperwissen, das im direkten körperlichen Kontakt von Arzt und Patient erlernt wird. Technisch vermittelte Repräsentationen fügen dem verkörperten Körperwissen eine neue Dimension hinzu, wenn etwa bei akustischen Signalen ein geschultes Gehör zur Deutung der Töne benötigt wird. Zur Repräsentation physiologischer Parameter in numerisch objektivierten Daten wird Körperwissen darüber hinaus in die technischen Apparaturen eingeschrieben. Der Arzt deutet die Messwerte schließlich im Kontext biomedizinischer Wissensbestände. Die Referenzen zirkulieren dabei gleichzeitig durch verschiedene Instanzen des Körperwissens, durch die der Arzt die individuelle Behandlung eines Patienten mit der apparativen Ausstattung und den medizinischen Fachwissensbeständen verknüpft.

Wir haben bis hier nur Situationen in den Blick genommen, in denen die Akteure unmittelbar anwesend waren. Eine weitere Instanz des Körperwissens kommt in Form von Dokumentationstechniken hinzu. Dann erweitert sich die

Kette aus Repräsentationen auf vorherige Daten und Befunde Dritter. In der Krankenakte versammeln sich Repräsentationen verschiedener Abstraktionsgrade, von der einfachen Messung der Temperatur und Blutdruckkurve, über Röntgenbilder bis zu komplizierten Laborwerten und den Befunden aufwendiger bildgebender Verfahren. Das derart aufbereitete Körperwissen ermöglicht dem Arzt, eine Diagnose zu stellen und Behandlungspläne zu entwickeln, ohne den Patienten selbst untersuchen zu müssen. Sowohl das subjektive Krankheitsempfinden des Patienten als auch die körperlichen Diagnosefähigkeiten des Arztes sind allein als Spuren in den Protokollen früherer Behandlung zu finden. In diesem Sinne kann die Akte als vorläufiger Endpunkt in der Transformation von Dingen in Zeichen gesehen werden, sie ist die zentrale Instanz des abstrahierten und objektivierten biomedizinischen Körperwissens. Das wortwörtliche Einschreiben von Patientendaten in Formulare und Arztbriefe, das Sammeln von Untersuchungsergebnissen und Befunden erschafft, wie es Foucault allgemein für Dokumentationstechniken beschreibt, aus dem Individuum durch Beschreiben, Vermessen und Vergleichen den „Fall" (Foucault 1977: 246 f. [1975]), der administrativ bearbeitet werden kann (vgl. Berg 1996). Die Akte verkörpert in der Kette der zirkulierenden Referenzen aber auch den Wendepunkt in der Schleife von den Zeichen hin zu den Dingen.

Vorbereitung und Durchführung einer Narkose bieten ein gutes Beispiel, um die kontinuierliche Verkettung und Transformation von Zeichen und Dingen zu verfolgen. Am Tag vor der Operation besucht der Anästhesist den Patienten am Krankenbett und klärt ihn über die Narkose auf. Dabei überprüft der Arzt noch einmal die Angaben in der Akte und füllt ein Formular zum Patientenaufklärungsgespräch aus. Die Daten aus dem Aufklärungsformular werden wiederum in die Akte übernommen. An dieser Stelle werden Akte und Körper vom Arzt mit den Schilderungen des Patienten abgeglichen, um dann als objektivierte Repräsentation in die Akte einzugehen. Der Narkosearzt bezieht sich am nächsten Tag auf die Informationen in der Akte. Je nach Schichtrotation begegnen sich Arzt und Patient im Operationssaal eventuell zum ersten Mal. In dieses Fällen ist die Patientenakte für den Arzt die zentrale Informationsquelle über den Zustand des Patienten. Auf Basis der Informationen in der Akte wählt der Arzt die Narkosemedikamente und deren Dosierung. Anschließend stellt er die Parameter der Narkosegeräte ein, beispielweise der Spritzenpumpe und des Beatmungsgeräts. Die Daten in der Akte werden in die Narkosegeräte eingeschrieben und wirken medikamentös oder mechanisch auf den Körper des Patienten ein, dessen Zustand wiederum direkt und über das Monitoring vom Anästhesisten überwacht wird. Während der Narkose erstellt der Arzt das Narkoseprotokoll, indem er die Medikamentengabe und wichtige Vitalwerte in der Akte dokumentiert. Wie im Fall der direkten Überwachung werden auch die Informationen der Akte durch kontinuierliche Triangulationspraktiken überprüft. Ist der Patient vor der Operation noch ansprechbar, so vergleichen die Ärzte (und auch das Pflegepersonal) die Informationen in der Akte mit den Aussagen des Patienten. Insbesondere mit Bezug auf Vorerkrankungen und Allergien, aber auch auf den Eingriff selbst werden auf diese Weise Realität und Repräsentation abgeglichen.

Betrachtet man die Akte als ein weiteres Glied in der Kette zirkulierender Referenzen, lassen sich für das Verhältnis von Körper, Technik und Wissen drei Aspekte zusammenfassen:

- Erstens verknüpft die Akte den Körper des Patienten mit dem medizinischen Fachwissen. Dadurch verweist die Akte sowohl auf den individuellen Körper als auch auf generalisierte biomedizinische Wissensbestände. Dokumentationstechniken gehen über einfache Repräsentationen hinaus, sie erschaffen ebenso den zu repräsentierenden Gegenstand, da nur durch die Akten der bearbeitbare Fall aus den Mehrdeutigkeiten des Alltags herauspräpariert werden kann.
- Zweitens zeigt sich, dass im Schreiben der Akte ein gewisser Spielraum besteht, beispielsweise, wenn die Behandlung neben der medizinischen auch mit einer administrativen Logik verknüpft wird. Betrachtet man die Repräsentationen in der Akte aus dieser Perspektive, verlieren sie an Eindeutigkeit, da die Verweisungszusammenhänge zwischen Körper und Zeichen vielschichtiger und verzweigter werden. Gleichzeitig weitet sich der Bereich der zirkulierenden Referenzen vom medizinischen auf den administrativen Bereich aus.[6]
- Drittens müssen Akte und Körper in jeder Behandlungssituation erneut in ein Passungsverhältnis gebracht werden. Hierin zeigt sich die enge Verwobenheit von Körper und Akte, die trotz der in die Akte eingeschriebenen Abstraktionen und uneindeutigen Verweise weiter besteht. Das Verhältnis von Körper und Akte stellt sich somit aus Perspektive der zirkulierenden Referenzen eher als ein Prozess des wechselseitigen Herstellens von Dingen und Zeichen als ein Abbild des Körpers in der Akte dar.

---

[6] Ein Beispiel liefert Rohde (1974: 451 f. [1962]), der die gemeinsame Indikationsmodifikation von Haus- und Stationsarzt beschreibt. In einem informellen Bündnis stellt der Hausarzt eine Diagnose, die einen längeren Krankenhausaufenthalt indiziert, als eigentlich zur Behandlung nötig wäre. Der Stationsarzt muss sich darauf einlassen und seinerseits die Diagnose mittragen. Ein solches Geheimbündnis wird nicht in der Patientenakte dokumentiert, sondern wird verbal zwischen den Ärzten ausgehandelt. Der in der Akte festgehaltene Befund zielt auf die Abrechnungsfähigkeit der Diagnose bei der Krankenkasse, und Rohde hält fest, „dass das Verhältnis zwischen Freier Praxis und Krankenhaus vor allem dann ‚stimmt', wenn das, was man der Krankenkasse berichtet, nicht stimmt." (ebd.; vgl. auch Garfinkel 1967: 186 ff.). Zugleich hat Freidson (1975: 167 ff.) auf das Kontrollpotential der Akte hingewiesen, wenn die niedergeschriebenen Befunde innerhalb der Ärzteschaft zirkulieren, vom Hausarzt zum Facharzt, von der ambulanten Praxis ins Krankenhaus. Während sich Ärzte gegen die Krankenkassen verbünden können, wird ihre Arbeit innerhalb der Ärzteschaft durch die Akte transparent.

Verfolgt man die zirkulierenden Referenzen in der praktizierten Medizin, so zeigt sich vor allem, wie sich Verweisungsketten in organisierten Behandlungsprozessen ausbreiten und über eine zunehmende Anzahl von diagnostischen, therapeutischen und administrativen Artefakten verteilen. Versteht man das Körperwissen ebenso als zirkulierende Referenzen, so zeigt sich, dass die Kopplungen zwischen Körper und Technik in zweifacher Hinsicht bedeutsam sind. Einerseits in der Frage der Beziehung der Körper von Arzt und Patient untereinander, anderseits in Relation zu den technischen Artefakten selbst.

5 Zusammenfassung

Ziel des Beitrags war es, die Zusammenhänge von Körper, Technik und Wissen in der praktizierten Medizin als Beziehung von Zeichen und Dingen aus Sicht zirkulierender Referenzen zu rekonstruieren. Im Zentrum standen die diagnostischen Praktiken, mit denen sich Ärzte Gewissheit über den körperlichen Zustand des Patienten verschaffen. Auf den Anteil der Patienten an der Behandlung bin ich nicht weiter eingegangen. Die diagnostischen Praktiken wurden in ihrem Bezug zur Materialität von Körper und Technik beschrieben. Insbesondere wurde auf die Koppelung von Körper und Technik in der Biomedizin eingegangen. Das Konzept der zirkulierenden Referenzen erlaubt es, verschiedene Mischformen technischer und körperlicher Vermittlungen empirisch miteinander zu vergleichen und die jeweiligen Verweisungsstrukturen als divergierende Muster von Körperwissen zu analysieren.

Blick man derart auf die medizinische Praxis, so zeigt sich, dass der Erfolg einer Behandlung von der Ausrichtung der einzelnen Instanzen in der Kette der wechselseitigen Verweise abhängt und eine erfolgreiche Behandlung nur solange möglich ist, wie die Kette der Referenzen nicht unterbrochen wird. Damit geht einher, dass durch die Ausweitung der Referenzen auf diagnostische, therapeutische und dokumentarische Techniken sich die Kette der beteiligten Instanzen verlängert und damit die Zahl der möglichen Schwachstellen und der ungewollten Interferenzen steigt. Die inhärente Unsicherheit in Diagnose und Therapie verschwindet demnach nicht, sie verteilt sich vielmehr aus dem Dunkel des ehemals uneinsehbaren Körpers in die manchmal undurchsichtigen Relationen von Körper und Technik.

Zudem finden sich auch innerhalb der Medizin konkurrierende Wissensbestandteile. Empirische Beobachtungen können die Differenzen beispielsweise zwischen chirurgischen und psychiatrischen oder zwischen ambulanten und stationären Behandlungen sowie deren Gemeinsamkeiten aufzeigen. Die Anteile diagnostischer, therapeutischer und administrativer Techniken werden in jedem Feld variieren, ebenso wie die Körperwahrnehmung der Patienten und das verkörperte Körperwissen der Ärzte, wie es von Freidson mit Blick auf das medizinische Fachwissen zugespitzt wurde:

> „Selbst bei einer derartig wissenschaftlich fundierten Profession wie der der Medizin und des Arztberufs findet man bloß einen Kernbestand an soliden Fähigkeiten, welcher von einer ausgedehnten Fettschicht ungeprüfter Praktiken umgeben ist, die unkritischerweise wegen ihrer Verbindung mit den zentralen Fähigkeiten anerkannt werden.“ (1975: 128 f. [1970])

Obwohl doch technisch vermitteltes Körperwissen nur eine Instanz medizinischer Wissensbestände ausmacht, so kann mit dem Konzept der zirkulierenden Referenzen eine allgemeine Form der Wort-Welt-Beziehung identifiziert werden. Das ist hilfreich, da die Ketten solcher Referenzen sich zunehmend vom wissenschaftlichen Kontext, zu dem auch die praktizierte Medizin zählt, auf andere Gesellschaftsteile verlagern. In dem Maße, in dem technisch vermittelte Erkenntnispraktiken genutzt werden, vermehren sich auch die Referenzen. Haben wir es schließlich in der gesellschaftlichen Praxis nicht allein mit Repräsentationen, sondern auch mit Interventionen zu tun, so zirkulieren die Referenzen in Schleifen und die Frage bleibt nicht allein, wie aus den Dingen Zeichen werden, sondern auch, wie der umgekehrte Weg funktioniert und welche Rolle die vermittelnden Instanzen dabei spielen.

Literatur

Amelung, Volker/Sydow, Jörg/Windeler, Arnold (2009): Vernetzung im Gesundheitswesen. Wettbewerb und Kooperation. Stuttgart: Kohlhammer

Atkinson, Paul (1995): Medical talk and medical work. The liturgy of the clinic. London: Sage

Badura, Bernhard/Feuerstein, Günter (1994): Systemgestaltung im Gesundheitswesen. Zur Versorgungskrise der hochtechnisierten Medizin und den Möglichkeiten ihrer Bewältigung. Weinheim: Juventa

Barley, Stephen R. (1986): Technology as an occasion for structuring. Evidence from observations of CT scanners and the social order of radiology departments. In: Administrative Science Quarterly 31: 78–108

Barley, Stephen R./Orr Julian E. (1996): Between craft and science. Technical work in U. S. settings. Ithaca: IRL Press

Berg, Marc (1992): The construction of medical disposals. Medical sociology and medical problem solving in clinical practice. In: Sociology of Health and Illness 14 (2): 151–180

Berg, Marc (1996): Practices of reading and writing. The constitutive role of the medical record in medical work. In: Sociology of Health and Illness 18 (4): 499–524

Bijker, Wiebe/Hughes, Thomas/Pinch, Trevor J. (Hrsg.) (1987): The Social Construction of Technological Systems. Cambridge: MIT Press

Böhle, Fritz (2002): Vom Objekt zum gespaltenen Subjekt – zur Systematik unterschiedlicher Formen der Rationalisierung von Arbeit. In: Moldaschl/Voß (2002): 101–133

Burri, Regula V. (2006): Die Fabrikation instrumenteller Körper: Technografische Untersuchungen der medizinischen Bildgebung. In: Rammert/Schubert (2006): 424–441

Burri, Regula V. (2008): Doing Images. Zur Praxis medizinischer Bilder. Bielefeld: Transcript

Cicourel, Aaron V. (1990): The integration of distributed knowledge in collaborative medical diagnosis. In: Galegher/Kraut/Egido (1990): 221–242

Collins, Harry M./Pinch, Trevor J. (2005): Dr. Golem. How to think about medicine. Chicago: University of Chicago Press

Dewey, John (1958): Experience and Nature. Mineola: Dover [1925]

Fleck, Ludwik (1980): Entstehung und Entwicklung einer wissenschaftlichen Tatsache. Frankfurt a. M.: Suhrkamp [1935]

Foucault, Michel (1977): Überwachen und Strafen. Die Geburt des Gefängnisses. Frankfurt a. M.: Suhrkamp [1975]

Foucault, Michel (1988): Die Geburt der Klinik. Eine Archäologie des ärztlichen Blicks. Frankfurt a. M.: Fischer [1963]

Freidson, Eliot (1970): Profession of medicine. A study of the sociology of applied knowledge. New York: Harper and Row

Freidson, Eliot (1975): Dominanz der Experten. Zur sozialen Struktur medizinischer Versorgung. München: Urban & Schwarzenberg [1970]

Freidson, Eliot (1975): Doctoring together. A study of professional social control. New York: Elsevier

Galegher, Jolene/Kraut, Robert E./Egido, Carmen (1990): Intellectual Teamwork. Social and Technological Foundations of Cooperative Work. Hillsdale: Lawrende Erbaum Associates

Garfinkel, Harold (1967): Studies in ethnomethodology. Englewood Cliffs: Prentice-Hall

Hacking, Ian M. (1983): Representing and intervening. Introductory topics in the philosophy of natural science. Cambridge: Cambridge University Press

Hacking, Ian M. (1992): The self-vindication of the laboratory sciences. In: Pickering (1992): 29–64

Heritage, John/Maynard, Douglas W. (Hrsg.) (2006): Communication in medical care: Interaction between primary care physicians and patients. Cambridge: Cambridge University Press

Hirschauer, Stefan (1991): The manufacture of bodies in surgery. In: Social Studies of Science 21 (2): 279–319

Ihde, Don (1990): Technology and the lifeworld. From Garden to Earth. Bloomington: Indiana University Press

Lachmund, Jens (1992): Die Erfindung des ärztlichen Gehörs. Zur historischen Soziologie der stethoskopischen Untersuchung. In: Zeitschrift für Soziologie 21 (4): 235–251

Lachmund, Jens (1997): Der abgehorchte Körper. Zur historischen Soziologie der medizinischen Untersuchung. Opladen: Westdeutscher Verlag

Laennec, René T. H. (1819): De l'auscultation médiate ou traité du diagnostic des maladies des poumons et du coeur. Paris: Brosson & Chaudé

Latour, Bruno (2000): Die Hoffnung der Pandora. Frankfurt a. M.: Suhrkamp

Lindemann, Gesa (2002): Person, Bewusstsein, Leben und nur-technische Artefakte. In: Rammert/Schulz-Schaeffer (2002): 79–100
Lindemann, Gesa (2009): Das Soziale von seinen Grenzen her denken. Weilerswist: Velbrück Wissenschaft
Marx, Karl (1968): MEW Band 23: Das Kapital. Berlin: Dietz Verlag [1867]
Maynard, Douglas W. (2003): Bad News, good news. Conversational order in everyday talk and clinical settings. Chicago: University of Chicago Press
Moldaschl, Manfred/Voß, Günther G. (2002): Subjektivierung der Arbeit. München: Rainer Hampp Verlag
Montgomery Hunter, Kathryn (1991): Doctors' stories. The narrative structure of medical knowledge. Princeton: Princeton University Press
Orr, Julian E. (1996): Talking about machines. An ethnography of a modern job. Ithaca: ILR Press
Parsons, Talcott (1951): The social system. New York: The Free Press of Glencoe
Pickering, Andrew (1992): Science as practice and culture. Chicago: Chicago University Press
Pinch, Trevor J./Collins, Harry M./Carbone, Larry (1997): Cutting up skills. Estimating difficulty as an element of surgical and other abilites. In: Barley/Orr (1997): 101–112
Rammert, Werner (1993): Konturen der Techniksoziologie. Begriffe, Entwicklungen und Forschungsfelder einer neuen soziologischen Teildisziplin. In: ders. (1993a): 9–27
Rammert, Werner (1993a): Technik aus Soziologischer Perspektive. Forschungsstand, Theorieansätze, Fallbeispiele – Ein Überblick. Wiesbaden: Westdeutscher Verlag
Rammert, Werner (2007): Die Form der Technik und die Differenz der Medien. Auf dem Weg zu einer pragmatischen Techniktheorie. In: (ders.) (2007a): 47–64
Rammert, Werner (2007a): Technik – Handeln – Wissen. Zu einer pragmatistischen Technik- und Sozialtheorie. Wiesbaden: VS
Rammert, Werner/Schubert, Cornelius (2006): Technografie. Zur Mikrosoziologie der Technik. Frankfurt a. M.: Campus
Rammert, Werner/Schulz-Schaeffer, Ingo (2002): Können Maschinen handeln? Frankfurt a. M.: Campus
Reckwitz, Andreas (2003): Grundelemente einer Theorie sozialer Praktiken. In: Zeitschrift für Soziologie 32 (4) 282–301
Reiser, Stanley J. (1978): Medicine and the reign of technology. Cambridge: Cambridge University Press
Rohde, Johann J. (1974): Soziologie des Krankenhauses. Zur Einführung in die Soziologie der Medizin. Stuttgart: Ferdinand Enke [1962]
Schubert, Cornelius (2006): Die Praxis der Apparatemedizin. Ärzte und Technik im Operationssaal. Frankfurt a. M.: Campus
Schubert, Cornelius/Vogd, Werner (2009): Die Organisation der Krankenbehandlung. Von der privatärztlichen Konsultation zur vernetzten Behandlungstrajektorie. In: Amelung/Sydow/Windeler (2009): 25–49
Stern, Bernhard J. (1927): Social factors in medical progress. New York: Columbia University Press
Strauss, Anselm L. et al. (1997): Social organization of medical work. New Brunswick: Transaction [1985]

von Grote-Janz, Claudia/Weingarten, Elmar (1983): Technikgebundene Handlungsabläufe auf der Intensivstation: Zum Zusammenhang von medizinischer Technologie und therapeutischer Beziehung. In: Zeitschrift für Soziologie 12 (4) 328–340

Wagner, Gerald (1995): Die Modernisierung der modernen Medizin. Die „epistemologische Krise" der Intensivmedizin als ein Beispiel reflexiver Verwissenschaftlichung. In: Soziale Welt. 46 (3) 266–281

Weber, Max (1972): Wirtschaft und Gesellschaft. Grundriß der verstehenden Soziologie. Tübingen: Mohr Siebeck [1922]

Yoxen, Edward (1987): Seeing with sound. A study of the development of medical images. In: Bijker/Hughes/Pinch (1987): 281–303

Zur gesellschaftlichen Konstruktion medizinischen Körperwissens

Die elektronische Patientenakte als wirkmächtiges und handlungsrelevantes Steuerungsinstrument in der (Intensiv-)Medizin

Alexandra Manzei

„Standards are inherently political because their construction and application transform the practices in which they become embedded. They change positions of actors: altering relations of accountability, emphasizing or deemphasizing pre-existing hierarchies, changing expectations of patients." (Timmermanns/Berg 2003: 22)

1 Einleitung

Das Wissen über den Patienten, seinen Körper, seine Krankheit und den Therapieverlauf wird in der Krankenhausmedizin in Form der Patientenakte dokumentiert. Diese früher so genannte Kurve enthält alle für den Behandlungsablauf relevanten medizinischen, biografischen, psychosozialen und administrativ-organisatorischen Daten, angefangen von der Eingangsdiagnose, der Anamnese, den Vitalzeichen und der medizinischen Diagnostik, über die Familienverhältnisse und ggf. die Betreuungssituation zuhause, bis hin zu den genauen Versicherungsdaten. Alle medizinischen und pflegerischen Entscheidungen zum Behandlungsablauf orientieren sich an diesen Informationen. Damit stellt die Patientenakte eine besonders wirkmächtige Form des Körperwissens dar, die das Krankheitserleben der Patientinnen und Patienten in besonderer Weise prägt: Welche diagnostischen und therapeutischen Maßnahmen durchgeführt werden, in welchem Zimmer und auf welcher Station der Patient liegt, welche Vergünstigungen er erfährt und wie lange sein Klinikaufenthalt dauert sind Fragen, die auf der Basis der Daten der Patientenakte entschieden werden.

Seit Mitte der 1990er Jahre hat man nun in Deutschland, wie in anderen industrialisierten Ländern auch, begonnen, die Patientenakte, die bis dahin in Papierform geführt wurde, auf elektronische Datenverarbeitung umzustellen. Mit dieser Digitalisierung verändert sich der Charakter der Patientenakte grundlegend. Sie behält zwar einerseits ihren Dokumentationscharakter bei und gilt weiterhin als repräsentative Darstellung von Körper und Krankheit des Patienten, andererseits entstehen durch die nun mögliche informationstechnologische Vernetzung der Patientenakte mit anderen klinischen Abteilungen und außerklinischen Akteuren (wie den Krankenkassen) neue, nicht-medizinische Nutzungsmöglichkeiten, die das Köper- und Krankheitswissen nicht unberührt lassen. Gesundheitspolitische und betriebswirtschaftliche Anforderungen gelangen in Form ökonomischer und administrativer Standardisierungen nun unmittelbar an das Patientenbett und restrukturieren die medizinische und pflegerische Praxis tiefgreifend. Darüber hinaus werden die eigentlich zu medizinischen Zwecken erhobenen Patientendaten vom Controlling zu Abrechnungszwecken, von der Personalabteilung zur Personalplanung oder vom Medizinischen Dienst der Krankenkassen zur Leistungsberechnung verwendet – was sich zentral auf die Dokumentation der Patientendaten auswirkt.

Im Folgenden möchte ich zeigen, wie diese doppelte Nutzung der digitalen Patientenakte – zu Repräsentations- und Dokumentationszwecken einerseits, als gesundheitspolitisches und organisatorisches Steuerungsinstrument andererseits – das medizinische Körperwissen tiefgreifend verändert. Dabei geht es mir nicht darum, den technisch vermittelten Daten ein authentisches, leibliches oder natürliches Körperwissen entgegenzuhalten. Ob es ein solches Wissen gibt, welche Bedeutung es in der Medizin hat und wie es sich theoretisch begreifen lässt, habe ich an anderer Stelle ausführlich untersucht.[1] Mit den folgenden Ausführungen möchte ich vielmehr zeigen, wie sich gesellschaftliche und gesundheitspolitische Transformationsprozesse mit Hilfe der elektronischen Patientenakte unmittelbar auf das medizinische Wissen von Körper und Krankheit auswirken. Im Zentrum wird dabei zum einen die elektronische Patientenakte selber stehen: Erst der mediale, vermittelnde, vernetzte Charakter der Informationstechnologie macht es möglich, dass sich gesundheitspolitische Prozesse direkt auf die medizinische Handlungsebene und damit auf das Krankheitserleben der Patienten auswirken. Zum anderen werde ich die scheinbare Neutralität medizinischer und ökonomischer Standards hinterfragen, die in der Patientenakte eine zentrale Rolle spielen und das medizinische und pflegerische Wissen in den letzten Jahren zunehmend prägen.

Die Grundlage für die folgenden Ausführungen bildet eine ethnografische Studie, die ich von 2005 bis 2007 in der universitären Intensivmedizin durchgeführt habe. Im Rahmen dieses wissenschaftssoziologischen Projektes stand die Frage im Zentrum, welche Bedeutung Erfahrungswissen für die Anwendung von Technik hat. Ich wollte wissen, welcher Formen von Wissen es bedarf und welche

[1] Vgl. dazu Manzei (2003). Mit Bezug auf die Theorie Exzentrischer Positionalität von Helmuth Plessner habe ich hier am Beispiel der Transplantationsmedizin zu zeigen versucht, dass es insbesondere auch in der hochtechnisierten Medizin ein Wissen über die Unverfügbarkeit der leib-körperlichen Existenz des Menschen gibt, welches für Diagnose und Therapie höchst bedeutsam ist. Eine solche Unverfügbarkeit ist jedoch gerade nicht unvermittelt, als authentische oder natürliche, jenseits soziotechnischer Konstellationen denkbar.

Kompetenzen gebraucht werden, um technische Verfahren in der Intensivmedizin angemessen anzuwenden. Und vice versa, wie sich Technisierungsprozesse auf das Wissen und Handeln der Akteure in der Intensivmedizin auswirken: Wie wird die Arbeitsorganisation, das medizinische Wissen und Handeln und nicht zuletzt das subjektive Krankheitserleben durch die Einführung neuer technischer Verfahren beeinflusst? Untersucht habe ich zwei universitäre Intensivstationen, eine chirurgische und eine internistische. Dort habe ich jeweils über einen Zeitraum von zwei Monaten hinweg teilnehmende Beobachtung sowie verschiedene Experteninterviews und Gruppengespräche mit medizinischem und pflegerischem Personal, mit Patienten, Angehörigen, Technikern, Putzleuten, aber auch mit relevanten Akteuren außerhalb der Intensivstation, wie der Verwaltung, der Pflegedienstleitung und dem Controlling, sowie nicht zuletzt mit verschiedenen Anbietern von Medizintechnik durchgeführt (vgl. Manzei 2007).

Anhand dieses Fallbeispiels möchte ich im Folgenden verdeutlichen, welche strukturellen Auswirkungen die doppelte Nutzung der Patientenakte – als Patientendokumentation einerseits und gesundheitspolitisches Steuerungsinstrument andererseits – auf die medizinische und pflegerische Praxis und damit auf das Krankheitserleben der Patienten hat. Dafür möchte ich in den kommenden drei Abschnitten zunächst die gesundheitspolitischen und sozio-technischen Transformationsprozesse beleuchten, die die Krankenhausmedizin in den letzten 20 Jahren tief greifend verändert haben: in Abschnitt 2 die Digitalisierung, das heißt die Einführung von elektronischer Datenverarbeitung in der Patientendokumentation und Arbeitsorganisation der Intensivmedizin, in Abschnitt 3 die Einführung von medizinischen und organisatorischen Qualitätsstandards (Standardisierung) und in Abschnitt 4 die Einführung von Marktmechanismen und betriebswirtschaftlichen Relevanzkriterien (Ökonomisierung). Abschließend werde ich in den Abschnitten 5 und 6 anhand konkreter Beispiele aus der Praxis zeigen, wie Ökonomisierung, Standardisierung und Digitalisierung in der stationären Praxis zusammenwirken und das medizinische Körperwissen sowie das Krankheitserleben des Patienten faktisch rekonstruieren.

2 Digitaler Sachzwang: Die informationstechnologische Vernetzung von Patient, Dokumentation und Management

Eine der bedeutendsten technischen Entwicklungen der letzten 15 Jahre im Gesundheitswesen ist – wie in anderen Branchen auch – die Einführung von Informations- und Kommunikationstechnologien. Ohne die Nutzung von Computern ist pflegerische und medizinische Versorgung im klinischen Sektor heute schon allein deshalb nicht mehr denkbar, weil die externe Infrastruktur des Krankenhauses, von anderen Leistungsanbietern bis zu den verschiedenen Kostenträgern, auf der Basis EDV gestützter Management- und Abrechnungssysteme arbeitet (vgl. Herbig/Büssing 2006). Eine zentrale Rolle spielt in diesem Zusammenhang die Umstellung der Patientenakte bzw. Patientendokumentation von der Papierform auf elektronische Datenverarbeitung, die seit einigen Jahren (nicht nur) in Deutschland vorangetrieben wird.[2] Diese Umstellung hat sich auf den meisten Intensivstationen, insbesondere in Universitätskrankenhäusern und Kliniken der Maximalversorgung, bereits vollzogen und wird langfristig auch für alle Normalstationen angestrebt (vgl. Bergen 2000). Auf den beiden von mir untersuchten Intensivstationen wurden die Arbeitsorganisation sowie die Patientendokumentation innerhalb von ca. drei Jahren, zwischen 2004 und 2007, auf elektronische Datenverarbeitung umgestellt. Um zu verstehen, warum dieser Digitalisierungsprozess so weit reichende Konsequenzen für das medizinische Körperwissen und das Krankheitserleben der Patienten hat, möchte ich die technische Einbettung der elektronischen Patientenakte in diesem Abschnitt differenziert beschreiben.

In den Zwei- bis Vierbettzimmern existiert heute für jeden Patienten ein Computerterminal, an dem auf die elektronische Patientenakte zugegriffen werden kann. Ebenso befinden sich im zentralen Dienstzimmer der Station, der so genannten Kanzel, sowie in allen Funktionsräumen, den Arztzimmern, dem Notfall- und Aufnahmezimmer (dem so genannten Rea-Raum) weitere, miteinander vernetzte Computerterminals, von denen aus das medizinische und pflegerische Personal je nach Zugangsberechtigung Patientendaten unterschiedlich verwalten kann. Das heißt, durch diese digitale Vernetzung kann die Patientenakte nun von allen Arbeitszimmern aus eingesehen und bearbeitet werden. Darüber hinaus können an diesen Terminals nicht nur Patientendaten verwaltet werden, sondern auch alle arbeitsorganisatorischen Tätigkeiten ausgeführt werden, wie Bestellungen aufgeben oder diagnostische und therapeutische Maßnahmen, wie Labor, Röntgen oder Operationen, anordnen usw.

Die hierfür verwendete Software wird Patienten-Daten-Managenent-System (PDMS) genannt (vgl. Bencic/Glienke/Huft 2004). Um sowohl Patientendaten verwalten als auch Bestellungen in anderen Abteilungen aufgeben zu können, muss die Patientenakte mit allen anderen Programmen kompatibel sein, die im klinischen Management verwendet werden. Diese Programme werden als Krankenhaus-Management-Informations-System (MIS) bezeichnet und bestehen zum einen aus klinischen Informationssystemen (wie Programmen zur Bestellung und Verwaltung, Programmen zur Personalplanung, OP-Software u. a.) und zum anderen aus Krankenhausverwaltungs-, Abrechnungs- und Leistungserfassungsprogrammen (der so genannten ERP-Software, wie „SAP R/3", „Oracle" u. a.).[3]

---

[2] Vgl. Berg (1992; 1997; 2001); Berg/Toussaint (2003); Timmermans/Berg (2003); Wagner (2006).
[3] Vgl. dazu auch Hohlmann (2007).

Neben diesem Computernetzwerk befinden sich an jedem Patientenbett – ebenso, wie in der „Kanzel“, den Arztzimmern und dem „Rea-Raum“ – miteinander vernetzte Überwachungsterminals. Sie dienen dem „Monitoring“, der Überwachung der Vitalzeichen des Patienten, wie Puls, Blutdruck (RR), Temperatur usw. Das Monitoring-System ist über Datenkabel, die spezifische Messinstrumente enthalten, am Patienten „angeschlossen“, wie es im Fachjargon heißt, misst dessen Vitalzeichen, bildet sie in Form grafischer oder numerischer Darstellungen ab und gibt Alarm, wenn ein zuvor festgelegter Grenzwert überschritten wird. Auch für dieses Überwachungssystem gilt: Alle Messungen sowie sämtliche Alarme und Alarmgrenzen jedes Patienten können auf alle anderen Monitore auf der Station übertragen und dort eingesehen, verändert und ausgestellt werden.

An den Monitoring-Terminals, die direkt neben dem Patientenbett angebracht und mit dem Patienten verbunden sind (so genannte Bed-Side-Monitoren) befinden sich „Schnittstellen“ in Form kleiner, kastenförmiger Einschübe zu (fast allen) anderen, ebenfalls am Patienten „angeschlossenen“ Geräten, wie Beatmungs- oder Dialysegeräten, deren Funktionsdaten ebenfalls aufgenommen und dargestellt werden. Wenn also bspw. ein Beatmungsgerät dem Patienten nicht den nötigen Sauerstoffgehalt verabreicht, gibt das Überwachungssystem Alarm. Über diese „Schnittstellen“ ist das Monitoring auch mit der elektronischen Patientenakte verbunden: Zum einen können nun die Patientendaten (Vitalzeichen) ebenso wie die technischen Messungen an den „Schnittstellen“ in digitale Daten umgerechnet und direkt an die elektronische Patientenakte weitergeschickt werden, zum anderen sind nun beide, sowohl die Patientenüberwachung als auch die Patientenakte, mit dem Krankenhaus-Management-Informations-System (MIS) vernetzt (vgl. Abb. 1).

Abbildung 1 Datenfluss im digitalen Netzwerk der Intensivstation.

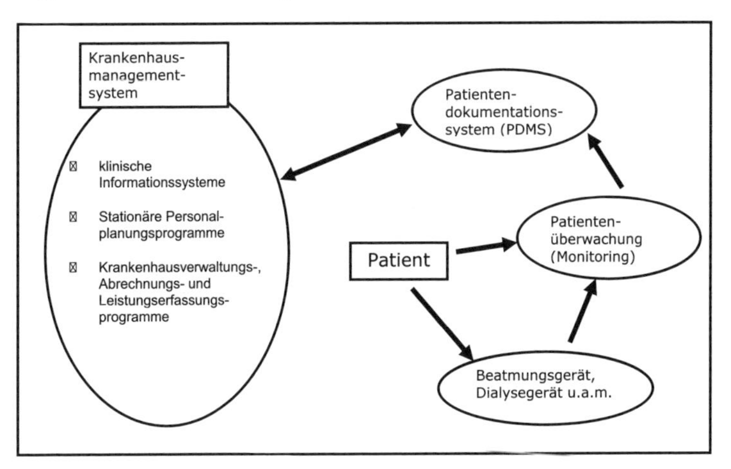

Das heißt, das Besondere dieses Digitalisierungsprozesses liegt nicht allein in den arbeitsorganisatorischen Veränderungen, die die Digitalisierung der Patientendokumentation auf der Station selber mit sich bringt. Das Neue und Besondere liegt vielmehr in der informationstechnologischen Vernetzung der Patientenakte mit der elektronischen Patientenüberwachung und dem Patientenkörper einerseits sowie dem klinischen und dem betriebswirtschaftlichen Managementsystem andererseits. Über diese informationstechnologische Vernetzung wird der bislang medizinisch wie sozial eher geschlossene Raum der Intensivmedizin für gesellschaftliche und organisatorische Anforderungen von außen geöffnet und transparent gemacht. Auf diesem Weg gelangen gesundheitspolitische Anforderungen und betriebswirtschaftliche Steuerungsverfahren direkt an das Patientenbett und restrukturieren das Entscheidungsverhalten der Ärzte und Pflegenden grundlegend.

Ökonomische und medizinische Standards, wie Mess- und Kontrollverfahren des Accounting (Kennzahlen), Abrechungs- und Leistungsstandards wie Diagnosis Related Groups (DRGs), oder auch medizinische Klassifikationssysteme wie Scoring-Systems und internationale Standards der Evidence Based Medicine werden so auf digitalem Wege von außen in die Intensivmedizin hereingetragen. Darüber hinaus ermöglicht das digitale Netzwerk eine direkte Kontrolle des Entscheidungsverhaltens sowie der Tätigkeiten des Personals auf der Station durch medizinische und administrative Vorgesetzte: Anhand der individuellen Zugangsberechtigungen des Personals (Passwort und Benutzername) kann nämlich von den Vorgesetzten jede Eintragung und jede Korrektur zeitlich und personell nachgewiesen werden. Wann, von wem, welche Maßnahme angeordnet, durchgeführt, abgesetzt oder auch unterlassen wurde, lässt sich digital nachvollziehen und im Nachhinein mit den automatisch erhobenen Daten abgleichen. Auf diese Weise lässt sich direkt und personenbezogen kontrollieren, ob die medizinischen Standards und ökonomischen Anforderungen auch eingehalten werden.

Wie das geschieht, werde ich in Abschnitt 5 genau darstellen. Zunächst ist es jedoch notwendig, die medizinischen und ökonomischen Standards genauer zu betrachten, die durch den Digitalisierungsprozess übertragen werden. Denn keineswegs handelt es sich bei medizinischen (und anderen) Standards um neutrale Objektivierungen tatsächlicher Ereignisse, wie es im Qualitätsmanagement gemeinhin vertreten wird (vgl. Spörkel et al. 1997). Standards „reflektieren vielmehr die Perspektiven und Werte derjenigen Personen und Institutionen, die sie definieren. […] Sie schreiben bestimmte Sichtweisen fest und schließen andere, möglicherweise konkurrierende aus.“ (Wagner 2006: 189) In diesem Sinne sind sie nicht neutral, sondern eminent politisch. In den folgenden beiden Abschnitten (3 und 4) möchte ich diesen politischen Charakter medizinischer und ökonomischer Standardisierungsprozesse herausarbeiten. Auf dieser Basis lässt sich dann abschließend besser verdeutlichen, wie das medizinische Körperwissen und das Krankheitserleben der Patienten durch die digitale Patientenakte verändert werden.

3 Digitalisierung und Standardisierung: Die elektronische Patientenakte und der politische Charakter medizinischer Standards[4]

Im deutschsprachigen Raum ist der politische Charakter von Standards und Kategorisierungen bisher kaum untersucht worden. Anders hingegen in den (hauptsächlich) englischsprachigen Science-and-Technology Studies (STS), wo die Problematik von Standardisierungsprozessen seit langem erforscht wird.[5] Eine Ausnahme im deutschsprachigen Raum bilden hier die Studien der österreichischen Wissenschafts- und Technikforscherin Ina Wagner, deren Arbeiten jedoch ebenfalls eher im Bereich der STS anzusiedeln sind (vgl. Schneider/Wagner 1993; Wagner 1991a,b; 2006), sowie die aus den 1980er Jahren stammenden Untersuchungen des Berliner Wissenschafts- und Technikforschers Gerald Wagner (vgl. Rammert et al. 1998; Wagner 1998). Im Bereich der Gesundheits- und Pflegewissenschaften hingegen gibt es zwar verschiedene Projekte, die die Einführung ökonomischer Standards im Gesundheitswesen untersuchen, gerade hier werden Standards jedoch zumeist als neutrale Repräsentation der Wirklichkeit verstanden und im Dienste des Qualitätsmanagements vorangetrieben (vgl. Pfaff et al. 2004; Spörkel et al. 1997).

Die Standardisierung medizinischen Wissens ist kein Phänomen, das erst mit der Digitalisierung des Gesundheitswesens aufgetreten ist. Vielmehr kommen in der Medizin seit Anfang des 20. Jahrhunderts ganz unterschiedliche Standards zum Tragen (vgl. Wagner 2006; Timmermans/Berg 2003). Auf einer einfachen Ebene lassen sich hier zunächst technische Standards nennen, wie DIN- oder ISO Normen. Sie ermöglichen die Kompatibilität von Geräten, Maschinen und technischen Systemen. Der Ansatz von Einmalspritzen bspw. muss sowohl mit den Kanülen (Nadeln) als auch mit den Schlauchsystemen von Infusionen und Infusionspumpen zusammenpassen, Urinkatheder müssen mit den entsprechenden Auffangsystemen oder verschiedene Beatmungsgeräte mit den gleichen Belüftungsschläuchen verbunden werden können. Anhand dieser Beispiele wird deutlich, wie unverzichtbar Standards (nicht nur) für die medizinische Praxis sind. Auf dieser Ebene erscheint ihr normierender Charakter nicht nur unproblematisch, sondern dringend geboten.

Anders sieht das jedoch bei Standards aus, die das medizinische oder administrativ-organisatorische Handeln bzw. das Wissen über den Patienten und seinen Körper betreffen. Auf dieser Ebene gibt es in der Medizin mittlerweile eine Fülle von Standards, die die medizinische und pflegerische Praxis regeln, wie die

---

[4] Standards und Standardisierung verstehe ich hier im Sinne von Timmermanns/Berg (2003: 24): „We define *standardization* as the process of rendering things uniform, and standard as both the means and the outcome of standardization."

[5] Vgl. u. a. Berg/Toussaint (2003); Bowker/Star (1996; 2000); Heath/Luff (1996); Timmermanns/Berg (2003); Star/Strauss (1999); Suchman (1993).

internationale Klassifizierung von Krankheiten (International Classification of Diseases), die beweisbasierte Standardisierung von medizinischen und pflegerischen Behandlungsabläufen (Evidence based Medicine/Evidence based Nursing) oder die medizinischen Punktwertsysteme (Medical Scoring Systems), die durch eine standardisierte Erfassung der Morbidität des Patienten als Entscheidungshilfen für den Therapieverlauf dienen. Diese Standards sind aufgrund verschiedener Anlässe im Laufe des 20. Jahrhunderts eingeführt worden; generell eint sie jedoch die Absicht, die medizinischen Praxen einheitlich und kompatibel zu gestalten, das Handeln berechenbar, erwartbar und vergleichbar zu machen und dem Wissen über den Patienten und seinen Körper Objektivität zu verleihen.[6] Wie das genau geschieht werde ich im vierten Kapitel anhand ausgewählter Standards, die in der Intensivmedizin eine zentrale Rolle spielen, verdeutlichen.

Als eine erste wirkmächtige Standardisierung der medizinischen Praxis ist hier die Einführung der Patientenakte selber zu nennen, wie Timmermanns und Berg in ihrer Studie (Timmermanns/Berg 2003: 30 ff.) ausführen. Angesichts der Bedeutung, die die Patientendokumentation heute in der Medizin hat, erscheint es nahezu unglaublich, dass es am Ende des 19. Jahrhunderts noch völlig unüblich war, den Krankheitsverlauf eines einzelnen Patienten zu dokumentieren oder diagnostische und therapeutische Maßnahmen zu vereinheitlichen. Die Ärzte verfassten zwar kurze, notizartige Fallgeschichten über einzelne Patienten, die sie jedoch nur persönlich und auch weniger zu therapeutischen als zu Forschungszwecken nutzten. Erst mit der Ausdifferenzierung der Krankenhäuser in einzelne Fachabteilungen sowie der zunehmenden, regelmäßigen Anwendung technisierter Diagnoseverfahren, wie Röntgen- oder Laboruntersuchungen, entstand eine erste Form der Patientenakte. Diese organisatorische und technologische Veränderung der Krankenhausmedizin führte dazu, dass Patienten nun nicht mehr, wie Ende des 19. Jahrhunderts noch, nahezu ausschließlich in ihrem Zimmer blieben und dort vom Arzt aufgesucht wurden, sondern Untersuchungen durch mehrere Mediziner und in anderen Abteilungen unterzogen wurden. Durch diese Entwicklung wurde es notwendig, Informationen über den Patienten möglichst nach gleichem Muster zu dokumentieren und in komprimierter Form an das medizinische Fachpersonal weiterzugeben. Die so entstandene standardisierte Patientenakte legte folglich den Schwerpunkt der Dokumentation auf medizinisch-naturwissenschaftliche Informationen über den Patienten, wie Puls, Blutdruck, Temperatur, Medikation usw., weil diese für die medizinisch-technischen Untersuchungsverfahren besonders relevant waren.

Mit der Einführung dieser zunächst noch einfachen Patientenakte in Papierform waren gleichwohl schon weitreichende Umstrukturierungen der medizini-

---

[6] Vgl. Behrens/Langer (2006); Bowker/Star (2000); Fischer/Bartens (1999); Lauterbach/Schrappe (2004); Timmermanns/Berg (2003); Vogd (2002).

schen Praxis verbunden. Zum einen veränderte sich die Arbeitsorganisation im Krankenhaus: Ähnlich wie Ende des 20. Jahrhunderts bei der Einführung der elektronischen Patientenakte weigerten sich die meisten Ärzte, die für die Patientenakte notwendige, akribische Erhebung und Dokumentation der Daten durchzuführen (vgl. Timmermanns/Berg 2003: 30ff.; Wagner 2006). Diese Tätigkeit wurde vielmehr – in einem durchaus konflikthaften Prozess – dem Pflegepersonal angetragen, wodurch sich die Rolle der Pflege als Zuarbeit für die Ärzte noch mehr verfestigte.[7] Zum andern wurde das dokumentierte Wissen über den Patienten auf ganz bestimmte, zumeist medizinisch-naturwissenschaftliche Daten zugeschnitten und standardisiert. Selbst dort, wo die Daten nicht quantitativer Natur waren, wie bspw. in der ärztlichen Anamnese, entwickelte sich eine medizinische Fachsprache, die nicht nur unverständlich für Laien war, sondern die Informationen über den Patienten nach vorab festgelegten Kriterien selektierte, bestimmte Informationen aufnahm und andere verwarf. Das heißt, als Folge dieser Selektion wurde das Arzt-Patient-Verhältnis auf eine bestimmte Professionalität und Hierarchie festgelegt: Welche Informationen über den Patienten als wichtig erachtet und dokumentiert werden sollen, bewertet und entscheidet der Arzt.

Hier zeigt sich, dass bereits die standarisierte Patientenakte in Papierform weit reichende Konsequenzen für das medizinische Wissen und Handeln hat. In diesem Sinne sind Standards nicht neutral. Mit der Digitalisierung der Medizin und der Einführung der elektronischen Patientenakte in den 1990er Jahren gewinnt die Standardisierung medizinischen Wissens noch einmal eine neue Qualität.[8] Ein Effekt, der positiv hervorzuheben ist, betrifft den Zugriff auf und die Verarbeitung von Wissen. Vernetzte EDV-Systeme können eine ungleich größere quantitative Menge an Daten verarbeiten und zeitnah zur Verfügung stellen: Mussten Ärzte früher den „State of the Art" einer Therapie in (oft veralteten) Lehrbüchern nachschlagen, so können sie heute direkt am Patientenbett die aktuellsten Studien der Evidence-based-Medicine oder internationale Klassifikationen von Krankheitsbildern nachschlagen sowie medizinische Scores abfragen und mit anderen Krankenhäusern vergleichen (vgl. Haas 2005).

Ein bedeutsamer Effekt, der in der deutschsprachigen Forschung jedoch bisher kaum untersucht wurde, besteht in dem, was bspw. von Lucy Suchman oder Ina Wagner als „verteilte Verantwortung" bezeichnet wird (vgl. Suchman 1993; Wagner 2006: 192). Durch die informationstechnologische Vernetzung mit anderen internen und externen Nutzern entsteht eine neue Verantwortlichkeitsstruktur, die nicht nur Fragen des Datenschutzes aufwirft.[9] Vielmehr wird durch die betriebswirt-

---

[7] Vgl. zur historischen Genese der Pflege aus der bürgerlichen Gesellschaft Wetterer (2002: 215ff.).

[8] Vgl. Berg (1996, 1997); Berg/Bowker (1997); Wagner (2006); Timmermans/Berg (2003).

[9] Zu Problemen des Datenschutzes bei der Einführung von IuK-Technologien im Krankenhaus vgl. Pommerening/Muscholl (2006).

schaftliche und arbeitsorganisatorische Sekundärnutzung von Patientendaten auch die Behandlung des Patienten tangiert: Kostenaufwändige Therapien müssen bei Kassenpatienten unterlassen oder besonders gerechtfertigt werden, Krankenhausaufenthalte werden verkürzt usw. (vgl. Gerlinger/Schönwälder 2009; Simon 2000, 2001; Kühn 2001, 2006). Trotzdem wird die Verantwortung für therapeutische und diagnostische Entscheidungen nach wie vor ausschließlich den behandelnden Ärzten und (teilweise) den Pflegenden angelastet. Mehr noch: Im Zuge der Ökonomisierung der Medizin werden auch im stationären Sektor neue betriebswirtschaftliche Steuerungsverfahren eingeführt, die den medizinischen und pflegerischen Akteuren Entscheidungen anlasten, die früher im Management getroffen wurden. So entsteht die paradoxe Situation, dass die medizinische Entscheidungsfreiheit der Ärzte und Pflegenden angesichts des digitalen Sachzwangs der elektronischen Patientenakte einerseits abnimmt, während ihnen auf der anderen Seite zunehmend Verantwortung für Managemententscheidungen zugeschrieben wird. Gegen beide Prozesse, so möchte ich im folgenden Abschnitt zeigen, können sich die Akteure jedoch nur bedingt zur Wehr setzten.

4 Digitalisierung und Ökonomisierung: Betriebswirtschaftliche Steuerungsverfahren im Krankenhaus

Ein Ziel der reformpolitischen Maßnahmen im Gesundheitswesen war und ist es, auch im stationären Sektor Marktmechanismen einzuführen und Krankenhäuser als gewinnorientierte Unternehmen wirtschaften zu lassen.[10] Erreicht werden soll dieses Ziel mit Hilfe der Einführung neuer betriebswirtschaftlicher Steuerungsmechanismen, die seit den 1990er Jahren sukzessive im klinischen Alltag eingesetzt und als New Management Accounting bezeichnet werden. Accounting heißt übersetzt: Rechnungswesen (im Deutschen hat sich hierfür der Ausdruck Controlling eingebürgert). Es „umfasst all jene Aktivitäten der Identifizierung, Sammlung, Ordnung, Aufzeichnung, Auswertung und Kommunikation von Daten, die für die Koordination, Steuerung und Kontrolle (ökonomischer) Aktivitäten benötigt werden." (Vormbusch 2004: 33) Ziel der neuen Steuerungsformen ist es, auch innerhalb von Unternehmen resp. Kliniken (und nicht nur zwischen diesen) Marktmechanismen wie Konkurrenz und Wettbewerb zu etablieren: Patienten sollen zu Kunden und medizinische und pflegerische Akteure sowie ganze Stationen zu Konkurrenten werden, die sich wechselseitig an ihren Ausgaben und Gewinnen messen lassen müssen.

[10] Vgl. dazu Gerlinger/Schönwälder (2009); Kühn (2001; 2006); Simon (2000; 2001).

Gesteuert werden soll das Verhalten der Akteure durch die Erhebung von Kennzahlen, auch Indikatoren genannt. Mit Hilfe der Kennzahlen wird versucht, die konkreten Arbeits- und Leistungsbedingungen eines Betriebs oder einer Abteilung (im stationären Sektor also einer Klinik oder einer Station) exakt zu erfassen, abzubilden und vergleichbar zu machen. Verfahren, in denen Kennzahlen eine solche steuernde Rolle spielen und die im stationären Sektor eingesetzt werden, sind beispielsweise Zielvereinbarungen, Budgetierungen und Personen bezogene Leistungserfassung (vgl. Merkel 2004; Pfaff et al. 2004). Ein bedeutsames Verfahren, welches in diesem Zusammenhang auch in der Medizin verwendet wird, ist das *Activity Based Costing* oder auch die tätigkeitsbasierte Kostenrechnung, die sich auf der Intensivstation unter anderem auf der Basis von medizinischen Punktwertsystemen (so genannten Scoring-Systems) und prospektiven, fallbezogenen Abrechnungssystemen nach so genannten Diagnosis Related Groups (DRGs) vollzieht.[11]

Im Gegensatz zu traditionellen Formen ökonomischer Steuerung und Planung ist das New Management Accounting speziell darauf ausgerichtet, Prozesse und Strukturen immaterieller Arbeit und indirekter Kosten wie Dienstleistungs- und Beratungstätigkeiten zu erfassen und diese Gruppen-, Personen-, und Tätigkeitsbezogen zuzuordnen. Ein zentrales Merkmal des neuen Accounting ist auch, dass es sich um eine Form indirekter Steuerung handelt. Das heißt, Anweisungen werden nicht mehr „von oben" erteilt, sondern weitgehend über das selbstbestimmte Handeln der Akteure vermittelt (Vormbusch 2004; Wagner 2005). War früher die Sammlung und Auswertung von Unternehmensdaten eine langwierige Angelegenheit, die von Experten durchgeführt wurde und deren Ergebnisse auch nur der Managementebene für Entscheidungen zur Verfügung standen, so hat sich das mit dem Einsatz der elektronischen Datenverarbeitung grundlegend geändert. Daten wie Leistungsnachweise, Tätigkeitsprofile, durchgeführte diagnostische, therapeutische und operative Maßnahmen, aber auch die Mortalitätsrate oder die Gesamtauslastung der Station, können heute zeitnah zum laufenden Prozess gewonnen werden und sind auch jederzeit dezentral verfügbar.

Das heißt, diese Indikatoren stehen heute nicht nur der Buchhaltung und der Personalabteilung zur Verfügung, sondern können auch von den pflegerischen und medizinischen Akteuren auf den Stationen eingesehen und mit den Daten anderer Stationen verglichen werden. Durch diese Offenlegung und Vergleichbarkeit der Kennzahlen wird zwischen den Stationen und Individuen Konkurrenz und Wettbewerb erzeugt. Jeder kann heute anhand der vorliegenden Zahlen selbst prüfen, ob die eigene Arbeit (oder die der anderen) rentabel ist oder ob andere Abteilungen kostengünstiger arbeiten. Durch dieses Vorgehen ist also nicht nur eine nahezu lückenlose Kontrolle des Tätigkeits- und Ausgabenprofils der Station

[11] Wie die Erfassung der Kennzahlen genau geschieht und warum sie die Tätigkeiten des Personals nicht abbilden, werde ich anhand eines konkreten Beispiels im Abschnitt 4 noch genau beschreiben.

möglich, es lassen sich auf diese Weise auch Entscheidungen, die früher vom Management getroffen wurden – wie Personalentscheidungen oder Fragen der Effizienz und Kostendeckung von Tätigkeiten – auf die Beschäftigen verlagern. Der pflegerische Leiter einer chirurgischen Intensivstation berichtete in einem Interview wie das geschieht:

Man habe vom Controlling die Anweisung bekommen, das Pflegepersonal um zwei Stellen (gerechnet in Pflegeminuten) zu kürzen. Als Grund dafür sei die im Vergleich mit anderen Stationen schlechte Auslastung mit Patienten angeführt worden. Die Station dürfe jedoch selbst entscheiden, wie sie diese Kürzungen vornehmen wolle. Obwohl er sich sicher war, dass die Station im Jahresdurchschnitt wieder eine höhere Auslastung erreichen würde, hielt er die Entscheidung prinzipiell für richtig. Die Daten seien ja „objektiv", daran könne man nichts ändern. Er berichtete nicht ohne Stolz, wie er vorgegangen sei. Er habe nämlich die Entscheidung nicht allein getroffen, sondern sein Personal in einem „demokratischen Verfahren" beteiligt; sie sollten selber entscheiden, wer gehen müsse. Eine Schwester sei daraufhin in den Ruhestand gegangen und drei weitere Pflegekräfte haben ihre Arbeitszeit reduziert. (SLch01/1, 1)

Das Beispiel macht deutlich, wie über die Kennzahlen eine Mischung aus Objektivität, Konkurrenz, Verantwortlichkeit, aber auch realem Druck erzeugt wird, die die Akteure auf der Station zum Handeln im betriebswirtschaftlichen Sinne bewegt. Alle Befragten sprachen von einer Zunahme an organisatorischer Entscheidungsverantwortung, die sie positiv bewerteten, und gleichzeitig steigendem Druck, sich an Kostenaspekten orientieren zu müssen. Hier wird deutlich, dass die medizinischen und pflegerischen Akteure Entscheidungen verantworten müssen, die sie strukturell immer weniger entscheiden können. In einem anderen Fall schilderte der Oberarzt einer internistischen Intensivstation, wie sich dieser Druck auswirkt, wenn keine eigenverantwortliche Entscheidung der Station zustande kommt. Man erzeuge – so sagte er – eine „künstliche Überbelegung der Station": Um die Auslastung seiner Station „auf 100 % zu fahren" seien „virtuell" zwei Betten gestrichen worden, die realiter jedoch weiter belegt wurden. Daraufhin konnten offiziell sechs Pflegestellen gestrichen werden, „ohne den Stellenschlüssel zu verändern". (OAch01/1, 1)

Abschließend möchte ich nun anhand konkreter Beispiele aus der Praxis zeigen, wie die sekundäre Nutzung der elektronischen Patientenakte die medizinische Praxis strukturell verändert und das medizinische Körperwissen sowie das Krankheitserleben des Patienten rekonstruiert.

5 Zur praktischen (Re-)Konstruktion von Krankheitserleben und medizinischer Praxis durch medizinische Standards und ökonomische Kennzahlen

Medical Scoring Systems oder medizinische Punktwertsysteme sind Klassifikationssysteme, die für die Messung der Morbidität, also des Schweregrads einer Krankheit sowie der Verlaufsprognose entwickelt wurden. Entstanden sind die ersten Punktwertsysteme bereits in den 1970er Jahren, mit der Absicht, die ärztliche Entscheidungsfindung hinsichtlich einer Fortführung der Therapie zu unterstützen. In diesem Sinne funktionieren sie quasi als Vorformen bzw. Teile von Expertensystemen (vgl. Wagner 1998). Punktwertsysteme, die auf Intensivstationen typischerweise verwendet werden, sind der APACHE Score, der TISS 28 Score, der SAPS Score, die Glasgow Coma Scale und andere (vgl. Kersting/Kellnhausen 1991; Neander o. J.; Rotondo 1997)[12]. Erstellt werden Scores, indem einmal in 24 Stunden medizinische Daten, wie Laborwerte, Beatmungsparameter, Flüssigkeitsbilanz usw., sowie die Vital-zeichen des Patienten vom pflegerischen oder ärztlichen Personal erhoben und mit Hilfe einer bestimmten Software zu einem Punktwert addiert werde. Beim APACHE Score bspw. entsteht so ein Punktwert zwischen 0 und 71.

Erklärtes Ziel dieser Quantifizierung ist die Sicherstellung einer gleichbleibenden hohen Behandlungsqualität im Rahmen des Qualitätsmanagements. Die medizinische und pflegerische Praxis soll vereinheitlicht und objektiviert und eine Vergleichbarkeit der Patientendaten hergestellt werden. Die folgenden Beispiele machen jedoch deutlich, dass weder die Behandlungspraxis standardisiert noch objektive Repräsentationen erzeugt werden. Vielmehr haben die Standards aufgrund ihres selektierenden Charakters keinen stabilisierenden, sondern gerade umgekehrt, einen dynamisch-transformierenden Effekt auf die medizinische Praxis. In diesem Sinne sind sie nicht neutral, sondern eminent politisch. Darüber hinaus werden durch die sekundäre Nutzung der medizinischen Scores für Abrechnungszwecke und für die Personalplanung strukturelle Konflikte erzeugt, die die stationäre Praxis sowie das Krankheitserleben der Patienten tief greifend umstrukturieren.

1. Medical Scoring Systems dienen als Expertensysteme: Der APACHE-Score beispielsweise ist ursprünglich dafür konzipiert worden, anhand medizinischer Daten (wie Blutwerte, Beatmungs- und Bewusstseinsparameter u. a.) sowie des Alters des Patienten dessen prozentuale Überlebenswahrscheinlichkeit zu „berechnen" bzw. quantitativ zu visualisieren. In diesem Sinne fungiert er quasi als medizinisches Expertensystem, das die ärztliche Entscheidungsfindung unterstützen soll

[12] APACHE: Acute Physiology and Chronic Health Evaluation. SAPS: Simplified acute Physiology Score, TISS: Therapeutic Intervention Scoring System, GCS: Glasgow Coma Scale. Vgl. dazu Rotondo (1997: 211).

(vgl. Wagner 2006). Während die ersten Versionen dieses Scores auch ohne Computer erfasst werden konnten, sind die zweite und dritte Version, die heute auf den meisten Intensivstationen verwendet werden, explizit für die Nutzung im Rahmen der digitalen Patientendokumentation entwickelt worden. Mit dieser Version ist es prinzipiell möglich, den erhobenen Punktwert mit den Daten von 40.000 anderen Fällen aus einer amerikanischen Datenbank zu vergleichen. Kombiniert mit anderen Punktesystemen, wie dem SAP-Score oder dem TISS 28-Score, welche die Aufwandspunkte für die intensivmedizinische und -pflegerische Komplexbehandlung berechnen, fungiert der APACHE-Score zunächst einmal nur im Sinne seiner Bestimmung: als Expertensystem, das Anhaltspunkte für die medizinische Weiterbehandlung liefert. Beispielsweise werden bereits 50 % der Entscheidungen zum Behandlungsabbruch am APACHE-Score und vergleichbaren Punktesystemen orientiert (vgl. Rotondo 1997: 211). Diese Nutzung wird jedoch spätestens dann problematisch, wenn die Scores nicht nur zu medizinischen, sondern auch zu ökonomischen und organisatorischen Zwecken erhoben werden.

2. Medical Scoring Systems dienen auch der Personalplanung. Der TISS-28-Score bspw. war ursprünglich dafür konzipiert, den Pflegebedarf eines Patienten zu beurteilen: Orientiert an internationalen Standards werden täglich bestimmte medizinische Anwendungen dokumentiert und mit Punkten versehen, wie die Beatmung, Hämofiltration, Diurese-Therapie u. a. Am Ende des Monats erreicht die Station auf diese Weise eine bestimmte Gesamtpunktzahl, die den Pflegeaufwand einer Station abstrakt dokumentieren soll. Unstrittig ist nach meinen Erhebungen jedoch unter allen Beteiligten (der Pflegedienstleitung, der Stationsleitung, den Pflegenden und auch den Vertretern des Controllings), dass der TISS 28-Score den Arbeitsaufwand des Pflegepersonals überhaupt nicht abbildet. Für die Pflege typische zeit- und arbeitsaufwendige Tätigkeiten, wie Waschen und Betten, das Durchführen von Abführmaßnahmen, Infusionssystemwechsel und nicht zuletzt die psychosoziale Betreuung der Patienten (um nur einige zu nennen) werden vom TISS 28 Score gar nicht erfasst.[13]

Ein Problem, welches von den Pflegenden in diesem Zusammenhang beispielsweise immer wieder beklagt wurde, betrifft das so genannte *weaning*: Eine pflegerische Tätigkeit, die von den medizinischen Scores nicht erfasst wird, obwohl sie sehr zeitaufwendig ist. Als *weaning* wird das Abtrainieren des Patienten von der Beatmungsmaschine bezeichnet. Dieser Vorgang ist langwierig und erfordert von den Pflegekräften einen besonders hohen Betreuungsaufwand, weil das Befinden des Patienten in der ersten Zeit nach der Extubation (also nach dem Entfernen des Beatmungsschlauches aus der Luftröhre) sehr engmaschig kontrolliert werden muss: Kann der Patient spontan atmen und selber abhusten, bekommt er genug Luft

[13] Vgl. auch Neander o. J.; Wagner(2006).

oder hat er Angst, kann man ihn allein lassen oder muss er beruhigt werden usw.? Trotz der eminenten Bedeutung dieser Tätigkeit wird sie vom TISS 28 Score nicht erfasst, weil das Scoring System nur die medizinisch-technischen Anwendungen mit Punktwerten versieht. Mit der Extubation gilt die medizinisch-technische Maßnahme jedoch als beendet und der Punktwert des Patienten sinkt, obwohl in diesem Stadium der Betreuungsaufwand für die Pflegenden besonders hoch ist.[14]

Das heißt, für die Pflegenden entsteht mit der Erhebung der medizinischen Scores ein Zielkonflikt: Offiziell wird von ihnen erwartet, dass sie ihre Tätigkeiten am Patienten akribisch, minutiös und wahrheitsgemäß dokumentieren und den TISS 28-Score sowie alle anderen Daten gewissenhaft erheben. Kommen sie dieser Forderung jedoch nach und dokumentieren nur die Informationen, die das System zulässt, werden ausschließlich medizinisch-naturwissenschaftliche Daten erhoben, die die pflegerische Tätigkeit nicht abbilden. Wenn diese Daten dann vom Management als Entscheidungsgrundlage für die Berechnung der Personalstärke genutzt werden, ist die Pflege im nächsten Monat notwendig unterbesetzt. Da infolge der Sparmaßnahmen ohnehin bereits auf einem minimalen Personallevel gearbeitet wird, steht auf der Station deshalb die unausgesprochene Forderung im Raum, einen möglichst hohen Arbeitsaufwand zu dokumentieren und zu „tissen" – wie die Erhebung des TISS 28-Scores genannt wird –, damit nicht noch mehr Stellen gestrichen werden.

Dieser „Aufforderung" sind durch die technische Kontrolle des oben beschriebenen digitalen Netzwerkes jedoch enge Grenzen gesetzt. Weder ermöglicht es die standardisierte Erfassung der Punktwertsysteme andere Angaben als die geforderten zu machen – egal ob diese richtig oder falsch sind: Über eine vorgegebene „Maske" können lediglich vorgegebene medizinisch-naturwissenschaftliche Anwendungen „angeklickt" oder weggelassen werden. Noch ist es möglich, hinsichtlich des Zeitpunkts zum Absetzen einer Maßnahme flexibel zu verfahren, um so die dazugehörigen pflegerischen Tätigkeiten mit zu erfassen. Prinzipiell wäre es ja möglich, den Beatmungsprozess bspw. erst dann als beendet dokumentieren, wenn das *weaning* gelungen ist. Auf diese Weise würde der pflegerische Aufwand im TISS 28 miterfasst. Genau das lässt das digitale Netzwerk jedoch insofern nicht zu, als alle erhobenen Daten (Vital-Zeichen, Beatmungsparameter, medizinische Scores, dokumentierte Anwendungen etc.) miteinander übereinstimmen müssen.[15]

---

[14] Ein anderes, ähnlich gelagertes Beispiel das oft genannt wurde, betrifft die Gabe von Entwässerungs- und Abführmedikamenten, die in der Dokumentation mit einem feststehenden Punktwert versehen ist. Ob der Patient jedoch einmal oder mehrfach abführt und ob er infolge dessen mehrfach gewaschen sowie sein Bett (möglicherweise auch von mehreren Pflegekräften) wiederholt neu bezogen werden muss, wird im TISS 28 Score nicht dokumentiert.

[15] Ein anderer problematischer Effekt dieser technischen Kontrolle ist, dass das digitale System nicht zwischen Artefakten (also Fehlermeldungen, falschen Messungen usw.) und korrekten Messungen unterscheiden kann. Das System kann bspw. nicht erkennen, ob die Temperatursonde falsch liegt

Am Beispiel des *weaning* heißt das, der dokumentierte Zeitpunkt der Extubation muss mit einer veränderten Atemfrequenz und einem möglicherweise niedrigeren Sauerstoffgehalt des Blutes einhergehen. Ob das der Fall ist, wird automatisch durch das digitale Netzwerk von Patientenakte und Monitoring kontrolliert (vgl. Abschnitt 2).

3. Nicht zuletzt dienen medizinische Scores darüber hinaus auch als Kennzahlen im Rahmen der betriebswirtschaftlichen Kosten-Nutzen-Analyse und der Leistungsabrechnung gegenüber den Krankenkassen. Zusammen mit anderen organisatorischen Kennzahlen, wie der Bettenauslastung, der Anzahl beatmeter Patienten, der Personalstärke (gemessen in Personenstunden oder Pflegeminuten), fungieren die medizinischen Scores hier als Indikatoren, mit denen betriebswirtschaftliche Entscheidungen begründet werden, wie Budgetkürzungen, Stellenstreichungen usw. Wie oben ausgeführt, erfolgt die Abrechnung der erbrachten Leistungen im stationären Sektor heute nach diagnosebezogenen Fallpauschalen, so genannten Diagnosis Related Groups (DRGs). Erstattet werden nicht mehr die tatsächlich entstandenen Kosten, sondern nur die Kosten, die in einem durchschnittlichen Fall der gleichen Art entstehen würden (vgl. Abschnitt 2). Diese Pauschalsummen werden nun nicht einfach festgelegt, sie werden vielmehr seit einigen Jahren auf der Basis eines internationalen Klassifikationssystems ermittelt: dem ICD-Schlüssel (International Statistical Classification of Diseases and Related Health Problems). Der ICD-Schlüssel ist extrem umfangreich und besteht aus 22 Oberdiagnosen mit weiter differenzierten Unterrubriken, die nach einem spezifischen Algorithmus aufeinander bezogen werden und hinterher einen bestimmten Punktwert ergeben. Nach diesem Punktwert (und noch einigen anderen Variablen) werden letztlich die Behandlungskosten berechnet (vgl. Kölking 2007).

Grundlage der Klassifizierung in diagnosebezogene Fallgruppen ist wiederum die elektronische Patientenakte mit den darin enthaltenen Patientendaten, technischen Daten, medizinischen Scores usw. Das heißt, für die Stationen ist es extrem wichtig, dass durch fehlende oder falsche Dokumentation keine finanziellen Verluste entstehen. Die Patientenakte wird deshalb, bevor sie die Station verlässt und vom Controlling zur Abrechnung verwendet werden kann, noch einer gründlichen Überarbeitung durch die Medizinische Dokumentationsassistentin sowie den leitenden Oberarzt der Station unterzogen. Dabei geht es – wie es die Oberärztin einer der Stationen formulierte – um die ökonomische und juristische „Optimierung" der Diagnose und der erfolgten Behandlung. Ökonomisch heißt, dass überprüft wird, ob auch jede mögliche Unterdiagnose und wirklich alle abrechenbaren Anwendungen am Patienten dokumentiert wurden – ein Prozess, der auch schon während der

oder der Patient tatsächlich nur eine Körpertemperatur von 34,0 °C hat. Wird dieser Fehler nicht manuell korrigiert, taucht er in den medizinischen Scores und damit letztlich als Kriterium der Personalbemessung wieder auf.

Behandlung immer mit bedacht wird. Die Patientenakte nach juristischen Fehlern zu durchsuchen und zu korrigieren heißt, zu überprüfen, ob die Diagnosen, die therapeutischen Anordnungen sowie die Dokumentation nicht gegen international standardisierte Behandlungsnormen verstoßen.

Zusammenfassend kann man also sagen, dass die Pflegenden durch das Zusammenspiel von technisierter Überwachung, standardisierter Dokumentation und ökonomischen Restriktionen gezwungen sind Daten zu erheben, von denen sie wissen, dass sie weder den Gesundheitszustand des Patienten noch die eigene Tätigkeit abbilden. Die Folge ist, dass eine zunehmende Diskrepanz zwischen der Dokumentation und dem realen Geschehen auf der Station entsteht. Hier vollzieht sich ein Prozess, der aus organisationssoziologischen Studien schon seit den 1980er Jahren bekannt ist und vielfach beschrieben wurde: Wenn der Legitimationsdruck und die Kontrolle, denen Arbeitnehmer ausgesetzt sind steigt, klaffen Dokumentation und Realität des Arbeitsprozesses zunehmend auseinander (vgl. Weltz 1986).

Im Arbeitsalltag auf den beobachteten Stationen wurde diese Diskrepanz von den Pflegenden zu ihren eigenen Lasten kompensiert: durch Mehrarbeit, weniger Pausen und Überstunden. Doch auch davon bleibt die Betreuung der Patienten letztlich nicht unberührt. Es zeigt sich vielmehr, dass eine bestimmte Krankheitswirklichkeit mit Hilfe der durch die digitale Patientenakte vermittelten ökonomischen und organisatorischen Standardisierungen überhaupt erst erzeugt wird: Beispielsweise werden Patienten aufgrund der Leistungsabrechnung durch DRGs heute eher aus dem Krankenhaus entlassen als früher, oder sie müssen zur Behandlung einer Sekundärdiagnose zuerst entlassen und dann wieder neu aufgenommen werden, weil die ICD Schlüssel im EDV System nicht zusammenpassen und damit nicht abgerechnet werden können (vgl. Gerlinger/Schönwalder 2009; Vogd 2004).

6 Zum Schluss: „Tacit knowing“ oder die Grenzen standardisierten und technisierten Wissens

Auf der anderen Seite lässt sich jedoch auch zeigen, dass selbst die „digitalisierte Pflege“ vom medizinischen und pflegerischen Personal ein Wissen über Körper und Krankheit erfordert, das in den informatisierten Daten nicht aufgeht. Um den leiblichen Bedürfnissen der zumeist bewusstlosen Patienten (wie Schmerz oder Angst, Fieber oder Kälte, Hunger oder Durst) gerecht werden zu können, müssen Pflegende und Ärzte auch in der Lage sein, „körperliche Zeichen“ (wie Hitze oder Kälte, Schwellung, Rötung oder andere Verfärbungen der Haut, Zittern oder Schwitzen usw.) deuten und mit den technischen Körperdaten in Bezug setzen zu können. In diesem Sinne stellt die Digitalisierung der Intensivmedizin an das Personal die paradoxe Anforderung, das Wissen über den Patientenkörper einerseits weitgehend zu standardisieren und in Punktwerten auszudrücken, damit es elektronisch dokumentiert und vergleichbar gemacht werden kann. Andererseits kommt eine bedarfsgerechte und bedürfnisorientierte Pflege nur zustande, wenn die Standardisierungsanforderungen vom Personal kontextsensibel umsetzt und ggf. begrenzt werden. Wie das gelingt, möchte ich abschließend anhand zweier Beispiele zeigen.

Beispiel I: die Überwachung des Patienten mittels elektronischem Monitoring. Es kommt häufig vor, dass der Monitor Alarm gibt und so genanntes Kammerflimmern anzeigt, d.h. eine als lebensbedrohlich zu wertende Herzfrequenzstörung. Für das betreuende pflegerische bzw. ärztliche Personal stellt sich damit die Frage, ob tatsächlich eine Herzrhythmusstörung vorliegt, die akut notfallmedizinisch behandelt werden muss, oder ob es sich um ein so genanntes Artefakt, d.h. eine Fehlermeldung des Gerätes handelt. Diese Beurteilung muss sehr schnell getroffen werden, da der Patient im Falle des „Kammerflimmerns" in unmittelbarer Lebensgefahr schwebt. Sie vollzieht sich folgendermaßen: Der erste Blick des (ärztlichen oder pflegerischen) Personals richtet sich sofort auf den Patienten und beurteilt dessen „klinischen" Gesamteindruck; hat er eine „rosige" Hautfarbe, fühlt er sich warm an und atmet regelmäßig, wird von einer Fehlermeldung ausgegangen und die Ableitungen (Elektroden oder Sonden) werden kontrolliert. Zum „klinischen Blick" kommt dann zweitens die Beurteilung des Gesamtkontextes hinzu: Hat der Patient vielleicht Fieber oder ist die Raumtemperatur sehr hoch, so dass er schwitzt und die Elektroden nicht richtig haften; ist er trotz Bewusstlosigkeit unruhig, weil er möglicherweise Schmerzen hat und stärkere Schmerzmittel braucht; oder wird der Patient gerade physiotherapeutisch behandelt, so dass sich die Ableitungen durch die Bewegung gelöst haben?

Dies Beispiel verdeutlicht, dass die technischen Informationen („Kammerflimmern") alleine keine sinnvolle Aussage über den Zustand des Patienten ergeben. Um das hier maßgebliche Ziel der optimalen Überwachung der Lebensfunktionen des Patienten zu erreichen, ist vielmehr das kontextbezogene Erfahrungswissen des betreuenden Personals ebenso wichtig wie die formalen, technisierten Patienten-Daten des elektronischen Monitorings. Erst die Verbindung beider Wissensformen ermöglicht eine bedarfsgerechte und bedürfnisorientierte Betreuung des Patienten.

Beispiel II: Eine technische Zukunftsvision für den Bereich der Intensivmedizin sind bspw. so genannte *Closed Loops*. Dabei handelt es sich um den Versuch, geschlossene Informationskreisläufe zwischen verschiedenen diagnostischen und therapeutischen Geräten und dem Patienten zu entwickeln, die als eigenständige Expertensysteme fungieren sollen. Ein Beispiel für diese Vision ist die Insulingabe bei Diabetes: Schon heute erhalten zuckerkranke Intensivpatienten ihr notwendiges Insulinpräparat zumeist automatisch über einen sogenannten Perfusor (d.h. eine Medikamentenpumpe). Die Vision ist nun, dass zu festgesetzten Zeiten automatisch der Blutzuckerwert gemessen und an ein Expertensystem (Software) weitergeleitet wird, das unter Berücksichtigung aller technisch erfassbaren Patientendaten den optimalen Insulinwert berechnet und an den Perfusor sendet, der dann die Medikation entsprechend verändert.

In der Praxis lässt sich diese Idee jedoch nur bedingt umsetzen. Die ärztliche Bewertung der Blutzuckerwerte orientiert sich nämlich nicht nur an medizinischen Daten, sondern berücksichtigt für die Entscheidung über eine Dosisveränderung auch die physische und psychosoziale Gesamtkonstitution sowie den sozio-technischen Kontext des Patienten, wie Gewicht, Alter, Herz-Kreislauf-Situation, weitere Medikamente, Unverträglichkeiten, andere angeschlossene technische Geräte, Tageszeit, Temperatur, Bewusstseinszustand und nicht zuletzt seine emotionale Verfassung. Darüber hinaus spielt für die Entscheidungsfindung auch das implizite Erfahrungswissen der Ärzte eine zentrale Rolle: Das sogenannte *gut-feeling* (Bauchgefühl) wird bspw. häufig als Grund genannt, um eine Entscheidung zu rechtfertigen, die letztlich genau gegenteilig ausfällt und den Vorschlag des Expertensystems ablehnt. Das heißt, die eigentliche Herausforderung bei der Entwicklung von Closed Loops besteht also nicht darin, ärztliche oder pflegerische Entscheidungen zu ersetzen, wie mir ein Entwicklungsingenieur einer Medizintechnik-Firma im Interview sagte, sondern dem (oftmals nicht verbalisier- und quantifizierbaren) Erfahrungswissen der menschlichen Experten auch innerhalb des technischen Systems Raum zu geben.[16]

Die Beispiele machen abschließend deutlich, dass grade auch die Implementation technisch vermittelten Wissens in der Medizin ein Körper- und Kontextwissen voraussetzt, das nicht in den medizinischen Standardisierungen aufgeht. Gleichzeitig handelt es sich selbst bei diesem „tacit knowing“ jedoch nicht um Erfahrungsprozesse, die von der beschriebenen technisch vermittelten Konstruktion von Körperwissen unberührt bleiben. Zusammenfassend lässt sich vielmehr festhalten, dass die informationstechnologische Übertragung ökonomischer Relevanzkriterien auf medizinische Standards eine Realitätsebene eigener Art erzeugt, die zur Zeit nicht nur durchsetzungsmächtiger ist als andere Beschreibungs- und Erfahrungsmöglichkeiten, sie beeinflusst vielmehr strukturell und tiefgehend das Wissen und Handeln des medizinischen und pflegerischen Personals und darüber das Krankheitserleben des Patienten.

Literatur

Behrens, Johann/Langer, Gero (2006): Evidence based Nursing and Caring: Vertrauensbildende Entzauberung der Wissenschaft. Bern: Hans Huber Verlag

Bencic, Uwe/Glienke, Rainer/Huft, J. (2004): Elektronische Dokumentation auf der Intensivstation (III-7.2). In: Meyer/Friesacher/Lange (2004): 1–21, (III-7.2)

[16] Zur Diskussion um implizites Erfahrungswissen vgl. Porschen (2008).

Berg, Marc (1992): The construction of medical disposals. Medical sociology and medical problem solving in clinical practice. In: Sociology of health and illness 14 (2): 151–180

Berg, Marc (1996): Practices of reading and writing: the constitutive role of the patient record in medical work. In: Sociology of health and illness 18 (4): 499–524

Berg, Marc (1997): Rationalizing medical work. Decision-support techniques and medical practices. Cambridge: MIT Press

Berg, Marc (2001): Implementing information systems in health care organizations: myths and challenges. In: International Journal of Medical Informatics 64 (2-3): 143–156

Berg, Marc/Bowker, Geoffrey (1997): The multiple bodies of the medical record: toward a sociology of an artifact. In: The Sociological Quarterly 38 (3): 513–537

Berg, Marc/Toussaint, Pieter (2003): The mantra of modeling and the forgotten powers of paper: A sociotechnical view on the developement of process-oriented ICT in health care. In: International Journal of Medical Informatics 69 (2-3): 223–234

Bergen, Peter (2000): EDV in der Intensivpflege. In: Meyer/Friesacher/Lange (2000): 8. Erg.Lfg. 6/00, 1–18 (III-7–III-7.1)

Bowker, Geoffrey C./Star, Susan Leigh (1996): How things (actor-net)work: Classification, magic and the ubiquity of standards. University of Illinois at Urbana-Champaign: Manuskript [www.sis.pitt.edu/~gbowker/actnet.html]

Bowker, Geoffrey C./Star, Susan Leigh (2000): Sorting things out: Classification and its consequences (inside technology). Cambridge/Massachusetts/London: MIT Press

Dimitz, Erich et al. (1991): Das computerisierte Krankenhaus. Frankfurt a. M.: Campus Verlag

Fischer, Martin R./Bartens, Werner (Hrsg.) (1999): Zwischen Erfahrung und Beweis – medizinische Entscheidungen und Evidence-based Medicine. Bern: Hans Huber Verlag

Gerlinger, Thomas/Schönwälder, Thomas (2009): Gesundheitsreformen in Deutschland 1975–2007. Bundeszentrale für politische Bildung [http://www.bpb.de/themen/EM53VQ,0,Gesundheitspolitik_Lern-station.html?lt=AAC147]

Haas, Peter (2005): Medizinische Informationssysteme und elektronische Krankenakten. Berlin: Springer Verlag

Heath, Christian/Luff, Paul (1996): Documents and professional practice: „bad“ organisational reasons for „good“ clinical records. Proceedings of the Conference on Computer Supported Cooperative Work. Boston: ACM Press

Herbig, Britta/Büssing, André (2006): Informations- und Kommunkationstechnologien im Krankenhaus. Stuttgart/New York: Schattauer

Hohlmann, Brita (2007): Organisation SAP – soziale Auswirkungen technischer Systeme. Fachbereich Gesellschaftswissenschaften. Darmstadt: Technische Universität Darmstadt [http://tuprints.ulb.tu-darmstadt.de/epda/000796/]

Kersting, Thomas/Kelnhausen, Edith (1991): TISS, ein Weg zur Bemessung des Personalbedarfs in der Intensivmedizin. In: Das Krankenhaus. 3: 128–130

Kölking, Heinz (2007): DRG und Strukturwandel in der Gesundheitswirtschaft. Stuttgart: W. Kohlhammer Verlag

Kühn, Hagen (2001): Finanzierbarkeit der gesetzlichen Krankenversicherung und das Instrument der Budgetierung. Arbeitspapier der AG Public Health des Wissenschaftszentrums Berlin für Sozialforschung, Nr. P o1-204, Berlin: WZB

Kühn, Hagen (2006): Der Ethikbetrieb in der Medizin. Korrektur oder Schmiermittel der Kommerzialisierung. Berlin: WZB

Lauterbach, Karl W./Schrappe, Matthias (2004): Gesundheitsökonomie, Qualitätsmanagement und Evidence-based Medicine: eine systematische Einführung. Stuttgart: Schattauer Verlag

Manzei, Alexandra (2003): Körper – Technik – Grenzen. Kritische Anthropologie am Beispiel der Transplantationsmedizin. Münster/Hamburg/London: LIT-Verlag

Manzei, Alexandra (2007): Between Representation, Reorganisation and Control. The Informational Technification of Intensive Care Units and the Consequences. In: International Journal of Technology, Knowledge and Society 3 (6): 53–61

Merkel, Susanne (2004): Kombination befragungsbasierter Kennzahlen und bedingungsbezogener Arbeitsanalysen zur Bewertung und Gestaltung der Pflegetätigkeit. In: Pfaff et al. (2004): 66–84

Meyer, Gerhard/Friesacher, Heiner/Lange, Rüdiger (2000): Handbuch der Intensivpflege. Landsberg: Ecomed Verlag

Michelis, Giorgio de/Simone, Carla/Schmidt, Kjeld (1993): Proceedings of the Third European Conference on Computer Supported Cooperative Work ECSCW ,93. Dodrecht: Kluwer

Neander, Klaus-Dieter o. J.: Pflegepersonalberechnung nach dem TISS-Konzept. In: Meyer, Gerhard, Friesacher, Heiner, Lange, Rüdiger (2000) Bd. III-3.2 1–6

Pfaff, Holger et al. (2004): „Weiche" Kennzahlen für das strategische Krankenhausmanagement. Bern: Hans Huber Verlag

Pommerening, Klaus/Muscholl, Marita (2006): Datenschutz und Datensicherheit. In: Herbig/Büssing (2006): 175–18

Porschen, Stephanie (2008): Austausch impliziten Erfahrungswissens. Neue Perspektiven für das Wissensmanagement. Wiesbaden: VS Verlag

Rammert, Werner et al. (1998): Wissensmaschinen. Soziale Konstruktion eines technischen Mediums. Das Beispiel Expertensysteme. Frankfurt a. M./New York: Campus

Rotondo, Roberto (1997): Score-Systeme für die Intensivmedizin. In: Intensiv – Fachzeitschrift für Intensivpflege und Anästhesie. 5 (5): 210–212

Schneider, Karin/Wagner, Ina (1993): Constructing the ‚Dossier Représentatif' – Computer based information-sharing in french hospitals. In: Computer Supported Cooperative Work 1 (4): 229–253

Simon, Michael (2000): Neue Krankenhausfinanzierung – Experiment mit ungewissem Ausgang: Zur geplanten Umstellung auf ein DRG-basiertes Fallpauschalensystem. Discussion Paper der Forschungsgruppe Public Health. Berlin: WZB

Simon, Michael (2001): Die Ökonomisierung des Krankenhauses. Der wachsende Einfluss ökonomischer Ziele auf patientenbezogene Entscheidungen. Discussion Paper P01-205. Berlin: WZB

Spörkel, Herbert et al. (Hrsg.) (1997): Total Quality Management im Gesundheitswesen. Methoden und Konzepte des Qualitätsmanagements für Gesundheitseinrichtungen. 2. Auflage. Weinheim: Psychologie Verlags Union

Star, Susan Leigh/Strauss, Anselm (1999): Layers of silence, arenas of voice:,the ecology of visible and invisible work. . In: Computer Support Cooperative Work 8 (1-2): 9–30

Suchman, Lucy (1993): Do categories have politics? The language/action perspective reconsidered. In: Michelis/Simone/Schmidt (1993): 1–14

Timmermans, Stefan/Berg, Marc (2003): The Gold Standard. The Challenge of Evidence-Based Medicine and Standardization in Health Care. Philadelphia: Temple University Press

Vogd, Werner (2002): Professionalisierungsschub oder Auflösung ärztlicher Autonomie: die Bedeutung von Evidence Based Medicine und der neuen funktionalen Eliten in der Medizin aus system- und interaktionstheoretischer Perspektive. In: Zeitschrift für Soziologie. 31 (4): 294–315

Vogd, Werner (2004): Ärztliche Entscheidungsprozesse des Krankenhauses im Spannungsfeld von System- und Zweckrationalität. Berlin: Verlag für Wissenschaft und Forschung

Vormbusch, Uwe (2004): Accounting. Die Macht der Zahlen im gegenwärtigen Kapitalismus. In: Berliner Journal für Soziologie 14 (1): 33–50

Wagner, Gerald (1998): Die programmierte Medizin. Opladen/Wiesbaden: Westdeutscher Verlag

Wagner, Hilde (2005): *„Rentier ich mich noch?“* Neue Steuerungskonzepte im Betrieb. Hamburg: VSA Verlag

Wagner, Ina (1991a): Soziale Aneignungsprozesse. In: Dimitz et al. (1991): 82–148

Wagner, Ina (1991b): Transparenz oder Ambiguität? – Kulturspezifische Formen der Aneignung von Informationstechniken im Krankenhaus. In: Zeitschrift für Soziologie. 20 (4): 275–289

Wagner, Ina (2006): Informationstechnik im Krankenhaus – eine ethische Perspektive. In: Herbig/Büssing (2006): 185–198

Weltz, Friedrich (1986): Aus Schaden dumm werden. Zur Lernschwäche von Verwaltungen. In: Office Management Band 5: 532–534

Wetterer, Angelika (2002): Arbeitsteilung und Geschlechterkonstruktion. Konstanz: UVK

Der (in)kompetente Kinderkörper

Performanz und Produktion von Körperwissen in entwicklungsdiagnostischen Praktiken[1]

Marion Ott

In den vielseitigen sozialwissenschaftlichen Bezugnahmen auf den Körper ist der ‚Kinderkörper' soziologisch bislang vergleichsweise unerforscht (vgl. dazu Hengst/Kelle 2003a). Die Körper von Kindern sind dagegen durchaus Gegenstand epidemiologischer, medizinischer, entwicklungspsychologischer und pädagogischer Beobachtung und Bearbeitung im Sinne der jeweiligen disziplinären Wissensordnungen und -bestände. Interdisziplinär geht es um Körper, die sich entwickeln, und die normale, gestörte oder riskante Entwicklung steht im Fokus der Beobachtungen. Analog zu einer in Gesundheitsberichten dokumentierten Zunahme von Entwicklungsstörungen in den letzten Jahren nehmen auch institutionalisierte Formen der Beobachtung kindlicher Entwicklung unter staatlicher Regulierung zu. Auf Prävention von Störungen und Förderung von Entwicklung zielende Strategien sind beispielsweise (in einzelnen Bundesländern) immer weiter vorverlegte diagnostische Einschulungsverfahren, flächendeckende Sprachstandserhebungen (Kelle 2010a), aber auch die Einrichtung von „Frühwarnsystemen" zur Erfassung von riskanten (familiären) Entwicklungsbedingungen, die durch Vernetzung verschiedener Maßnahmen der „frühen Hilfe" entstehen (BMFSFJ 2009). Es nehmen also nicht einfach die Entwicklungsstörungen zu, sondern vor allem auch die Formen der Beobachtung der kindlichen Entwicklung und mittels der Erfassungs- und Beobachtungstechniken wird das Wissen über die kindliche (Körper-)Entwicklung wissenschaftlich spezifiziert und institutionell vernetzt.

Im vorliegenden Beitrag gehe ich aus machtanalytischer Perspektive (Foucault 1994) davon aus, dass das Wissen über entwicklungsbezogene Kinderkörpernormen in die Beobachtungspraktiken eingelassen ist und darin ausgehandelt und prozessiert wird. Anhand von Materialien aus ethnographischen Beobachtungen untersuche ich die wissensbasierte Konfigurierung von Kinderkörpern in einem

[1] Ich danke Helga Kelle für die gemeinsame Arbeit an dem Vortrag auf der Tagung „Körperwissen" im März 2009, auf den dieser Beitrag zurück geht. Außerdem danke ich ihr sowie Rhea Seehaus für die Diskussion einer früheren Fassung des Beitrags.

entwicklungsdiagnostischen Feld, den Kindervorsorgeuntersuchungen (U1–U9).[2] Diese sind bundesweit einheitlich im fünften Buch des Sozialgesetzbuches geregelt und stellen ein teilstandardisiertes Früherkennungsprogramm dar, mit dem der Verlauf der Entwicklung eines Kindes von der Geburt (U1) bis zum Alter von fünf Jahren (U9) beobachtet und beurteilt wird. Die zehn Untersuchungen[3] sind eine Krankenkassenleistung und mittlerweile in den meisten Bundesländern verpflichtend geregelt. Das seit Anfang der 1970er Jahre umgesetzte Vorsorgeprogramm ist dem präventiven Paradigma in der Medizin zuzurechnen (vgl. Lachmund 1987). Geregelt ist es in den „Kinder-Richtlinien" (G-BA 2009), die gegenwärtig von Vertretern des gemeinsamen Bundesausschusses der Ärzte und Krankenkassen (G-BA) überarbeitet werden. Während die Vorsorgen programmatisch auf Sekundärprävention ausgerichtet sind, „d. h. auf die Früherkennung von Krankheiten (...) mit dem Ziel einer effektiven Frühbehandlung" (Schlack 2006: 320), wurden zunehmend die Untersuchungsinhalte ausgeweitet. Sie umfassen auch die so genannten umschriebenen Entwicklungsstörungen, die nach dem internationalen Klassifikationssystem (ICD 10, vgl. DIMDI 2007) als Störungen gelten, die nicht auf eine neurologische oder körperliche Krankheit zurückführbar sind.[4] In der praktischen Durchführung fokussiert die einzelne Untersuchung auf die körperlichen Voraussetzungen von Entwicklungsprozessen und die bereits erworbenen Kompetenzen, um daran Störungen in einzelnen Entwicklungsbereichen (z. B. Sprache, Grob-/Feinmotorik, soziales Verhalten) ausschließen zu können. Die Erhebungsverfahren implizieren dabei ein an Durchschnittsnormen orientiertes Wissen über die „altersgemäße Entwicklung" (Kelle 2007), das als Erwartungswissen in die Untersuchungen eingeht.

In Anlehnung an den Begriff der Prävention von Ulrich Bröckling (2008) gehe ich davon aus, dass diese Untersuchungen normalisierende Funktionen haben: Sie sind zugleich regulierend auf die Bevölkerungsgruppe der Kinder (epidemiologische Funktion), aber auch individualisierend auf die (Selbst-)Steuerung

---

[2] Die Kindervorsorgeuntersuchungen sind neben den Schuleingangsuntersuchungen Gegenstand des DFG-Forschungsprojektes „Kinderkörper in der Praxis", das an der Universität Frankfurt unter Leitung von Helga Kelle von 2006 bis 2011 durchgeführt wird. Für beide Untersuchungsformen wurden über 100 teilnehmende Beobachtungen durchgeführt und protokolliert. Ich danke den Kolleginnen Sabine Bollig, Julia Jancsó, Anna Schweda, Rhea Seehaus, Katharina Stoklas und Anja Tervooren, dass ich bei der analytischen Arbeit auf ihre Materialien zurückgreifen konnte.

[3] Sechs der Untersuchungen finden im ersten Lebensjahr eines Kindes statt, das sind U1 (Geburt), U2 (3.–10. Lebenstag), U3 (4.–5. Lebenswoche), U4 (3.–4. Lebensmonat), U5 (6.–7. Lebensmonat), U6 (10.–12. Lebensmonat). Des Weiteren werden die U7 mit ca. zwei Jahren (21.–24. Lebensmonat), die 2007 neu eingeführte U7a mit drei Jahren (34.–36. Lebensmonat), die U8 mit vier Jahren (46.–48. Lebensmonat) und die U9 mit fünf Jahren (60.–64. Lebensmonat) durchgeführt.

[4] Aus pädiatrischer Perspektive wird zudem argumentiert, die Untersuchungen auch programmatisch (stärker) auf primäre Prävention im Sinne der frühzeitigen Entwicklungs- und Gesundheitsförderung auszurichten (vgl. Schlack 2006 sowie die Beiträge in Schlack 2004).

der Einzelnen ausgerichtet (individualdiagnostische Funktion). Der vorliegende Beitrag untersucht, wie in diesen entwicklungsdiagnostischen Untersuchungen körperbezogene Normen praktisch (re)produziert werden. Zunächst gehe ich auf die analytischen Konzepte ein, welche den Problemhorizont des Beitrags aufspannen. Der anschließende empirische Teil fokussiert auf die Untersuchung der Motorik bei Kindern im ersten Lebenshalbjahr. Es werden situierte Prozesse der Formierung, Aktivierung und Prozessierung des Wissens über den Kinderkörper und der darin eingelassenen entwicklungsbezogenen Körpernormen exploriert. Ich arbeite heraus, inwiefern die Referenz auf Kompetenzen der Kinder daran beteiligt ist, dass die diagnostische Praxis als ein Instrument der Förderung und Optimierung im Sinne einer indirekten Steuerung funktionieren kann. Im Fazit wird dies abschließend resümiert.

1 Die Frage nach dem „Körperwissen" – zur Methodologie der Analyse

Das in den Kindervorsorgeuntersuchungen relevante diagnostische Wissen stellt ein Wissen *über* den Kinderkörper dar. Damit ist ein Aspekt angesprochen, auf den sich der Begriff „Körperwissen" bezieht. Eine weitere Referenz wäre das Wissen *des* Körpers – gewissermaßen das Können oder die Kompetenz des (Kinder)Körpers. In den diagnostischen Praktiken ist beides miteinander verwoben, insofern die Kompetenzen der Kinder den Gegenstand der Entwicklungsdiagnostik ausmachen und insofern zudem in den einzelnen Untersuchungen Wissen über den (individuellen) Körper des Kindes – und seine Kompetenzen – hervorgebracht wird.

Die Kategorie Kompetenz, im Sinne einer Fähigkeit, gilt aus arbeits-, bildungs- und sportwissenschaftlicher Perspektive als ein latentes Konstrukt, als Disposition zur Problemlösung oder Voraussetzung für die Ausübung von Tätigkeiten (vgl. z.B. Erpenbeck/Rosenstiehl 2003; Baur et al. 2009). Die Feststellung von Kompetenzen ist wiederum auf die situativ hervorgebrachten Performanzen angewiesen, aus denen Kompetenzen erst abgeleitet werden. Motorische Tests etwa erheben den unmittelbar beobachtbaren Bewegungsvollzug, der i.d.R. als messbare Leistung objektiviert wird (vgl. Bös 2001). Ähnlich lassen sich in den Vorsorgeuntersuchungen eben auch nicht die Kompetenzen der Kinder, sondern nur die *in situ* hervorgebrachten Performanzen in den Blick nehmen. Der Beobachtungsgegenstand (Performanzen) ist somit nicht identisch mit dem diagnostischen Gegenstand (Kompetenz).

Um darauf zu reflektieren, wie diese Gegenstände hervorgebracht – und miteinander verwoben – werden, untersuche ich die diagnostischen Praktiken als „diskursive Praktiken" (Foucault 1981; Wrana 2006: 122 ff.). Das Diskursive – auch der teilweise stumm vollzogenen Praktiken – repräsentiert sich dabei in dem komplex verwobenen (diagnostischen) Wissen, den (körperlichen) Erhebungsmethoden, in den verschiedenen Instrumenten, die ihrerseits Wissen über den Körper vermitteln. Mit dieser Auffassung schließe ich an den von Judith Butler (1997: 32) entfalteten Begriff der „Materialisierung“ an, der eine Formierung von Gegenständen über die wiederkehrende und stabilisierende Bedeutungszuweisung in Praktiken beschreibt. In diesem Sinne möchte ich die performative Bedeutung der Praktiken herausarbeiten.

Theorien sozialer Praktiken gehen jedoch auch von einer Verankerung der Praxis im *impliziten* Wissen und Können aus, das nicht notwendig reflexiv verfügbar ist. In seiner Synthetisierung praxistheoretischer Ansätze argumentiert Andreas Reckwitz (2003), das (implizite) praktische Wissen sei in Körpern und Artefakten verankert. Dies bedeutet m. E. nicht unbedingt, dass das „implizite praktische Wissen und Können der Beteiligten“ (Hörning 2004: 20) gleichsam als *deren* „Kompetenz“ zu verstehen ist, wie Karl H. Hörning es in unklarer Abgrenzung von Praktiken und Handlungen fasst. In Bezug auf das Körperwissen als implizites Wissen schließe ich hier an die etwas anders konturierte analytische Konzeption von Stefan Hirschauer (2004) an. Hirschauer begreift Körper als „materielle Partizipanden des Tuns“, als eine Entität unter anderen, „die auf eine für sie spezifische Weise in den Vollzug von Praktiken involviert sind.“ (ebd.: 75)[5] Damit verbunden ist eine dezentrierende Sicht auf die (Funktion und) Bedeutung des Körpers und des impliziten Wissens. Dieses ist nicht im Akteur – im Sinne eines ‚Subjekts des Handels‘ – lokalisiert, sondern in den Praktiken. In den Praktiken sind „je spezifische Subjektpositionen“ (ebd.: 89) für ihren Vollzug vorgesehen, welche von den beteiligten Entitäten einzunehmen sind. Damit gehe ich von einer wechselseitigen Konfigurierung von Praktiken und Körpern aus.

Begrifflich wird in den folgenden Analysen der Motorikuntersuchungen in den U3en bis U5en Körperwissen als eine analytische Kategorie von Kompetenz unterschieden, mit der das (bereits erreichte) Können des Kindes oder seines Körpers in den Untersuchungen beschrieben wird. Ich differenziere systematisch zwischen drei Analyseebenen, die als Bedeutungen konstituierende Elemente in den Praktiken miteinander verwoben sind: Anhand der eingesetzten Untersuchungsinstrumente, -dokumente und -methoden lässt sich ein präskriptives Wissen darüber rekonstruieren, was der Kinderkörper in einem bestimmten Alter können soll. Des Weiteren lässt sich an Beobachtungen des Vollzugs der Untersuchungspraktiken verdeutlichen, wie körperliche Performanzen situativ hervorgebracht werden. Schließlich sind konkrete sprachliche Zuschreibungen daran beteiligt, dass Performanzen als Kompetenzen reifiziert werden. Die folgenden Analysen fokussieren auf die zweite Ebene, beziehen jedoch die beiden anderen erweiternd

[5] Körper als ‚am Tun Beteiligte‘ zu betrachten, ist bei Hirschauer angelehnt an das Forschungsprinzip des Interaktionstheoretikers Erving Goffman (1986: 9), dem es „nicht um Menschen und ihre Situationen [geht], sondern eher um Situationen und ihre Menschen.“

ein. Es handelt sich jeweils um explorative Einzelanalysen, die jedoch auf das gesamte Material aus teilnehmenden Beobachtungen zu den U3en bis U5en (ab jetzt: frühe Vorsorgen) zurückgreifen können.[6]

2 Performanzen und Kompetenzen diagnostisch herausarbeiten

2.1 Entwicklungsnormen als Referenzwissen der Untersuchungen

Aus entwicklungsneurologischer und pädiatrischer Sicht gilt in der frühen Kindheit die Motorik als der am differenziertesten zu beurteilende Entwicklungsbereich, von dem die diagnostische Einschätzung des Entwicklungsstandes am stärksten beeinflusst sei (vgl. Largo 2004b: 23).[7] In der Diagnostik der (motorischen) Entwicklung sind lineare Stufen- oder Phasenmodelle (z. B. Hellbrügge et al. 1994) seit Längerem umstritten und es wird eher von einem „adaptiven, epigenetischen Konzept" der (motorischen) Entwicklung ausgegangen (Michaelis/Krägerloh-Mann/Haas 1989: 2 ff.) – also von einer durch Umweltbedingungen vielfach beeinflussten und beeinflussbaren Entwicklung. (Motorische) Entwicklung gilt damit als inter- und intraindividuell variabel sowie als inkonsistenter Prozess (ebd.: 4 f.; Largo 2004a). Gleichwohl wird von bestimmten „Meilensteinen" (im Überblick Baumann 2007) ausgegangen, die bis zu einem bestimmten Alter erreicht werden sollen.[8] Solche werden trotz der Flexibilität der Entwicklungsnormen als Grenzen des Normalen markiert, zugleich geht mit der Flexibilisierung der Normen jedoch auch eine Ausweitung der Förderungsmöglichkeiten in Bezug auf einzelne Entwicklungsdimensionen einher.

Entwicklungsdiagnostisches Wissen wird in den Kinderarztpraxen, bei verschiedenen Ärzt/innen und in den einzelnen Untersuchungen variantenreich aufgerufen. Allein mit dem Kinder-Untersuchungsheft (G-BA 2005) liegt ein Instrument vor, das ein für alle Untersuchungen einheitliches entwicklungsdiagnostisches Wissen inkorporiert. Dieses Heft wird den Eltern nach der Geburt ihres Kindes ausgehändigt und sie sollen es zu jeder Untersuchung mitbringen, da darin Ergebnisse der Untersuchungen dokumentiert werden. Zu jeder Untersuchung enthält das Heft ein so genanntes Befundschema, das zwischen (bei den Eltern) „erfrag-

---

[6] In die Untersuchung einbezogen waren 18 Kinderarztpraxen. Aus insgesamt 36 Beobachtungsprotokollen zu den frühen Vorsorgen wurden die Szenen zu den Motorikuntersuchungen einer „selektiven" und „axialen Kodierung" (Strauss 1998) unterzogen und in analytischen Memos systematisiert. Die ausgewählten Szenen werden hier unter Rückgriff auf vorausgehende analytische Verdichtungen exemplarisch analysiert. Alle Namen von Personen in den Protokollauszügen sind anonymisiert.

[7] Bei älteren Kindern rücken zunehmend Bereiche wie die kognitive und die sprachliche Entwicklung in den Vordergrund.

[8] Für eine Analyse der Temporalisierung in der Entwicklungsdiagnostik vgl. Bollig (2010).

ten Befunden" und „erhobenen Befunden" unterscheidet. Zu den verschiedenen Entwicklungsbereichen finden sich hier Angaben für das zu Überprüfende. Die folgende Tabelle zeigt exemplarisch die Befunde für den Bereich der Motorik in der U5 (G-BA 2005, Kleinschreibung i. O.):[9]

Aus dem Befundschema zur U5:
Erfragte Befunde [nicht nach Untersuchungsbereichen aufgeschlüsselt, MO]
• aktives Drehen v. Rücken in Seiten- oder Bauchlage fehlt
Erhobene Befunde **Motorik und Nervensystem** [als eigener Untersuchungsbereich aufgeführt, MO]
• Hypotonie (z. B. geringer Widerstand gegen passive Bewegungen, Froschhaltung der unteren Extremitäten, auffälliger Schulterzugreflex, evtl. schwache Muskeleigenreflexe) • Hypertonie (z. B. stark ausgeprägte Streck- oder Beugehaltung. Aufrecht gehalten: steife Streckstellung der Beine mit und ohne Überkreuzen. Im Sitzen: Tendenz zu Streckspasmus mit Fallneigung nach hinten. Evtl. gesteigerte Muskelreflexe, anhaltende Kloni) • Bewegungsarmut (auch einzelner Extremitäten, z. B. nur der Beine) • Bewegungsunruhe (einschließlich Tremor, auffälliger Tonuswechsel, auffällige Schreckhaftigkeit) • konstante Asymmetrie von Tonus, Bewegungen, Reflexen • Kopfkontrolle bei Änderung der Körperhaltung fehlt • Abstützen mit geöffneten Händen bei aufrechter Kopfhaltung in Bauchlage fehlt • gezieltes Greifen mit der ganzen Hand fehlt re/li

In Kurzfassung finden sich im Befundschema die in der U5 zu prüfenden „Auffälligkeiten" aufgelistet. Komplementär zu den defizitorientierten Formulierungen lassen sich Erwartungen an entwicklungsbezogene Kompetenzen eines halbjährigen Kindes ableiten, wie z. B. dass die Kinder sich drehen, die Kopfhaltung kontrollieren, den Körper aufstützen und Gegenstände mit der Hand greifen können sollen. Zudem lassen sich Hinweise über die Erhebungsstrategien herauslesen. Beispielsweise werden sich Bewegungsarmut und Bewegungsunruhe über Spon-

[9] Helga Kelle und Rhea Seehaus (2010) untersuchen das Heft im internationalen Vergleich mit Heften aus England, Österreich und der Schweiz. Für eine genauere Analyse des Befundschemas mit Fokus auf die Motorik in der U9 vgl. Ott (2010).

tanbeobachtungen erheben lassen, während die Prüfung von Bewegungswiderständen durch eine eigene Bewegungseinwirkung der Ärzte geprüft werden muss. Und in einigen Angaben wird deutlich, dass der Körper des Kindes in bestimmte Positionen zu bringen ist, anhand derer Phänomene abgelesen werden können (z. B. „Aufrecht gehalten: steife Streckstellung …“, „Im Sitzen: Tendenz zu Streckspasmus …“).

Aufgrund des eingeschränkten Bewegungsradius von Säuglingen erfordern die frühen Vorsorgen bis zur U5 in besonderem Maße den Einsatz anderer Körper. Neben Spontanbeobachtungen, für die die Kinder liegen oder auf dem Arm eines Elternteils gehalten werden können, bedarf es teilweise der Unterstützung, um die Kinder in eine bestimmte Position zu bringen, an der das zu Beobachtende ablesbar wird (z. B. abstützen). Hinzu kommt, dass ein Großteil der Motorikuntersuchungen in der Prüfung von Reflexen und Reaktionsverhalten besteht, die über intensives Einwirken der Ärzt/innen auf den Körper des Kindes ausgelöst werden können. Eine erste Analyse fokussiert diesen Teil der Untersuchungen.

2.2 Körperreaktionen prüfen und der Umgang mit dem Kind als Person

Die folgende Szene aus einer U5 illustriert die Überprüfung der Lagereaktionen,[10] eine Methode, die in allen Vorsorgen des ersten Lebensjahres eingesetzt wird.

> Da Ronja weiterhin quengelt, verspricht ihr die Ärztin nun nur noch die Lagereaktionen zu prüfen und dann seien sie auch schon fertig. In dieser, den ganzen Körper einbeziehenden Untersuchung wirkt jede Bewegung der Ärztin genau geplant und gezielt ausgeführt: Als erstes beugt Dr. Stolze Ronjas gesamten Körper kopfüber nach vorne. Ronja schreit, sie hat sich vermutlich erschreckt. Als nächstes legt die Ärztin Ronja blitzschnell wieder hin, greift dann nach beiden Armen, um sie an diesen nach oben in den Sitz zu ziehen. Dabei schaut sie sie eindringlich an. Sie wirkt sehr konzentriert, und mit ruhiger Stimme kommentiert sie immer, was sie tut. Als nächstes nimmt sie Ronja locker in beide Hände und hebt sie in die Waagrechte über die Liege. Ronjas Beinstellung verändert sich hin zu einer Froschhaltung. Mittlerweile schreit Ronja ziemlich laut, doch die Ärztin setzt die Untersuchung fort, indem sie den Körper des Kindes jetzt aus der Waagrechten über 90° erst auf die linke Seite

[10] Bei den Lagereaktionen handelt es sich um ein neurologisches Screening zur Beurteilung der motorischen Koordination und des motorischen Entwicklungsstandes (vgl. zu den Methoden im Detail Ambühl-Stamm 1999: 47 ff.). Über Veränderungen der Lage des Körpers werden Reize auf z. B. Muskulatur, Gelenke, Haltung und Vestibulärapparat ausgelöst, die Reflexhaltungen und -bewegungen provozieren, um sie überprüfen zu können. Da sie aufgrund der Komplexität der Bewegungsabläufe von Primitvreflexen zu unterscheiden sind, wird von Reaktionen – statt von Reflexen – gesprochen.

> schwenkt, dann auf die rechte. Es gefällt Ronja nicht, sie schreit lauter. Eines müsse sie noch machen, meint Dr. Stolze, legt Ronja auf die Seite und nimmt dann den oben liegenden Arm und das oben liegende Bein in je eine Hand, zieht daran schnell und reißt damit den Körper in die Höhe. Das ganze folgt auch auf der anderen Seite. Ronja protestiert und schreit nun immer lauter. Schließlich zieht die Ärztin sie noch an einem Bein in die Höhe. Der Körper hängt nun an diesem Bein in der Hand der Ärztin und schwenkt – fast ein bisschen bedrohlich – herum. Dann ist dieser Teil der Untersuchung abgeschlossen. Die Ärztin übergibt das weinende Kind dem Arm der Mutter, wo es sofort ruhiger wird. (U5, MO)

Die Szene zeigt, dass der Körper des Kindes nur deshalb als Untersuchungsobjekt ‚funktioniert', weil er an einen anderen Körper ‚angeschlossen' wird. Nur so kann er in die erforderlichen Positionen gebracht werden, an denen die gefragten Reaktionen abgelesen werden können. Die körperliche Bezugnahme der Ärztin stellt zudem eine Bedingung für die Möglichkeit dar, Wissen über den Körper zu erzeugen: Über die Kopplung des ärztlichen Körpers an den Körper des Kindes erweitert die Ärztin ihren Wahrnehmungsspielraum um die taktile Dimension, mittels der sie auch nichtsichtbare Reaktionen spüren kann. Als ‚taktiles Wahrnehmungsinstrument' birgt der Körper der Ärztin ein hochgradig komplexes, diskursives Wissen über die Konstitution des Kinderkörpers und ermöglicht so die Produktion weiterer Performanzen (z. B. bezogen auf Bewegungsarmut, -unruhe oder Muskelspannungen, s. Befundschema). Diese Ressource wird insbesondere bei den frühen Vorsorgen genutzt, in denen das Sprachvermögen und die Bewegungsspielräume der Kinder weniger ausgeprägt sind als bei den älteren Kindern.

Infolge des von Ronja artikulierten Missfallens (Quengeln) nimmt die Ärztin zunächst noch mit dem Versprechen, „nur noch die Lagereaktionen zu prüfen", Bezug auf Ronja als Person. Gleich darauf vollzieht sich in der ausschließlichen Arbeit am Körper des Kindes eine Separierung von Körper und Person. Gezielt und mit sicherem Griff bringt die Ärztin den Körper in unterschiedliche Posen, kommentiert zwar ihr Tun nebenbei, fixiert jedoch ihre Aufmerksamkeit gänzlich auf den Körper. Das durch stärker werdendes Schreien ausgedrückte Missfallen scheint von dieser konzentrierten Aktivität abgespalten bzw. zumindest weitgehend ausgeblendet zu werden.

Interaktiv wird – zumindest partiell – der Körper des Kindes von dem untersuchten Kind als Person getrennt behandelt. Dies tritt in den Untersuchungen besonders deutlich hervor, wenn Ärzt/innen den oft kaum auszublendenden Protest der Kinder gegen die Behandlung des Körpers übergehen. Zugleich wirken die Kommentierungen entschuldigend oder, wenn darin die Kinder persönlich adressiert werden, als solle in Erinnerung gerufen werden, dass das Kind auch als Person am Geschehen teilnimmt.

In seiner Analyse der Chirurgie macht Stefan Hirschauer (1996: 109 ff.) eine vergleichbare Trennung von „Patientenkörper“ und „Patientenperson“ aus. Während der Operation werde der Patientenkörper als Bezugspunkt der chirurgischen Praktiken durch die Apparaturen des Operationssaals und die Narkose von der Patientenperson separiert. Ähnliches scheint in den frühen Vorsorgeuntersuchungen durch das Abspalten und Ausblenden des Kindes als Person zu geschehen. Da operative Eingriffe in den Körper massive Grenzverletzungen darstellen, deutet Hirschauer die Separierung als Schutz der Grenzen der Person, weil diese aus der sozialen Situation ausgegliedert werde. Zugleich bewahre die Separierung jedoch auch die Chirurgen vor Scham- und Schuldgefühlen gegenüber der Person, denn bei einer ‚nicht ausgegliederten‘ Person wäre ein permanentes Erklären und Entschuldigen für die massiven Eingriffe nötig. In den frühen Vorsorgeuntersuchungen, in denen das Mittel zur Ausgliederung der Person in eben jener Ausblendung besteht, ruft sich das Kind oft als Person in Erinnerung. Dies führt zu entschuldigenden Kommentaren, aber nicht zur Beendigung der Untersuchung.

Wie Kelle und Jancsó (2010) herausarbeiten, konturieren die beteiligten Erwachsenen die frühen Vorsorgen häufig als Störung bzw. Zumutung für die Kinder.[11] Um dies zu kompensieren, werde den Kindern ein Subjektstatus zugeschrieben, der sie als symmetrische Interaktionspartner entwirft. Erklärende und entschuldigende Bezugnahmen der Ärzt/innen sprechen dabei zwar oft explizit die Kinder an, doch indirekt adressieren sie die anderen Beteiligten. So wird die Ärztin in der beschriebenen Szene vermutlich nicht davon ausgehen, dass die halbjährige Ronja die Bedeutung des Versprechens „nur noch die Lagereaktionen zu prüfen“ erfasst. Solche Bezugnahmen auf das Kind kommunizieren Botschaften an die als Publikum beteiligten Personen. Diese werden weniger über die diagnostischen Handlungen informiert, sondern die Botschaften signalisieren ihnen, dass die Ärzt/innen die körperlichen Eingriffe zwar für diagnostisch nötig halten, aber persönlich zu entschuldigen suchen.[12] Obwohl die nahezu gewaltförmig wirkenden körperlichen Eingriffe von den beteiligten Erwachsenen meist als diagnostisch notwendig hingenommen werden, werden sie als ein Zwang zur Zumutung entworfen: Die Ärztin in der Szene sagt „eines *müsse* sie noch machen“ und nicht ‚eines *wolle* sie noch machen‘. Dass die Zumutung einer diagnostischen Notwendigkeit zugerechnet werden kann, entlastet nicht nur die Ärzt/innen, sondern auch das beteiligte Publikum von der möglichen Scham, solchen ‚Übergriffen‘ beizuwohnen.

---

[11] Demgegenüber wird bei den späteren Untersuchungen eher die ausbleibende oder zurückhaltende Mitwirkung der Kinder als Störung der Untersuchungen wahrgenommen (Kelle/Jancsó 2010).

[12] Dass gerade bei der Prüfung der Lagereaktionen als intensiver Eingriff in den Bewegungsablauf, der oft den Protest der Kinder auslöst, Unbehagen besteht, deutet sich auch darin an, dass sie von den Ärzt/innen durch verfremdende Begriffe, wie „ein bisschen fliegen“ oder „Weltraumtraining“ umschrieben werden.

Das kommunikative Geschehen vollzieht sich in einem anderen Modus als die diagnostische Untersuchung und so bleiben die Ergebnisse der Reaktions- und Reflexprüfungen auf der Ebene des medizinisch-diagnostischen Wissens weitgehend unbenannt. Sie werden eher pauschal kommentiert („das klappt ja schon sehr gut"), ohne dass den Beteiligten daraus ersichtlich wird, worauf sich diese Einschätzung bezieht. Diagnostische Entwicklungsnormen werden eher kommentierend nebenbei aufgerufen („er kann den Kopf gut halten"), aber nicht unbedingt im Kontext der Befundung erläutert. Dies mag zum Teil daran liegen, dass das medizinische und neurologische Wissen über den Körper als nicht so ohne Weiteres anschlussfähig gelten kann. Es deutet sich jedoch an, dass es auch hinter der legitimierungs- und erklärungsbedürftigen Behandlung des Körpers in den Hintergrund gerät. Im folgenden Abschnitt analysiere ich eine Szene, in der Normreferenzen alltagsnah mobilisiert werden.

2.3 Kompetenzförderung in diagnostischen Praktiken

Insbesondere wenn Eltern in den frühen Vorsorgen ihr ‚Erstkind' vorstellen, nutzen sie die Untersuchungen als Informationsquelle und ziehen die Ärzt/innen als Expert/innen über die normale, auffällige oder gestörte Entwicklung hinzu. Der folgende Protokollauszug beschreibt die dabei in einer U4 entstehende Beratungsszene, deren Gegenstand der Bewegungsablauf des Körpers ist:

> Immer noch den pinkfarbenen Post-it/Notizzettel in der Hand, berichtet die Mutter über eine weitere Beobachtung: Rosi drehe den Kopf immer nach links. Wenn die Eltern versuchten, den Kopf nach rechts zu drehen, gäbe es Theater. Dr. Polzer sagt vorschlagend mit ganz ruhiger Stimme: „legen Sie sie doch mal auf die rechte Seite", er selbst legt währenddessen Rosi auf die rechte Seite, wobei er mit dem Daumen auf einige Stellen an ihrem Rücken drückt. Der Vater ergänzt die Aussage seiner Frau, „gerade" gehe noch, aber nach rechts neige sich der Kopf nicht. Dr. Polzer gibt daraufhin Ratschläge, die eine Art ‚Gymnastikprogramm' für das Kind darstellen, mit dem das soeben Problematisierte verändert werden soll. Sie sollten das Kind beim Windelwechsel auf die rechte Seite verlagern. Während er das sagt, demonstriert er am Körper des Kindes, dass dieser relativ lange auf der rechten Seite liegen bleibt. Die Mutter stellt in besorgtem Ton fragend fest, der Kopf sei auch nicht auf beiden Seiten gleich. „Ja", meint Dr. Polzer, „so ein Kopf ist asymmetrisch" (es klingt wie ‚das haben Sie richtig beobachtet'). „Jetzt kommt die nächste Übung" sagt er dann freundlich und zugleich als führe er eine Lektion mit den Eltern durch. An Rosi gewandt kommentiert er in gespieltem Ton: „ich befrei' Dich mal von der lästigen Windel, bei der Hitze, so was." (Es klingt, als wolle er sagen: ‚was wir Erwachsenen Euch immer so zumuten'). Zu den Eltern spricht er nun von einer „Rollübung": Er

> ‚rollt' Rosi auf ihre rechte Seite und zeigt den Eltern dabei, inwiefern der rechte Arm bei dieser Bewegung „im Weg" ist. Der müsse aus dem Weg, indem etwas nachgeholfen werde. Dabei demonstriert Dr. Polzer den (staunenden) Eltern, wie die einzelnen Körperteile zusammenhängen und funktionieren. Er gibt sehr genaue Anweisungen, wie das Kind gedreht werden müsse und führt die gleiche Bewegung mit der linken Seite ebenfalls durch bzw. vor. Die Bewegungen enden als Rosi auf dem Bauch liegt. In dieser Lage lässt der Arzt sie eine Zeit verweilen, wobei die Arme in U-Form vor ihr liegen. Sie hebt ganz leicht den Kopf. Der Arzt selbst macht die Körperhaltung nach, um zu zeigen, in welch logischem Bewegungszusammenhang Arme und Körperhaltung stehen. „Ach so" sagt der Vater, wobei er auf mich sehr beeindruckt davon wirkt, was er da sieht und erklärt bekommt. Dann meint der Arzt, wenn die Eltern dies bei jedem Windelwechsel zweimal pro Seite machen würden, dann gebe das schon sechsmal am Tag und das sei ein richtiges „Programm" für so ein kleines Kind. Diese „Übung"/dieses Training begründet der Arzt mit einer Erklärung über den Kinderkörper: Die Kinder in die Bauchlage zu versetzen, ermögliche ihnen, den Kopf zu heben und in den Horizont gucken zu können. Der Kopf wolle gerade gucken, Kopf und Sinnesorgane würden auf diese Weise angeregt. In der Bauchlage würde die Koordination angeregt, daher sollten die Eltern Rosi immer wieder auf den Bauch drehen, aber nicht hochheben, sondern rumdrehen. Denn Kinder sollten ja nicht fliegen lernen, sondern drehen. Er zeigt es noch mal an Rosis Körper. Das Bein (das nachher oben liegen soll), könne man anheben und Rosi dabei auf die Seite drehen. Er führt es vor, indem er Rosis linkes Bein anhebt und leicht nach oben zieht. Dabei dreht er den Körper leicht nach rechts, noch ist der rechte Arm im Weg. Der Arzt zieht auch diesen sanft beiseite, so dass er Rosi vollends umdrehen kann. Abschließend sagt er zu Rosi: „im Hochsommer turnen, das ist doch gemein". (U4, MO)

Bis auf wenige Ausnahmen steht hier die Bezugnahme der Erwachsenen auf den Körper des Kindes im Vordergrund. Die Szene wirkt dabei wie eine *praktische Anleitung zur Inskription* von routinierten Bewegungsabläufen in den Körper des Kindes.

Die Eltern treten zunächst mit einer besorgten Frage an den Arzt heran. Es geht um ein im Alltag beobachtetes Phänomen (Seitenpräferenz der Kopflage), das sie sehr genau inspiziert haben und zu dem sie die ärztliche Einschätzung einholen. Ohne sich über Auffälligkeit oder Normalität des Phänomens zu äußern, gibt der Arzt einen Rat („legen Sie sie doch mal auf die rechte Seite"). Durch die gleichzeitige Vorführung des Gemeinten visualisiert, baut er seinen Rat dann zu einem eng getakteten, auf Dauer gestellten „Gymnastikprogramm" aus, mit dem der Körper regelmäßig behandelt werden soll, um so die Seitenpräferenz auszugleichen.

Die nächste besorgte Frage der Mutter (Asymmetrie des Kopfes) beantwortet der Arzt knapp mit einem Verweis auf die Normalität des von der Mutter Beobachteten, um anschließend ein weiteres Programm für die Förderung des Bewegungsvollzugs zu lancieren. Er spricht von einer „Rollübung" und konturiert die Drehbewegung als Inhalt eines körperlichen Lernens. Am Körper des Kindes, in den der Arzt auch dabei steuernd eingreift, demonstriert er den Bewegungsablauf und die dazu optimale Anordnung von Körperteilen. Am ‚Objekt' wird den Eltern ein Anwendungswissen über den Körper ihres Kindes und seine Funktionen vermittelt. Sie wirken dabei wie Schüler, die eine Unterrichtseinheit erhalten. Dafür steht auch das fachliche Theorieangebot über den Sinn, Kinder in die Bauchlage zu versetzen, welches der Arzt den Eltern nahebringt (Anregung von Kopf, Sinnesorganen und Koordination). Die theoretische Einlassung entwirft den Körper des Kindes als einen, der die Bewegungsvollzüge aktiv ‚(selbst) lernen' soll – statt passiv bewegt zu werden (nicht fliegen, sondern drehen lernen). Dieses (Selbst)Lernen, so werden die Eltern adressiert, gilt es zu ermöglichen, um einen ‚normalen' Bewegungsvollzug perspektivisch als eigenständigen Akt des Körpers zu formen. Die Wiederholung der Vorführung in der Szene repräsentiert und verstärkt schließlich noch, dass dieses Körperlernen als Kompetenz*training* zu verstehen ist.

Durch die formende Bezugnahme auf den Körper des Kindes wird ein Modell des ‚normalen Bewegungsablaufs' demonstriert. Referenz ist dabei weniger eine Norm, im Sinne des durchschnittlich normalen Vollzugs der Drehbewegung, an dem Rosis Bewegungsablauf gemessen wird. Vielmehr wird ein (präskriptives) Modell der Kompetenzsteigerung vermittelt, wobei die Normreferenz die Option zur Förderung und damit zur *Optimierung* der Entwicklung der gefragten Kompetenz impliziert. Durch die Demonstration und die Aufforderung zum (Kompetenz)Training wird situativ das Wissen über den (optimierten) normalen Bewegungsablauf mit der am Körper praktisch zu vollziehenden Bewegung verwoben. Die Förderung von (Körper)Kompetenzen entlang eines normativ-optimierenden Modells wird auf diese Weise in die entwicklungsdiagnostischen Untersuchungen integriert.

Durch die Berührung und Führung des Bewegungsablaufs seitens des Arztes birgt auch diese Unterrichtseinheit zum Körpertraining noch weitere diagnostische Beobachtungsoptionen (s. o.). Beides kann parallelisiert werden und ist dezidiert auf den Körper des Kindes bezogen. Das Kind als Person dagegen wird in der Szene nur punktuell adressiert, etwa als der Arzt ihm in gespieltem Ton eine Erleichterung der Situation verspricht („ich befrei' Dich mal von der lästigen Windel, bei der Hitze, sowas"). Während diese „Befreiung" praktisch vor allem die Sichtbarkeit des Bewegungsvollzugs für die Demonstration erhöht, wirkt die sprachliche Äußerung, als solle Rosi als Akteurin in die soziale Situation zurück geholt werden. Doch sie wird nicht am Geschehen, in das Arzt und Eltern involviert sind, beteiligt, denn der Arzt nennt lediglich die Hitze als Relevanz für das Ausziehen der Windel – und sagt z. B. nicht: ‚Wir wollen Deinen Körper etwas genauer sehen'. In dieser, wie auch in der Ansprache des Kindes am Ende der Szene („im Hochsommer turnen, das ist doch gemein") deutet sich vielmehr die bereits genannte legitimierende Funktion der persönlichen Adressierungen an. Im Gegensatz zu Ronja in der zuvor analysierten Szene bringt Rosi hier allerdings selbst kaum eine Regung gegen die körperliche Behandlung zum Ausdruck. Vielmehr wird mit den Entschuldigungen die Objektivierung überspielt, denn die persönliche Ansprache suggeriert, dass ein dialogischer Akt vollzogen wird.

2.4 Performanzen hervorbringen und als Kompetenzen materialisieren

Neben solchen Trennungen von Person und Körper werden die Kinder oft auch als ‚eigentätige' bzw. mit dem eigenen Körper tätige Akteure entworfen. Person und Körper werden mittels adressierender Zuschreibungen auf eigensinnige Weise miteinander verknüpft. In der folgenden Szene aus einer U5 geht es erneut um die Drehbewegung, die darin jedoch bereits als eine eigenständige Leistung des Kindes erwartet wird.

> Louisa ist wieder ruhig. „Dreh Dich mal", fordert die Ärztin sie freundlich auf, nimmt dabei das linke Bein und versucht Louisa zu einer Drehung zu bewegen. Als diese nicht mitzieht, fragt sie die Eltern: „Drehen tut sie sich selbständig?" Die stimmen zu und die Mutter meint ironisch: „nur jetzt nicht". Die Ärztin versucht es noch ein paar Mal, indem sie Louisas Bein in Position bringt, vorsichtig und ohne Druck zu machen, aber gezielt – als ‚Anregung'. Doch die gewünschte Reaktion bleibt aus. Die Mutter wiederum versucht es jetzt selbst, aber mit einem anderen Anreiz: Sie bewegt Louisas Pulli auf der Seite, in die Louisa blickt, um sie anzuregen, sich dem Pulli entgegen zu drehen. Als Louisa wieder zu weinen beginnt, fragt die Mutter, ob sie sie mal hochnehmen dürfe. Die Ärztin bejaht dies und hört Louisa dann auf dem Arm der Mutter ab („das geht schon mal"). Anschließend nimmt sie das Otoskop und schaut in Louisas Ohren, was die Mutter damit kommentiert, es gehe bestimmt im Liegen besser, doch die Ärztin meint nur: Auf dem Arm „fühlt sie sich auf jeden Fall wohler". Hinterher legt die Mutter Louisa wieder hin, die Ärztin tritt einen Schritt zurück. *Ich habe den Eindruck, sie möchte Louisa Abstand geben.* Währenddessen versucht die Mutter erneut, Louisa mittels ihres Pullis zu einer Drehung zu bewegen – erfolglos. Nach einer Weile versucht auch die Ärztin wieder in derselben Weise wie vorhin nachzuhelfen, doch Louisa dreht sich nicht auf den Bauch. Erneut zieht die Ärztin Louisa dann stattdessen an den Armen in den Sitz. Louisa visiert dabei die Kette der Ärztin an und greift danach. „Was sie will, kriegt sie. Sie ist ganz stolz, dass sie sitzt", interpretiert die Ärztin Louisas Tun. Louisa spielt nun mit der Kette in ihren Händen. Zur Sitzposition meint die Ärztin jetzt noch, die Eltern sollten sie nicht zu lange in dieser Position lassen, nur maximal eine halbe Stunde. Sie legt Louisa wieder hin. Plötzlich dreht sich diese auf den Bauch, woraufhin die Erwachsenen Begeisterung zeigen, die Mutter klingt dabei ein bisschen anfeuernd. „Na", kommt von der Ärztin. Die Mutter zieht an Louisas Pulli und Louisa ihrerseits geht in eine Krabbelhaltung.

> Da beginnt die Ärztin ein Thema, das vor dem Hintergrund dieser Darbietung relevant zu werden scheint: Jetzt müsse alles im Blick behalten werden, es gebe eine Menge Gefahren, die Eltern müssten mit diesem Blick durch die Wohnung gehen. (U5, MO)

Die Szene repräsentiert besonders anschaulich den in ähnlicher Form oft beobachtbaren Aufwand der Akteure, gemeinsam das Untersuchungsprogramm zu erfüllen. Obwohl das selbständige Drehen im Befundschema des Kinderuntersuchungsheftes lediglich unter „erfragte Befunde" geführt wird, zeigt sich hier eine intensive Arbeit daran, die Drehbewegung situativ hervorzubringen. Dazu werden unterschiedliche Strategien mobilisiert. Die Ärztin fordert Louisa sprachlich auf („Dreh Dich mal") und sucht zugleich mittels eines körperlichen Impulses die Drehbewegung hervorzubringen, als wolle sie einen eigenständigen Akt des Körpers anstoßen. Der Impuls unterstellt ein *bereits erworbenes* implizites Wissen des Körpers, mit dem die Bewegung antizipiert und wie im Reflex fortgesetzt werden kann. Nachdem die erwartete Reaktion trotz mehrerer Bemühungen ausbleibt, ermittelt die Ärztin den Befund alternativ über die Befragung der Eltern („Drehen tut sie sich selbständig?"). Doch obwohl die Mutter die Frage bejaht, setzt sie ihre Erhebungsstrategie fort. Die Mutter, die die ausbleibende Performanz eben noch ironisch kommentiert hatte („nur jetzt nicht"), scheint nun allerdings selbst unter Handlungsdruck zu geraten. Als gelte es, die behauptete Kompetenz doch noch unter Beweis zu stellen, zieht sie jetzt ein ‚anderes Register', indem sie versucht, die Bewegung durch einen visuellen Anreiz zu stimulieren.

Die Strategien von Ärztin und Mutter unterscheiden sich hinsichtlich des körperlichen Eingreifens und des zugrunde liegenden Wissens über die Funktionsweise des Körpers. Die Ärztin versucht mit ihrer Strategie Louisas Körper auf eine altersbezogen erwartbare Bewegung hin zu modellieren. Impliziert ist das Bild eines Körpers, der gleichsam ‚auf Knopfdruck' an erworbene Kompetenzen anschließen und damit die Bewegung fortsetzen kann. Die Mutter greift hingegen nicht direkt körperlich ein. Vielmehr zielt ihre Strategie auf eine indirekte Beeinflussung des motorischen Apparates durch die visuelle Wahrnehmung.[13] Impliziert ist dabei das verhaltenspsychologische Wissen über Reiz-Reaktions-Schemata. Beide Strategien unterstellen, dass die Drehkompetenz – im Sinne eines Wissens *des* Körpers – in diesem Alter situativ aktiviert werden kann.

Obwohl der beweisführende Bewegungsvollzug nicht realisiert wird, fällt keine Zuschreibung von Inkompetenz an, sondern die Untersuchung wird anderweitig fortgesetzt. Hierbei nimmt die Szene eine entscheidende Wende: Nachdem die Ärztin Louisa unter Einsatz des eigenen Körpers in eine Sitzposition zieht

[13] Um die Drehbewegung zu animieren hatte die Ärztin dieser Mutter in der vorausgehenden U4 geraten, „etwas Buntes" in Sichtweite des Kindes zu platzieren, damit sich das Drehen auch „lohnt". In ähnlicher Weise wird in U5en und U6en oft versucht, das „Greifen" eines Gegenstandes anzuregen.

und Louisa nach der Kette der Ärztin greift, schreibt ihr die Ärztin anerkennend einen eigenen Willen und damit einen ‚Subjektstatus' zu („Was sie will kriegt sie. Sie ist ganz stolz, dass sie sitzt"). Damit wird die Performanz nicht mehr nur dem impliziten Wissen des Körpers zugerechnet, sondern der bewussten Handlungsfähigkeit – der Wille wird als Bedingung für die erfolgreiche Darstellung des Könnens entworfen. Die Unterstellung von „Stolz" übersteigert diesen Entwurf noch dahingehend, dass die Zuschreibung von Sitzkompetenz als Selbstzuschreibung konturiert wird und das Kind selbst als Akteur der Objektivierung des körperlichen Könnens exponiert wird.

Die explizite Zuschreibung eines Subjektstatus geht über die anhand der beiden anderen Szenen illustrierte Adressierung des Kindes als Person hinaus. Schien diese in legitimierender Hinsicht auf Zumutungen für das Kind bezogen zu sein, mobilisiert die Zuschreibung von (willensbasierten) Kompetenzdarstellungen den ‚Stolz der Eltern' auf das bereits entwickelte Können ihres Kindes. Dafür steht z. B. auch, dass oft schon bei der Prüfung der Lagereaktionen in den U3en und U4en in ähnlicher Hinsicht Kompetenzen zugeschrieben werden. Etwa wenn betont wird „was Du alles *schon kannst*", „sehr gut *machst* Du das" oder „Du *kannst* ja *schon* den Kopf toll halten". Während in diagnostischer Hinsicht körperliche Reflexe geprüft werden, konturieren die begleitenden Äußerungen diese als erworbene Leistungsfähigkeit. Wenn betont wird, dass ein Kind etwas „schon" kann, referiert dies zudem darauf, dass eine durchschnittlich erwartbare Norm noch überschritten wird: „Wollen wir mal gucken, wenn Du schon krabbelst, das brauchst Du doch noch gar nicht." Gegenüber den ‚stolzen Eltern' suggerieren solche Kompetenzzuschreibungen nicht nur, dass sie ein (besonders) gut entwickeltes Kind haben, sondern ihnen wird auch Anerkennung vermittelt, in förderlicher Hinsicht für das Kind gesorgt zu haben.

In der Szene aus Louisas U5 mutet es schließlich geradezu wie eine Bestätigung der Zuschreibung des Willens und damit eine Ironie auf die vorausgehenden Bemühungen von Ärztin und Mutter um die Drehbewegung an, dass Louisa unerwartet und eigenständig die langersehnte Drehbewegung vollzieht. Doch die Zuschreibung von Wille, Stolz und Subjektstatus kombiniert mit den beobachtbaren Bewegungsmöglichkeiten (selbständiges Drehen, Krabbeln) führt dazu, dass die Ärztin die Eltern zu einer gesteigerten Wachsamkeit auffordert: Jetzt gilt es, das Wissen über die eigenwillig einsetzbaren Kompetenzen zu erweitern und die Aufmerksamkeit auf die damit verbundenen ‚Risiken des Alltags' hin zu schärfen. Das Wissen über den Körper wird über die Untersuchung hinaus kontexturiert und die Eltern werden dazu angehalten, im Alltag einen präventiven Blick zu schulen (vgl. dazu Bollig/Kelle 2008). In diesem Zusammenhang geht es weniger um die (fördernde) Körperformung – allenfalls um das Arrangieren von Alltagssettings unter Berücksichtigung präventiver Aspekte –, sondern um die Frage nach der Einflussnahme auf die allmähliche Herausbildung des Willens.

3 Relationierte Normen und Kompetenzförderung

Abschließend will ich die vorliegenden Analysen mit einigen allgemeineren Beobachtungen zur Aktualisierung und Prozessierung von Entwicklungsnormen in den Untersuchungen in Bezug setzen. Altersbezogene Entwicklungsnormen gehen in die Untersuchungen als ein Erwartungswissen ein, an dem die Bemühungen orientiert werden, Performanzen hervorzubringen. Zudem werden die hervorgebrachten Performanzen (flexibel) an altersbezogenen Normen abgeglichen. Häufig tritt in den Untersuchungen jedoch das Problem auf, dass bei einer ausbleibenden Performanz nicht zuverlässig auf eine fehlende Kompetenz geschlossen werden kann. Dieses Problem wird in unterschiedlicher Hinsicht bearbeitet: Teilweise wird der Zeitrahmen der Beobachtung eines Phänomens ausgedehnt, d.h. die Kinder werden (in regelmäßigen Abständen) erneut vorgestellt (vgl. Bollig/Ott 2008); eine beobachtete Auffälligkeit wird mit früheren Befunden oder über erfragte Befunde relationiert; mittels weiterer Animierungen wird versucht, die erwünschte Performanz hervorzubringen (s. das Bsp. Louisa); oder es wird auf Unwillen oder Unlust zur Kompetenzdarstellung verwiesen (vgl. Kelle/Jancsó 2010).

Vor diesem Hintergrund ist davon auszugehen, dass die Normen von körperbezogenen Kompetenzen in den Untersuchungen permanent bearbeitet und dabei zugleich präsent und ‚flüssig' gehalten werden. Zum einen zeigt sich eine äußerst flexible Bezugnahme auf kompetenzbezogene Normerwartungen bei einzelnen Kindern. Zum anderen werden damit aber auch die Normerwartungen je angepasst und fallbezogen transformiert. Das Wissen über einzelne Entwicklungsdimensionen wird in den jeweiligen Untersuchungen und auch über mehrere Untersuchungen hinweg *prozessiert* und verdichtet. Bei der Bandbreite von Entwicklungsdimensionen, die überprüft werden, münden die meisten Untersuchungen (ca. 95 % der Fälle) in den Sammelbefund „altersgemäß entwickelt", der im Kinderuntersuchungsheft dokumentiert wird. Die Einzelbefunde werden im Verlauf einer Untersuchung kaum thematisiert. Gleichwohl, das zeigten die Analysen in diesem Beitrag, werden durchaus ‚Ergebnisse' der einzelnen Untersuchungselemente kommuniziert, aber eben, indem den Kindern erworbene Kompetenzen und (eigenständiges) Können zugeschrieben wird.

Zunächst einmal hat die persönliche Ansprache der Kinder in den frühen Vorsorgen eine kompensierende Funktion, denn sie steht komplementär zu der Auffassung, dass die Untersuchungssituation für die Kinder eine Zumutung darstellt. Die ‚handwerkliche Praxis' der Motorikuntersuchungen funktioniert allein über die Kopplungen der Körper, doch auf sozialer Ebene scheint dies nicht legitim, so dass diese Arbeit am Körper beständig kommentiert wird. Mit der Zuweisung eines ‚Subjektstatus', die dabei vielfach zu beobachten ist, wird es darüber hinaus möglich, den Kindern erworbene (eigenwillige) Kompetenzen zuzurechnen, obwohl die Mitwirkung an der Untersuchung aufgrund des eingeschränkten Bewegungsradius und der noch nicht ausgebildeten Sprache noch gar nicht erwartet wird. Die zugeschriebenen Kompetenzen liegen auf einer anderen Ebene als die medizinischen Befunde und sind anschlussfähiger an das Wissen der Eltern. Über die Darstellung der Kinder als ‚dialogische Subjektpartner' werden die Eltern in die Befundung eingebunden. Die Untersuchungspraxis referiert jedoch damit nicht nur auf diagnostische Diskurse und Kategorien, sondern über die Verbalisierung des Subjektstatus wird zudem ein normativer Kompetenzbegriff aktualisiert. Dieser impliziert die prinzipielle Option der Optimierung und knüpft damit an die aktuellen (politischen) Bemühungen um frühe Förderung und Bildung an.

In Bezug auf die Förderung von Körperkompetenzen konnte in den vorliegenden Analysen herausgestellt werden, dass die Untersuchungen selbst ein Ort sind, an dem Optimierungswissen vermittelt wird und an dem zur Optimierung der Bewegungsabläufe geraten wird. Zudem sind sie, wie an anderer Stelle ausgeführt, ein Ort, an dem situativ Leistungssteigerungen in Testpraktiken angestoßen werden (vgl. Ott 2010). Zugleich ist aber auch immer wieder beobachtbar, dass Ärzt/innen die von Eltern eingebrachten Förderungs- und Optimierungsbemühungen einzudämmen versuchen. Gerade die Flexibilität von entwicklungsbezogenen Körpernormen und die Weisen, in denen sie in den Vorsorgen zugleich aktuell gehalten und weiter flexibilisiert werden, kennzeichnet die spezifische Form der Normenreproduktion dieses Präventionsfeldes.

Literatur

Ambühl-Stamm, Dieter (1999): Früherkennung von Bewegungsstörungen beim Säugling. Neuromotorische Untersuchung und Diagnostik. München und Jena: Urban & Fischer

Baumann, Thomas (2007): Atlas der Entwicklungsdiagnostik. Vorsorgeuntersuchungen von U1 bis U10/J1. Stuttgart/New York: Thieme

Baur, Jürgen et al. (Hrsg.) (2009): Handbuch Motorische Entwicklung. Schorndorf: Hofmann-Verlag

Bollig, Sabine (2010): Die Eigenzeiten der Entwicklungs(diagnostik). In: Kelle (Hrsg.) (2010b): 95–132

Bollig, Sabine/Kelle, Helga (2008): Hybride Praktiken. Methodologische Überlegungen zu einer erziehungswissenschaftlichen Ethnographie kindermedizinischer Vorsorgeuntersuchungen. In: Hünersdorf/Maeder/Müller (Hrsg.) (2008): 121–130

Bollig, Sabine; Ott, Marion (2008): Entwicklung auf dem Prüfstand: Zum praktischen Management von Normalität in Kindervorsorgeuntersuchungen. In: Kelle/Tervooren (Hrsg.) (2008): 207–224

Borck, Cornelius (1996): Anatomien medizinischen Wissens. Medizin Macht Moleküle. Frankfurt a. M.: Fischer

Bös, Klaus (Hrsg.) (2001): Handbuch Motorische Tests. Göttingen: Hogrefe

Bröckling, Ulrich (2008): Vorbeugen ist besser. Zur Soziologie der Prävention. In: Behemoth. A Journal on Civilisation 1 (1): 38–48
Bundesministerium für Familie, Senioren, Frauen und Jugend (BMFSFJ) (2009): Frühe Hilfen für Eltern und Kinder und soziale Frühwarnsysteme. [Abzurufen unter: http://www.bmfsfj.de/Politikbereiche/familie,did=86930.html]
Butler, Judith (1997): Körper von Gewicht. Die diskursiven Grenzen des Geschlechts. Frankfurt a. M.: Suhrkamp
Deutsches Institut für Medizinische Dokumentation und Information (DIMDI) (2007): ICD-10-GM Version 2008. Band I: Systematisches Verzeichnis. Internationale statistische Klassifikation der Krankheiten und verwandter Gesundheitsprobleme, 10. Revision – German Modification. Düsseldorf: Deutsche Krankenhaus VerlagsgesellschaftmbH
Dreyfus, Hubert L./Rabinow, Paul (1994): Michel Foucault. Jenseits von Strukturalismus und Hermeneutik. Frankfurt a. M.: Beltz
Erpenbeck, John/Rosenstiel, Lutz von (Hrsg.) (2003): Handbuch Kompetenzmessung. Erkennen, verstehen und bewerten von Kompetenzen in der betrieblichen, pädagogischen und psychologischen Praxis. Stuttgart: Schäffer-Poeschel
Foucault, Michel (1981): Archäologie des Wissens. Frankfurt a. M.: Suhrkamp [1969]
Foucault, Michel (1994): Das Subjekt und die Macht. In: Dreyfus/Rabinow (1994): 241–261
G-BA (Gemeinsamer Bundesausschuss der Ärzte und Krankenkassen) (2005): Kinder-Untersuchungsheft. Siegburg
G-BA (Gemeinsamer Bundesausschuss der Ärzte und Krankenkassen) (2009): Richtlinien des Bundesausschusses der Ärzte und Krankenkassen über die Früherkennung von Krankheiten bei Kindern bis zur Vollendung des 6. Lebensjahres.http://www.kvwl.de/arzt/recht/kbv/richtlinien/richtl_kinder.pdf (19.6.2010)
Goffman, Erving (1986): Interaktionsrituale. Frankfurt a. M.: Suhrkamp
Heinzel, Friederike/Panagiotopoulou, Agyro (Hrsg.) (2010): Qualitative Bildungsforschung im Elementar- und Primarbereich. Wiesbaden: VS
Hellbrügge, Theodor et al. (1994): Münchner Funktionelle Entwicklungsdiagnostik. Erstes Lebensjahr. Lübeck: Hansisches Verlagskontor
Hengst, Heinz/Kelle, Helga (2003a): Kinder, Körper, Identitäten. Zur Einführung. In: Hengst/Kelle (Hrsg.) (2003b): 7–12
Hengst, Heinz/Kelle, Helga (Hrsg.) (2003b): Kinder – Körper – Identitäten. Theoretische und empirische Annäherungen an kulturelle Praxis und sozialen Wandel. Weinheim und München: Juventa
Hirschauer, Stefan (1996): Die Fabrikation des Körpers in der Chirurgie. In: Borck (1996): 86–122
Hirschauer, Stefan (2004): Praktiken und ihre Körper. Über materielle Partizipanden des Tuns. In: Hörning/Reuter (Hrsg.) (2004): 73–91
Hörning, Karl H. (2004): Soziale Praxis zwischen Beharrung und Neuschöpfung. Ein Erkenntnis- und Theorieproblem. In: Hörning/Reuter, Julia (Hrsg.) (2004): 19–39
Hörning, Karl H./Reuter, Julia (2004): Doing Culture. Neue Positionen zum Verhältnis von Kultur und sozialer Praxis. Bielefeld: transcript

Hünersdorf, Bettina/Maeder, Christoph/Müller, Burkhard (Hrsg.) (2008): Ethnographie und Erziehungswissenschaft. Methodologische Reflexionen und empirische Annäherungen. Weinheim: Juventa

Karch, Dieter et al.(Hrsg.) (1989): Normale und gestörte Entwicklung. Kritische Aspekte zu Diagnostik und Therapie. Berlin: Springer

Kelle, Helga (2007): „Altersgemäße Entwicklung" als Maßstab und Soll. Zur praktischen Anthropologie kindermedizinischer Vorsorgeuntersuchungen. In: Zeitschrift für Pädagogik 53, 52. Beiheft: 110–122

Kelle, Helga (2010a): Verfahren der Überprüfung von Sprachkompetenzen im Kontext medizinischer Früherkennung und Schuleingangsdiagnostik. Eine praxis- und dokumentenanalytische Exploration. In: Kelle (Hrsg.) (2010b): 207–254

Kelle, Helga (Hrsg.) (2010b): Kinder unter Beobachtung. Kulturanalytische Studien zur pädiatrischen Entwicklungsdiagnostik. Leverkusen Opladen: Barbara Budrich

Kelle, Helga/Seehaus, Rhea (2010): Die Konzeption elterlicher Aufgaben in pädiatrischen Vorsorgeinstrumenten. Eine vergleichende Analyse von Dokumenten aus Deutschland, Österreich, England und der Schweiz. In: Kelle (Hrsg.) (2010b): 41–94

Kelle, Helga/Tervooren, Anja (Hrsg.) (2008): Heterogenität und Standardisierung kindlicher Entwicklung. Weinheim: Juventa

Kelle, Helga/Jancsó, Julia (2010): Kinder als Mitwirkende in medizinischen Vorsorgeuntersuchungen. Zur Enkulturation in entwicklungsdiagnostischen Verfahren. In: Heinzel/Panagiotopoulou, Agyro (Hrsg.) (2010): 132–150

Lachmund, Jens (1987): Die Profession, der Patient und das medizinische Wissen. Von der kurativen Medizin zur Risikoprävention. In: Zeitschrift für Soziologie 16 (5): 353–366

Largo, Remo H. (2004a): Was ist „normal" in der Entwicklung? In: Schlack (Hrsg.) (2004): 17–21

Largo, Remo H. (2004b): Entwicklung der Motorik. In: Schlack (Hrsg.) (2004): 23–34

Michaelis, Richard/Krägeloh-Mann, Ingeborg/Haas, Gerhard (1989): Beurteilung der motorischen Entwicklung im frühen Kindesalter. In: Karch et al. (Hrsg.) (1989): 1–15

Ott, Marion (2010): ‚Messen' und ‚sich messen' – zur diagnostischen Überprüfung motorischer Leistungen. In: Kelle (Hrsg.) (2010b): 179–205

Reckwitz, Andreas (2003): Grundelemente einer Theorie sozialer Praktiken: Eine sozialtheoretische Perspektive. In: Zeitschrift für Soziologie 32 (4): 282–301

Schlack, Hans G. (2006): Die Zukunft des Kindervorsorgeprogramms. In: Kinderärztliche Praxis 77: 320–323

Schlack, Hans G. (Hrsg.) (2004): Entwicklungspädiatrie. München: Marseille GmbH

Strauss, Anselm L. (1998): Grundlagen qualitativer Sozialforschung. München: UTB

Wrana, Daniel (2006): Das Subjekt schreiben. Reflexive Praktiken und Subjektivierung in der Weiterbildung – eine Diskursanalyse. Baltmannsweiler: Schneider

Bodies on Display

Die Aufbereitung von Körperwissen in transkulturellen Ausstellungsmedien des Deutschen Hygiene-Museums Dresden (1950–1980)[1]

Berit Bethke

1 Körper(-bilder) zeigen – Visualisierungen als Gegenstand der gegenwärtigen Forschung

Nichts erscheint uns unmittelbarer als der eigene Körper. Jedoch lassen sich Leibeserfahrungen nicht unmittelbar mitteilen. Wir sind auf Zeichensysteme wie Sprache, Schrift, Zahlen und Bilder angewiesen, um intersubjektiv zugängliches Wissen von und über den Körper zu kommunizieren. Visualisierungen stellen eine wesentliche Form zur Generierung und Vermittlung von Körperwissen bereit. Als Untersuchungsgegenstand gerät die visuelle Repräsentation des menschlichen Körpers seit den 1990er Jahren zunehmend in das Blickfeld vielschichtiger, mitunter disparater Forschungsprogramme, die sich im Zuge des „Iconic Turn“[2] unter dem Label „Visual Culture“/„Visual Studies“, bzw. im deutschen Raum unter dem Begriff der „Visuellen Kultur“ formieren.[3] Gespeist werden diese Forschungen durch poststrukturalistische, semiotische und praxeologische Ansätze sowie durch Konzepte der „Gender Studies“, der „Postcolonial Studies“ und der Wissenschaftsforschung. Konsens besteht darin, dass visuelle Medien ebenso wie Praktiken des

---

[1] Dieser Aufsatz gibt einen ersten Eindruck über das Thema meiner Dissertation. Ich danke ganz herzlich meinen Betreuerinnen Bettina Heintz und Sybilla Nikolow für die kritische Schärfung des hier vorgestellten Konzepts.

[2] In Abgrenzung zum „Linguistic Turn“ verkündete der amerikanische Kunsttheoretiker W. J. T. Mitchell 1992 den „Pictorial Turn“. In Anlehnung an Erwin Panofskys Ikonologie plädierte Mitchell für eine Aufwertung des Denkens in und mit Bildern. Der Begriff des „Iconic Turn“ wurde 1994 erstmals von dem deutschen Kunsthistoriker Gottfried Boehm in seinem Aufsatz „Die Wiederkehr der Bilder“ gebraucht. Boehm spricht sich für den Aufbau eines Forschungsprogramms aus, das den eigenständigen epistemologischen Gehalt und Status von Bildern und Bildmedien diskutiert und untersucht. Seit Beginn des 21. Jahrhunderts formiert sich unter dem Begriff „Iconic Turn“ ein vielschichtiges Forschungsprogramm, das sich im weitesten Sinne als „Visual Turn“ „auf visuelle Praktiken und Medien der Wahrnehmung wie der Aufmerksamkeit, Erinnerung, Sehen, Beobachtung ebenso ausdehnt wie auf Kulturen des Blicks.“ (Bachmann-Medick 2006: 330)

[3] Vgl. Dikovitskaya (2005); Mirzoeff (2002); Regener (2004); Sturken/Cartwright (2007).

Sehens resp. der Wahrnehmung den Körper auf bestimmte Weise zur Darstellung bringen und ihn somit konstituieren. Besonderes Augenmerk liegt auf der kritischen Auseinandersetzung mit wissenschaftlichen Bildern in der Medizin und der Humanbiologie. Eine Richtung der Forschung interessiert sich vorwiegend für die technologischen Bedingungen und Möglichkeiten der Etablierung neuer Sichtbarkeitsstrategien. Hierbei werden beispielsweise die Einführung der Röntgentechnik (vgl. Pasveer 1989; Warwick 2005), des Ultraschalls (vgl. Yoxen 1987) oder des Magnetresonanzverfahrens (vgl. Joyce 2006) rekonstruiert. Wissenschaftshistorische Studien analysieren u. a die Bedeutung von neuartigen Aufschreibverfahren und visuellen Repräsentationen für ein verändertes Körperverständnis (vgl. u. a. Borck 2005; Hess 2002).[4] Paradigmatisch für diese Forschungsrichtung ist Barbara Dudens 1991 erschienener Essay „Der Frauenleib als öffentlicher Ort". Die Autorin beschreibt darin, wie sich durch neuartige Sichtbarmachungsstrategien die gesellschaftlichen Vorstellungen des Ungeborenen und des Mutterleibes als dessen biologisches Umfeld in eklatanter Weise verändern. Wieweit Bildwissen bereits in der Frühen Neuzeit maßgeblich für die Produktion und Organisation von Wissen konstitutiv war, untersucht Marcus Buschhaus in einer Medienarchäologie des anatomischen Wissens (vgl. Buschhaus 2005). Sein Befund lautet, dass sich anatomisches Körperwissen von Anbeginn der fachlichen Ausprägung im Wesentlichen der Logik der Bildmedien verschrieben hat. Im Anschluss an Michel Foucault kommt der Herausbildung bestimmter Blickregime hinsichtlich des Körpers eine besondere Bedeutung in der Forschung zu. Die Wirkungsmächtigkeit medizinischer Bilder bildet den Schwerpunkt für eine Vielzahl weiterer Studien (vgl. u. a. Haraway 1991; Nikoleyczik 2004; Orland 2003). Allerdings wird bisher wenig Aufmerksamkeit gelegt auf die Produktion und Organisation von bildlichem Wissen mittels spezieller Medienformen zur populären Aufbereitung von Körperwissen. Zumeist steht der Film im Zentrum derartiger Betrachtungen (vgl. u. a. Cartwright 1995; van Dijk 2001). Ausstellungen resp. Ausstellungsmedien sind bisher kaum ein Thema in der Forschung. Eine Ausnahme bildet die kritische Auseinandersetzung mit den „Körperwelten"-Ausstellungen von Gunter von Hagens (vgl. Bogusch et al. 2003; Hirschauer 2002; Wetz/Tag 2001).[5]

In diesem Beitrag wird die visuelle Aufbereitung von Wissen über den Körper durch Ausstellungsmedien anhand von Beispielen diskutiert. Untersucht werden Exponate zur „Gesundheitserziehung",[6] durch die Wissen vor verschiedenen kul-

[4] Ein umfassender Überblick zu aktuellen Forschungen in diesem Bereich findet sich bei Nikolow/Bluma (2009).

[5] Im Zentrum der Debatte stehen moralische, kulturkritische und epistemologische Fragen, die insbesondere den zweifelhaften Erkenntnisgewinn der Zurschaustellung von Leichen sowie die Möglichkeiten und Grenzen solcher Ausstellungen verhandeln.

[6] Es handelt sich um den zeitgenössischen Terminus, wie er vom DHMD und seinen Kooperationspartnern verwendet wurde.

turellen Hintergründen konstituiert und präsentiert worden ist. Als empirisches Material liegen Fotografien von großformatigen Bildtafeln und anatomischen Modellen vor, die zwischen 1950 und 1980 vom Deutschen Hygiene-Museum Dresden (DHMD) in Kooperation mit lokalen Institutionen angefertigt wurden. Die Exponate wurden speziell für Ausstellungen in asiatischen und afrikanischen Entwicklungsländern konzipiert und produziert. Sie präsentieren Ansichten vom menschlichen Körper sowie von Gesundheit und Krankheit. Dabei verweisen die Ausstellungsmedien nicht nur auf ‚Bilddiskurse' aus den Naturwissenschaften und deren populärwissenschaftliche Aufbereitung, gleichsam verdeutlichen sie, dass das DHMD wissenschaftliche Visualisierungsformen mit ästhetischen, didaktischen, technologischen, ökonomischen und politischen Überlegungen auf innovative Weise verbunden hat. Darüber hinaus transformieren die Exponate unterschiedliche kulturelle Vorstellungen bzw. Sichtweisen in materielle Bilder. Ein Vergleich der länderspezifischen Ausstellungen zeigt, dass in den einzelnen Schauen Bezug auf die charakteristischen Gegebenheiten und Anliegen des jeweiligen Ausstellerlandes genommen wurde. Gleichermaßen sind die Ausstellungen darauf ausgerichtet gewesen, *universelles* Wissen über den menschlichen Körper und über eine gesundheitsförderliche Lebensweise zu konstruieren. Zudem korrespondieren die sich in den Medien niederschlagenden Visualisierungsstrategien mit einem gouvernementalen Staats- und Gesellschaftsverständnis, in dem der Einzelne selbstverantwortlich in kollektive Ziele eingebunden wird (vgl. Bröckling et al. 2000; Lemke 2006).

Bei dieser Untersuchung handelt es sich um eine historische Fallstudie, die der Prämisse folgt, dass Körperwissen historischen, kulturellen und sozialen ‚Denkstilen' und Sichtweisen unterliegt. Somit können die Ergebnisse nicht losgelöst von den konkreten Gegebenheiten betrachtet werden, unter denen die Exponate produziert und die Ausstellungen präsentiert wurden. Aus einer wissenssoziologischen Perspektive werden die Exponate als Kommunikationsmedien betrachtet. Sie bereiten Information auf bestimmte Weise auf und teilen diese im und als visuelles Medium mit. Die Aufbereitung und Vermittlung von Wissen ereignet sich primär im Modus des Zeigens statt des Beschreibens (Mersch 2006: 412). Dem Zeigen als kommunikative Handlung wird hierbei ein besonderer Evidenzcharakter zugesprochen, indem das Gezeigte vom Produzenten und vom Publikum wechselseitig als *offensichtliche* Realität bzw. im wissenschaftlichen Sinne als ‚Wahrheit' anerkannt wird (vgl. Latour 2006).

2 Die Sichtbarkeitsstrategien des Deutschen Hygiene-Museums

Das DHMD nimmt in mehrfacher Hinsicht eine herausragende Rolle bei der Aufbereitung und Vermittlung von Körperwissen an Laien im 20. Jahrhundert ein. Über alle ideologischen Fallstricke seiner wechselhaften Geschichte hinweg konnte es sich bis zu seiner Umwandlung zum reinen Ausstellungsmuseum[7] weltweit einen hervorragenden Ruf als Produzent von Wissensbildern und -objekten zur „Gesundheitserziehung“ sichern.[8] Neben der Konstruktion und Fertigung von aufsehenerregenden Körperdarstellungen, von denen die so genannten *Gläsernen Figuren*[9] die bekanntesten Objekte sind, agierte es federführend als Produzent anatomischer und biologischer Lehrmittel. Die Ausstellungen des DHMD zogen ein Massenpublikum an und galten rund um den Globus als vorbildlich im Bereich der „Gesundheitserziehung“.

Gegründet 1912, entstand das DHMD aus einem bürgerlichen Aufklärungsimpetus der Jahrhundertwende, der die diätische Sorge um sich selbst mit den neuesten Erkenntnissen der Naturwissenschaften, insbesondere der Bakteriologie, Serologie und Hygiene, verband (vgl. Sarasin 2002). Vor dem Hintergrund drängender ‚sozialer Fragen‘ setzten sich die Akteure der Bewegung dafür ein, dieses Wissen möglichst allen Bevölkerungskreisen zugänglich zu machen. Sie glaubten an die Mündigkeit aufgeklärter Bürger und deren ‚Erziehung‘ zum selbstverantwortlichen Handeln. In Abgrenzung zum sogenannten ‚Kurpfuschertum‘ kam die Idee auf, eine ständige Ausstellung zu etablieren, in der jedermann bzw. jedefrau auf *anschauliche* und *leicht verständliche* Weise über den neuesten Stand der wissenschaftlichen Forschung hinsichtlich der Gesundheitspflege aufgeklärt und unterrichtet werden konnte. Ein Ziel war insbesondere die Anleitung zur selbstverantwortlichen Sorge um die Gesundheit. Der Initiator des DHMD, Karl August Lingner (1861–1916), schrieb 1912 in der Denkschrift zur Errichtung des Museums:

> „Das Hygiene-Museum soll eine Stätte der Belehrung sein für die ganze Bevölkerung, in der jedermann sich durch Anschauung Kenntnisse erwerben kann, die ihn zu einer vernünftigen und gesundheitsfördernden Lebensführung befähigen.“ (Lingner 1912: 1)

Bereits während der *I. Internationalen Hygiene-Ausstellung,* die 1911 in Dresden veranstaltet wurde und mehr als 5,5 Millionen Besucher in insgesamt 25 Wochen anzog, wurden innovative Strategien und Techniken zur „hygienischen Volksbelehrung“ präsentiert, wie es im zeitgenössischen Jargon hieß. Interessierte Laien konnten sich anhand von anatomischen Modellen aus Pappmaché und Gips,

[7] Die Umwandlung fand Anfang der 1990er Jahre statt. Im Zuge dessen wurden die Lehrmittelwerkstätten geschlossen.

[8] Dies bezeugen zahlreiche Presseberichte, Briefe und andere Dokumente, die im Sächsischen Staatsarchiv Dresden unter der Registernummer 13686DHM verfügbar sind.

[9] Zum Beispiel wurde auf der Weltlandwirtschaftsausstellung 1959 in Neu Dehli erstmals die „Gläserne Kuh“ der Weltöffentlichkeit präsentiert. Rund um den Globus berichtet man von einer Sensation, mehr zu den Gläsernen Figuren bei Beier/Roth (1990).

Spalteholzpräparaten,[10] Wachsmoulagen[11] und dergleichen mehr über den Bau, die Struktur und die Funktionen des menschlichen Körpers informieren. Darüber hinaus wurden die Ausstellungsbesucher über Krankheitserreger aufgeklärt. Zahlreiche statistische Darstellungen zur Volksgesundheit zeigten den Gesundheitszustand der Nationen an und präsentierten demografische Daten, aus denen sich allerlei Schlüsse zum Volkswohl und -weh ziehen ließen. Auf Bildtafeln wurden gesunde Menschen Kranken gegenüber gestellt. Unterschiedliche Exponate präsentierten Handlungsanleitungen zur individuellen gesundheitsförderlichen Lebensweise in Bezug auf die tägliche Körperpflege, Wohnungshygiene, Arbeitsschutz, Mutterschaft und viele andere Lebensbereiche. Illustrationen von jungen Menschen bei sportlichen Aktivitäten vermitteln Botschaften wie „Treib Sport, bleib keusch!".

Im Mittelpunkt aller Aktivitäten und Bestrebungen des DHMD stand von Anbeginn an der Mensch.[12] Die Protagonisten des Museums gingen davon aus, dass das Wissen über den Bau und die Funktionsweise des menschlichen Körpers die Grundlage für die persönliche und öffentliche Gesundheitspflege bildet. Die Visualisierungsstrategien des DHMD zielten in erster Linie auf die Sichtbarmachung des menschlichen Körpers, beispielsweise in Form von anatomischen Zeichnungen des fragmentiert dargestellten Körpers, der mal als Torso, mal als Gewebe- oder Eizelle erschien, oder gar in Form einer tausendfach vergrößerte Hautschuppe. Das DHMD entwickelte innovative Sichtbarmachungstrategien, um den Körper umfassend darzustellen. Dabei wurde nicht nur auf Visualisierungspraktiken der Naturwissenschaften zurückgegriffen, wie z. B. Röntgenaufnahmen, mikroskopische Bilder oder Präparate aus echtem Körpergewebe. Zudem übernahm es Darstellungskonzepte der Statistik sowie Techniken, die der Kunst und der Reklame entlehnt waren. Dazu zählten u. a. Collagetechniken, die Überblende sowie die Gegenüberstellung von Dichotomien oder zeitlichen Schnitten (‚Vorher/Nachher'-Darstellungen auf einem Bild).

Der eigene Anspruch des DHMD bestand darin, die zu vermittelnden Inhalte so wissenschaftlich exakt wie möglich und zugleich so leicht verständlich wie nötig aufzubereiten, damit ein breites Laienpublikum ebenso wie medizinisch geschultes Fachpersonal daraus einen Wissensgewinn erzielen konnten. Angesprochen werden sollten prinzipiell ALLE Menschen, da jeder etwas für seine Gesundheit tun könne, wenn er nur wisse, worauf es ankommt und mit welchen Mitteln und auf welchen Wegen er für sein eigenes Wohl und jenes seiner Familie Sorge tragen

---

[10] Spezielles Präparationsverfahren, benannt nach dem Leipziger Anatom Werner Spalteholz (1862–1940), siehe Hahn (1999).

[11] Plastische, handkolorierte Krankheitsnachbildungen in Wachs, siehe Hahn/Ambatielos (1994); Schnalke/Spatschek (1995).

[12] Das „Primat des Menschen" wurde von Lingner immer wieder betont und von dem Museum beständig bestärkt. Noch heute folgt das DHMD dieser Tradition und trägt seit 1991 den Namenszusatz „Museum vom Menschen".

könne. Die Sorge um sich selbst wurde gleichsam als Bürgerpflicht gegenüber dem Volk bzw. der Gemeinschaft dargestellt. Der Connex zwischen individueller Vorsorge und kollektiver Pflicht wurde häufig über statistische Bilder hergestellt. In diesem Zusammenhang konstatiert Sybilla Nikolow am Beispiel der Dresdener Ausstellungen: „Der statistische Blick auf Krankheit und Gesundheit lässt diese Phänomene nicht mehr als Privatsache, sondern als ein gesamtgesellschaftliches bzw. nationales Phänomen erscheinen, das die Einführung kollektiver Maßnahmen rechtfertigt.“ (Nikolow 2001: 225, vgl. auch Nikolow 2006) Bilddiagramme, Kurvenmodelle und anderen Darstellungen präsentierten Sterberaten, Erkrankungsziffern, Geburtenzahlen und andere demografische bzw. sozialmedizinische Daten. Verschiedene Indikatoren in den Datenbildern wurden in weiteren Lehrmedien einer Serie oder einer Ausstellung näher thematisiert. Mitunter dienten sie gar als thematischer Aufhänger einer ganzen Reihe.[13]

Nach dem Zweiten Weltkrieg konnte das DHMD an das Renommee anknüpfen, das es sich bereits in den ersten zwanzig Jahren seines Bestehens erworben hatte. Bewährte Vermittlungsstrategien wurden zu DDR-Zeiten aufgegriffen und weiterentwickelt. 1954 wurde das DHMD zum „Zentralinstitut für Gesundheitserziehung“ ernannt. Als solches war es direkt dem „Ministerium für Gesundheitswesen der DDR“ (MfG) unterstellt. Zum Aufgabenbereich des DHMD gehörten fortan die umfassende Entwicklung und Umsetzung von wissenschaftlich und didaktisch präzisen Kampagnen und Materialien zur Gesundheitserziehung, insbesondere die Konzeption und Durchführung von Ausstellungen, die Herstellung sowie der Verkauf von anatomischen und biologischen Lehrmitteln. Das DHMD knüpfte und pflegte zahlreiche Kontakte im und ins Ausland. Anfang der 1950er Jahre kam der Sektor der Entwicklungszusammenarbeit hinzu. Ebenso wie die bisherigen internationalen Kooperationen wurde auch die Zusammenarbeit auf diesem Gebiet als Kulturarbeit verstanden und gehörte zum Bereich der Außenpolitik der DDR. Die erste Ausstellung in einem so genannten Entwicklungsland fand 1954 in Indonesien statt. Von 1950 bis 1980 wurden ca. 30 Ausstellungen in Entwicklungsländern veranstaltet, u. a. in Indien, Vietnam, Burma, Kambodscha, der Mongolei, Marokko, Irak, Ägypten, Sudan, Tansania, Syrien, Algerien und Somalia.

3 Bilder einer Ausstellung: Eine Fallskizze

Als Fallbeispiel für die Aufbereitung von Körperwissen in den Ausstellungsmedien des DHMD werden einige Objekte und Bildtafeln aus der Gesundheitsausstel-

[13] Ein Beispiel hierfür sind Statistiken zur Sterberate in Deutschland in den Lichtbildreihen aus den 1920er Jahren (vgl. Bethke 2008).

lung *„La santé – le souverain bien de l'homme"*[14] vorgestellt und analysiert. Von dieser Schau liegt in der Sammlung des DHMD eine gebundene Fotomappe vor, die 107 Fotografien von einzelnen Bildtafeln und Objekten enthält. Hier werden einzelne Exponate herausgegriffen und in Anlehnung an (das) Verfahren der Kunstwissenschaft[15] und an Ansätze der Bild-Diskursanalyse (vgl. Meier 2008) betrachtet. Es sei darauf hinwiesen, dass sich die Bildtafeln und Objekte einer Ausstellung aufeinander beziehen. Zusammenhänge entfalten sich somit von Exponat zu Exponat. Anhand einzelner Bildtafeln lassen sich nur bestimmte Aspekte der Aufbereitung von Wissen herausarbeiten. In diesem Beitrag liegt das Augenmerk zunächst auf zentralen Bildmotiven sowie auf der Bildordnung einzelner Tafeln, um daran darzulegen, wie Sinn durch multimodale Medien konstituiert wird, insbesondere auf der visuellen Ebene. Im nächsten Kapitel werden einzelne Ausstellungstafeln miteinander verglichen um kulturelle Besonderheiten herauszuarbeiten, die sich in der Bildgestaltung niederschlagen.

Als Schlüsselobjekt der kambodschanischen Schau wurde die „Gläserne Frau" im Foyer der Ausstellungshalle präsentiert. Es handelte sich hierbei um eine lebensgroße Frauenfigur aus durchsichtigem Kunststoff. Die wohlproportionierte Dame gab den Blick auf ihre inneren Organe frei. Diese wiederum waren mit einer elektronischen Schaltung auf dem Sockel, auf dem die Figur positioniert war, verbunden. Je einem Druckknopf war ein Organ per Legende zugeordnet. Betätigte man einen Knopf, leuchtete im Körper der „Gläsernen Frau" das entsprechende Organ auf. Zugleich erläuterte die Figur über Lautsprecher das Organ in mehreren Sprachen. Während der Ausstellung in Phnom Penh sprach sie Französisch.

Die „Gläserne Frau" galt nicht nur als beeindruckendes didaktisches Lehrmittel, sondern wurde auch als technologisches Wunderwerk angepriesen. Die Figur vermittelte einen Eindruck von der Transparenz des Menschen in seiner physischen Struktur. Der Blick in das Körperinnere erschien quasi als Nachvollzug des Blicks eines Mediziners in den Rumpf. Die Künstlichkeit der Darstellung hatte dabei mehrere Vorteile: So blieben moralische Kodizes dadurch gewahrt, dass es sich um ein *Ideal-Bild* handelte und nicht, wie es bei den Körperwelten-Ausstellungen 40 Jahre später der Fall war, um echte Leichen, die in Spezialverfahren präpariert wurden. Zudem zeigte die künstliche Darstellung das Skelett, die Organe sowie die Blutgefäße klar farblich voneinander abgegrenzt. Auf diese Weise erhielt der Betrachter einen Eindruck von Sitz und Originalgröße der Bestandteile im Verhältnis zum gesamten Körper. Ihm blieb jedoch der Anblick eines verwirrenden Gewebes aus Muskelmasse, Fett, Blut und anderen Bestandteilen erspart. Ihre aufrechte

[14] Die Ausstellung wurde im Herbst 1964 fünf Wochen lang in Phnom Penh präsentiert. Laut Presseberichten besuchten mehr als 20.000 Menschen die Schau.

[15] Hierbei orientiere ich mich vor allem an der Ikonologie nach Erwin Panofsky und der Ikonik nach Max Imdahl (Imdahl 1994).

Körperhaltung mit den zum Himmel erhobenen Armen vermittelte eine gewisse Dynamik und eröffnete Interpretationsspielraum für spirituelle bzw. religiöse Implikationen. So konnte der Betrachter in ihr eine Metapher für den Menschen als das Wunderwerk eines Schöpfergottes erblicken oder auch die Lobpreisung des Menschen an sich selbst, der sich darin in bemerkenswerter Präzision und Prägnanz sein Abbild erschaffen hatte. Das Objekt verwies zugleich darauf, dass wissenschaftlicher Erkenntnisdrang und Ingenieurskenntnisse sichtbar machen, was dem Anblick der meisten Menschen bisher verborgen blieb. Jeder, der die „Gläserne Frau" betrachtete, konnte dadurch Erkenntnisse über den Bau des menschlichen Körpers erlangen. Auf spektakuläre Weise verkörperte die „Gläserne Frau" den Leitspruch „Erkenne dich selbst",[16] der zugleich als Programmatik des DHMD galt. Zielte doch dieses Motto darauf ab, Wissen um den eigenen Körper und um Praktiken seiner Gesunderhaltung zu erwerben. Der Anschaulichkeit kam dabei eine zentrale Rolle zu. Sie galt als ein grundlegender Aspekt der Wissensvermittelung. Das DHMD folgte damit einem positivistischen Wissenschaftsverständnis, demzufolge Erkenntnis vor allem durch den Sehsinn geleistet wird. Somit erschien es nur konsequent, wenn das Markenzeichen und das Sinnbild des Museums ein Auge war (und ist).

„Erkenne dich selbst" lautete auch der Titel der ersten Sachgruppe der Kambodscha-Ausstellung. Die gesamte Schau war in fünf Sachgruppen unterteilt. Jeder Gruppe begann mit einem eigenen Titelbild. Dahinter steckte die Idee, die Ausstellung wie ein Lehrbuch aufzubauen, das in mehrere Kapitel bzw. Sachgruppen unterteilt war, in denen Wissen über Anatomie und Physiologie, Bakteriologie und Virologie, Pathologie und Hygiene anschaulich unterrichtet wurde. Die Ausstellungsbesucher konnten Schritt für Schritt an den Bildtafeln und Objekten entlang etwas über ihren Körper, über die Prozesse der Fortpflanzung, Ansteckungsgefahren im Alltag, Gesundheitsschutz und vieles mehr lernen. So wurden in der ersten Sachgruppe zunächst anatomische und physiologische Gegebenheiten des menschlichen Organismus dargestellt. Besonderes Augenmerk lag auf dem Geburtsvorgang und dem Nervensystem. Über die Existenz von winzig kleinen Krankheitskeimen und Parasiten informierte die zweite Gruppe. Dargestellt wurden auch deren Nachweis und ihre Bekämpfung durch Impfung und Arznei. Infektionswege sowie Ansteckungsmöglichkeiten im Alltag waren Thema der dritten Gruppe. Gezeigt wurden Situationen, in denen Infektionen mit verschiedenen Krankheitskeimen leicht möglich sind. Besonders ausführlich wurden Magen-Darm-Erkrankungen und die Tuberkulose thematisiert. Die vierte Gruppe widmete sich den persönlichen Hygienemaßnahmen wie Körperpflege, Nahrungszubereitung, Säuglings- und

[16] Seit den 1930er Jahren gestaltete das DHMD immer wieder Ausstellungseinheiten oder ganze Ausstellungen unter diesem Titel bzw. Motto.

Kinderpflege, Wohnungshygiene sowie Krankenpflege. Abschließend wurden die Errungenschaften des Gesundheitswesens der DDR propagiert.

Abbildung 1

Die Titeltafel der ersten Sachgruppe gibt interessante Aufschlüsse über die Bildsprache, die vom DHMD verwendet wurde. Den Bildhintergrund bildet ein weißer Kreis auf schwarzen Grund. In der oberen Hälfte des Kreises ist eine großflächige, abstrahierte Gestalt zu sehen. Bei genauer Betrachtung kann man darin die Form eines Auges erkennen. Vor diesem Auge ist eine menschliche Figur dargestellt, in Form einer fotografischen Reproduktion einer antiken Plastik, die dem Doryphoros von POLYKLET[17] ähnelt. Das Geschlechtsteil der Statue ist von einem Feigenblatt

[17] Doryphoros bedeutet Speerträger. Es ist die bekannteste Statue des griechischen Bildhauers Polyklet (5. Jh. v. Chr.). Sie gilt als Verkörperung für das rechte Maß an Schönheit, Ebenmaß und Geist, sowohl in den Körperformen als auch in der Haltung, die zugleich einen geistigen Ausdruck darstellt. Für die Kunstgeschichte ist der Doryphoros ein Musterwerk für die antike griechische Plastik. In ihm kommt besonders der Kontrapost, das Spiel der Gegensätze in der Körperhaltung, zum Ausdruck.

verdeckt. Die wohlgeformte Makellosigkeit ihres Körpers und ihrer Gesichtszüge kann als Zeichen von Gesundheit gedeutet werden. Der Oberkörper der Figur überlagert bis zur Taille das stilisierte Auge. Der Kopf wird von der Pupille eingefasst, die als weißer Ring auf schwarzem Grund gestaltet ist. Im Sinne einer ikonografischen Deutung des Ausdruckssinns erweckt diese Darstellung die Assoziation eines Nimbus, der den Jüngling bekränzt. Aus einer vor-ikonographischen Sicht zeigt sich, dass der Pupillenring größer ist als der Kopf, so, dass er ihn nicht bekränzt, sondern eher zu ‚schlucken' droht. Die bildliche Anordnung vermittelt den Eindruck, dass das Schwarz der Pupille den Mann ‚in den Blick' nimmt. Der Text, der rechts neben dem linken Oberschenkel der Statue steht, bestärkt diese Interpretation. In schwarzen Lettern ist zu lesen: *„Prends conscience de toi-même"*. Der Betrachter wird damit aufgerufen, sich selbst zu erkennen. Die Bildsprache fügt diesem Aufruf hinzu, dass Selbsterkenntnis geleistet wird, indem der menschlichen Körper genau betrachtet und mit wachem Auge ‚erforscht' wird. Durch diese Tafel wird der Betrachter zugleich in die Rolle des erkennenden Auges und die der menschlichen Gestalt versetzt. Bei der Statue handelt es sich allerdings um ein Ideal-Bild, welches den Prototypen des gesunden Menschen repräsentiert.

Aber warum wurde in der Gesundheitsausstellung in Kambodscha dieses Motiv benutzt, um den Menschen darzustellen? Eine Antwort auf diese Frage findet sich in einem zeitgenössischen Zeitschriftenartikel,[18] in dem über die Schau berichtet wurde. Demnach widerspreche es den kulturellen Sitten Kambodschas, unbekleidete Menschen zu zeigen. Der nackte Körper gehörte jedoch zu den wichtigsten Bildmotiven aller Gesundheitsausstellungen des DHMD. Ein Grafiker der hauseigenen Werkstätten entwarf die Variante mit der Plastik als Repräsentation des menschlichen Körpers. Diese Idee fand allgemein Anklang, sowohl bei den Verantwortlichen im Museum als auch von kambodschanischer Seite. In dem Artikel hieß es dazu: „Durch die fotografische Verwendung von Plastiken konnten nicht nur in überzeugender Weise anatomische und physiologische Vorgänge im menschlichen Körper erläutert werden, darüber hinaus wurde durch den Ausdruck des gesunden, proportionierten Körpers eine Vertiefung des Inhalts dieser populären Sozialhygieneausstellung erreicht und in eine gute grafische Form gebracht."

Es liegt nahe, dieses Motiv als eurozentrische Darstellung zu bewerten, wird hier doch ein klassisches, europäisches und zudem männliches Menschenbild als Vorbild für den gesunden, wohlproportionierten Menschen verwendet. Diesem Vorwurf ist nicht zu widersprechen. Jedoch greift es zu kurz, die Motivwahl nur unter den Gesichtspunkten von „Rasse" und „Gender" zu betrachten. Interessanterweise fand das Motiv Zustimmung und Lob in Kambodscha. Ob dies mehr oder weniger verwerflich erscheint, soll hier jedoch nicht diskutiert werden, da diese

[18] Jutta Damm, 1964, Kopie eines Artikel ohne Angabe des Titel der Zeitschrift im Staatsarchiv Dresden 13568DHM Z/Bd. 8.

Studie nicht in erster Linie darauf ausgerichtet ist, die Bildsprache kulturkritisch zu bewerten. Zweifellos ermöglicht das Bild verschiedene Lesarten. Mit diesem Beispiel soll vor allem das Zusammenwirken von Bild und Text verdeutlicht werden. Bilder illustrieren nicht nur sprachliche Aussagen – sie konstruieren und modellieren ebenso Sinn. Somit wird in dem Beschreibungsprotokoll hier nicht von den sprachlichen Zeichen ausgegangen, sondern das Ineinandergreifen von bildlicher und sprachlicher Sinnbildung untersucht. Maßgeblich interessiert an diesem Beispiel, dass hier Darstellungsformen aus der Kunst zur Repräsentation des Körpers eingesetzt werden. Das Bildmotiv der Statue erfüllt Funktionen der Wissensrepräsentation und -vermittlung. Es handelt sich sowohl um Wissen, das ganz im Sinne der Programmatik des DHMD auf die Aufklärung und Unterrichtung über den Körper abzielt und in diesem Zusammenhang prototypische Bilder von gesunden Menschen präsentiert, als auch um Wissen, dass sich auf die Kunst selbst bezieht. Aus dieser Perspektive ermöglicht das Motiv Einblicke in die Darstellungstechniken des Körpers in der antiken Plastik. Beide Referenzen verschmelzen in der Titeltafel zu einem Ganzen, indem sie den Menschen als ein Geschöpf darstellen, dessen antikes Idealbild überzeitliche Gültigkeit besitzt und als Vorbild für eine Lehrschau zur Gesundheitsvorsorge verwendet wird.

Die Verschmelzung von Darstellungsformen aus verschiedenen Wissenssystemen zeigt sich in diversen Bildtafeln dieser Ausstellung. Als weiteres Beispiel wird die Abbildung 2 betrachtet. An der Tafel fällt zunächst die collagenhafte Gestaltung der Bildfläche auf. Verschiedene Visualisierungsformen werden hier miteinander kombiniert.[19] Auf der linken Hälfte der Tafel befindet sich eine weitere fotografische Reproduktion einer antiken Statue.[20] Diese ist von einer schematischen Zeichnung der innere Organe und des vegetativen Nervensystems überlagert. Der linke Arm der Figur ist erhoben und weist auf den obersten der fünf kreisrunden Bildrahmen auf der rechten Tafelhälfte, auf denen verschiedenen Vitalfunktionen durch eine Röntgenaufnahme und vier Fotografien dargestellt sind. Die schematische Darstellung der wichtigsten inneren Organe und die der Hauptstränge des vegetativen Nervensystems ebenso wie das Röntgenbild entsprechen Visualisierungstechniken der medizinischen Wissenschaften, wie sie aus Anatomie-Atlanten bekannt sind. Die inneren Organe sind auf der Tafel sehr vereinfacht dargestellt – es handelt sich um die populärwissenschaftliche Aufbereitung

[19] Nahezu alle Ausstellungstafeln des DHMD waren als Bild-Text-Ensemble gestaltet. Zumeist dominierte der Bildanteil. Dieser umfasste Fotografien, anatomische oder schematische Zeichnungen, Diagramme, mikroskopische Aufnahmen, Röntgenbilder, Textblöcke, Legenden, Piktogramme und andere Zeichenformationen. Teilweise wurden in die Tafeln halbplastische Modellen integriert, oder sie wurden mittels elektronischer Leuchtapparate animiert.

[20] Das Motiv der antiken Plastik wurde auf diversen Bildtafeln in der ersten Ausstellungsgruppe verwendet. Abwandlungen gab es hinsichtlich der Körperhaltung der präsentierten Figuren, um die Bildsprache der Ausstellung abwechslungsreich zu gestalten.

anatomischer Darstellungsformen. Auch die fotografischen Nahaufnahmen des Auges gelten als wissenschaftliche Bilder, da die Fotografie als eine Methode der Sichtbarmachung angewendet wird, die der Erforschung der Pupillenveränderung dient. Allgemein spielen die Fotografien auf den Bildtafeln des DHMD ihren diskursiven Status als Dokumentationsmedien aus, die als objektive resp. authentische Zeugnisse von Phänomenen dieser Welt anerkannt werden (vgl. Bourdieu 1993), so auch die beiden unteren Fotografien, die als anthropologische Aufzeichnungen gelten können, die Menschen (aus verschiedenen Kulturkreisen) bei basalen Verhaltensweisen und Handlungen zeigen.

Abbildung 2

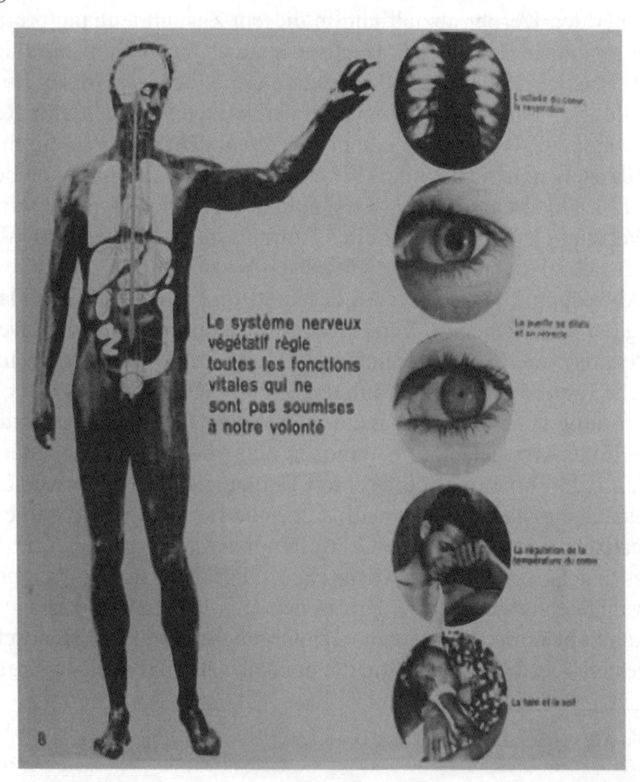

Der Bildaufbau dieser Tafel verdient besondere Beachtung. Der linke Arm der Figur ragt über die Bildmitte hinaus und verbindet die Statue-Zeichnungs-Montage mit den kreisrunden Bildern. Es entsteht der Eindruck, dass die Figur nach diesen kreisrund gerahmten Darstellungen greift. Die Blickrichtung der Figur folgt dem Arm und weist ebenfalls auf die Bilder. Zwischen ihnen und Statue steht ein Text, der darüber Auskunft gibt, dass das vegetative Nervensystem alle Lebensfunktionen reguliert, die nicht unserem freien Willen unterworfen sind. Die Tafel in ihrem Bildaufbau vermittelt hingegen den Eindruck, dass die Figur resp. der Mensch bewusst in die Lebensprozesse, die in den Kreisen dargestellt sind, eingreifen könnte: zeugen doch Körperhaltung und Blickrichtung der Statue von einer geistigen Haltung, die ihr die Bewusstheit ihrer Handlung zuspricht. Der Text besagt allerdings, dass die gezeigten Vitalprozesse nicht in unserer (steuernden) Hand liegen. Text und Bild sind in diesem Fall zwar aufeinander bezogen, können hinsichtlich der ganzheitlichen Betrachtung der Bildtafel jedoch als paradox aufgefasst werden. Die einzelnen Bildelemente illustrieren zwar die im Text genannten Komponenten, wie Vitalfunktionen und Nervensystem, aber die Bildordnung unterläuft die Aussage des Satzes. In das Gesamtgefüge der Ausstellung passt sich diese Tafel jedoch widerspruchsfrei ein, zumal sie einer ‚lehrbuchhaften' Darstellungsstrategie folgt, bei der es weniger auf die bildliche Geschlossenheit einzelner Tafeln ankommt, sondern vielmehr darauf, bestimmte Wissensformationen im Ausstellungszusammenhang anschaulich zu vermitteln. So bauen die Tafeln aufeinander auf. Elemente werden eingeführt und an anderer Stelle wieder aufgegriffen. Die visuellen Darstellungen werden als „strategisches Mittel kommunikativen Handelns" (Meier 2008: 271) eingesetzt. Demnach realisieren sich Diskurse in und durch die Bildmotive und Darstellungsstrategien (Maasen et al. 2006). Die Verwendung des Bildmotivs der antiken Plastik kann in diesem Zusammenhang als Ausdruck eines idealen Körperbildes verstanden werden, das die Verkörperung eines gesunden Menschen darstellt. Dieser zeichnet sich demnach vor allem durch ebenmäßige Proportionen und eine vitale Haltung aus. Interessant ist hierbei, dass das Motiv, das vor allem in der Kunstgeschichte Diskursrelevanz besitzt, in der Ausstellung als Ausdruck eines biologischen Gesundheitsdispositivs verwendet wird. In Kombination mit anderen Elementen und Zeichenformationen sowie durch die Einbindung in den Ausstellungskontext fügt es sich plausibel in diesen diskursiven Zusammenhang ein.

Zahlreiche Bildmotive und Darstellungsstrategien, die in den Ausstellungen des DHMD verwendet werden, rekurrieren auf medizinische und humanbiologische Diskurse. Dieser Transfer verleiht den populärwissenschaftlichen Ausstellungen insofern Autorität, als dass der Einfluss der Wissenschaft auf die Erhaltung und Förderung von Gesundheit von den Adressaten anerkannt wird.

Abbildung 3 und 4

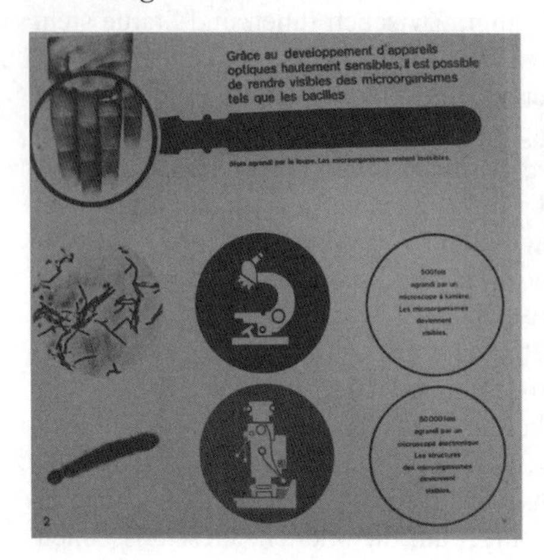

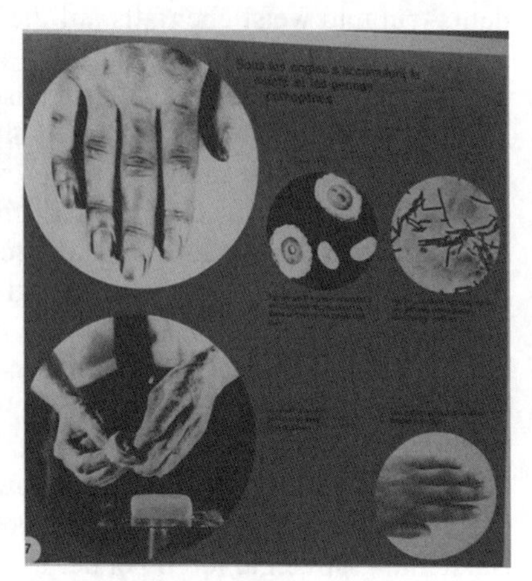

Als Beispiel für solche wissenschaftlichen Bildmotive werden hier mikroskopische Aufnahmen betrachtet. In der Bakteriologie gelten sie als wichtigster Nachweis für Keime. Im Sinne Latours fungieren diese Darstellungen als „Inskriptionen" (Latour 2006). Sie sind das mobile, reproduzierbare, (in Ausschnitt, Maßstab und Perspektive) modifizierbare und mit anderen Zeichen frei kombinierbare Ergebnisse eines komplexen Forschungsprozess und werden ebenso als strategisches Mittel in der Kommunikation eingesetzt, insbesondere, um andere zu überzeugen „eine Aussage aufzunehmen, sie weiterzugeben [und] sie als eine Tatsache zu gestalten." (ebd.: 264) Während Latour sich vor allem dafür interessiert, wie eine Idee innerhalb der Wissenschaft Anerkennung erlangt, sind die Ausstellungsmedien des DHMD vornehmlich darauf ausgerichtet, die Öffentlichkeit von den Erkenntnissen der Lebenswissenschaften zu unterrichten und damit bestimmte Vorstellungen und Sachverhalte, die im Zusammenhang mit dem Thema Gesundheit stehen, in den öffentlichen Diskurs einzuspeisen. Die Beispiele zeigen, dass hierbei wiederum das Ineinandergreifen von Bild und Text eine zentrale Rolle bei der Wissensvermittlung spielt. Die mikroskopischen Aufnahmen dienen den Diskursen der Bakteriologie als *Evidenz*. Sie geben etwas zu sehen, was im Text erklärt wird, was allerdings mit bloßem Auge nicht wahrnehmbar ist (Abb. 3). Mittels mikroskopischer Bilder werden gesundheitsgefährdende Keime *sichtbar* gemacht. Erst durch die Bilder gewinnt der Betrachter ein *mentales Modell* von Krankheitskeimen. Somit stecken die Bilder ein Feld des Sichtbaren ab, das weitere Bezugspunkte ermöglicht. In der Kambodscha-Ausstellung werden die mikroskopischen Aufnahmen von Krankheitserregern zunächst als Bildmotiv in der zweiten Gruppe eingeführt: Auf der

Bildtafel 28 wird gezeigt, mit welche Instrumenten winzige Keime sichtbar gemacht werden können (Abb. 3). Auf weiteren Tafeln in der Ausstellung erscheinen die mikroskopischen Bilder abgelöst vom Instrument, einerseits um Nachweismethoden einer Infektion darzustellen und andererseits um die Wirkung von Arznei zur Krankheitsbekämpfung zu vermitteln. In der dritten Ausstellungsgruppe taucht die obere Aufnahme auf einer Tafel auf, die über die Körperpflege, insbesondere der Hände und der Fingernägel, informiert (Abb. 4). Durch die Bilder wird vermittelt, dass sich Krankheitskeime unter den Fingernägeln befinden können. Aus dieser Information wird eine Handlungsanleitung zur richtigen Körperpflege abgeleitet und vorgestellt. Es zeigt sich also, dass die mikroskopischen Bilder zunächst in einem deskriptiven Zusammenhang auftreten und an späterer Stelle in der Ausstellung in einen normativen Zusammenhang überführt werden.

4 Ausstellungen im Vergleich

Es gehörte zu der gängigen Praktik der Ausstellungsmacher, universelle Wissensgehalte mit partikularen Bildmotiven zu verknüpfen, um auf diese Weise regionale Bezüge herzustellen.

Abbildung 5 und 6

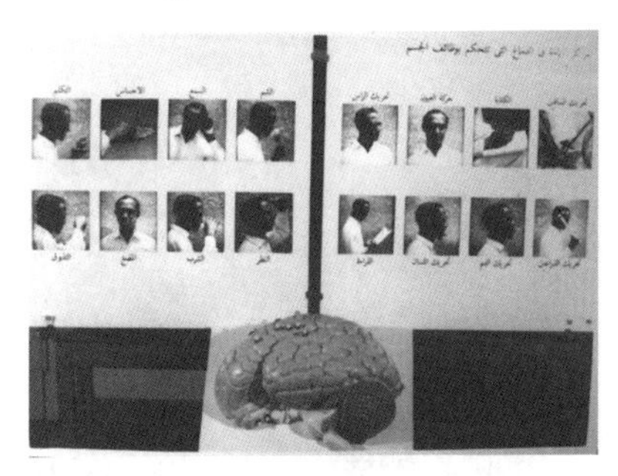

Auf den Abbildungen 5 und 6 wird jeweils das gleiche Thema behandelt. Das linke Exponat stammt aus der Ausstellung „Structure and Function of the Human Body“, die 1979 für Libyen produziert wurde. Bereits 1970 wurde das rechte Exponat in der Ausstellung „Der menschliche Körper“ im Sudan präsentiert. Beide Objekte bestehen aus je einer Bildtafel mit integriertem Leuchtmechanismus und einem plastischen Gehirnmodell. Jede Bildtafel enthält die gleiche Anzahl an Fotografien, die mit einer Legende versehen sind. Das Gehirnmodell ist jeweils mit der Tafel durch eine elektronische Schaltung verbunden. Wird ein Knopf an dem Modell gedrückt, leuchtet in der Tafel das Bild auf, auf dem die Körperfunktion dargestellt wird, die in der jeweiligen Hirnregion gesteuert wird. Wissensaneignung vollzieht sich hier durch die zeitgemäße, aktive Einbindung der Besucher. Das Modell rekurriert auf anatomisches Wissen. Es ist nicht das Gehirn einer bestimmten Person, sondern eine abstrahierte Darstellung, wie es *gattungstypisch* bei *dem* Menschen vorhanden ist. Es repräsentiert quasi das Gehirn im Sinne eines universellen, universitär verbürgten Wissens der Anatomie. Über die elektronische Schaltung wird eine Verbindung von dem Gehirnmodell zu den Fotografien hergestellt, auf denen ein Mann bei alltäglichen Tätigkeiten, wie Lesen, Sprechen und Riechen dargestellt ist. Auch die Darstellungen der Tätigkeiten sind allgemein gehalten. Wir wissen nicht, was er liest oder was er spricht. Jedoch zeigen die Fotografien einen bestimmten Typus von Mann, mit bestimmten äußerlichen Merkmalen. Typische Körperfunktionen und Tätigkeiten werden hier sozusagen von einem ‚Model' dargestellt. Der Mann auf den Fotos verkörpert buchstäblich die dargestellten Tätigkeiten und verleiht ihnen ein *landestypisches* Gesicht.

Beide Exponate vermitteln gleiche Informationen. Ein augenscheinlicher Unterschied besteht darin, dass ein anderer Mann auf den Fotografien zu sehen ist. Wir sehen rechts einen dunkelhäutigen Mann, links fällt die abgebildete Person vor allem durch den Schnauzbart und das dunkle Haar auf. Bei genauer Betrachtung fällt auf, dass die Reihenfolge der dargestellten Tätigkeiten unterschiedlich ist. Jedoch handelt es sich insgesamt um die gleichen Tätigkeiten bzw. Körperfunktionen.

Abbildung 7 und 8

Auch auf den Abbildungen 7 und 8 wird jeweils das gleiche Thema behandelt: die Ansteckungsgefahr des Menschen durch den Menschen. Die Bilder demonstrieren, dass Menschen durch Niesen oder Sprechen Krankheitskeime in die Luft abgeben, die von anderen Personen durch die Atemwege aufgenommen werden können. Auf beiden Tafeln symbolisieren die Punkte die Krankheitserreger.[21] Auch die Bildmotive ähneln sich. Beide Fotografien zeigen eine Marktsituation, also einen öffentlichen Ort, an dem viele Menschen miteinander in Kontakt kommen. Im Vordergrund ist jeweils eine Person mit leicht geöffnetem Mund in die Fotografie hinein montiert. Ausgehend vom ihrem Mund sind die Punkte eingezeichnet, welche die Krankheitskeime symbolisieren. Die Bildaussagen beider Tafeln gleichen sich. Auch im Bildaufbau gibt es viele Gemeinsamkeiten. Unterschiede bestehen hinsichtlich der Personen, die abgebildet sind und hinsichtlich des Settings bzw. der dargestellten Umgebung, in der sich die abgebildeten Männer (angeblich) befinden. Auf dem linken Bild sind Menschen zu sehen, die offenbar ostasiatischer Herkunft sind. Es handelt sich um eine Bildtafel aus der Ausstellung „Du und deine Gesundheit", die 1967 in Burma gezeigt wurde. Die Marktszene auf der Fotografie wurde während einer Studienreise in Rangoon aufgenommen und gibt das Lebensumfeld der Besucher der Ausstellung wieder. Die rechte Bildtafel stammt aus der Tuberkulose-Ausstellung, die 1977 in Somalia präsentiert wurde. Auch hier wird eine Marktszene gezeigt, wie sie typisch erscheint für das ostafrikanische Land.

Wissenschaftlich verbürgtes Wissen wird in den Bildtafeln auf die Lebenswelt der anvisierten Besucher der jeweiligen Landesausstellung bezogen. Die These hierzu lautet, dass in den Bildtafeln universelle Informationen mit partikularen Bildmotiven verwoben sind, um auf diese Weise die Identifikationsmöglichkeiten mit generalisierten Wissensbeständen zu erhöhen. Dies trifft vor allem auf Bildtafeln zu, auf denen gesundheitsgefährdende bzw. gesundheitsförderliche Handlungen und Verhaltenswiesen vorgeführt werden. Für die Richtigkeit bzw. ‚Wahrheit' der vermittelten Inhalte bürgt deren wissenschaftliche Fundierung, die ihren Ausdruck in visuellen Evidenzen und diskursiven Referenzen auf Nachweismethoden findet. Die partikularen Bildmuster beziehen sich auf kulturell spezifische Merkmale, Sehweisen und Annahmen über Wissen.[22] Inhaltlich thematisieren sie u. a. Essgewohnheiten, Wohnraumgestaltung und Praktiken der Körperpflege. Unterschiede in Bezug auf physische Merkmale von Volksgruppen werden im Erscheinungsbild berücksichtigt. Sie können als Oberflächenphänomene betrachtet

[21] In den Bildtafeln des DHMD wurden stets farbige Punkte verwendet, um Krankheitskeime zu symbolisieren. Ähnlich wie die mikroskopischen Bilder werden die Punkte zunächst als Symbol eingeführt und erläutert, dann tauchen sie auf diversen Tafeln in verschiedenen Zusammenhängen auf, um Krankheitskeime zu markieren.

[22] Die Annahmen von den potentiellen Adressaten, ihren Sichtweisen, Vorstellungen und ihrem Vorwissen basierten zum größten Teil auf Studienreisen, landeskundlicher Literatur, Gesprächen mit Einheimischen und Hinweisen von Handelsvertretern.

werden. Allerdings erfüllen gerade diese Motive eine identitätsstiftende Funktion: Sie stiften Identität hinsichtlich der eigenen Kultur und der *typischen* Erscheinung der Menschen innerhalb des eigenen Kulturkreises. Bei den partikularen Bildelementen handelt es sich zumeist um Fotografien oder Zeichnungen, die einzelne Menschen oder Menschengruppen bei Handlungen in einem bestimmten Setting darstellen. Darüber hinaus wird auf die spezifischen Vorstellungen hinsichtlich Leben und Tod sowie Gesundheit und Krankheit des anvisierten Publikums Bezug genommen. So klärte beispielsweise eine Tafel, die in der 1962 in der Malaria-Ausstellung in Guinea und Mali gezeigt wurde, darüber auf, dass Malaria nicht durch Dämonen übertragen wird, sondern durch die Anophelesmücke. Bei der Gestaltung der Bildtafeln werden zudem kulturell spezifische Sehgewohnheiten integriert. Dies verdeutlicht ein Vergleich afrikanischer und asiatischer Bildtafeln. So sind zum Beispiel die Darstellungen des Körperinneren in afrikanischen Ausstellungen mitunter sehr einfach gehalten. Nur die wichtigsten Körperorgane werden schematisch dargestellt. Hingegen wird in asiatischen Ausstellungen wesentlich mehr Wert auf Detailtreue gelegt. Im Gegensatz zu Ausstellungen, die in afrikanischen Ländern gezeigt wurden, werden in ostasiatischen und arabischen Ausstellungen komplexe Zusammenhänge präsentiert, zum Beispiel das Nervensystem des Menschen.

Universelle Bildmuster verweisen auf generalisierte bzw. abstrakte Sachverhalte. Sie rekurrieren zumeist auf wissenschaftliche Darstellungen, zum Beispiel mikroskopische Aufnahmen, Röntgenbilder, anatomische Zeichnungen, Fotografien von Gewebepräparaten sowie Statistiken. Hinsichtlich der universellen Bildmuster, die wissenschaftliche Erkenntnisse und Praktiken demonstrieren, wird die These aufgestellt, dass sie Vorstellungen von *Globalität* schärfen. Sie vermitteln Identität mit *dem* Menschen als Gattungswesen, indem sie ein universales Menschenbild (vgl. Stichweh 2005) auf die Basis biomedizinischer, hygienischer und nicht zuletzt biopolitischer Deutungsmodelle stellen. Die „Gläserne Frau“ ist hierfür das eindrücklichste Beispiel, weltweit wurde sie vorgeführt, um den Blick ins Innere des menschlichen Körpers freizugeben. Die Botschaft ihrer weltweiten Anschlussfähigkeit lautet, dass die Menschen im Inneren alle gleich sind. Mit dem Inneren sind hier freilich der anatomische Bau und die physiologischen Struktur des Körpers gemeint.

Wie sich der einzelne jedoch fühlt, dass bleibt seine ureigene Erfahrung. Diese lässt sich nicht mittels populärwissenschaftlich aufbereiteter Lehrmedien darstellen. Zwar liefert derartiges Material reichhaltige Aufschlüsse darüber, wie und mit welchen Mitteln Wissen über den Körper generiert und vermittelt wird, jedoch gibt es keinen Einblick über ein Wissen um und durch den Körper. Hier setzen andere Medien an, die *auch* bildhaft sein können – sowie andere Untersuchungsmethoden.

Literatur

Bachmann-Medick, Doris (2006): Cultural Turns. Neuorientierungen in den Kulturwissenschaften, Reinbek: Rowohlt
Bachmann-Medick, Doris (2006): Iconic turn. In: Dies. (2006): 329–380
Beier, Rosmarie/Roth, Martin (1990): Der gläserne Mensch – eine Sensation. Zur Kulturgeschichte eines Ausstellungsobjekts; Stuttgart: Hatje
Bellinger, Andréa/Krieger, David J. (Hrsg.) (2006): ANThology. Ein einführendes Handbuch zur Akteur-Netzwerk-Theorie. Bielefeld: Transcript
Bethke, Berit (2008): Sichtbare Spuren/Spuren der Sichtbarkeit. Betrachtungen zur hygienischen Volksbelehrung in der Weimarer Republik anhand von Lichtbildreihen des Deutschen Hygiene Museums. Norderstedt: Grin Verlag
Bijker, Wiebe et al. (Hrsg.) (1987): The Social Construction of Technological Systems. New Directions in the Sociology and History of Technology. Cambridge MA: MIT Press
Boehm, Gottfried (1994): Die Wiederkehr der Bilder. In: Ders. (1994): 11–38
Boehm, Gottfried (1994): Was ist ein Bild? München: Fink-Verlag
Bogusch, Gottfried/Graf, Renate/Schnalke, Thomas (Hrsg.) (2003): Auf Leben und Tod. Beiträge zur Diskussion um die Ausstellung „Körperwelten». Darmstadt: Steinkopf
Borck, Cornelius (2005): Hirnströme. Eine Kulturgeschichte der Elektroenzephalographie. Göttingen: Wallstein
Bourdieu, Pierre (1993): Eine illegitime Kunst. Die sozialen Gebrauchsweisen der Photographie. Frankfurt a. M.: Suhrkamp
Bredekamp, Horst/Werner, Gabriele (Hrsg.): Bilder in Prozessen. Berlin: Akad.-Verl.
Bröckling, Ulrich/Krasmann, Susanne/Lemke, Thomas (Hrsg.) (2000): Gouvernementalität der Gegenwart. Studien zur Ökonomisierung des Sozialen. Frankfurt a. M.: Suhrkamp
Buschhaus, Markus (2005): Über den Körper im Bilde sein. Eine Medienarchäologie anatomischen Wissens. Bielefeld: Transcript
Cartwright, Lisa (1995): Screening the Body. Tracing Medicine`s Visual Culture. Minneapolis: University of Minneapolis Press
Dikovitskaya, Margaret (2005): Visual Culture: The Study of the Visual after the Cultural Turn, erste Ausgabe. Cambridge MA: MIT Press
Dinges, Martin/Schlich, Thomas (Hrsg.) (1995): Neue Wege in der Seuchengeschichte. Stuttgart: Steiner
Duden, Barbara (1991): Der Frauenleib als öffentlicher Ort. Vom Missbrauch des Begriffs Leben. Hamburg/Zürich: Luchterhand
Fleck, Ludwik (1983): Erfahrung und Tatsache. Gesammelte Aufsätze. Frankfurt a. M.: Suhrkamp
Gerhard, Uta/Link, Jürgen/Schulte-Holtey, Ernst (Hrsg.) (2001): Infografiken, Medien, Normalisierung: Zur Kartografie politisch-sozialer Landschaften. Heidelberg: Synchron
Gugerli, David/Orland, Barbara (Hrsg.): Ganz normale Bilder. Historische Beiträge zur visuellen Herstellung von Selbstverständlichkeit, Zürich: Chronos
Hagner, Michael (Hrsg.) (2005): Der falsche Körper. Beiträge zu einer Geschichte der Monströsitäten. Göttingen: Wallstein-Verlag

Hahn, Susanne (1999): Der Leipziger Anatom Werner Spalteholz (1861–1940) und seine Beziehungen zum Deutschen Hygiene-Museum. In: NTM Zeitschrift für Geschichte der Wissenschaften, Technik und Medizin 7 (2): 105–117

Hahn, Susanne/Ambatielos, Dimitrios (Hrsg.) (1994): Wachs-Moulagen und Modelle. Dresden: Verlag des Deutschen Hygiene-Museums

Haraway, Donna (1991): Simians, Cyborgs, and Women. The Reinvention of Nature. New York: Routledge

Hartewig, Katrin/Lüdke, Alf (Hrsg.) (2004): Die DDR im Bild. Zum Gebrauch der Fotografie im anderen deutschen Staat. Göttingen

Hess, Volker (2002):D D Die Bildtechnik der Fieberkurve. Klinische Thermometrie im 19. Jahrhundert. In: Gugerli, David/Orland, Barbara (2002): 159–180

Heßler, Martina (Hrsg.) (2006): Konstruierte Sichtbarkeiten. Wissenschafts- und Technikbilder seit der Frühen Neuzeit. München: Fink Verlag

Hirschauer, Stefan (2002): Scheinlebendige. Die Verkörperung des Letzten Willens in einer anatomischen Ausstellung. In: Soziale Welt 53 (1): 5–30

Hüppauf, Bernd/Weingart, Peter (Hrsg.) (2009): Frosch und Frankenstein. Bilder als Medium der Popularisierung von Wissenschaft. Bielefeld: Transcript

Imdahl, Max (1994): Ikonik. Bilder und ihre Anschauung. In: Boehm, Gottfried (1994): 300–324

Jordanova, Ludmilla (1990): Medicine and Visual Culture. In: Social History of Medicine 3 (3): 89–99

Joyce, Kelly (2006): From Numbers to Pictures. The Development of Magnetic Resonance Imaging ad the Visual Turn in Medicine. In: Science as Culture 15 (1): 1–22

Latour, Bruno (2006): Drawing things together. In: Bellinger, Andréa/Krieger, David J. (2006): 259–307

Lemke, Thomas (2006): Gouvernementalität und Biopolitik. Wiesbaden: VS Verlag

Lingner, Karl August (1912): Denkschrift zur Errichtung eines National-Hygiene Museums in Dresden. Dresden: DHMD-Selbstverlag

Maasen, Sabine/Mayerhauser, Torsten/Renggli, Cornelia (2006): Bild-Diskurs-Analyse. In: Dies. (2006): 7–17

Maasen, Sabine/Mayerhauser, Torsten/Renggli, Cornelia (2006): Bilder als Diskurse – Bilddiskurse, Weilerswist: Velbrück Wissenschaften

Meier, Stefan (2008): Von der Sichtbarkeit im Diskurs – Zur Methode diskursanalytischer Untersuchung multimodaler Kommunikation. In: Warnke, Ingo H./Spitzmüller, Jürgen (2008): 263–286

Mersch, Dieter (2006): Naturwissenschaftliches Wissen und bildliche Logik. In: Heßler, Martina (2006): 402–420

Mirzoeff, Nicholas (Hrsg.) (2002): The Visual Culture Reader. 2. Aufl. London: Routledge

Nikoleyczik, Katrin (2004): NormKörper: ‚Geschlecht' und ‚Rasse' in biomedizinischen Bildern. In: Schmitz, Sigrid/Schinzel, Britta (2004): 133–148

Nikolow, Sybilla (2001): Der statistische Blick auf Krankheit und Gesundheit. „Kurvenlandschaften" in Gesundheitsausstellungen am Beginn des 20. Jahrhunderts in Deutschland. In: Gerhard, Uta/Link, Jürgen/Schulte-Holtey, Ernst (2001): 223–241

Nikolow, Sybilla (2006): Imaginäre Gemeinschaften. Statistische Bilder der Bevölkerung. In: Heßler, Martina (2006): 263–278

Nikolow, Sybilla/Bluma, Lars (2009): Die Zirkulation von Bildern zwischen Wissenschaft und Öffentlichkeit. Ein historiographischer Essay. In: Hüppauf, Bernd/Weingart, Peter (2009): 45–78

Orland, Barbara (2003): Der Mensch entsteht im Bild. Postmoderne Visualisierungstechniken und Geburten. In: Bredekamp, Horst/Werner, Gabriele (2003): 21–32

Pasveer, Bernike (1989): Knowledge of Shadows. The Introduction of X-ray Images in Medicine. In: Sociology of Health and Illness 11 (4): 360–381

Regener, Susanne (2004): Bilder/Geschichte. Theoretische Überlegungen zur Visuellen Kultur. In: Hartewig, Katrin/Lüdke, Alf (2004): 13–23

Sarasin, Philipp (2002): Reizbare Maschinen. Eine Geschichte des Körpers 1765–1914. Frankfurt a. M.: Suhrkamp

Schlich, Thomas (1995): „Wichtiger als der Gegenstand selbst“ – Die Bedeutung des fotografischen Bildes in der Begründung der bakteriologischen Krankheitsauffassung durch Robert Koch. In: Dinges, Martin/Schlich, Thomas (1995): 143–174

Schmitz, Sigrid/Schinzel, Britta (Hrsg.) (2004): Grenzgänge. Genderforschung in Informatik und Naturwissenschaften. Ulrike Helmer Verlag: Königstein

Schnalke, Thomas/Spatschek, Kathy (1995): Diseases in Wax. The History of the Medical Moulage. Chicago: Quintessence Publ.

Stichweh, Rudolf (2005): Der Körper des Fremden. In: Hagner, Michael (2005): 174–186

Sturken, Marita/Cartwright, Lisa (2007): Practices of Looking: An Introduction to Visual Culture. Oxford: University Press

van Dijk, José (2001): Bodies without borders. The Endoscopic gaze. International Journal of Cultural Studies 4 (2): 219–237

Warnke, Ingo H./Spitzmüller, Jürgen (Hrsg.) (2008): Methoden der Diskurslinguistik. Sprachwissenschaftliche Zugänge zur transtextuellen Ebene. Berlin: de Gruyter

Warwick, Andrew (2005): X-rays as evidence in German orthopaedic surgery, 1895–1900. In: *Isis* 96 (1):1–24

Wetz, Franz Josef/Tag, Brigitte (Hrsg.) (2001): Schöne neue Körperwelten. Der Streit um die Ausstellung. Stuttgart: Klett-Cotta

Yoxen, Edward (1987): Seeing with Sounds. A Study of the Development of Medical Images. In: Bijker, Wiebe et al. (1987): 281–303

Die Prozessierung biomedizinischen Wissens am Beispiel der ADHS

Fabian Karsch

1 Einleitung

Seit die Merkmale Unruhe und Unaufmerksamkeit Anfang des 19. Jahrhunderts erstmals in den Blick der Medizin geraten sind, hat es annähernd 80 Jahre gedauert, bis die Aufmerksamkeitsdefizit-Hyperaktivitätsstörung (ADHS) in der gegenwärtig gültigen Form in die gängigen Diagnose-Handbücher aufgenommen wurde. Bis dahin hatte die heute weitläufig als ADHS bezeichnete Störung über 20 verschiedene Namen, die in ihrer Vielfalt die Unsicherheit über die Beschaffenheit der Krankheit bzw. die Ursache der Symptome ausgedrückt haben. Auch gegenwärtig bleibt der Status der ADHS umstritten: Nicht alle Mediziner erkennen den Krankheitswert der ADHS an, und gerade in der Öffentlichkeit ist das „Zappelphilipp-Syndrom" immer wieder zum Objekt hitziger Polemik geworden. Ob in vorsichtiger akademischer Formulierung als „sozio-medizinische Störung" (vgl. Dumit 2000) bezeichnet, von Kritikern als Zivilisationskrankheit oder gar als eine von der Pharmaindustrie erdachte Krankheit diskreditiert (vgl. Blech 2004), stets wird der Status der Störung als genuin medizinisches Problem angezweifelt. Die Kontroverse beruht im Kern auf der Tatsache, dass mit der Diagnose ADHS Verhaltensweisen als krankhaft etikettiert werden, die derart weitverbreitet und alltäglich sind, dass der Krankheitswert nicht evident ist. Da Merkmale wie Unruhe und mangelnde Konzentrationsfähigkeit die Kernsymptome darstellen, damit also alltägliche Defizite oder Varianten der Norm als medizinische Probleme präsentiert werden, ist die Frage, wer noch gesund und wer bereits krank ist, kaum eindeutig zu treffen.

Die Diffusität der Diagnostik hat dazu beigetragen, dass die ADHS heute die am häufigsten diagnostizierte kinder- und jugendpsychiatrische Krankheit ist. Überdies wurde die Diagnose seit den 1980er Jahren sukzessive auch auf Erwachsene ausgeweitet. Besonders umstritten: Zur Behandlung der ADHS (bei Kindern und Erwachsenen) wird die Einnahme von Psychopharmaka von vielen Ärzten als zwingend notwendig angesehen. Entsprechend ist ein rasanter Anstieg der Verschreibung von Neurostimulanzien zu verzeichnen. Das unter dem Produktnamen *Ritalin* bekannt gewordene Stimulans Methylphenidat, ein chemisches Derivat des Amphetamins, ist so zum Sinnbild einer medikalisierten Gesellschaft geworden, in der Abweichungen im Verhalten und Varianten kognitiver Leistungsfähigkeit mit biomedizinischen Hilfsmitteln korrigiert und optimiert werden können: „The greatest increase in drug use (…) has not been in the realm of treating any organic disease but in treating a large number of psycho-social states. Thus we have drugs for every mood." (Zola 1972: 495)

Die Soziologie setzt sich mit diesem Phänomen unter dem Leitbegriff der Medikalisierung auseinander. Medikalisierung bezeichnet gemeinhin die Umdeutung oder Etikettierung unterschiedlicher sozialer Probleme oder ‚natürlicher' Umbruchsphasen als behandelbare Krankheiten. So sind unter anderem Alkoholismus, Niedergeschlagenheit, Schüchternheit und Unaufmerksamkeit ebenso Gegenstand von Medikalisierungsprozessen gewesen, wie biologische Entwicklungsphasen (etwa die weibliche Menopause) oder der Alterungsprozess selbst (vgl. Estes/Binney 1989; Kaufert/Lock 1997; Broom/Woodward 1996). Diese Ausweitung medizinisch-biologischer Deutungsmuster in Bereiche des Soziallebens, die zuvor kaum im Kontext von Krankheit und Gesundheit gedacht wurden, bzw. die Pathologisierung ‚natürlicher' Körperzustände, hat zur Folge, dass Gesundheit und Krankheit als Codierung des medizinischen Systems (zumindest in diesen Bereichen) immer mehr an Bedeutung verlieren. Konkret bedeutet dies, dass das Kontinuum der handlungsleitenden Unterscheidung Krankheit/Gesundheit von zunehmender Uneindeutigkeit geprägt ist und die Grenzen legitimer medizinischer Zugriffsbereiche einer gewissen Beliebigkeit weichen (vgl. Wehling et al. 2007; Karsch 2010). Ob man es bei Schüchternheit, Aufmerksamkeitsproblemen oder ganz neuen Leiden, wie etwa dem so genannten „Sisi-Syndrom"[1], tatsächlich mit Krankheiten zu tun hat, oder ob nicht lediglich die Verfügbarkeit einer medizinischen Therapieoption (zumeist in Form von Psychopharmaka) einen Eingriff auch an ‚gesunden' Körpern rechtfertigt, ist nicht immer eindeutig zu trennen.

Die Neudefinition von Verhaltensdefiziten als Krankheiten ermöglicht, wie im Fall ADHS zu beobachten, in der Folge eine medizinische Intervention mit dem Ziel der Herstellung erwünschter Verhaltensweisen oder kognitiv-emotionaler Zustände. Die so ermöglichte Kontrolle unerwünschter Abweichungen wurde bereits an verschiedener Stelle kritisch in den Blick genommen (vgl. u. a. Zola 1972; Conrad 1976a,b; Illich 1995). Unlängst steht jedoch der disziplinarische Fremdzwang durch Medikalisierungsprozesse nicht mehr ausschließlich im Fokus der Debatte: Zum einen lässt sich eine verstärkte Logik der Selbstmedikalisierung beobachten, die mit dem Abbau paternalistischer Handlungszusammenhänge und größerer Patientenautonomie korrespondiert. Zum anderen treten neben das medizinische

[1] Das „Sisi-Syndrom" wird als eine Sonderform der Depression beschrieben, die sich nicht durch Niedergeschlagenheit, sondern durch besonders hohe Aktivität und Leistungsorientierung auszeichnet. Diese ‚Symptome' verdeckten, so die Vertreter des Krankheitsbildes, lediglich die eigentliche Verstimmung, die früher oder später zu Tage trete (vgl. Burgmer/Driesch/Heuft 2003).

Deutungsmonopol weitere zentrale Akteure, wie etwa die Pharmaindustrie oder auch Selbsthilfeverbände, die eigene Medikalisierungsinteressen vertreten. Diese „shifting engines of medicalization" (Conrad 2007) führen zu neuartigen institutionellen Figurationen im medizinischen Bereich, in denen auch der aktiven Rolle des Patienten eine zentrale Bedeutung zukommt.

Im folgenden Beitrag werde ich die gesellschaftlichen Medikalisierungsprozesse in den Blick nehmen, die sich in der Etablierung und Ausweitung medizinischer Deutungsansprüche manifestieren. Anhand des Fallbeispiels der ADHS werde ich den Prozess der Medikalisierung kognitiver Leistungsfähigkeit und abweichenden Verhaltens nachzeichnen und insbesondere auf die Bedeutungszunahme von Selbstmedikalisierungsprozessen und biosozialen Wissensnetzwerken als einer dominanten Form aktueller Medikalisierungsprozesse eingehen. Dazu gehören Selbstdiagnose, -behandlung und -medikation genauso wie die Umdeutung der eigenen Biographie und der damit einhergehende Prozess der Identitätskonstruktion anhand biomedizinischer Rahmungen.

2 Theorien gesellschaftlicher Medikalisierung

Ich verstehe unter dem Begriff der Medikalisierung ganz allgemein einen Prozess der Etablierung medizinischer Handlungsfelder und Deutungsbereiche, der sich in der Institutionalisierung eines umfassenden Gesundheitssystems ebenso zeigt wie in der individuellen Lebensführung und dem alltäglichen Gesundheitsverhalten. Folgt man darüber hinaus der Definition Claudia Huerkamps, die Medikalisierung definiert als

> „die Ausdehnung des Marktes für medizinische Dienstleistungen derart, dass es für den ‚Alltagsmenschen' zunehmend selbstverständlich wird, im Krankheitsfall den kranken Körper ärztlicher Kontrolle zu unterstellen und sich nach den Anweisungen des Experten ‚Arzt' zur Wiederherstellung der Gesundheit zu richten" (Huerkamp 1985: 12),

wird deutlich, dass man es mit zwei zu differenzierenden Wirkebenen zu tun hat: zum einen die Etablierung eines umfassenden Expertensystems, das im Zuge seiner Professionalisierungbestrebungen die annähernde Monopolstellung in Gesundheitsfragen für sich gewinnen konnte, und zum anderen die Ebene der Nutzer medizinischer Dienstleistungen, die sich als Laien dem Experten Arzt und seiner Deutungshoheit über den Körper unterwerfen. Diese sich gegenseitig bedingenden Ebenen finden sich auch in den verschiedenen Analyseperspektiven von Medikalisierungsprozessen wieder.

Zunächst sind die Arbeiten Michel Foucaults zu nennen, der das Verständnis von Medikalisierungsprozessen erheblich beeinflusst hat. Dies ist schon deshalb bemerkenswert, da Foucault sein Interesse an der Ausbreitung medizinischer Denkweisen und Machtansprüche in keinem kohärenten Konzept ausgearbeitet hat. Die „Geburt der Klinik“ aus dem Jahre 1963 bleibt die einzige Monographie Foucaults, die sich ausführlich (und ausschließlich) mit der Medizin befasst. In zahlreichen Aufsätzen, Vorlesungen und Interviews jedoch kommt Foucault vor allem im Kontext seiner Arbeiten zur historischen Entstehung der Biopolitik gleichwohl immer wieder argumentativ auf sein Verständnis von Medikalisierungsdynamiken zu sprechen (vgl. Foucault 2003, 2005). Im Kern lassen sich seine Analysen zu folgenden Ergebnissen zusammenfassen: Die Medizin, als biopolitisches Instrument, macht im Verlauf des 18. Jahrhunderts den individuellen Körper zum Ansatzpunkt von hygienischen Praktiken. Den Ärzten kommt dabei eine Schlüsselrolle zu. Sie haben

> „den Individuen die Grundregeln der Hygiene beizubringen (...), die sie um ihrer eigenen und der Gesundheit der anderen Willen beachten müssen: Hygiene der Ernährung und des Wohnens, die Ermahnung sich im Krankheitsfall behandeln zu lassen.“ (Foucault 2003: 31)

Im 19. Jahrhundert schließlich wird der Arzt sowohl ökonomisch als auch gesellschaftlich eine außerordentlich privilegierte Position einnehmen, die weit über die Funktion als Hygieniker hinausgeht: Die ärztliche Macht tritt ins Zentrum der „Normierungsgesellschaft“ (ebd.: 101). Foucault beschreibt die weitläufige Disziplinierung und Standardisierung von Körpern über die ‚Denkweise‘ der Medizin (bzw. der Humanwissenschaften):

> „Die Aufmerksamkeit galt dem Körper, den man manipuliert, formiert und dressiert (...). So formiert sich eine Politik der Zwänge, die am Körper arbeiten, seine Elemente, seine Gesten, seine Verhaltensweisen kalkulieren und manipulieren.“ (Foucault 1977: 177 ff.)

Dies geschieht im Kontext eines neuen Machttypus, den Foucault (in unscharfer Trennung zur Biopolitik) als Biomacht bezeichnet. Foucault beschreibt Biomacht als eine neue Machtform des 19. Jahrhunderts, die sich, unterschieden von der Souveränitätsmacht, durch das Recht auszeichnet, „leben zu machen und sterben zu lassen“ (Foucault 1999: 278). Die auf das Leben der Menschen gerichtete Machttechnik ist, anders als die rein disziplinierende Körper-Technik, eine Form der Biopolitik, die auf den ‚Gesellschaftskörper‘ oder die „menschliche Gattung“ (ebd.) gerichtet ist. Biomacht ist nach dem Zugriff auf den individuellen Körper die Machttechnik, die „nicht individualisierend“, „sondern massenkonstituierend“ (ebd.) ist. Diese Form der Biopolitik befasst sich mit Geburten- und Sterberaten, mit Fragen der Reproduktion der Bevölkerung. Die biopolitischen

Mechanismen, die nun also einerseits Körper disziplinieren und andererseits die Bevölkerung regulieren, sind aufs Engste miteinander verknüpft. Die Medizin ist für Foucault der wichtigste Schnittpunkt zwischen individueller Körperlichkeit und Bevölkerung: „Die Medizin ist ein Macht-Wissen, das sich zugleich auf die Körper wie die Bevölkerung, auf den Organismus wie die biologischen Prozesse erstreckt und also disziplinierende und regulierende Wirkungen hat.“ (ebd.: 292) Der Übergang zu Biomacht und Biopolitik, den Foucault von der zuvor dominanten Souveränitätsmacht abgrenzt, markiert auch das Erreichen einer „biologischen Modernitätsschwelle“ (ebd.: 170). Dazu gehört die erfolgreiche Durchsetzung eines spezifischen Wissenskomplexes ebenso wie die erfolgreiche Aushandlung der biopolitischen Interessen des Staates, der Interessen der medizinischen Profession und der Interessen der Nutzer medizinscher Angebote (vgl. Foucault 2003; Lupton 1997; Huerkamp 1985). Dieser Aspekt gesellschaftlicher Medikalisierung steht in engem Zusammenhang mit der Professionalisierung der Medizin. In einigen von Foucault inspirierten geschichtswissenschaftlichen Untersuchungen zur historischen Genese der Sozialmedizin im 19. Jahrhundert (vgl. Huerkamp 1985; von Ferber 1989; Stolberg 1998) wird der Prozess der Medikalisierung dann auch ganz allgemein als weitläufiger Trend der Etablierung der medizinischen Profession im Kontext der Entstehung eines umfassenden Gesundheitssystems und damit als ein „wesentliches Element der Modernisierung neuzeitlicher Gesellschaften“ (von Ferber 1989: 635) verstanden. Medikalisierung beschreibt demnach den Institutionalisierungsprozess der naturwissenschaftlich-akademischen Medizin, d. h. die Entstehung und Konventionalisierung der tendenziellen Monopolstellung der Medizin in Fragen der Behandlung von Krankheit und Gesundheit.

Die zunehmende Ausweitung medizinischer Zugriffsbereiche und die Beschäftigung der Medizin mit dem, „was sie nicht betrifft“ (Foucault 2003: 67), ist ein weiterer Aspekt der Medikalisierung der Gesellschaft, der mit der weitläufigen Etablierung medizinischer Wissensregime einhergeht. So meint Medikalisierung auch die Interpretation (z. B. sozialer) Phänomene anhand medizinischer Deutungsangebote, die zuvor nicht in medizinisch-naturwissenschaftlichen Denkkategorien wahrgenommen wurden. Überhaupt sind ab einem bestimmten Punkt im Prozess der Medikalisierung nicht mehr nur Krankheiten anleitend für die Medizin. Foucault spricht von „Zuständen“, die, „ohne pathologisch und Träger von Morbidität zu sein“ (Foucault 2007: 403), gleichwohl als anormal gelten und so in den Gegenstandsbereich der Medizin geraten. Vor allem die Psychiatrisierung der Kindheit und kindlicher Handlungsweisen habe, so Foucault, dazu beigetragen, dass die psychiatrische Medizin zu einer „Generalinstanz für die Analyse von Verhaltensweisen“ (ebd.: 404) werden konnte. Dabei musste die Medizin ihren erweiterten Gegenstandsbereich als Krankheit betrachten, um ihren Zugriff auf diese Sphäre zu legitimieren. Sie agiert dabei sinngemäß nach dem Motto: „Sei du Krankheit für ein Wissen, das mich ermächtigen soll, als medizinische Macht zu fungieren.“ (ebd.: 406)

Die Expansion medizinischer Macht- und Herrschaftsbereiche wurde auch von der amerikanischen Soziologie thematisiert. Im Kontext seiner Theorie der Krankenrolle hat bereits Talcott Parsons (1951) Krankheit als soziale Abweichung und die Medizin als entsprechende Kontrollinstanz konzeptionalisiert. Im Rahmen des interaktionistischen Paradigmas in der Soziologie sind, teilweise in direkter Auseinandersetzung mit Parsons (vgl. Freidson 1970), Arbeiten entstanden, die Krankheit zudem als sozial konstruiert verstehen (vgl. Zola 1972; Conrad 1976a,b; Conrad/Schneider 1980). Die Medikalisierung abweichender Verhaltensweisen sowie die seit den 1950er Jahren zunehmend inflationäre Verwendung von Medikamenten zur Beeinflussung von Gemütszuständen werden in diesen Studien entschieden kritisch beurteilt und die moderne Medizin als eine Institution sozialer Kontrolle interpretiert. Die Ausweitung der medizinischen Zugriffsbereiche wird von Zola (1972) als die Ausweitung eines Herrschaftsbereiches begriffen, der traditionelle Kontrollinstanzen wie Religion und Recht zunehmend verdrängt. Peter Conrad untersucht speziell den Verlauf der Medikalisierung abweichenden Verhaltens (vgl. dazu Conrad 1976,b; Conrad/Schneider 1980; Conrad 2007). Seine Analysen medizinischer Trends beziehen sich auf die Zunahme einer Medikalisierung von Verhaltensproblemen bzw. deren neuartige Rückführung auf organische oder biochemische Defizite seit den 1950er Jahren. Setzt sich ein medizinisches Deutungsmuster durch, so verändert sich die Interpretation des abweichenden Verhaltens, und die moralische Interpretation abweichenden Verhaltens wird von einer pathogenetischen Deutung abgelöst. Dieser Wandel lässt sich treffend mit der Formel „From Badness to Sickness“ (Conrad/Schneider 1980: 1) beschreiben. Die Neudefinition von Verhaltensdefiziten als Krankheiten ermöglicht in der Folge eine medizinische Intervention zur Wiederherstellung konformen Verhaltens. In diesem Kontext gerät auch die Medikalisierung von Überaktivität und kognitiver Leistungsfähigkeit in den Blick.

3 Die Medikalisierung der ADHS[2]

Heinrich Hoffmanns pädagogische Lehrgeschichte des Zappelphilipps dient schon lange nicht mehr nur als moralische Orientierungshilfe. Vielmehr habe Hoffmann, so lautet eine gängige Interpretation, bereits im ausgehenden 19. Jahrhundert eine

---

[2] Die folgenden Kapitel basieren auf einer Fallstudie, die an der Universität Augsburg im Rahmen des Sonderforschungsbereichs 536 „Reflexive Modernisierung“ durchgeführt wurde (vgl. Wehling et al. 2007; Karsch 2006, 2007; Viehöver et al. 2009). Im Rahmen der Fallstudie wurden zur Untersuchung der sozialen Alltagspraktiken, in und mit denen ADHS-Patienten auf verschiedene Entgrenzungsdynamiken im medizinischen Feld reagieren, und zur Rekonstruktion der Einstellungen und Deutungsmuster von betroffenen Individuen unter anderem mehrere Gruppendiskussionen mit Betroffenen durchgeführt.

(nicht-medizinische) Beschreibung der ADHS-Symptomatik geliefert. Dort aber, wo Hoffmann auf ein moralisches Defizit verwies, wird dem Zappelphilipp heute ein Defizit im Neurotransmitter-Haushalt diagnostiziert. Das biomedizinische Modell ist zum dominanten Deutungsmuster im Verständnis des ‚Zustandes' ADHS geworden. Ich werde im Folgenden ausführen, auf welche Art und Weise soziale Phänomene wie abweichendes Verhalten (Hyperaktivität) oder Varianten kognitiver Leistungsfähigkeit (Aufmerksamkeitsdefizite) zu Symptomen einer Krankheit umgedeutet und kodifiziert wurden.

Dafür ist zunächst die Frage zu stellen, wann die moralische Interpretation von Verhaltensdefiziten von dem medizinischen Deutungsmuster abgelöst wird. Die medizinische Beschäftigung mit kindlichem Verhalten, so konnten wir bereits bei Foucault sehen, lässt sich bis ins 19. Jahrhundert zurückverfolgen. Die damalige Beschäftigung der Psychiatrie mit den abweichenden Zuständen der Kindheit kann als ‚Vorarbeit' einer zunehmenden Universalisierung der Medizin verstanden werden. Während der Zugriff der Medizin in der Beurteilung kindlichen Fehlverhaltens noch ein eher usurpatorischer Anspruch ist, gilt die moralische Bewertung als allgemeiner Maßstab. So gelten etwa Unruhe und Unaufmerksamkeit als „moralische Defizite" und „Charakterfehler" (Strümpell 1890, zitiert nach Seidler 2004: 241). Der Mediziner George Still vermutet Anfang des 20. Jahrhunderts, dass die Verhaltensdefizite der von ihm untersuchten Kinder eine somatische Ursache haben könnten (vgl. Doyle 2004); er nimmt eine organische Schädigung des Gehirns an. Bemerkenswerterweise argumentiert Still, dass die Hirnschädigung zur Einschränkung der moralischen Kontrolle der Patienten führe. Die moralische Konstitution erscheint als biologische Resultante. Die Annahme einer biologischen Ursache wird plausibilisiert, als der Psychiater Charles Bradley im Jahr 1937 verhaltensauffällige und lerngestörte Kinder untersucht, denen er das Amphetamin-ähnliche Stimulans Benzedrin verabreicht. Er stellt eine daramatische Verbesserung des Verhaltens und der Lernleistung fest (vgl. Spencer 2002: 315):

> „To see a single dose of benzedrine produce a greater improvement in school performance than the combined efforts of a capable staff working in a most favorable setting, would have been all but demoralizing to the teachers, had not the improvement been so gratifying from a practical viewpoint." (Bradley 1937, zitiert nach: Lakoff 2000: 153)

Dass ein Aufputschmittel wie Benzedrin einen derartigen Effekt auf die überaktiven Kinder hatte, war bemerkenswert, die tatsächliche Ursache der Verhaltensauffälligkeiten bleibt jedoch nach wie vor reine Spekulation. Da einige der Verhaltensmuster den Symptomen einer frühkindlichen Hirnstörung gleichen, subsummiert man die ansonsten nicht einzuordnenden Symptome zunächst unter dem Begriff *Minimal Brain Damage Syndrome,* später *Minimal Brain Dysfunction* (MBD) (vgl. Seidler 2004: 240). Einigkeit besteht somit zunächst darin, die auffälligen Symptome auf eine organische Störung zurückzuführen. Das relativ obskure Krankheitsbild MBD erscheint lange Zeit in kaum einem psychiatrischen Textbuch, und die Annahme eines Hirnschadens lässt sich empirisch nicht bestätigen. Das zentrale (weil deutlich wahrnehmbare) Symptom der Hyperaktivität scheint nicht in genügendem Maße mit nachweisbaren Hirnschädigungen zu korrelieren.

Mit dem Erscheinen der zweiten Auflage des *Diagnostic and Statistical Manual of Mental Disorders* (DSM-II) wird die Frage der Ätiologie zunächst zur Seite gestellt und die Symptomatik als *Hyperkinetic Reaction of Childhood,* also als kindliche Verhaltensstörung mit übermäßigem Bewegungsdrang, aufgeführt (vgl. Lakoff 2000: 153). Das Kernsymptom der Hyperaktivität tritt immer mehr in den Vordergrund. Erst mit der Ausgabe III (1980) wird das Krankheitsbild *Attention-Deficit Disorder* (ADD) namentlich eingeführt und ausführlich abgebildet. Faktisch werden mit Erscheinen des DSM-III gleich zwei zu differenzierende Störungen eingeführt: Das ADD-H (ohne Hyperaktivität) und das ADD+H (mit Hyperaktivität). Seit der vierten Ausgabe des DSM (1994) wird noch dezidierter unterschieden; für jede nur mögliche Ausprägung ist eine eigene Krankheitskategorie vorhanden. Der vornehmlich unaufmerksame Typ, der vornehmlich hyperaktive Typ sowie der kombinierte Typ, der Merkmale von beiden aufweist, gelten nunmehr als unterschiedliche Ausprägungen derselben Krankheit; die diffuse Symptomatik wird als polymorphes Krankheitsbild kodifiziert. Auf diese Weise wird ein weites Spektrum an Verhaltens- und Leistungsdefiziten definitorisch dem Zugriffsbereich der Medizin unterstellt.

Die ADHS galt außerdem lange ausschließlich als Kinderkrankheit. Es wurde angenommen, dass die Symptome der ADHS mit zunehmendem Alter schwächer werden und schließlich ganz verschwinden. Seit den 1980er Jahren hat allerdings eine zunehmende Ausweitung der Diagnostik auf Erwachsene stattgefunden. Im DSM-III (1980) wird erstmals konstatiert, dass die Symptomatik in Einzelfällen bis ins Jugend- und Erwachsenenalter weiter bestehen kann. In der Text-Revision DSM-III-R (1987) werden einzelne Diagnose-Kategorien variiert und einer möglichen Krankheitsbestimmung bei Erwachsenen angepasst. Unter anderem heißt es nun nicht mehr „frequently calls out in class“ (DSM-III 1980), sondern verallgemeinernd „blurts out answers to questions before they have been completed“ (DSM-III-R 1987; vgl. Conrad/Potter 2000: 564). Neben der formalen Anpassung der Symptombeschreibung hat die im Verlauf des 20. Jahrhunderts immer deutlicher Gestalt annehmende neurobiologische Wende dazu beigetragen, die Diagnose „Erwachsenen-ADHS“ mit den Mitteln der molekularen Medizin zu objektivieren. Die Auseinandersetzung mit den neurobiologischen Grundlagen der ADHS beginnt in den 1970er Jahren. Es wird angenommen, dass bei einer ADHS ein Defizit im Dopaminstoffwechsel vorliegt, da Tests zur Erfassung der kontinuierlichen Aufmerksamkeitsleitung vor allem in denjenigen Hirnregionen Mängel aufgezeigt haben, deren Stimulation über Dopamin-Rezeptoren vermittelt wird. Im Rahmen einer Studie über bildgebende Verfahren in der Erforschung von ADHS (Zametkin et al. 1990) wurde so auch die Möglichkeit des Vorhandenseins von ADHS bei Erwachsenen vermeintlich empirisch erhärtet. Es wurden signifikante Veränderungen im dopaminergen System der ausschließlich erwachsenen Testpersonen festgestellt. Dieser Befund hat die Auffassung, dass ADHS im Alter weiter bestehen bleibt, ebenso begünstigt, wie die fortschreitende Durchsetzung einer neurobiologischen Ätiologie. Die viel zitierte, aber durchaus umstrittene Studie wurde zum Aushängeschild einer beispiellosen Aufklärungskampagne, durch die die amerikanische Öffentlichkeit auf die Adult-ADHS aufmerksam gemacht wurde. Neben einer großen Werbe-Offensive der Pharmaindustrie haben zahlreiche populärwissenschaftliche Monographien, Zeitungsartikel und Fernsehsendungen das neue Krankheitsbild in den Folgejahren ausgiebig thematisiert (vgl. Conrad 2007).

Trotz der Konjunktur bildgebender Verfahren und ihres Anspruches, eine Objektivierung der ADHS leisten zu können, weisen die aktuellen Diagnosekriterien im DSM-IV darauf hin, dass es für die ADHS keine objektiv messbaren Parameter gibt, anhand derer das Vorhandensein einer biologischen Dysfunktion präzise feststellbar wäre: „Ist bei Alltagstätigkeiten häufig vergesslich“ oder „hat häufig Schwierigkeiten, Aufgaben und Aktivitäten zu organisieren“, sind typische Beispiele für die weichen Kriterien, die zur Diagnose angewandt werden. Der Übergang von ‚normalen‘ Verhaltensweisen zu pathologischen verläuft fließend, und eine Grenzziehung zwischen Krankheit und Gesundheit ist lediglich von der individuellen Einschätzung der Urteilsgeber abhängig.

Zentral für die Anerkennung der ADHS ist das neuartige Verständnis der bereits 1937 von Bradley beschriebenen Wirksamkeit von Neuro-Stimulanzien, das zu der Vermutung geführt hat, der ADHS könne eine Störung im Neurotransmitter-Haushalt zu Grunde liegen (vgl. Krause et al. 2000: 200). Mitte der fünfziger Jahre des 20. Jahrhunderts wird ein neuer Wirkstoff, das Methylphenidat, hergestellt und unter dem Produktnamen *Ritalin* vermarktet. Methylphenidat ist ein wirksames Psychostimulans, das im Gegensatz zu anderen Amphetamin-Derivaten relativ geringe Nebenwirkungen aufweist. Seit seiner Zulassung in den USA im Jahr 1961 ist Methylphenidat der häufigste Wirkstoff der zur ADHS-Therapie eingesetzten Medikamente (vgl. Conrad/Schneider 1980: 157) und stellt in der pharmakologischen Behandlung der ADHS das Mittel der ersten Wahl dar. Es wird angenommen, dass das Methylphenidat die Dopaminkonzentration im Gehirn beeinflusst und die Freisetzung von Noradrenalin erhöht (vgl. Glaeske/Jahnsen 2005: 210). Dadurch werden die ADHS-typischen Symptome abgeschwächt. Konkret bedeutet dies, dass die Medikation „einen Rückgang oppositioneller Verhaltensweisen (...) und gleichzeitig eine Zunahme erwünschter Verhaltensweisen bewirken“ (Döpfner et al. 2000: 29) kann. Als weitere (Kurzzeit-)Effekte der Stimulanzienbehandlung werden u. a. die Verbesserung der Handschrift, die Verminderung von aggressivem Verhalten sowie die Verbesserung von Konzentrationsfähigkeit und Ausdauer genannt (ebd.: 28). Durch die Medikation kann also eine zumindest temporäre Wiederherstellung konformen Verhaltens, normgerechter Leistungen und eine Steigerung des Status quo erreicht werden. Dabei bleibt unklar, inwieweit es sich bei den erzeugten Veränderungen tatsächlich um Wiederherstellungen der pathologisch verhinderten Leistungsfähigkeit handelt, oder ob hier nicht auch teilweise ‚gesunde', jedoch nicht wünschenswerte Verhaltensweisen gleichsam mit behandelt werden. Entsprechend den Möglichkeiten, die sich durch die ADHS-Therapie eröffnen, sehen viele Patienten in der medizinischen Neudeutung der eigenen Biographie eine Gelegenheit, sich von der schicksalhaften Bürde bestimmter Leistungsdefizite zu entlasten. Es ist daher insbesondere bei Erwachsenen eine Form der selbstinitiierten Medikalisierung zu beobachten, die zum einen durch die Entlastungsfunktion der zu erwerbenden Krankenrolle motiviert sein dürfte und zum anderen auf der Hoffnung gründet, als defizitär empfundene Eigenschaften durch die Einnahme von Neurostimulanzien zu optimieren (vgl. Karsch 2007, 2010b).

4 Biosozialität und Selbstmedikalisierung

Die Diagnose ADHS kann also von erwachsenen Patienten auch als Chance begriffen werden, da erst die Diagnose den legitimen Zugang zu psychopharmakologischen Möglichkeiten der Optimierung der eigenen Leistungsfähigkeit verschafft. Die selbstgesteuerte Initiierung der Diagnose beginnt bspw. mit der Lektüre von Informationsseiten im Internet oder von Selbsthilfeliteratur und ist häufig der Konsultation ärztlicher Expertise vorgeschaltet. Der Prozess der Anamnese, also der Prozess der Erhebung und Deutung der eigenen Krankengeschichte, verläuft dann bereits vielfach selbstgesteuert. Daraus entsteht eine Auseinandersetzung mit Persönlichkeitseigenschaften, die als defizitär und im Kontext der Rahmung ADHS potentiell als Störung oder Krankheit wahrgenommen werden. Aus der intensiven Beschäftigung mit dem Krankheitsbild wird eine medizinische Neudeutung des Selbst initiiert. Zum Teil wird das eigene Verhalten dann im Krankheitskontext interpretiert, wenn bereits andere Familienmitglieder diagnostiziert wurden. Eltern von Kindern mit ADHS finden anscheinend durch intensive Auseinandersetzung mit der Thematik in dem Krankheitsbild eine Möglichkeit zur Neudeutung von eigenen Persönlichkeitsmerkmalen:

> „Eine Kindergärtnerin hat mir empfohlen, dass ich mal ein Buch über ADS lesen soll. Und dann konnte ich [mein Kind] vollkommen erkennen, hatte aber die Befürchtung, dass ich endlich eine Diagnose für mein Kind wollte, dass es endlich mal einen Namen bekommt. Ich habe das Buch dann meinem Mann gegeben, das hat er vorhin erzählt, und auch er hat sich dann darin erkannt. (…) Ja, ich habe dann auch angefangen, mich

> sehr viel mit dem Thema ADS auseinanderzusetzen, habe sehr viel gelesen, (...) und ich habe dann auch angefangen, selber für mich in mich hinein zu hören und auch mal über mich nachzudenken und bin immer mehr darauf gekommen, dass ich auch eine typische ADSlerin bin." (Wortbeitrag einer Gruppendiskussion, vgl. Karsch 2007)

Im Anschluss an diesen Prozess der Selbstkontextualisierung kommt es in den meisten Fällen zur ärztlichen Diagnose, mit der jedoch höchst unterschiedlich umgegangen wird. Stark vereinfachend lassen sich die unterschiedlichen Umgangsweisen mit der Diagnose wie folgt illustrieren: Ein diagnostizierter ADHS-Patient, der von einer biologisch bedingten Benachteiligung überzeugt ist, interpretiert die Einnahme von Medikamenten weitestgehend als Therapie eines krankhaften Defizits. Aus dieser Perspektive ist die Einnahme von Psychopharmaka zwingend notwendig, um ein normales, selbstbestimmtes Leben zu führen. Da die ärztliche Krankheitsbestimmung hier ein zentrales Element im Aneignungsprozess der Diagnose ADHS ist, ist auch die Compliance gegenüber den Anweisungen des Arztes stark ausgeprägt, womit dieser Typus am ehesten den Handlungsorientierungen der klassischen Krankenrolle entspricht:

> „Als ich die Diagnose hatte, sagte der [Arzt] zu mir, (...) ganz klar, es ist ein Neurotransmittermangel, der nicht heilbar ist, in dem Sinne, als dass man mit Medikamenten dafür sorgen könnte, das mein Körper diese Botenstoffe, die mir in meinem Gehirn fehlen, in meinem Gehirn von alleine wieder reproduziert werden könnten. Meine einzige Chance besteht darin, zu lernen, damit zu leben. Dafür gebe es auch Verhaltenstherapien, aber das mache bei mir keinen Sinn, solange ich nicht medikamentös eingestellt bin. Nach einer längeren Experimentierphase mit verschiedenen Medikamenten (...) bin ich nun auf ‚Concerta' mit 56 Milligramm gesetzt worden, da reicht's, wenn ich morgens daran denke, das Ding zu schlucken und es wirkt etwa 8 bis 9 Stunden und ist die höchste Dosierung, die es gibt und ich denke, dass ich es der zu verdanken habe, dass ich meinen Job bis heute noch habe." (Wortbeitrag einer Gruppendiskussion, vgl. Karsch 2007)

Andere Patienten nehmen die Medikamente zielgerichtet aufgrund der leistungssteigernden Effekte ein, und weitgehend unabhängig von ärztlichen Empfehlungen. Dieser Konsumententypus sieht die Einnahme aufgrund seines defizitären (und nur mutmaßlich krankheitsbedingten) Leistungsvermögens als unproblematisch an, setzt das Medikament aber überwiegend in Situationen ein, in denen gesteigertes Leistungs- und Aufmerksamkeitsvermögen gefordert ist. Der tatsächliche Krankheitswert der Diagnose spielt hier kaum eine Rolle. Die medizinische Legitimation ist lediglich eine Notwendigkeit, um den legalen Zugang zu Stimulanzien zu gewährleisten. So werden auch andere Bezugswege (meist im sozialen Nahbereich) genutzt, um in spezifischen Situationen die kognitive Leistungsfähigkeit medikamentös zu steigern. In diesem Fall kann explizit von Enhancement-Strategien[3] gesprochen werden, obwohl die Einnahme der leistungssteigernden Psychopharmaka eigentlich in den Kontext der ADHS-Therapie eingebettet ist. Bemerkenswert erscheint, dass viele Patienten sich erst nach der Einnahme von Medikamenten, die in den Hirnstoffwechsel eingreifen, als „authentisch" und „selbstbestimmt" erfahren und ihr „eigentliches Ich" durch die Medikation als wiederhergestellt empfinden. Andere indessen beschreiben die Wirkung der Medikation als „unnatürlich", sie empfinden ihre Identität durch die Einnahme der Medikamente bedroht oder verdrängt.

Die Diagnose ADHS, als erworbenes medizinisches Persönlichkeitskonzept, wird individuell internalisiert und das neurobiologische Deutungsangebot (und somit auch der Krankheitswert der ADHS) durchaus kritisch reflektiert. Der zunehmend autonome Umgang mit medizinischer Diagnostik und Therapie zeigt sich auch in neuen Formen der „Biosozialität" (Rabinow 1996; vgl. Kliems 2009). Selbstkonzepte und biographische Neudeutungen, die auf der medizinischen Rahmung „ADHS" basieren, werden im Rahmen von biosozialen Gemeinschaften (dazu gehören vor allem Familien und Selbsthilfegruppen) in ihrer Bedeutung ausgehandelt, finden dort insbesondere aber auch Akzeptanz und Verstärkung. Rabinow versteht Biosozialität als die Gestaltung der menschlichen Natur auf der Basis kultureller Praxis (vgl. Rabinow 1996). Biosoziale Kollektive bilden sich demnach um gemeinsame biologische (z. B. genetische) Eigenschaften und bieten Rahmungen und (Wissens-)Netzwerke, in denen Identitätsangebote bereitgestellt werden. Die biosozialen Gemeinschaften, die sich um das Krankheitsbild ADHS formieren, entsprechen weitgehend der Definition, die Rose (2005) aufbauend auf Rabinows (1996) Konzept der Biosozialität entwirft:

> „Biosocial communities, often geographically dispersed, sometimes virtual, are brought into existence around a shared condition; they actively strive for research, for funds, for support, for therapies for ‚their diseases'. They educate one another in the disease mechanisms and practicalities of care, donate tissues and blood for genomic research, and seek to take control of their own biological destiny and to bend medical and scientific knowledge and expertise to their own ends." (Rose 2005: 6)

Die Entstehung biosozialer Kollektive und die Zunahme individueller Selbststeuerungsstrategien weisen auf eine zunehmende Individualisierung im Gesundheitswesen durch die Emanzipation von paternalistischen Medikalisierungsformen hin. Erst in der aus der stetigen Expansion medizinischer Deutungsmacht resultierenden definitorischen Grauzone im Kontinuum von Krankheit/Gesundheit

[3] Medizinisches Enhancement ist definiert als Einsatz medizinischer Mittel zur Verbesserung von Zuständen und Eigenschaften *ohne* Krankheitsindikation (vgl. Parens 1998; Schöne-Seifert/Talbot 2009).

werden Formen der Biosozialität und Tendenzen zur Selbststeuerung zu wichtigen Faktoren der Medikalisierung. Die Dynamik der Medikalisierung verschiebt sich mithin zu immer größerer Selbstbestimmung und aktiver Teilhabe, und der kollektive Austausch von Erfahrungswissen ergänzt in zunehmendem Maße das professionelle Wissen des Arztes. Das Körperkonzept ADHS wird zu einer zentralen Rahmung der alltäglichen Handlungspraxis der Akteure, die sich mit der medizinischen Neudeutung und Bedeutung des Selbst in der Alltagspraxis ständig auseinandersetzen müssen. Mit der von ADHS-Patienten häufig genutzten Selbstbeschreibung „ADSler" (vgl. Karsch 2007) ist dann auch mehr gemeint als nur die Zugehörigkeit zu einer bestimmten Morbiditätskohorte. Diese Selbstbeschreibung veranschaulicht den Prozess der Internalisierung der neuerlich erworbenen biomedizinischen Selbstdeutung.

Der Zwang zur dauerhaften Beschäftigung mit der Krankheit macht ADHS Betroffene darüber hinaus häufig zu außerordentlich „kompetenten Laien" (Schulz 2001). Der Typus des ‚wohlinformierten Kranken' scheint bei Menschen mit chronischen Beeinträchtigungen besonders deutlich ausgeprägt. Der Bedeutungsverlust des hierarchischen Rollengefüges zwischen Arzt und Patient liegt in diesem Fall in der neu gewonnenen Autonomie des Patienten, bedingt durch die zumindest partielle Erosion der Wissenskluft zwischen Laien und Gesundheitsexperten. Da der Arzt den chronisch ‚erkrankten' ADHS-Patienten nicht zu heilen vermag, wird seine Position auf die eines *Gatekeepers* reduziert, der den Zugang zur gewünschten medizinischen Therapie-Option gewährleistet, während der Erkrankte eigenständig individuelle und biographieabhängige Entscheidungen treffen muss und folglich zunehmend mit individuellen Selbststeuerungsprozessen konfrontiert ist. Schulz (2001) schlägt zur Beschreibung derartiger Prozesse der Selbststeuerung im Gesundheitssystem den Begriff der Selbstkontextualisierung vor:

> „Selbstkontextualisierung bezeichnet im gesellschaftlichen Handlungs- und Deutungsfeld von Krankheit und Gesundheit einen selbstgesteuerten Prozeß der Verortung der Subjekte in auf Heilung oder Linderung von körperlichen und/oder psychischen Leiden ausgerichteten Behandlungssystemen. Dabei reflektiert Selbstkontextualisierung das Bedingungsgefüge von Selbststeuerung im Kontext sozialer Wissensproduktion, gesellschaftlichem Wandel und biographischen Orientierungen." (Schulz 2001: 14)

Schulz' Untersuchungsschwerpunkt liegt dabei jedoch auf biomedizinfernen, d. h. alternativmedizinischen Selbstkontextualisierungen. Alternative Medizin weise eine hohe Anschlussfähigkeit für sinnstiftende Lebensthemen und damit eine hohe Attraktivität für chronisch Erkrankte auf (vgl. Schulz 2001: 137). Biomedizinnahe Selbstkontextualisierungen hingegen benötigten, so Schulz, „keine Diskussion hinsichtlich ihrer Bedeutung für den gesellschaftlichen Prozess der Medikalisierung“ (ebd.), da ihre Nutzer in konventionellen Behandlungszusammenhängen blieben. Viele ADHS-Erkrankte jedoch verbleiben aufgrund der Ambiguität des Krankheitsbildes häufig ganz bewusst innerhalb biomedizinnaher Behandlungszusammenhänge, da diese zum einen den Krankheitswert der Symptomatik befürworten (und damit handlungsentlastend wirken) und zum anderen, weil diese den Zugang zur medikamentösen Behandlung gewährleisten. ADHS wird so häufig selber zu einem sinnstiftenden Thema und die medizinische Selbstkontextualisierung zu einem zentralen Handlungsmechanismus der Akteure, die sich mit der medizinischen Neudeutung des Selbst in der Alltagspraxis auseinandersetzen. Der Begriff der Selbstkontextualisierung muss unter diesen Vorzeichen erweitert werden: Die Uneindeutigkeit bezüglich des Krankheitswertes führt anscheinend zu Dynamiken der Selbstkontextualisierung, die erst durch die Nähe zu biomedizinischen Deutungszusammenhängen sinnstiftend wirken. Derartige Prozesse der Selbstkontextualisierung werden häufig durch die Teilnahme in Selbsthilfegruppen gefördert und erstrecken sich auf die unterschiedlichsten Bereiche des Diagnose- und Therapieprozesses.

5 Fazit

Ziel der vorangegangenen Ausführungen war nicht die Auseinandersetzung mit der häufig gestellten Frage, ob die ADHS tatsächlich eine Krankheit ist. Aus (wissens-)soziologischer Perspektive ist vielmehr relevant, dass die ADHS-Problematik ständigen Deutungskämpfen und „Wahrheitspielen“ (Foucault) unterliegt, die sich in den neueren Medikalisierungsdynamiken manifestieren. Die Frage, mit der ich mich auseinandergesetzt habe, lautet deshalb eher: Wie wurde die ADHS zu einem Gegenstand medizinischer und alltäglicher Wissensbestände, und welche Umgangsformen mit und um dieses Wissen bilden sich heraus?

Um dies zu beantworten, habe ich den Prozess der Etablierung der medizinischen Rahmung ADHS in den Kontext eines weitläufigen Medikalisierungsprozesses gestellt. Der Prozess der Medikalisierung, verstanden als ein Prozess der Etablierung der zunehmenden Dominanz und Ausdehnung einer spezifischen Wissensform, hat dazu geführt, dass die Logik der Medizin in immer mehr gesellschaftlichen Bereichen zur gültigen und vorherrschenden Wissensform geworden ist. Der Prozess der Medikalisierung ist demnach als die Etablierung eines spezifischen Wissensregimes zu verstehen. Der Begriff des Wissensregimes ist ein relativ neuer Begriff der Wissensforschung und bezeichnet einen durch Normen, Verfahrensregeln und Praktiken strukturierten Umgang mit Wissen und Wissensformen, die sich auf einen bestimmten Handlungs- und Problembereich beziehen (vgl. Wehling 2007: 704). Wissensregime lassen sich anhand ihres Strukturierungs- und Formalisierungsgrades sowie der Heterogenität der innerhalb ihres Kontextes auftretenden Wissensformen unterscheiden und „legen fest, welche Art von Wissen in dem jeweiligen Kontext als angemessen, Erfolg versprechend oder notwendig gelten soll." (ebd.) Der Prozess der Medikalisierung kann in eben diesem Sinne als Etablierung eines Wissensregimes interpretiert werden.

Die Medikalisierung kindlicher Überaktivität und Unaufmerksamkeit, ebenso wie die Ausweitung der Diagnostik auf Erwachsene, können als paradigmatisch für den Prozess der Expansion der medizinischen Domäne angeführt werden. Interpretiert man die medizinische Kontrolle abweichenden Verhaltens bei Kindern als einen typischen Vollzug paternalistischer Fremdkontrolle, dann ist gerade der Umgang mit der Diagnose „ADHS bei Erwachsenen" ein anschauliches Beispiel dafür, wie die Machtverhältnisse nicht nur in das „Innere des Körpers übergehen" (Foucault 2005: 126 f.), sondern auch tatsächlich verinnerlicht und zu Praxen des Selbst werden. Die Selbstmedikalisierungsprozesse erscheinen dann als eine „Sorge um sich" (Foucault 1984). Folgt man in dieser Argumentation erneut Foucault, so muss darauf hingewiesen werden, dass Formen der „Sorge um sich" im Zuge der Modernisierung zunehmend von Institutionen wie der Religion, der Pädagogik oder der Medizin vereinnahmt wurden (vgl. Foucault 2005: 275). In diesem Sinne ist auch die Disziplinierung und Normalisierung durch die Medizin zu verstehen, die lange das zentrale Thema der Medikalisierungskritik darstellte.

Der Übergang vom Zwang zu einer Praxis der Selbststeuerung des Subjekts ist nun zu einem zentralen Element der Medikalisierung geworden. Inwieweit handelt es sich dabei also um eine ‚Befreiung' oder eine Stärkung der Subjektautonomie? Diese Frage ist nicht einfach und nicht abschließend zu beantworten, denn Prozesse der Selbstbestimmung und Selbstkontextualisierung in Gesundheitsfragen sind zwiespältig aufzufassen. Fremdkontrolle und Entmüdigung werden eingetauscht gegen die Verinnerlichung eines neoliberalen Pflichtprogrammes der gesundheitlichen Selbstverwirklichung, des Selbst-Seins, des ‚Sich-selbst-Kontrollierens', vielleicht sogar: der Selbstoptimierung. Meines Erachtens ist dieser Grad der Selbstkontrolle und Selbstkontextualisierung erst durch eine entsprechend stabile und fortgeschrittene Medikalisierung zu erklären, in deren Kontext die medizinische Handlungslogik und Selbstverortung beinahe selbstverständlich geworden sind und somit der äußerliche Zwang nicht mehr unmittelbar erforderlich ist.

Im Falle der ADHS geht es bei den problematisierten Defiziten zu einem großen Teil auch um Erfolg und Misserfolg auf dem Arbeitsmarkt, um Normen von Leistungsfähigkeit und um die Möglichkeiten der Optimierung des Selbst. Aus dem anormalen Individuum, dem Träger eines diffusen „Zustandes" (Foucault 2007: 411) wird ein Subjekt mit erklärten ADHS-Eigenschaften, deren Eingliederung in gesellschaftliche Handlungszusammenhänge in einem immer stärker selbstgesteuerten Medikalisierungsprozess vollzogen wird. Die Rahmung ADHS, d. h. die Medikalisierung des ‚Zustandes', stellt das Handwerkszeug bereit, um die Normalisierung oder sogar Optimierung des Selbst zu verwirklichen. Das medizinische Wissen von der ADHS als einer Krankheit legitimiert zu diesem Zweck die Nutzung von Psychopharmaka und produziert auf diese Weise handlungsfähige Subjekte. Insofern ist ADHS sowohl eine Praxis der Produktion von handlungs- und arbeitsfähigen, d. h. funktionierenden Subjekten, als auch eine Selbstformierung des Subjekts.

Literatur

Blech, Jörg (2004): Die Krankheitserfinder. Wie wir zu Patienten gemacht werden. 6. Aufl. Frankfurt a. M.: Fischer

Böhlemann, Peter et. al. (Hrsg.) (2010): Der machbare Mensch. Münster: Lit-Verlag [im Erscheinen]

Bradley, Charles (1937): The Behavior of children receiving Benzedrine. In: American Journal of Psychiatry 94 (3): 577

Broom, Dorothy H./Woodward, Roslyn V. (1996): Medicalization Reconsidered: Toward a Collaborative Approach to Care. In: Sociology of Health and Illness 18 (3): 357–378

Burgmer, M./Driesch, G./Heuft, G. (2003): Das „Sisi“-Syndrom – eine neue Depression? In: Der Nervenarzt 74 (5): 444

Conrad, Peter (1976a): The Disovery of Hyperkinesis: Notes on the Medicalization of Deviant Behaviour. In: Social Problems 23 (1): 12–21

Conrad, Peter (1976b): Identifying Hyperactive Children. The Medicalization of Deviant Behaviour. Lexington: D. C. Heath

Conrad, Peter (2007): The Medicalization of Society. New York: John Hopkins University Press

Conrad, Peter/Potter, Deborah (2000): From Hyperactive Children to ADHD Adults: Observations on the Expansion of Medical Categories. In: Social Problems 47 (4): 559–582

Conrad, Peter/Schneider, J. W. (1980): Deviance and Medicalization. From Badness to Sickness. Philadelphia: Temple University Press

Döpfner, Manfred/Fröhlich, Jan/Lehmkuhl, Gerd (2000): Hyperkinetische Störungen: Leitfaden Kinder- und Jugendpsychologie. Göttingen: Hogrefe

Doyle, Robert (2004): The History of Adult Attention-Deficit/Hyperactivity Disorder. In: Psychiatric Clinics of North America 27 (2): 203–214

Dumit, Joseph (2000): When Explanations Rests: „Good-Enough“ Brain Science and the New Sociomedical Disorders. In: Lock, Margaret/Young, Allan/Cambrosio, Alberto (2000): 209–232

Estes, Carroll L./Binney, Elizabeth A. (1989): The Biomedicalization of Aging – Dangers and Dilemmas. In: The Gerontologist 29 (5): 587–596

Foucault, Michel (1977): Überwachen und Strafen. Die Geburt des Gefängnisses. Frankfurt a. M.: Suhrkamp

Foucault, Michel (1984): Die Ethik der Sorge um sich als Praxis der Freiheit. In: Ders. (2005): 274–300

Foucault, Michel (1999): In Verteidigung der Gesellschaft. Vorlesungen am College de France (1975–76). Frankfurt a. M.: Suhrkamp

Foucault, Michel (2003): Dits et Écrits. Schriften Bd. 3: 1976–1979. Frankfurt a. M.: Suhrkamp

Foucault, Michel (2005): Analytik der Macht. Frankfurt a. M.: Suhrkamp

Foucault, Michel (2007): Die Anormalen. Vorlesungen am Collège de France (1974–1975). Frankfurt a. M.: Suhrkamp

Freidson, Eliot (1970): Profession of Medicine: A Study of the Sociology of Applied Knowledge. Chicago: University of Chicago Press

Glaeske, Gerd/Jahnsen, Katrin (Hrsg.) (2005): GEK-Arzneimittel-Report 2005. Auswertungsergebnisse der GEK-Arzeneimitteldaten aus den Jahren 2003–2004. Schriftenreihe zur Gesundheitsanalyse. Bremen/Schwäbisch-Gmünd: Asgard-Verlag

Huerkamp, Claudia (1985): Der Aufstieg der Ärzte im 19. Jahrhundert. Vom gelehrten Stand zum professionellen Experten: Das Beispiel Preußens. Göttingen: Vandenhoeck & Ruprecht

Illich, Ivan (1995): Die Nemesis der Medizin. Die Kritik der Medikalisierung des Lebens. München: C. H. Beck Verlag

Karsch, Fabian (2006): Medikalisierung und Entgrenzung. Die Medikalisierung von ADHS als Entgrenzungsphänomen reflexiver Modernisierung. Magisterarbeit an der Philosophisch-Sozialwissenschaftlichen Fakultät, Universität Augsburg.

Karsch, Fabian (2007): Entgrenzung von Krankheit und Gesundheit: Fallbeispiel ADHS. Arbeitspapier 1/2007 zum Projekt A-2 des SFB536 „Reflexive Modernisierung“. Unveröffentlichtes Manuskript. Universität Augsburg

Karsch, Fabian (2010a): Biomedizinische Machbarkeit im Spannungsfeld von Ökonomie und professioneller Praxis. In: Böhlemann et. al. (2010): [im Erscheinen]

Karsch, Fabian (2010b): Neuro-Enhancement oder Krankheitsbehandlung? Zur Problematik der Entgrenzung von Krankheit und Gesundheit am Beispiel der ADHS. In: Viehöver/Wehling (2010): [im Erscheinen]

Kaufert, P. A./Lock, M. (1997): Medicalization of Women's Third Age. In: Journal of Psychosomatic Obstetrics & Gynecology 18 (2): 81–86

Kliems, Harald (2009): Vita hyperactiva. ADHS als biosoziales Phänomen. In: Niewöhner/Kehl/Beck (2009): 143–170

Krause, Klaus-Henning/Dresel, Stefan/Krause, Johanna (2000): Neurobiologie der Aufmerksamkeitsdefizit-/Hyperaktivitätsstörung. In: Psycho 26 (4): 199–208

Lakoff, Andrew (2000): Adaptive Will: The Evolution of Attention Deficit Disorder. Journal of the History of the Behavioral Sciences 36 (2): 149–169

Lock, Margaret/Young, Allan/Cambrosio, Alberto (Hrsg.) (2000): Living and Working with the New Medical Technologies. Intersections of Inquiry. Cambridge: University Press

Lupton, Deborah (1997): „Foucault and the Medicalization Critique“, In: Petersen/Bunton (1997): 94–106

Niewöhner, Jörg/Kehl, Christoph/Beck, Stefan (Hrsg.) (2009): Wie geht Kultur unter die Haut? Emergente Praxen an der Schnittstelle von Medizin, Lebens- und Sozialwissenschaft. Bielefeld: Transcript

Parens, Erik (Hrsg.) (1998): Enhancing Human Traits. Ethical and Social Implications. Washington, D. C.: Georgetown Univ. Press

Parsons, Talcott (1951): The Social System. New York: Free Press
Paul, Norbert/Schlich, Thomas (Hrsg.) (1998): Medizingeschichte: Aufgaben, Probleme, Perspektiven. Frankfurt a. M.: Campus
Petersen, Alan/Bunton, Robin (Hrsg.) (1997): Foucault, Health and Medicine. London: Routledge
Rabinow, Paul (1996): Essays in the Anthropology of Reason. Princeton, NJ: Princeton University Press
Rose, Nikolas (2005): Will Biomedicine Transform Society? The Political, Economic, Social and Personal Impact of Medical Advances in the Twenty First Century. Clifford Barclay Lecture. [http://www.lse.ac.uk/collections/LSEPublicLecturesAndEvents/pdf/20050202-WillBiomedicine-NikRose.pdf ; Zugriff: 25.11.2009]
Schöne-Seifert, Bettina/Talbot, Davinia (Hrsg.) (2009): Enhancement. Die ethische Debatte. Paderborn: Mentis
Schützeichel, Rainer (Hrsg.) (2007): Handbuch Wissenssoziologie und Wissensforschung. Konstanz: UVK
Schulz, Thomas (2001): Orientierungswandel bei Gesundheit und Krankheit. Prozesse der Selbstkontextualisierung im Gesundheitssystem. Bremerhaven: Wirtschaftsverlag NW
Seidler, Eduard (2004): Von der Unart zur Krankheit. In: Deutsches Ärzteblatt 101 (5): 239–243
Spencer, Thomas J. (2002): Attention-Deficit/Hyperactivity Disorder. In: Archives of Neurology 59 (2): 314–316
Stolberg, Michael (1998): Heilkundige: Professionalisierung und Medikalisierung. In: Paul/Schlich (1998): 69–85
Strümpell, Ludwig (1890): Die Pädagogische Pathologie oder die Lehre von den Fehlern der Kinder. Ungleich Verlag: Leipzig
Viehöver, Willy et al. (2009): Die Entgrenzung der Medizin und die Optimierung der menschlichen Natur. Gutachten im Auftrag des Deutschen Bundestags. Vorgelegt dem Büro für Technikfolgen-Abschätzung beim Deutschen Bundestag (TAB). Universität Augsburg: Manuskript
Viehöver, Willy/Wehling, Peter (Hrsg.) (2010): Entgrenzung der Medizin. Von der Heilkunst zur Verbesserung des Menschen? Bielefeld: Transcript [im Erscheinen]
von Ferber, Christian (1989): Medikalisierung – ein zivilisatorischer Prozeß oder eine sozialpolitische Fehlleistung. In: Zeitschrift für Sozialreform 35 (11/12) 632–642
Wehling, Peter (2007): Wissensregime. In: Schützeichel (2007): 704–712
Wehling, Peter et al. (2007): Zwischen Biologisierung des Sozialen und neuer Biosozialität: Dynamiken der biopolitischen Grenzüberschreitung. In: Berliner Journal für Soziologie 17 (4): 547–567
Zametkin, Alan J. et al. (1990): Cerebral Glucose Metabolism in Adults with Attention Deficit Hyperactivity of Childhood Onset. In: New England Journal of Medicine 323 (20): 1361–1366
Zola, Irving (1972): Medicine as an Institution of Social Control. In: Sociological Review 20 (4): 487–504

Häute machen Leute, *Leute* machen Häute

Das Körperwissen der ästhetisch-plastischen Chirurgie, Liminalität und der Kult der Person

Willy Viehöver

1 Einleitung: „So viel Körper war nie!“

So viel Körper wie derzeit gab es nie im westlichen Kulturkreis, meinte vor wenigen Jahren der Soziologe Robert Gugutzer (2007). Der Körper hat in verschiedenen sozialen Praxisbereichen und alltäglichen Lebenszusammenhängen eine qualitative Aufwertung erfahren; er ist in unterschiedlichsten Handlungsbereichen, das Feld der ästhetisch-plastischen Chirurgie darf dafür als ein prominentes Beispiel gelten, *Kult.*[1] Ich glaube jedoch, dass viele, die heute von Körperkult sprechen, sich dabei der zivil-religiösen, subjekt- und identitätsbezogenen Implikationen, die in ihrer Aussage mitschwingen, kaum bewusst sind (vgl. Bührer-Lucke 2005). Um diese Implikationen explizit zu machen, schlage ich deshalb vor, die Rede vom Körperkult in den Kontext des Kults der Person zu stellen. Den *Kult der Person* aber beschrieb Emile Durkheim (1992: 469 ff.) als den zentralen Pfeiler des säkularen Kollektivbewusstseins moderner arbeitsteiliger Gesellschaften. Angesichts der zunehmenden Bedeutung des Körpers fragt man sich jedoch, ob der Kult der Person auch heute noch den zivilreligiösen Kern der modernen, noch weitaus stärker *individualisierten* Gesellschaften bildet.[2] Der abendländische Rationalisierungsprozess stellte vorwiegend die Entwicklung der *geistig-moralischen Fähigkeiten* und *kognitiven Kompetenzen* ins Zentrum der Aufmerksamkeit der (bürgerlichen) Subjektivierung und Identitätsbildung (vgl. Reckwitz 2006). Das protestantische Ethos, das u. a eine Reformation des Körpers mitbedingte, und der Cartesianismus, mit seiner Differenzierung von Geist und (Maschinen-)Körper, bereiteten dabei das Terrain für eine weitgehende Verdrängung oder Marginalisierung des Körpers

[1] Anders als in der soziologischen Variante Durkheims (1992) wird der Kultbegriff in der Körper- und Schönheitsdebatte meist negativ konnotiert (so etwa Bührer-Lucke 2005; Menninghaus 2007; dazu kritisch Gugutzer 2007). Dennoch wird der Terminus im Zusammenhang mit aktuellen Individualisierungsprozessen gesehen, weshalb es sinnvoll erscheint, den Körperkult im Kontext der soziologischen Diskussion um den Kult des Individuums zu lokalisieren (vgl. Kap. 4).

[2] Nach Meinung vieler leben wir heute in einer individualisierten Gesellschaft, die sich durch Optionssteigerungen einerseits und durch zunehmende Entscheidungszwänge andererseits auszeichnet (vgl. Beck/Beck-Gernsheim 1994; Beck 1986).

im Subjektivierungsdiskurs, obgleich die betreffenden Wissensordnungen doch die methodische Disziplinierung des materialen Körpers und seiner Affekte zum Gegenstand hatten (Mellor/Shilling 1997; Turner 1996; Elias 1980).

Nun stehen die Zeichen der Zeit erneut auf Veränderung und man könnte die *Wiederkehr des Körpers* (Kamper/Wulf 1982: 9–21) als Ausdruck gesellschaftlicher Dynamiken ansehen, durch die auch der leiblichen Dimension der Personalität (wieder) zu ihrem Recht verholfen wird; denn muss man nicht, wie die Phänomenologen sagen, einen Leib haben, um Person sein zu können, und ist nicht der Körper *Ort*, *Quelle* und *Medium* der Sozialität (Shilling 1997; 2001; Durkheim 1994)? Augenscheinlich nimmt jedoch auch die Krisenrhetorik in dem Augenblick zu, in dem sich der Kult der Person des Körpers besinnt und diesen massenmedial in Szene setzt, in dem er u. a. über Nachrichten, Berichte, Film, Internet, Werbung und Ratgeberliteratur immer neue Masken des Selbst hervorbringt (Boralevi 2009; Sivieri-Tagliabue 2009; Soffici 2009). Silikon-Selbste und Hylaron-Antlitze[3] scheinen Bundesärztekammer wie feministische TheoretikerInnen, Medizin-Historiker wie einige der mit der jüngeren Enhancement-Debatte befassten Philosophen gleichermaßen zu beunruhigen.[4] Leicht wird so aus dem Körperkult ein Körperwahn und damit wird eine soziale Pathologie beschworen, die sich im Verfall der Individualität oder Personalität äußern soll. Verfällt also der Kult der Person – und damit die zivilreligiöse Grundlage der Moderne – in dem Augenblick, in dem Körper und Körperwissen zunehmende gesellschaftliche Aufwertung erfahren? Um eine Antwort auf diese Frage zu wagen, möchte ich nachstehend anhand des Beispiels der ästhetisch-plastischen Chirurgie einige wenige Besonderheiten und Konsequenzen des aktuellen Körperkultes herausarbeiten. Ich gehe davon aus, dass er eine Form der *Biopolitik* (Lemke 2007; Wehling 2008) codiert und anleitet, im Rahmen derer der Körper, wie schon zur Zeit der Reformation, zu einem zentralen *Ordnungsproblem* (Turner 1996; Mellor/Shilling 1997) geworden ist. Durch die ästhetisch-plastische Chirurgie, als Protagonisten des Körperkultes, wird aktuell ein Körperwissen mobilisiert, das im Hinblick auf die *Regierung von Körpern* (Foucault 2005; Lemke 2007) weitreichende institutionelle wie personale Konsequenzen hat, weil sein Gebrauch die Überschreitung von *Grenzen* bewirkt und ermöglicht (Wehling et al. 2007).

[3] Vernetzte und unvernetzte Hylaronsäure kommt natürlicherweise in der Haut vor und sorgt für deren straffes Erscheinungsbild. In der ästhetisch-plastischen Chirurgie ist sie als relativ gut verträglicher Filler prominent. Sie wird dazu entweder aus Hahnenkämmen oder aus Bakterienstämmen labortechnisch gewonnen und hauptsächlich zur Faltenunterspritzung verwendet (vgl. Mang 2006: 109).

[4] Vgl. Davis (1995); Ach/Pollmann (2006); Posch (1999); Negrin (2002); Bergdolt (2006).

2 Häute machen Leute, Leute machen Häute

Den diesem Mobilisierungsprozess innewohnenden *Entgrenzungstendenzen* möchte ich im Folgenden nachgehen, scheint doch die boomende ästhetische Chirurgie der kollektiven Vorstellung eines „natürlichen" menschlichen Körpers ebenso ein Ende zu setzen wie sie das Prinzip des durch den hippokratischen Eid symbolisch überhöhten therapeutischen Auftrages der modernen Medizin aufweicht. Weil sich die medizinische Praxis der ästhetischen Chirurgen nicht mehr vorwiegend an der modernen Leitdifferenz Gesundheit/Krankheit orientiert (Luhmann 1990a), möchte ich sie in heuristischer Absicht als eine *post-hippokratische Praxis* verstehen, die sich neben der kurativ orientierten Medizin etabliert. Steht die ästhetisch-plastische Chirurgie dabei zum einen exemplarisch für einen aktuellen *Medikalisierungsschub* durch den die individual-medizinische Praxis verstärkt die Arbeit an gesunden Körpern aufnimmt und so tiefer in den Alltag eindringt (Wehling et al. 2007), so sorgt sie zum anderen implizit für das Wiederaufbrechen eines *Interpretationskonfliktes,* in dem Verfechter (quasi-) biologischer Auffassungen von Körperidentitäten auf jene treffen, die die symboltheoretische Bedeutung des Körpers (i. e. dessen repräsentative Bedeutung) betonen. In diesem zweiten Sinne stehen nicht die Grenzen professioneller Praktiken und damit die eines sozialen Feldes und seiner symbolischen Leitdifferenzen zur Diskussion (Gesundheit/Krankheit; Heilen/Verbessern), sondern die Basiskategorien moderner Identitätskonzepte.[5] Daraus ergeben sich folgende Fragen: Wie hängen Entgrenzungsprozesse als Effekte von Professionsdynamiken im medizinischen Feld mit jenen körperbezogenen Identitätspolitiken zusammen (Kap. 3.1)? Welche Rolle spielt der (materiale) Körper in diesem Zusammenhang (Kap. 3.2)? Welche Konsequenzen haben die körperbezogenen Entgrenzungsprozesse für die personale Identität (Kap. 3.3)?

Um mich diesen Fragen in Bezug auf das (diskursiv vermittelte) Körperwissen einer wunschgenerierenden und -erfüllenden Medizin zu nähern (Kettner 2006a; 2006b), möchte ich eingangs die Ausgangsannahme der folgenden Überlegungen formulieren, die zunächst einmal in Gestalt einer metaphorischen Anspielung daherkommt. Diese lautet: „Auch Häute machen Leute!" Wofür soll aber diese Metapher, freilich die Frucht eines literarischen Raubzuges, stehen? Während in Gottfried Kellers Novelle *Kleider machen Leute* (Keller 1874) die Dramaturgie ihren Ausgang von einer mehr oder weniger zufälligen Verwechslungssituation nimmt – die zuzüglich zum Radmantel und dem gepflegten Äußeren des Herrn „Wenzel Strapinski" die notwendigen kontextuellen Bedingungen der „Täuschung" der Leute von Seldwyla schaffen – scheint die Situation in unserem

[5] So etwa Geist/Körper; Subjekt/Objekt; Körper haben/Leib sein; innere Natur/äußere Natur; binärer Geschlechterkörper usw.; vgl. auch Alkemeyer (2007); Knorr Cetina (2007); Keupp et al. (2008).

Falle komplexer und wir kennen, anders als bei der Novelle, den Ausgang der Geschichte noch nicht. Wenn ich behaupte, dass auch *Häute* Leute machen können, muss ich zudem präzisieren und auch die Umkehrung der Aussage, nämlich dass auch *Leute* Häute machen, geltend machen, sind es doch im Wesentlichen erst die Praktiken der ästhetischen Chirurgie als „reflexive Körpertechniken" (Crossley 2005), die die Bedingungen dafür schaffen, dass „Leute" durch die Gestaltung ihres Äußeren gemacht werden können (vgl. dazu auch Mang 2006: 188 ff.). Die zweite Aussage, dass *Leute* Häute machen, spielt auf ein komplexes Feld sozialer Praktiken an, in dem ein medizinisch-ästhetisches Körperwissen konstituiert wird, das eingelebte Körperbilder und -routinen außer Kraft zu setzen in der Lage ist. Damit soll die Behauptung aufgestellt werden, dass der Körper – und dies ist bereits Effekt diskursiver und materialer Praktiken, durch die Körperwissen mobilisiert wird – in der modernen Gesellschaft im Sinne Victor Turners (1989) grenzhaftig (liminal) geworden ist, bzw. sich in einem Zustand der Grenzhaftigkeit (liminality) bewegt. Die durch die reflexiven Körperpraktiken der ästhetisch-plastischen Chirurgie erzeugte Liminalität äußert sich in verschiedenen Dimensionen, die von der institutionellen Ebene bis zu den verkörperten Personen selbst reichen. Wer sich einer Schönheitsoperation als *reflexiver Körpertechnik* unterzieht, partizipiert damit nolens volens am Körperwissen und an den Praktiken, die diese Liminalität ermöglichen, und er trägt damit nicht nur zur Re-Strukturierung des medizinischen Feldes bei, er setzt damit zugleich seine Identitätskonstruktionen unter Reformierungsdruck.[6]

3 Drei Prozesse der Entgrenzung

Um den Charakter dieser Grenzhaftigkeiten genauer zu bezeichnen, werde ich im Folgenden zunächst *drei* Entgrenzungsdimensionen thesenhaft zusammenfassen, um diese Problematik im Anschluss daran in einer diskurs- und praxistheoretischen Perspektive mit Durkheims Konzept des Kults der Person zu verbinden. Zunächst ist darauf hinzuweisen, dass die Praxis der ästhetisch-plastischen Chirurgie nicht gänzlich neu ist, sie hatte zwar bis Mitte des 19. Jahrhunderts zumeist kurative Ziele, jedoch setzen bereits Ende des 19. Jahrhunderts erste Bemühungen um eine

[6] In welcher Weise ein solcher Reformierungsdruck typischerweise aufgenommen, interpretativ umgangen oder aufgelöst werden kann, haben wir im Rahmen von Gruppendiskussionen mit Nutzern und Nutzerinnen der ästhetischen Chirurgie in explorativer Absicht untersucht. Die Gruppendiskussionen wurden im Rahmen des Teilprojektes A2 „Biologisierung des Sozialen oder neue Biosozialität? Die Erosion alltagsnaher Natur-Gesellschafts-Unterscheidungen und ihre Konsequenzen" des Sonderforschungsbereiches 536 „Reflexive Modernisierung" zusammen mit meinen Kollegen Peter Wehling und Fabian Karsch unter der Leitung von Prof. Dr. Ch. Lau durchgeführt. Für die folgende an Emile Durkheim und Victor Turner anschließende Interpretation zeichne ich allein verantwortlich.

nicht-kurative Gestaltung menschlicher Körper ein (Gilman 1999).[7] Gleichwohl gibt es eine Reihe von Parametern, die auf eine grundlegende Veränderung der bislang bestehenden Figuration aus Körperwissen und reflexiven Körperpraktiken verweisen könnten, wobei unter letzteren im Anschluss an Nick Crossley (2005: 9) „those body techniques whose primary purpose is to work back upon the body, so as to modify, maintain or thematize it in some way" verstanden sein sollen.

Zum *ersten* ist sind es grundlegende technische und pharmakologische Innovationen (insbesondere auch eine Reihe nicht invasiver Techniken) im Bereich der ästhetisch-plastischen Chirurgie sowie vor allem deren erweiterte Zugänglichkeit,[8] die eine weitgehende Gestaltbarkeit des biologischen Körpers ermöglichen.

Zudem deuten sich *zweitens* strukturelle Verschiebungen und Veränderungen in bzw. Interferenzen zwischen gesellschaftlichen Handlungs- und Praxisbereichen in modernen Gesellschaften an – dazu zählen z. B. Medizin, Ökonomie (Pharmaindustrie), deren Werbeabteilungen und das Gesundheitswesen. Dadurch transformieren sich auch die Antriebsmechanismen des aktuellen Medikalisierungsprozesses (vgl. Conrad 2005). So hat u. a. die Krise des öffentlichen Gesundheitswesens dazu beigetragen, dass die individuellen Gesundheitsleistungen für Ärzte zu einem profitablen (sekundären) Markt geworden sind und sie hat dazu geführt, dass, neben den Ärzten selbst, auch die Krankenkassen vom Individuum zunehmend *Selbstsorge* fordern.

Drittens konstituiert sich in der Ratgeberliteratur eine spezifische Konfiguration popularisierten medizinischen Fachwissens, das Risikoabschätzungen, neues Körperwissen und diesbezügliche lebenspraktische Handlungsanweisungen vermittelt, einschließlich der entsprechenden Regieanweisungen für die Grenzen der Selbstsorge (vgl. Mang 2005: 47 ff.; 161 ff.; Levy/Jacobs/Kirschkamp 2003). Damit ist allerdings nicht gesagt, dass der Ratgeberliteratur, sei sie nun als virtuelles Medium oder als Druckerzeugnis verfügbar, die alleinige Deutungsmacht in Fragen der Ästhetik zukäme.

Denn freilich tragen *viertens* auch die anderen Massenmedien (Zeitschriften, Funk, Fernsehen, Netz, Werbung) in beträchtlichem Maße zur Verbreitung von Schönheitsidealen bei. Sie formulieren, wiederholen und bekräftigen fast allgegenwärtig das *Versprechen* einer käuflichen Schönheit, dessen maßgeschneiderte Realisierung durch die ästhetisch-plastische Chirurgie in Aussicht gestellt wird (vgl. auch Maasen 2005; Villa 2008a,b).

---

[7] Es ging schon im ausgehenden 19. Jahrhundert nicht nur darum, alterungsbedingte Körperveränderungen oder ein als unästhetisch wahrgenommenes bzw. empfundenes Äußeres durch chirurgische Praktiken zu „korrigieren". Wie das Beispiel der Nasenkorrekturen zeigt, gab es auch damals Bemühungen, körperliche Attribute, die zu einer Stigmatisierung genutzt werden konnten, per ästhetisch-chirurgischer Operation an die (idealisierten) Körpernormen einer dominanten sozialen Gruppe anzupassen (vgl. Gilman 2005b; Wehling 2005).

[8] Vgl. Gilman (1999, 2005a); Mang (2006); Levy/Jacobs/Kirchkamp (2003).

Dadurch wird *fünftens* möglich, dass der Körper selbst in bislang beispiellosem Maße den Zyklen der Mode unterworfen werden kann (Alkemeyer 2007), was sich aber nicht nur in Körper-Accessoires (Piercing, Tattoos), sondern in einer tiefergehenden leiblichen Gestaltung manifestiert.

Die fünf genannten Entwicklungen haben zusammengenommen das Potential, Liminalität und damit das soziale Problem unscharfer Unterscheidungen zu erzeugen, deutlich erhöht, wobei offen bleibt, ob diese Grenzhaftigkeit sich nun vorwiegend im semantischen, sachlich-materialen oder normativ/ethischen Sinne bemerkbar macht. Betrachtet man die Kommunikation über ästhetische Chirurgie sowie ihre materialen Praktiken im Sinne einer kulturellen Performance, bedeutet *Liminalität* – dies haben Durkheim (1994), Douglas (1966, 1973), Turner (1989) gezeigt –, in einen (rituellen) Prozess des Übergangs einzutreten. Dieser Zustand impliziert einerseits etwas Unheimliches und andererseits etwas Heiliges (Douglas 1966). Was aber heilig ist oder sein soll (z. B. der natürliche Körper oder das individuelle Wohlbefinden), ist bei dem kontrovers diskutierten Themenfeld der ästhetisch-plastischen Chirurgie selbst wiederum keineswegs eindeutig. Grob lassen sich drei Sphären der Liminalität bezeichnen: Die *erste* betrifft das moderne Institut des Heilauftrages der Medizin (Labisch 1992; Bergdolt 1999). Die *zweite* zeigt sich in der kontrafaktischen Fiktion des natürlichen menschlichen Körpers, der als boundary marker einerseits die Grenzen der Gattung markiert und andererseits jene des Individuums (Körper als natürlicher Anker der Gleichheitsfiktion) (Gebauer 1982; Alkemeyer 2007). Der moderne Subjektivierungsdiskurs verweist schließlich auf eine *dritte* Sphäre der Liminalität, die die personale Identität betrifft (Keupp et al. 2008). Diese drei Dynamiken können im Folgenden nur kurz angesprochen werden.

3.1 Ästhetisch-plastische Chirurgie und die Entgrenzung der Therapie

Die Praxis der „Schönheitschirurgie" ist über die Zielsetzungen einer rekonstruktiven plastischen Chirurgie längst hinausgegangen, auch wenn sie freilich weiterhin von deren tacit knowledge zehrt (Gilman 1999, 2005a). Auf der institutionellen Ebene lässt sich anhand (diskursiver und materialer) Praktiken der ästhetisch-plastischen Chirurgie zeigen, dass sich mit ihrem breitenwirksamen Vordringen aktuell eine partielle Entgrenzung des medizinischen Feldes vollzieht. Dadurch entsteht in diesem institutionellen Zusammenhang *Liminalität* in dreifacher Hinsicht.

(1) *Bedeutungsverlust der Differenz Krankheit/Gesundheit:* Erstens entzaubert die ästhetische Chirurgie gewissermaßen die Fiktion der Moderne, wonach die Medizin nur den Auftrag habe Krankheiten zu heilen. Die voranschreitende Professionalisierung der kosmetischen Chirurgie verdeutlicht, dass sich entsprechende ärztliche Dienste immer seltener am „operativen Wert" Krankheit orientieren. Die

Unterscheidung von Gesundheit und Krankheit tritt im Rahmen der ästhetisch-chirurgischen Körpertechniken in den Hintergrund oder aber ihr Bedeutungshorizont wird beträchtlich ausgeweitet. So interpretiert die Schönheitschirurgie die jeweilig vorherrschenden und massenmedial in Szene gesetzten Schönheitsideale, paart diese mit Vorstellungen des *gesunden Lebens* und bietet schließlich die ästhetische Chirurgie als Lebenshilfe an, sofern die empfohlenen alltäglichen Selbsttechniken nicht (mehr) ausreichen, um die gewünschten Körperformen zu bewahren oder allererst zu erhalten. Der sich in jüngerer Zeit zunehmend durchsetzende ästhetische Leitwert der kosmetischen Chirurgie ist dabei die Herstellung einer „natürlichen Künstlichkeit". Deren Realisierung hängt wiederum von der Verfügbarkeit entsprechender Dispositive ab (Bsp. Brustimplantate).

(2) *Entgrenzung von Therapie:* Häufig findet aber auch eine Orientierung am Konzept der Optimierung oder Perfektionierung statt. Entweder erfolgt dies, wie im folgenden Beispiel, durch die Betonung weicher Kriterien wie „Steigerung der Lebensqualität" (Wohlfühl- statt Veränderungschirurgie) oder aber auch im Rekurs auf Kriterien der Verbesserung (Optimierung) körperlicher Proportionen.

> „Worum es in der Ästhetisch-Plastischen Chirurgie wirklich geht, ist Schönheit, Anmut, Ausstrahlung, Dynamik und Lebensqualität. Das sind die Anforderungen, die es zu erfüllen gilt. Was zählt ist, dass sie mit dem Ergebnis des Eingriffs glücklich und zufrieden ist, dass sie ihre feminine Ausstrahlung zurückgewonnen hat und dass dieses Ergebnis haltbar ist. Das Resultat muss den freiwilligen Eingriff in jeder Hinsicht rechtfertigen." (Levy/Jacobs/Kirchkamp 2003: 8)

Sofern im Feld der kosmetischen Chirurgie in einem metaphorischen Sinne von „Optimierung" gesprochen wird, geht es dabei also bislang nicht um eine Steigerung der Leistungsfähigkeit körperlich-biologischer Prozesse, vielmehr werden Erwartungen hinsichtlich größerer beruflichen Chancen durch kosmetische Interventionen produziert, diskursiv verbreitet und ein entsprechendes „Äußeres" wird schließlich individuell (wie auch in bestimmten Berufssparten organisational) abgefragt. Insofern entstehen durch die Praktiken der ästhetischen Chirurgie auch Unschärfen im Therapiebegriff und somit eine zweite Zone der institutionellen Liminalität. Das moderne Konzept von Therapie, im Sinne von „Krankheiten heilen", wird zu einem Dienst erweitert, der entweder glückverheißende Lebenshilfe verspricht oder aber gesellschaftliche Erwartungen auf eine Körperoptimierung erfüllen soll. Es handelt sich also um eine Ausweitung der Therapie, durch die ärztliche Praxis zumindest in Teilen den Charakter einer wunschgenerierenden und -erfüllenden Medizin annimmt. Diese Beobachtungen einer Entgrenzung von Gesundheit und Krankheit einerseits, sowie von kurativer Therapie und therapeutischer Körperverbesserung andererseits, ließen sich in der These zuspitzen, dass die ästhetisch-plastische Chirurgie zur Konstitution einer *posthippokratischen* Praxis beiträgt.

Dies könnte das Selbstverständnis der modernen Medizin und die Basiskategorien des medizinischen Feldes grundlegend verändern.

(3) *Medikalisierung des Alltags*: Es ist aber weiterhin festzuhalten, dass sich die Praxis der ästhetisch-plastischen Chirurgie in ihrer Wirkung nicht nur auf eine Verschiebung, Ausweitung oder Auflösung innerprofessioneller Grenzen oder Kategorien beschränkt. Vielmehr drängt ihr Körperwissen durch diskursive und materiale Praktiken nach außen und sorgt so für eine weitergehende Medikalisierung des Alltags. Dadurch erzeugt sie Liminalität in einer dritten Hinsicht, insofern als sie den Aufgabenbereich der Medizin nicht mehr für die Rolle des Kranken reserviert, sondern definitorisch ‚unbegrenzt' in den Alltag ausweitet, gern auch Bezug nehmend auf den weiten Gesundheitsbegriff der WHO. Sie verändert durch diese (begriffliche) Ausweitung des Therapieverständnisses auch die sozialen Subjektivierungsformen und Blaupausen der Subjektkulturen (Reckwitz 2006) moderner Individuen, denn als Exponent einer wunscherfüllenden Medizin (Kettner 2006a,b) richtet die ästhetisch-plastische Chirurgie ihren (begehrlichen) ‚ärztlichen' Blick auf jene *Personen* (oder jenen Personenkreis), die/der entsprechende Wünsche hegen/hegt und in die Tat umsetzen könn(t)e(n). Sie tut dies in doppelter Weise: (a) in dem sie das Inventar des Wünschbaren um entsprechende technische und praktische Dispositive erweitert und (b) indem sie ein Motivvokabularium anlegt, dieses über Beratungsgespräche, Ratgeberliteratur und Massenmedien (Werbung) verbreitet und so die virtuellen Klienten gleichsam auffordert, aus dem Katalog des Wünschbaren zu wählen.

Man kann im Sinne Durkheims davon ausgehen, dass das Vokabular und die Grammatik der Wünsche nach Körpergestaltung sozialen Ursprungs sind, auch wenn bio-soziologisierende Ansätze uns diese bisweilen als Effekte eines natürlichen Strebens nach Schönheit verkaufen wollen (vgl. etwa Menninghaus 2007). Zwar hat Lacan der Freudschen triebtheoretischen Lesart des Begehrens eine Wendung gegeben, die es erlaubt an einer sozio-diskursiven Genese der Wünsche (nach Schönheit) festzuhalten (vgl. Knorr Cetina 2007). Aber das Begehren nach Schönheit braucht Motive und diese wiederum bedürfen der Mediatisierung. C.W. Mills hatte bereits eingangs der vierziger Jahre einen Vorschlag gemacht, der es ermöglicht, Motivvokabularien als Teil einer diskursiven Wissens-Ordnung zu verstehen.

> „Motives are words (…). They stand for anticipated situational consequences of questioned conduct (…); motives are names for consequential situations, and surrogate for actions leading to them. (…) As a word, a motive tends to be one which is to the actor and to the other members of a situation an unquestioned answer to questions concerning social and lingual conduct. Motives are justifications for present, future, or past programs or acts. (…) When they appeal to others involved in one's act, motives are strategies of action. (…) Human actors do vocalize and impute motives to

> themselves and to others, he is not trying to *describe* his experienced social action. He is not merely stating ‚reasons' which will mediate action. He is influencing others – and himself. Often he is finding new ‚reasons' which will mediate action. Thus, we need not to treat an action as discrepant from ‚its' verbalization, for in many cases, the verbalization is a new act. In such cases, there is not a discrepancy between the act an ‚its' verbalization, but a difference between two disparate actions, motor-social and verbal." (Mills 1940: 905–907)

Die Ratgeberliteratur der ästhetisch-plastischen Chirurgie lässt sich als ein Kompendium entsprechender Motivvokabularien lesen, das als Ergebnis diskursiver Handlungen darauf ausgerichtet ist, Menschen zu motivieren. Die Ratgeber der „Schönheitschirurgie" determinieren dabei nicht, sie bieten jedoch Schnittmuster möglicher Körperwelten, die von der Werbeindustrie ebenso wie von potentiellen Klienten interpretiert werden. Dabei heftet die Ratgeberliteratur (und das Beratungsgespräch) den Individuen Ärzte als Körper-Coachs auf die Fersen, um ihnen die Qual des Wählens zu erleichtern, sie serviert Personalitätsschablonen, die es, wie es zunächst scheinen mag, jedermann/jederfrau ermöglicht, aus den Gefängnissen ihrer biologischen Körper zu entfliehen und sei es nur für die Weile einiger Jahre. In den virtuellen oder realen Liposuktionsritualen verflüssigen sich sodann nicht nur überschüssige Biomassen und liebgewonnene Bierbäuchlein, sondern auch jene Identitätsfiktionen, die die Einzigartigkeit, zeitliche Kontinuität des biologischen Körpers (soziologisch) beschwören.

3.2 Die Auflösung leiblicher Natürlichkeitsfiktionen und das chirurgische Ideal einer natürlichen Künstlichkeit

Die reflexiven Körpertechniken (Crossley 2005: 9) der ästhetischen Chirurgie tragen durch ihre Zielsetzung und die Art und Weise, wie sie den Körper thematisieren, nicht nur zur Veränderung der basalen Klassifikationen und Leitorientierungen des medizinischen Feldes bei. Als materiale Praktiken erzeugen sie, im Zusammenspiel mit bedeutungsgebenden Diskursen, Unschärfen auch im Hinblick auf den Körper selbst. Welcher Körper ist jedoch gemeint? Sofern man in diesem Kontext die Plessnersche Unterscheidung von *Körper haben* und *Leib sein* aufgreift (Plessner 1981; Soentgen 1998), lässt sich festhalten, dass sich nicht nur die *Vorstellungen* von der Machbarkeit des *Körpers* den wir *haben,* durch die massenmediale Verbreitung der Schönheitskonzepte der kosmetischen Chirurgie verändert haben. Es ist gerade auch der konkrete, spürende *Leib,* der wir als verkörperte Personen immer auch sind, der durch die „reflexiven Körpertechniken" (Crossley 2005: 9) der ästhetisch-plastischen Chirurgie gestalt- bzw. beeinflussbar wird. Der zunehmende Trend zu (teilweise auch kostengünstigeren) nicht-invasiven Techniken ermöglicht eine weitere Veralltäglichung kosmetisch-chirurgischer Praktiken. Diese Optionsvielfalt und die durch sie mögliche kulturelle Überformung der körperlichen Gestalt macht zugleich die Vorstellung eines natürlichen biologischen Körpers als Identitätsfixpunkt unplausibel und als Essentialismus nur noch kontrafaktisch haltbar. Natürlichkeitsfiktionen haben damit als Legitimationsanker keineswegs ausgedient, denn auch die Protagonisten der Schönheitschirurgie beziehen ihre Deutungen des schönen Körpers auf das Konzept „Natürlichkeit".

> „Kunst der Chirurgie ist es die Natur in ihrer schönsten Form zu imitieren. Die Schönheitschirurgie kann nicht besser sein als ein schönes Ergebnis der Natur. Aber genau das ist es, was wir anstreben sollten: Natürlichkeit in ihrer schönsten Form." (Levy/Jacobs/Kirchkamp 2003: 8)

(1) Die ästhetisch-chirurgischen Körpertechniken sorgen dabei auch für eine Entgrenzung dessen, was wir im Zuge des Modernisierungsprozesses als den natürlichen biologischen Körper kennen und klassifizieren gelernt haben. Aus dem Körper wird, unter Nutzung der modernen ästhetisch-plastischen Körpertechniken und Materialien, in gestaltender Absicht ein „Biofaktum" (Karafyllis 2003). Der Leib scheint in diesem Sinne selbst zu einer *Textur* zu werden, die man durch medizinisches Körperwissen und nach Körpermoden angemessen gestalten kann oder, sofern entsprechende Erwartungen an das Selbst zunehmen, sogar können muss. Er wird aber zugleich zu einem *Text*, den man in Bezug auf vorherrschende ästhetische und moralische Normen lesen kann oder gar lesen können sollte.

(2) Dies ist der Punkt an dem die (nicht nur in Deutschland) kontrovers geführte Debatte über die möglichen negativen Folgen des Massenphänomens Schönheitschirurgie ansetzt (vgl. etwa die Kampagne „Ärzte gegen Schönheitswahn" oder die Forderungen nach Altersbegrenzungen für kosmetische Operationen). Über die *diskursive* Dimension verändern sich durch das ästhetisch-chirurgische Körperwissen die Vorstellungen von Körperkonzepten. Aus dem Körper, den wir *haben*, wird in der Ära der Optionssteigerung immer auch ein Körper, den wir, wenn wir nur wollen und dem Rat der Ärzte, den Versprechen der Werbeindustrien und der Medien folgen, *haben könnten*. Ratgeberliteratur und Massenmedien instruieren oder täuschen uns über die Möglichkeiten und Risiken des Gebrauchs dieser reflexiven Körpertechniken. Im Zusammenspiel von diskursiven und materialen Praktiken der ästhetischen Chirurgie werden (potentiell) nicht nur (ästhetische) Vorstellungen des Körpers, den wir haben, verändert, sondern auch die Grammatik des leiblichen Spürens.

(3) Wir können freilich unseren Körper auch als Biofaktum objektivieren und wir sind als modifizierter Leib immer auch ein spürendes Biofaktum. Folglich werden also sowohl unsere *Vorstellungen* vom natürlich-biologischen Körper, den wir im Sinne Plessners haben, entgrenzt, als auch der (örtlich) spürende *Leib,*

der wir in jeder Situation immer auch sind. Wenn aber die Dualität Leib/Körper im Rahmen bedeutungsvoller reflexiver Körperpraktiken in bislang nie da gewesener Weise gestaltbar wird, so bedeutet ein entsprechendes Körperwissen für die verkörperte Person eine neuartige Herausforderung. In der Tat wird im Kontext einer sich ausweitenden Sphäre wunscherfüllender Medizin eine dritte Zone der Liminalität sichtbar, die die Identität sozialer Personen betrifft. Dies hat Konsequenzen sowohl für die bislang weitgehend körperabstinenten Subjektivitäts- und Subjektivierungskonzepte, die in der Identität der Person lediglich eine kohärenz-, konsistenz- und kontinuitätssichernde symbolische Struktur gesehen haben, als auch für jene, die in der natürlichen Körperlichkeit des Menschen einen unveräußerlichen Anker personaler Identität sehen.

3.3 Reformierung des Körpers, Entgrenzung der Identität

Der Kult des modernen Subjekts stellte auf ein die innere Natur disziplinierendes, kohärentes autonomes Selbst ab, das idealiter als der selbstverantwortliche Verfasser eigener Lebensleistung gelten kann und sich insbesondere dadurch auszeichnet, dass es sich durch moralisches und kognitives Perfektionierungsstreben aus äußeren Herrschaftsverhältnissen befreit (vgl. dazu Keupp et al. 2008: 16ff.; Reckwitz 2006). Der „Universalismus" dieses (zunächst) bürgerlichen Identitätsmodells gründete in der narrativen Fiktion der natürlichen Gleichheit der Körper (Gebauer 1982; Alkemeyer 2007). Der aufklärerische Mythos von der natürlichen Gleichheit der verkörperten Individuen, durch den sich die aufgeklärte Moderne von vormodernen Vorstellungen natürlicher Ungleichheiten der Person abzusetzen suchte (Alkemeyer 2007: 18), scheint zwar seit langem entzaubert, denn die Arbeiten am verkörperten Selbst haben nicht erst mit dem Boom der ästhetischen Chirurgie begonnen (Gebauer 1982; Alkemeyer 2007). Aber nun machen nicht mehr Kleider, sondern Häute Leute.

Es ist kaum bestreitbar, dass die materialen Praktiken der kosmetischen Chirurgie als Techniken der Gestaltung des Selbst an Bedeutung gewonnen haben. Die materialen Techniken kommen jedoch nicht ohne die interpretierenden, diskursiven Techniken des Erzählens aus, die Identitätsprojekte zum Gegenstand konkurrierender öffentlicher Erzählungen (Narrative) machen (vgl. programmatisch Ricœur 2005a,b). Folgt man den Narrativen der ästhetisch-plastischen Chirurgie in Medien und Ratgeberliteratur, sieht man, *wie* der Körper dort zur *Quelle* von idealer Sozialität wird: der schöne Körper gilt dort als Symbol sozialen Erfolgs oder Glücks (Kümpel 2003; Mang 2005, 2006). Die nachfolgenden einander widersprechenden Diagnosen zeigen exemplarisch, dass der kulturelle Code, der dem Kult der Person zugrunde liegt, strittig ist. Die Befürworter ästhetisch-chirurgischer

Praktiken präsentieren ihre Narrative mit dem Versprechen einer Steigerung der Lebensqualität.

> „Die Schönheitschirurgie hat das Ziel Lebensqualität und Lebensfreude zu erhöhen.“ (Levy/Jacobs/Kirchkamp 2003: 45)

Der Gegendiskurs beschwört im Narrativ eine (Selbst-)Gefährdung der Person, der seinerseits, wenngleich in kritischer Absicht, eine Biologisierung des Sozialen betreibt und das Modell eines im *natürlichen Körper* verankerten Selbst proklamiert und legitimiert. Er verteidigt im Wesentlichen ein Identitätsmodell, das auf innere Werte etc. abstellt:

> „Wer immer eine kosmetische Operation ohne medizinische Indikation erwägt, sollte sich darüber im Klaren sein, dass man sich damit seiner Individualität beraubt.“ (Bührer-Lucke 2005: 6)

> „Ohne Charakter gibt es keine Schönheit! (…) Sie, wir alle, werden wegen ihres Charakter geliebt (…) Wer nur aufgrund seiner Schönheit geschätzt wird, läuft Gefahr, dass nur die äußere Hülle gemeint ist. Und die ist austauschbar. Aber möchten Sie austauschbar sein? Bleiben Sie deshalb so wie Sie sind – das ist mein Rat. Denn nur so sind Sie einmalig.“ (Bührer-Lucke 2005: 111)

Dagegen titelte eine italienische Zeitschrift (Vanity Fair) jüngst einen Beitrag über die Möglichkeiten moderner Kosmetik mit „Mi (Ri-)projetto!“, was frei übersetzt so viel heißt wie „Ich entwerfe mich neu!“ (A. C. 2009). Die Analogie, die zwischen körperlicher Selbst-(Re-) Projektierung und architektonischem Projekt hergestellt wird, trifft den Kern der dritten hier zu diskutierenden Entgrenzungsdynamik, weil hier im Akt der Selbstbezeichnung das verkörperte Selbst zentral gesetzt wird.[9] Der imperfekte Körper wird im Narrativ zur Quelle von Identitätsstörungen, aber auch zum Handlungsmotiv, das Identität durch Wiederherstellung der Harmonie zwischen Lebensgefühl und (idealem) körperlichen Spiegelbild in Aussicht stellt.

> „Bei manchen Menschen resultiert das gestörte *Self-Image* auch aus anatomischen Disharmonien“ oder es ergibt sich aus „der immer größer werdenden Kluft zwischen ihrem Lebensgefühl und ihrem Spiegelbild (…).“ (Levy/Jacobs/Kirchkamp 2003: 10–11)

[9] Vgl. Throsby (2008); Sivieri-Tagliabue (2009); A. C. (2009); Negrin (2002); Bührer-Lucke (2005); Bayertz/Schmidt (2006).

Insofern als die Erzählungen der Ratgeber über die Rolle des Körpers bei der Refiguration des Selbst berichten, beschreiben sie (a) Skripte möglicher Identitätsprojekte. Aber als diskursive Praktiken sind Narrative selbst auch bedeutungsvolle Sprechhandlungen. Versteht man die entsprechenden Narrative der Ratgeberliteratur als Elemente einer interaktiven Praxis, die sich an ein Publikum möglicher Klienten richtet, lassen sich diese narrative „Sprachspiele" (b) als motivierende *Aufforderungen* in der Wunschform (Optativ) verstehen, die zur Identifikationsarbeit geradezu anregen („Sei ein schöner Körper …!").[10] Wenn man den Handlungscharakter der Erzählungen in einer pragmatischen Diskursperspektive betont, so lassen sich die ästhetisch-chirurgischen Deutungen von der Machbarkeit eines mit den individuellen Lebensentwürfen harmonisierenden schönen Körpers schließlich (c) als ein *Versprechen* begreifen, das auf Akzeptanz und Einlösung wartet.

Wenn der Körper in gesellschaftlichen Diskursen und materialen Praktiken zum integralen Bestandteil des reformierten Projektes PERSON geworden ist, so stellt sich in diesem Zusammenhang gleichwohl die Frage nach den *Aneignungsweisen* von reflexiven Körperpraktiken und Körpervorstellungen durch die verkörperten Personen, die eben ihren Leib zu einem reflexiven Projekt machen (wollen). Ich gehe davon aus, dass Nutzer und Nutzerinnen der reflexiven Körpertechniken ihre Entscheidungsfindungen im Rahmen von Selbstnarrationen thematisieren. Dabei sind es freilich wiederum Massenmedien und Ratgeberliteratur, die ihnen mögliche Interpretationsfolien und ein diesbezügliches Ethos im Umgang mit dem eigenen Körper an die Hand geben, um die Textur ihrer eigenen Körper zu lesen oder lesen zu lernen. Ein angemessenes Verständnis der entsprechenden Selbstnarrationen hängt freilich vom zugrunde gelegten Identitätskonzept ab. Wenn man mit Ricœur (2005a: 209 ff.) zwischen Identität als Selbigkeit (Kontinuität über Zeit) und Identität als Selbstheit (Treue zu sich selbst) unterscheidet, so lässt sich damit ein dynamisches Identitätsmodell denken, das in der Lage ist, das individuelle Spüren und die Wahrnehmung des Körpers, die in den Selbst-Narrationen thematisch werden, aufzunehmen. Denkt man Identität als Dialektik zwischen Selbigkeit und Selbstheit, ist man nicht gezwungen, Identität allein als unveränderlichen Kern zu denken; man kann vielmehr beschreiben, welche Motive die Klienten ihren Entscheidungen zugrunde legen und zweitens rekonstruieren, welches *Ethos* des guten Lebens (im schönen Körper) diese Handlungen anleitet.

Angesichts der Omnipräsenz des schönen Körpers scheinen heute die Zeiten gleichsam körperloser Identitäten, die den Kern der personalen Identität allein in den geistigen und moralischen Kompetenzen sehen, vorbei. In Italien spricht man bereits von der Herrschaft eines einheitlichen Kanons der Schönheit (Rodotá 2009). Das personale Selbst, das sich durch die gesteigerten Gestaltungsoptionen

---

[10] Vgl. zum Zusammenhang von narrativem Diskurs und Selbst Ricœur (2005b).

seiner Leiblichkeit wieder bewusst wird, kann sich nur noch kontrafaktisch auf die Idee einer unveräußerlichen leiblichen Natur stützen. Dabei verspricht die ästhetisch-plastische Chirurgie *Permanenz* des Selbst gerade durch *Veränderung*, sie setzt auf eine „Hermeneutik der Wiedergewinnung" (Ricœur 2005a: 224). Die körperbezogene Identitätsarbeit könnte sich also vom Pol der *Selbigkeit,* der auf Gleichheit oder Ähnlichkeit (des Körpers) über Zeit setzt, zum Pol der *Selbstheit* verschieben, bei dem es vorrangig um Treue zu sich selbst geht, was Veränderung (des Körpers), um sich Selbst treu zu bleiben, gleichsam impliziert (vgl. Ricœur 2005a: 223 ff., 2005b).

Freilich wirken die narrativisierten Körper-Diskurse der Ratgeber, der Werbung und der Medienberichterstattung nicht determinierend, sie überlassen dem verkörperten *Leser* Interpretationsspielräume, vorausgesetzt, *er* bringt seine Leiden am eigenen Körper zur Sprache. Die Person muss sich nicht den gesellschaftlich imaginierten Masken des Selbst unterwerfen, auch wenn dies in Kontexten wahrscheinlicher wird, in denen nicht der (idealisierte) Andere, sondern Spiegelbilder des Körpers als zentrale Identifikationsobjekte angeboten werden. Der entscheidende Punkt ist daher, wie die Nutzerinnen und Nutzer im Medium der Selbsterzählung, zwischen Kontinuität und Diskontinität (des Körpers) vermitteln. Im Rahmen der von uns durchgeführten Gruppendiskussionen setzte keine der Personen ihre Hoffnungen auf eine bedingungslose Kontinuität des biologischen Körpers, vielmehr legitimierte letztlich die Treue zu sich selbst die Entscheidung für oder gegen den Eingriff.

Wenn man die Narrative betrachtet, die Nutzer und Nutzerinnen der ästhetischen Chirurgie äußern, wenn sie die Ereignisse, die sie zu ihrer Entscheidung führten, schildern, so bestätigt sich die Vermutung, dass der Körper in der Tat zu einem Projekt der Identitätsarbeit geworden ist. Allerdings unterscheiden sich die Aneignungsweisen doch beträchtlich. Wie die im Rahmen unseres Forschungsprojektes durchgeführten Gruppendiskussionen mit Klientinnen und Klienten der Schönheitschirurgie zeigen, entwickeln die Nachfrager durchaus ein vielfältiges und bisweilen distanziertes Verhältnis zu den Angeboten der ästhetischen Medizin. Die Erzählungen der Nutzerinnen und Nutzer zeigen, dass der Körper nicht oder nicht mehr als unveränderlicher Anker der Identität verstanden wird, gleichwohl durchaus nicht alle Nutzer im Körper bereits das Projekt eines „unternehmerischen Selbst" (Bröckling 2007) sehen, das sein Körperkapital in gewinnmaximierender Absicht bewirtet. Vielmehr offenbaren die Erzählungen, dass der Körper auf unterschiedliche Weise zur Quelle von Diskordanz werden kann und nur bei einem Typus spielt der Faktor (somatische oder psychische) Krankheit noch die Rolle des motivierenden Ereignisses. Bei den drei weiteren Typen der Reformierung von Körperidentitäten werden andere Motivvokabularien im Narrativ aufgegriffen und sorgen für Diskordanzen in den Identitätskonzepten (berufliche Erwartungen, körperliche Proportionen, Dissonanzen zwischen dem alternden Körper und dem Selbstkonzept).

(1) Ein erster Typus von Nutzerinnen und Nutzern sieht in der kosmetischen Chirurgie eine Methode, körperliche Mängel als Quelle psychischer Leiden („Segelohren") zu beseitigen oder möglichen Erkrankungen (Brustverkleinerung zur Vermeidung von Rückenbeschwerden) vorzubeugen. (2) Ein zweiter Typus (Altersgruppe ab ca. 45 Jahren) begründet seine Entscheidungen im Wesentlichen mit dem Wunsch nach der Korrektur von als negativ empfunden Alterserscheinungen (z. B. Doppelkinn, Augenlidkorrekturen, Faltenbehandlung). Die Motivation entsprechender Eingriffe kristallisiert sich hier in der Wiederherstellung des „wahren" Selbst und die Gestaltung des Antlitzes spielt hierbei eine wichtige Rolle. (3) Im Gegensatz dazu, stehen beim dritten Typus Fragen der Re-Proportionierung oder Neu-Proportionierung (etwa Brustvergrößerung bei Frauen oder Fettabsaugung) im Fokus der Aneignung kosmetischer Chirurgie. Die Ergebnisse unserer Gruppendiskussionen legen die Vermutung nahe, dass dieser Typus häufiger von jüngeren Nutzern repräsentiert wird. (4) In einigen Fällen gibt es jedoch in der Tat Hinweise darauf, dass der Körper (und die Mittel zu seiner Gestaltung) die bislang im Zentrum der Identitätsbildung stehenden geistigen (kognitiven und moralischen) Kompetenzen und Performanzen verdrängen könnten. Vielleicht kann man sagen, dass gerade durch diese Aneignungsweise in der Tat dem *Versprechen* Glauben geschenkt wird, dass „Häute Leute machen":

> X8-38-Vertriebsmanager: „Ich habe es ja nicht gemacht, weil ich Furchen hatte, sondern einfach, dass die Falten weggehen, dass ich besser aussehe, dass ich optisch besser rüberkomme. Das ist es eigentlich. Ich habe einen furchtbar stressigen Job, bin wahnsinnig viel unterwegs und sehr viel im Flieger unterwegs und will ganz einfach, wenn ich abends auf ein Meeting gehe, auch noch fit aussehen und Aussehen ist da also auch wichtig, auch im Vertrieb, ganz einfach. Ich habe sehr, sehr große Kunden und da nehme ich also auch die Möglichkeit wahr für so was." (Interviewauszug)

Dieser vierte Typus offenbart Motivvokabulare, die deutlich über rein ästhetische Komponenten hinausweisen. Praktiken kosmetischer Chirurgie versprechen bessere (berufliche) Chancen und werden von den Nutzern im Zusammenhang mit der Selbstverwirklichung, Selbst(re-)präsentation und Durchsetzung gegenüber Konkurrenten im Beruf interpretiert (chemische Peelings, prononciertes Kinn durch Implantation von Metallplättchen etc.).[11] Wie die Gesellschaft Liminalität erzeugt *und* verarbeitet ist die Frage, die sich nun abschließend stellt.

[11] In unseren Gruppendiskussionen fand sich dieser Typus vorwiegend, aber nicht ausschließlich, bei männlichen Nutzern. Siehe aber A. C. (2009) und Boralevi (2009).

4 Der Kult der Person und der ästhetisch-chirurgische Optativ des guten Lebens im schönen Körper

Ich habe eingangs behauptet, dass in den vergangenen Jahrzehnten ein ästhetisch-chirurgisches Körperwissen konstituiert und durch entsprechende *Motivvokabularien* (C. W. Mills) diskursiv mobilisiert worden ist, welches nun durch entsprechende materiale Praktiken und Körpertechniken immer häufiger leibhaftig angeeignet wird. Es ist der zunehmende Gebrauch dieses Körperwissens, der, wie anschließend expliziert wurde, sozial bedeutsame *Entgrenzungsprozesse* auslöst. Deren Folgen wurden jedoch in der jüngeren Vergangenheit in Deutschland unter den Etiketten *Körperkult* und *Schönheitswahn* einigermaßen unsoziologisch verhandelt, bzw. bisweilen stark negativ konnotiert und psychologisiert (vgl. kritisch Gugutzer 2007). Mein Beitrag möchte hingegen abschließend versuchen, den aktuellen Körperkult im Sinne Durkheims (1992: 470) zu re-soziologisieren, indem ich diesen in den Kontext des *Kults der Person* stelle. Meine diesbezügliche These lautet, dass der moderne Körperkult keinesfalls Ausdruck eines (individuellen) Schönheitswahns ist, sondern die (rituelle) Inszenierung des Körperwissens im Rahmen des von Emile Durkheim nur abstrakt beschriebenen *Kultes der Person*. Durkheim hatte ausgangs der religionssoziologischen Schriften darauf hingewiesen, dass Kulte nicht in einem System von Zeichen (d. h. re-präsentative Symbole) aufgehen, sondern als Momente der Gesellschaft in Aktion, die Summe von Mitteln bilden, in denen ein Kult sich erschafft und qua Wiederholung periodisch erneuert (Durkheim 1994: 559). Kulte basieren wesentlich auf performativen Handlungen, die aber sinnhafte Ordnungen nicht nur reproduzieren, sondern in liminalen Phasen auch konstituieren, institutionell etablieren und somit bestehende Traditionen reformieren. Entsprechende Rituale sind dabei, dies hat insbesondere Victor Turner (1989) betont, kulturelle Performances, Rituale des Übergangs, die – unter bestimmten Bedingungen – offen für Innovationen sind. In diesem Falle wären die das Körperwissen der ästhetischen Chirurgie betreffenden kulturellen Performances aber nicht einfache Ausführungen traditionaler kultureller Skripte, vielmehr bilden sie eine „Anti-Struktur" (Turner) zu traditionellen Konzepten der Subjektivierung, d. h. Versuche einer kreativen Inszenierung neuer Konzepte der Personalität, die die Arbeit am Körper in den Mittelpunkt der Identitätsarbeit stellen. Aber in welchem Sinne tragen die Angebote der ästhetischen Chirurgie dazu bei, dass der Kult der Person und mit ihm die modernen Identitätskonzepte transformiert werden können? Wenn wir das ästhetisch-chirurgische Körperwissen nicht als ein instrumentelles Wissen, sondern in erster Linie als ein (rituell in Szene gesetztes) performatives Körperwissen begreifen, könnte sich Durkheims Konzept des Kultes der Person als hilfreich für das Verständnis aktueller Transformationsprozesse erweisen, wobei man allerdings zeigen muss, dass der aktuelle Körperkult, die Grammatik des Kults der Person selbst verändert.

Durkheim war sich, dies hat Chris Shilling in den vergangenen Jahren dankenswerterweise mehrfach in Erinnerung gerufen, darüber im Klaren, dass Vergesellschaftungsprozesse immer auch am verkörperten und leiblich empfindenden Individuum ansetzen (Shilling 2001; Mellor/Schilling 1997) – auch wenn sein Modell des homo duplex typisch moderne Unterscheidungen reproduziert (Kultur vs. Natur). Er sah jedoch, dass sich menschliche Persönlichkeiten nicht auf individuelle Verkörperungen des menschlichen Gattungstypus reduzieren lassen (Durkheim 1992: 474). Durkheim ging zwar davon aus, dass der Körper (Natur), anders als der „Kulturfaktor" Seele, die Rolle eines Individualisierungsfaktors spielt (Durkheim 1994: 366 ff.). Die *Persönlichkeit* (als Produkt der Gesellschaft) grenzt Durkheim aber bewusst von der Tatsache körperlicher *Individuation* (Natur) ab.

> „Eine Person zu sein heißt tatsächlich, eine autonome Quelle des Handels darzustellen. Der Mensch erwirbt dies Eigenschaft nur in dem Maß, in dem er etwas in sich hat, das ihm und nur ihm allein gehört und das ihn individualisiert, womit er mehr ist als eine einfache Verkörperung des Gattungstyps seiner Rasse und seiner Gruppe. Man wird sagen, daß er (...) die Gabe der freien Entscheidung hat und daß das genügt, um seine Persönlichkeit zu begründen." (Durkheim 1992: 474)

Zunächst scheint er Personalität an eine abstrakte Entscheidungsfähigkeit verkörperter Individuen zu binden, aber, so Durkheim weiter,

> „(...) es ist nicht dieses metaphysische, unpersönliche und unveränderliche Attribut, das als die einzige Basis für die konkrete, empirische und veränderliche Persönlichkeit der Individuen dienen kann. Diese Persönlichkeit kann nicht aus der ganz abstrakten Kraft entstehen, zwischen zwei Gegensätzen zu wählen. Diese Fähigkeit muß vielmehr an Zielen und Beweggründen wirken, die dem Handelnden eigen sind (...) Auch die Inhalte seines Bewußtseins müssen persönlichen Charakter haben." (Durkheim 1992: 474)

Die Genese von Personalität in einer sich individualisierenden Gesellschaft setzt also voraus, dass sie an die in performativen Ritualen hervorgebrachten – und narrativ organisierten – Deutungen rückgebunden wird. Durkheim zeigt in der Studie über die gesellschaftliche Arbeitsteilung zwar, dass der moderne Mensch sowohl aus den Zwängen der organischen Umwelt als auch aus den sozialen Milieus „entlassen" wird. Ihm scheint auch nicht entgangen zu sein, dass die vermeintliche „Natur des Menschen" zu verschiedenen historischen Zeiten nicht dieselbe ist. Aber, obwohl er immer wieder betonte, dass der Körper im Rahmen von Ritualen selbst ein *Medium* der Konstitution von Gesellschaft ist (Durkheim 1994), konnte er nicht mehr sehen, dass die medizinisch-technische Befreiung aus dem Gefängnis des natürlichen Körpers ein weiterer Schritt gesellschaftlicher Entwicklungen in modernen Gesellschaften werden sollte – ein Schritt allerdings, der den Charakter des modernen Kultes der Person, so wie Durkheim ihn sah, selbst verändern könnte. Im Rahmen des Kultes der Person wird der Körper/Leib in dreifacher Weise relevant: (a) als *Medium* der Vergemeinschaftung und Abgrenzung (rituelle Kommunikation und Repräsentation), (b) als materialer *Ort* an und in dem bedeutungsvolle materiale wie diskursive Körperpraktiken manifest werden sowie schließlich (c) als *Quelle* von Sozialität (Körper als Zeichen-Träger durch den Differenzen und Äquivalenzen symbolisiert und zum Ausdruck gebracht werden).

Durkheim (1994) beschreibt den Körper (im Rahmen von Ritualen) als *Medium* der Generierung und Stabilisierung sozialer Beziehungen. Begreift man in diesem Sinne die veröffentlichten Erzählungen ästhetischer Chirurgen als Elemente performativer Rede, so kommunizieren und vermitteln sie zum einen ein soziokognitives Wissen über die Gestaltbarkeit von Körperwelten als den Referenten der Körperdiskurse. Darin gehen die in Ratgeberliteratur und Massenmedien publizierten Äußerungen aber nicht auf. Als performative Akte stellen sie, indem sie ausgeführt werden, soziale Beziehungen sowie die sie regulierenden Konventionen her (Arzt/Klient; Person/Körper; Person/Lebensform etc.). Zu meta-performativen Akten werden sie dann, wenn sie die geltenden Konventionen selbst verändern. Diese Bedingungen scheinen durch den aktuellen Körperkult, der freilich nicht nur die Praktiken der Schönheitschirurgie betrifft, erfüllt.

(1) Eine erste Voraussetzung der Transformation des Kults der Person ist, dass sich durch die oben beschriebenen strukturellen Veränderungen und Verschiebungen im medizinischen Feld eine neue und erweiterte Basis entwickelt hat. Sie tragen dazu bei, dass sich das Selbstverständnis der Medizin zumindest in Teilen transformiert; zentrale Unterscheidungen wie Gesundheit/Krankheit, Therapie/Verbesserung verlieren dabei an Bedeutung oder werden umgedeutet und erlauben so, den legitimen Handlungs- und Verantwortungsbereich erheblich zu erweitern (Ach/Pollmann 2006; Leven 2006; Miller/Brody/Chung 2000). Das veränderte Selbstverständnis eines zentralen Protagonisten des aktuellen Körperkults findet in der wunschgenerierenden und -erfüllenden ästhetisch-plastischen Medizin seinen Ausdruck (vgl. Kettner 2006a, b). Diese richtet sich als legitimer Sprecher über entsprechende Motivvokabularien appellativ an ein offenes Publikum möglicher Nutzer (durch Ratgeber, aber auch über die Werbung und Massenmedien) und kann so auf die Vergesellschaftung der Individuen, ihrer Körper und ihrer leiblichen Empfindungen zurückwirken.

(2) Der Körperkult ist dabei zweitens darauf angewiesen, dass *Schönheitsideale* an einem rituellen Ort kommuniziert und dargestellt werden, der virtuell für jeden sichtbar ist. Die Massenmedien – die Werbung, Doku-Soap-Operas wie „Extrem Schön", Zeitschriften, aber auch die Ratgeberliteratur – bilden Orte ritueller Inszenierung von historisch kontingenten Schönheitsidealen. Im Rahmen

dieser rituellen Inszenierungen ist der schöne Körper einerseits der Ort an dem Gesellschaft wirkt, andererseits wird er als *Quelle* von Sozialität beschworen.[12]

> „Aus unseren Lebenserfahrungen wissen wir, was Schönheit ist, und doch fällt es uns schwer sie zu beschreiben. (…) Über nichts wird trefflicher gestritten, als über die Aussage, ob eine Person schön ist oder nicht. (…) Es gibt heutzutage kein allgemeingültiges Schönheitsideal, obwohl viele in der Beurteilung, ob eine Person schön ist oder nicht übereinstimmen. Was in westlichen Gesellschaften als schön empfunden wird, muss nicht auch für afrikanische oder asiatische Kulturen gelten. Der Schönheitsbegriff unterliegt kulturellen und zeitlichen Einflüssen. Besonders die veröffentlichte Meinung in Zeitschriften und Fernsehen und vor allem der Werbung prägend entscheidend ein eventuell vorherrschendes Schönheitsideal. (…) Das Schönheitsideal ist jedoch nicht real, sondern ähnlich einer Fata Morgana existiert es nur in den Köpfen und spiegelt dabei den Zeitgeist wider. Ähnlich der Entwicklung in der Mode, die sich auch nicht gesteuert entwickelt, werden in den Medien die Menschen abgebildet, die nach allgemeiner zeitbezogender Übereinstimmung als schön gelten. Darüber hinaus liegt Schönheit nicht nur im Auge des Betrachters, sondern vielmehr in der Vorstellung vom eigenen Selbst." (Kümpel 2003: 9–10)

(3) Durkheim (1994: 565 ff.) hatte betont, dass Ideale einerseits das Wirkliche überschreiten, andererseits aber immer auch Teil dieser Wirklichkeit sind. In den Idealen sieht er eine Form der Selbstthematisierung der Gesellschaft, dies gilt auch für die rituelle Inszenierung gesellschaftlicher Schönheitsideale. Eine dritte Transformation des Kults der Person besteht darin, Schönheit des Körpers an Vorstellungen des Selbst zu binden. Der eigene Körper, nicht der Andere, wird zum zentralen Referenzpunkt für die Identitätsarbeit. Körperkulte lehren den eigenen Körper vor dem Hintergrund der gesellschaftlichen Körperideale lesen zu lernen, indem sie die fleischliche Textur der Körper mit den Texten über den schönen Körper gleichsam verschmelzen.

(4) Eine vierte Veränderung kommt darin zum Ausdruck, dass der Körper im Rahmen öffentlicher kultureller Performances des schönen Körpers der Welt des Profanen und seines marginalisierten Status entrissen wird, indem er thematisch in den Mittelpunkt moderner Lebensformen gerückt wird. Der Körper wird darin gegenüber dem Geist als System der identitätsstiftenden Symbolbildung wieder aufgewertet (vgl. Douglas 1973). Der Körper (in seiner Gestalt und seinen Funktionen) wird nicht mehr marginalisiert, sondern er wird einerseits als Gegenstand der schöpferischen Arbeit des Schönheitschirurgen symbolisch überhöht und er erhält

[12] Vgl. Sparvoli (2006); Sivieri-Tagliabue (2009); Soffici (2009); vgl. auch Rodotá (2009) über das Diktat des schönen Körpers in Italien.

andererseits dadurch sakralen Charakter, dass er zum Symbol gelingender sozialer und personaler Identität („Harmonisierungsarbeit" am Körper) stilisiert wird.

> „Mit anderen Worten, die Schönheitsideale unterliegen dem Zeitgeist. Diesem sollte ein guter Schönheitschirurg sich nicht unterwerfen, sondern er sollte, wenn das auch sehr schwierig ist, zeitlose Schönheit schaffen. Dies kann er nur, wenn er begriffen hat, dass Schönheitschirurgie keine Veränderungschirurgie ist, sondern dass nur partiell schöpferisch in den Körper und das Gesicht eingegriffen werden sollte, um den Menschen zu harmonisieren. Dann hat ein guter Schönheitschirurg seinen Beruf verstanden. Dann wird er auch verstehen, dass ein paar Falten im Alter durchaus schön und erotisch sein können und dass die wahre Größe nicht von Zentimetern abhängt, sondern von der Aura des Menschen. Es ist nicht die Hülle entscheidend, sondern was in der Hülle steckt." (Mang 2006: 25–26)

(5) Eine fünfte Transformation äußert sich darin, dass in den rituell in Szene gesetzten Narrativen der ästhetischen Chirurgie vom verkörperten Individuum nicht mehr moralische und kognitive Kompetenzen gefordert werden, sondern, wie im nachstehenden Beispiel, die Sorge um den eigenen Körper und eine entsprechende methodische Lebensführung. Über den Körperkult erzeugt und verstärkt die medial in Szene gesetzte Schönheitschirurgie die generative ethische Grammatik für Selbsttechnologien im Umgang mit dem eigenen Körper. Als performative Aussage verstanden stellt etwa folgender Appell eine Beziehung zu einem offenen Publikum her, im Rahmen derer der kategorische Imperativ, der auf die Regulierung interpersonaler Beziehungen abstellt, durch einen ethischen Optativ der Selbstsorge ersetzt wird.

> „‚Tu deinem Körper etwas Gutes, damit Deine Seele gern in ihm wohnt', damit ist zunächst gemeint, dass wir achtsam mit uns umgehen. Dass wir für ausreichend Bewegung an der frischen Luft, genügend Schlaf und eine gesunde, ausgewogene Ernährung sorgen. Dass wir sportlich aktiv bleiben, unsere Haut pflegen und Genussgiften wie Alkohol und Koffein nur in Maßen zusprechen. Auf diese Weise tun wir eine ganze Menge für unser gutes Aussehen und für eine schlanke Linie (...) Doch leider haben diese ‚konservativen' Maßnahmen ihre Grenzen. Wenn beispielweise mehrere Schwangerschaften die Bauchdecke überdehnt haben oder wenn Haut und Bindegewebe so erschlafft sind, dass Oberarme oder Oberschenkel unschön ‚hängen', helfen weder Sport noch Diät. Und oft auch keine Fettabsaugung. Dann kann ein guter Schönheitschirurg das Problem mit dem Skalpell beheben. Das gilt auch für Frauen, die über ihren Busen unglücklich sind, weil er zu klein oder zu groß geraten ist. Bodystyling mit dem Messer kann Narben hinterlassen – doch diesen Preis zahlen viele Frauen (und auch Männer) für eine bessere Figur gerne." (Mang 2005: 162)

Eine solche Umstellung bestätigt Knorr Cetinas (2007) Vermutung, interobjektive Beziehungen würden gegenüber intersubjektiven an Bedeutung gewinnen, in gewisser Weise, auch wenn durch den Appell an die Sorge um den eigenen Körper zugleich die leiblich-körperlichen Bedingungen für einen Gang zum wunscherfüllenden Mediziner nahegelegt werden. Die Etablierung von Interobjektivitätsbeziehungen im Kern des Körperkults setzt also immer noch soziale Beziehungen voraus. Deshalb ließe sich mit Durkheim zeigen, dass auch Relationen zu Objekten keineswegs als post-sozial zu bezeichnen wären, weil auch die (rituelle) Generierung von Interobjektivitätsbeziehungen sozialen Ursprungs ist. Vielmehr ist die Bedeutungszunahme von Interobjektivitätsbeziehungen der Ausdruck einer machtvollen Transformation des Kults der Person in einer sich weiter individualisierenden Gesellschaft, in der die Gestaltung des Körpers zunehmend zu einer sozial legitimen Erwartung wird. Es ist der (ideale) Körper, der nun als der (begehrenswerte) Andere erscheint, der Spiegel vor dem das Selbst seinen Körper zu lesen beginnt, während der reale Körper zur Quelle des Leidens stilisiert wird. Diese Spielart von Interobjektivitätsbeziehungen, wird nicht nur im Alltag eingeübt, sie wird in TV Operas wie „The Swan“ (USA, Deutschland), „Bisturi“ (Italien) und „Extrem Schön“ (Deutschland) selbst noch einmal in Form von Übergangsritualen inszeniert. Diese Rituale machen die sich wandelnden Schönheitsideale nicht nur sichtbar und stellen sie in den Mittelpunkt öffentlicher Meinungsbildung, sondern verknüpfen sie dort auch mit neuen Vorstellungen vom Selbst. Der Körperkult ist also weniger ein Ausdruck eines kollektiven (oder individuellen) Wahns, sondern zunächst einmal ein neuer Modus der Selbstkonstitutierung und Selbstthematisierung der Gesellschaft und ihrer (idealisierten) Formen gelingender Subjektivierung (A. C. 2009; Boralevi 2009). Der Fall Italien zeigte im vergangenen Jahr, dass dies nicht notwendig in Begriffen eines kollektiven Wahns geschehen muss, denn dort hat der Körperkult den Kult der Person längst grundlegend transformiert (Boralevi 2009; Lerner 2009; Rodotá 2009).

Literatur

A. C. (2009): Mi (Ri)Progetto. Giochi di forza, tensione ed equilibrio. Chanel, Affidandosi ai principi dell'architettura, risolleva la pelle. Style Beauty. In: Vanity Fair N. 46 Settimanale, 18. Novembre 2009: 224

Ach, Johann S./Pollmann, Arnd (Hrsg.) (2006): No body is perfect. Baumaßnahmen am menschlichen Körper. Bielefeld. transcript Verlag

Alkemeyer, Thomas (2007): Aufrecht und biegsam. Eine Geschichte des Körperkults, In: Aus Politik und Zeitgeschichte, Beilage zur Wochenzeitung Das Parlament 18, 30. April 2007: 6–18

Bayertz, Kurt/Schmidt, Kurt W. (2006): „Es ist ziemlich teuer, authentisch zu sein …“ Von der ästhetischen Umgestaltung des menschlichen Körpers und der Integrität der menschlichen Natur. In: Ach/Pollmann (Hrsg.) (2006): 43–61

Beck, Ulrich (1986): Risikogesellschaft. Auf dem Weg in eine andere Moderne. Frankfurt a. M.: Suhrkamp

Beck, Ulrich/Beck-Gernsheim, Elisabeth (1994): Riskante Freiheiten. Individualisierung in modernen Gesellschaften. Frankfurt a. M.: Suhrkamp

Bergdolt, Klaus (1999): Leib und Seele. Eine Kulturgeschichte des gesunden Lebens. München: C. H. Beck

Bergdolt, Klaus (2006): Ästhetik und Schönheit. Historische und aktuelle Aspekte des Schönheitswahns. In: Zeitschrift für medizinische Ethik 52 (2): 115–126

Boralevi, Antonella (2009): Donne, riprendiamoci la testa. In: Donna Moderna 22 (52): 42–44

Bröckling, Ulrich (2007): Das unternehmerische Selbst. Soziologie einer Subjektivierungsform. Frankfurt a. M.: Suhrkamp

Bührer-Lucke, Gisa (2005): Die Schönheitsfalle. Risiken und Nebenwirkungen der Schönheitschirurgie. Betroffene berichten. Berlin: Orlanda

Conrad, Peter (2005): The Shifting Engines of Medicalization. In: Journal of Health and Social Behavior 46 (1): 3–14

Crossley, Nick (2005): Mapping Reflexive Body Techniques: On Body Modification and Maintenance. In: Body and Society 11 (1): 1–35

Davis, Kathy (1995): Reshaping the Female Body. The Dilemma of Aesthetic Surgery. New York: Routledge

Douglas, Mary (1966): Purity and Danger. An Analysis of Concepts of Pollution and Taboo. London: Routledge & Kegan

Douglas, Mary (1973): Natural Symbols. Explorations in Cosmology. Harmondsworth: Penguin

Durkheim, Emile (1992): Über soziale Arbeitsteilung. Studie über die Organisation höherer Gesellschaften. Frankfurt a. M.: Suhrkamp

Durkheim, Emile (1994): Die elementaren Formen des religiösen Lebens. Frankfurt a. M.: Suhrkamp

Elias, Norbert (1980): Über den Prozeß der Zivilisation. Soziogenetische und psychogenetische Untersuchungen. 2 Bände. Frankfurt a. M.: Suhrkamp

Foucault, Michel (2005): Analytik der Macht. Frankfurt a. M.: Suhrkamp

Gebauer, Gunter (1982): Ausdruck und Einbildung. Zur symbolischen Funktion des Körpers. In: Kamper/Wulf (Hrsg.) (1982): 313–329

Gilman, Sander L. (1999): Making the body beautiful. A cultural history of aesthetic surgery. Princeton: Princeton University Press

Gilman, Sander L. (2005a): Die erstaunliche Geschichte der Schönheitschirurgie. In: Taschen (Hrsg.) (2005): 60–109

Gilman, Sander L. (2005b): Die Ethnische Frage in der Schönheitschirurgie. In: Taschen (Hrsg.) (2005): 110–136

Gugutzer, Robert (2007): Körperkult und Schönheitswahn – Wider den Zeitgeist. In: Aus Politik und Zeitgeschichte, Beilage zur Wochenzeitung Das Parlament 18, 30. April 2007: 3–6

Kamper, Diemar/Wulf, Christoph (1982): Die Wiederkehr des Körpers. Frankfurt a.M.: Suhrkamp

Karafyllis, Nicole (Hrsg.) (2003): Biofakte. Versuch über den Menschen zwischen Artefakt und Lebewesen. Paderborn: Mentis

Keller, Gottfried (1874): Kleider machen Leute. Stuttgart: Reclam

Kettner, Matthias. (2006a): „Wunscherfüllende Medizin" zwischen Kommerz und Patientendienlichkeit. In: Ethik in der Medizin 18 (1): 81–91

Kettner, Matthias (2006b): „Wunscherfüllende Medizin" – Assistenz zum besseren Leben? In: GGW 6 (2): 7–16

Keupp, Heiner et al. (2008): Identitätskonstruktionen. Das Patchwork der Identitäten in der Spätmoderne. Reinbek bei Hamburg: Rowohlts Enzyklopädie im Rowohlt Taschenbuch Verlag

Knorr Cetina, Karin (2007): Umrisse eine Soziologie des Postsozialen. In: www.prognosen-über-bewegungen.de/files/98/file/knorr-cetina-soziologie_des_postsozialen.pdf: 1–15 [Zugriff am 19.11.2009]

Kümpel, Wolfgang (2003): Ratgeber Schönheitsoperationen. Chancen nutzen – Risiken vermeiden. München: Foitzick Verlag

Labisch, Alfons (1992): Homo Hygienicus. Gesundheit und Medizin in der Neuzeit. Frankfurt a.M.: Campus

Lemke, Thomas (2007): Biopolitik und Gouvernementalität. Wiesbaden: VS

Lerner, Gad (2009): Patrizia D'Addario, la femminista che L'Italia si merita. In: Vanity Fair, 19.08.09, Vanity L'Infedele: 12

Leven, Karl-Heinz (2006): „Eine höchst wohlthätige Bereicherung unserer Kunst" – Plastische Chirurgie in medizinhistorischer Perspektive. In: Zeitschrift für medizinische Ethik 52 (2): 127–137

Levy, Joram/Jacobs, Linda/Kirchkamp/Heiner (2003): Schön werden, sein, bleiben. Kunst und Philosophie der ästhetischen Chirurgie. Sauerlach: Edition edis

Luhmann, Niklas (1990a): Der medizinische Code. In: Luhmann (1990b): 183–195

Luhmann, Niklas (1990b): Soziologische Aufklärung 5. Konstruktivistische Perspektiven. Opladen: Westdeutscher Verlag

Maasen, Sabine (2005) Schönheitschirurgie, Schnittflächen flexiblen Selbstmanagements. In: Orland (Hrsg.) (2005): 239–260

Mang, Werner (2005): Schönheit maßgeschneidert. Alles über Schönheitsoperationen. Berlin: Econ

Mang, Werner (2006): Mein Schönheitsbuch. Die Wahrheit – Haifischbecken Schönheitschirurgie. Stuttgart: Trias

Mellor, Philip/Shilling, Chris (1997): Re-forming the body: Religion, Community and Modernity. London: Sage Publications

Menninghaus, Winfried (2007): Der Preis der Schönheit: Nutzen und Lasten ihrer Verehrung. In: Aus Politik und Zeitgeschichte, Beilage zur Wochenzeitung Das Parlament 18, 30. April 2007: 33–38

Miller, Franklin G./Brody, Howard/Chung, Kevin C. (2000): Cosmetic Surgery and the Internal Morality of Medicine. In: Cambridge quarterly of healthcare ethics 9 (3): 353–364

Mills, Charles W. (1940): Situated action and the Vocabulary of Motives. In: American Sociological Review 5(6): 904–913
Negrin, Llewellyn (2002): Cosmetic Surgery and the Eclipse of Identity. Body & Society 8 (4): 21–42
Orland, Barbara (Hrsg.) (2005): Artifizielle Körper – Lebendige Technik. Technische Modellierung von Körpern in historischer Perspektive. Zürich:Chronos Verlag
Plessner, Helmut (1981): Die Stufen des Organischen und der Mensch. Gesammelte Schriften, Bd. IV. Frankfurt a. M.: Suhrkamp [1927]
Posch, Waltraud (1999): Körper machen Leute. Der Kult um die Schönheit. Frankfurt a. M./New York: Campus
Reckwitz, Andreas (2006): Das *hybride* Selbst. Weilerswist: Velbrück
Ricœur, Paul (2005a): Vom Text zur Person. Hermeneutische Aufsätze (1970–1999). Hamburg: Meiner
Ricœur, Paul (2005b): Das Selbst als ein Anderer. München: Wilhelm Fink Verlag
Rodotá, Maria Laura (2009): L'emergenza estetica nel'Italia maschilista. Dopo il caso Bindi. Per le donne in politica e in tv vige il Cun, il canone unico di bellezza. In: Corriere della Sera, Mercoledi 14 Ottobre 2009, Primo Piano: 11
Shilling, Chris (1997): The undersocialized conceptition of the embodied agent in modern sociology. In: Sociology 31 (4): 737–754
Shilling, Chris (2001): Embodiment, experience and theory. In: British Journal of Sociology 49 (3), 327–344
Sivieri-Tagliabue, Cristina (2009): Appena ho 18 anni, mi rifaccio. Storie di figli, genitori e plastiche. Milano: Bompiani
Soentgen, Jens (1998): Die verdeckte Wirklichkeit. Einführung in die Neue Phänomenologie von Hermann Schmitz. Bonn: Bouvier
Soffici, Catarina (2009): Papá, mi regali il naso? In: Vanity Fair, 24.06.09, Style Benessere: 173–174
Sparvoli, Antonella (2006): Il bisturi è sempre piú d'argento. La ricerca della bellezza non ha piú limiti di etá, In: Corriere della Sera, Domenica, 16.07.2006: 55
Taschen, Angelika (Hrsg.) (2005): Schönheitschirurgie. Köln: Taschen Verlag
Throsby, Karen (2008): Happy Re-birthday: Weight Loss Surgery and the ‚New Me'. In: Body & Society 14 (1): 117–133
Turner, Bryan S. (1996): The Body and Society. Explorations in Social Theory. London: Sage
Turner, Victor (1989): Das Ritual: Struktur und Anti-Struktur. Frankfurt a. M.: Campus [1969]
Villa, Paula-Irene (2008a): „Endlich normal!" Soziologische Überlegungen zur medialen Inszenierung der plastischen Chirurgie. In: Wischermann/Thomas (Hrsg.) (2008): 87–103
Villa, Paula-Irene (Hrsg.) (2008b): Schön normal. Manipulationen am Körper als Technologien des Selbst. Bielefeld: transcript Verlag
Wehling, Peter (2005): Social inequalities beyond the modern nature-society-divide? The cases of cosmetic surgery and predictive genetic testing. In: Science, Technology & Innovation Studies 1 (1): 3–15 [www.sti-studies.de]
Wehling, Peter (2008): Selbstbestimmung oder sozialer Optimierungsdruck? Perspektiven einer kritischen Soziologie der Biopolitik. In: Leviathan 36 (2): 249–273

Wehling, Peter et al. (2007): Zwischen Biologisierung des Sozialen und neuer Biosozialität: Dynamiken der biopolitischen Grenzüberschreitung. In: Berliner Journal für Soziologie 17 (4): 547–567

Wischermann, Ulla/Thomas, Tanja (Hrsg.) (2008): Medien – Diversität – Ungleichheit. Zur medialen Konstruktion sozialer Differenz. Wiesbaden: VS Verlag für Sozialwissenschaften

Vermittlung von Körperwissen und körperliche Vermittlung von Wissen: Lehr-/Lernsituationen

„Körperbewusste Schule"?

Funktionen und Adressierungen von pädagogischen Körperkonzepten

Antje Langer

Mitte der 1990er Jahre schlägt sich im Zuge der Konjunktur des Themas Körperlichkeit in den sozialwissenschaftlichen Disziplinen die so genannte „Wiederkehr des Körpers"[1] auch in (schul)pädagogischen Debatten nieder. Pointiert dargestellt zeigt sich dort folgende diskursive Figur: Der gegenwärtige (‚verloren gegangene') Körper wird als zivilisiert und instrumentalisiert beschrieben, er funktioniere mechanisch, sei krank bzw. defizitär. Der Körper in der Vergangenheit – konkrete historische Zeitpunkte variieren oder werden gar nicht benannt – wird dagegen als natürlicher, lebendiger und gesunder konstruiert, oft auch mit ‚mehr' Leiblichkeit konnotiert. Diesen oder einen ähnlichen Zustand gilt es zukünftig (wieder) anzustreben. Mit dieser Gegenüberstellung gehen Zukunftsvisionen in Form eines Aufrufs zu mehr Körperbewusstsein und zu einer neuen körperbewussten Lernkultur einher.

Diese diskursiven Konstruktionen des Körpers zum Ausgangspunkt nehmend frage ich in meinem Beitrag: Wie soll es im Kontext von Lehren und Lernen in der Institution Schule zu mehr Körperbewusstsein kommen; bei wem und mit welchen Zielen? Wie wird der Körper gedacht, dessen man sich bewusst werden soll? Mit diesen Fragen analysiere ich anhand von Artikeln aus pädagogischen Fachzeitschriften, wie dort welches spezifische Wissen über den Körper zu einem bestimmten historischen Zeitpunkt erzeugt wird und welche (machtvollen) Praktiken und Subjektivierungen damit einhergehen. Im Folgenden schlage ich, den Argumentationen und Verweisungszusammenhängen dieses Materials folgend, einen Bogen, der vom Körper der LehrerInnen zum Körper der SchülerInnen führt. Zuvor erläutere ich wesentliche Begriffe meiner theoretischen Perspektive und führe in das empirische Vorgehen ein.

---

[1] Der Begriff geht auf Dietmar Kamper und Christoph Wulf zurück, die sich damit auf eine verlorene ‚Einheit' von Körper und Geist und auf Rationalisierung im weitesten Sinne beziehen. Sie beschreiben mit der Metapher die „Distanzierung, Disziplinierung, Instrumentalisierung des Körperlichen als Grundlage historischen Fortschritts, die damit einhergehende Entfernung und Ersetzung der menschlichen Natur durch ein vermitteltes gesellschaftliches Konstrukt" (Kamper/Wulf 1982: 9). In der Rezeption des Begriffs bleibt allerdings häufig nur eine vielfältig und vage auffüllbare Metapher.

1 Theoretische und methodologische Zugänge bei der Analyse diskursiver Praktiken

Die den Ausführungen zugrunde liegenden theoretischen Perspektiven, sowohl auf den ‚Körper' als auch in Bezug auf die Diskurstheorie, gehen insbesondere auf die Auseinandersetzung mit den Theorien bzw. Analysen von Michel Foucault und Judith Butler sowie deren Rezeption zurück (vgl. Langer 2008: 33–68). Foucault analysiert die politischen-administrativen Techniken sowie die Wahrheitsproduktionen durch Wissenschaften, die auf Körper einwirken und sie mittels spezifischer Praktiken disziplinieren und normieren (vgl. Foucault 1977). Mit der Herausbildung kapitalistischer Industriegesellschaften und dem Anwachsen der Bevölkerung im 18./19. Jahrhundert etablierte sich die „Disziplinarmacht", die weniger auf bloße Unterwerfungsmechanismen rekurriert, als Gefügigkeit und Nützlichkeit miteinander verknüpft. Diese Produktivität der Disziplinartechniken sorgt dafür, dass sich die machtvollen Praktiken auch bis in die kleinsten Bereiche des Körpers erstrecken.

Im Fokus steht mit einer solchen Betrachtung das komplexe Zusammenspiel von Wissen, Macht und Praktiken der Fremd- und Selbstbearbeitung, das hier für das pädagogische Handlungsfeld Schule untersucht wird. Bei der Problematisierung[2] des Körpers in Texten und Bildern pädagogischer Fachzeitschriften kommt der Körper in *diskursiven Praktiken* auf bestimmte Weisen ‚zum Einsatz'. In diskursiven Praktiken deshalb, weil Diskursivität (hier des Körpers) durch soziale Praktiken des Bedeutens entsteht. Diese bringen ‚den Körper' erst hervor – untrennbar verwoben in Machtverhältnisse und institutionelle Rahmungen. Damit ist das Bedeuten nicht willkürlich, sondern steht notwendig im Kontext von Verweisungszusammenhängen. Daraus ergibt sich zugleich die Möglichkeit der Iterativität, d. h. der transformierenden Wiederholung (vgl. Derrida 2001: 38), die die Performativität diskursiver Praktiken auszeichnet. Performativität bedeutet eben genau jene Herstellung dessen, was ‚gesagt' wird. Butler bezieht die Performativität von Sprechakten auch auf den Körper, in dem Sinne, dass sich Körpervorstellungen materialisieren, indem sie Individuen auffordern, sich diesen entsprechend zu verstehen und zu erleben (vgl. Butler 1995, 1998). Das dies zugleich Subjektivierungsprozesse sind, wird mit dem Begriff der Anrufung von Louis Althusser anschaulich, auf den auch Butler referiert. Dieser verweist auf die Beziehung zwischen Anrufung und Anerkennung eines anrufenden Aktes, die das Subjekt konstituiert, indem es sich positioniert (vgl. Althusser 1977: 146).

---

[2] Ich beziehe mich auf Foucaults Begriff der Problematisierung (Foucault 1985: 15). Er fragt, was es heißt, dass bestimmte Dinge zum Problem werden, wieso beispielsweise bestimmte Verhaltensformen zu einem bestimmten historischen Zeitpunkt als ‚Wahnsinn' klassifiziert, während andere vernachlässigt werden (Foucault 1996: 178). Wieso glaubt man, über dies oder jenes reden zu müssen?

Subjektivierung findet allerdings nicht aufgrund eines einmaligen Ereignisses, sondern eben mittels (transformierter) Wiederholungen statt, womit auch andere Effekte möglich sind, als die von den Anrufenden intendierten.

Methodologisch lässt sich die hier knapp skizzierte theoretische Perspektive folgendermaßen wenden: Den Begriff der Anrufung aufgreifend, werden in den untersuchten Materialien unterschiedliche Adressierungen vorgenommen und spezifische ‚Interaktionsbündnisse'[3] mit den LeserInnen aktiviert. Im Rahmen einer Theorie des Textverstehens hat Umberto Eco die Figur des Modell-Lesers (vgl. Eco 1990: 61–82) ausgearbeitet. Im Text enthaltene Leerstellen und Zwischenräume – das ‚Nicht-Gesagte' – müssen vom potentiellen Leser durch „kooperative Bewegungen" (ebd.: 62) angefüllt werden. Eco schlägt Analysepraktiken von Texten und Bildern vor, die in der Lage sind, diejenigen „kooperativen Bewegungen" herauszuarbeiten, die die Leerstellen des Textes in maximaler Weise anfüllen. Allerdings ist Ecos Theorem des Modell-Lesers nicht hinreichend, denn die kooperative Bewegung, die den Lesenden eines Textes nahegelegt wird, ist mehr als ein bloß nachvollziehender Akt des Verstehens. Zahlreiche Textgenres fordern die AdressatInnen des Textes – also eine bestimmte Gruppe von LeserInnen – zu einer bestimmten Haltung oder Tätigkeit auf. Die Funktion der Texte und der Bilder ist nicht nur, Wissen zu vermitteln, sondern zu einem Entschluss oder einem Tun zu motivieren. Sie sind also performativ, indem sie die Lesenden auffordern, eine bestimmte Subjektposition (vgl. Foucault 1981: 78 ff.) einzunehmen. Die AdressatInnen werden im Verhältnis zum zu erzeugenden Wissen positioniert. Diese Performanz entfaltet ein Text aber nicht aus sich heraus, sondern indem er in ein Ensemble von anderen Texten und Machtverhältnissen eingebunden ist. Es sind die gesellschaftlich anerkannten Diskurse, die eine bestimmte Leseweise positiv sanktionieren und eine bestimmte Subjektposition des Verstehens und des Einverständnisses herausfordern. Das heißt aber nicht, dass tatsächliche LeserInnen unausweichlich gezwungen wären, dieser Rhetorik zu folgen und der Text seine Performanz tatsächlich hat. Man kann mit einem Text immer auch ein anderes Interaktionsbündnis eingehen, allerdings nur, indem man die von ihm nahegelegten und geforderten Interaktionsbündnisse negiert (vgl. Langer/Ott/Wrana 2006: 289). Stellvertretend für den adressierten Lesenden wird die diskursive Praxis mit vollzogen und somit rekonstruierbar. Die Analyse von Interaktionsbündnissen erschließt somit Zugänge zu der Frage, was es ermöglicht und wie dies geschieht, dass sich bestimmte diskursive Praktiken in einem Material entfalten. Damit verbunden ist ein reflexiver Zugang zu den Zuschreibungen, die die Forscherin selbst bezogen auf den Gegenstand vornimmt.

---

[3] Interaktionsbündnisse verstehe ich im Sinne einer forschungspragmatischen Wendung des Modells vom psychoanalytischen Arbeitsbündnis (Steinert 1984; Resch 1998).

2 Zur Analyse der Zeitschriften

Die Analysen basieren auf empirischem Material aus meiner Dissertation, in der ich Körperpraktiken und Problematisierungen des Körpers im Rahmen von Schule untersucht habe und stellen Ergebnisse daraus dar. Analysiert wurden drei auflagenstarke, auf Schule bezogene pädagogische Fachzeitschriften im Zeitraum von 1995 bis 2005: die PÄDAGOGIK, das PÄD Forum und das „Schulmagazin 5 bis 10". Das Medium Zeitschrift ist auf Kontinuität angelegt, widmet sich sowohl Grundfragen als auch aktuell diskutierten Problemen und dient im fachöffentlichen Austausch der Aufgabenzuschreibung und Selbstvergewisserung von Profession und wissenschaftlicher Community. Die drei Zeitschriften enthalten allgemeine sowie jeweils aktuelle pädagogische Fragen und nicht (nur) – wie die meisten Schulzeitschriften – spezielle Themen eines jeweils fächerbezogenen Unterrichts. Weitere Kriterien für die Auswahl waren: unterschiedliche Positionierungen und Materialien bzw. Textgenres[4] innerhalb einer Zeitschrift und nicht zuletzt die Praxisnähe, die sich bei der Leserschaft und in der Herkunft der AutorInnen widerspiegelt. Dennoch stehen die einzelnen Zeitschriften für spezifische Positionen im Feld, auch wenn innerhalb der Zeitschrift kontrovers diskutiert werden kann. Während die PÄDAGOGIK – in reformpädagogischer Tradition stehend – *die* Zeitschrift sowohl für LehrerInnen als auch PädagogInnen anderer Praxisfelder ist, erscheint das „Schulmagazin 5 bis 10" vor allem wegen seiner darin enthaltenen heraustrennbaren Unterrichtsmaterialien für LehrerInnen interessant. Im PÄD Forum werden dagegen vielfach wissenschaftliche Texte mit reformpädagogischen Anleihen veröffentlicht, es wird jedoch auch Praxisnähe proklamiert.

Das Korpus lässt sich als ‚Spiegel' und ‚Gerüst' des zu diesem Zeitpunkt möglichen Sag- und Zeigbaren bzw. Gesagten/Gezeigten verstehen. Ausgewählt habe ich aus den Zeitschriften zunächst jene Artikel, deren Titel explizit auf das Thema ‚Körper' verweisen. Da davon auszugehen ist, dass Körper(lichkeit) auch an anderen Stellen thematisiert wird, entwickelte ich darüber hinaus Themenkomplexe, die sich im Zuge einer ethnographischen Studie zu Körperpraktiken im Feld Schule (Langer/Richter/Friebertshäuser 2010) herauskristallisierten.[5] So habe ich Artikel zu den Themen Disziplin/Unterrichtsordnung, Jugend, Pubertät/Sexualität, Geschlecht und LehrerInnen ausgewählt. Damit fallen zugleich Bereiche, die für die ethnographi-

[4] Es handelt sich um Tagungs-, Forschungs- und Erfahrungsberichte, wissenschaftliche Abhandlungen, didaktisch aufbereitetes Unterrichtsmaterial sowie philosophische Diskussionen.

[5] Methodisch macht die Dissertationsstudie ebenso Anleihen bei sprachwissenschaftlichen Instrumenten wie bei der sich praxisanalytisch verstehenden Ethnographie. Auf die Ethnographie sowie ihre Verknüpfung zum diskursanalytischen Vorgehen gehe ich hier aus Gründen der Komplexitätsreduktion nicht weiter ein (insbesondere Langer 2008: 48–52; 69–93).

sche Forschung nicht bedeutsam wurden, aber durchaus etwas mit Körperlichkeit zu tun haben (könnten), wie z. B. Sport, Gesundheit oder Gewalt, heraus.

Um (pädagogische) Körperkonzepte, angedachte Praktiken von LehrerInnen und SchülerInnen in Bezug auf ihre Thematisierung von Körper(lichkeit) sowie deren Funktionen herauszuarbeiten, wurden die diskursiven Praktiken in den Zeitschriften entlang folgender Kriterien analysiert (vgl. Langer 2008: 88–91):

- anhand der jeweiligen AutorInnen, die als DiskursproduzentInnen bestimmte legitimierte Sprecherpositionen einnehmen (z. B. die praktizierende Lehrerin als Expertin);
- anhand der Subjektpositionen, also Positionierungen, die mittels diskursiver Praktiken erzeugt werden und sich auf spezifische AdressatInnen beziehen (z. B. HauptschülerInnen);
- anhand möglicher Interaktionsbündnisse zwischen Text und LeserIn (z. B. Modus der Ansprache, Botschaften);
- anhand der Organisation textueller Strukturen über Differenzierungen, Konnotationen, Argumentationen und Metaphern als diskursive Strategien (z. B. die bereits angesprochene Differenzierung zwischen instrumentalisiertem Körper und natürlichem Leib oder die Metapher des Raumes, wenn von „bewohnbarem Körper" die Rede ist);
- anhand von Memos zu weiteren Beobachtungen, Auffälligkeiten, Irritationen usw. (z. B. zur Kombination von Text und Bild).[6]

Im Verlauf des Forschungsprozesses haben sich einige Texte bzw. Textfragmente als Schlüsselstellen herauskristallisiert. In ihnen vereinen sich diskursive Praktiken, die sich in anderen Texten fragmentarisch finden, da dort andere Schwerpunkte und Diskursfragmente überwiegen. Eine Schwierigkeit bestand zum Teil darin, dass es sich um unterschiedliche DiskursproduzentInnen und, häufig damit verknüpft, um unterschiedliche Textgenres bzw. widerstreitende Diskursarten (vgl. Lyotard 1989) handelt. Zwar können auch sie beispielsweise auf ein spezifisches Körperkonzept rekurrieren, dennoch ergeben sich aus unterschiedlichen Interessen und sozialen Sprecherpositionen schwer vergleichbare diskursive Strategien. Allerdings zeigen sich umgekehrt in dieser Schwierigkeit auch bestimmte Autorisierungen: Beispielsweise scheinen vor allem LehrerInnen als ExpertInnen der Praxis legitimiert, über Unterrichtsstörungen zu sprechen, während zum Thema Pubertät vor allem PsychologInnen oder SozialwissenschaftlerInnen eine Expertise

[6] Die Kontrastierung mit dem Material aus der ethnographischen Feldforschung ermöglichte des Weiteren, auch die Tabuisierungen in den Zeitschriften wahrzunehmen. D. h. es wurde ersichtlich, in welcher Weise Körper(lichkeit) zwar im Unterricht praktisch relevant ist, aber in pädagogischen Debatten gerade *nicht* thematisiert wird (z. B Langer 2008: 158–168, 255–265).

zugestanden wird, wodurch jeweils spezifisches Wissen kanalisiert und fixiert wird. Dies leitet bereits zu den nun folgenden Analysen über.

3 Körperfeindliche Schule versus körperbewusste LehrerInnen

Mitte der 1990er Jahre – im Zuge der problematisierten „Wiederkehr des Körpers" – wählten zeitnah zwei der untersuchten Zeitschriften das Thema ‚Körper' zu ihrem Leitthema. Das PÄD Forum (1996) titelte „Körper – Körperbewußtsein" und stellt beides als etwas Unterschiedliches nebeneinander. Man hat einen Körper, aber nicht unbedingt ein Bewusstsein dafür. Es gilt, sich der Vergesellschaftung des Körpers bewusst zu werden. Für dieses Bewusstsein, das Sinnlichkeit, Wahrnehmung, Kognitives und Körperkontrolle umfasst, sorgen die AutorInnen mit ihren Aufsätzen. Die Ausgabe der PÄDAGOGIK (1996) mit dem Titel „Mit dem Körper lernen" soll, so das Editorial, dazu anregen, Raum für eine körperbewusste Lernkultur zu schaffen. Mit dem Körper zu lernen scheint nicht selbstverständlich zu sein und verlangt wohl eine gesonderte Betrachtung. Der ‚Lern-Körper' werde weitestgehend ignoriert (PÄDAGOGIK 1996: 3) und – das zeigt auch der folgende Beitrag – will sich als der des Schülers bzw. der Schülerin nicht so recht konzipieren lassen. Der Tenor und die Botschaft der beiden Zeitschriften sind ähnlich, auch wenn es sich um verschiedene Textgenres handelt und jeweils eine unterschiedliche Leserschaft adressiert wird: Gesellschaftlich sei ein beherrscht funktionierender, disziplinierter Körper gefordert und in dieser langen Tradition stehe auch die Schule. Der Körper solle dem Geist gefügig gemacht werden, was zu einer Unterentwicklung körperbezogener, sinngebender Tätigkeiten in der Schule geführt habe.

Die zu Beginn des Beitrags herausgearbeitete diskursive Figur des Körpers, der mit seiner Zivilisierung instrumentalisiert worden sei und werde, und zugleich aus dem diskursiven Raum verschwunden sei, geht mit der Forderung einher, den Körper (wieder) in das Bewusstsein zu rücken. Dies kehrt der Zeitschriftentitel „Körper – Körperbewußtsein" heraus. Die Forderung richtet sich zunächst an die Leserschaft der Zeitschriften: also insbesondere LehrerInnen, aber auch PädagogInnen anderer Arbeitsfelder. Während im PÄD Forum vorwiegend sozial- bzw. populärwissenschaftlich zum Körper geschrieben wird und es dabei vor allem auf die Bewusstseins-Herstellung bei den Lesenden ankommt, bezieht sich die Forderung in der Ausgabe der PÄDAGOGIK darüber hinaus konkret auf Lernen (in der Schule): Der als körperfeindlich beschriebenen Institution Schule wird hier die Notwendigkeit körperbewusster LehrerInnen gegenüber gestellt.[7]

[7] Zur Einordnung der Textgenres und damit verbundenen Adressierungen: Beide Zeitschriften sind reformpädagogisch ausgerichtet und beziehen sich auf pädagogische Praxis. Ihr Leserkreis besteht

Es zeigen sich verschiedene Weisen der (Körper-)Bewusstseins-Herstellung im untersuchten Material, wobei der Körper sowohl als Ziel als auch als Medium und Objekt von pädagogischen Praktiken konstruiert wird: Die erste ergibt sich aus der Interaktion zwischen Texten und Lesenden durch die spezifische Problematisierung des Körpers, zum Teil im Zusammenhang mit darauf bezogenen Anrufungen, wie mit ihm umzugehen sei (vgl. z. B. Homfeldt 1996; Rumpf 1996). Zweitens finden sich Anleitungen zu Übungen, die insbesondere die Körperwahrnehmung der Lesenden, also der Lehrenden fördern sollen (vgl. z. B. Wellner-Pricelius 1996). Denn – so ein Ergebnis der Analysen – der Ansatz, als SchülerIn mit dem Körper zu lernen, wird nur dann als realisierbar konstruiert, wenn die Lehrenden sich eben auch *körperlich* darauf einlassen und zum Lernen mit dem Körper anhalten. Drittens gibt es Anleitungen – in der Regel als Erfahrung dargestellte didaktische Praktiken – die sich letztlich auf eine Bewusstseins-Herstellung bei den SchülerInnen beziehen (vgl. z. B. Middendorf-Greife/Lintzen 1996; Müller 1996). Von Bedeutung für die SchülerInnen sei dies, weil körperliche Wahrnehmung und Bewegung als Voraussetzung für das Erlernen von Regeln und sozialen Beziehungen gewertet werden (vgl. Freier/Claußen 1996: 27; Rumpf 1996: 7), ebenso wie (zu erlangendes) Selbstbewusstsein beim eigenen Leib beginne (vgl. Wellner-Pricelius 1996: 12).

Zusammenfassend bedeutet, den Körper ins Bewusstsein zu rücken, auf einer allgemeinen Ebene, den Körper (überhaupt) zum Gegenstand des Sprechens zu machen. Die reklamierte körperbewusste Lernkultur, in der Körper in Eigenaktivität lernen können sollen, setzt zunächst am Körper der Lehrenden an. Auf welche Weise und mit welchen Zielen diese *Körperbewusstseins-Schulung* bei LehrerInnen verbunden wird, werde ich im Folgenden ausdifferenzieren.

4 Schulung des Körperbewusstseins I: Der Lehr-Körper als Medium bei der Herstellung von Ordnung und Aktivierung in der Schulklasse

Wie der Lehrkörper als *Medium* einer guten Unterrichtspraxis konstituiert wird, zeigen insbesondere Texte, die sich mit Klassenführung, Ritualen und der Prävention von Unterrichtsstörungen sowie allgemein mit der Frage nach gutem und professionellem Unterricht befassen. Sie finden sich vor allem in den Zeitschrif-

---

sowohl aus LehrerInnen und PädagogInnen anderer Handlungsfelder als auch aus ErziehungswissenschaftlerInnen. In der Ausgabe des PÄD Forum handelt es sich vor allem um (sozial)wissenschaftliche Texte, ein berufspraktischer Bezug wird hier kaum vorgenommen. In der Zeitschrift PÄDAGOGIK finden sich solche Texte auch, jedoch zu einem großen Teil Erfahrungsberichte, die eine Art „best practice“ illustrieren, daneben didaktische Konzepte sowie ein bemerkenswert hoher Bildanteil.

ten PÄDAGOGIK und „Schulmagazin 5 bis 10“. Bei den AutorInnen handelt es sich um praxisnahe ExpertInnen, die entweder selbst unterrichten oder in der Aus- und Fortbildung tätig sind. Schreiben Professoren, stellen sie die Nähe zur Praxis im Text explizit her, indem sie betonen, dass sie einen Transfer zwischen Empirie bzw. theoretischer Modellbildung und Praxis schaffen möchten, der für die Praxis hilfreich sei.[8]

Wird in diesen Texten der Körper von LehrerInnen in der Unterrichtspraxis thematisiert, handelt es sich entweder um knappe Hinweise zur Bedeutung nonverbaler Kommunikation (vgl. z. B. Meyer 2003; Hartmann/Schwarz 2002) oder es wird kritisiert, dass das habitualisierte und zum Teil ritualisierte Körperhandeln von LehrerInnen zumeist unreflektiert bliebe (vgl. z. B. Friedrichs 2002; Kohler 2000; Nolting 2003). Zwar agierten diese körperlich häufig intuitiv schon ‚richtig‘, dennoch könne das problematisch werden, denn der unbewusste und wenig gesteuerte Körpereinsatz führe gegebenenfalls zu Störungen im Unterricht, beispielsweise wenn nonverbale und verbale Zeichen nicht übereinstimmten und so für die SchülerInnen „Doublebind-Situationen“ entstünden (vgl. Friedrichs 2002: 8). Das körperliche Agieren wird zumeist als hintergründiges und subtiles verstanden, das gerade deshalb in Bezug auf die SchülerInnen als AdressatInnen besonders wirksam sei. Hans-Peter Nolting, tätig in der Pädagogischen Psychologie und Autor eines Buches über Unterrichtsstörungen, geht davon aus, dass die komplexen Interaktionen im Klassenzimmer nicht leicht zu durchschauen seien, weil „das Verhalten der Schülerinnen und Schüler zum großen Teil nicht von auffälligen Handlungsweisen der Lehrkraft gesteuert wird, sondern von den stillen, unauffälligen.“ (Nolting 2003: 53) Zwar werde in der Unterrichtspraxis die Bedeutung von Regeln für deren alltägliches Funktionieren erkannt, die nonverbale Beeinflussung und die Aufrechterhaltung des Unterrichtsflusses jedoch kaum wahrgenommen. Lege man die ritualisierten Praktiken offen und setze sie vor allem gezielt und kontrolliert ein, so die Aussage in den jeweiligen Beiträgen, würden sie, anstatt potenziell ein Problem darzustellen, zu einem Mittel gelungener Unterrichtspraxis.

Es geht demnach bei der Thematisierung von Körperlichkeit um eine Professionalisierung der Steuerung des Verhaltens von SchülerInnen und die Herstellung von Ordnung in der Schulklasse. Körperlichen Zeichen – beziehungsweise der Symbolik von Körperpraktiken – wird im Zusammenhang mit transparenten Regeln eine hohe Präzision und Wirksamkeit zugeschrieben.

Noch einmal konkreter: Inwiefern und wofür wird nun der Lehrkörper als Medium einer guten Unterrichtspraxis konstituiert? Aus den Beiträgen, die unterstützende (körperliche) Komponenten einer effektiven, störungsfreien Klassenführung und somit einer Professionalisierung der Lehrkräfte detailliert ausführen, habe

[8] Diese Legitimation, über Unterrichtspraxis sprechen zu dürfen, scheint bei den anderen AutorInnen durch ihre jeweiligen Positionen, die mit Praxiserfahrungen einhergehen, nicht nötig zu sein.

ich drei Problematisierungsweisen herausgearbeitet, die zugleich auf bestimmte Körperkonzepte verweisen. Ich werde sie jeweils anhand eines Beispiels erläutern:

Erstens wird der Lehrkörper als Medium eingeführt, um Eindeutigkeiten in den Interaktionen mit den SchülerInnen zu schaffen, Aufmerksamkeiten zu bündeln und so Schulklasse und Unterricht effektiv zu steuern. Exemplarisch dafür steht die an verschiedenen Stellen vorgeschlagene Praktik des Ruhezeichens: Die Lehrkraft hebt eine Hand und legt den Zeigefinger der anderen Hand über ihre geschlossenen Lippen. Mit dieser Geste wartet sie, bis die SchülerInnen eben jene nachahmen und so (völlige) Ruhe einkehrt (vgl. Albrecht 2004: 10; Friedrichs 2002: 9). Das Ruhezeichen sollen bei Bedarf auch die SchülerInnen ausführen, sie sollen selbst ihre KlassenkameradInnen dazu auffordern, leise(r) zu sein.

Die rituelle Körperpraktik fordert dazu auf, im Moment ihres Vollzugs nicht zu sprechen. Die Geste selbst stellt ein Symbol dar, das bildlich an spezifischen öffentlichen Orten, an denen man sich still zu verhalten habe, wie beispielsweise Kirchen oder Museen, genutzt wird. Über die Symbolik hinaus hat das unmittelbare Nachahmen, zu dem die SchülerInnen angehalten werden sollen, – also die Körperpraktik als solche – den Effekt, dass zum einen der Mund mit dem Finger verschlossen wird und zum anderen die Hände nichts anderes mehr tun, sie folglich auch keine Unruhe mehr stiften können. Es besteht so nicht nur ein arbiträrer Zusammenhang zwischen Zeichen und Bedeutung, der als Konvention und gewohnheitsmäßige Verbindung eingeübt wird (vgl. Saussure 2001), sondern es ist eine suggestive Praktik. Der Finger auf dem Mund verhindert das Sprechen und erzeugt den angestrebten Effekt nicht nur symbolisch.

Zweitens wird der Lehrkörper als Medium verstanden, um Kontakte zu SchülerInnen aufzunehmen und Beziehungen zu ihnen herzustellen bzw. zu pflegen. Die Art und Weise, wie Lehr-Lernprozesse auf der Beziehungsebene gestaltet werden könnten oder sollten, wird zumeist mit der oben genannten Vorstellung einer körperlichen Steuerung von SchülerInnen verbunden: Es sei „effektiver sich so zu präsentieren, dass sich aktive und inaktive Schüler gleichermaßen beachtet (beobachtet) fühlen" (Schmitt 1997b: 68). Oder: Als LehrerIn solle man mittels panoptischen Rundblicks zeigen, dass man buchstäblich alles im Blick habe, „dass man sogar ‚Augen im Hinterkopf' besitzt." (Nolting 2003: 55) Das bedeutet letztlich, dass zur Inszenierung einer (machtvollen) Beziehung durch körperliche Signale, insbesondere durch Blicke und offensive körperliche Präsenz aufgefordert wird.[9]

Drittens wird der Lehrkörper in den Texten als Medium dargestellt, mit dem eine innere Haltung der Lehrkraft veräußerlicht werden soll. Es geht darum eine bestimmte Haltung zu *verkörpern*. Im Modell des „professionellen Selbst" von

[9] Tabuisiert werden hingegen körperliche Berührungen, die in der situierten Praxis der beobachteten 7. Klasse dafür eingesetzt wurden, individuelle Nähe und Vertrauen herzustellen, zu disziplinieren, zu sanktionieren oder zu trösten (vgl. Langer 2008: 231–266).

Erziehungswissenschaftler Karl-Oswald Bauer bekommt der Lehrkörper einen zentralen Stellenwert zugesprochen. Bauer zitiert eine Lehrerin aus einer von ihm durchgeführten Studie: „Meine eigene innere Haltung muß auch in der äußeren Haltung ihren Niederschlag haben. (...) wie der Mensch seinen Geist auch eben selber verkörpert. Der Körper ist das Medium des Pädagogen." (Bauer 1997: 23) Die Vorstellung basiert auf einem Körperkonzept, welches das, was zumeist „Körper-*sprache*" genannt wird, als Ausdruck einer inneren Bewegung begreift und damit eine spezifische Differenz zwischen ‚Innen' und ‚Außen' konstituiert, die durch Körperpraktiken überwunden werden könne. PädagogInnen sollten SchülerInnen diese innere Haltung vermitteln und so ‚Authentizität' erzeugen. Ihr Körper fungiert in dieser Logik als Medium.

Einher gehen mit diesem dritten Entwurf zwei weitere Vorstellungen, beziehungsweise Forderungen: an sich selbst zu arbeiten, weil das „professionelle Selbst" als individuelles Entwicklungsprogramm verstanden wird (ebd.: 23) und weil LehrerInnen mitsamt ihrem Körper (und der veräußerlichten innerlichen Haltung) eine Vorbildfunktion für SchülerInnen einnähmen und einzunehmen hätten. In der Regel wird den LehrerInnen eine individuelle Zuständigkeit für ihre Vorbildwirkung zugeschrieben. Sie sollen sich nicht nur des Körpers als ‚Akteur' bewusst werden, sondern mittels *Körperarbeit* aktiv Handlungsrepertoires einüben (vgl. ebd.: 26; Rohnstock 2001; Schmitt 1997a). Die den lehrenden LeserInnen gestellte Aufgabe, ihre nonverbalen Signale wahrzunehmen, zu verändern und bewusst als Mittel einzusetzen, erfordere, so Nolting, „Selbstdisziplin und Routine auf Seiten der jeweiligen Lehrkraft" (2003: 55). Also eine permanente Arbeit an sich selbst, um auch mit den „Augen im Hinterkopf" sehen zu können, damit die Körperpraktiken in eine Körperroutine ein- und übergehen.

5 Schulung des Körperbewusstseins II: der Körper der Lehrenden als Objekt von Selbstbearbeitung

Damit der Lehrkörper als pädagogisches Medium bei der Führung einer Schulklasse eingesetzt werden kann, muss der Körper der Lehrenden in der Logik der Thematisierung zunächst *Objekt* pädagogischer Selbstbearbeitung werden. Es gilt, den Lehrkörper als solchen erst herzustellen. Hierfür werden verschiedenartige Handlungsanleitungen zur Körperarbeit gegeben, die sich nach ihrer normativen Aussagekraft bezüglich des körperlichen Ausdrucks und des Wissens vom Körper unterscheiden lassen:

Erstens wird mit der Aufführung allgemeiner Präsentationstechniken auf eine generelle ‚good practice' und damit auf historisch und lokal spezifische Konventionen beim Lehrervortrag verwiesen. Für einen sorgsamen Umgang mit dem

Körper in der jeweiligen Situation werden Ratschläge erteilt, die eine erfolgreiche Präsentation versprechen:

> „Wenn Sie verspannt sind und falsch atmen, sollten Sie zu Beginn einer Präsentation nicht noch einmal tief Luft holen, sondern zunächst ausatmen. Lassen Sie dabei die Schultern fallen und lächeln Sie die Zuhörer an. Dann klingt die Stimme auch gleich viel freundlicher und weniger angespannt. Nehmen Sie sich Zeit und machen Sie Pausen, damit sich die Atmung und ihr ganzer Körper beruhigt.“ (Pabst-Weinschenk 2002: 10)

Vorausgesetzt wird die Wahrnehmung des eigenen Körpers in der Situation der Präsentation und dass die betreffende Person einschätzen kann, ob sie richtig oder falsch atmet. Der Atmung und ihrer Beeinflussung wird ein großer Effekt auf die Körperwahrnehmung durch sich selbst und andere zugeschrieben. ‚Innen‘ und ‚Außen‘ werden hier durch Hin- und Herbewegungen konstituiert. Die ‚innere‘ Atembewegung wird nach Außen getragen (ähnlich der Veräußerlichung einer inneren Haltung), während das zunächst ‚äußerliche‘ Lächeln als symbolisches sowohl für das Publikum gedacht, als auch an den eigenen Körper adressiert ist und zur Entspannung beitragen soll.

Zweitens solle die Bearbeitung des Körpers aber auch außerhalb des eigentlichen Auftretens vor einer Schulklasse erfolgen, aufgrund der „Notwendigkeit eines rein *physischen Trainings* (Atmung, Körperhaltung, Bewegung)“ (Schönherr 1996: 4; Herv. im. Orig.) oder um „handwerkliche Fertigkeiten“ (Heidemann 1998: 28) zu erlernen. Beispielsweise gibt Fortbilder Hubert Schmitt in einem Trainingsprogramm zum „Klassenmanagement“ (Schmitt 1997a: 37 f.) vor, wie LehrerInnen mit einem bestimmten körperlichen Ausdruck eine „Disziplinierungshaltung“ einnehmen können. Diese zeichnet sich durch eine bestimmte Körperhaltung, einen fixen aufzusuchenden Ort, an dem diszipliniert werden soll, sowie eine bestimmte, immer wieder zu nutzende Stimmlage aus. Schritt für Schritt – ihr Spiegelbild kontrollierend – sollen die LehrerInnen diese Körpertechnik zu Hause einüben, um sie dann bei Bedarf auf der dafür ausgewählten Bühne vor der Schulklasse zur Aufführung zu bringen.

Weniger normativ als die „Disziplinierungshaltung“ bei Schmitt, die den gelehrigen Körper der Lehrenden zum Ziel und zum Ausgangspunkt des Trainings hat, sind drittens Übungen, die die lehrenden LeserInnen dazu aufrufen, ebenfalls außerhalb der konkreten Unterrichtssituation an sich und mit ihrem Körper zu arbeiten, indem sie ihn *wahrnehmen*; beispielsweise indem Körpererfahrungen beim Balancieren gemacht werden, um das eigene „Sprechinstrument“ (Schönherr 1996: 5) zu spüren. Für die Schulung der Wahrnehmung werden die Lehrenden an ExpertInnen und Weiterbildungsprogramme verwiesen. Hier besteht ein anderes Selbstverhältnis als bei der Einübung einer professionellen Haltung. Prinzipiell ist zuerst einmal offen, was bei den Übungen, die Körpererfahrung und Selbstwahrnehmung zum Ziel haben, ‚herauskommt'. Sie sind nicht unmittelbar auf die Wirkung auf andere ausgerichtet, auch wenn diese sich durch die selbstsorgenden Praktiken verändern kann. In diesem Sinne sind es Übungen, die Reflexion ermöglichen bzw. dazu anhalten sollen.

Diese letztere Variante körperlicher Selbstsorge zielt allerdings nicht nur auf die Kommunikation mit SchülerInnen und die Herstellung von Ordnung. Effektivität, wie ich sie zuvor im Führen einer Schulklasse herausgearbeitet habe, bezieht sich darüber hinaus auch auf die eigene Arbeitsökonomie und Gesundheit als Lehrkraft. Effektives Entspannen ist gefragt. Mit den Übungen sollen Spannung und Stress ‚weggeatmet' werden, indem zugleich die Vorstellungskraft eingesetzt wird, dass dies geschehe. Es sind nicht nur jeweils einzelne Praktiken oder Atemtechniken, um An- und Entspannung zu erzeugen, sondern beide Spannungszustände sind mit Bedeutung überfrachtet. Körperhaltung, Atmung und innere Einstellung werden in ein Wechselverhältnis gebracht. Um effektiv und gesund zu bleiben, sei es nötig „loszulassen" (Rohnstock 2003: 20). Die Idee des Loslassens verspricht Heilung von der ausgemachten Überforderung vieler LehrerInnen.

6 Zwischenresümee: Auf der Suche nach der körperbewussten Lernkultur

Ausgangspunkt meiner Recherche zu pädagogischen Körperkonzepten war die diskursive Aufforderung, den Körper (wieder) ins Bewusstsein zu bringen und eine körperbewusste Lernkultur zu gestalten. Die Frage, an wen diese Forderung adressiert ist, führte zunächst zu den LehrerInnen und anderen PädagogInnen, die in Schulen tätig sind, und zu verschiedenen Formen der Bearbeitung und des Einsatzes *ihres* Körpers. Greift man das Verhältnis von Lehren und Lernen als ein dyadisches Verhältnis auf, so scheint es, als wurde im untersuchten Textkorpus zwar eine körperbewusste *Lehr*kultur konzipiert, nicht spezifizieren lässt sich jedoch nach diesen Analysen, was eigentlich eine körperbewusste *Lern*kultur sein soll, die sich in der Ankündigung der Beiträge auf Körpererfahrung und Identität sowie Erfahrbarkeit von spezifischen zu vermittelnden Inhalten bezieht. Die Selbstbearbeitung der Lehrenden, die ja auch als körperliches Lernen begriffen werden kann, scheint – zumindest mit dem zu Beginn zitierten Titel „Mit dem Körper lernen" und den in der Zeitschrift enthaltenen Artikeln – nur bedingt gemeint zu sein.

Wenn der Körper problematisiert wird, ist die zentrale Aussage in Bezug auf Unterricht und Schule folgende: Selbstbearbeitung, Selbstdisziplinierung und Selbstsorge der Lehrenden, die zu einem großen Teil am Körper ansetzen, werden als ausschlaggebend für eine aktivierende Fremd- und Selbstdisziplinierung der SchülerInnen betrachtet. Als wesentliche Ziele der Herstellung von Körperbewusstsein bei den Lehrenden werden formuliert: erstens eine effektive(re) Klassenführung und die Verringerung von Störungen seitens der SchülerInnen und der Lehrperson durch ‚eindeutige' körperliche Gesten und klare Raumregie sowie zweitens die SchülerInnen zur Selbstbeteiligung und Selbstbeobachtung zu aktivieren. Genau genommen soll also – zumindest in Relation zur Problematisierung von Körperbewusstsein bei Lehrenden[10] – ein funktionstüchtiger Rahmen für Lernen, welcher Art auch immer – oder besser doch Unterricht? – geschaffen werden. Die geforderte Selbstbeobachtung und -beteiligung der SchülerInnen bezieht sich ebenfalls auf diesen Rahmen. Indem sie zum Beispiel für eine ruhige Unterrichtsatmosphäre Verantwortung übernehmen (vgl. Miller 1996) oder das Lernen einer „freiwilligen Selbstkontrolle" unterziehen sollen (vgl. Friedrichs 2002), werden sie dazu aufgerufen, an der Herstellung der Ordnung in der Schulklasse mitzuwirken.

Dass aus der Selbstdisziplinierung der LehrerInnen die der SchülerInnen folge, wird unter anderem daraus abgeleitet, dass die Methoden der Bearbeitung des Körpers selbst zum nachahmenswerten Vorbild werden. Indirekt wird damit auch der Körper des Schülers angesprochen, mit dessen Problematisierung ich mich im Folgenden auseinander setzen möchte.

7 Die Problematisierung des Schüler-Körpers und ihre Besonderungseffekte

Explizit thematisiert wird der Körper von SchülerInnen innerhalb des Zeitschriftenkorpus vor allem in markierten beziehungsweise marginalisierten Bereichen, beispielsweise in der Sonder- und Theaterpädagogik. Beide verweisen auf etwas jenseits dessen, was als ‚normal' angesehen wird – die Behinderung, die über den Körper markiert wird, und das Schauspiel, in dem etwas Aufgesetztes jenseits des Alltags vorgespielt wird. Weiterhin wird Körperlichkeit vor allem im Sexualkundeunterricht und in der geschlechtsspezifischen Arbeit thematisiert, in deren Rahmen besonders die publizierten Bilder ins Auge fallen: Knapp die Hälfte der Artikel zu geschlechtsspezifischer Arbeit stellt Bilder von Körperarbeit mit Jungen[11] dar – und zwar Jungen in ungewöhnlich körpernahen und zugleich

---

[10] Zur weiteren Spurensuche, welche Rolle dem Körper in der pädagogischen Praxis jeweils zugedacht wird, könnte hier nun anschließen, verschiedene didaktische Konzepte bzw. Praktiken sowie Unterrichtsmaterialien zu untersuchen. Ähnlich hat es Rumpf (1981) mit Blick auf 150 Jahre Schulgeschichte getan.

[11] Derzeit werden die Jungen – nach Jahren der Thematisierung geschlechtsspezifischer Nachteile in Bezug auf Mädchen, von Mädchenarbeit und ‚erfolgreicher' Emanzipation der Mädchen – als eine besonders benachteiligte Gruppe in der Pädagogik und in öffentlichen Medien ausgemacht (vgl. Stamm 2008). Diese Tendenz spiegelt sich auch im Zeitschriftenkorpus wider.

ruhigen Posen, zum Beispiel wenn sie sich gegenseitig den Rücken massieren (PÄDAGOGIK 1999: 16; 20; „Schulmagazin 5 bis 10“ 1999: 9). Körperkontakte zwischen Jungen werden im Zeitschriftenkorpus sonst visuell nur über Raufereien vermittelt oder indem sie aufgrund von schmalen Räumen eng beieinander sitzen. Das Bild der sich gegenseitig massierenden Jungen wird zum Symbol für geschlechtsspezifische und vor allem -identitäre Arbeit. Die Bilder bestärken den Topos ‚Arbeit mit dem Körper‘ als Zugang, Probleme mit Jungen, die über Körperlichkeit weit hinausgehen, in den Griff zu bekommen. Sie vermitteln zugleich enge pädagogische Beziehungen und eine Individualität, die in der Schule sonst kaum gegeben ist.

All die genannten Bereiche sind keine ‚normalen‘ Unterrichtsfelder – im Sinne von alltäglichen –, sondern durch die Nähe, die durch den Gegenstand zu den Schülerinnen und Schülern hergestellt wird, sind es *besondere* Projekte jenseits des Regelunterrichts. In besonderen Situationen soll allerdings durchaus etwas vermittelt werden, was zur Normalität werden soll: beispielsweise, dass eben auch Jungen emotional sein können. Größtenteils soll in diesen didaktischen Praktiken über sinnliche Wahrnehmung und Wahrnehmungsschulung etwas anderes stattfinden als die übliche Körperdisziplinierung im Unterricht. Die körperbewusste Lernkultur, von der zu Beginn in Form der diskursiven Figur einer Gegenüberstellung zur Körperdisziplinierung die Rede war, tritt hier in spezifischer Weise in Erscheinung: Körperliche Wahrnehmung wird als Voraussetzung für das Erlernen von Regeln und für soziale Beziehungen gewertet (vgl. Freier/Claußen 1996: 27; Rumpf 1996: 7). Angedacht wird eine indirekte Steuerung, um die Voraussetzungen für Selbstdisziplinierung zu schaffen, die dann aber zumeist nicht so benannt wird.

Ein Effekt, der mit einer solchen Problematisierung des Körpers einhergeht, ist die ‚Besonderung‘ nicht nur des Körpers, sondern auch der jeweiligen Personen bzw. Personengruppen. Diesen Besonderungseffekt möchte ich noch einmal auf einer anderen Ebene nachvollziehen, indem ich die verschiedenen Subjektpositionen fokussiere, die in den untersuchten Zeitschriften sowohl eingenommen als auch zugeschrieben werden. Zum einen spiegeln sich in den Positionen, von denen aus Autorinnen und Autoren sprechen, die eben genannten markierten, beziehungsweise marginalisierten Bereiche wider: Texte, die den Körper explizit thematisieren, werden zumeist von Therapeutinnen mit verschiedenen Ausrichtungen (GesundheitspädagogInnen, Medizinern oder Lehrenden an Sonderschulen) verfasst, während es sonst zumeist LehrerInnen unterschiedlicher Schulformen, PädagogInnen aus anderen Bereichen oder WissenschaftlerInnen sind.

Werden konkrete Vorschläge unterbreitet, die direkt am Lernkörper ansetzen, lassen sich zum anderen spezifische AdressatInnen der jeweiligen pädagogischen Praktiken in den Texten ausmachen: Kinder mit Verhaltensstörungen, Kinder in Kindergarten und Grundschule, SchülerInnen der Haupt- und Erziehungshilfeschule oder chronisch kranke Kinder. Die betroffenen Personen erscheinen, indem sie entweder als kleine Kinder ‚noch nicht soweit sind‘ oder indem diagnostiziert wird, dass ihnen natürliche Fähigkeiten – zum Beispiel zur Ruhe zu kommen – verloren gegangen seien, defizitär beziehungsweise krank (Petermann 1996: 6). Ihnen werden Einschränkungen auf anderen Kommunikationsebenen zugeschrieben – insbesondere auf der sprachlichen, womit Körper und Sprache (bzw. Geist) dichotom gegenübergestellt werden. So müsse für einen Ausgleich gesorgt werden, den Ausgewachsene beziehungsweise nicht weiter spezifizierte ‚Normale‘ in dieser Form nicht benötigen. Eine Gruppe von möglichen AdressatInnen wird dabei nicht benannt und somit implizit zum Referenzpunkt für alle anderen: die GymnasiastInnen, die ‚Erwachsenen‘, die, bei denen alles zu funktionieren scheint. Sie scheinen verbal erreichbar und der Körper in der angemessenen ‚Position‘. Mit dieser diskursiven Praxis sind Etiketten und Stigmatisierungen verbunden, die die – insbesondere nach der PISA-Studie und anderen international vergleichenden Studien zu Unterricht und Schule – vielfach diskutierte Selektion des deutschen Schulsystems auch innerhalb der Problematisierung von Körperlichkeit verstärken. Der Schüler- bzw. Lern-Körper wird in Bezug auf Schule vor allem dann thematisiert, wenn er nicht ordnungsgemäß funktioniert oder bestimmte SchülerInnen als Personengruppen defizitär erscheinen. Die Dimension der Körperdisziplinierung im alltäglichen Unterricht wird dagegen nicht aufgegriffen. Einer Reflexion über deren Funktionen und Bedingungen, die institutionellen Strukturen, die den Körper umgeben und durchziehen, wie sie in den anfangs genannten Ausgaben, die den Körper explizit als Leitthema formulieren, zumindest teilweise vorgenommen wird, findet demnach nicht statt.

8 Körper-(bewusste) Praktiken zur Aufrechterhaltung von schulischer Ordnung

Der Körper von SchülerInnen wird im bearbeiteten Materialkorpus nicht in der gleichen Weise zum Gegenstand gemacht und damit präsent wie derjenige der LehrerInnen. Das hat verschiedene Gründe: erstens eine breite Streuung der Äußerungen in sehr unterschiedlichen Zusammenhängen, zweitens – jenseits der Texte – die Heterogenität in einer Schulklasse, bedingt durch die Vielzahl von SchülerInnen, denen aber nur ein Lehrer oder eine Lehrerin gegenüber steht. Die Körper von SchülerInnen bzw. ihre Körperlichkeit beziehen sich zudem nur bedingt auf Schule. Drittens richten sich die Zeitschriften an LeserInnen, die als LehrerInnen arbeiten. Die Artikel sind für diesen Personenkreis geschrieben und Gegenstand ist dessen möglichst ‚guter‘ Unterricht.

Damit treten die SchülerInnen zumeist ‚nur‘ indirekt in Erscheinung, indem sie als das Andere, das Gegenüber mitkonstruiert werden. Ihre Körper ‚spiegeln‘ den Lehrkörper in spezifischer Weise: Werden als Ziele des Körpereinsatzes von LehrerInnen die Herstellung von Ordnung und die Aktivierung von SchülerInnen formuliert, bedeutet körperbewusste Lernkultur hier in erster Linie die Schaffung eines Rahmens für Lernen – wie körperbewusst dies dann auch immer gestaltet sein mag – durch die körperliche Steuerung von Schülerverhalten. Das Ideal für schulische Praktiken bleibt weiterhin der gelehrige, disziplinierte Schülerkörper. Allerdings transformiert sich dieses insofern, als dass die körperliche Steuerungspraxis schlussendlich auf eine funktionierende – durchaus körperbewusste – Selbstdisziplinierung der SchülerInnen zielt. Auch sie sollen für eine ruhige Unterrichtsatmosphäre sorgen und ihr Lernen selbst und gegenseitig kontrollieren.

Lehrkörper sollen Lernkörper zunächst zur ‚Ruhe' bringen, denn dieser Zustand wird als Vorbedingung kognitiven und sozialen Lernens begriffen. Für ein effektives, also an einem Ziel ausgerichtetes, irgendwie messbares Lernen werden entspannte und gelehrige Körper vorausgesetzt. Das zeigt sich auch darin, dass der Körper dann explizit problematisiert wird, wenn er eben nicht solchermaßen funktioniert, und dass er primär als Störfaktor begriffen wird. Mit der Bezugnahme auf Körperlichkeit, körperliche Nähe und Körperarbeit sind wiederum soziale Zuschreibungen für spezifische Personengruppen verbunden, wie ich sie oben gezeigt habe.

Die vorsichtige Kritik im Rahmen der Forderungen von „Körperbewußtsein" (PÄD Forum 1996) und „mit dem Körper [zu] lernen" (PÄDAGOGIK 1996), dass die Institution Schule körperfeindlich sei, verhallt durch die diskursive Praxis, dieses Problem durch individuelle Selbstbearbeitung – auf Seiten der LehrerInnen und der SchülerInnen – zu lösen. Es geht somit weniger um Strukturänderungen, die die Institution Schule als solche ‚körperfreundlicher' gestalten, sondern um Praktiken innerhalb der Schulstrukturen, um die Arbeit am Individuum als Steuerung zur Selbstbearbeitung, damit es mit dieser arbeiten kann.

Literatur

Althusser, Louis (1977): Ideologie und ideologische Staatsapparate. Hamburg: VSA

Butler, Judith (1995): Körper von Gewicht. Die diskursiven Grenzen des Geschlechts. Berlin: Berlin-Verlag

Butler, Judith (1998): Hass spricht. Zur Politik des Performativen. Berlin: Berlin-Verlag

Derrida, Jacques (2001): Limited Inc. Wien: Passagen

Eco, Umberto (1990): Lector in fabula. Die Mitarbeit der Interpretation in erzählenden Texten. München: DTV

Foucault, Michel (1977): Überwachen und Strafen. Die Geburt des Gefängnisses. Frankfurt a. M.: Suhrkamp

Foucault, Michel (1981): Archäologie des Wissens. Frankfurt a. M.: Suhrkamp

Foucault, Michel (1985): Geschichte der Sexualität. Interview mit Michel Foucault. In: Ästhetik und Kommunikation 15 (57/58): 157–164
Foucault, Michel (1996): Diskurs und Wahrheit. Berlin: Merve
Kamper, Dietmar/Wulf, Christoph (Hrsg) (1982): Die Wiederkehr des Körpers. Frankfurt a. M.: Suhrkamp
Langer, Antje (2008): Disziplinieren und entspannen. Körper in der Schule – eine diskursanalytische Ethnographie. Bielefeld: transcript
Langer, Antje/Ott, Marion/Wrana, Daniel (2006): Die Verknappung des Selbst. Stellenanzeigen und ihre Transformation in steuerungsrelevantes Wissen. In: Maurer/Weber (Hrsg.): 281–300
Langer, Antje/Richter, Sophia/Friebertshäuser, Barbara (Hrsg.) (2010): (An)Passungen. Körperlichkeit und Beziehungen in der Schule – ethnographische Studien. Baltmannsweiler: Schneider-Verlag Hohengehren
Lyotard, Jean-François (1989): Der Widerstreit. München: Fink
Maurer, Susanne/Weber, Susanne (Hrsg.) (2006): Gouvernementalität und Erziehungswissenschaft. Wiesbaden: VS
Meulemann, Heiner/Reuband, Karl-Heinz (Hrsg.) (1984): Soziale Realität im Interview. Empirische Analysen methodischer Probleme. Frankfurt a. M.: Suhrkamp
Resch, Christine (1998): Arbeitsbündnisse in der Sozialforschung. In: Steinert (Hrsg.) (1998): 36–66
Rumpf, Horst (1981): Die übergangene Sinnlichkeit. Drei Kapitel über die Schule. München: Juventa
Saussure, Ferdinand de (2001): Grundfragen der allgemeinen Sprachwissenschaft. Berlin/New York: de Gruyter
Stamm, Margit (2008): Underachievement von Jungen: Perspektiven eines internationalen Diskurses. In: Zeitschrift für Erziehungswissenschaft. 11 (1): 106–124
Steinert, Heinz (1984): Das Interview als soziale Interaktion. In: Meulemann/Reuband (Hrsg.) (1984): 17–59
Steinert, Heinz (Hrsg.) (1998): Zur Kritik der empirischen Sozialforschung. Ein Methodengrundkurs. Studientexte zur Sozialwissenschaft, Band 14. Frankfurt a. M.: JWG-Universität

Zitierte Artikel aus dem Materialkorpus:

Albrecht, Achim (2004): Lehrerverhalten im Erziehenden Unterricht. Was bedeuten Haltung, Konsequenz und Vorbild-Sein in der Praxis? In: Pädagogik 56 (9): 10–13
Bauer, Karl-Oswald (1997): Pädagogische Professionalität und Lehrerarbeit. In: Pädagogik 49 (4): 22–26
Freier, Martina/Claußen, Heike (1996): Indianer und Waldgeister. Erfahrungen mit psychomotorisch-orientierter Bewegungserziehung. In: Pädagogik 48 (6): 26–28
Friedrichs, Birte (2002): Besenlauf, Minutenkonto, D-Pause. Von alltäglichen und anderen Unterrichtsritualen. In: Schulmagazin 5 bis 10 70 (4): 8–11

Hartmann, Martin/Schwarz, Thomas (2002): Präsentieren im Schulalltag. Möglichkeiten zur zielgerichteten und adressatenorientierten Präsentation. In: Schulmagazin 5 bis 10 70 (11): 4–8
Heidemann, Rolf (1998): Die Körpersprache des Lehrers im Frontalunterricht. Aufrechte Strenge oder lockeres Entertainment? In: Pädagogik 50 (5): 28–32
Homfeldt, Hans Günther (1996): No body is perfect – ein Wort vorweg. Einführung in den Themenschwerpunkt Körper – Körperbewußtsein. In: PÄD Forum 24 (5): 419–420
Kohler, Britta (2000): Frontalunterricht. Möglichkeiten, Grenzen und ein neuer Ansatz. In: Schulmagazin 5 bis 10 68 (5): 8–11
Meyer, Hilbert (2003): Zehn Merkmale guten Unterrichts. Empirische Befunde und didaktische Ratschläge. In: Pädagogik 55 (10): 36–43
Middendorf-Greife, Hedwig/Lintzen, Brigitte (1996): Die Frau im Körper. Körperorientierte Mädchenarbeit während der Pubertät. In: Pädagogik 48 (6): 20–24
Miller, Reinhold (1996): Wohlfühlen in der Schule. In: Schulmagazin 5 bis 10 64 (11): 4–7
Müller, Renate (1996): Körper und Musik in Jugendkulturen. In: Pädagogik 48 (6): 14–18
Nolting, Hans-Peter (2003): Unterrichtsstörungen. Möglichkeiten zur Störungsprävention und Konfliktlösung. In: Schulmagazin 5 bis 10 71 (1): 53–56
Pabst-Weinschenk, Marita (2002): Worauf soll man beim Vortrag achten? Sprech-rhetorische Grundqualifikationen zur Verbesserung der Präsentationsleistung. In: Schulmagazin 5 bis 10 70 (11): 9–11
PÄD Forum (1996): 24/9 (5)
PÄDAGOGIK (1996): 48 (6)
PÄDAGOGIK (1999): 51 (5)
Petermann, Ulrike (1996): Einführung in den Themenschwerpunkt: Ruherituale und Entspannung mit Kindern und Jugendlichen. In: PÄD Forum 24/9 (1): 6–8
Rohnstock, Dagmar (2001): Endlich wieder abschalten können! Anregungen und Übungen für ein lehrerspezifisches Selbstmanagement. In: Pädagogik 53 (1): 39–43
Rohnstock, Dagmar (2003): Unbelastete Freiräume schaffen. Arbeit und Erholung rhythmisieren. In: Pädagogik 55 (11): 19–22
Rumpf, Horst (1996): Über den zivilisierten Körper und sein Schulschicksal. Oder: Körper 1/Körper 2. In: Pädagogik 48 (6): 6–9
Schmitt, Hubert (1997a): Klassenmanagement. Effektiver Umgang mit Unterrichtsstörungen – ein Trainingsprogramm. Teil II. In: Schulmagazin 5 bis 10 65 (5): 37–40
Schmitt, Hubert (1997b): Klassenmanagement. Effektiver Umgang mit Unterrichtsstörungen – ein Trainingsprogramm. Teil III. In: Schulmagazin 5 bis 10 65 (6): 65–68
Schönherr, Christine (1996): Körpersprache und Stimme. Körpersprache und Stimme im Unterricht. In: Schulmagazin 5 bis 10 64 (3): 4–11
Schulmagazin 5 bis 10 (1999): 67 (5)
Wellner-Pricelius, Brigitte (1996): Der erfahrbare Atem – Ein Weg sich im Leib wohlzufühlen. In: Pädagogik 48 (6): 10–13

Teaching by Doing: Zur körperlichen Vermittlung von Wissen

Larissa Schindler

Begibt man sich auf die Fährte der Debatten um Körperwissen, so finden sich weit über die Soziologie hinaus Hinweise und Spuren. Neben Konzepten wie EQ (Emotionaler Intelligenzquotient) oder Soziale Kompetenz scheint das Phänomen der Intuition besondere Konjunktur zu haben, das unerklärliche Auftauchen plötzlicher Geistesblitze (z. B. Willenbrock 2008). Derartige Konzepte verweisen auf jene Sphären des Wissensvorrates, die nicht direkt explizierbar sind und in der Soziologie seit Jahrzehnten mit Begriffen wie „Tacit Knowledge" bzw. „implizites Wissen" (Polanyi 1985), „Fertigkeiten" (Schütz/Luckmann 1979) oder „Knowing How" (Ryle 1969) diskutiert werden. Sie alle weisen die moderne, oft auf René Descartes zurückgeführte Trennung von Körper und Geist zurück; eine Zurückweisung, die im Begriff des „Körperwissens" wohl am deutlichsten expliziert wird.

Trotz aller Plausibilität stecken hinter dem Konzept durchaus auch (zumindest konzeptionelle) Schwierigkeiten: Es beinhaltet zum einen ein sehr weites Feld unterschiedlicher Phänomene und zum anderen entstehen immer wieder Beobachtungsprobleme. Das weite Feld unterschiedlicher Phänomene lässt sich, folgt man einem Vorschlag Stefan Hirschauers (2008), in drei zentrale Bereiche untergliedern, nämlich erstens das (diskursive) Wissen über Körper, zweitens das Wissen in den Körpern und drittens jenes Wissen, das Körper kommunizieren, etwa im Sinne Erving Goffmans (1971, 1979b). Sein Begriff des „Display" (Goffman 1979a) suggeriert, dass Körper ähnlich wie Bildschirme Wissen anzeigen, darstellen. Das kann prinzipiell durch sprachliche Mittel geschehen, sie sind aber keineswegs darauf beschränkt (Goffman 1971: 43). Vielmehr kommunizieren Körper unter anderem durch Gesten, durch Mimik, durch situationsspezifisches Gebaren und die Kleidung, die sie tragen. So zeigt man etwa in einem Flirt das Interesse am Gegenüber besser durch tiefe Blicke, warmen Tonfall und interessiertes Zuhören als durch eine schnelle, verbale Interessensbekundung.

Der folgende Aufsatz befasst sich in erster Linie mit dem (in dieser Systematik) dritten Bereich, nämlich der Kommunikation von Wissen durch Körper. Es geht dabei allerdings um einen Spezialfall, nämlich die didaktische Situation der Vermittlung einer Fertigkeit, in diesem Fall einer Kampfkunst. Damit wird eine weitere Schwierigkeit des Konzepts „Körperwissen" berührt, nämlich das Problem der Wahrnehmbarkeit von Wissen, das in Körpern ist (Böhle 1989: 504).

Es ist nicht ohne Weiteres beobachtbar, sondern zeigt sich erst im Einsatz, also nur kommunikativ: Ob jemand Fahrradfahren kann, erfahre ich nur, wenn ich ihn auf einem Fahrrad fahren sehe. Ob jemand die Kunst des Flirtens beherrscht, zeigt sich, wenn er es tut. Oder allgemeiner, Praktiken machen sich selbst erkennbar, „accountable", wie Harold Garfinkel (1967: 37) einst postulierte. Sein Schüler Melvin Pollner erweiterte dieses Konzept, indem er einigen Situationen eine darüber hinaus gehende spezifische Explizität zuschrieb, die er mit den Begriffen „self explicating settings" (Pollner 1973) bzw. „explicative transactions" (Pollner 1979) zu fassen suchte. Grob gesagt zeigt er, wie Angeklagten im Zuge von Gerichtsprozessen das für die Teilnahme am eigenen Prozess notwendige praktische Teilnehmerwissen vermittelt wird. Nicht nur seine Begrifflichkeit, sondern auch das in der Studie diskutierte empirische Material machen deutlich, dass sich sein Ausdruck „explicit" auf sprachliche Äußerungen bezieht. Im Gegensatz dazu möchte ich im Folgenden auf weitgehend stumme, implizite Formen der Wissensvermittlung eingehen, die eben eher an Goffmans Konzept der Kommunikation durch Körper anschließen. Es geht mir darum zu zeigen, dass Praktiken sich nicht nur erkennbar machen, sondern immer auch (mehr oder weniger ausführlich) Hinweise über ihre eigene Funktionsweise transportieren, sich also beobachtbar und prinzipiell nachmachbar präsentieren. Dieses Phänomen wird normalerweise didaktischen Situationen zugeschrieben und deshalb unter diesem Gesichtspunkt diskutiert, beispielsweise – leider bislang nur schlagworthaft – als „teaching by doing" (Basso 2004; Schlossberg/Wyss 2007). Es geht aber, so meine These, über den intendierten Charakter deklariert didaktischer Situationen hinaus. Vielmehr findet sich in jeder Praktik ein didaktisches Moment, das sich allerdings der Intention oft weitgehend entzieht. Auf dieser Basis lässt sich ein Kontinuum des Zeigens wie folgt konzipieren:

Zunächst findet sich ein didaktisches Moment von Praktiken naheliegenderweise in deklariert *didaktischen Situationen*, die darauf abzielen, ein bestimmtes Wissen zu vermitteln. Dazu zählt Schulunterricht ebenso wie die verschiedenen Formen der Erwachsenenbildung oder berufliche Fortbildungen. Weiter ist es beim *deklarierten Vormachen* vorhanden, etwa wenn man einem Kind das Schuhebinden zeigt oder einen neuen Mitarbeiter in einen Arbeitsvorgang einweist. Das Vormachen hat auch hier deklariert einen didaktischen Charakter, den es beim *unwillkürlichen Zeigen* bereits verliert. Letzteres geschieht ohne weiteres Zutun im Zuge alltäglichen Tuns und gibt Gelegenheit dazu, sich etwas ‚abzuschauen', etwa wenn Kinder Mimik, Gestik oder Bewegungsgewohnheiten ihrer Eltern übernehmen und ihnen so nach und nach ähnlich werden. *Unwillentliches Zeigen* schließlich soll jene Aspekte des Tuns bezeichnen, durch die ungewollt etwas vermittelt wird, bspw. wenn man sich verrät oder rot wird. Auf diesem Wege übernehmen gerade Kinder oft Gewohnheiten, die man ihnen eigentlich nicht vermitteln wollte.

Ich werde mein Argument in folgenden drei Schritten entwickeln: Zunächst werden im Rahmen einer theoretischen Vorbemerkung Überlegungen zu einem praxeologischen Konzept von Wissensvermittlung dargestellt. Darauf aufbauend soll anhand von Ausschnitten aus dem Datenkorpus einer ethnografischen Studie in einem Kampfkunstverein (Schindler 2008) die Praktik der impliziten Vermittlung von Körperwissen betrachtet werden. Dazu wird im zweiten Kapitel eine deklariert didaktische Praktik beschrieben, die Demonstration von kampfkunstspezifischen Bewegungsabläufen. Hier lässt sich „teaching by doing" gut darstellen, die Diskussion muss aber zwangsläufig auf das – erwartbare – didaktische Moment didaktischer Praktiken beschränkt bleiben. Im dritten Kapitel wird deshalb ein Fall unwillkürlichen Vormachens aus dem selben Datenmaterial aufgegriffen, wodurch die Ausweitung der These auf nicht explizit didaktische Praktiken plausibel gemacht werden soll.

1 Theoretische Vorbemerkung zu einem praxeologischen Konzept von Wissensvermittlung

Gerade in den Praxistheorien wird dem Körperwissen ein hoher Erklärungswert zugeschrieben. Sozialität vollzieht sich in diesem Denken größtenteils über schweigsame, aber durchaus öffentlich beobachtbare Praktiken,[1] die nicht primär über die Intentionen Handelnder gesteuert werden, sondern eher als „ein routinisierter Strom der Produktion typisierter Handlungen" (Reckwitz 2003: 294) zu verstehen sind, der nicht ursächlich einzelnen Teilnehmern zugeschrieben werden kann. Gemeinsam ist den verschiedenen Ansätzen, die, so Andreas Reckwitz (2003: 283), „Familienähnlichkeit" aufweisen, die Abgrenzung sowohl von einem akteurszentrierten Handlungsmodell, in dem die Subjekte ihr Tun (im Idealfall rational) lenken als auch von einem rein auf kommunikative Anschlüsse konzentrierten Modell sozialer Systeme, das Körper und Personen in der Umwelt sozialer Systeme verortet und ihnen deshalb nur in Form von intersystemischen Irritationen Geltung zuspricht.

Praxistheorien konzipieren Sozialität dagegen als ein oft selbstläufiges Geschehen, an dem Körper, Personen und Dinge in durchaus unterschiedlichen Funktionen teilnehmen. Jeder dieser „Partizipanden" (Hirschauer 2004) *kann* das Geschehen zumindest in Momenten lenken oder besser: in irgendeiner Form Ausschlag geben für das weitere Geschehen. Ob es allerdings eine Form von „agency" gibt und wem sie wann zugeschrieben werden kann, bleibt eine empirische und damit eine jeweils fallspezifisch offene Frage. Die für praktische Zwecke notwen-

[1] Vgl. Barnes (2001: 17), Reckwitz (1999: 26 ff., 2008: 195 f.), Schatzki (1996: 96).

dige Erkennbarkeit einer Praktik X als X engt den Spielraum für die unterschiedlichen Teilnehmer ein: Sie alle müssen durch ihr Tun X erkennbar machen, werden also von der Praktik immer wieder eingenommen. So entstehen etwa Vorgaben für Gesprächszüge (Schegloff/Sacks 1973; Sacks u. a. 1974; Goffman 2005), aber auch die aus der Theorie des narrativen Interviews bekannten „Zugzwänge des Erzählens“ (Kallmeyer/Schütze 1977).

Es ist diese Form der Selbstläufigkeit von Praktiken, die ihre Teilnehmer gewissermaßen gefangen nimmt und auf diese Weise auch „einsozialisiert“, wie Robert Schmidt (2008:131; Herv. Orig.) formuliert und am Beispiel des Fußballspielens illustriert:

> „Die Praktik des Fußballspielens übergreift also die individuellen Handlungen und Aktionen der einzelnen Spieler. Als Teilnehmer der Praktik sind sie gehalten, ihre individuellen Akte als Fußballspielen hervorzubringen. Dies gelingt durch ihre fortlaufende Einsozialisierung in die Praktik des Spielens. D. h. die Praktik des Fußballspiels eignet individuelle Spieler an, bringt ihnen fortlaufend praktisches *knowing how* bei und macht sie auf diesem Wege zu kompetenten Mitgliedern bzw. Mitspielern.“

Eine solche Konzeption des Erlernens einer Praktik im Tun widerspricht dem Alltagswissen, aber auch verschiedenen handlungstheoretisch orientierten soziologischen Ansätzen in mehrfacher Hinsicht. Erstens sind es nicht die Personen, die handeln und zweitens nicht primär ihre Köpfe, die wissen. Wissen wird in praxistheoretischen Ansätzen nämlich auch Körpern, Dingen und Praktiken zugeschrieben. Aus diesem Grund wird, drittens, Lernen nicht als Stadium einer Biografie (Schule) konzipiert, auch nicht als die Überbrückung einer Wissensdifferenz, sondern als alltäglicher Vorgang der gewissermaßen selbstläufig im Zuge verschiedener Tätigkeiten von statten geht, ohne aktives Zutun der Teilnehmer und durchaus auch schon einmal gegen ihren Willen.

Für die Konzeption eines praxistheoretisch orientierten Lernkonzepts hat deshalb das inzwischen sehr weit ins Alltagswissen diffundierte Theorem des „Learning by Doing“, die Vorstellung, dass man im Tun die Funktionsweise der jeweiligen Praktik erlernt, hohe Plausibilität. So formuliert etwa der Wissenschaftssoziologe Barry Barnes (2001: 25): „learning continues after the initial acquisition of ‚competent member‘ status, as part of the business of participation in practice itself. It is part of the nature of a shared practice that learning what it is and enacting it are inseparable.“ Die Anthropologin Jean Lave (1982: 185) widersprach bereits Anfang der 1980er-Jahre der These, Lernen sei als passive Reaktion auf Lehrtätigkeiten zu verstehen und plädierte dafür, Lernen ethnografisch, als sozialen Prozess zu untersuchen. Neben einer solchen Anthropologie des Lernens (Lave/Wenger 1991; Lave 1996; O'Connor 2005) finden sich wichtige Studien zur Sozialität des Lernens im Bereich einer Soziologie des Schulalltags (Kalthoff/Kelle 2000) mit Schwerpunkten auf einer Soziologie der Kindheit (Breidenstein 1997, 2006; Breidenstein/Kelle 1998) und der Unterrichtskultur (Kalthoff 1996, 1997; Delamont/Galton 1986; Delamont 2002). Für die Pädagogik konstatiert Jutta Wiesemann mit ähnlicher Intention eine praxistheoretische Neudefinition des Gegenstandes, die sich vom klassischen Konzept des Faches distanziert, wonach Lernen als eine Differenz von Wissensständen verstanden wird (Wiesemann 2006).

Ich werde im Folgenden das gewissermaßen entgegengesetzte Phänomen aufgreifen. Es geht nicht darum, wie man etwas lernt, sondern wie Gelegenheiten fürs Lernen geschaffen werden, wie also Wissen vermittelt wird. Verabschiedet man nämlich den konventionellen Begriff des Lernens als passive Reaktion auf ein Lehren und versteht Lernen als soziale Praktik, die über schulisches Lernen hinausgeht, so liegt es nahe, nach den Mechanismen von Wissensvermittlungsprozessen zu fragen. Wie kann vor allem implizites, stummes Wissen weitergegeben werden? Welche Lerngelegenheiten bieten Praktiken ihren Teilnehmern?

2 Die Demonstration: Teaching by Doing while doing teaching

Wenden wir uns zunächst einem relativ einfachen Fall zu, dem deklariert didaktisch motivierten Vormachen eines Bewegungsablaufs im Rahmen eines Kampfkunsttrainings. Ich greife dafür auf empirisches Material aus dem Datenkorpus einer ethnografischen Studie (Schindler 2008) zurück, deren Ziel es war, die Praxis der stummen Wissensvermittlung in den Details alltäglicher Situationen zu beschreiben. Dafür habe ich mich klassischer Strategien ethnografischen Forschens bedient: Ich habe sechs Monate an einem Kampfkunsttraining teilgenommen, Beobachtungsprotokolle verfasst, Gespräche geführt, verschiedene Dokumente und Artefakte des Feldes gesammelt und einige Trainingsstunden mittels Minidisk-Recorder bzw. Videokamera technisch aufgezeichnet. Im Sinne kontrastiver Beobachtungen habe ich zudem eine kürzere Studie zu Flamenco-Tanzstunden (dazu: Schindler 2009a) sowie Gelegenheitsbeobachtungen zu den Sicherheitseinführungen von Stewardessen in Flugzeugen durchgeführt. Ethnografisches Arbeiten besteht, das klingt bereits an, nicht im Festlegen auf eine Erhebungsform oder gar eine Analysemethode. Vielmehr wird das Sammeln unterschiedlichen empirischen Materials im Zuge einer teilnehmenden Beobachtung als zentrales Herangehen angesehen (z. B. Emerson et al. 2001: 352; Hammersley/Atkinson 1995:1; Lüders 2000: 384 ff.), um explizites und implizites Wissen des Feldes mitzuvollziehen und nachvollziehbar zu beschreiben (dazu: Kalthoff 2003). Dabei wird das Kriterium der Gegenstandsorientierung hochgehalten, weshalb das empirische und analytische Vorgehen dem Methodenzwang des Feldes (Amann/Hirschauer 1997a: 19 ff.) folgen soll. In den letzten Jahren wird zudem die wechselseitige Durchdringung zwischen Theoriebildung und empirischer Forschung diskutiert (Kalthoff u. a.

2008). Für die Zwecke meines Arguments in diesem Beitrag beziehe ich mich zum einen auf Videomitschnitte, Protokollauszüge und ein Interview, die eine sehr kleinteilige Darstellung sozialer Ereignisse erlauben und entwickle zum anderen eine aus dem gesamten empirischen Material gewobene, über einzelne Situationen hinausgehende Darstellung des Geschehens.

„Martial Arts" werden in Filmen und Büchern zumeist in spektakulärer Form dargestellt: Ihre Held(innen) zeichnen sich durch meisterhafte Körperbeherrschung, hohe Moral und einen (im Vergleich zu westlichen Kampfsportarten) ausgesprochen eleganten Kampfstil aus, der in überraschenden Situationen geistesgegenwärtig, aber auch intuitiv und routiniert zum Einsatz kommt. Im Vergleich dazu sind Kampfkunsttrainings eine relativ unspektakuläre, man könnte fast sagen langweilige Angelegenheit: Wie in den meisten europäischen Bewegungsschulen beginnen die Trainingsstunden zumeist mit Aufwärmen und Vorübungen, bevor – quasi als Herzstück des Trainings – Bewegungsabläufe geübt werden, die in irgendeiner Form die jeweils relevante Kampfkunst charakterisieren. Kampfkunst kann beispielsweise als körperlich fundiertes Charaktertraining betrieben werden, wie es Morihei Ueshiba, der Gründer des Aikido, besonders forcierte. Kung Fu dagegen propagiert eine Bewegungslehre, die Kampfwissen durch formalisierte, partnerlos geübte Bewegungsabläufe vermittelt (Girton 1986). Tai-Chi schließlich zielt kaum mehr auf von außen deutlich erkennbare Kampfbewegungen ab, sondern auf die Entwicklung innerer Kraft. In ‚meiner' Kampfkunstschule wurden an dieser Stelle Bewegungsabläufe geübt, die einen Ausschnitt aus einem möglichen Zweikampf abbilden. Sie wurden zunächst vom Trainer und einem spontan aus der Menge Anwesender ausgewählten Schüler in Demonstrationen vorgemacht und danach von den Schülern paarweise geübt. So entstand eine Abfolge aus einer initialen Demonstration, an die paarweises Üben anschließt, dem neuerlich eine (zumeist auf der vorigen aufbauende) Demonstration folgt, wieder Üben und so fort. Man findet hier also einen fast fabrikähnlich organisierten Versuch, kampfkunstfähige und das heißt in dieser bestimmten Hinsicht wissende Körper herzustellen.

Kommen wir zur Demonstration: Sie ist zwar eine eindeutig didaktisch angelegte Praktik, erscheint aber – will man Pollners Begriff „selfexplicating" aufgreifen – nur in einem sehr weiten Sinn des Wortes als „explikativ". Sie ist nämlich – etwa im Gegensatz zu wissenschaftlichen Vorträgen – nicht selbst-erklärend, also „explikativ" im Sinne einer sprachlichen Selbstdarstellung. Vielmehr ist sie selbst-darstellend im Sinne der Goffman'schen Kommunikation zwischen Körpern und deshalb ein geradezu prototypischer Fall von „teaching by doing". Grosso modo beruht sie darauf, dass die um das Trainer/Partner-Duo versammelten Schüler möglichst genau wahrnehmen, was in der Demonstration gezeigt wird. Sie schauen dafür primär zu, weil das vermittelte Wissen eher an den demonstrierenden Körpern und deren Bewegungen, an Gesten und Zeichen sichtbar wird als aus den verbalen Kommunikationsbeiträgen des Trainers hörbar. Letztere sind geradezu fragmentarisch und oft stark indexikalisch verfasst, wie der folgende Auszug aus einem Audio-Transkript einer Trainingsstunde verdeutlicht:

> „Genau. Wir sind auf seinem Rücken. Er machts noch mal falsch (2) (unverständlich) (3) Okay Folgendes. Es geht uns jetzt primär immer noch um die Bewegung. (2) Das heißt: Von hier jetz hoch (1) Von hier sichern (1).“

Es braucht gewiss kein ausgefeiltes methodisches Vorgehen, um festzustellen, dass auch sehr geübte Kampfkunstschüler mit dieser verbalen Anleitung allein kaum weiterkommen. Man kann auf Basis der sprachlichen Information noch nicht einmal grob den Inhalt der Demonstration erraten. Dennoch haben die verbalen Anteile solcher Demonstrationen eine durchaus wichtige Funktion, sie dienen nämlich zum einen als „verbales Zeigen“, zum anderen als „verbale Marker“; kurz: Sie sind zwar offensichtlich als sprachliche Interaktionsbeiträge erkennbar, vermitteln Wissen aber dennoch primär implizit, darstellend. Selbst Sprache wird hier also in nonverbaler Form, nämlich als Mittel des Zeigens eingesetzt.

Das folgende Protokoll macht deutlich, wie sich die sprachlichen Interaktionsbeiträge in die Situation des Demonstrierens einschreiben:

> „Während sich der Trainer seinem Demonstrationspartner zuwendet, diesen also gleichzeitig rekrutiert und dirigiert, steht er selbst gut sichtbar im Raum und gibt erste Hinweise auf den Inhalt der kommenden Demonstration. Er sagt noch im Gehen, halb zu sich, aber auch laut und deutlich vernehmbar: ‚Genau. Wir sind auf seinem Rücken. Er machts noch mal falsch.‘ Damit schließt er verbal an eine frühere Demonstration an, in der die ‚falsche‘ Bewegung bereits gezeigt und als falsch bezeichnet worden ist. Gleichzeitig macht er mit der Hand eine Geste in Richtung seines Partners: Er zeigt nicht auf ihn, aber er deutet in seine Richtung und macht mit der Hand eine schnelle Drehbewegung. Der Trainingspartner dreht sich daraufhin vom Trainer weg. Er macht also die Drehbewegung der Hand des Trainers mit dem eigenen Körper nach und legt sich danach gemächlich auf den Bauch.
> Der Trainer setzt sich nun langsam auf den Rücken seines Partners und sagt: ‚Okay. Folgendes. Es geht uns jetzt primär immer noch um die Bewegung.‘ Er schaut ins Publikum und packt den Trainingspartner gleichzeitig mit einem Arm um den Hals. Er hält kurz inne und sagt: ‚das heißt: von hier jetzt hoch.‘ Der Partner bewegt sich aufwärts, der Trainer macht eine Bewegung mit dem Fuß und sagt: ‚von hier sichern.‘“

Für sich allein ist der Zusammenhang zwischen den sprachlichen Äußerungen und den Bewegungen des Trainers aus diesem Protokoll nicht unbedingt direkt verständlich. Auch ein Anfänger oder ein Gast, der die Demonstration live oder auf einem Videomitschnitt sieht, würde Referenzierungsprobleme haben. Gerade Anfänger müssen deshalb im Laufe der ersten Trainingsmonate lernen, Gesehenes und Gehörtes in Zusammenhang zu bringen. Sie müssen sich also für das Training eine eigene Sehfertigkeit aneignen (dazu ausführlicher: Schindler 2008, 2009b).

So hört man als (geübter) Teilnehmer die ersten verbalen Äußerungen dieser Demonstration als Ankündigung und alle weiteren als Kommentar. „Wir sind auf seinem Rücken. Er machts noch mal falsch" etwa hört man als Hinweis auf die Ausgangsposition und versteht, dass – wie in der davor gezeigten Demonstration – der Partner auf dem Bauch liegt, man selbst auf seinem Rücken sitzt. Den nächsten Satz versteht man als Mitteilung, dass nicht nur die Ausgangsposition gleich bleibt, sondern auch die Bewegung des Partners: „Er machts noch mal falsch." Der Ausdruck „falsch" bezieht sich auf eine Bewegung, die bereits zuvor gezeigt und als „falsch" bezeichnet worden ist, was in diesem Zusammenhang bedeutet, dass eine komplexe Bewegung in einer erleichterten, aber nicht perfekten Version geübt wird. Zudem fungiert die Bezeichnung „falsch" als Marker für genau diese Bewegung in diesem Bewegungsablauf. Sie ist damit in der aktuellen Version leicht wieder erkennbar. Der Hinweis „es geht uns jetzt primär immer noch um die Bewegung" erläutert, warum eine „falsche" Version geübt wird. Es geht nämlich nicht darum, eine bestimmte Reaktion des Partners zu üben, sondern darum günstige Bedingung dafür zu schaffen, dass man selbst eine bestimmte Bewegung erlernen kann.

Die weiteren Äußerungen hört man nicht mehr als Ankündigung, sondern als Kommentar. Man sieht, dass der Trainer die angekündigte Position einnimmt, dass er – wie in der früheren Demonstration – mit einem Arm den Hals des Partners packt. Dann verharren beide kurz in dieser Position. Auf diese Weise wird visuell ein Spannungspunkt gesetzt, den der Trainer verbal mit der Äußerung „das heißt, von hier jetzt hoch" begleitet. „Von hier" *sieht* man, weil der Trainer einen Moment in einer Position innegehalten hat, „jetzt" ergibt sich daraus, „hoch" gibt einen Hinweis auf die nächste Bewegung. Man sieht, wie der Partner eine Bewegung macht, die man als „hoch" verstehen kann, womit auch „hoch" zu einem Marker wird, den man sich für das Üben danach merkt. Der Körper des Trainers wird von der Bewegung des Partners hochgehoben, er sagt noch währenddessen: „Von hier sichern" und macht eine Bewegung mit dem Fuß, die man nun mit dem Ausdruck „sichern" in Zusammenhang bringen kann.

Die verbalen Kommunikationsbeiträge sind, das klingt bereits an, nicht nur auf das „verbale Zeigen", also das Führen des Blicks der Zuschauer, beschränkt, sondern leisten darüber hinaus einen Beitrag zur Vermittlung zwischen Demonstration und Üben, das heißt zur Kopplung des Übens an das Gezeigte. Diese Kopplung beruht darauf, dass nicht einfach irgendwelche Äußerungen getätigt werden, sondern auffällige, merkbare Ausdrücke in die verbalen Äußerungen eingebaut werden. Sie markieren eine bestimmte Bewegung oder auch einen ganzen Bewegungsablauf, sie benennen ihn gewissermaßen. Taucht der merkbare Ausdruck auf, evoziert er eine Erinnerung an die bezeichnete Körperbewegung. Solche „verbalen Marker“ finden sich in verschiedenen Formen: Neben der bislang erwähnten Form der trainingsspezifischen Nutzung der Alltagssprache finden sich vor allem auch Wörter aus einer Art Fachjargon der japanischen Kampfkünste, nämlich japanische Ausdrücke wie „Ichimonji“, „Jab“ aus der (englischen) Boxersprache oder „Flugrolle“ aus dem Turnerjargon. Sie sind aber eben nicht selbst-erklärend, sondern müssen aus dem in Demonstrationen Gesehenen und beim Üben Erlebten bzw. Erspürten nach und nach mit Sinn versehen werden.

Gerade Demonstrationen zielen klar erkennbar darauf ab, diese Lernprozesse zu unterstützen. Sie sind deshalb nicht nur als „teaching by doing“ beschreibbar, sondern auch als „doing teaching“ (Payne/Cuff 1982). Das zeigt sich in der Interaktionsordnung sowie in der Verteilung der Körper im Raum, vor allem aber auch in spezifischen Wissensvermittlungspraktiken: Die gezeigten Bewegungsabläufe werden verlangsamt und zergliedert, sodass der Eindruck einer Bewegungskette entsteht. Sie werden wiederholt und variiert, sowie kommentiert. Das zu vermittelnde Wissen zeigt sich in einem „nexus of doings and sayings“ (Schatzki 1996: 89), es erklärt sich aber nicht, sondern ist selbst-darstellend. Es gibt sich zunächst in der Demonstration visuell zu erkennen und danach beim Üben korporal-experimentell. Das geschieht jedoch nicht ohne Weiteres:

Wie bereits erwähnt, müssen sich Kampfkunstschüler im Laufe des Trainings eine eigene Sehfertigkeit für die Demonstrationen aneignen, weil man zwar mit durchschnittlichem Alltagswissen ausgestattet gut erkennen kann, dass demonstriert wird – was genau gezeigt wird, erkennt man jedoch erst mit etwas Übung. Demonstrationen erfordern nämlich, so bemerkte der Wissenschaftstheoretiker Michael Polanyi in einem Nebensatz treffend, die intelligente Mitwirkung des Publikums (Polanyi 1985: 15). In vielen Fällen, so auch in der Kampfkunstdemonstration ist diese Mitwirkung, so muss man präzisieren, nicht nur (wie der Ausdruck „intelligent“ nahe legen könnte) kognitiv, sondern vor allem auch somatisch: Man muss die Bewegungen des demonstrierenden Körpers mitvollziehen können, um die Zusammenhänge des Gezeigten zu begreifen und den Bewegungsablauf später selbst nachstellen zu können. Dieses Problem wird im Feld immer wieder thematisiert. So erzählte mir einer der neueren Schüler beschwichtigend, dass er selbst die ersten drei Monate gebraucht habe, um überhaupt zu verstehen, was hier gemacht werde. Ein anderer beschrieb den Lernprozess als „Blickschule“:

> „Der Peter hat mir mal Tipps gegeben, wie ich schauen soll. Zuerst: wie fängt die Übung an, wie hört sie auf? Damit kenne ich Anfang und Ende, der Rest dazwischen kommt dann schon irgendwie. Der nächste Schritt ist: Welche Hand, welches Bein ist vorne, beziehungsweise agiert? (...) Das Ganze war so eine Art ‚Blickschule‘.“ (Interview)

Der Lernprozess braucht, das wird deutlich, Zeit und Teilnahme. Es geht um ein Lernen im Tun, das sich an Gesehenem und Geübtem orientiert und seinerseits wie eine Art Rückkoppelung das Seh- und Übungspotenzial erweitert. Wie aber kann das funktionieren? Die im Interviewausschnitt erwähnte Anleitung „der Rest dazwischen kommt dann schon irgendwie“ bringt eine Ethnotheorie des Learning-by-Doing zum Ausdruck, die bereits auf ein didaktisches Grundmoment von Praktiken verweist. Die Anleitung rekurriert nämlich auf eine Art Sequenzlogik von Bewegungsabläufen. Sie empfiehlt einen zergliedernden Blick, der markante Elemente aus dem Bewegungsablauf fokussiert. Auf diese Weise entsteht eine zerhackte Abfolge von Einzelbewegungen, die strukturelle Ähnlichkeiten mit einem Lückentext aufweist. In beiden Fällen geben die sichtbaren Elemente des Gesamtzusammenhanges Hinweise zu den fehlenden Elementen. Und es gilt: Je mehr charakteristische Elemente des Textes man kennt, desto eindeutiger sind die Hinweise zu den einzelnen Lücken. Sind weniger Elemente vorgegeben, so entstehen mehrere Varianten. Fortgeschrittene Schüler können auf dieser Basis oft auch Bewegungsabläufe rekonstruieren, deren Demonstration sie gar nicht gesehen haben. Das didaktische Grundmoment von Praktiken wird in didaktischen Praktiken besonders deutlich, ist aber keineswegs auf sie beschränkt, wie im nächsten Abschnitt zu zeigen sein wird.

3 Unwillkürliches Zeigen im Tun

Die Demonstration ist ein eindeutiger und deshalb auch erwartbarer Fall für Teaching by Doing. Kommen wir nun zu einem anderen, nicht ganz so erwartbaren Fall anhand eines zweiten, quasi gegenläufig gelagerten Beispiels aus dem selben Feld, einen Fall von „teaching by doing“ ohne „doing teaching“. Es geht also darum, wie im Tun unwillkürlich Wissen vermittelt wird.

Man kann davon ausgehen, dass Lehren – wie jede andere Tätigkeit – im Tun geübt und professionalisiert wird. Dem schulischen Referendariat beispielsweise liegt der Gedanke zugrunde, dass das in Didaktikkursen theoretisch erworbene Wissen nicht einfach direkt umsetzbar ist, sondern durch eigenes Unterrichten unter Beobachtung und Anleitung erfahrener Lehrkräfte erlernt wird (Pille 2009; Alkemeyer/Pille 2008).[2] Auch hier scheint also die Zeit, die man mit der Tätigkeit des Unterrichtens verbringt, als qualifizierend zu gelten. Universitäre Lehre

[2] Tatsächlich findet gerade die Prägung der Lehrer durch die Praktiken der Schule auch in der Soziologie der Schulalltags überraschend wenig Beachtung – und das, obwohl Lehrer mit erwartbaren etwa vierzig Berufsjahren geradezu als ‚Langzeitinsassen‘ betrachtet werden können und damit einen m. E. durchaus interessanten Fall für selbstläufige Lernprozesse im Rahmen des beruflichen Tuns abgeben würden.

baut sogar beinahe ausschließlich auf einem selbständigen Lernprozess auf. Wir beginnen die Lehrtätigkeit in der Regel ohne didaktische Einführung und ohne Lehrbücher, sondern müssen sie im Laufe der Zeit erlernen. Es wäre aber meines Erachtens falsch deshalb zu behaupten, man erlerne das Lehren im Alleingang. Vielmehr findet dieser Lernprozess in der Seminarsituation und damit gemeinsam mit den anwesenden Studierenden statt. Wie kann das gehen?

Betrachten wir dazu zunächst das paarweise Üben im Kampfkunsttraining: Hatten die Schüler während der Demonstration dem Trainer/Partner-Duo zugeschaut, so verteilen sie sich nun paarweise im Raum und üben, was sie zuvor wahrgenommen haben. Der Trainer geht im Raum herum, schaut zu und gibt dem einen oder anderen Paar zusätzliche Hinweise. Irgendwann initiiert er eine neuerliche Demonstration, die normalerweise auf Fehlern aufbaut, die er beim Üben beobachtet hatte. In einigen Fällen dehnt er die Hinweise für ein einzelnes Paar auf die Gesamtgruppe aus, indem er während seiner Erläuterungen für dieses Paar die Gesamtgruppe zusammenruft und eine neue Demonstration beginnt.

Das Üben der im Raum verteilten Paare sieht auf den ersten Blick wie eine rein auf sich selbst bezogene Interaktion aus. Die Partner sind nicht nur physisch in ihre Tätigkeit verstrickt, sondern auch ihre Blicke bleiben die meiste Zeit über innerhalb der Paarinteraktion. Blickt man jedoch auf den gesamten Raum, so wird deutlich, dass der Trainer zumindest potenziell auch an der Interaktion teilnimmt. Indem er das Tun der Schüler beobachtet (was die Schüler wissen), findet neben dem Miteinander-Üben immer auch ein gleichzeitiges Zeigen des jeweiligen Wissensstandes statt. Die Schüler vermitteln nämlich über die Geschwindigkeit, die Flüssigkeit und die Korrektheit ihrer Bewegungsabläufe Hinweise darauf, was sie bereits erlernt haben und was noch offen geblieben ist. Die Körper der Schüler werden so, ob sie es wollen oder nicht, in einem metaphorischen Sinn zu „Displays" (Goffman 1979a), auf denen der Trainer ‚lesen' kann, die aber ihrerseits nicht wissen können, was genau sie darstellen.

Auch hier findet deshalb, so möchte ich behaupten, eine Form von „teaching by doing" statt, nämlich ein unwillkürliches Zeigen, das quasi nebenbei abläuft. Es entstehen so für den Trainer Gelegenheiten, bereits Gezeigtes nachzujustieren, seine eigene Lehrtätigkeit zu beobachten und (auch längerfristig) zu reflektieren. Während er also das Tun der Schüler beobachtet, ein Stück weit kontrolliert und Fehler korrigiert, kann er darüber hinaus auch sehen, wie erstens die Demonstration bei den Schülern angekommen ist, welche Elemente sie also leicht und fehlerfrei nachmachen können und wo er darauf aufbauend in der nächsten Demonstration Schwerpunkte setzen könnte. Zweitens sieht er den Ablauf ausgeführt von unterschiedlich großen, schweren und guten Schülern. Er bekommt hier eventuell weitere Hinweise darauf, wer was gut kann und wo weitere, spezifische Fehlerquellen liegen. Drittens übt er dabei nolens volens das Sehen und Korrigieren von Schülerfehlern, obwohl die Schüler selbst keinerlei (intendiert) didaktische

Elemente einsetzen um sein Sehen zu erleichtern, sondern normalerweise auf ihr Üben konzentriert sind.

In der didaktischen Situation des Trainings findet also durchaus auch ohne didaktische Intention der Beteiligten Wissensvermittlung im Tun statt. Derartige unwillkürliche ‚Lehreffekte' sind – davon kann man ausgehen – auch außerhalb didaktischer Situationen vorhanden. Zu denken ist hier zum einen daran, dass man sich im Tun anderer etwas abschauen kann, und zum anderen daran, dass Lernprozesse auch unwillkürlich durch gemeinsame Praxis angestoßen werden, wie es die zu Beginn des Textes zitierte Passage über das Einsozialisieren der Fußballspieler im Zuge des Spielens nahe legt. Die Spieler lernen voneinander, werden gemeinsam besser, weil sie sich ständig gegenseitig Lerngelegenheiten verschaffen. Ebensolche Gelegenheiten verschaffen sich auch Lehrer und Schüler, Studierende und Dozenten über das intendiert didaktische Tun von Lehrern und Dozenten hinaus.

4 Schluss

Ich habe die These vertreten, dass allen Praktiken ein didaktisches Grundmoment innewohnt. Sie machen sich also nicht nur „accountable" im Sinne von erkennbar, erzählbar, zurechenbar, sondern sie ermöglichen prinzipiell ein Abschauen und Übernehmen.[3] Man könnte in diesem Sinne Michael Polanyis (1985: 14) berühmtes Diktum „Wir wissen mehr als wir zu sagen wissen" folgendermaßen umformulieren: „Wir *zeigen* durch unser Tun wesentlich mehr als wir sagen können."

Dieses didaktische Grundmoment ermöglicht es, im Tun eine Tätigkeit zu erlernen. Es lässt sich im didaktischen Rahmen ausbauen, sodass der Lernprozess zusätzlich unterstützt wird, ist aber nicht auf diesen Rahmen beschränkt. Trotzdem entstehen, so muss man abschließend noch einschränkend erwähnen, Lernprozesse keineswegs automatisch und voraussetzungslos. Vielmehr werden viele Tätigkeiten im Alltag so schnell, indexikalisch, fragmenthaft und oft nur in Andeutung ausgeführt, dass nur sehr kompetente Situationsteilnehmer direkt daraus lernen können. In vielen Fällen muss zuerst eine spezifische Sehfertigkeit erworben werden, ähnlich wie Kampfkunstschüler das auf den ersten Blick triviale Sehen-was-gezeigt-wird erst erlernen müssen. Das Potenzial für das großteils selbsttätige Lernen im Tun ist jedoch in allen Praktiken vorhanden. Eine zweite Einschränkung muss dahingehend gemacht werden, dass ein Lernprozess nicht in jedem Fall eine Leistungs*verbesserung* mit sich bringt. Praktiken verändern

[3] Das gilt vermutlich nicht nur für die hier beschriebenen primär nicht-diskursiven, sondern auch für diskursive Praktiken.

sich vielmehr durch gemeinsames Tun, gerade dadurch kann es aber auch zu unerwünschten Veränderungen kommen.

Der Beitrag befasste sich mit einem Spezialfall der Kommunikation von Wissen durch Körper, mit einer didaktischen Situation. Es wurde gezeigt, dass zum einen im Rahmen von Demonstrationen das Tun der Körper Wissen vermittelt, dass aber zum anderen auch durch das Tun der Schüler unwillkürlich, das heißt ohne ihr absichtliches Zutun, Wissen vermittelt wird. Über den hier dargestellten Aspekt der Schüler-Lehrer-Kommunikation hinaus vermitteln sich die Schüler auch gegenseitig Wissen, weil sie an den Bewegungen und Reaktionen des Gegenübers lernen. Dieser zweite Fall lässt den Schluss zu, dass auch außerhalb von didaktischen Situationen und ohne einschlägige Intention didaktische Effekte erzielt werden. Es entsteht so eine Fährte nicht nur zu Fragen der Praktik des Lernens, sondern auch zu Fragen der Weitergabe von Wissen, etwa als „Sozialisation“.

Literatur

Alkemeyer, Thomas/Pille, Thomas (2008): Schule und ihre Lehrkörper. Das Referendariat als Trainingsprozess. In: Zeitschrift für Soziologie der Erziehung und Sozialisation 28 (2): 137–154

Alkemeyer, Thomas et al. (Hrsg.) (2009): Ordnung in Bewegung. Choreographien des Sozialen. Bielefeld: transcript

Amann, Klaus/Hirschauer, Stefan (1997a): Die Befremdung der eigenen Kultur. Ein Programm. In: ders. (1997b): 7–52

Amann, Klaus/Hirschauer, Stefan (Hrsg.) (1997b): Die Befremdung der eigenen Kultur. Frankfurt a. M.: Suhrkamp

Atkinson, Paul/Coffey, Amanda/Delamont, Sara (Hrsg.) (2001): Handbook of Ethnography. London, Thousand Oaks, New Delhi: Sage

Barnes, Barry (2001): Practice as collective action. In: Schatzki/Knorr Cetina/Von Savigny (Hrsg.) (2001): 17–28

Basso, Stefano (2004): Teaching by Doing with Concept Maps: Integrating Plone and CMAP-Tools. Proceedings for the Conference on Concept Mapping. Pamplona: Manuskript

Breidenstein, Georg (1997): Der Gebrauch der Geschlechterunterscheidung in der Schulklasse. In: Zeitschrift für Soziologie 26 (5): 337–351

Breidenstein, Georg (2006): Teilnahme am Unterricht. Ethnographische Studien zum Schülerjob. Wiesbaden: VS

Breidenstein, Georg/Kelle, Helga (1998): Geschlechteralltag in der Schulklasse. Ethnographische Studien zur Gleichaltrigenkultur. Weinheim: Juventa

Böhle, Fritz (1989): Körper und Wissen. Veränderungen in der sozio-kulturellen Bedeutung körperlicher Arbeit. In: Soziale Welt 40 (4): 497–512

Cloos, Peter/Thole, Werner (2006): Ethnographische Zugänge. Professions- und adressatInnenbezogene Forschung im Kontext von Schule und Sozialer Arbeit. Wiesbaden: VS

Delamont, Sara/Galton, Maurice J. (1986): Inside the Secondary Classroom. London: Routledge & Kegan Paul

Delamont, Sara (2002): Fieldwork in Educational Settings: Methods, Pitfalls and Perspectives. London: Routledge Falmer

Emerson, Robert/Fretz, Rachel/Shaw, Linda (2001): Participant Observation and Fieldnotes. In: Atkinson/Coffey/Delamont (Hrsg.) (2001): 352–368

Flick, Uwe/von Kardoff, Ernst/Steinke, Ines (Hrsg.) (2000): Qualitative Sozialforschung. Ein Handbuch. Reinbek bei Hamburg: Rowohlt

Garfinkel, Harold (1967): Studies in Ethnomethodology. New Jersey: Englewood Cliffs

Garfinkel, Harold (Hrsg.) (1986): Ethnomethodological studies of work. London/New York: Routledge & Kegan Paul

Girton, George D. (1986): Kung Fu: toward a praxiological hermeneutic of the martial arts. In: Garfinkel (Hrsg.) (1986): 60–91

Goffman, Erving (1971): Verhalten in sozialen Situationen. Gütersloh: Bertelsmann

Goffman, Erving (1979a): Gender Display. In: Goffman (1979b): 1–8

Goffman, Erving (1979b): Gender Advertisements. London and Basingstoke: Macmillan Publishers LTD

Goffman, Erving (2005): Erwiderungen und Reaktionen. In: Knoblauch/Leuenberger/Schnettler (Hrsg.) (2005): 73–150 [1976]

Hammersley, Martyn/Atkinson, Paul (1995): Ethnography. Principles in Practice. 2nd Edition. London/New York: Routledge

Hirschauer, Stefan (2004): Praktiken und ihre Körper. Über materielle Partizipanden des Tuns. In: Hörning/Reuter (Hrsg.) (2004): 73–91

Hirschauer, Stefan (2008): Körper macht Wissen – Für eine Somatisierung des Wissensbegriffs. In: Rehberg (Hrsg.) (2008): 974–984

Hörning, Karl/Reuter, Julia (Hrsg.) (2004): Doing Culture. Zum Begriff der Praxis in der gegenwärtigen soziologischen Theorie. Bielefeld: transcript

Kallmeyer, Werner/Schütze, Fritz (1977): Zur Konstitution von Kommunikationsschemata der Sachverhaltsdarstellung. In: Wegner (Hrsg.) (1977): 159–274

Kalthoff, Herbert (1996): Das Zensurenpanoptikon. Eine ethnographische Studie zur schulischen Bewertungspraxis. In: Zeitschrift für Soziologie 25 (2): 106–124

Kalthoff, Herbert (1997): Wohlerzogenheit. Eine Ethnographie deutscher Internatsschulen. Frankfurt a. M./New York: Campus

Kalthoff, Herbert (2003): Beobachtende Differenz. Instrumente der ethnografisch-soziologischen Forschung. In: Zeitschrift für Soziologie 32 (1): 70–90

Kalthoff, Herbert/Kelle, Helga (2000): Pragmatik schulischer Ordnung. Zur Bedeutung von „Regeln“ im Schulalltag. In: Zeitschrift für Pädagogik (ZfPäd) 46 (5): 691–710

Kalthoff, Herbert/Lindemann, Gesa/Hirschauer, Stefan (Hrsg.) (2008): Theoretische Empirie. Frankfurt a. M.: Suhrkamp

Kissmann, Ulrike (2009) (Hrsg.): Video Interaction Analysis. Methods and Methodology. Frankfurt a. M.: Peter Lang

Knoblauch, Hubert/Leuenberger, Christine/Schnettler, Bernt (Hrsg.) (2005): Erving Goffman. Rede-Weisen. Formen der Kommunikation in sozialen Situationen. Konstanz: UVK

Lave Jean/Wenger, Etienne (1991): Situated Learning: Legitimate Peripheral Participation (Learning in Doing: Social, Cognitive and Computational Perspectives) Cambridge: University Press
Lave, Jean (1982): A Comparative Approach to Educational Forms and Learning Processes. In: Anthropology & Education Quarterly 13 (2): 181–187
Lave, Jean (1996): Teaching, as Learning, in Practice. In: Mind, Culture, and Activity: An International Journal 3 (3): 149–164
Lüders, Christian (2000): Beobachten im Feld und Ethnographie. In: Flick/von Kardoff/ Steinke (Hrsg.) (2000): 384–401
O'Connor, Erin (2005): The Experience of Meaning and the Struggle towards Proficiency in Glassblowing. In: Ethnography 6 (2): 183–204
Payne, G. C. F./Cuff, E. C. (Hrsg.) (1982): Doing Teaching: The Practical Management of Classrooms. London: Batsford
Pille, Thomas (2009): Organisierte Körper. Eine Ethnographie des Referendariats. In: Alkemeyer et al. (Hrsg.) (2009): 161–178
Polanyi, Michael (1985): Implizites Wissen. Frankfurt a. M.: Suhrkamp
Pollner, Melvin (1973): Notes on Self-Explicating Settings. Unpublished paper. Department of Sociology. Los Angeles: U. C. L. A.
Pollner, Melvin (1979): Explicative Transactions. Making and Managing Meaning in Traffic Court. In: Psathas (Hrsg.) (1979): 227–255
Psathas, George (1979): Everyday Language. Studies in Ethnomethodology. New York: Irrington
Reckwitz, Andreas (1999): Praxis – Autopoiesis – Text. Drei Versionen des *Cultural Turn* in der Sozialtheorie. In: Reckwitz/Sievert (Hrsg.) (1999): 19–49
Reckwitz, Andreas/Sievert, Holger (Hrsg.) (1999): Interpretation, Konstruktion, Kultur: Ein Paradigmenwechsel in den Sozialwissenschaften. Opladen: Westdeutscher Verlag
Reckwitz, Andreas (2003): Grundelemente einer Theorie sozialer Praktiken: Eine sozialtheoretische Perspektive. In: Zeitschrift für Soziologie 32 (4): 282–301
Reckwitz, Andreas (2008): Praktiken und Diskurse: Eine sozialtheoretische und methodologische Relation. In: Kalthoff/Lindemann/Hirschauer (Hrsg.) (2008): 188–209
Rehberg, Karl-Siegbert (Hrsg.) (2008): Die Natur der Gesellschaft. Verhandlungen des 33. Kongresses für Soziologie in Kassel 2006. Teil 2. Frankfurt a. M./New York: Campus
Ryle, Gilbert (1969): Der Begriff des Geistes. Stuttgart: Reclam
Sacks, Harvey/Schegloff, Emanuel A./Jefferson, Gail (1974): A simplest systematics for the organization of turn-taking for conversation. In: Language. Vol. 50. 696–735
Schatzki, Theodore (1996): Social Practices: A Wittgensteinian Approach to Human Activity and the Social. Cambridge: Cambridge University Press
Schatzki, Theodore/Knorr Cetina, Karin/Von Savigny, Elke (Hrsg.) (2001): The practice turn in contemporary theory. London: Routledge
Schegloff, Emanuel/Sacks, Harvey (1973): Opening Up Closings. In: Semiotica 8 (4): 289–327
Schindler, Larissa (2008): Die Explikation des Impliziten. Zur Vermittlung praktischen Wissens in der Kampfkunst. Dissertation an der Johannes Gutenberg-Universität Mainz. Mainz: unv. Manuskript

Schindler, Larissa (2009a): Das sukzessive Beschreiben einer Bewegungsordnung mittels Variation. In: Alkemeyer et al. (Hrsg.) (2009): 51–64
Schindler, Larissa (2009b): The production of ‚vis-ability': An ethnographic video analysis of a martial arts class. In: Kissmann (2009): 135–154
Schlossberg, Marc/Wyss, Darren (2007): Teaching by Doing: PPGIS and Classroom-Based Service Learning. In: URISA Journal 19 (1): 13–22
Schmidt, Robert (2008): Stumme Weitergabe. Zur Praxeologie sozialisatorischer Vermittlungsprozesse. In: Zeitschrift für Soziologie der Erziehung und Sozialisation 28 (2): 121–136
Schütz, Alfred/Luckmann, Thomas (1979): Strukturen der Lebenswelt. Band 1. Frankfurt a. M.: Suhrkamp
Wegner, Dirk (Hrsg.) (1977): Gesprächsanalysen. Hamburg: Buske
Wiesemann, Jutta (2006): Die Sichtbarkeit des Lernens. Empirische Annäherung an einen pädagogischen Lernbegriff. In: Cloos/Thole (2006): 171–183
Willenbrock, Harald (2008): Das Geheimnis der guten Wahl. In: Geo 08: 138–152

Sensorische „Kriegsführung“ – sensorische Versöhnung

Die schwarzen Wühler

Sinnessoziologische Erkundungen eines zwielichtigen Kampfplatzes

Siegfried Saerberg

„Schnupp! Dringt die Schaufel wie der Blitz dem Maulwurf unter seinen Sitz. Und mit Hurra in einem Bogen, wird er herauf ans Licht gezogen.“ (Wilhelm Busch 1959: 727 f.)

1 Einleitung: Warum ist der Maulwurf interessant für die Soziologie?

Die Wahrnehmbarkeit der Welt in ihrer horizontalen und vertikalen Schichtung ist spezifischen materialen und kulturellen Bedingungen unterworfen. Es gibt Zonen, die durch bestimmte Sinne leichter, durch andere Sinne schwerer erschließbar sind. Oberflächen sind vor allem durch Anblicke zugänglich. Sie sind durch besondere kulturelle Semantiken erschlossen und mittels eines sozial vermittelten Vorrats von Deutungs-, Erfahrungs- und Wahrnehmungsschemata vorentworfen. Das Meer etwa ist ein Raum der Weite, obwohl hier der Leuchtturm auch die Dimension der Höhe einbringt, das Bergpanorama vor allem einer der Höhe, obwohl es auch eine vertikale Ausdehnung aufweist. Hier haben wir es mit außeralltäglichen Ästhetiken zu tun, die im Fernweh sentimentaler Seefahrer- oder heimatlich wiegender Bergromantik schwelgen. Diese Deutungen und Erfahrungskonstruktionen sind vor allem am Modell des Visuellen orientiert, obwohl bezweifelt werden muss, dass sie sich darauf beschränken lassen.

Betritt man die Erfahrungszonen alltäglicher Wirklichkeit, so wirft sich die Frage auf, wie sich Erfahr- und Wahrnehmbarkeit und deren sozial konstruierte Performativität in den einzelnen Sinnesdimensionen vermittelt. Welche Zonen alltäglich erfahrbaren Raumes werden durch welche Sinnesdomäne erfahrbar und welche Zonen des Unerfahrbaren gibt es in welchen Sinnesmodalitäten und wie wird mit ihnen umgegangen? Wenn ein Bereich des Unerfahrbaren das Unterirdische ist, dann stellt sich hier die Frage konkreter: Wie ist das unalltäglich visuell Unerfahrbare dieser Zone gedeutet und wie – wenn überhaupt – reicht es in das alltäglich sinnlich wie gedeutete und leiblich Wahrgenommene und Erfahrene hinein?

Oft ist von der Hegemonie des Sehens oder der Dominanz des Sehsinnes geschrieben worden, die in der abendländischen Kultur vorliegt.[1] Inzwischen werden die verschiedenen Variationen des Blickes aber nicht mehr von den anderen Sinnen isoliert betrachtet. So schreibt etwa Webb Keane (2005) von der „Co-presence" und dem „Bundling" verschiedener Sinnesqualitäten in einem materialen Ding. Mitchell (2005) spricht von gemischten Medien, wenn es um das Verhältnis verschiedener Sinnesmodalitäten geht. Die Anthropologie der Sinne (Howes 1991a, 2003) spricht in diesem Zusammenhang von einem sensorischen Profil oder dem Sensorium einer bestimmten Kultur und versteht darunter ein höchst komplexes Gebilde, das nicht als kohärenter, monolithischer Block aufgefasst wird, sondern das durchaus Brüche und Kontradiktionen aufweisen kann. Die phänomenalen Voraussetzungen subjektiven Erlebens und Wahrnehmens bleiben hier jedoch unterrepräsentiert (Howes 2006: 170; 2003: 239). Um der Mannigfaltigkeit des Sinnenstoffes Form geben zu können, trennt Loenhoff (2002) den Bereich des Sensoriums in eine kulturelle Semantik und – im Anschluss an Goffmans Konzept der sozialen Interaktionsordnung (Goffman 1994a) – in eine sensorische Ordnung von Interaktionspraktiken. Loenhoff berücksichtigt zwar die Bedeutsamkeit materialer Bedingungen der Lebensumwelt, koppelt diese aber nicht an das phänomenale Erleben als Korrelat dieser Lebensbedingungen.

Um diese Defizite auszugleichen, möchte ich im Anschluss an Schütz (Schütz/Luckmann 1979, 1984) und Merleau-Ponty (1964) die Überlegungen zu einer Sinnesanthropologie bzw. Sinnessoziologie in eine körpersoziologisch fundierte und leibphänomenologisch vermittelte Wissenssoziologie einbetten (Saerberg 2008). Soziales Handeln baut immer auf Sinnkonstruktionen auf (Schütz 2004), solche Sinnkonstruktionen sind wissensvermittelt (Berger/Luckmann 1969) und immer auch körpergebunden.[2] Körpergebundenheit bedeutet, dass ein bestimmtes Set von sensorischen Qualitäten, Erfahrungen, emotiven Zuschreibungen (Simmel 1908a; Fischer 2002) und sensorisch inkorporiertem Routinewissen (Schütz/Luckmann 1979, 1984) zur Anwendung kommt. Über die Beschreibung und Rekonstruktion des subjektiv sinnhaften Handlungsentwurfs, in den Wahrnehmung als ein Teil einbezogen ist, will ich den Zugang zu einem Bereich auferlegter sinnlicher Struktur finden, der dem subjektiven Entwurf vorausgeht, aber in ihm als perzeptive Komponente aufgenommen, mitverarbeitet und angeeignet wird. Wahrnehmendes Handeln soll demnach das Handeln heißen, das wesentlich von der Wahrnehmung geformt ist und in dessen Handlungsentwurf Wahrnehmung auch routinehaft oder explizit planend mitberücksichtigt wird. Hierdurch wird der vorprädikative Bereich in den Fokus eines Wissens- resp. Wahrnehmungserwerbs

[1] Anstelle einer endlosen Literaturliste möchte ich auf den schönen einführenden Aufsatz von Edwards (2008) verweisen.

[2] Vgl. hierzu Gugutzer (2002) und die Aufsätze in Hahn/Meuser (2002), Gugutzer (2004; 2006).

gestellt, in dem nicht lediglich die Strukturierung alltäglichen Wissens und Handelns, sondern die handelnde Veralltäglichung von wahrnehmendem Wissen und wissendem Wahrnehmen thematisiert wird, ein Prozess, der allererst den materialen Fundus von hörenden-tastenden-riechenden-spürenden Erfahrungs- und Deutungsschemata des Alltags erstellt (Saerberg 2006; 2007).

In diesem Aufsatz möchte ich daher das sensorische Potential eines eher unscheinbaren Zeitgenossen für eine den Körper bedenkende Soziologie sondieren. Ein Zeitgenosse, der sich nie wirklich aufgedrängt, sondern deutliche Fluchttendenzen an den Tag gelegt hat. Obwohl er in Dunkelheit und Nacht beheimatet ist, hat er dennoch menschlichem Auge und Fuß so viel Widerständiges vorgeworfen, dass seiner Thematisierung im sensorisch-semantischen Haushalt vieler Gesellschaften, von denen ich mich hier auf die abendländische Kultur beschränken möchte, anscheinend nicht ausgewichen werden konnte oder wollte. Welche Bedeutungen werden ihm von sozialen Semantiken zugewiesen? Und er selber, unsicht- und unberührbar, dazu geruchs-, geschmacks- und geräuschlos, ruft nachhaltig beträchtlichen Aufruhr im sensorisch-pragmatischen wie sensorisch-emotionalen Erlebnisraum einer deutlich benennbaren Gruppe unserer modernen Gegenwartsgesellschaft hervor. Welche sensorischen Praktiken findet man an diesem Ort ethnographisch situierter sozialer Sinnkonstruktion? Doch beginnen wir mit einigen Worten aus der Zoologie.

2 Aus der Episteme der Biologie

Die Familie der Maulwürfe (Talpidae), zugehörig zur Ordnung der Insektenfresser (Lipotyphlae) und der Klasse der Säugetiere (Mammalia), siedelt in Europa wahrscheinlich seit dem Mitteleozän.[3] In den Arten der Goldmulle, der Sternmulle, der Desmanen und der Spitzmausmaulwürfe reicht die Verbreitung der Familie von Nordamerika, Europa, Asien bis ins südliche Afrika. Im Zentrum dieses Aufsatzes steht der Europäische Maulwurf (Talpa europaea). Sein Lebensraum ist das gemäßigte Europa und West-Asien, von England bis zum Ob und Irtysch. Er lebt in nicht zu trockenen Böden in Wiesen, Wäldern und Kulturland, wobei er letzteres mit der räumlichen Lebenswelt von Freizeitgärtnern und Landwirten teilt, und ernährt sich ausschließlich von Insekten. Dazu gräbt er oft ausgedehnte Höhlensysteme. Das Aushubmaterial findet sich meist als Maulwurfshügel an der Oberfläche. Diese dienen der Sauerstoffversorgung. Die breiten, schaufelförmigen Hände sind mit der Handfläche nach außen gekehrt. Er gräbt durch Oberarmrotation. Sein walzenförmiger Körper wird 10 bis 17 cm lang. Er wiegt zwischen 35 und 130 Gramm. Sein

[3] Vgl. hierzu und im folgenden Storch (2004).

Kopf läuft in einer rüsselförmig verlängerten Schnauze spitz zu. Die Schnauze ist eng besetzt mit Sinneszellen (Eimersches Organ). Sein zwischen 2 und 4, 5 cm kurzer Schwanz weist sensorische Vibrissen auf. Aufgerichtet übermittelt er Informationen wie etwa leichte Bodenerschütterungen. Der Maulwurf hat dunkles, samtweiches Fell, das nur aus Wollhaaren gebildet wird und keinen Strich aufweist, so dass es ihn in seinen Gangsystemen bei Rückwärtsbewegung nicht hindert. Sein Geruchssinn ist stark ausgebildet. Er hat reduzierte äußere Ohren und winzige oder von Haut überwachsene Augen, weswegen ihm zwar mit Recht keine Taubheit aber fälschlich und nachhaltig Blindheit zugeschrieben wird.

3 Der Maulwurf in der kulturellen Semantik

Etymologisch lässt sich „Maulwurf" auf das althochdeutsche „Muwerf" (Haufenwerfer) rückbeziehen. Später wurde dies umgedeutet nach althochdeutsch „Molta" und mittelhochdeutsch „Molt" und „Mull" für Erde oder Staub. Mittelhochdeutsch „Moltwerf" bedeutet also Erdwerfer. Verwandte Begriffe sind Moltbeeren, mahlen, Torfmull, Mulch, Müll. Volksetymologisch umgedeutet über das mittelhochdeutsche Wort „Mul" für Maul wurde „Maulwurf" zum Tier, das Erde mit dem Maul aufwirft (Pfeifer 1993: 851).

3.1 Die Entwertung des Maulwurfes

In den Erzähl-Gattungen (Tier-)Märchen, Natursage, Fabel, Exemplum, Sprichwort und Emblem taucht der Maulwurf aufgespannt an der Achse sehend/blind und gruppiert um die Motivik von Finsternis, Blindheit und Defizit erstaunlich oft und konstant auf und hat sich so einen festen Platz im kollektiven Gedächtnis der okzidentalen Kultur gesichert.[4] „Der Maulwurf ist deutlich als chthonisches Tier ausgewiesen, das in ewiger Dunkelheit existiert." (Bies 2006: 45)

So erfährt der Maulwurf eine narrative Abwertung. Im dritten Buch Mose heißt es: „Diese sollen euch auch unrein sein unter den Tieren, die auf Erden kriechen (…) die Eidechs, der Blindschleich und der Maulwurf." (III. Mose 11, 29–30) Auch in Lev. 11,30. und in Jes. 2,20 erscheint der Maulwurf als unreines Tier (Feliks 1964: 1178).

In vielen Märchen wird ein Mensch zur Strafe für Hochmut und Eitelkeit in einen Maulwurf verwandelt. In dem englischen Volksmärchen „Der erste Maulwurf in Cornwall" etwa wird eine auf ihre eigene Schönheit eingebildete junge

[4] Viele weitere Angaben zu diesem Unterkapitel finden sich in dem sehr instruktiven Aufsatz von Bies (2006).

Dame, die sich den Heiratswünschen ihrer Mutter widersetzt, in einen Maulwurf verwandelt (Briggs/Michaelis-Jena 1983). Dabei erinnert noch – und dies ist ein schönes ätiologisches Detail des Märchens – der samtene Pelz des Tieres an Stolz und Glanz vergangener Tage. In einem wallonischen Märchen wird der Maulwurf dadurch bestraft, dass man die Erde über ihm in einem Akt buchstäblicher Unterdrückung naturwüchsigen Eigensinnes pflastert (Laport 1932).

Oft sind die Auftritte des Maulwurfes grotesk, wie etwa in dem Sprichwort „Kräht der Maulwurf auf dem Dach, liegt der Hahn vor Lachen flach." (Tappe 2000: 89) Der Herrscher, dem von einem Maulwurfshügel aus sein Reich gezeigt wird, erfährt dadurch eine Schmähung wie sie dem Duke of York bei Shakespeare zustößt.

3.2 Umwertung: Maulwurf als Arbeiter

Diese Abwertung des Maulwurfes findet sich noch bis zum Ende des 18. Jahrhunderts auch in der abendländischen Philosophie wieder.[5] So schreibt Kant in der „Kritik der reinen Vernunft" bezüglich der Unterscheidung seiner eigenen Grundlegung der Möglichkeit von Erkenntnis von vergeblichen Versuchen eines wilden spekulativen Denkens:

> „Statt aller dieser Betrachtungen, deren gehörige Ausführung in der Tat die eigentümliche Würde der Philosophie ausmacht, beschäftigen wir uns jetzt mit einer nicht so glänzenden, aber doch auch nicht verdienstlosen Arbeit, nämlich: den Boden zu jenem majestätischen sittlichen Gebäude eben und baufest zu machen, in welchem sich allerlei Maulwurfsgänge einer vergeblich, aber mit guter Zuversicht, auf Schätze grabenden Vernunft vorfinden, und die jenes Bauwerk unsicher machen." (Kant 1956: 325 f.)

Das planvolle, auf sicherem Fundament angelegte Bauen des Vernunftkritikers wird hier dem umtriebigen sich Eingraben und Durchwühlen entgegengesetzt. Im 19. Jahrhundert ändert sich die Wertung der Maulwurfmetapher. Prägnant wird diese Veränderung, wenn man den metaphorischen Gebrauch von Kant mit dem von Hegel vergleicht. In der ersten Ausgabe seiner „Philosophie der Geschichte" findet sich am Ende der Einleitung eine Passage über den Sinn geschichtlicher Betrachtungen:

---

[5] Weiter ausgeführt wird dies in dem lesenswerten Aufsatz von Stierle (1982); vgl. auch Krell (1981).

> „Die Bewegung der Geschichte kann deshalb ein höchstes Interesse verlangen, weil in ihr die Bewegung des Geistes selbst sich offenbart. (...) Bisweilen erscheint dieser Geist nicht offenbar, sondern treibt sich, wie die Franzosen sagen, sous terre herum. Hamlet sagt vom Geiste, der ihn bald hier-, bald dorthin ruft: ‚du bist mir ein wackerer Maulwurf', denn der Geist gräbt oft wie ein Maulwurf unter der Erde fort und vollendet sein Werk." (Hegel 1965: 24)

Die Maulwurfmetapher ist hier nicht mehr am Gegensatz blind/sehend festgemacht sondern der Maulwurf steht jetzt für unermüdliche Arbeit in einem widerständigen und massiven Material. Für Karl-Heinz Stierle deutet diese Umwertung der Maulwurfsmetapher auf eine fundamentale Veränderung zwischen zwei epochalen Denkerfahrungen hin: „Die Positivierung der Maulwurfs-Metapher im 19. Jahrhundert scheint darauf zu verweisen, daß die Sphäre der Erkenntnis selbst nicht mehr die des Lichts und der Helligkeit ist, sondern die der Dunkelheit." (Stierle 1982: 113) War das 18. Jahrhundert noch tief vom Glauben an die Aufklärung geprägt, durch die man dem Dunkel von Aberglauben und Unwissenheit zu entrinnen und ans Licht von Wissen und Erkenntnis zu gelangen hoffte, so zeigte sich im 19. Jahrhundert das Erkennen als andauernde Arbeit in einem massiven und dunklen Terrain. Der Fortschrittsoptimismus traf auf die Dunkelheiten der sich verbergenden Strukturen der Natur, von Staat und Gesellschaft oder des sich selbst verborgenen denkenden Subjekts. Von hier aus ist auch der Topos der Maulwurfmetapher für die Revolution, die im Dunkeln beginnt und ihr Werk am hellen Tag vollendet, bei Karl Marx und den an ihn anschließenden kritischen Theorien bis heute zu verstehen.[6]

> „Aber die Revolution ist gründlich. (...) Sie vollendete erst die parlamentarische Gewalt, um sie stürzen zu können. Jetzt wo sie dies erreicht, vollendet sie die Exekutivgewalt (...) Und wenn sie diese zweite Hälfte ihrer Vorarbeit vollbracht hat, wird ganz Europa von seinem Sitze aufspringen und jubeln: ‚Brav gewühlt, alter Maulwurf!'" (Marx 1965: 121)

Gewissermaßen als Kehrseite der gleichen Medaille hat sich seither bis heute sowohl in der politischen als auch in der Alltagsrhetorik die Metapher Maulwurf für die Staats-, Militär oder Polizeimacht untergrabende oder korrumpierende Tätigkeit von Spionen oder Informanten eingebürgert. Bei Nietzsche und Kafka wird die Maulwurfsmetapher zum Topos einer sich selbst bis in tiefste Abgründe hinein durchwühlenden Subjektivität. Nietzsche schreibt in der Einleitung seiner Aphorismensammlung „Morgenröte":

---

[6] Vgl. etwa Bensaid (2001a), Stallybrass (1998), Schulte/Stollmann (2005), Fischer (2001).

„(...) man könnte ihn selbst bei seiner dunklen Arbeit zufrieden nennen. Scheint es nicht, daß irgendein Glaube ihn führt, ein Trost entschädigt? Daß er vielleicht seine eigne lange Finsternis haben will, sein Unverständliches, Verborgenes, Rätselhaftes, weil er weiß, was er auch haben wird: seinen eigenen Morgen, seine eigene Erlösung, seine eigne Morgenröte? (...) fragt ihn nicht, was er da unten will, er wird es euch selbst schon sagen, (...) wenn er erst wieder Mensch geworden ist. Man verlernt gründlich das Schweigen, wenn man so lange wie er Maulwurf war, allein war." (Nietzsche 1963: 1011)

Kafka schreibt in einem Brief an Max Brod ähnlich: „Wir durchwühlen uns wie ein Maulwurf und kommen ganz geschwärzt und sammethaarig aus unsern verschütteten Sandgewölben, unsere armen roten Füßchen für zartes Mitleid emporgestreckt." (Kafka 1958a: 29)

Im 19. Jahrhundert hat sich also ausgehend von der Philosophie und hier fortschreitend in Literatur und Alltagsgebrauch hinein das Bild des Maulwurfes gewandelt. Von der Abwertung des Maulwurfes entlang der Achse blind/sehend hin zur Aufwertung desselben als unermüdlicher Arbeiter.

3.3 Ein behaglicher Geselle fürs Kinderzimmer

Spätestens seit „Der Wind in den Weiden" (1983) von Kenneth Grahame, das 1908 erstveröffentlicht wurde, hält der Maulwurf Einzug in das Kinderbuch. Hier tritt der bis dahin im Märchen negativ konnotierte blinde Gräber und in der Philosophie positiv besetzte einsam wühlende Arbeiter heraus ans Tageslicht einer lebensfrohen und abenteuerlichen Um- und Mitwelt. Im Zuge der ökologischen Wende erfährt der Maulwurf – exemplarisch im Kinderbuch durch den von Baufahrzeugen aus seinem Quartier vertriebenen Maulwurf Grabowski (Murschetz 1972) – dann weiter Rehabilitierung – wenn auch nicht so symbolträchtig wie etwa die Sonnenblume, der Löwenzahn oder der Regenbogen.

Der dem Maulwurf im Märchen – ganz im Gegensatz zu solchen Tendenzen im generellen Plot des Märchens – weitgehend versagte Wunsch nach Kompensationen wird ihm im Kinderbuch des 20. Jahrhunderts gewährt: „das größte Glück der Erde (...) ist (...) wenn man gut hören kann. Ich kann gut hören", sagt der kleine Maulwurf zu Tiger und Bär in Janoschs „Suche nach dem Schatz der Erde" (Janosch 1979). Janoschs Kindergeschichte „Die Fiedelgrille und der Maulwurf"(Janosch 1985), die als Gegenerzählung zur äsopischen Fabel von der Grille und der Ameise geschrieben ist, stilisiert den Maulwurf zu einem freundlichen, weniger arbeitswütigen als gemütlichen und wohlig-lebensfrohen Gesellen, der einer in den Augen der übrigen Feldtiere nichtsnutzigen – weil sanges- und violinenfrohen und allzu umtriebigen – Fiedelgrille ein behagliches Winterquartier bietet. Er ist zwar blind, aber das „macht nix“ (Janosch 1985: 24). Er lebt zwar zurückgezogen, ist aber im Grunde seines Wesens nicht eigenbrötlerisch, kann sogar aus seiner etwas abseitigen Position heraus – konträr zu den Bewohnern der Oberwelt – zur eigentlichen Menschen- und Tierliebe finden.

Auch in Zdeněk Milers „Der kleine Maulwurf“ (Miler 2002) mutiert das einsame Tier der Tiersage zu einem fröhlichen und geselligen Lebewesen. In den Bilderbüchern von Hans de Beer und Burny Bos (1994) führt der Maulwurf ein lustiges Familienleben. Bei Judith Halverscheid und Maike Zillig (1999) schließt der Maulwurf enge Freundschaft mit der Maus. Im Kinderbuch „Aufräumen? Mach ich morgen!“ von Greta Carolat und Susanne Mais (2001) ist das Eigenbrötlerische des Maulwurfs gewichen und er wird zum gemütlichen Stubenbewohner, wenn erst kindlicher Eigensinn überredet ist. Im Kinderbuch ist der Maulwurf endlich „in der bürgerlichen Behaglichkeit des möblierten Lebens angelangt.“ (Bies 2006: 63)

4 Das sensorische Handeln der Maulwurfjäger

> „Der Maulwurf ist der natürliche Feind eines jeden deutschen Kleingärtners, obwohl dieser genau genommen auch nichts Anderes macht als jener.“ (Berliner Zeitung, Rubrik „Was'n das?“ 1. April 2000)

In diesem Kapitel soll der subjektive Handlungs- und Wahrnehmungsentwurf einer bestimmten sozialen Gruppe, nämlich die der Kleingärtner, in einem Ausschnitt lebensweltlich[7] rekonstruiert werden. Der Kampf des kleingärtnernden Menschen gegen seinen Hauptfeind, den Maulwurf (und auch gegen die Wühlmäuse), ist kein neues Phänomen. Schon Wilhelm Busch hat das Thema in der Bildergeschichte „Der Maulwurf“ aus der Sammlung „Dideldum“ (ursprünglich von 1874) in der ihm eigenen grotesk-sarkastischen Mischung aus Bürgerlichkeit und Animalität besungen und bebildert. Der „schwarze Wühler“ wird vom Bürger zuerst mit Hacke und Spaten erfolglos, dann schließlich mit bloßer Hand triumphal heroisch bekämpft und final lätal niedergeworfen: „Da liegt der schwarze Bösewicht, Und wühlte gern und kann doch nicht. Denn hinderlich, wie überall, Ist hier der eigne Todesfall.“ (Busch 1959: 729)

Analysiert wurden 315 Eintragungen in einem Online-Thread des Online-Gartenforums www.hausgarten.net zwischen dem 15.04.2005 und dem 28.11.2009.[8]

---

[7] Vgl. zum lebensweltlichen Forschungsansatz Hitzler/Eberle (2000), Hitzler/Honer (1984; 1988), Honer (1993).

[8] Weiterer Hintergrund der Studie sind eigengärtnerische Erfahrungen und die teilnehmende Beobachtung der Maulwurfbekämpfung von nächsten Nachbarn und Verwandten. Zum Thema Webnographie oder Cyberethnographie siehe Strübing (2006) und FQS (2007).

Dieses Forum hat keine Teilnahmebegrenzung: Entweder als Mitglied oder Gast kann dort im Prinzip jeder seine Meinung und seine Tipps kundtun. Die hier teilnehmenden Hobby-, Freizeit-, und Kleingärtner und gelegentlichen Landwirte geben ihrem Hauptärgernis Namen wie Biester, Haufenschaufler, Pelzträger, kleine possierliche Kerlchen, Haufeneumel, Mauli, Vieh, knuffiges kleines Fellding, kleiner Terrorist, Tunnelbohrer, Spatenpauli, Untermieter, Reptil oder Buddelmonster.

Da Maulwürfe nach § 42 und § 65 des Bundesnaturschutzgesetzes sowie § 16 der Bundesartenschutzverordnung unter Naturschutz stehen, ist das Töten der Tiere verboten, weswegen die im Handel erhältlichen Maulwurfvertreiber entweder ihre relative Harmlosigkeit betonen – Wühlmäuse und Maulwürfe werden angeblich unverletzt verjagt – oder das Mittel offiziell nur auf Wühlmäuse referiert. Neben den seit langem im Handel erhältlichen Mitteln gegen Maulwürfe und Wühlmäuse wie Wühlmaus-Gift, Wühlmaus-Maulwurf-Gas oder Lavasteine (mit dem schönen Namen „Maulwurf-Raus") sind seit mehreren Jahren auf akustischem und/oder seismischem Weg arbeitende Geräte im Handel. Diese Geräte sind mit Frequenzgebern ausgestattet, die in regelmäßigen Abständen zwischen 10 oder 30 Sekunden zumeist hohe akustische Wellen oder geringe seismische Schwingungen ins Erdreich senden, entweder per Batterie oder über Solarzellen betrieben werden und Namen wie „Runaway" oder „Molechaser" tragen. Der Erfolg dieser Geräte wird von den Gartenfreunden sehr unterschiedlich bewertet. Neben Erfolgsberichten liegen auch etwa gleich viele negative Einschätzungen vor: „Letztes Jahr hab ich die Vernichtungsgeräte für unseren Garten bestellt, ich habe im Gegenteil das Gefühl, dass die Maulwürfe sich über die ausgesandten Wellen freuen und sich daran gütlich tun." (Werner M., 03.03.2007)

Zorn und Empörung vor allem über die Widerständigkeit des nahezu Unvertreibbaren treiben die Gartenfreunde in ein Onlineforum, um sich in einem Thread über Maulwurfbekämpfung auszutauschen. Die meisten klagen entweder über unvermittelte und plötzliche Maulwurfattacken aus heiterem Himmel – besser würde man wohl von aus sanft beharkter Erde sprechen – oder berichten von jahrelanger Kampferfahrung, welche sie nun den Neubefallenen mitteilen wollen. Nur die allerwenigsten sind dabei von gewissermaßen unverdientem Glück gesegnet: „Wir pflanzten Salat, Zucchini und Kürbis an. Dann war der Sommer da und wir hatten immer noch keinen neuen Rasen eingesät. Jetzt der Hammer, der Maulwurf ist nicht mehr da." (unregistriert, 21.07.2006, #26)

Grund für die Empörung sind einmal optische Störungen einer für allgemein verbindlich gehaltenen Gartenästhetik. Es wird aber auch Sorge um Verletzungsgefahr angeführt, wie im Beitrag des Nutzers mit dem sprechenden Namen „Ich bin verzweifelt!!!" zum Ausdruck kommt: „Nicht nur die Hügel sind das Störende, ich bin öfters schon hingefallen oder habe mich am Knöchel verletzt, da die Gänge nur wenige cm unter der Oberfläche sind! Und ich bei schrägem Rauftreten reinfalle! So geht's nicht weiter, da sind einige unten!" (03.07.2006, #19)

Jene Bedrohung aus dem Untergrund, die einerseits zwar – die eben für allgemein gültig gehaltene optische Gartenästhetik konterkarierend – nur allzu sichtbare Spuren in Form der Hügel[9] hinterlässt, lauert andererseits aber unsichtbar als Loch oder als nah unter der Erdoberfläche liegender, einsturzgefährdeter Gang: „Die Hügel, die irgendwann einbrechen, werden zu gemeinen – stellenweise nicht sichtbaren – Löchern, die echt lebensgefährlich sind." (Babsie, 04.07.2006, #21)

Nun ist das Ziel der Maulwurfsbekämpfung zwar die Herstellung eines optisch und kinästhetisch geordneten Gartens, das darf nun aber auf keinen Fall zu dem Fehlschluss verleiten, dass der Kampf gegen den Maulwurf eine ebensolche Konzentrierung auf zwei Sinnesmodalitäten zeigen würde. Ganz im Gegenteil: Dieser Kampf wird auf allen sensorischen Fronten geführt; er ist ein multisensorisches Ereignis. Allerdings kein Ereignis, das lustvolles sinnenfrohes Event wäre, sondern wir haben es mit einem Sinnestaumel zu tun, dessen letztes Ziel eine Sinnesberaubung des Gegners zu sein scheint, die durch extreme Geräusch- und Geruchsbelästigung sogar das eigene Taumeln in Kauf nimmt.

Starten wir mit dem akustischen Kriegsgerät. Es beginnt eher mit relativ leisen Tönen wie einem Betoneisen mit übergestülpter im Wind klankelnder leerer PET-Flasche, eingegrabenen Flaschen und einfachen kleinen Windrädern aus Papier. Meistens finden sich früher oder später – dies gilt für das ganze Feld sensorischer Kriegsführung – recht drastische und teilweise bizarre Strategien, die gelegentlich beinahe ironisch gemeinter Phantasie entsprungen scheinen, dies aber tatsächlich nicht sind. Selten tritt der Gartenfreund dabei aber so aktiv als direkter Klangproduzent in Erscheinung wie im folgenden Beispiel:

> „Die diversen Hügel öffnen, aufpassen, dass möglichst keine Erde reinfällt und die Zugänge zu den Gängen offen bleiben. Dann Tontöpfe kopfüber raufsetzen, so 25 cm hoch, 15–20 cm im Durchmesser. Dann nimmt man ein kleines Schäufelchen aus Metall und klopft ordentlich gegen eines der Tontöpfe, Bodenloch zuhalten. Das scheppert ordentlich – zum Spass mal jemanden bitten an einen der anderen Tontöpfe zu gehen, ein Ohr auf das Loch legen, das andere zuhalten (...) dem wird das Ohr ordentlich klingeln." (EvaKa, 07.07.2009, #255)

Nach dieser Melange aus Kunstinstallation und Live-Performance einer „Musique Concrete" wende ich mich nun den technischen Lösungen zu:

---

[9] Wilhelm Busch besingt dies Tun als Eitelkeit des Maulwurfs: „So trieb ihn denn der Höhensinn, Von unten her nach oben hin, Zehn Zoll hoch, oder gar noch mehr, Zu seines Namens Ruhm und Ehr, Gewölbte Tempel zu entwerfen." Diese Sichtbarwerdung bezahlt der Unsichtbare: „Denn ein Mensch von anderm Kunstgeschmacke, ein Gärtner, kam mit einer Hacke." (Busch 1959: 612)

> „Da Maulwürfe sehr geräuschempfindlich sind kam mir die Idee ein laufendes Radio zu vergraben. Also altes Badradio her und in zwei Gefriertüten wasserdicht verpackt und am Anfang des Gangsystems eingegraben. Und es wirkt. Mit guten Batterien oder Akkus läuft das Radio etwa 5 Tage. Diese Sache teste ich jetzt schon seit ca. 3 Monaten und durch die wechselnde Musik setzt beim Maulwurf auch kein Gewöhnungsprozess ein." (Gartenfreund, 08.04.2006, #17)

Es endet in hochtechnologischen Lösungen wie Ultraschallstäben, batterie- oder solarbetriebenen Tongebern und ultimativ im Kriegslärm von Silvesterkrachern. „Konstruktion gebastelt und am Sonntag im Rasen so 40 cm tief eingebuddelt Alarmsirene mit 107 db, die mit Zeitschaltuhr 8 Mal am Tag jeweils für 1 Minute losheult." (Heckenschere, 03.09.2008, #151)

Die höchste Kreativität findet sich bei olfaktorischen Taktiken und der Entwicklung des dazu passenden Geräts. Folgende Haus- und Gartenmittel werden entweder auf ein Substrat gebannt oder mit einem Wasserschwall in die Maulwurfsgänge eingebracht: gebrauchter Katzensand, Zigarettenasche, Haustierexkremente, Petroleum, Tröpfchen konzentriertes Eukalyptusöl, Buttersäure, Knoblauch, weißer Stechapfel, Kadaver-, Stink- oder Franzosenöl. Besonders ausgeklügelt erscheint folgende Rezeptur:

> „Kaufe 1 Liter Milch und 1 Liter Buttermilch, rühre es zusammen und gib einen Schuss Rasierwasser oder Parfüm hinzu. Stelle es jetzt weit weg von deiner Nase. Wenn es nach ein paar Tagen richtig stinkt, verdünne es mit 5 Liter Wasser und gieße es reichlich in jedes Loch, was du findest." (Vasco, 08.03.2007, #64)

Dass hier ein multisensorischer Feldzug unternommen wird, der ein großes Repertoire an Körpertechniken, ein pragmatisch sehr ausgeklügeltes Rezeptwissen zum Anfertigen der Vertreibungsartefakte, eine den Alltag durchziehende Sammeltätigkeit und ein komplexes und ambivalentes Handlungsset von Praktiken zur Aufrechterhaltung und infrage stellen der sensorischen Alltagsordnung beinhaltet, wird auch an folgendem Beispiel deutlich:

> „Die dauerhafteste Bekämpfung gelang mir auf Grund eines Tipps, indem ich die frischen Haufen abtrug und in die Gänge Fischabfälle: Köpfe, Flossen, Haut und Innereien oder ganze kleinere Fische einbrachte. Das Verfaulen verstinkt ihnen den ganzen Bau." (BertM, 23.07.2008, #148)

Der olfaktorisch ausgefochtene Konflikt eskaliert weiter, wenn ein unangenehmer Geruch nicht mehr bloß durch die Luft transportiert wird, sondern die Gestankentwicklung die Verknappung atembarer Luft mit dem Endziel der Erstickung in

Kauf nimmt. Hier werden Waffen wie Seifenpulver, Auspuffabgase oder Wühlmausgas eingesetzt:

> „Mein Geheimtip sozusagen: Schwefelbänder, hat man früher für Weinfässer verwendet, anzünden, stinken enorm nach Schwefel (Luftraubend). Diese in die Gänge legen und Luftdicht machen, daß der Schwefel richtig durch die Gänge zieht! Absolut alle Wühlmäuse vertrieben." (Hobbiegärtner, 07.11.2006, #53)

Die Anwendung gustatorischer Kriegslisten versucht, einem verlockenden Nahrungsangebot entweder einen schädlichen Stoff beizumischen oder tödliche Körperverletzung bzw. Gefangennahme des Opfers damit zu verbinden. Hier werden Wühlmausgift, Scherenfallen oder Maulwurf-Lebendfalle mit Regenwurm angewendet.

Die taktile Offensive wird mit Hilfe von batterie- oder solarbetriebenen Vibrationsgebern, vibrierenden Erdspornen, häufigem erderschütternd im Garten Arbeiten, spielenden Kindern oder gar Rüttlern vorangetrieben:

> „Das einzige probate Mittel gegen Maulwürfe ist ein Rüttler oder auch Bodenverdichter genannt. Ich habe kürzlich so ein Gerät angeschafft und lasse es täglich ca. 3 h zum Ärger meiner Nachbarn (egal!) laufen. Die erheblichen Vibrationen, die das Gerät erzeugt machen jedem Maulwurf den Garaus. Des weiteren lassen sich hiermit hervorragend die lästigen Maulwurfhügel einebnen. Um die Wirkung noch zu verstärken, leite ich zusätzlich noch die Dieselabgase von dem Rüttler in die Maulwurfgänge." (Knorzi, 07.09.2006, #40)

Nun kommen wir zu handfesteren Mitteln der Kriegskunst. Hier sind als indirekte Waffen einmal die animalischen Freunde des Menschen wie vor allem Hunde und Katzen zu nennen, die den schwarzen Wühlern aus eigenem Jagdinstinkt zu Leibe rücken und ihren jeweiligen Wirtsmenschen dankbar die Beute zu Füßen legen. Als technisch vermittelte Lösungen werden Selbstschussanlage und Karbid angeführt. Auch Naturgewalten werden in gezähmter Variante eingesetzt:

> „Und zwar ist uns beim Baden im Garten aufgefallen, dass das Chlorwasser die Regenwürmer aus dem Boden raus holt. Also haben wir unsere Böden mit Chlorwasser unter Wasser gesetzt und siehe da, es kamen wirklich Massen von Regenwürmern raus, kein Wunder, dass der Maulwurf sich bei uns so wohl fühlt, jedenfalls seit dem ist er so gut wie nicht mehr erschienen, ah ja dem Gras schadet das Ganze nicht!" (fuxx07, 07.10.2008, 09:47, #170)

Zu guter Letzt tritt der Mensch selbst als direkter Jäger in Erscheinung, der in unmittelbarer Auseinandersetzung mit dem Feind, in der Jagd mit Spaten und

Eimer, sein Heil sucht. Hier ist der menschliche Jäger doch wieder visueller Jäger, denn er wartet darauf, eine Bewegung im dunklen Substrat zu erspähen. Nun schließt sich der oben begonnene Kreis und die potentielle Sichtbarkeit des unmittelbar Unsichtbaren wird durch die unvermittelte menschliche Agentenschaft zu einer wiederum spezielle Körpertechniken und Rezeptwissen beanspruchenden Visualisierungsstrategie:

> „Einen frischen Maulwurfshaufen wegschieben, so dass der Gang freiliegt und schauen, in welche Richtung der Gang geht. Dann mit einem Spaten bewaffnet neben dem Gang stehen bleiben und ganz still warten. Wenn der Maulwurf den Gang wieder zuschieben will, mit einem Spatenstich in den Gang den Rückweg verbauen (Vorsicht, nicht den Maulwurf zerschneiden) und ihn ausgraben." (irubis, 17.10.2008, #205)

Greift diese Begegnung, die bezeichnender Weise in den Randzonen der Hellwachheit – entweder bei Tagesanbruch oder im Abendzwielicht – stattfindet, auf den strategischen Einsatz visueller Fertigkeiten zurück, so findet sich auch noch eine das Wechselspiel von Hell und Dunkel geschickt kalibrierende Fangtechnik mit Hilfe des Artefakts der Lebendfalle vor:

> „Die ersten Versuche scheiterten, was wohl daran lag, dass ich Stellen nie richtig abgedunkelt hatte. Die Falle war immer mit Erde zugewühlt, der Maulwurf saß aber nie drin. In der vergangenen Woche habe ich mir dann mehr Mühe gegeben, mindestens zehn Regenwürmer ausgegraben, die Falle damit bestückt und das Loch mit einem Rasenstück und einem Eimer abgedeckt." (Heinzelmann, 15.02.2008, #100)

Sind alle Mittel des Angriffskrieges erschöpft, so bleibt nur noch die Errichtung von Barrikaden. Diese können vertikaler Natur sein. So kann etwa am Rande zum Nachbargrundstück eine 15 bis 20 Zentimeter dicke Schicht aus Diabas-Schotter gelegt oder um den Garten ein 50 cm tiefer, mit einem feinmaschigen Zaun bewehrter Graben eingezogen werden. Barrikaden können aber auch horizontal sein, indem in etwa 10 cm Tiefe unter dem ganzen Grundstück ein engmaschiges Drahtgitter eingebracht oder eine dicke Folie weiträumig eingegraben wird.

Nun muss allerdings gesagt werden, dass diese sinnesfrohe Kriegswissenschaft nicht von allen Online-Teilnehmern des Threads geteilt wird. Beobachtet man den Verlauf der Diskussion über vier Jahre, kann man sogar feststellen, dass die Tier- und Umweltschützergruppe allmählich die Überhand gewinnt. So werden besonders nachdrückliche Methoden offen angegriffen: „Das mit dem Schwefelband ist ja wohl das Allerletzte! Schon mal die Dämpfe inhaliert? Außerdem ist's illegal." (Gecko, Moderator, 04.06.2007, #75) Auch wird nicht mit Spott über allzu akribische Gartenfreunde gespart: „Mutterboden und speziell nährstoffreiche Humusschicht ca. 1,50 m abtragen und auf die Müllkippe, dann alles in gleicher

Höhe betonieren. (…) Nach dem Trocknen des Betons alles grün lackieren.“ (Che, 19.10.2006, #46) Nur die Skrupellosesten in dieser Runde würden offen zugeben, je einen Maulwurf getötet zu haben – man hat einfach den Maulwurf für eine Wühlmaus gehalten – und wenn dennoch ein solches Unglück eingetreten ist, so wird dies ausdrücklich bedauert. Im Kontext moralischer Konfliktbewältigung besonders schön zu lesen sind Umsiedlungsaktionen wie diese: „Zusammen mit 6 begeisterten Kindergartenkindern haben wir ihn 1 km weiter nahe eines Wäldchens ausgesetzt.“ (Silke-Anne, 20.07.2006, #23) Insgesamt spart das ökologische Bewusstsein nicht an Informationen über die Nützlichkeit des Erdwühlers und unermüdlichen Arbeiters und weiß dieses Informationsangebot auch im fachgerechten biologisch informierten Vokabular zu übermitteln: „Tatsächlich leisten die Tiere da wunderbare Arbeit für ganz umsonst: sie lockern oftmals verdichteten Boden auf und bringen fruchtbareren Boden aus der Tiefe nach oben. Dieses Geschenk gilt es eigentlich nur noch zu verteilen.“ (kyosan, 19.09.2008, #155)

Auch die Ernährungsgewohnheiten des Insekten fressenden Maulwurfes bleiben nicht verborgen und werden mit einem guten Schuss stoischer Lebensklugheit gewürzt angeboten:

> „Maulwurf brauchst du nicht zu vertreiben, der ist kein Schädling, im Gegenteil, er frißt Schädlinge. Die Erdhäuflein auf dem Rasen sehen zwar nicht sehr schön aus, aber warte ab, der Mauli zieht weiter, wenn er sein Revier leer gefressen hat. Dann trittst du die Häuflein einfach fest, das Gras wächst schon wieder drüber.“ (Gast, 11.05.2005, 14:12 , #2)

Dieser Stoizismus findet allerdings nur bei Virtuosen im Erdulden und visuellen Asketen Anklang. Für die Gruppe der herkömmlichen – wenn auch ökologisch nicht völlig gleichgültigen – bürgerlichen Gartenfreunde zählt auch angesichts radikaler Naturschutzpositionen, die selbst das Umsiedeln der Maulwürfe als Quasimord bewerten, nur noch ein Grundsatz gleichen Rechts für alle Kreaturen: „Ich darf nicht das Zuhause eines Maulis zerstören und seine Hügel weg machen und ihn in seiner Lebensweise einschränken, aber er darf mein Zuhause zerstören und ich soll dabei zusehen? (…) und deshalb soll unser Garten hässlich sein?“ (sallycarrera, 04.09.2009, #288)

5 Der Maulwurfsgang als Utopie der Diversität

> „Es war einmal ein kleiner Maulwurf namens Mole. Er lebte glücklich und zufrieden im Dämmerlicht an der Erdoberfläche, bis er eines Tages ganz unerwartet durch ein Loch in einem Maulwurfshügel in die Tiefe fiel." (Hagen o. J.)

Dieser Mole ist das Wappen-/Logotier eines Online-Forums mit dem bezeichnenden Namen BLINDzeln. Es wird hauptsächlich von blinden und sehbehinderten Usern besucht und informiert über im Prinzip für diese Gruppe alle relevanten Bereiche alltäglichen Lebens in verschiedenen Unterforen und Threads. Das Forum versteht sich als inklusiver Zusammenschluss, da Sehende nicht ausgeschlossen sind: „BLINDzeln ist also nicht allein den Blinden und sehschwachen BLINDzlern gewidmet. (…) wir sind stolz darauf, dass bei uns wirklich jeder ganz herzlich willkommen ist." (www.blindzeln.de)

Die Figur des Mole wird beinahe wie eine Allegorie eingesetzt: Durch ihn hindurch wird Blindsein und ein ideales Zusammenleben entworfen. Durch den Sturz in dunkle Tiefe wird Mole, der hier noch im „Dämmerlicht" lebt, der Gemeinschaft der blinden Maulwürfe nahe gebracht. Ob dieser Hinweis so zu deuten ist, dass Mole sehbehindert ist, oder ob seine oberirdische Lebensweise an den Randzonen sehender Gesellschaft noch nicht die eigentliche Lebensweise der Blinden ist, bleibt ungeklärt. Jedenfalls findet Mole hier, nach einigen ersten Irritationen seiner Orientierung, rasch eine große Gruppe gleichgesinnter Maulwürfe, eben die BLINDzler, mit denen er „möglichst viel erreichen" will. Die Maulwurfsgänge werden für Mole – und sind es für seine neuen Freunde bereits – zu einer Heterotopie im Foucaultschen Sinne (Foucault 2006). Zunächst steht hier eine Neubesiedlung an. Es soll gewissermaßen ein unterirdisches Reich gewonnen werden, das einer großen Gemeinschaft ausreichenden und sicheren Raum bietet:

> „So beschlossen die Maulwürfe, sich alle zusammenzutun und woanders einen festeren Rasen zu suchen, um darunter schön ordentlich alle ihre Gänge nebeneinander graben zu können. (…) Eine schöne, saftiggrüne Wiese oben und ein Erdreich darunter, in das man breite Gänge graben konnte, ohne dass sie gleich wieder einstürzten." (Hagen o. J.)

Eine interessante Perspektivenverschiebung zur Gärtnersicht der Dinge tut sich hier auf, welche die oberirdischen, aus der Freizeitgärtnerwelt vertrauten, Motive der Ordnung und der Einsturzsicherung von unten akzentuiert, wodurch aber als eine Art utopischer Harmonie der Gegensätze des einen Freud nicht mehr des anderen Leid sein muss. Fast wird man an den Blochschen Gedanken der Versöhnung mit der Natur als utopisches Prinzip erinnert (Bloch 1959). Allerdings erscheint hier das gesellige Zusammenleben der Maulwürfe als ebenso auf bürgerliche Weise geordnet und auf Einsturzsicherheit bedacht wie das Gartenleben der oberirdischen Menschen. Da die Maulwurfshaufen in dieser Utopie fehlen – Belüftung scheint auf andere Weise zu funktionieren und Lichteinfall ist sowieso unerwünscht – fehlt sowohl der anzeichenhafte Beleg für die maulwürfische Existenz als auch der materielle Ankerpunkt für die Konflikte zwischen unten und oben.

Diese Gemeinschaft der Maulwürfe, die der aus den Märchen und in der Philosophie gebrauchten Motivik unbekannt ist, aber in den Kinderbüchern auftaucht, hat als solidarische Gemeinschaft die Möglichkeit, eine utopische Veränderung auch der nicht-maulwürfischen Gesellschaft herbeiführen zu können: „Vielleicht konnten sie gemeinsam ja irgendwann auch andere Tiere dazu überreden, ihre Gänge und Behausungen so zu bauen, dass auch die Maulwürfe darin gehen konnten." (Hagen o. J.) Die Anliegen der Barrierefreiheit werden hier also an der imaginativen Allegorie des Maulwurflebens exemplifiziert.

In den weiteren Erzählungen von Mole wird dieser auch explizit bekennend gegenüber der sehenden Welt zum Blinden: „Ihr könnt alle sehen, während wir Maulwürfe blind sind." (Schmidt o. J. a) Dies wird dadurch weitergesponnen, dass Anatomie und Sinnesphysiologie des biologischen Maulwurfes mit der Sensorik eines Blinden parallelisiert wird: „Er tastete sich von seinem Hügelchen weiter. Mit seinen Tasthärchen berührte er viele Gegenstände, die er noch nie zuvor erspürt hatte." (Schmidt o. J. b) Die weiteren Geschichten entwickeln sich wie ein unbebildertes Kinderbuch. Auch die dort vorgefundenen Kompensationen für die Blindheit sind in den übrigen Erzählungen anzutreffen. In der Geschichte „Der kleine Maulwurf" von Kristina Schmidt trifft Mole auf eine Hasenmutter mit ihrem Jungen. Während die Hasenmutter die neugierigen Fragen ihres Kleinen nach dem so merkwürdig ausschauenden Mole „abfällig" beantwortet („Geh weg von ihm, das ist nur ein Maulwurf."), weiß das Junge die „Andersartigkeit" Moles zu würdigen:„wir sind doch alle anders, die Eichhörnchen springen auf Bäumen umher während die Hasen in Gruben schlafen und über Wiesen hoppeln (…) ihr schleckt doch auch die Tautropfen gerne von den Grashalmen." (Schmidt o. J. a)

Das Kind weiß also, entgegen elterlicher Voreingenommenheit, Verschiedenheit und Gemeinsamkeit zu erkennen und in Diversität aufzuheben. Im weiteren Verlauf von insgesamt fünf Erzählungen erweist sich Mole zum einen als gutmütiger Geselle. Obwohl er immer wieder mit der Verachtung und dem Spott der Tiere und sogar einiger Tierkinder zu kämpfen hat, wird er doch zu deren Behüter, als diese sich bei Nachteinbruch im Wald verirrt haben: „Ihr braucht euch doch nicht zu fürchten, solange wir uns hören ist alles gut. (…) Kommt zu mir, wir kuscheln uns alle aneinander, dann wird es uns schnell warm." (Schmidt o. J. d) Denn: „Er war mit der Dunkelheit vertraut". (ebd.)

Zum anderen ist Mole ein sinnenfroher Geselle:

> „Mole saß in seinem Bau und blinzelte verträumt in die Dunkelheit. Er wühlte ein wenig mit seinem Schnäuzchen die Erde unter sich auf. Sie duftete herrlich nach Wurzeln und Leben und fühlte sich weich und warm an. Schmatzend verspeiste er einen Regenwurm, den er aufgewühlt hatte, und gähnte gelangweilt in die Gegend." (Schmidt o. J. b)

Auch das von Äsop und Janosch vertraute Motiv des Zusammentreffens zwischen dem Maulwurf und der Grille taucht wieder auf:

> „Da hörte er ein leises Zirpen (...) Es musste sich um unterschiedliche Zirpsgeräusche handeln, ein tieferes und ein höheres. Es hörte sich so an als unterhielten sich zwei miteinander. Wenn der eine zirpste, war der andere still und umgekehrt. Mal zirpste der eine schneller und der andere antwortete kurz, dann zirpste der andere in kurzen wenigen Zirpsern und bekam eine lange Antwort." (Schmidt o. J. c)

6 Sensorische Semantiken und sinnliche Strukturen, die dem Entwurf vorausgehen

Ich möchte nun in diesem abschließenden Kapitel die empirischen Ergebnisse zum Maulwurf in den zu Beginn angesprochenen theoretischen Rahmen einer Sinnessoziologie einordnen. Übergeordnete These ist, dass der Handlungsentwurf der Kleingärtner im Kern ein perzeptiver Entwurf ist, für den eine bestimmte Formung des wahrnehmenden Handelns konstitutiv ist. Ich werde zeigen, wie bestimmte materiale Voraussetzungen des eigenen Sensoriums und der räumlichen Lebensumwelt in das Sinnkonstrukt dieser sozialen Gruppe eingewoben werden. Zum Abschluss werde ich diskutieren, wie kulturelle Konstruktion und praktische Interaktivität[10] mit Tieren zur reflexiven Deutung und Hervorbringung des eigenen Sensoriums führen. Ich beginne mit der Diskussion des Verhältnisses zwischen Visualität und anderen Sinnesfeldern; hier ist das Ergebnis nicht eindeutig.

Über die sensorische Erfahrung der Gartenarbeit anhand einer breit angelegten Studie schreibt Tilley (2006), dass es hier um ein multisensorisches und synästhetisches Handeln geht, in dem allerdings das visuelle Moment stärker vertreten und häufiger erwähnt wird als die übrigen sensorischen Felder. Die optische Gestaltung des Gartens mit seinen Blütenfarben, seinen Farbflächen und nach optischen Mustern gestalteten – in Sträucher- oder Baumformationen eingelagerten – Beet-, Weg- und Rasenformen, die in zahlreichen Gartenzeitschriften bilderreich kultiviert werden, sind Hauptmotiv gärtnerischen Handelns. Die schönen Anblicke

[10] Diesen Begriff übernehme ich von Rammert (2006) und wende ihn hier auf das Handeln mit Tieren an.

sind Hauptfreuden der Gärtner. Daneben gehören aber auch der Blütenduft, der Genuss eigener Gartenerzeugnisse, die Pflege der Pflanzen mit der eigenen Hand und das Geräusch von Vögeln und Stille zum sensorischen Handlungsentwurf eigener Gartenarbeit. Es ist Tilleys Anliegen, die Bedeutsamkeit jener Sinnesfelder für den Entwurf gärtnerischen Handelns hervorzuheben und den synästhetischen Charakter dieses Handelns stärker zu betonen als dies bisher getan wurde. Hierin ist ihm sicherlich zuzustimmen. Was aber liegt in Fällen vor, in denen Visualität in Konflikt mit anderen Sinnen gerät? Wo etwa das Geräusch des Rasenmähens hier zu verorten ist, bleibt in Tilleys Studie unterdeterminiert.

In dem von mir untersuchten Ausschnitt innerhalb der Lebenswelt der Gärtner kann man nur dann nicht eindeutig von einer Hegemonie des Visuellen sprechen, wenn man die Trennung des sensorischen Handelns nach Lust und Unlust außer Acht lässt. Aber Georg Simmel hat schon die entscheidende Wichtigkeit dieser Unterscheidung angemahnt. Lust und Unlust ist für den Bereich der Sinne ein ordnendes und konstituierendes Prinzip. Die Lust wird in dieser Lebenswelt durch eine bestimmte visuelle Gartenästhetik geweckt und die Unlust muss in Kauf genommen werden, um den nicht-visuellen und obendrein unsichtbaren Feind dieser Ästhetik zu bekämpfen. Die Herstellung einer im Sinne der Freizeitgärtner optisch ansprechenden Gartenästhetik ist in deren typisch subjektivem Handlungsentwurf das höchste Ziel ihres lustvollen Begehrens, das sie in ihrem Handeln im „modo futuri exacti" – um mit Alfred Schütz zu sprechen – vorwegnehmen.

Dieses höchste Gut visueller Selbstverwirklichung aber wird in diesem subjektiven Handlungsentwurf typischerweise durch ein multisensorisches – sozusagen farbenfrohes – Kriegsarsenal angestrebt. Das Ziel ist visuell, die Mittel nicht. Die Handlungskette multisensorischer Praktiken wird von den Gärtnern auf das visuelle Um-Zu-Motiv in Schütz' Sinn hin geordnet.

Die visuelle Dominanz, die sich in der Gartenästhetik materialisiert, ist innerhalb des subjektiven Wahrnehmungs-, Deutungs- und Handlungsentwurfs der Kleingärtner so einmal flankiert durch sensorisch-semantische Konzeptionen des Nicht-Visuellen. Was am Maulwurf stört ist seine als unbremsbar perzipierte Aktivität. Und diese stört die visuelle Ordnung der materiellen Umwelt Garten einerseits auf visuelle und andererseits auf eben gerade nicht visuelle Weise. Er lebt als Blinder im Dunkel der Erde. Denn unter jenem oberen, visueller Deutung und Gestaltung zugänglichen, Bereich des Gartens liegt jener visuell unzugängliche Untergrund, der nur zu bestimmten Zeiten innerhalb des Handlungskontextes der Gartenwirtschaft im Umgraben und Einsäen dem Blick zugänglich gemacht wird. Im Emporwachsen von Saat und Setzlingen wird der dunkle Boden innerhalb des subjektiven Wahrnehmungs-, Deutungs- und Handlungsentwurfs der Kleingärtner appräsentiert und kann als fruchtbar gedeutet werden. So bleibt der dunkle Boden also in indirekter optischer Kontrolle. Das alltäglich visuell Unerfahrbare des Bodens wird als stille Dunkelheit gedeutet und reicht in das alltäglich sinnlich gedeutete und leiblich wahrgenommene und erfahrene Gartengeschehen als fruchttragende Erde hinein. Der Maulwurf hält sich wie die Saat in einem sozialen Raum auf, der innerhalb des subjektiven Wahrnehmungs-, Deutungs- und Handlungsentwurfs der Kleingärtner unmittelbar visueller alltäglicher Erfahrung unzugänglich ist. So ist er für diesen lebensweltlichen Entwurf heimlich und verborgen. Und seinem geschäftigen Tun, das die friedliche Stille des Bodens stört, kommt bei den meisten Gartenfreunden die emotionale Qualität stärkster Unlust zu. Er ist aber nicht unheimlich, da die sichtbaren Hinterlassenschaften seines zumeist nächtlichen Treibens auf ihn zurückweisen. Damit ist er durch seine Erzeugnisse appräsentiert. Sensorisches Handeln und Deuten trägt also sowohl materialen Momenten der Lebensumwelt als auch der eigenen sinnlichen Materialität Rechnung. Die helle Oberfläche appräsentiert zwar die verborgene Schicht bis zu einem bestimmten Grad, jenseits dessen aber bleibt die Dunkelheit undurchdrungen.

Die sich in der Gartenästhetik als höchstem Ziel ausdrückende visuelle Dominanz ist innerhalb der Lebenswelt der Kleingärtner weiterhin mehrfach eingebettet in multisensorische Handlungszusammenhänge. Bezogen auf die anderen Sinnesfelder nimmt der Maulwurf hier wiederum die Stellung eines Heimlichen ein: er ist unhör-, unriech-, untastbar und als ungenießbares Fleisch unschmeckbar. In dieser heimlichen Unsicht-, Unhör-, Untast-, Unschmeck- und Unriechbarkeit wird er von seinen meisten Feinden gehalten. Man möchte ihn vertreiben, ohne ihm von Angesicht zu Angesicht entgegentreten zu wollen. Die Mittel sind dem Unlust bereitenden Feind angepasst. Dieser ist sensorisch konzipiert. Dieses Konzept ist aber nicht aus eigener unmittelbarer Erfahrung gewonnen, sondern es schöpft aus dem sozial vermittelten Wissenshaushalt, den ich in der kulturellen Semantik des Maulwurfes rekonstruiert habe. Dieser ist lauernd unsichtbar, indem er durch seine einsturzgefährdeten Gänge den sensomotorisch und kinästhetisch freien Gang behindert, also dem Regime des Visuellen entgegengesetzt ist, dieses sogar unterwandert, dem Panoptismus durch seine dunkle Materialität trotzt. Sichtbar und damit innerhalb des sensorisch geordneten sozialen Raumes der Lebenswelt der Freizeitgärtner zum Gegenstand unmittelbarer Erfahrung wird er nur an der Oberfläche durch die Produkte seines Grabens. Diese selbst sind wiederum in ein Motiv der Maulwurfsemantik eingegliedert: Die sensorische Praktik traditioneller Gärtner schließt an die Semantik des Maulwurfs als unermüdlichen Gräber an, die bei den Philosophen des 19. Jahrhunderts vorgeprägt wurde. Der explosionsartig wachsenden Bedrohung durch den schwarzen Wühler muss ebenso rastlos, unermüdlich und konstant begegnet werden. Aber es wird auch an ältere Bedeutungsschichten angeschlossen:

> „Insbesondere wird der Grab- und Wühlarbeit des Maulwurfs nur selten eine wirklich architektonische Dimension verliehen, so weit sind seine unterirdischen Gänge und

Maulwurfshügel, seiner dunklen Lebensweise gemäß, von dem wirklich Konstruktiven überirdischer Gebäude entfernt.“ (Bies 2006: 56)

Hieran schließt sich die Fixierung traditioneller Gärtner auf das bestrafende Vertreiben des Tieres an.

Elemente der Maulwurfsemantik verbinden sich somit mit unmittelbaren Erfahrungsdingen zur Evidenz für die Gärtner. Die materialen Elemente der Lebensumwelt und das ihr korrelierende im Wahrnehmungsentwurf verarbeitete phänomenale Erleben sind ineinander verflochten: Wahrnehmungssituation Maulwurfshügel an der hellen Oberfläche, unzugänglicher dunkler Untergrund und Sinnkonstrukt Maulwurf in diesem dunklen Untergrund deuten sich wechselseitig aus.

Im subjektiven Handlungsentwurf der Freizeitgärtner tritt das visuelle Moment bei der Maulwurfsbekämpfung zurück, wenn es um die Mittel zur Erreichung des visuell schönen Gartens geht. Man bekämpft den unsichtbaren und blinden Feind nur im Ausnahmefall mit visuellen Mitteln. Der Topos des blinden Maulwurfs als vorzüglich hörendes, riechendes und fühlendes Wesen ist epistemischer Ankerpunkt all dieser Kriegswissenschaft. Das unalltäglich visuell Unerfahrbare dieser materialen Wirklichkeitszone ist als intensiver Kosmos nicht-visueller Sinneserfahrung gedeutet. All dies bedeutet auf der formalen Ebene, dass sensuelle perzeptive Komponenten in den Entwurf der Handlung eingebaut sind, dass Handeln also wahrnehmendes Handeln ist. Inhaltlich treffen wir auf das Paradox, dass je weniger unmittelbar wahrnehmbar der Bewohner dieses anderen Wirklichkeitsbereichs ist, desto unmittelbarer wahrnehmbar die Methoden sind, mit denen man ihm zu Leibe rückt. Der eigene Leib wird via negativer Empathie zum Messinstrument der Wirksamkeit vor allem bei den akustischen und olfaktorischen Hausmitteln. Nur wenn die eigene Sensorik stark unlustvoll betroffen ist, dann verspricht das Rezept Wirkung. Nur was bestialisch stinkt oder tierischen Krach macht, ist dem Feind angemessen. Man muss gewissermaßen den Teufel studieren, um ihn bekämpfen zu können. Und dieses Studieren ist die – auf gelernte Körperroutinen aufbauende, in der sensorischen Erkundung der jeweiligen Gebräue oder Klanginstallationen bestehende – eigentliche sensorische Interaktivität zwischen dem Subjekt der Handlung und seinen dergestalt hergestellten Artefakten. Durch die sensorische Kalibrierung seiner Handlungsprodukte trifft das verkörperte Subjekt auf den materialen Sinnenstoff. Die im Artefakt materialisierten akustischen und olfaktorischen Qualitäten werden gemäß ihres Korrelierens mit den subjektiven Sinneswahrnehmungen der Konstrukteure entworfen, entwickelt und abschließend gestaltet, so dass sich hier Materialeigenschaft und Sinneseindruck begegnen. Man folgt zwar einem sozial vermittelten Rezeptwissen, das man etwa in den verschiedenen Online-Foren erwirbt, aber die endgültige Erstellung des klingenden bzw. stinkenden Artefakts geschieht in einem sensorischen Prozess des lauschenden und schnüffelnden Ausprobierens der sinnlichen Qualitäten des

Produkts, in dem dessen Materialität mit derjenigen der in bestimmten Fertigkeiten inkorporierten eigenen Sinnlichkeit verglichen wird. Und diese Artefakte werden an räumliche Stellen gebracht, die als Schnittstellen zwischen oben und unten, zwischen Hell und Dunkel in der Gartenlandschaft vorgefunden werden und zumeist den hügelartigen oder gelegentlich auch ganghaften Vorgaben des Maulwurfs folgen. Die materiale Struktur des eigenen Sensoriums und der Lebensumwelt jener ungewollten Symbiose von Mensch und Maulwurf sind also beide gleichermaßen vorgefunden, dem subjektiven Handlungsentwurf vorgängig und gehen Hand in Hand in ihrer Integration in den subjektiven Entwurf der Gärtner ein, in dem sie dann als sensorisch basiertes, kulturell und sozial eingebettetes Sinnkonstrukt und praktisches und sensorisch verkörpertes Wissen – als Routinewissen (differenziert in Fertigkeiten, Gebrauchs- und Rezeptwissen) im Sinne von Schütz – weiterleben.

Über die Beziehung zwischen animalischem und menschlichem Sensorium schreibt Steven Connor (2006), dass die kulturelle Konzeption bestimmter tierischer Sinnesleistungen und Sinnesvermögen eine vermittelnde Wirkung auf die reflexive Beziehung zur jeweiligen kulturellen Konzeption ihrer eigenen menschlichen Sinne ausüben. Seit dem Mittelalter werden die fünf Sinne durch verschiedene Tierembleme symbolisiert. So steht etwa der Adler emblematisch für Sehen, der Maulwurf und öfter noch der Eber für Hören. Die Überlegenheit animalischer Sinne führte nach Connor zu einer entweder rein imaginativen oder sogar einer praktisch-technischen Erweiterung und Transformation menschlichen Sensoriums. Diese Überlegung scheint mir auf das Maulwurfthema anwendbar zu sein, denn die Maulwurfbekämpfung führt sowohl zur Entwicklung neuer technischer Artefakte wie dem Molechaser als auch zur praktisch-sensorischen Konfrontation der handelnden Gärtner mit dem eigenen materialen Sensorium. Hier führt die Maulwurfsemantik zu einer praktisch-sensorischen Konfrontation mit der eigenen Sinnesmaterialität. Wenn auch ex negativo, so wird die eigene materiale Sensorik ergründet und erweitert. Die Maulwurffabeln über den blinden Maulwurf Mole können die dem üblichen menschlichen Sensorium überlegenen Maulwurfsinne imaginativ dazu nutzen, um sie als Identitätskonzept, als Heterotopie vernünftig geordneter Natur und als Utopie für eine durch versöhnte Diversität barrierefreie Gesellschaft weiter auszumalen. Die im Kinderbuch vorgefundene Variante der Motivkonstellation blind/sehend steht für einen – wenn auch nicht ausgearbeiteten – Hinweis auf eine weitreichendere Sinnespädagogik. Die ökologisch orientierten Gärtner zu guter Letzt deuten den Maulwurf anknüpfend an das im 19. Jahrhundert entwickelte Motiv des unermüdlichen Grabens zu einem den Boden kultivierenden Gartennützling um. So wird die kulturelle Deutung des animalischen Anderen also rückgebunden an die reflexive Deutung eigener sensorischer Identität und in die Entwicklung einer praktisch materialen Sensorik. Wenn von jemandem gesagt wird, sie oder er sehe wie ein Adler, höre wie ein Luchs oder grabe wie ein Maulwurf, dann werden tradierte sensorische Semantiken belebt, die gelegentlich sogar auf praktische, materiale und kontextualisierbare Interaktivitäten zurückführbar sind.

Literatur

Beer, Hans de/Bos, Burny (1994): Familie Maulwurf – bitte recht freundlich! Sieben ganz alltägliche Geschichten. Gossau: Nord-Süd Verlag
Bensaid, Daniel (2001a): The mole and the locomotive. In: Bensaid (2001b): 231–226
Bensaid, Daniel (2001b): Résistance. Essai de taupologie générale. Paris: Fayard
Berger, Peter L./Luckmann, Thomas (1969): Die gesellschaftliche Konstruktion der Wirklichkeit. Eine Theorie der Wissenssoziologie. Frankfurt a. M.: Fischer
Bies, Werner (2006): Vom Maulwurf erzählen. Von der Unerbittlichkeit der Natursage zu den Tröstungen der Kinder- und Jugendliteratur. In: Fabula 47 (1-2): 44–64
Bloch, Ernst (1959): Das Prinzip Hoffnung. Frankfurt a. M.: Suhrkamp
Briggs, Katharine M./Michaelis-Jena, Ruth (Hrsg.) (1983): Englische Volksmärchen. Die Märchen der Weltliteratur. Nr. 38. Köln: Diederichs
Busch, Wilhelm (1959): Gesamtausgabe in vier Bänden. Bd. 2. Gütersloh: Sigbert Mohn-Verlag
Carolat, Greta/Mais, Susanne (2001): Aufräumen? Mach ich morgen! Würzburg: Arena
Connor, Steven (2006): The Menagerie of the Senses. In: The Senses & Society 1 (1): 9–26
Dominguez, Daniel et al. (2007): Virtual Ethnography. In: FQS 8 (3). Abzurufen unter http://www.qualitative-research.net/fqs/fqs-d/inhalt3-07-d.htm
Dreher, Jochen et al. (Hrsg.) (2008): Phänomenologie und Soziologie. Positionen, Problemfelder, Analysen. Wiesbaden: VS
Edwards, Elizabeth (2008): Visual Sense and Cultures of Sight. In: Edwards/Bhaumik (Hrsg.) (2008): 3–16
Edwards, Elizabeth/Bhaumik, Kaushik (Hrsg.) (2008): Visual sense. A cultural reader. Oxford: Berg
Feliks, Jehuda (1964): Maulwurf. In: Reicke/Rost (Hrsg.) (1964): 1178
Fischer, Joachim (2002): Simmels Soziologie der Sinne. In: Österreichische Zeitschrift für Soziologie 27 (2): 6–13
Fischer, Michael (2001): Ethnographic critique. In: Culture, Medicine and Psychiatry 25 (4): 355–393
Flick, Uwe/von Kardorff, Ernst/Steinke, Ines (Hrsg.) (2000): Qualitative Forschung – Ein Handbuch. Reinbek bei Hamburg: Rowohlt
Foucault, Michel (2006): Die Heterotopien – Der heterotopische Körper. Zwei Radiovorträge. Frankfurt a. M.: Suhrkamp
Goffman, Erving (1994a): Die Interaktionsordnung. In: Goffman (1994b): 50–104
Goffman, Erving (1994b): Interaktion und Geschlecht. Frankfurt a. M.: Campus
Grahame, Kenneth (1983): The Wind in the Willows. Oxford/New York: Puffin Books
Gugutzer, Robert (2002): Leib, Körper und Identität. Wiesbaden: VS
Gugutzer, Robert (2004): Soziologie des Körpers. Bielefeld: Transcript

Gugutzer, Robert (Hrsg.) (2006): body turn. Perspektiven der Soziologie des Körpers und des Sports. Bielefeld: Transcript

Hagen, Cord (o. J.): Die neue Welt. Abzurufen unter www.blindzeln.de [Zugriff am 03.12.09]

Hahn, Kornelia/Meuser, Michael (Hrsg.) (2002): Körperrepräsentationen. Die Ordnung des Sozialen und der Körper. Konstanz: UVK

Halverscheid, Judith/Zillig, Maike (1999): Mäuschen und Maulwurf wollen zum Meer. Weinheim: Beltz

Hegel, Georg Wilhelm Friedrich (1965): Ästhetik. 2. Aufl. Berlin/Weimar: Europäische Verl.-Anst.

Hitzler, Ronald/Eberle, Thomas S. (2000): Phänomenologische Lebensweltanalyse. In: Flick/von Kardorff/Steinke (Hrsg.) (2000): 109–118

Hitzler, Ronald/Honer, Anne (1984): Lebenswelt-Milieu-Situation. In: Kölner Zeitschrift für Soziologie und Sozialpsychologie 36 (1): 56–74

Hitzler, Ronald/Honer, Anne (1988): Der lebensweltliche Forschungsansatz. In: Neue Praxis 18 (6): 496–501

Honer, Anne (1993): Lebensweltliche Ethnographie. Wiesbaden: DUV

Howes, David (1991a): To Summon All the Sense. In: Howes (Hrsg.) (1991b): 3–23

Howes, David (Hrsg.) (1991b): The Varieties of Sensory Experience: a Sourcebook in the Anthropology of the Senses. Toronto: University of Toronto Press

Howes, David (2003): Sensual Relations: Engaging the Senses in Culture and Social Theory. Ann Arbor: University of Michigan Press

Howes, David (2006): Scent, Sound and Synaesthesia: Intersensoriality and Material Culture Theory. In: Tilley/Speyer/Rowlands (Hrsg.) (2006): 161–172

Janosch (1979): Komm, wir finden einen Schatz. Die Geschichte, wie der kleine Bär und der kleine Tiger das Glück der Erde suchen. Weinheim/Basel: Beltz

Janosch (1985): Die Fiedelgrille und der Maulwurf. Zürich: Diogenes

Kafka, Franz (1958a) Brief an Max Brod v. 28. 8. 1904. In: Kafka (1958b): 29

Kafka, Franz (1958b): Briefe 1902–1924. Frankfurt a. M.: Fischer

Kant, Immanuel (1956): Kritik der reinen Vernunft. Werke in sechs Bänden. Bd. 2. Wiesbaden: Anaconda

Keane, Webb (2005): ‚Signs Are Not the Garb of Meaning: On the Social Analysis of Material Things‘. In: Miller (Hrsg.) (2005): 182–205

Krell, David F. (1981): Der Maulwurf: Die Philosophische Wühlarbeit bei Kant, Hegel und Nietzsche. In: boundary 2 9 (3) Why Nietzsche Now? A Boundary 2 Symposium (Spring-Autumn, 1981), 155–167

Laport, George (1932): Les contes populaires wallons (FFC 101). Nr. 1214. Helsinki: Academia Scientiarum Fennica

Loenhoff, Jens (2002): Sinne, Kommunikation und Gesellschaft. In: Österreichische Zeitschrift für Soziologie 27 (2): 14–29

Marx, Karl (1965): Der 18. Brumaire des Louis Bonaparte. Frankfurt a. M.: Insel [1852]

Merleau-Ponty, Maurice (1964): Phänomenologie der Wahrnehmung. Berlin: de Gruyter

Miler, Zdeněk (2002): Der Maulwurf hilft der Maus. Leipzig: Leiv Buchhandels-U. Verlagsanst.

Miller, Daniel (Hrsg.) (2005): Materiality. Durham: Duke University Press

Mitchell, W. J. T. (2005): ‚There Are No Visual Media'. In: Journal of Visual Culture 4(2): 257–66

Murschetz, Luis (1972): Der Maulwurf Grabowski. Zürich: Diogenes

Nietzsche, Friedrich (1963): Werke. Bd. 1. München: Hanser

Pfeifer, Wolfgang (Hrsg.) (1993): Etymologisches Wörterbuch des Deutschen 2. Berlin: dtv

Rammert, Werner (2006): Technik in Aktion. Verteiltes Handeln in soziotechnischen Konstellationen. In: Rammert/Schubert (Hrsg.) (2006): 163–195

Rammert, Werner/Schubert, Cornelius (Hrsg.) (2006): Technografie. Zur Mikrosoziologie der Technik. Frankfurt a. M.: Campus

Reicke, Bo/Rost, Leonhard (Hrsg.) (1964): Biblisch-Historisches Handwörterbuch. Landeskunde. Geschichte. Religion. Kultur. Literatur. Bd. 2. Göttingen: Vandenhoeck + Ruprecht

Saerberg, Siegfried (2006): „Geradeaus ist einfach immer geradeaus". Eine lebensweltliche Ethnographie blinder Raumorientierung. Konstanz: UVK

Saerberg, Siegfried (2007): Über die Differenz des Geradeaus. Alltagsinszenierungen von Blindheit. In: Waldschmidt et al. (2007): 201–224

Saerberg, Siegfried (2008): Das Sirren in der Dschungelnacht. In: Dreher et al. (2008): 401–410

Schmidt, Kristina (o. J. a): Der kleine Maulwurf. Abzurufen unter www.blindzeln.de [03.12.09]

Schmidt, Kristina (o. J. b): Mole will verreisen. Abzurufen unter www.blindzeln.de [03.12.09]

Schmidt, Kristina (o. J. c): Mole riecht den Frühling. Abzurufen unter www.blindzeln.de [03.12.09]

Schmidt, Kristina (o. J. d): Die Nacht. Abzurufen unter www.blindzeln.de [03.12.09]

Schulte, Christian/Stollmann, Rainer (2005): Der Maulwurf kennt kein System. Beiträge zur gemeinsamen Philosophie von Oskar Negt und Alexander Kluge. Bielefeld: Transcript

Schütz, Alfred (2004): Der sinnhafte Aufbau der sozialen Welt. Eine Einleitung in die verstehende Soziologie. Werkausgabe Bd. 2. Konstanz: UVK

Schütz, Alfred/Luckmann, Thomas (1984): Strukturen der Lebenswelt. 2 Bde. Frankfurt a. M.: Suhrkamp [1979]

Simmel, Georg (1908a): Exkurs über die Soziologie der Sinne. In: Simmel (1908b): 483–493

Simmel (1908b): Soziologie. Untersuchungen über die Formen der Vergesellschaftung. Berlin: Duncker/Humblot

Stallybrass, Peter (1998): Well grubbed, old mole. In: Cultural Studies 12 (1): 3–14

Stierle, Karlheinz (1982): Der Maulwurf im Bildfeld. Versuch zu einer Metapherngeschichte. In: Archiv für Begriffsgeschichte 26: 101–143

Storch, Gerhard (2004): Lipotyphla, Insektenfresser. In: Westheide/Rieger (Hrsg.) (2004): 514–524

Strübing, Jörg (2006): Webnografie? Zu den methodischen Voraussetzungen einer ethnografischen Erforschung des Internet In: Rammert/Schubert (Hrsg.) (2006): 249–274

Tappe, Heiko (Hrsg.) (2000): Die besten Tierwitze. München: Heyne

Tilley, Christopher/Spyer, Patricia/Rowlands, Mike (Hrsg.) (2006): Handbook of material culture. Thousand Oaks: Sage

Tilley, Christopher (2006): The Sensory Dimensions of Gardening. In: The Senses & Society 1 (3): 311–330

Waldschmidt, Anne/Schneider, Werner (Hrsg.) (2007): Disability Studies, Kultursoziologie und Soziologie der Behinderung. Bielefeld: Transkript

Westheide, Wilfried/Rieger, Reinhard (Hrsg.) (2004): Spezielle Zoologie. Teil 2: Wirbel- oder Schädeltiere. Heidelberg/Berlin: Spektrum Akademischer Verlag

Autorinnen und Autoren

Anke Abraham ist Professorin für „Psychologie der Bewegung" am Institut für Sportwissenschaft und Motologie der Universität Marburg. Arbeitsgebiete: Soziologie des Körpers, Entwicklungspsychologie der Lebensspanne, sozialwissenschaftliche Biographieforschung und sozialwissenschaftliche Geschlechterforschung

Berit Bethke ist Promotionsstipendiatin am DFG-Graduiertenkolleg „Weltgesellschaft – Herstellung und Repräsentation von Globalität" an der Universität Bielefeld. Arbeitsgebiete: empirische Bild- und Medienforschung, Körpersoziologie, Wissenssoziologie und Visual Studies

Fritz Böhle war Professor für Soziökonomie der Arbeits-und Berufswelt an der Universität Augsburg (bis 2008). Er ist Vorsitzender des Vorstands des Instituts für sozialwissenschaftliche Forschung e. V. München. Arbeitsgebiete: Grenzen der Verwissenschaftlichung, Erfahrungswissen und subjektivierendes Handeln, Dienstleistung und Interaktionsarbeit, Innovation und Bewältigung von Ungewissheit in Unternehmen

Dr. Stefanie Duttweiler ist derzeit Gastprofessorin für Körper- und Geschlechtersoziologie an der Universität Graz sowie wissenschaftliche Oberassistentin am Institut für Erziehungswissenschaft der Universität Zürich. Arbeitsgebiete: Körpersoziologie, Soziologie der Interventionssysteme, Bildung und soziale Ungleichheit, Religions- und Architektursoziologie

Franz X. Eder ist Professor am Institut für Wirtschafts- und Sozialgeschichte der Universität Wien. Arbeitsgebiete: sozial-, kultur- und wirtschaftshistorische Forschungen zur Geschichte des Konsumierens, der Sexualität und des Körpers sowie zur Diskursanalyse und zum Einsatz Neuer Medien in Forschung und Lehre

Ronald Hitzler ist Universitätsprofessor und Inhaber des Lehrstuhls für Allgemeine Soziologie an den Fakultäten 12 und 11 der Technischen Universität Dortmund. Arbeitsgebiete: Allgemeine und Verstehende Soziologie, Modernisierung als Handlungsproblem, Methoden der explorativ-interpretativen Sozialforschung

Stevi Jackson ist Professorin für Soziologie und Direktorin des Centre for Women's Studies an der University of York. Arbeitsgebiete: Feministische Theorie, Gender-

und Sexualitätsforschung, Soziologie weiblicher Lebenslagen und familialer Beziehungen, Soziologie der Kindheit

Fabian Karsch, M.A., Soziologe, ist derzeit Mitglied im Promotionsschwerunkt „Biomedizin – Gesellschaftliche Deutung und soziale Praxis“ des Evangelischen Studienwerks Villigst und Lehrbeauftragter an der HTW Berlin. Arbeitsgebiete: Medizin- und Gesundheitssoziologie, Professionssoziologie

Reiner Keller ist Professor für Allgemeine Soziologie an der Universität Koblenz-Landau (Campus Landau). Arbeitsgebiete: Diskursforschung, Kultur- und Wissenssoziologie, soziologische Theorien, Soziologie in Frankreich, Bildungssoziologie, Umwelt, Technik, Risiko

Dr. Antje Langer ist wissenschaftliche Mitarbeiterin am Fachbereich Erziehungswissenschaften an der Goethe-Universität Frankfurt/Main. Arbeitsgebiete: empirische Geschlechter- und Institutionenforschung, Körpersoziologie, ethnographische und diskursanalytische Forschung

Dr. Alexandra Manzei ist derzeit Gastprofessorin für Allgemeine Soziologie an der Technischen Universität Darmstadt. Arbeitsgebiete: Wissenschafts- und Technikforschung, Gesundheits- und Medizinsoziologie, Körper- und Geschlechterforschung, Medizin- und Bioethik aus soziologischer Perspektive

Michael Meuser ist Professor für Soziologie der Geschlechterverhältnisse an der TU Dortmund. Arbeitsgebiete: Soziologie der Geschlechterverhältnisse, Soziologie des Körpers, Wissenssoziologie, Methoden qualitativer Sozialforschung

Dr. Marion Ott ist wissenschaftliche Mitarbeiterin am Institut für Pädagogik der Elementar- und Primarstufe an der Goethe-Universität Frankfurt/Main. Arbeitsgebiete: machtanalytische und ethnographische Forschung, Kindheitsforschung, Weiterbildungsforschung im Bereich der Arbeitsförderung

Dr. Stephanie Porschen ist Arbeitssoziologin am Institut für Sozialwissenschaftliche Forschung, München e. V. Arbeitsgebiete: Arbeit und Subjekt, Arbeit und Innovation, Arbeit und Vertrauen, Kooperation und Kommunikation sowie Wissensaustausch in Unternehmen

Dr. Siegfried Heinz Xaver Saerberg ist Soziologe und arbeitet als Lehrbeauftragter an den Universitäten Dortmund, Köln, Hamburg und München. Arbeitsgebiete: Soziologie der Behinderung, Disability Studies, Soziologie der Sinne

Dr. Larissa Schindler ist wissenschaftliche Mitarbeiterin am Institut für Soziologie der JGU Mainz. Arbeitsgebiete: Soziologie des Körpers und des Sports, Wissenssoziologie, Methoden der qualitativen Sozialforschung

Dr. Cornelius Schubert ist wissenschaftlicher Mitarbeiter im Fachgebiet Techniksoziologie am Institut für Soziologie der TU Berlin. Arbeitsgebiete: Techniksoziologie, Organisationssoziologie, Medizinsoziologie, Innovationsforschung

Rainer Schützeichel ist Vertreter der Professur Soziologie I an der FernUniversität in Hagen. Arbeitsgebiete: Soziologische Theorie, Wissenssoziologie, Professionssoziologie, Wirtschaftssoziologie

Sue Scott ist Pro Vice Chancellor der Glasgow Caledonian University; zuvor war sie Professorin für Soziologie und Dean der Geistes- und Sozialwissenschaftlichen Fakultät der University of Keele. Arbeitsgebiete: Gender- und Sexualitätsforschung (insbes. bezogen auf Jugendliche), Risikoforschung

Dr. Willy Viehöver (Ph. D.) ist wissenschaftlicher Mitarbeiter am Lehrstuhl für Soziologie an der Universität Augsburg im Rahmen des BMBF-Projektes „Partizipative Governance der Wissenschaft“. Arbeitsgebiete: Diskursforschung, Soziologie des Körpers, Medizinsoziologie, Wissenschaftsforschung, Kultur- und Umweltsoziologie